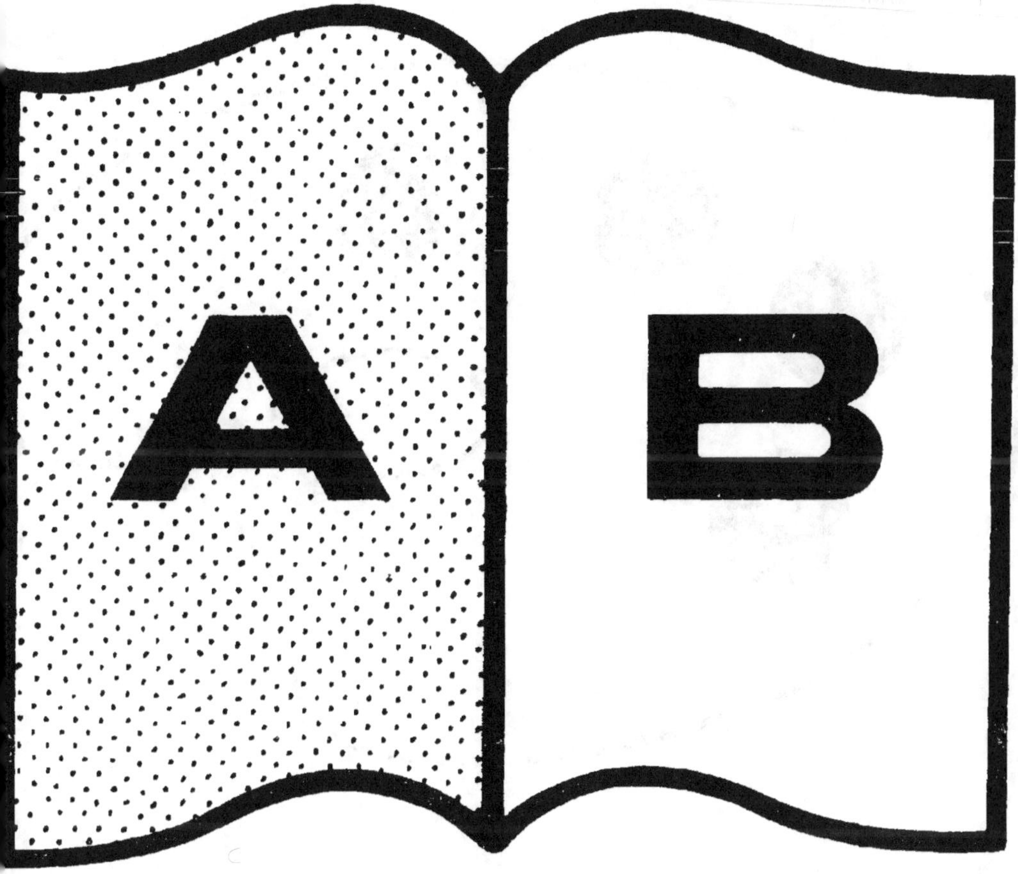

Contraste insuffisant

NF Z 43-120-14

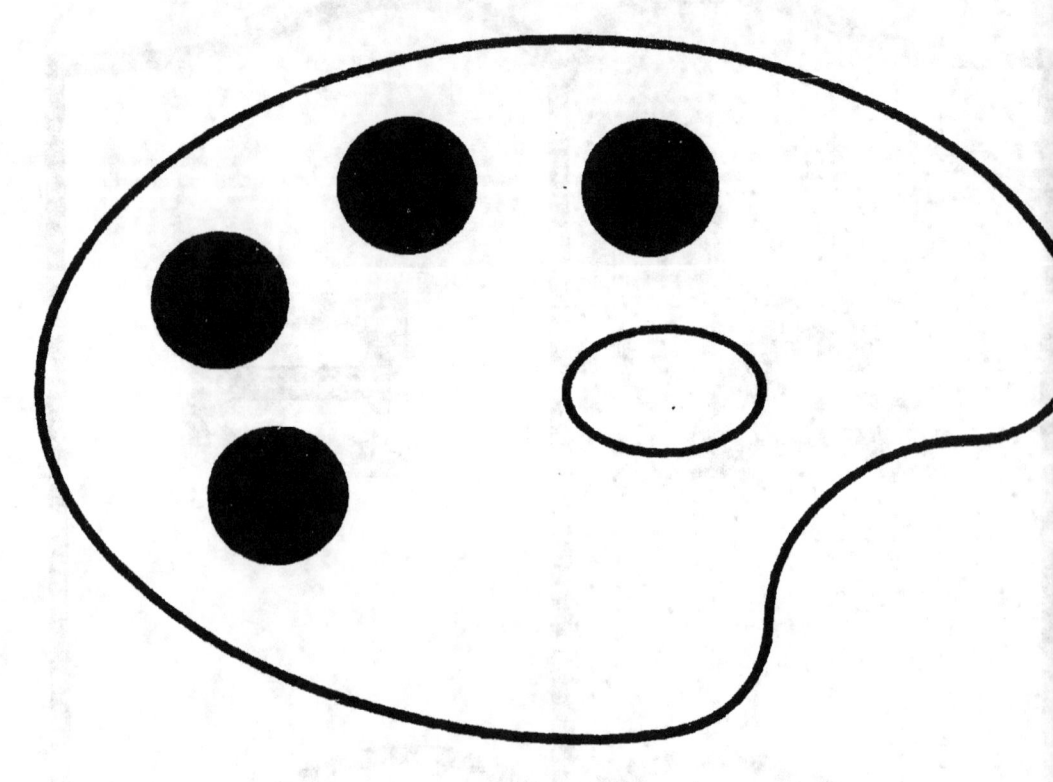

Original en couleur
NF Z 43-120-8

LA FORÊT VIERGE

FANNY DAYTON

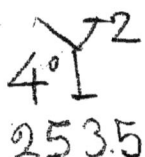

La Forêt vierge, 1er volume.

TABLE DES MATIÈRES

		Pages.
I.	Comment un contre-chouan et un officier bleu se rencontrèrent dans les ruines de l'abbaye de Beauport, et ce qu'il en advint.	1
II.	Où Cœur-d'Acier se dessine nettement.	14
III.	Où paraît le héros de cette histoire.	27
IV.	Comment Lucien et Tancrède se séparèrent.	38
V.	Quelle réception fut faite par M. Charette au général républicain.	50
VI.	Où le général de Bodegast croit presque aux fantômes.	62
VII.	Quel fut le résultat de la mission du général de Bodegast.	79
VIII.	De la grande joie que le kloarek causa à son frère.	94
IX.	Comment les émigrés débarquèrent dans la baie de Quiberon et ce qui en advint.	103
X.	Comment les républicains escaladèrent le fort Penthièvre et ce qui s'en suivit.	117

FIN DE LA TABLE

Sceaux. — Imp. Charaire et Cie.

LA FORÊT VIERGE

FANNY DAYTON

PAR

GUSTAVE AIMARD

PREMIER VOLUME

PARIS
ROY et GEFFROY, LIBRAIRES-ÉDITEURS
222, BOULEVARD SAINT-GERMAIN, 222

1893

LA FORÊT VIERGE

LE DÉSERT

LA FORÊT VIERGE, 3º volume.

TABLE DES MATIÈRES

LA FORÊT VIERGE. — LE DÉSERT

		Pages.
I.	Comment le général Bodegast rencontra une ancienne connaissance et ce qui en advint...	195
II.	Comment la caravane quitta Arkopolis ou Little-Rock...	208
III.	De quelle manière l'Eclair raconte à son ami la légende de la Mission Sainte-Marie...	221
IV.	Ce que c'était que la Mission Sainte-Marie...	235
V.	Comment Joé Smit et son compagnon furent rencontrés par un riche Mexicain et ce qui s'en suivit...	246
VI.	De quelle façon l'Eclair et l'Aigle-Rouge se présentèrent à leurs amis en compagnie de Milord...	260
VII.	Où notre ami Balle-Franche se dessine...	273
VIII.	Où certains de nos personnages éprouvent un instant de bonheur...	286
IX.	Où le général Bodegast tient un grand conseil-médecine...	299
X.	De la lettre que William's Dayton adressa à son ami le général Bodegast, et ce qui s'en suivit...	314
XI.	De quelle façon le colonel don Juan de Regla se punit de s'être laissé conduire dans un piège...	324
XII.	Comment Don Torribio et le Cœur-Bouillant écoutèrent la conversation des deux inconnus...	335
XIII.	Où les loups et les renards luttent de ruse...	348

LA FORÊT VIERGE

LE DÉSERT

PAR

GUSTAVE AIMARD

DEUXIÈME VOLUME

PARIS

H. GEFFROY, LIBRAIRE-ÉDITEUR

222, BOULEVARD SAINT-GERMAIN, 222

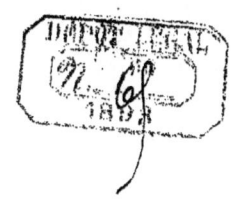

LA Forêt Vierge

LE VAUTOUR-FAUVE

La Forêt Vierge, 3º volume.

TABLE DES MATIÈRES

		Pages.
I.	Ce que signifie le proverbe espagnol *Andar por lana y volver trasquilado* et comment il reçoit son application....................	361
II.	Où le Cœur-Bouillant prend presque une revanche................	374
III.	Comment Balle-Franche faillit tomber de fièvre en chaud mal........	386
IV.	D'une piste que suivit le général Bodegast et où elle le conduisit.....	399
V.	Où Milord joue un rôle très honorable et est chaleureusement félicité.....	411
VI.	A quel homme le général avait sauvé la vie........................	422
VII.	Où les loups sont sur la même piste que les renards................	436
VIII.	De quelle façon Clair de Lune jugea à propos de châtier le Vautour-Fauve, et ce qui s'en suivit...............................	446
IX.	Comment les loups prirent leur revanche.......	459
X.	Comment l'abbé Gabriel et les autres prisonniers étaient traités par les Peaux-Rouges................	471
XI.	Où l'on voit Milord prendre l'emploi des grands premiers rôles seul, et sans partage............................	484
XII.	Où les confédérés peaux-rouges essuient un Waterloo, dix ans juste avant l'empereur Napoléon.....................	496
XIII.	Le doigt de Dieu......................	509

Sceaux. — Imp. Charaire et Cie.

LA FORÊT VIERGE

LE
VAUTOUR-FAUVE

PAR

GUSTAVE AIMARD

TROISIÈME VOLUME

PARIS

H. GEFFROY, LIBRAIRE-ÉDITEUR

222, BOULEVARD SAINT-GERMAIN, 222

LA FORÊT VIERGE

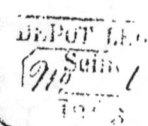

Il aperçut à quelques pas de lui un homme adossé au fût d'une colonne brisée...

PREMIÈRE PARTIE
FANNY D'AYTON

> ..... Une histoire triste, car vos yeux pourront pleurer; une histoire horrible, car vos chairs pourront frémir: une histoire merveilleuse, car vos sourcils s'élèveront, aussi bien que vos artères se crisperont, si vous la lisez comme il convient.
> Sir Walter Scott.

I

COMMENT UN CONTRE-CHOUAN ET UN OFFICIER BLEU SE RENCONTRÈRENT
DANS LES RUINES DE L'ABBAYE DE BEAUPORT, ET CE QUI EN ADVINT

Le bourg de Saint-Michel est un pauvre et misérable hameau, peuplé par quelques centaines de pêcheurs, maigres, hâves, souffreteux, vieux avant l'âge, et cruellement décimés par les fièvres paludéennes.

Ce village, sourdement et lentement miné par la mer, est à demi-enseveli sous les sables dont le lourd linceul se resserre de plus en plus autour de lui, jusqu'à ce que, dans un avenir prochain, il finisse par le recouvrir à jamais.

Or, le 6 mai 1791, ou, pour parler le langage du temps, le 16 prairial, an IV de la République française, une et indivisible, vers onze heures du matin, la population du bourg de Saint-Michel, si calme et si indifférente d'ordinaire, fut subitement mise en émoi par le bruit cadencé du pas d'un cheval, qui résonnait sur le cailloutis pointu de la seule rue du village.

L'arrivée d'un étranger à Saint-Michel, surtout à cette époque, était presque un événement; chacun se hâta de quitter son travail et de courir au seuil de sa porte.

Les curieux aperçurent alors un étranger, monté sur un courtaud fleur-de-pêcher, trapu et râblé, qui, après avoir sans doute traversé la *Lieue de Grève*, faisait au grand trot son entrée dans le village.

L'inconnu semblait ne s'occuper que médiocrement des regards qui, de tous côtés, pesaient sur lui.

C'était un homme de trente ans au plus, de haute taille, large d'épaules et d'apparence vigoureuse. Ses traits aristocratiques, fins et accentués, étaient éclairés par deux yeux noirs, à fleur de tête, bien fendus, au regard fier et doux à la fois; une longue moustache brune ombrageait sa bouche un peu railleuse, ourlée de lèvres charnues, d'un rouge vif, et garnie de dents magnifiques et d'une blancheur éclatante; ses cheveux, d'un noir bleu, encadraient son visage et tombaient presque sur son épaule; son teint bruni plutôt que brun, son front large et une expression d'insouciance altière, répandue sur sa physionomie, ses manières un peu brusques, ses gestes prompts, décidés, imprimaient à toute sa personne un cachet militaire que son costume bourgeois essayait vainement de dissimuler.

De même que tous les voyageurs de cette époque, l'inconnu portait des pistolets dans ses fontes, et peut-être en eût-on aperçu à sa ceinture, s'il avait entr'ouvert le manteau dans lequel il s'enveloppait soigneusement.

Arrivé devant une maisonnette d'apparence assez misérable, mais qui se distinguait des autres par une énorme branche de houx, attachée au-dessus de la porte, et qui la faisait reconnaître pour une auberge, le voyageur s'arrêta et jeta un regard circulaire autour de lui, indécis probablement s'il devait mettre pied à terre ou continuer sa route.

L'aubergiste avait flairé une pratique, chose rare en ce pays perdu; il se hâta de mettre fin à cette indécision, en s'approchant du voyageur, son bonnet de coton à la main, et en l'invitant obséquieusement à descendre chez lui.

— Peux-tu donner à déjeuner à mon cheval et à moi? demanda l'inconnu d'une voix nette et doucement timbrée.

— Je puis vous servir tout ce que vous désirerez, citoyen, répondit l'aubergiste.

— Hum! reprit en souriant le voyageur, tu t'avances un peu, mon maître; les étrangers ne doivent pas affluer dans ce pays.

— Raison de plus pour que les provisions ne manquent pas, citoyen.

L'étranger se mit à rire, descendit de cheval, se chargea de sa valise et jetant la bride à l'aubergiste :

— Pourvu que tu me donnes quelque chose à mettre sous la dent, je me tiendrai pour satisfait, dit-il d'un ton de bonne humeur.

— Vous serez mieux traité que vous ne le croyez, citoyen ; soyez tranquille.

— A la grâce de l'Être suprême ! reprit-il gaiement.

Il écarta alors la foule qui se pressait autour de lui, et il pénétra dans l'auberge sur les pas de l'hôte, qui avait ordonné à un gamin d'une quinzaine d'années de conduire le cheval à l'écurie.

L'inconnu s'assit sur un banc, devant une table boiteuse, sur laquelle il posa sa valise.

— Là, dit-il, et maintenant voyons ce fameux déjeuner.

— Je ne vous demande que cinq minutes ; est-ce trop, citoyen ?

— Non certes, aussi je t'en accorde dix.

— Oh ! alors, vous serez servi comme un représentant en mission.

Chose extraordinaire, de la part d'un aubergiste, breton surtout, l'hôtelier tint plus qu'il n'avait promis ; dix minutes plus tard le voyageur attaquait à belles dents un repas à la somptuosité duquel il était loin de s'attendre et qu'il arrosait largement, avec un petit vin pelure d'oignon, d'un bouquet et d'une saveur tout à fait réjouissants.

A l'écurie, le courtaud fleur-de-pêcher était dans la litière jusqu'aux oreilles : lui aussi s'en donnait à cœur joie.

Cependant les curieux, assez déçus dans leur attente, s'étaient peu à peu dispersés et avaient fini par abandonner complètement la place ; un seul homme alla nonchalamment s'asseoir sur un banc en pierre placé juste devant la porte de l'auberge ; peut-être cet homme n'avait-il rien à faire en ce moment, ou peut-être, ce qui était plus probable encore, avait-il un intérêt particulier à ne pas s'éloigner.

Il tira de la coiffe de son chapeau à larges bords une pipe au fourneau noirci par l'usage, au tuyau microscopique, la bourra, puis, après l'avoir allumée, il la plaça dans un coin de sa bouche et commença à fumer, les yeux demi-clos et le menton appuyé sur ses mains réunies sur l'extrémité de son *pen-bas*, ce bâton dont les Bretons ne se séparent jamais et qu'ils manient d'une façon si redoutable.

Cet homme, âgé d'au moins quarante-six ans, paraissait vigoureux et actif ; ses traits énergiques avaient une expression singulière qui repoussait et attirait à la fois ; il se trouvait dans cette physionomie sauvage un mélange d'astuce, d'audace, de férocité et de bonté impossible à analyser.

C'était un de ces êtres créés par de robustes parents, un type complet du paysan breton, exposé nu depuis sa naissance à tous les vents du ciel, durci par le froid, tanné par la bise, qui avait atteint l'âge d'homme, sans chair, sans nerfs, sans épiderme, n'ayant plus sur ses os et ses tendons de fer qu'un cuir d'un rouge de brique, imperméable à la pluie et au soleil, au froid et à la chaleur.

Ce singulier personnage demeura longtemps immobile à la place qu'il avait choisie, lâchant avec une régularité mathématique d'épaisses bouffées de fumée; puis, à un certain mouvement qui s'opéra dans l'auberge, il éteignit sa pipe, secoua à deux ou trois reprises sa crinière fauve et rude comme celle d'un lion, jeta un regard sournois autour de lui, se leva, rajusta sa peau de bique, rabattit sur ses yeux les ailes de son chapeau et s'éloigna d'un pas si rapide qu'un cheval au trot aurait eu peine à le suivre.

Un quart d'heure plus tard l'inconnu sortit de l'auberge, remonta sur son cheval, et, après avoir échangé un adieu cordial avec l'hôtelier, il quitta le village en suivant la direction précédemment prise par le mystérieux paysan.

Mais sans doute l'étranger, maintenant que son appétit était satisfait, n'avait aucune raison de se presser, car il laissa prendre à sa monture une allure paisible qui permettait tout au plus de faire une lieue et demie à l'heure.

Cependant, lorsqu'il fut sorti du village, et loin de tout regard curieux, l'étranger fit entendre un léger sifflement, bien connu sans doute du courtaud, car celui-ci dressa subitement les oreilles et commença à filer comme une flèche, malgré son apparence lourde et pacifique.

Il maintint cette allure d'une façon tellement soutenue que, vers sept heures du soir, il pénétra au galop dans les ruines de l'abbaye de Beauport, fondée en 1269 par Alain d'Avaugour, comte de Penthièvre, de Tréguier et de Guëllo.

Arrivé à l'entrée de l'église presque détruite et qui n'avait plus pour toit que le ciel, l'inconnu sauta lestement à terre, jeta la bride sur le cou de son cheval, et sans plus songer à lui il pénétra dans l'église, monta sur une pierre tombale, et bientôt il fut complètement absorbé dans la contemplation de l'admirable paysage qui se déroulait sous ses yeux.

Le soleil, fort bas à l'horizon, n'allait pas tarder à disparaître; au loin, on apercevait l'île de Bréhat entourée de ces inombrables rochers de granit rose si bizarrement taillés par les tempêtes et qui semblaient des sphinx accroupis dans l'écume de la mer; çà et là, au fond des havres qui dentelaient la côte, se dessinaient des villages de pêcheurs, avec leurs maisonnettes rouges et leurs toits pointus et ardoisés; les voiles des caboteurs et des bateaux de pêche, qui regagnaient la côte, flottaient comme des ailes d'alcyons, dans la brume de l'Océan; sur l'arrière-plan, à la ligne d'horizon, on distinguait les masses confuses et menaçantes des vaisseaux de haut bord de la croisière anglaise tenus en respect par les batteries de la plage.

L'air était pur et chaud : la brise frissonnait mystérieusement à travers les blés noirs, emportant au loin leurs fraîches senteurs de miel; les oiseaux voletaient dans les ruines en chantant à pleine gorge; à droite et à gauche se déroulaient de vertes vallées, diaprées de pâquerettes blanches et de primevères jaunes, séparées par des haies d'aubépines et de troènes que brodaient des églantiers et des chèvrefeuilles odorants.

Les taureaux mugissaient en retournant à l'étable; les bergers se répondaient du haut des collines, les merles sifflaient dans les sureaux, les chiens aboyaient en ramenant les moutons; ces mille bruits du soir qui s'élevaient de toutes parts comme un hymne au Créateur, se confondaient en une ineffable harmonie qui attendrissait l'âme et poétisait la pensée.

Seul dans cette ruine majestueuse et abandonnée, éclairée par les derniers rayons du soleil couchant qui jaillissaient en gerbes pourprées à travers les dentelures du cloître, le voyageur, songeant sans doute au contraste terrible que formait cette nature calme et reposée avec les événements sinistres et affreux qui désolaient en ce moment cette malheureuse contrée, livrée à toutes les horreurs de la guerre civile, implacable et sans merci, l'inconnu, disons-nous, passa la main sur son front, il se sentit attendri, un éclair illumina son regard, un doux sourire plissa les commissures de ses lèvres, et il murmura, sans y songer peut-être, ces paroles qui résumaient les diverses émotions que tour à tour il avait éprouvées :

— *Vad è beva hirio!* phrase essentiellement bretonne, et qui, dans le poétique dialecte de Tréguier, signifie : Il fait bon vivre aujourd'hui !

— Oui, n'est-ce pas, général? répondit aussitôt une voix railleuse avec un accent profond.

L'inconnu fronça le sourcil, se retourna vivement et fixa un regard menaçant vers le point où s'était fait entendre cette voix qui semblait être un écho ironique de sa propre pensée.

Il aperçut alors, à quelques pas de lui seulement, un homme vêtu comme les paysans bas-bretons, adossé au fût d'une colonne brisée et les deux mains réunies sur l'extrémité d'un énorme *pen-bas*.

Cet homme était celui que nous avons vu si obstinément arrêté devant l'auberge du bourg de Saint-Michel.

L'expression du visage de l'inconnu changea subitement ; il sourit d'un air de bonne humeur et il s'élança la main tendue vers le paysan en s'écriant avec une joyeuse surprise :

— Hervé Kergras ! toi ici ?

Au mouvement de l'inconnu, le paysan s'était redressé et avait franchi, presque en courant, la moitié de la distance.

Les deux hommes tombèrent dans les bras l'un de l'autre et se tinrent longtemps embrassés.

— J'allais chez toi, Hervé, dit enfin l'inconnu.

— Je le sais, monsieur Lucien, répondit le paysan, voilà pourquoi je suis venu.

— Mais comment as-tu connu mon arrivée ?

— Je vous suis depuis Plestain, répondit-il avec un sourire.

— Voilà qui est singulier ! Comment se fait-il que je ne t'aie pas encore aperçu ?

— Ah ! ah ! vous êtes toujours curieux, il me semble !...

— Je l'avoue.

— Eh bien, monsieur Lucien, je me tenais à distance, je veillais sur vous de loin, sans me montrer ; dame ! quand on revient au pays après une longue absence, ajouta-t-il en hochant la tête, le cœur le plus fort s'émeut ; l'âme s'ouvre au souvenir des anciens jours ; on a besoin d'être seul, afin de se laisser aller sans contrainte aux joies du retour ; je n'ai pas voulu vous priver de ce bonheur qui vient de Dieu et qui, pour quelques instants du moins, nous fait oublier les défaillances de l'esprit et nous rend meilleurs.

— Merci, Hervé, dit avec émotion celui que deux fois déjà le paysan avait nommé Lucien; merci! je suis heureux de te revoir.

— Et moi aussi, je suis heureux; j'ai bien souvent pensé à vous, allez!

— Je n'en doute pas! car tu m'aimes comme si j'étais ton enfant, mon brave nourricier.

Il lui serra de nouveau la main.

Il y eut un court silence; la nuit était tout à fait tombée.

— Il faudrait partir, sans vous commander, not'monsieur, reprit Hervé; les routes ne sont pas sûres à cette heure, surtout pour un officier de la République, ajouta-t-il avec intention.

Le jeune homme sourit.

— Bah! dit-il avec insouciance, le danger, c'est mon élément!

— Oui, oui, vous êtes brave, trop peut-être.

— On ne l'est jamais trop, Hervé.

— C'est juste! c'est dans le sang, cela; il n'y a rien à y faire. Partons-nous, not'monsieur?

— Un instant encore, Hervé.

— Comme il vous plaira!

— Je voudrais t'adresser une question.

— Faites!

— Mais à une condition.

— Laquelle?

— Que tu me répondras franchement.

— Hum! hum! C'est égal! allez toujours, monsieur Lucien.

— Mon voyage est un secret; je suis chargé d'une mission importante... Comment se fait-il?...

— Que j'aie connu votre arrivée? interrompit-il vivement. Parce que j'avais intérêt à la connaître, monsieur Lucien; un secret connu de plusieurs personnes n'en est plus un; l'armée républicaine fourmille d'espions; la venue en ce pays d'un aide de camp du général Marceau devait éveiller la curiosité, exciter l'inquiétude; depuis l'instant où vous avez quitté le camp républicain, vous avez été suivi et surveillé; on connaît les motifs de votre voyage ici, la mission dont vous êtes chargé pour le général Charette; ne froncez pas les sourcils, monsieur Lucien, ayez meilleure opinion de moi; votre père nourricier n'est ni un traître, ni un espion; depuis dix générations nous sommes dévoués à votre famille; notre sang a toujours coulé comme de l'eau sur un signe des Caro de Bodegast.

— Je ne t'accuse pas, Hervé, répondit l'officier avec hésitation et en détournant légèrement la tête, mais...

— Mais vous avez de la méfiance, monsieur Lucien, interrompit brusquement le paysan. Eh! je ne vous en veux pas; la méfiance est dans l'air aujourd'hui, à l'ordre du jour, ainsi que vous dites, vous autres militaires; la trahison est partout; le père dénonce le fils, le frère dénonce la sœur, la mère dénonce ses enfants et son mari, tant la peur de la mort rend lâche; il n'y a plus de Dieu, plus de croyances, partant, plus de dévouement, plus de loyauté ; il n'y a que la nation qui fauche la Bretagne comme on fauche les blés mûrs, pour la régénérer, dit-elle, par un bain de sang ; les patriotes qui égorgent les nobles et les seigneurs qui, réduits aux abois, acculés dans leurs derniers repaires, se font tuer par orgueil en sacrifiant sans pitié tous ceux qui ont été assez niais pour s'attacher à leur fortune ; donc, vous avez raison de vous méfier ; le sol que vous foulez est brûlant ; cette terre est maudite ; se méfier, c'est garder sa vie, et pourtant, qui m'aurait empêché de vous trahir si j'en avais eu la pensée ? Rien. Je ne l'ai pas fait parce que, je vous le répète, je vous aime, et puis, je vous ai promis d'être franc avec vous, n'est-ce pas ? eh bien ! sachez que nous défendons la même cause, monsieur Lucien.

— Tu es patriote, toi, Hervé ? s'écria l'officier avec surprise.

— Je suis contre les seigneurs, dit-il sèchement. Si vous étiez moins nouveau dans le pays, vous auriez entendu parler déjà de Cœur-d'Acier.

— Comment, ce féroce chef de contre-chouans, ce partisan farouche, certes, j'en ai entendu parler, souvent même, comme d'un ennemi implacable des rebelles.

— Ah ! vous connaissez Cœur-d'Acier, reprit-il avec une expression singulière.

— Beaucoup, de réputation.

— Eh bien ! regardez-moi, monsieur Lucien, et vous le connaîtrez de vue aussi ; Cœur-d'Acier, c'est moi !

— Toi ! Hervé ! s'écria-t-il avec stupeur.

— Moi, oui. Supposez-vous encore que je veuille vous trahir, monsieur Lucien ? Comprenez-vous maintenant pourquoi je suis si bien au courant de tout ce qui vous regarde ?

— Voilà ma main, Hervé ; qu'il ne soit plus question de tout cela entre nous ; cependant, je t'avoue que ma surprise est grande de te voir des nôtres.

— Les raisons en sont cependant bien simples, reprit-il avec un mélancolique sourire. Croyez-moi, monsieur Lucien, la nuit est noire ; vous n'avez, quant à présent, rien à faire à Paimpol. La *personne* que vous comptiez y rencontrer, — et il appuya avec intention sur ce mot, — cette personne ne s'y trouve pas en ce moment. Restons ici : nous serons bien gardés et nous causerons tout à notre aise. Nous en avons long à nous dire : demain il fera jour. Qu'en pensez-vous ?

— Je m'abandonne à toi, Hervé ; fais ce qui te plaira. En effet, rien ne presse, dit-il avec un soupir étouffé.

— Bon ! c'est convenu, alors... A propos, avez-vous appétit ?

— « A propos » me semble charmant, répondit en souriant l'officier ; je meurs littéralement de faim.

— C'est vrai, où donc ai-je la tête, moi ? Vous n'avez rien pris depuis le repas que vous avez fait à Saint-Michel. Tant mieux, notre garde-manger est bien garni, venez !

— Où me conduis-tu ?

— A quelques pas seulement. Venez toujours, puisque je vous en prie.

— Laisse-moi seulement attacher mon cheval; je ne me soucie pas de le perdre.

— Votre courtaud est depuis une demi-heure dans la litière jusqu'au cou; ne vous occupez pas de lui.

— Alors, marche, je te suis !

Et il s'enfonça résolument dans les ruines à la suite de son guide.

Après avoir traversé des amas de décombres, au risque de se rompre vingt fois le cou, et au milieu desquels Hervé marchait d'un pas aussi sûr que s'il eût été sur une grande route, le général se trouva subitement sur la lèvre d'un trou béant, au pied de ce qui, avant la ruine de l'édifice, avait été le grand autel du chœur.

Malgré lui le jeune homme fit un brusque mouvement de retraite à la vue du gouffre ouvert sous ses pas.

— Attendez, dit Hervé en le retenant fortement par le bras.

Le paysan pencha le corps en avant, parut écouter, puis il poussa un cri imitant à s'y méprendre celui de l'orfraie.

Un cri semblable lui répondit, semblant sortir des entrailles de la terre.

Presque aussitôt une lueur, d'abord indistincte mais qui grandit rapidement, éclaira le fond du trou, et laissa apercevoir la vis contournée d'un escalier de pierre.

— Maintenant nous pouvons descendre, dit Hervé, venez, monsieur Lucien.

— Le jeune homme hésita.

— Où diable me conduis-tu? fit-il.

— Bon, avez-vous peur? nous descendons dans les caveaux de l'abbaye. Aussitôt que nous serons en bas, la dalle sera replacée, toute trace de notre passage aura disparu.

— Très bien, mais après, comment sortirons-nous ?

— Que cela ne vous inquiète pas ! Ces souterrains, ignorés aujourd'hui que les pauvres diables de moines de l'abbaye sont morts ou dispersés, s'étendent assez loin dans plusieurs directions, ils ont des sorties dans la campagne; ce n'est que par hasard que j'ai découvert cette cachette. J'en ai fait un de mes refuges préférés, lorsque mes affaires m'amènent de ce côté. Venez, on nous attend.

Hervé passa alors devant le jeune homme. Celui-ci, cela va sans dire, le suivit immédiatement.

Après avoir descendu vingt et quelques marches, ils atteignirent le sol du souterrain. Ils se trouvèrent alors dans une salle voûtée, assez vaste, soutenue par des piliers monolithes, espèce de carrefour dans lequel aboutissaient plusieurs galeries.

Un homme les attendait, une torche à la main, au pied de l'escalier.

— Tout est-il en ordre? demanda Hervé.

— Oui, répondit laconiquement le porte-torche.

Un bruit assez fort que le général entendit au-dessus de sa tête, lui apprit que la dalle était retombée sur le trou par lequel il était descendu.

Sur un geste d'Hervé, le porte-torche précéda les deux hommes et s'engagea dans une galerie latérale.

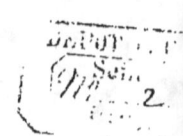

Cet individu opposait une résistance désespérée à la violence qui lui était faite.

Ils atteignirent bientôt une autre salle, de moindre dimension que la première et assez éclairée pour que toutes les parties en fussent visibles.

Le guide éteignit sa torche devenue inutile.

Une quinzaine d'individus, vêtus à peu près comme les chasseurs du roi et armés jusqu'aux dents, étaient étendus sur des bottes de paille et dormaient, le fusil à portée de la main.

Cinq ou six autres, assis autour d'une table, le fusil entre les jambes, buvaient du cidre en causant à voix basse.

Ces buveurs, absorbés sans doute par leur conversation, se contentèrent de saluer l'arrivée de nos deux personnages par un léger signe de tête, sans autrement se déranger.

Hervé conduisit le général à une table placée dans un coin de la salle, et sur laquelle un repas copieux, composé de mets choisis, était disposé; sur une invitation muette de l'officier, le paysan s'assit en face de lui.

— Voici le repas promis, monsieur Lucien dit gaiement Hervé, commencez l'attaque.

— Pardieu ! la surprise est agréable, mon gars, répondit le jeune homme.

Et sans plus de cérémonie, il se mit à manger, avec ce bienheureux appétit de la jeunesse que rien ne saurait arrêter.

En général, les hommes doués d'un caractère énergique et voués à la vie actives sont sobres; ils ne mangent que par nécessité, sans se préoccuper du plus ou moins de saveur des mets, comme s'ils accomplissaient un devoir, la plupart du temps sans causer ; contraints par les hasards de leur existence accidentée à tenir toujours leurs facultés en éveil, ces hommes, dont chaque seconde est une lutte, chaque heure un audacieux défi porté à la mort, méprisent ces jouissances matérielles qui les amolliraient et les rendraient incapables de faire face à l'improviste aux dangers de toutes sortes qui sans cesse les menacent.

Le souper dura à peine une demi-heure. Il eût été plus court encore sans doute, si Cœur-d'Acier n'avait pas été à cinq ou six reprises différentes contraint de répondre à certains individus qui venaient les uns après les autres lui chuchoter quelques mots à l'oreille, et quittaient le souterrain immédiatement après.

Ces colloques mystérieux intriguaient fort l'officier républicain, mais, par convenance et surtout par discrétion, il feignait de ne point s'en occuper et continuait à manger silencieusement.

Cependant, au bout de quelques instants, il repoussa son assiette en homme complètement repu, et s'appuya sur le dossier de son siège, dans cette pose abandonnée du convive dont l'appétit est satisfait.

— Prendrez-vous un verre d'eau-de-vie pour vous rincer la bouche, général ? dit Hervé en lui passant la bouteille.

— Merci, mon ami, répondit-il nonchalamment, je ne bois jamais de liqueurs.

— Il paraît que vous avez conservé vos anciennes habitudes ; eh bien ! à votre santé, alors.

Il remplit son verre et le vida d'un trait.

— Et toi, tu as conservé les tiennes, observa en souriant l'officier.

— Que voulez-vous, notre monsieur, répondit-il avec une feinte insouciance, il faut bien combattre le brouillard.

— C'est juste; mais maintenant que nous avons réparé, et amplement, je dois le dire, nos forces épuisées par une longue abstinence, que faisons-nous, Hervé ?

— Ne m'interrogez pas, monsieur Lucien, je vous prépare une surprise.
— Une surprise ?
— Oui, laissez-moi faire. Vous devez, n'est-ce pas, vous rendre auprès de certains chefs vendéens : eh bien ! qui sait ? fit-il avec un sourire narquois, peut-être vous faciliterai-je les moyens de vous aboucher avec eux plus tôt que vous ne le supposez.
— Je ne te comprends pas, Hervé.
— Possible, monsieur Lucien, mais moi je m'entends. Je vous ai promis d'être franc avec vous ; je veux l'être tout à fait. Bien que vous soyez de vieille race bretonne, vous avez quitté votre pays trop jeune et vous avez voyagé dans des contrées trop éloignées pour avoir conservé un souvenir bien net de cette antique terre armoricaine qui est la patrie de vos aïeux ; vous aviez quatorze ans, il m'en souvient comme si c'était aujourd'hui, lorsque vous avez pris congé de M. le marquis de Bodegast, votre père, et, après avoir reçu sa bénédiction, êtes sorti du château de la Lande, pour aller rejoindre en Amérique le marquis de La Fayette. Alain Kergras, mon fils aîné, le filleul de votre noble et sainte mère et votre frère de lait, vous accompagnait seul. Il y a près de dix-sept ans de cela, notre monsieur ; depuis, cette fois est la première que vous foulez vos bruyères natales.
— Tout ce que tu me dis est vrai, Hervé, mais je ne vois pas encore où tu veux en venir.
— Patience, monsieur Lucien, j'y arrive ; apparenté avec les plus puissantes familles du pays, portant un des plus nobles noms de notre chère Bretagne, vous avez accepté la tâche difficile d'entamer des relations avec les chefs rebelles, et de les amener peut-être à déposer les armes. Cette mission est grande, généreuse, digne de vous, mais, je dois vous le dire, je crains qu'elle ne soit au-dessus de vos forces.
— Je ne te comprends pas. Que veux-tu me donner à entendre ?
— Ceci tout simplement, monsieur Lucien : un gouffre immense s'est creusé entre 1778 et 1795, gouffre que rien ne saurait combler. Ces deux époques, si rapprochées en apparence, sont séparées en réalité par plus d'un siècle. On marche vite en temps de révolution. En Bretagne comme ailleurs, la Révolution a accompli son œuvre ; l'esprit des armées vendéennes est au moins aussi républicain que celui qui anime les armées de la Convention.
— Allons donc ! tu es fou ; que diable me dis-tu là ?
— La vérité, monsieur Lucien ; les premiers et les plus grands chefs vendéens étaient et sont encore d'anciens paysans ou gardes-chasse, et de petits gentilshommes, à commencer par le fameux saint du Poitou, Cathelineau, qui faillit s'emparer de Nantes ; Louis Treton, surnommé *Jambe-d'Argent*, un mendiant ; Stofflet, l'ancien garde-chasse de M. de Maulévrier ; Jean Cottereau, le faux saulnier, le chef de la famille Chouan, le gars manceau, comme on l'appelait, et tant d'autres, jusqu'à Marigny, Boishardy et Charette qui ne sont que de petits gentilshommes. Les premiers combattaient et combattent encore pour leur foi religieuse et la liberté de leurs communes ; les autres, pour se mettre au-dessus de la haute noblesse et acquérir une indépendance relative qui leur permette d'aspirer aux grandes charges de la cour. Le nom du roi

n'est que le drapeau sous lequel ils s'abritent, mais, en réalité, peu importe aux chefs vendéens, et ils ne se soucient guère du retour des Bourbons. Paysans, robins, prêtres, grands seigneurs et petits gentilshommes vivent pêle-mêle entre eux dans l'égalité la plus complète, combattant plutôt parce qu'ils se savent trop compromis pour être acceptés dans les rangs républicains, que par dévouement à une cause qu'ils considèrent eux-mêmes comme perdue. N'oubliez pas ceci, monsieur Lucien ; les paysans seuls ont, comme des imbéciles, commencé la révolte, croyant venger leurs prêtres proscrits et leur religion méprisée : les nobles ne se sont décidés à prendre les armes que contraints et forcés par leurs anciens vassaux qui les ont obligés à marcher avec eux et à se mettre à leur tête. L'idée royaliste dont on fait aujourd'hui si grand fracas n'est venue qu'après, parce qu'il fallait un prétexte sérieux à ce grand soulèvement. Toute l'histoire de la Vendée est là. Dans vingt ans d'ici, ces provinces qui aujourd'hui luttent avec tant d'acharnement, seront le centre et le foyer le plus actif des idées démocratiques, comme elles sont maintenant, malgré elles, le refuge des prétentions royalistes.

— Oui, dit le jeune homme d'un air pensif, il y a du vrai dans ce que tu me racontes, Hervé.

— Il est donc fort difficile, reprit le partisan, de traiter avec les hommes auprès desquels on vous envoie ; sentant leur fausse position, ils mettent en avant des opinions qu'ils n'ont pas, afin de cacher les ambitions qui les dévorent ; ennemis les uns des autres, ils ne cherchent qu'à se nuire. Chacun d'eux est prêt à sacrifier ses rivaux, à condition d'obtenir pour soi-même des résultats plus avantageux ; par cela même ils sont plus difficiles, non pas à convaincre, mais à amener à une négociation loyale ; la désorganisation morale est si grande parmi eux que la trahison est la base de toutes leurs transactions, non seulement vis-à-vis des généraux républicains avec lesquels ils traitent, mais encore entre eux ; ils brûlent, ils pillent et ils fusillent sous le plus futile prétexte ceux de leurs adhérents dont ils soupçonnent la fidélité ; en résumé, ils ont organisé en Bretagne et dans le Bocage une terreur qui laisse bien loin derrière elle tous les arrêts du Comité de salut public.

— Que faire à cela, mon ami? Comment parvenir à s'entendre avec de pareils hommes?

— Répondre par la loyauté à la trahison ; se présenter franchement à eux, non pas sous le nom roturier et sans valeur à leurs yeux du commandant Alain Kergras, aide de camp du général Marceau, mais sous celui qui vous appartient, monsieur Lucien, c'est-à-dire le chef de brigade ou, si vous le préférez, le général Lucien Caro de Bodegast, chargé des pleins pouvoirs du général en chef et autorisé à traiter en son nom.

— Comment as-tu découvert?

— N'est-ce pas mon métier de savoir tout? fit-il en haussant les épaules. Mon fils, le commandant Kergras, est à Paimpol, je l'ai vu ; il nous rejoindra au lever du soleil ; mieux vaut, croyez-moi, agir en franc et loyal soldat. Comment voulez-vous que les hommes avec lesquels vous désirez vous aboucher prennent confiance en vous, si vous commencez par les tromper? Quel fonds peuvent-ils faire sur votre parole?

— Tu as raison, Hervé, je suivrai ton conseil.

— Vous ferez bien, monsieur Lucien; voilà pour quel motif je vous ai si longtemps suivi et pourquoi je vous ai prié de passer avec moi la nuit dans ces ruines. J'avais un autre motif encore : ce motif vous allez le connaître. Afin de vous mettre à même de juger par vous-même les hommes avec lesquels vous ne tarderez pas à entamer des négociations, j'ai fait adroitement semer la nouvelle dans les paroisses des environs que cette nuit je me trouverais ici avec quelques hommes seulement. Malgré l'armistice, les blancs se sont immédiatement réunis, ils ont résolu de m'enlever, afin de se venger du mal énorme que je leur fais continuellement. Avant une heure ils arriveront. Voilà la surprise que je vous ménageais. Vous les verrez et vous les jugerez. Êtes-vous satisfait?

— Certes! mais ne crains-tu pas?

— Mes précautions sont prises en conséquence; je leur ai préparé un piège dans lequel ils donneront tête baissée. Soyez tranquille. Seulement, quoi qu'il arrive, promettez-moi de conserver le plus strict incognito. Vous comprenez combien il est important pour vous de ne pas être reconnu tout de suite.

— Je te le promets, Hervé, mais à la condition que tu ne te laisseras pas entraîner à commettre un de ces actes qui t'ont conquis une si terrible réputation.

— Bah! fit-il en vidant un énorme verre d'eau-de-vie, à la guerre comme à la guerre, monsieur Lucien; maintenant, une dernière recommandation, s'il vous plaît.

— Laquelle, mon ami?

— Enveloppez-vous dans votre manteau, rabaissez les ailes de votre chapeau sur les yeux, et asseyez-vous là, tenez, dans l'ombre, afin qu'on ne puisse voir votre visage.

— Soit! répondit le jeune homme en faisant docilement ce que le contrechouan lui demandait; mais tu oublies de me répondre.

— A quoi bon, monsieur Lucien? fit-il en haussant les épaules; les circonstances décideront de ce qu'il conviendra de faire. Ne vous inquiétez pas de cela.

L'officier républicain n'insista pas, mais ses sourcils se froncèrent, et, appuyant le coude sur la table et la tête dans la main, il se plongea dans de profondes réflexions.

Hervé Kergras jeta un regard circulaire dans la salle.

Tous les contre-chouans, debout et immobiles, attendaient silencieusement ses ordres.

Il fit un signe.

Presque aussitôt toutes les lumières s'éteignirent à la fois, sauf une seule, et la salle se trouva instantanément plongée dans une demi-obscurité.

— Maintenant, dit Hervé, chacun à son poste, il est temps!

Les contre-chouans sortirent.

Hervé s'assit en face de l'officier républicain, le regarda pendant un instant avec une expression singulière, haussa les épaules, bourra sa pipe, l'alluma, la plaça au coin de sa bouche, s'enveloppa d'un nuage de fumée et attendit.

Son attente ne fut pas de longue durée.

II

OU CŒUR-D'ACIER SE DESSINE NETTEMENT

Quelques minutes s'écoulèrent pendant lesquelles les deux hommes n'échangèrent pas une parole.

Au dehors régnait un silence de mort.

Soudain, le cri de l'orfraie se fit entendre à deux reprises. A peine l'écho de ce cri lugubre et de sinistre augure s'était-il éteint sous les voûtes sombres du souterrain qu'un bruit pressé de pas résonnait au dehors, et, au bout d'un instant, plusieurs contre-chouans entrèrent dans la salle.

Ils conduisaient un homme au milieu d'eux.

Comme cet individu opposait une résistance désespérée à la violence qui lui était faite, les gens qui le tenaient le contraignaient à marcher en le poussant brutalement et en lui appliquant de vigoureux coups de crosse dans les reins et dans les jambes.

Les partisans amenèrent le prisonnier devant leur chef.

Ce prisonnier était presque un enfant : il paraissait avoir dix-sept ans à peine ; il était mince, fluet, mais bien pris dans sa petite taille ; ses traits étaient beaux, intelligents, doux ; ses yeux, grands et à fleur de tête, pétillaient de malice et de bonne humeur.

Une expression d'audace craintive, s'il est possible de s'exprimer ainsi, répandue sur sa physionomie un peu hautaine, lui imprimait un inexprimable cachet d'étrangeté.

Ce singulier personnage, aux cheveux bruns, longs et soyeux comme de la soie, aux pieds petits et cambrés et aux mains mignonnes, portait avec une charmante crânerie le pittoresque costume des *gars* du pays de Tréguier.

— Voilà l'espion ! dit un des partisans à Hervé.

Le jeune homme se retourna brusquement.

— Eh ! dà ! pas de mauvaises plaisanteries, l'homme, s'il vous plaît ! s'écria-t-il moitié riant, moitié pleurant. Espion vous-même, malhonnête ! Sachez que le fils de ma mère n'a jamais espionné personne.

— C'est bon ! reprit l'autre en ricanant ; réponds au chef.

— Eh bien ! où est-il, votre chef ? on n'y voit pas ici, c'est un vrai casse-cou !

— Retiens ta langue, mon gars, et n'use pas les paroles en sottes menteries ; tu auras besoin bientôt de tout ton courage pour te défendre, dit sèchement Hervé.

L'enfant tressaillit au son de cette voix qu'il semblait bien connaître ; il baissa les yeux, salua avec une feinte gaucherie, en tournant son chapeau entre ses doigts, et se tut.

— Où as-tu trouvé cet homme, Tête-de-Plume ? reprit Hervé en s'adressant au contre-chouan qui déjà avait parlé.

— Sauf votre respect, il était blotti comme un lièvre au gîte derrière la tombe de l'ancien prieur.

— Je dormais, se récria vivement l'enfant.

— Possible, mon gars, reprit l'autre, mais alors tu dormais les yeux ouverts, comme les coucous.

— A-t-il essayé de fuir ?

— Pour cela, oui. Il glissait entre mes mains comme une couleuvre. Il s'en est fallu de bien peu qu'il ne réussît à s'échapper.

— C'est bien.

— Faut-il me retirer ?

— Non, attends. J'aurai peut-être besoin de toi.

Tête-de-Plume, espèce de géant, aux traits labourés par la petite vérole, ce qui donnait une expression repoussante à sa physionomie sombre et sournoise, sourit d'un air sinistre en dirigeant sur l'enfant l'éclair railleur de ses yeux gris.

Hervé examina un instant avec la plus curieuse attention le prisonnier, toujours immobile devant lui.

— A ton tour, lui dit-il enfin.

— Je suis prêt à répondre, mon bon monsieur, fit l'enfant avec un salut.

— C'est ce que nous allons voir, reprit-il rudement. Et d'abord, pourquoi, depuis le coucher du soleil, rôdes-tu comme un oiseau de nuit autour des ruines ?

— Oh ! quant à ça, je ne rôdais pas, mon bon monsieur, dit-il d'une voix si douce que, malgré lui, l'officier républicain releva la tête et le regarda, surpris par ce timbre mélodieux qui frappait à l'improviste son oreille.

— Que faisais-tu ? reprit Hervé.

— Je cherchais une place, voilà tout.

— Une place, pourquoi faire ?

— Pour dormir, donc ! est-ce qu'il n'est pas l'heure ? Vos hommes ne m'ont-ils pas trouvé couché derrière une tombe ?

— Écoute-moi, fit Hervé en lui posant lourdement la main sur l'épaule, et surtout ne cherche pas plus longtemps à me tromper ; ce jeu serait, je t'en avertis, dangereux pour toi.

Le jeune homme fit un geste de dénégation.

Hervé reprit ;

— Comment te nommes-tu ?

— Yvon Mareck, not' monsieur ; je suis le fils cadet au père Mareck, le métayer de la saulaie d'Avaugour. Ce matin, un peu avant le lever du soleil, j'ai quitté la maison pour me rendre au château de Kergoat où j'avais affaire. Je suis resté deux heures au château, puis je suis allé à Paimpol...

— Que tu as quitté à trois heures, en disant que tu retournais à la ferme de ton père... Comment se fait-il qu'on te rencontre ici, à cette heure de nuit, loin de Paimpol et tournant le dos à ta paroisse? Réponds, et réponds franchement, si tu ne veux pas qu'il t'arrive mal par ta faute.

Le jeune gars secoua deux ou trois fois la tête d'un air dépité.

— C'est un guignon! murmura-t-il. Pour sûr, il y a un sort sur moi. Depuis huit jours rien ne me réussit. Le Korrigan est à mes trousses. C'est fini de rire.

— Répondras-tu? reprit Hervé au bout d'un instant.

— Que voulez-vous que je vous réponde, mon bon monsieur? fit-il avec résignation; vous savez tout.

— Peut-être, mais il est une chose que je veux que tu me dises.

— Laquelle, s'il vous plaît?

— Ce que tu faisais dans les ruines.

— Je vous l'ai dit.

Hervé haussa les épaules.

— C'est bon! nous verrons si je ne réussirai pas à te délier la langue. Tête-de-Plume, ajouta-t-il, eh! mon gars, serre-lui les pouces un brin, pour voir.

Le géant s'approcha avec empressement. Il tenait à la main une cordelette fine et tordue en trois, semblable à celles dont se servent les charretiers pour faire des mèches à leurs fouets.

— Voilà, dit-il avec un gros rire. Avancez sensément vos mains, un peu, eh! le petit gars!

Mais le jeune homme se jeta brusquement en arrière avec épouvante; son visage devint livide.

— Non, non, s'écria-t-il, pas cela!... pas cela! au nom du ciel! je vous en conjure, je dirai tout.

— Ah! bien, merci! en v'là un petit qui est douillet; j'l'ai pas tant seulement touché, fit Tête-de-Plume en ricanant.

— Bien! reprit Hervé; retire-toi, Tête-de-Plume. Allez! mes gars, retournez à vos postes; votre présence est inutile ici maintenant, cet enfant parlera.

Le géant s'éloigna en grommelant, suivi par ses camarades. Bientôt il ne resta plus dans la salle que l'officier républicain, Hervé et le prisonnier.

Celui-ci était pâle, défait, une sueur froide inondait son visage; il ne se soutenait qu'avec peine, bien qu'il fît des efforts inouïs pour conserver une contenance ferme et assurée.

Il y eut un instant de silence.

Hervé reprit enfin la parole, mais d'un ton complètement différent de celui qu'il avait employé jusque-là.

— Pauvre enfant! dit-il avec une douce pitié, tout danger a cessé pour vous; rassurez-vous donc. Cette torture affreuse dont je vous ai menacé, je n'aurais pas consenti à vous la laisser subir. La leçon terrible que vous venez de recevoir vous profitera-t-elle? je l'ignore : croyez-moi, renoncez à jouer plus longtemps un rôle dans cette lugubre tragédie. Ce rôle pèserait trop lourdement sur vos faibles épaules. La mission, en ce monde, de ceux qui vous ressemblent, se résume en deux mots : amour, dévouement. Laissez-

LA FORÊT VIERGE

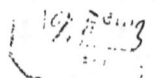

Le Klouarek écarta les chouans et releva les fusils des hommes du piquet de Tête-de-Plume.

nous, nous autres hommes, remplir la rude et redoutable tâche que la fatalité nous impose, sans venir étourdiment, pauvre oiseau sans défense et sans force, vous prendre dans les mailles de fer de nos filets. Ceux qui vous ont engagé dans cette voie sont bien coupables, car ils jouaient votre vie, si précieuse, sur un mot, sur un signe de l'homme qu'ils savent être leur ennemi mortel et qu'ils considèrent comme une bête féroce.

Liv. 3. F. ROY, édit. — Reproduction interdite.

— Monsieur, murmura l'enfant d'une voix basse et entrecoupée, je reconnais...

— Pas un mot de plus, interrompit-il, ni remerciements, ni dénégations. Vous n'avez rien à redouter de moi, je vous le répète ; d'ailleurs, ajouta-t-il avec un certain enjouement, vous ne m'avez pas trompé une seconde. Deux Yvon Mareck ont couru la campagne aujourd'hui, un vrai, un faux. Tous deux ont été suivis pas à pas : le vrai est depuis longtemps rentré dans la maison de son père ; le faux, c'est vous.

— Je l'avoue, monsieur.

— Je sais ce que vous venez faire ici, je connais les diverses commissions qui vous ont été confiées et dont, sauf la dernière, vous vous êtes, je dois le dire, très heureusement acquitté. Et maintenant voulez-vous que je vous dise votre nom ?

— De grâce, monsieur, s'écria l'enfant en joignant les mains avec prière ; puisque vous avez été bon pour moi et que vous me pardonnez, que ce pardon soit sans restriction. Ne dites pas ce nom qui, prononcé ici, me couvrirait de honte.

— Soit, je respecterai votre incognito puisque vous m'en priez si chaleureusement ; veuillez vous asseoir ici, derrière moi ; à mon grand regret, tout n'est pas fini encore.

— Hélas ! murmura l'inconnu en cachant sa tête dans ses mains avec désespoir, ils sont perdus !... perdus par ma faute.

— Peut-être, fit Hervé avec une expression singulière.

Sans ajouter un mot, l'enfant se laissa tomber plutôt qu'il ne s'assit sur le siège que le partisan lui avait désigné.

Lucien avait suivi avec une curiosité toujours croissante les péripéties étranges de cette scène. Plusieurs fois il avait été sur le point d'intervenir, mais il s'était contenu à grand'peine, désirant connaître le dénouement de cet interrogatoire qui finissait d'une façon si imprévue, en ouvrant à l'improviste un vaste champ à ses conjectures.

Malgré les réticences des deux interlocuteurs, le jeune officier avait acquis presque la conviction d'avoir deviné le mot de cette énigme ; sans qu'il lui fût possible de s'en expliquer les motifs à lui-même, il se sentait intéressé et vivement attiré vers cet enfant inconnu.

Soudain éclata au dehors un coup de feu, suivi immédiatement de cris étouffés, de froissements d'armes et de piétinements continuels.

— Les loups donnent dans le piège, dit Hervé, en se tournant à demi vers l'enfant.

Celui-ci joignit les mains et fixa sur lui ses grands yeux baignés de larmes, avec une expression de douleur navrante.

— Silence ! murmura le partisan en posant vivement un doigt sur sa bouche, pas un mot, pas un geste !

Presque aussitôt plusieurs chouans se ruèrent dans la salle, traînant à leur suite cinq ou six individus pâles, sanglants, couverts de costumes de paysans et qu'ils contraignaient à marcher à coups de crosse.

— C'est fait ! dit laconiquement Tête-de-Plume en saluant son chef.

— Toute la nichée est prise? demanda celui-ci.
— A peu près. Pas un de ceux qui s'étaient embusqués dans les ruines n'a échappé ; seulement, ils ont eu le temps d'avertir leurs compagnons restés au dehors ; ceux-ci se sont *égaillés*, les nôtres sont à leur poursuite.
— Allumez les torches, dit Hervé avec un ricanement sinistre, je ne serais pas fâché de voir un peu quelle sorte de gibier nous avons pris.
Cinq minutes plus tard, la salle resplendissait de lumières.
Le partisan éteignit froidement sa pipe ; il se leva, puis il alla examiner sous le nez les prisonniers les uns après les autres.
Cette singulière inspection passée, Hervé revint s'asseoir ; il bourra sa pipe, la ralluma, la plaça au coin de sa bouche, se renversa sur le dossier de son siège, allongea les jambes avec un laisser-aller plein de raillerie ; puis, après une pause, il prit la parole au milieu du silence général.
— Ma foi de Dieu! citoyens, dit-il d'une voix narquoise, je ne sais si je me trompe, mais il me semble que cette fois n'est pas la première que nous avons maille à partir ensemble et que nous sommes de vieilles connaissances ; qu'en dites-vous?
Les prisonniers haussèrent dédaigneusement les épaules ; aucun d'eux ne sembla avoir entendu ces paroles.
— Après cela, je commets peut-être une erreur, reprit le contre-chouan sans s'émouvoir, car, si vous étiez réellement les personnes que j'ai cru deviner, vous ne m'auriez pas ainsi attaqué à l'improviste et sans crier gare.
— Pourquoi donc cela, s'il vous plaît? dit un des prisonniers avec hauteur.
— La raison en est simple et péremptoire.
— Je serais curieux de la connaître, reprit le prisonnier avec un méprisant sourire.
— Pourquoi ne vous la dirais-je pas? Eh bien! la voici : c'est que, si vous êtes les hommes que, malgré leur déguisement, je crois reconnaître, c'est-à-dire des ex-gentilshommes, chefs de l'armée vendéenne, vous avez, il y a quelques jours, signé une suspension d'armes avec le général en chef de l'armée républicaine ; que, de plus vous attendez en ce moment un officier supérieur républicain, chargé d'entamer avec vous des préliminaires de paix ; que, par conséquent, vous vous seriez, en ce cas, rendus coupables de haute trahison, en attaquant un détachement des troupes avec lesquelles vous avez conclu un armistice, et manqué ainsi au droit des gens, ce que je ne veux ni ne puis supposer, pour votre honneur.
— Que supposez-vous donc alors? reprit le prisonnier du même ton méprisant.
— Je suppose, c'est-à-dire, non, en y réfléchissant, je ne suppose plus, je suis convaincu que... d'abord je ne me suis pas trompé sur votre compte et que vous n'êtes en réalité que des bandits sans aveu, des brigands sans foi ni honneur, qui, en somme, ne font la guerre que pour piller et assassiner.
— Misérable! s'écrièrent les prisonniers d'une seule voix.
— Eh! là citoyens, ma foi de Dieu! ne vous échauffez point ainsi, reprit-il

d'une voix goguenarde. Prouvez-moi que j'ai tort. Des menaces n'ont jamais été des raisons !

Celui des prisonniers qui, jusqu'alors, avait parlé au nom de tous, réclama d'un geste le silence de ses compagnons, et se tournant ensuite vers Hervé :

— A quoi bon, lui dit-il, jouer plus longtemps une comédie ridicule ? Vous nous avez parfaitement reconnus : or, Cœur-d'Acier est un brigand mis depuis trop longtemps hors la loi pour que nous ayons à lui rendre compte de ce que nous faisons ou ne faisons pas avec les chefs de l'armée républicaine et nous ne savons de quel droit il se permet de nous interroger à ce sujet.

— Oui, fit-il avec amertume, j'ai été mis hors la loi, c'est vrai ! mais par vous, messieurs les royalistes.

— Par nous, soit ! En nous emparant d'un scélérat qui déshonore le nom d'homme, nous avions la conviction intime, non seulement de remplir un devoir, mais encore de rendre un service signalé au parti qu'il a embrassé, et auquel il s'est rendu odieux par les cruautés atroces que sans cesse il commet.

— Ah ! telle est votre maxime, nobles et loyaux gentilshommes ! s'écria-t-il avec une raillerie amère. Vous faites, sur ma parole, de singulières concessions à votre honneur. Le connaissez-vous seulement, cet homme qui vous parle en ce moment, au pouvoir duquel vous vous trouvez, qui, d'un signe, peut faire tomber vos têtes orgueilleuses et qui, cependant, discute paisiblement avec vous et répond à vos outrages avec une patience que, certes, vous n'auriez pas pour lui ? Savez-vous comment cet homme a été jeté malgré lui dans cette voie sanglante, qui l'a contraint à mener cette vie de meurtres, et comment, de doux et de simple qu'il était, il est, selon vos propres expressions, devenu une bête fauve ?

— Que nous importe tout cela ? répondit vivement le prisonnier.

— Il m'importe à moi, messieurs, et puisque vous m'y forcez, écoutez l'histoire de ma vie. Oh ! rassurez-vous, je ne suis pas un grand parleur, moi ; je ne sais pas aligner des périodes ; je serai bref ; d'ailleurs, il me plaît aujourd'hui de vous souffleter avec cette sinistre histoire et d'imprimer sur vos fronts que rougira la honte, le stigmate indélébile des infamies dont vous m'avez, moi innocent, rendu victime.

Ces paroles furent prononcées d'une voix si ferme, le partisan s'était si fièrement redressé, son œil lançait de si fulgurants éclairs tandis qu'il laissait ainsi déborder la haine qui grondait dans son cœur, que nul ne songea à l'interrompre et que, lorsqu'il se tut, un silence glacial plana sur les assistants.

Hervé se recueillit pendant quelques secondes ; puis il reprit d'une voix qu'il essayait d'affermir, mais que, malgré lui, faisait trembler son émotion intérieure :

— Lorsque la Révolution éclata, dit-il, j'étais fermier de M. le marquis de Bodegast. Depuis vingt générations, mes pères servaient ces ancêtres. Je serai franc. La Révolution était une bonne chose pour moi. J'éprouvais malgré moi des frissons de révolte. Sans en savoir le nom, j'avais des aspirations libérales ; pourtant je me sentais triste ; je voyais avec peine s'éloigner les nobles que j'étais accoutumé à aimer, et surtout les recteurs de nos paroisses que je respectais. J'étais un chrétien fervent, alors, et puis, la croix n'est-elle pas un sublime symbole ? Ses deux branches forment un niveau sous lequel toutes les têtes sont égales. Pourtant, lorsque la Bretagne se souleva, je refusai de me joindre aux insurgés. Je demeurai à ma ferme, travaillant de mon mieux, sans me rapprocher non plus des patriotes. Que m'importaient à moi la monarchie ou la république ? Je restai chrétien, convaincu que sous cette insurrection maladroite de la noblesse, il y avait plus d'ambition que de patriotisme, et que d'ailleurs, Dieu, qui n'est pas gentilhomme, pouvait très bien vivre dans une république. Je suis paysan, moi, enfant de la terre, attaché au sol où je suis né et qui me nourrit. Donc je laissai les bleus et les blancs discuter à coups de fusil sans me soucier des uns ni des autres.

— Voilà bien les raisonnements égoïstes d'un manant ! fit un des prisonniers avec mépris.

— Manant, soit, mon gentilhomme ; mais assez longtemps les manants ont été considérés comme des bêtes de somme par vos pères, et ont versé leur sang comme de l'eau à leur profit, attachés à la glèbe et traités moins bien que des chiens ; il est temps qu'ils songent à eux, demandent des comptes sévères à leurs oppresseurs et reprennent la place qui leur appartient dans cette société qui les méprise et à laquelle ils rendent gratuitement de si grands services... Un jour, des chouans entrèrent chez moi, en me menaçant de tuer mes vaches et de brûler ma ferme si je ne consentais pas à me joindre à eux. Je refusai. Ils me maltraitèrent, enlevèrent ce qu'ils purent, et partirent en disant qu'ils reviendraient. Le lendemain, je vendis tout ce que je possédais, excepté un lit clos pour ma femme. Quelques jours plus tard, à mon retour des champs, ma femme me dit : « Les chouans sont venus, ils ont brûlé le lit. — Que la volonté de Dieu soit faite ! répondis-je ; nous coucherons sur la terre. » Une semaine s'écoula. Un matin que je travaillais sur le bord de la route, un détachement de bleus passa. L'officier m'appela : « Mon ami, me dit-il, sais-tu par hasard ce que c'est que cette flamme que l'on aperçoit là-bas, au fond de la vallée ? » Je tournai la tête du côté que l'officier m'indiquait, et je pâlis. « Citoyen, répondis-je avec effort, cette flamme s'élève de ma ferme où les chouans ont mis le feu. » Je m'enfuis en courant. Ma fille, enfant de sept ans, se chauffait à la flamme de l'incendie. Ma femme sanglotait auprès d'elle. Cette fois, j'étais ruiné, sans ressources.

Un frémissement de colère parcourut les rangs des contre-chouans. Les prisonniers royalistes baissaient la tête avec embarras.

— Tout cela n'est rien, reprit le partisan en s'animant et en riant avec amertume. Écoutez, écoutez. Je m'enfuis le jour même avec ma femme et mon enfant, et je me réfugiai à vingt lieues plus loin, aux environs de Plougastel. Les chouans n'avaient pas encore paru de ce côté. Je me crus sauvé. Je louai une cabane, et je recommençai à travailler. Hélas ! plus pour moi, cette fois : pour un maître, au service duquel je me mis. Un matin, un homme, couvert de haillons, à demi mort de faim, frappa à ma porte. Cet homme était mon ancien seigneur, le marquis de Bodegast. Je l'accueillis, je lui donnai à boire et à manger, et, pendant deux semaines, je le cachai dans ma misérable cabane, au risque d'être dénoncé par mes voisins, et guillotiné. Ce ne fut pas tout, je procurai des habits et des papiers à mon ancien seigneur, et, lorsqu'il partit, je l'accompagnai pendant plusieurs lieues, afin de le défendre si on l'attaquait. Ce ne fut que lorsque je le vis en sûreté que je le quittai pour retourner chez moi. C'était le soir; la nuit était sombre; je marchais à grands pas, écoutant les bruits de la campagne, et en proie, sans en deviner les motifs, à une tristesse que rien ne parvenait à dissiper. J'avais le pressentiment d'un malheur. Enfin, je parvins jusqu'à l'endroit où devait se trouver ma cabane; je me heurtai, tant la nuit était noire, à un arbre planté près de la porte. Soudain, quelque chose de flasque et de flottant céda à l'impulsion de ma main que j'avais avancée, me frappa la poitrine, et je sentis tomber sur mon front une sorte de pluie gluante. Je reculai avec effroi et machinalement je levai les yeux. En ce moment la lune se dégagea des nuages; j'aperçus le corps de ma femme pendue à une basse branche de l'arbre, le bras droit étendu vers moi, et tenant dans sa main sa langue et ses yeux qu'on lui avait arrachés. « Yvonne! » m'écriai-je avec épouvante. Les traits livides et décomposés par la douleur, je regardais, à demi fou de désespoir, en répétant sans cesse et à demi-voix ce seul mot : « Yvonne! » le pauvre cadavre qui vibrait au bout de la corde sanglante. La douleur me dompta enfin, et je roulai sur le sol, en proie à des convulsions horribles. « Mon père, » murmura une douce voix à mon oreille. A cet appel, je me redressai. Ma fille, accroupie au pied de l'arbre, sous le cadavre de sa mère, pleurait en tendant les bras vers moi. Je m'élançai et je pressai à l'étouffer la pauvre enfant contre ma poitrine, en pleurant, moi aussi. Ces larmes me sauvèrent. L'enfant, affolée par la terreur, fut longtemps sans pouvoir répondre à mes questions. Enfin, à grand'peine, je parvins à la rassurer; alors elle m'apprit que les chouans étaient arrivés au coucher du soleil, et, qu'après avoir accompli leur horrible assassinat, ils s'étaient retirés en lui disant : « Avertis ton père que bientôt ce sera son tour et que, puisqu'il refuse de servir le roi, à notre prochaine visite nous lui mettrons aussi la langue et les yeux dans la main droite. »

Hervé s'arrêta, saisit un pichet rempli de cidre, le vida d'un trait, et épongea la sueur qui inondait son visage. Il était pâle; ses traits avaient une expression sinistre; sa voix était rauque, son débit saccadé; on sentait percer par intervalles, dans ses intonations sourdes, la violente lutte qu'il soutenait intérieurement pour ne pas laisser éclater sa haine, ravivée par le récit de ces terribles souvenirs.

Les assistants, en proie à une émotion étrange, écoutaient comme dans un rêve les paroles brèves, brûlantes, de cet homme énergique, qui, sans faiblir, avait enduré de si terribles douleurs.

Il reprit :

— Je passai la nuit tout entière, couché sur le sol, au-dessous du cadavre de ma femme et tenant mon enfant dans mes bras. Cette nuit fut affreuse. Je crus qu'elle ne finirait jamais. A chaque seconde je sentais une goutte de sang tomber sur mon visage. Je laissai ce sang se figer sur ma peau, et, à chaque goutte, je répétais avec des tressaillements de rage, en portant la main à mon front humide : « Je tuerai autant de royalistes que j'aurai demain de taches rouges ici. » Je crus mourir ou tout au moins devenir fou cette nuit-là... Il n'en fut rien... la haine me soutenait. Au point du jour je creusai une fosse dans laquelle je plaçai ma pauvre Yvonne. Je fis une longue prière sur sa tombe, et je partis. Après avoir confié ma fille à un ami sûr, avec le peu d'argent que je possédais encore j'achetai un fusil et je commençai la chasse aux blancs que j'ai continuée jusqu'à ce jour. Je me fis bleu en haine des blancs, sans me soucier des opinions des uns ou des autres. Jamais je n'ai demandé grâce, jamais je ne l'ai accordée.

Et laissant tomber un regard d'écrasant mépris sur les prisonniers royalistes, muets d'épouvante et de stupeur :

— Voilà, messieurs les gentilshommes, ajouta-t-il avec un accent d'amertume vindicative impossible à rendre, comment vous, qui vous prétendez les défenseurs du roi et de l'Église, vous avez, par vos lâches cruautés, fait un tigre d'un homme paisible, doux et compatissant. Qui de vous osera m'accuser maintenant? Parlez, je vous écoute.

Nul ne répondit ; tous baissèrent avec confusion les yeux sous son regard.

— Oh! reprit-il avec un rire nerveux, vous commencez à comprendre maintenant, n'est-ce pas? que j'ai chèrement acquis le droit d'agir comme je le fais envers vous; que je vous inflige la loi du talion; et pourtant, je n'ai, moi, jamais attaqué un homme désarmé, jamais insulté une femme. Lequel vaut le mieux du féroce Cœur-d'Acier, ou de vous autres, mes nobles gentilshommes, qui ne respectez rien, pas même vos compagnons, et vous entretuez comme des bêtes féroces, vous jouant des serments les plus sacrés, mettant sans cesse la duplicité à la place de l'honneur, et répondant à la loyauté par la trahison?

— Finissons-en, s'écria avec violence un des prisonniers. Cette stupide comédie n'a que trop longtemps duré. Que nous veut ce manant avec ses ridicules histoires? Il s'est emparé de nous, qu'il nous fusille et qu'il nous délivre ainsi de son odieuse présence et de l'obligation de répondre aux calomnies qu'il semble prendre plaisir à proférer contre des hommes placés trop au-dessus de lui pour daigner se défendre.

— Tout beau! monsieur Fleur-de-Lis, ou plutôt très noble comte de Valois Grandlieu, reprit le partisan avec ironie, ce n'est pas à vous, mais à moi seul qu'il appartient de décider de votre sort ; laissez-moi savourer à mon aise ma vengeance. J'éprouve un plaisir extrême à voir pâlir votre visage et tressaillir vos nerfs de terreur. Malgré votre feinte assurance, vous mourrez lorsqu'il me plaira d'en donner l'ordre, pas avant. Résignez-vous donc! D'ailleurs, je ne veux pas vous fusiller. La guillotine est récemment dressée à Paimpol ; c'est là que je compte vous conduire, vos compagnons et vous ; mais avant, nous avons à causer.

— Causer avec vous! reprit le gentilhomme avec dédain.

— Oui, s'il vous plaît, monsieur le comte.

— Libre à vous de parler, si bon vous semble; vous parlerez seul, nul de nous ne vous répondra.

— Peut-être; mais, ainsi que vous l'avez dit vous-même, il est temps que cette comédie finisse. Donc, je viens au fait. C'est à vous que je m'adresse, citoyen *La Tête-Blanche*, où, si vous le préférez, monsieur le comte de Kergoat. Veuillez me répondre.

Le personnage auquel Hervé s'adressait, vieillard de haute mine, à l'air altier, encore vert, malgré sa chevelure blanche, haussa les épaules avec dédain et se détourna à demi.

Le partisan continua, sans paraître remarquer ce mouvement :

— Nous rentrons maintenant dans les faits de guerre. Vous obstiner à garder le silence serait vous compromettre à plaisir; si vous consentez à répondre franchement à mes questions, peut-être...

— Des conditions! s'écria la Tête-Blanche avec mépris.

— Non, des faits, je vous le répète. Vous, Fleur-de-Lis, Télémaque, Bouton-d'Or et Cœur-de-Roi, vos amis, vous voyez que je vous connais bien tous, vous êtes les principaux chefs des bandes du pays où nous sommes. De plus, Fleur-de-Lis et vous, vous êtes les aides de camp du général Charette, qui n'a pas de secrets pour vous. Les royalistes ont-ils sérieusement l'intention de traiter de la paix avec le gouvernement républicain? L'officier délégué par le général Marceau pour discuter vos conditions peut-il compter sur votre loyauté? En un mot, n'a-t-il pas à redouter d'être assassiné lâchement, dans un chemin de traverse, au coin d'un bois, ainsi que déjà vous l'avez fait pour bien d'autres, ou d'être retenu prisonnier contre le droit des gens? Un de vous s'engagerait-il sur l'honneur à escorter cet officier jusqu'en la présence de Charette et à le préserver de toute attaque ou guet-apens? Vous avez dix minutes pour me répondre.

— Et si, les dix minutes écoulées, nous ne répondons pas? demanda Fleur-de-Lis d'une voix railleuse.

— Vous répondrez, fit Hervé avec un sourire sinistre.

Il sortit une grosse montre d'argent de son gousset, la posa sur la table près de lui, alluma sa pipe et attendit.

Les gentilshommes commencèrent à causer entre eux, à voix haute, de choses indifférentes, avec une aussi grande liberté d'esprit, en apparence, que s'ils se fussent trouvés dans un salon.

Derrière eux, les contre-chouans, sombres et silencieux, appuyés sur leurs fusils, formaient une quadruple haie.

Le général républicain se pencha vers Hervé.

— Maintenant que je sais ce que tu as souffert, lui dit-il à voix basse, je comprends et j'excuse la haine que tu portes à la noblesse.

— Merci! répondit celui-ci avec un sourire triste.

— Que comptes-tu faire?

— Les circonstances décideront! je n'ai pas de parti pris, moi, not'monsieur.

— S'ils s'obstinent à ne pas répondre?

— Alors ce sera tant pis pour eux.

Son père, les regards rayonnants de bonheur, marchait auprès du jeune homme.

— Hervé, j'ai ta parole...
— C'est vrai, monsieur Lucien, mais moi aussi j'ai la vôtre.
— Que veux-tu dire ?...
— Vous vous êtes engagé à ne pas intervenir, quoi qu'il arrive.
— En effet, mais toi...
— Moi, je me suis engagé à vous faire parvenir sain et sauf jusqu'au général Charette; je n'ai rien promis au delà.

— Prends garde, Hervé, si tu veux user de violence envers ces gentilshommes, je m'y opposerai.

— Je vous en défie, monsieur Lucien, répondit-il nettement. Jamais un Bodegast n'a jusqu'à ce jour failli à une parole donnée. Vous êtes trop loyal pour manquer à la vôtre.

— Nous verrons, répondit le jeune homme en baissant la tête avec dépit et se mordant la moustache.

— Silence, je vous prie; les dix minutes sont écoulées. Nous allons voir ce que ces nobles gentilshommes ont résolu.

— Mais...

— Prenez exemple sur cet enfant, reprit-il en lui désignant le jeune homme, immobile derrière lui. A-t-il fait un mouvement, un geste? non; et cependant, ce qui se passe ici l'intéresse beaucoup plus que vous encore.

Le général républicain haussa les épaules, mais il garda le silence.

Hervé se leva, éteignit tranquillement sa pipe et replaça sa montre dans son gousset.

— Citoyens royalistes, dit-il de cet air narquois qu'il affectait de prendre dans les circonstances graves, les dix minutes sont écoulées, j'attends votre réponse.

Nul ne sembla l'entendre.

— Soit, reprit-il ; je m'y attendais. On ne saurait faire marcher un mauvais cheval malgré lui, quand même on lui mettrait le feu sous le ventre. Vous avez bien réfléchi?... Tête-de-Plume, mon ami, choisis six de tes camarades, et viens près de moi.

Le géant obéit. Il alla aussitôt avec cinq contre-chouans se ranger derrière son chef.

— Ah! ah! dit Fleur-de-Lis en se frottant les mains et en riant, on va nous fusiller, je suppose.

— Vous supposez mal, monsieur le comte, vous ne serez pas fusillé, quant à présent du moins ; plus tard, je ne dis pas. Cependant, le sang qui dans un instant sera versé ici retombera sur vous et sur vos compagnons.

— Que voulez-vous dire?

— Qui refuse de répondre n'a pas le droit d'interroger, fit-il d'un ton bref. Votre silence, messieurs, me prouve que la demande adressée par votre général, au commandant en chef de l'armée républicaine, d'un plénipotentiaire pour traiter de la paix, n'est qu'un leurre et cache une trahison. Pour la dernière fois, voulez-vous répondre?

— Non, s'écrièrent les prisonniers royalistes d'une seule voix.

— Que votre volonté soit faite ! répondit froidement Hervé.

Il se tourna vers l'enfant toujours assis à la place qu'il lui avait assignée, le saisit par le bras, l'obligea à se lever, et, le poussant au milieu de la salle :

— Allons! venez, jeune homme, dit-il, puisque vos amis le veulent; et, s'adressant à Tête-de-Plume : Fais écarter les prisonniers à droite et à gauche, cet homme va être fusillé ici même.

D'un revers de main le partisan enleva le chapeau qui couvrait la tête de l'enfant et dont les larges ailes cachaient son visage.

— Mon Dieu ! s'écria la Tête-Blanche avec désespoir en s'élançant en avant, ma fille ! ma fille ici !

— Mon père ! répondit l'enfant en éclatant en sanglots et tombant dans les bras du vieillard.

Lucien fit un mouvement pour s'élancer au secours de la jeune femme, mais Hervé ne le perdait pas de vue ; sans violence apparente, il le contraignit à demeurer immobile.

Puis, se tournant vers Tête-de-Plume :

— Obéissez à mes ordres, s'écria-t-il d'une voix tonnante.

Le géant sépara brutalement la jeune fille de son père, et l'obligea à s'agenouiller près de la muraille.

Les contre-chouans armèrent leurs fusils.

III

OU PARAIT LE HÉROS DE CETTE HISTOIRE

En ce moment les rangs des contre-chouans s'écartèrent, et un homme parut.

Cet homme était presque un enfant encore.

Il était âgé de vingt-deux ans à peine ; sa taille était haute, bien prise, élégante, sa démarche ferme, sans être fière, et surtout imposante.

Les traits, d'une régularité, d'une beauté presque féminines, avaient une expression d'ineffable bonté, d'énergie, de douceur, d'intelligence, rendue plus palpable encore par les longs cheveux blonds et soyeux qui encadraient son visage d'un ovale si pur, et tombaient en grosses boucles jusque sur ses épaules, et par le regard droit, profond, calme et caressant à la fois de ses grands yeux bleus, ombragés de longs cils qui jetaient une ombre sur ses joues un peu pâles.

Il portait le costume en serge noire, si simple et si majestueux à la fois, des séminaristes, ou, pour mieux dire, des kloareks, ainsi que les Bretons ont l'habitude de nommer les jeunes gens, riches ou pauvres, qui se destinent à l'Église.

A la vue de ce jeune kloarek, les prisonniers tressaillirent, et sentirent presque l'espoir rentrer dans leur cœur.

Les contre-chouans s'inclinèrent devant lui, et ôtèrent respectueusement leurs chapeaux.

L'officier républicain, sans chercher à comprendre ce qui se passait en lui, éprouvait une émotion singulière en apercevant ce pâle et doux jeune homme ; il fut saisi d'une sympathie étrange pour cet homme qu'il ne connaissait pas, et tout son être s'élança vers lui comme vers un ami perdu depuis longtemps, et miraculeusement retrouvé.

Le kloarek écarta les chouans qui, sans hésiter, lui livrèrent passage, s'avança doucement, releva les fusils des hommes du piquet de Tête-de-Plume qui n'opposèrent aucune résistance, et, s'arrêtant en face du partisan :

— Hervé, lui demanda-t-il d'une voix profonde et mélodieuse comme le dernier soupir de la harpe éolienne, ce pauvre enfant va mourir, n'est-ce pas?

Le partisan tressaillit.

— Oui, monsieur l'abbé, répondit-il avec hésitation, c'est un espion pris les armes à la main ; la loi est positive.

— Je ne t'accuse pas, Hervé, interrompit le kloarek d'une voix douce : tu fais ou tu crois faire ton devoir ; Dieu et ta conscience ont seuls le droit de te juger ; moi, je te plains.

— Que désirez-vous, monsieur l'abbé? reprit le partisan en détournant la tête.

Cœur-d'Acier ne nommait jamais autrement le jeune homme, pour lequel il professait le plus grand respect.

— Hélas ! mon ami, ce que je désire ardemment, c'est sauver ce malheureux enfant.

— Cela ne dépend pas de moi, monsieur l'abbé ; j'avais, moi, pardonné à cette jeune fille, car c'est une femme qui va mourir sous ces vêtements masculins ; son père et ses amis ont eu de la pauvre créature moins de pitié que j'en ai eu moi-même, ils l'ont condamnée à mourir ! que son sang retombe sur leur tête !

— Est-il possible ! s'écria le kloarek avec stupeur.

Le comte de Kergoat s'élança au-devant du jeune homme.

— Ne croyez pas cet homme, monsieur, s'écria-t-il. Moi, condamner ma fille à mourir devant mes yeux ! Oh! jamais, je vous le jure.

Le kloarek secoua tristement la tête.

— Je connais Hervé depuis mon enfance, monsieur le comte, répondit-il nettement. Jamais un mensonge n'a souillé ses lèvres ; non, il ne ment pas N'essayez pas de me convaincre du contraire, j'étais là, prêt à intervenir pour essayer de vous sauver ; j'ai tout entendu.

Le comte baissa la tête sans répondre.

— Hervé, reprit le jeune homme, vous a fait une proposition que votre honneur vous obligeait d'accepter ; il vous a donné dix minutes pour répondre ; vous avez refusé. Les propositions que vous avez faites au général en chef de l'armée républicaine cachent donc un piège, une trahison ?

— Oh ! monsieur, s'écrièrent les prisonniers d'une seule voix, nous sommes gens d'honneur.

— Je jure, sur ma foi de gentilhomme, que le plénipotentiaire républicain n'a rien à redouter de nous, ajouta le comte de Kergoat avec hauteur.

— Alors, s'il en est ainsi, que voulez-vous donc que je suppose, messieurs ? Que votre inqualifiable orgueil refuse de traiter d'égal à égal avec un pauvre paysan, et que vous préférez sacrifier vous et même vos enfants, plutôt que de subir cette dure loi ? Oh ! messieurs, comment qualifier une telle conduite!

— Monsieur, dit le comte de Kergoat avec hauteur, votre arrivée inattendue m'a seule empêché de dire à cet homme que nous acceptions ses conditions.

— Puis-je vous croire, monsieur ? répondit le kloarek avec une légère ironie ; dans tous les cas, vous aviez attendu bien longtemps, car, quelques secondes plus tard, c'en était fait de cette malheureuse enfant.

A ce reproche mérité, le comte de Kergoat devint livide ; ses traits se décomposèrent ; il fut soudain agité d'un tremblement convulsif.

— Pardon ! oh ! pardon, monsieur, dit-il avec dignité, j'ai tort ; et il tendit en souriant la main au jeune homme.

Celui-ci poussa doucement la jeune fille dans les bras de son père.

— Monsieur, dit-il d'une voix pénétrante, tandis que le père et la fille confondaient leurs larmes, la bonté de Dieu est infinie ; votre repentir vous justifie près de lui ; pleurez, car vous avez failli, par orgueil, commettre un crime horrible ! Hervé a dit vrai : ce sang innocent serait retombé sur votre tête et aurait crié vengeance contre vous près du Seigneur.

A ces simples et touchantes paroles, tous les fronts s'inclinèrent ; patriotes et royalistes se sentirent attendris.

Le kloarek se tourna vers le partisan.

— Parle, Hervé, dit-il, quelles conditions imposes-tu à tes prisonniers ?

— Pas d'autres que celles que je leur ai d'abord proposées, monsieur l'abbé, répondit-il. Fleur-de-Lis et la Tête-Blanche accompagneront l'officier républicain, ils répondront de lui sur leur tête, et, la mission accomplie, le ramèneront sain et sauf jusqu'aux avant-postes de l'armée républicaine.

— Pas autre chose ?

— Non, monsieur l'abbé ; je vous remercie de votre providentielle intervention ; mais soyez tranquille, je vous en récompenserai bientôt, ajouta-t-il avec intention.

— Je ne te comprends pas, Hervé ; je ne mérite aucune récompense, car, en tout ceci, je n'ai été que l'humble instrument dont le Seigneur a daigné se servir pour sauver cette malheureuse enfant.

— Je ne discuterai pas avec un saint homme comme vous, monsieur l'abbé, vous savez que je suis accoutumé à faire toutes vos volontés.

— Je le sais et je t'en remercie, mon ami ; quoi qu'on en dise, tu es bon, je t'aime, Hervé ; non pas seulement comme un vieux et fidèle serviteur de ma famille, mais comme un homme au cœur droit, et comme un ami : n'es-tu pas heureux d'avoir rendu cette enfant à son père ?

— Si, monsieur l'abbé, mais il n'a pas tenu à moi...

— Je le sais, et je t'en tiens compte dans mon cœur ; quelle est ton intention au sujet des autres prisonniers ?

— Les retenir en otages, ainsi que la jeune fille, jusqu'au retour de l'officier républicain au camp des patriotes.

— Et si je te priais de leur rendre la liberté ?

— Je vous obéirais, monsieur l'abbé, mais je commettrais une faute impardonnable.

— Peut-être cela est-il vrai, murmura le kloarek avec hésitation.

En ce moment, le comte de Kergoat s'approcha ; sa fille l'accompagnait, le bras passé à l'entour de son cou, et la tête abandonnée sur son épaule. Bien que fort pâle encore, la jeune fille semblait avoir à peu près repris ses forces : elle souriait à son père qu'elle regardait de cet air câlin que les enfants ont seuls pour ceux qu'ils aiment.

— Pardon, monsieur l'abbé, maintenant que grâce à votre toute-puissante intervention cet homme s'est laissé attendrir et a consenti à épargner ma pauvre et chère enfant, toutes réticences doivent cesser entre nous; l'heure est venue, je le crois, de nous expliquer en gens de cœur et d'honneur.

— Je n'ai jamais demandé autre chose, fit Hervé, en haussant légèrement les épaules.

— C'est vrai, je le reconnais, peut-être avons-nous eu tort, mes amis et moi, de pousser aussi loin l'obstination, reprit le comte en se tournant vers Hervé et touchant légèrement son chapeau; un gentilhomme ne saurait en dire plus, s'adressât-il au roi en personne.

— Nous vous écoutons, citoyen.

— Nous avons été accusés d'avoir, à l'improviste, et par trahison, attaqué un détachement républicain et rompu ainsi la suspension d'armes; nous tenons avant tout à nous laver de ce reproche. Nous ignorions la présence des patriotes dans les ruines de l'abbaye de Beauport; ce sont eux, au contraire, qui nous ont surpris, enveloppés et attaqués; nous n'avons fait que nous défendre. Mes amis et moi nous donnons notre parole de gentilshommes de l'exactitude du fait que j'avance. Du reste, si Cœur-d'Acier, qui est un partisan expérimenté, veut y réfléchir sérieusement, il reconnaîtra combien il s'est trompé en nous accusant.

— Expliquez-vous, soit, je ne demande pas mieux, citoyen.

— Notre troupe se composait de douze hommes en tout; de ces douze hommes, huit ont des grades élevés dans l'armée vendéenne; cette explication est suffisante, il me semble? le hasard a tout conduit; nous nous rendions ici où nous avions assigné rendez-vous à l'un des nôtres qui effectivement nous y attendait. La fatalité a voulu que Cœur-d'Acier, trompé par de faux rapports, ait cru à une attaque préméditée, qu'il se soit embusqué ici et que, nous voyant paraître, il ait admis la possibilité d'une trahison.

Hervé secoua la tête, en se tournant vers Tête-de-Plume.

— Sauf vot'respect, mon commandant, répondit aussitôt le géant, le citoyen et comte pourrait bien dire la vérité; les chouans étaient peu nombreux, plusieurs n'avaient pas d'armes, les autres portaient leurs fusils la bretelle passée sur l'épaule et ils marchaient sans regarder ni à droite, ni à gauche, en causant entre eux.

— En effet, murmura le partisan, cette allure n'est pas celle de gens qui tentent une embuscade ou méditent une attaque.

— Tu le vois, Hervé, dit doucement le jeune kloarek.

— Je vois, monsieur l'abbé, répondit-il d'un air bourru, que je suis une brute, voilà ce que je vois de plus clair là-dedans; je cède à mon premier mouvement; je me laisse dominer par la haine, et je commets des mauvaises actions dont plus tard je suis forcé de me repentir. Oh! mes ennemis ont bien raison de me traiter de bête féroce!

— Ils ont très tort au contraire, ceux qui disent cela, reprit le kloarek avec bonté; je te connais, moi, et je sais t'apprécier comme tu le mérites; tu es bon, généreux, mais tu es aigri par des malheurs immérités.

— Oui, oui, je sais bien, monsieur l'abbé, que si je vous écoute je serai blanc comme neige, s'écria-t-il, moitié riant, moitié grondant. N'empêche que sans votre providentielle intervention j'allais commettre un crime horrible et que, pour l'expier, j'aurais été forcé de me brûler la cervelle. Pauvre chère demoiselle, quand je pense que... C'est égal! il faut avouer que je suis un fier gueux!

La jeune fille lui tendit la main avec un charmant sourire.

— Je vous pardonne, Hervé, lui dit-elle doucement. D'ailleurs, vous ne m'auriez pas fait fusiller. N'avais-je pas votre parole?

— Hum! ma parole! enfin, cela me servira de leçon pour l'avenir, et je ne me laisserai plus prendre aux apparences; quant au gredin qui m'a donné de faux renseignements, ajouta-t-il en grommelant, son compte est bon! je lui en garde une dont il se souviendra.

— Allons! allons! mauvaise tête, vas-tu recommencer? tout est fini, grâce à Dieu, maintenant.

— Oui, grâce à Dieu... et à vous, monsieur l'abbé.

— Non, Dieu a tout fait. D'ailleurs, ne te désole pas trop, tu n'es pas seul coupable en cette circonstance; ces messieurs ont aussi de graves reproches à s'adresser.

— Nous convenons que nous avons eu tort de malmener cet homme comme à plaisir, dit vivement Fleur-de-Lis, mais nous étions furieux d'être accusés de trahison, lorsque nous avions la conviction d'être au contraire tombés dans un piège; et il est évident, monsieur l'abbé, que si vous n'étiez pas arrivé si à propos, nous étions perdus. Nous vous devons la vie.

— Et nous ne l'oublierons pas, moi surtout, ajouta le comte de Kergoat avec effusion.

— Je vous en supplie, messieurs, plus un mot à ce sujet; brisons là!

— Oui, mais ce n'est pas tout, monsieur l'abbé.

— Qu'y a-t-il encore, mon ami?

— Il y a que ces messieurs sont libres; maintenant que tout est expliqué entre nous, je n'ai pas le droit de les retenir. Citoyens, on va vous remettre vos armes, rien ne s'oppose plus à votre départ.

— Bien, Hervé!

— Pardon, dit le comte de Kergoat, avant de partir, il nous reste une dernière affaire à régler.

— Laquelle, citoyen?

— Ne nous sommes-nous pas engagés, le comte de Grandlieu et moi, sur l'honneur, à conduire auprès du général Charette l'officier envoyé vers lui en parlementaire par le général Hoche?

— En effet; mais comme je vous avais imposé cette dure condition...

— On n'impose pas de conditions à un gentilhomme, Cœur-d'Acier, mon ami, répondit en souriant le comte; on lui fait une proposition, il l'accepte ou il la refuse.

— C'est juste, fit le partisan avec embarras.

— Nous avons accepté; notre parole est engagée, nous la tiendrons.
— Merci, monsieur le comte.
— Où se trouve cet officier?
— Il sera ici au lever du soleil, accompagné d'un aide de camp.
— C'est donc un officier supérieur ?
— Un chef de brigade, ami particulier du général en chef, qui, originaire de ce pays, a voulu se charger de cette mission difficile.
— Son nom, le savez-vous?
— Je le sais, mais il se réserve de vous le dire lui-même.
— Soit! j'augure bien de cet envoi d'un officier supérieur. Dieu veuille qu'il réussisse à conclure la paix, dit le comte en étouffant un soupir.
— Il en a le plus vif désir.
— Ainsi, au lever du soleil?
— Oui, monsieur le comte.
— Très bien, monsieur de Grandlieu et moi nous serons exacts, n'est-ce pas, comte?
— Certes, mon ami.
— Maintenant, messieurs les patriotes, nous nous retirons.
— Tête-de-Plume, reconduis les citoyens avec tous les égards qu'ils méritent.
— Ne venez-vous pas avec nous, monsieur? dit le comte de Kergoat en se tournant vers le jeune kloarek.
— Vous m'excuserez, messieurs, je compte passer la nuit ici.
— Alors, agréez tous mes remerciements, et adieu, monsieur.
— Que Dieu vous conduise, messieurs.
— Sans rancune, mes gentilshommes, dit Hervé.
— Sans rancune, ami Cœur-d'Acier, répondirent les royalistes.

Et ils sortirent de la salle à la suite de Tête-de-Plume qui les précédait afin de leur indiquer le chemin.

— Allez vous reposer, mes gars, dit Hervé aux contre-chouans qui demeuraient encore dans la salle; vous devez être fatigués, et demain il nous faudra être debout de bonne heure.

Les partisans ne se firent pas répéter l'invitation; bientôt ils eurent tous disparu.

Il ne restait plus dans la salle que Hervé, le général et le kloarek.

— Ah! ah! fit le partisan en se frottant joyeusement les mains, voilà une bonne affaire de faite, tout de même.

— Que veux-tu dire, Hervé?
— Je m'entends, monsieur l'abbé. Vous restez donc cette nuit avec nous?
— Oui, mon ami, si cela ne te gêne pas.
— Me gêner, par exemple! C'est vous, monsieur l'abbé, qui serez gêné, au contraire.
— Pourquoi donc cela, mon ami? Hélas! dans ces malheureux temps de discorde, on doit se contenter le plus souvent d'un abri sûr pour reposer sa tête. Fais-moi jeter une botte de paille dans un coin, cela me suffira.
— Vous serez bien mal.

En apercevant les chouans, elle vint en souriant à leur rencontre.

— Non pas; j'ai souvent couché ainsi; d'ailleurs, la nuit est avancée; dans quatre heures au plus tard le soleil se lèvera; fais ce que je te demande.
— Va pour la botte de paille, puisque vous l'exigez.
— Oui, mon ami; dis-moi, tu es bien certain de l'arrivée de cet officier républicain?
— Comme je suis certain que vous êtes ici en ce moment.

— Tant mieux! je désire causer pendant quelques instants avec lui avant son départ pour le quartier général des royalistes.

— Bah! est-ce que vous vous occuperiez de politique, monsieur l'abbé?

— Moi, oh! non, mon ami; je ne suis qu'un pauvre kloarek, ignorant des choses du monde, et désirant ardemment n'en jamais rien savoir; si je suis demeuré ici, et si je désire entretenir cet officier, c'est afin de lui demander certains renseignements sur une personne qui m'est bien chère, renseignements que peut-être il pourra me donner.

— S'il en est ainsi, monsieur, dit Lucien en se levant, parlez, car cet officier républicain est devant vous.

Il laissa alors tomber son manteau, se découvrit et salua le jeune kloarek avec une exquise courtoisie.

— Vous, vous, monsieur! s'écria le jeune homme avec surprise.

— Oui, monsieur, je suis l'officier chargé par le général Marceau de traiter avec les royalistes.

Hervé les regardait d'un air narquois.

Tout à coup, il s'avança vivement entre eux, leur saisit à chacun la main droite, et, les attirant doucement l'un vers l'autre :

— Embrassez-vous, jeunes gens, leur dit-il avec émotion, embrassez-vous, car vous êtes fils du même père.

— Mon frère! s'écrièrent les deux hommes en tombant dans les bras l'un de l'autre.

— Là! reprit Hervé en se frottant les mains, expliquez-vous maintenant; je vais veiller, moi, à ce qu'on ne vous dérange pas. Ma foi de Dieu! vous devez en avoir long à vous dire, depuis le temps que vous ne vous êtes vus.

Et, sans attendre une réponse des jeunes gens trop émus pour pouvoir articuler un seul mot, le partisan quitta la salle en murmurant à part lui:

— Pauvres chers enfants! si beaux et si bons! eh! j'avais bien dit à monsieur l'abbé que je le récompenserais.

— Pendant quelques minutes les deux frères confondirent leurs larmes et leurs caresses, avec une joie réellement enfantine : ils se sentirent revenus à leurs jeunes et heureuses années; ils s'embrassaient, s'embrassaient encore, en poussant des exclamations de bonheur, sans parler, car leur joie venait du cœur et ils ne trouvaient pas de mots pour l'exprimer.

— Enfin, lorsque la première émotion fut calmée, le général attira doucement le jeune kloarek vers un siège et s'assit près de lui en lui disant d'une voix douce et caressante :

— Maintenant, causons, petit frère.

— Oh! oui, causons, mon frère! s'écria-t-il avec élan en lui prenant les mains dans les siennes; si vous saviez comme je vous aime, et quel ardent désir j'avais de vous connaître!

— Et moi donc, cher enfant! Quand j'ai quitté le château pour aller m'embarquer à Brest, tu étais tout petit, tu avais sept ans à peine, et pourtant je t'aimais bien déjà.

— Oh! je le sais, mon frère; c'est moi que vous avez embrassé le dernier, vous souvenez-vous? et, en m'enlevant dans vos bras, vous m'avez dit :

« Je pars, Tancrède, tu restes seul avec nos parents, aime-les pour nous deux, frère ! »

— C'est vrai, pauvre enfant, je t'ai dit cela ; et tu m'as obéi, n'est-ce pas ?

— Oh ! oui, mon frère ; notre père et notre mère ont été si malheureux depuis votre départ ! bien des fois, ils pleuraient en pensant à vous ; j'essayais de les consoler, mais, hélas ! je n'y pouvais parvenir. Ils ont bien souffert, allez, mon frère, depuis le commencement de la Révolution ; notre mère voulait émigrer ; notre père n'y a pas consenti. « Non, répondit-il de cet air majestueux qu'il sait si bien prendre, à ceux qui l'engageaient à rejoindre les princes sur les bords du Rhin, je mourrais loin de ma patrie ; jusqu'à ma dernière heure, mon pied foulera mes bruyères natales. »

— Mon noble père ! murmura Lucien en essuyant ses larmes.

— Bien noble et bien grand, mon frère ! Le soulèvement commença à cause de la levée de trois cent mille hommes ; notre père se mit à la tête de ses vassaux et tint bravement la campagne. « Si Lucien était là ! » disait-il souvent avec un soupir de regret. Enfin, un jour notre père apprit que vous aviez pris du service avec les républicains. « Je n'ai plus de fils ! » dit-il, le front pâle et les yeux pleins de larmes, et ce fut tout ; depuis lors, jamais votre nom n'est sorti de ses lèvres.

— Cela devait être ainsi, murmura tristement Lucien ; pauvre père !

— Oui, pauvre père, car il a depuis trois ans souffert sans se plaindre les plus affreuses douleurs. Le couvent des Jésuites de Rennes, où j'avais fait mes humanités, avait été fermé lors de la suppression des ordres religieux ; je revins à Bodegast. Mais, comme tout était changé, mon frère ! le château avait été métamorphosé en forteresse ; il était occupé par une nombreuse garnison. Notre père était un des principaux chefs de l'armée vendéenne ; disséminées dans le Bocage, chaque jour nos bandes soutenaient de nouveaux et sanglants combats contre les républicains. Cette guerre est horrible, mon frère ! Comprenez-vous ?... se battre Français contre Français, sans pitié, avec un acharnement terrible.

— A qui le dis-tu ! pauvre enfant, fit Lucien avec découragement.

— Les blessés étaient massacrés, les prisonniers guillotinés par les bleus et fusillés par les blancs ; oh ! c'est affreux !

— Oui, et aujourd'hui, hélas ! il en est encore ainsi.

— Mon Dieu ! cette guerre fratricide ne finira donc jamais !

— Si, bientôt, je l'espère ; mais continue, enfant ; que faisais-tu, toi, pendant ces horribles luttes ?

— Hélas ! mon frère, je secourais les mourants, je consolais les malheureux, je pansais les blessés, sans distinction de parti : tous ne sont-ils pas nos frères ?... Un jour, le château fut cerné par deux colonnes infernales ; la lutte fut terrible ; elle dura vingt-sept heures consécutives. Le château était en flammes, la plupart de ses défenseurs tués ; il fallait s'ouvrir un passage à travers les rangs républicains pour ne pas être enseveli sous les ruines de la forteresse démantelée : mon père l'essaya ; il réunit environ cent cinquante paysans qui lui restaient, se mit à leur tête, et se précipita bravement au plus épais des bataillons ennemis aux cris de « Vive le roi ! » Les patriotes chantaient la *Marseillaise* et répondaient « Vive la République ! » Le choc fut terrible, la mêlée affreuse. La petite troupe vendéenne disparut au milieu des troupes républicaines. Il y eut alors une boucherie sans nom, indescriptible ; puis, tout à coup les colonnes infernales tourbillonnèrent sur elles-mêmes, se séparèrent en deux tronçons sanglants, comme fauchées par un vent de mort, et, de l'autre côté, on aperçut les soldats vendéens, diminués des trois quarts, mais toujours pressés les uns contre les autres, reculant pas à pas, et faisant face de tous les côtés à leurs ennemis. Les républicains, saisis d'admiration en voyant cette héroïque retraite, poussèrent de joyeuses acclamations et cessèrent le feu.

Les Vendéens disparurent au milieu des genêts et criant une dernière fois : « Vive le roi ! » en brandissant leurs armes au-dessus de leurs têtes.

— C'est bien beau ce que tu me racontes là, mon enfant ; et tu as assisté à ce combat héroïque ?

— C'était bien terrible, mon frère. J'étais là, hélas ! au milieu de nos paysans ; je portais notre pauvre mère dans mes bras ; à peine sortie du château, une balle lui avait traversé la poitrine. J'étais meurtri, sanglant, blessé légèrement à la vérité, à l'épaule et à la cuisse ; mais aveuglé par la fumée, assourdi par les cris et la fusillade, je ne voyais et n'entendais rien.

« Je courais droit devant moi, pressant notre mère sur mon cœur, n'ayant qu'un but, un désir : la sauver ! Hélas ! mon frère, à peine dans les genêts, je voulus lui parler, la rassurer... elle était morte ! morte, sans m'avoir donné un dernier baiser, sans m'avoir béni !

Il y eut un long et triste silence.

Les deux frères, les bras enlacés, la tête sur l'épaule l'un de l'autre, pleuraient amèrement.

Enfin, Lucien se redressa, essuya ses larmes, serra fortement la main de son frère, et, d'une voix étouffée :

— Continue, lui dit-il.

— Nous étions sortis deux cents du château, reprit le jeune kloarek, nous restions trente-trois, blessés pour la plupart. Notre père ne se soutenait qu'avec peine ; il était littéralement criblé de blessures ; pourtant, il ne désespéra pas. Les bleus avaient renoncé à nous poursuivre ; d'ailleurs, nous étions en sûreté dans les genêts ; après avoir accordé deux heures de repos à ses hommes, et après avoir tant bien que mal pansé ses blessures, heureusement sans gravité, il donna l'ordre de reprendre la marche ; notre mère était portée sur une civière faite avec des branches d'arbre ; pendant cinq jours, cette troupe de spectres erra ainsi à l'aventure, mangeant à peine et ne se reposant pour ainsi dire, que la baïonnette croisée contre les ennemis invisibles qui nous enveloppaient de toutes parts ; heureusement, Dieu ne nous abandonna pas ; il eut pitié de nous ; notre père réussit à donner le change à un détachement républicain qui nous serrait de près ; il se jeta dans les marais salants, et, après des fatigues inouïes, il parvint à rejoindre le général Charette. S'il nous avait fallu marcher deux heures de plus, nous serions morts de lassitude et de besoin ; depuis quarante-huit heures, nous n'avions ni bu, ni mangé, et cependant, il nous avait fallu continuer quant même notre route, et lutter de ruses avec nos impitoyables ennemis.

— Et depuis, petit frère?

— Depuis, notre père a continué à combattre ; sa haine contre les républicains a pris des proportions effrayantes ; il les considère comme des monstres, et les poursuit partout comme des bêtes fauves. Il y a deux mois, le général Charette l'a envoyé, avec une mission, j'ignore laquelle, en Angleterre. Je ne le crois pas encore de retour. J'ai voulu mettre l'absence de notre père à profit, mon frère, afin d'essayer d'avoir de vos nouvelles.

— Tu m'aimes donc toujours, pauvre enfant, quoique je porte l'uniforme républicain?

— Vous servez la France, mon frère, cela me suffit, je n'ai pas besoin de regarder votre uniforme.

— Mais notre père est convaincu, lui aussi, qu'il sert la France, enfant, et cependant nous sommes dans des rangs opposés.

— Mon frère, je respecte les convictions de mon père comme je respecte les vôtres ; les deux causes que vous servez sont également nobles et belles à mes yeux ; mais je ne veux être, moi, qu'un humble serviteur de Dieu ; je ne puis ni je ne veux m'ériger en juge entre vous. Dieu, qui sonde les cœurs et voit dans les consciences, Dieu seul doit être votre juge ; moi, je vous aime, et je vous plains.

— Bien, mon enfant, je suis heureux de t'entendre parler ainsi ; tu as raison. C'est à Dieu seul à décider qui, de notre père ou de moi, soutient véritablement la bonne cause, bien que tous deux nous croyions accomplir notre devoir.

— Oh! mon frère, je vous en supplie, tâchez de mettre un terme à cette horrible guerre !

— C'est mon désir le plus ardent, mon frère, et si j'échoue dans la mission dont je me suis chargé, ce sera, sois-en convaincu, contre ma volonté, car je ferai tout pour réussir.

— Que le Seigneur vous protège, mon frère !

— Oui, qu'il me protège, enfant, car, sans son secours je ne pourrai rien. Dis-moi, mon cher Tancrède, par quel hasard es-tu arrivé si à propos ici?

— Il n'y a pas eu de hasard, mon frère ; c'est Hervé, votre père nourricier, auquel je m'étais adressé afin d'avoir de vos nouvelles, qui m'avait donné rendez-vous dans ces ruines, en me promettant de me fournir des renseignements positifs sur votre compte.

— Tu vois qu'il ne t'a pas trompé.

— Oui, et je l'en remercie du fond du cœur ; Hervé est bon ; il a rendu de grands et signalés services à notre famille. Pauvre homme, il a été bien éprouvé !

— Ce qu'il a raconté ce soir est donc vrai?

— A la lettre, mon frère ; il a été calomnié par les royalistes, auxquels il fait une guerre acharnée ; mais il est honnête et dévoué.

— C'est ma conviction, Tancrède.

— Il vous aime, vous surtout, mon frère, à cause de ce que vous avez fait pour son fils Alain.

—Alain n'est-il pas mon frère de lait? j'ai accompli un devoir; d'ailleurs Alain est un homme brave et intelligent; tu le jugeras bientôt toi-même. Mais je remarque, cher frère, que tu t'obstines à me dire *vous;* ne suis-je donc qu'un étranger pour toi?

— Oh! vous ne le croyez pas, mon frère! je voudrais vous dire *tu*, mais le respect m'en empêche.

— Qu'est-ce à dire, enfant? j'exige que tu me dises *tu*, et cela tout de suite.

— Oh! mon cher frère, que je t'aime! s'écria le jeune homme en lui jetant ses bras autour du cou.

— A la bonne heure! fit Lucien.

Et il lui rendit ses caresses avec effusion.

En ce moment Hervé rentra.

— Ma foi! dit-il, je vois que j'ai bien fait de ne pas préparer le lit de monsieur l'abbé, vous ne semblez ni l'un ni l'autre avoir envie de dormir; du reste le soleil se lève.

— Viens nous embrasser, Hervé, s'écria Lucien, tu nous as rendu bien heureux, mon frère et moi, cette nuit.

— Vous êtes donc contents de moi?... Alors, je suis payé!

IV

COMMENT LUCIEN ET TANCRÈDE SE SÉPARÈRENT

Rien n'est beau comme le lever du soleil, au bord de la mer.

La légère vapeur qui s'élève de l'eau estompe, en se condensant, les objets, leur donne quelque chose de vague et, pour ainsi dire, d'indécis dans les formes, qui rend plus pittoresques et plus saisissants à la fois les divers accidents du paysage.

La mer, calme, unie comme un miroir, scintille de mille feux et vient doucement mourir sur la plage, avec ce mystérieux murmure qui porte si naturellement à la rêverie; la campagne reposée s'éveille aux chants harmonieux des oiseaux blottis sous les feuilles, plus vertes et perlées de rosée; quelques spirales de fumée bleuâtre s'élèvent, çà et là, des maisonnettes cachées dans des feuillées de verdure; les troupeaux de bœufs sortent, en mugissant, de l'étable; les moutons bêlent, surveillés par les chiens et conduits par des paysans enveloppés dans leur épaisse limousine et armé de leur lourd *penbas*; et, au loin, aux extrêmes limites de l'horizon, on voit les dernières ombres nocturnes se fondre et disparaître dans le brouillard.

Après avoir quitté son déguisement et repris son uniforme, si simple et si beau à la fois, de général de la république, Lucien, accompagné de son frère, était monté, précédé par Hervé, dans les ruines de l'abbaye, afin de jouir du lever du soleil.

Le vieux partisan avait, presque aussitôt, laissé les jeunes gens seuls, et il s'était éloigné, suivi de quelques-uns de ses contre-chouans.

— Que c'est beau, mon frère! dit Tancrède au bout d'un instant, comme la nature est toujours jeune et toujours nouvelle! C'est ici, à cette heure matinale, lorsque tout repose encore, que la grandeur de Dieu apparaît plus sublime; l'âme, dégagée des liens de la terre, s'identifie pour ainsi dire avec cette œuvre grandiose, et aspire instinctivement vers cette voûte bleuâtre, qui est le ciel!

— Tu es poète, Tancrède, dit Lucien.

— Je suis croyant, mon frère,

— C'est ce que je voulais dire, répondit en souriant le général; les poètes, ou, si tu le préfères, les croyants sont les heureux de ce monde, car ils ont conservé dans leur cœur un vague souvenir de leur essence divine.

— Veux-tu, mon frère, reprit le jeune enthousiaste, que, pour la première fois après tant d'années de séparation, hélas! nous joignions nos prières dans une communion fraternelle, et nous élevions ensemble nos vœux vers le Seigneur? Il semble qu'au milieu de cette magnifique nature, elles parviendront plus facilement, portées sur l'aile des anges, jusqu'aux pieds de son trône.

— Prions, mon frère, je le veux bien, répondit le général avec un mélancolique sourire, prions, car, bien que jeunes encore, nous avons beaucoup souffert, et, sans doute, de grandes douleurs nous sont encore réservées dans l'avenir.

— Que la volonté de Dieu soit faite en toutes choses, mon frère, viens!

Il le conduisit au pied d'une croix, à demi-ruinée, enfouie dans un chaos de feuillage. Tous deux s'agenouillèrent,

Jamais, nous en avons la conviction, prière plus humble et plus touchante ne monta vers le ciel.

Ce devoir accompli, les jeunes gens s'embrassèrent et se relevèrent en souriant.

— Maintenant que nous nous sommes si providentiellement retrouvés, et que nous sommes si heureux ensemble, nous ne nous séparerons plus, je l'espère, Tancrède, dit Lucien.

— Je le voudrais, mon frère, malheureusement c'est impossible.

— Impossible! et pourquoi, Tancrède?

— Notre père est seul, il souffre; ne dois-je pas rester près de lui pour le consoler?

— C'est vrai, dit tristement Lucien, il n'a plus que toi.

— Oh! il te pardonnera, frère!

— Non. Notre père est un véritable Breton, dont la volonté est aussi immuable que les roches granitiques de notre vieille Armorique, reprit-il avec mélancolie; je suis mort pour lui, le jour où je me suis rangé sous un drapeau qui n'est pas le sien.

Le jeune prêtre baissa tristement la tête sans répondre, car il savait que cela était ainsi.

— Mon père n'oublie et ne pardonne jamais; notre fortune engloutie dans la tourmente révolutionnaire, notre blason honni et méprisé, notre famille décimée par le sanglant couteau de la guillotine, et, plus que tout, ses croyances royalistes, reprit Lucien en hochant la tête, ont creusé entre nous un gouffre que rien ne pourra jamais combler.

— Peut-être, dit en hésitant le jeune homme ; si tu faisais quelques concessions à ses croyances...

— Tu te trompes, Tancrède, interrompit-il vivement ; mon père me hait ; mais j'en suis sûr, dans le fond de son cœur, il m'estime, car il sait que c'est avec une conviction sincère que j'ai embrassé le parti républicain ; si j'abandonnais mon drapeau, si je feignais d'adopter ses croyances, il me considérerait comme un lâche et me mépriserait.

— Oh ! mon frère !

— Ce que je dis est vrai, Tancrède : tu ne connais point comme je la connais, moi, cette nature puissante, coulée d'un seul jet dans un moule héroïque, entièrement pétrie de foi, de loyauté et d'honneur ; la seule ressource qui me reste pour conserver l'estime de mon père à défaut de son amitié, c'est de persévérer hautement dans la voie où, après mûres réflexions, je me suis engagé.

— Hélas ! ce n'est que trop vrai, mon frère ; notre père ne te pardonnerait pas ce qu'il nommerait une lâche apostasie.

— Tu vois que j'ai raison. N'insistons donc point sur ce triste sujet. Voilà le malheur de cette guerre fratricide, mon cher Tancrède, c'est qu'elle divise et détruit les familles, et arme les pères contre les fils. Que veux-tu ? dans toute régénération sociale il en est ainsi ; c'est une dure loi que nous sommes contraints de subir ; rien, sache-le, ne saurait la modifier ; nos pères combattent pour le passé qui n'existe plus, et non pour l'avenir qui n'existe pas encore.

— Hélas !

— Mais ne m'avais-tu pas dit que le marquis de Bodegast avait été chargé d'une mission par le général Charette, et qu'il s'était rendu en Angleterre ?

— Je te l'ai dit en effet, mon frère, mais son absence devait être de courte durée, et, depuis quelques jours, le général attend son retour d'un moment à l'autre, voilà pourquoi je suis contraint de te quitter ; notre père souffre, il doit me trouver prêt à lui souhaiter la bienvenue à son arrivée.

— Je n'insiste pas, Tancrède, tu as raison ; mais, hélas ! à peine ai-je eu le temps de t'embrasser, et il faut déjà que tu t'éloignes !

— Et moi donc, Lucien, crois-tu que je ne suis pas triste à la pensée de cette séparation ; mais rassure-toi, nous suivons à peu près la même route, et, qui sait ? peut-être nous reverrons-nous plus tôt que nous ne l'espérons nous-mêmes.

— Dieu le veuille, Tancrède !

— Ainsi soit-il, mon frère !

En ce moment, des cris et de joyeuses acclamations se firent entendre à une distance assez rapprochée.

Les deux frères regardèrent curieusement.

Ils aperçurent alors un cavalier, revêtu d'un élégant uniforme de hussard, qui gravissait assez rapidement la colline au sommet de laquelle s'élevaient les ruines de l'abbaye de Beauport.

Après avoir soulevé la portière il aperçut tout à coup une dame, belle, majestueuse assise en face de lui.

Ce cavalier avait la taille haute et solidement charpentée, les traits réguliers, la physionomie douce, intelligente et martiale à la fois; ses longues tresses blondes et ses épaisses moustaches fauves lui imprimaient un cachet particulier et en faisaient pour ainsi dire le type de cette grande race d'héroïques soldats, que la Révolution française, avait, comme Cadmus, fait jaillir de son sol brûlant d'enthousiasme et de dévouement, et qui, pendant vingt-cinq ans, devaient, au pas de course, parcourir l'Europe dans tous les sens, pour tomber comme des Titans invaincus, mais trahis par le sort, l'œil fièrement tourné vers l'ennemi, dans les plaines de Waterloo !

Joyeux et souriant, ce jeune officier qui portait les insignes de capitaine, arrivait en causant et en échangeant de continuelles poignées de mains avec vingt-cinq ou trente contre-chouans qui l'entouraient et ne cessaient de le saluer de leurs enthousiastes acclamations.

C'est que ces braves paysans étaient justement fiers de ce brillant officier qui était un enfant de leur paroisse, qu'ils avaient vu naître et dont plusieurs avaient été jadis les camarades et les compagnons de jeux.

En effet, ce capitaine de hussards était Alain Kergras, le fils du redoutable partisan, qu'ils aimaient et honoraient.

Son père, les yeux humides, les regards rayonnants de bonheur, marchait auprès du jeune homme, la main appuyée sur le pommeau de sa selle, le visage tourné sans cesse vers lui, car il ne pouvait se rassasier de le voir, de l'admirer et d'écouter le son de sa voix qui résonnait si doucement à son oreille et faisait tressaillir de joie les fibres de son cœur.

Bientôt le joyeux cortège déboucha sur le plateau de la colline et se trouva en face des deux jeunes gens qui s'étaient avancés à sa rencontre.

Le partisan quitta subitement son fils, et, s'approchant des deux frères :

— Je vous remercie, monsieur Lucien, dit-il ; vous avez noblement tenu votre promesse ; vous avez fait d'Alain, ainsi que vous vous y étiez engagé, un bon et brave soldat.

En parlant ainsi, l'émotion faisait trembler la voix du rude partisan et des larmes coulaient, sans qu'il songeât à les essuyer, sur ses joues hâlées.

— Comment m'acquitterai-je jamais envers vous, not' monsieur ? ajouta-t-il.

— En continuant à m'aimer, Hervé. Alain n'est-il pas mon frère de lait ? répondit en souriant le général ; d'ailleurs, je n'ai rien fait pour lui ; s'il est aujourd'hui un officier de mérite devant lequel s'ouvre un brillant avenir, il ne le doit qu'à lui seul à son courage, à son intelligence et surtout à son noble caractère.

— Merci pour mon père, merci pour moi, général, répondit le capitaine qui avait mis pied à terre. Pourquoi ne pas lui dire franchement que je vous dois tout, lorsque moi je suis si heureux de le proclamer hautement ?

— Tu es un enfant, Alain, reprit doucement le général ; prends-y garde, si tu continues ainsi à manquer à nos conventions, je me fâcherai. Allons, viens ! Et, l'attirant en même temps que son père, il les réunit tous deux sur sa poitrine.

— Tu vois, père, voilà comme il est, toujours bon pour moi, toujours mon frère ! s'écria Alain avec émotion.

— Il ferait beau voir qu'il en fût autrement, dit gaiement Lucien.

— Qu'il soit béni ! murmura le partisan d'une voix profonde, en levant les yeux au ciel avec une expression d'ineffable reconnaissance.

Les paysans redoublèrent leurs joyeuses acclamations.

— As-tu quelque nouvelle ? demanda Lucien, qui voulait mettre fin à cette scène si simple et si émouvante, à cause de cette simplicité même.

— Non, mon gén...
— Hein? interrompit vivement Lucien, dont les sourcils se froncèrent légèrement.
— Pardonne-moi, frère, reprit aussitôt l'officier.
— A la bonne heure ainsi, Alain, dit-il en souriant; ne perdons pas nos vieilles et douces habitudes; la différence des grades ne signifie rien entre nous, ne te l'ai-je pas répété cent fois? puisque nous nous aimons.
— C'est vrai, Lucien, j'ai tort.
— Qu'il n'en soit plus question. Ainsi, rien de nouveau?
— Rien, que je sache, du moins; cependant, les populations riveraines semblent en proie à une agitation sourde qui pourrait bien présager un orage.
— J'ai cru m'apercevoir aussi de cela. Dieu veuille que nos prévisions ne se réalisent pas et que nous réussissions enfin à rendre la paix à notre malheureux pays!
Alain fit deux pas vers Tancrède, s'inclina respectueusement devant lui.
— Monsieur, lui dit-il de sa voix sympathique, vous êtes le frère de l'homme que j'aime le plus au monde. Puis-je espérer que vous daignerez me donner une petite place dans votre cœur et que vous me permettrez d'avoir pour vous le dévouement que j'ai pour lui?
— Alain, répondit doucement le jeune kloarek, voici ma main, serrez-la dans la vôtre avec confiance, je vous estimais avant de vous connaître; depuis cinq minutes que je vous connais, je vous aime; quand je donne mon amitié je ne la reprends plus.
— Vos paroles sont gravées là, dit le capitaine en frappant sa poitrine : j'espère vous prouver un jour que je ne suis ni ingrat, ni oublieux.
— Ah! fit Hervé radieux, voilà une journée qui commence bien.
— Dieu permettra qu'elle finisse de même, répondit en souriant Tancrède.
— Ah! çà, dit Lucien, nos guides tardent bien, il me semble!
— Ils n'arriveront pas avant une heure au moins, reprit Hervé; ils ont eu une longue route à faire cette nuit; pour prendre patience, si vous y consentez, not' monsieur, nous déjeunerons : tout est prêt depuis longtemps déjà.
— C'est une excellente idée, Hervé, déjeunons!
— Déjeunons, reprit en riant le capitaine; ma promenade de ce matin m'a singulièrement aiguisé l'appétit.
Les contre-chouans s'étaient dispersés.
Hervé et les trois jeunes gens demeurèrent seuls.
Tancrède s'arrêta.
— Je suis obligé de vous quitter, dit-il.
— Déjà! s'écrièrent les trois hommes.
— Il le faut, reprit Tancrède, je n'ai que trop tardé.
— Déjeune avec nous, frère, dit Lucien.
— Oh! oh! fit Alain, voilà un bien brusque départ, monsieur Tancrède : ne pouvez-vous donc pas nous accorder une demi-heure encore?
— N'ajoutez pas à mon chagrin, mon cher Alain, en m'obligeant à vous dire que cela est impossible : je devrais être loin d'ici, déjà.
— Pourtant, mon frère..., murmura Lucien.

— N'insiste pas, frère, je t'en prie, j'ai des motifs sérieux pour m'éloigner; puis, je te l'avoue, je désire ne pas me rencontrer ici une seconde fois avec MM. de Grandlieu et de Kergoat.

— Pourquoi donc? ne put s'empêcher de dire Lucien d'un air interrogateur.

— Il vaut mieux qu'ils ne me voient pas; je le préfère, répondit-il évasivement.

— Craindrais-tu...?

— Je ne crains rien absolument; ne m'interroge pas, Lucien, et laisse-moi partir, je t'en prie : tu ne saurais t'imaginer combien cette séparation pénible est nécessaire.

— Soit, frère, je n'insisterai pas davantage. Pars donc, puisque tu le veux, ajouta-t-il en lui ouvrant ses bras.

— Au revoir, répondit Tancrède; j'ai le pressentiment que nous serons bientôt réunis de nouveau.

Les deux frères s'embrassèrent.

Tancrède prit ensuite affectueusement congé d'Hervé et de son fils.

— Au revoir! reprit-il, et que le Seigneur vous protège!

Puis il fit un dernier geste d'adieu de la main, se détourna vivement, s'éloigna à grands pas et ne tarda pas à disparaître au milieu des ruines.

Le déjeuner se ressentit naturellement de l'absence du jeune kloarek.

Il fut triste et contraint.

Lucien était préoccupé du départ précipité de son frère; son insistance pour ne pas se retrouver avec les deux royalistes l'inquiétait fort et, malgré lui, éveillait ses soupçons.

Tancrède redoutait-il donc une trahison, dont il voulait essayer d'empêcher l'exécution, en la prévenant par des moyens que lui seul pouvait employer?

Cependant, les deux gentilshommes avaient librement donné leur parole, et ils avaient la réputation d'être hommes d'honneur.

Que signifiait l'air contraint du jeune kloarek.

A ces diverses questions que s'adressait le général, il lui était impossible de trouver une réponse convenable,

— A la grâce de Dieu! murmura-t-il enfin; tout cela s'éclaircira bientôt probablement; dans tous les cas, ajouta-t-il mentalement avec un sourire d'une expression singulière, je veillerai, et si ceux vers lesquels je suis envoyé méditent une trahison, qu'ils y prennent garde, Alain et moi nous sommes des sangliers qu'on ne force pas facilement, lorsqu'ils sont résolus à faire bravement tête.

Sur cette dernière réflexion, qui eut le privilège de lui rendre à peu près sa tranquillité, le jeune homme retrouva sa bonne humeur, et, saisissant son verre :

— A l'heureux voyage de mon frère! dit-il.

Hervé et Alain lui firent raison, et le repas continua beaucoup plus gaiement qu'il n'avait commencé.

Il touchait à sa fin lorsque Tête-de-Plume parut et annonça qu'une petite troupe, composée d'une dizaine de chouans environ et ayant à leur tête MM. de Grandlieu et de Kergoat, s'approchait rapidement des ruines.

Les trois hommes quittèrent aussitôt la table et sortirent à la rencontre des arrivants.

Les chouans n'étaient plus qu'à trois ou quatre cents pas; ils gravissaient la colline d'une allure rapide qu'un cheval n'eût que difficilement suivie au trot.

C'étaient des chasseurs du roi, espèce de troupe d'élite, choisie parmi les plus habiles tireurs et les hommes les plus résolus, que les généraux de la grande Vendée avaient particulièrement attachés à leur personne en qualité, à peu près, de gardes du corps, et qu'il était facile de reconnaître aux chapeaux à larges ailes, à la peau de bique, à la croix attachée sur la poitrine et aux souliers ferrés dont ils étaient chaussés.

Le comte de Grandlieu et le comte de Kergoat marchaient côte à côte à une dizaine de pas en avant de cette troupe.

Ils portaient l'écharpe blanche, garnie de pistolets, le sabre recourbé à la ceinture, et chacun un magnifique fusil de fabrique anglaise.

Arrivés à une centaine de pas, sur un ordre du comte de Kergoat, les chasseurs du roi firent halte, formèrent les faisceaux, ce que les chouans ne faisaient pas ordinairement, s'assirent sur le bord du chemin, allumèrent paisiblement leurs pipes et se mirent à causer entre eux.

Les deux gentilshommes appuyèrent leur fusil contre le faisceau, puis M. de Kergoat agita deux ou trois fois son mouchoir en l'air, et ils continuèrent à avancer.

Sur un signe d'Hervé, les contre-chouans réunis par Tête-de-Plume avaient ponctuellement exécuté une manœuvre identique à celle des chasseurs du roi.

Hervé, précédant les deux officiers républicains, fit quelques pas au-devant des arrivants.

Bientôt les deux petits groupes se joignirent.

— Citoyens, dit alors Hervé, j'ai l'honneur de vous présenter le citoyen chef de brigade, chargé par le général Hoche d'une mission particulière auprès du général Charette.

Les quatre hommes se saluèrent alors avec courtoisie.

— Vous êtes porteur d'un sauf-conduit du général Charette, général? demanda poliment le comte de Kergoat.

— Voici celui que l'abbé Bernier a remis au général Hoche, au nom du général Charette, répondit Lucien, en retirant un papier de son portefeuille, et le présentant tout ouvert au comte.

Celui-ci le lut, puis il le remit à l'officier républicain.

— Ce sauf-conduit est parfaitement en règle, dit-il en souriant; le général Hoche nous a fait un grand honneur, général, en envoyant un officier d'un aussi haut grade, auprès de pauvres paysans comme nous.

— Le général Hoche professe une grande estime pour le général Charette et pour ses compagnons d'armes, citoyens; cette fois, comme toujours, il a tenu à le prouver, à lui et à eux.

— Le général Hoche est un fort galant homme que nous savons apprécier comme il le mérite : je suis prêt, général, à vous conduire, ainsi que votre aide de camp, en présence de notre chef.

— Je suis entièrement à vos ordres, citoyens ; nous nous mettrons en route aussitôt que vous le désirerez.

— Je ne vous demande, général, qu'une demi-heure, temps strictement nécessaire pour que mes hommes, qui viennent de faire une longue traite, puissent se reposer un peu.

— Permettez-moi, s'il en est ainsi, de leur faire distribuer quelques rafraîchissements, citoyens.

— Nous acceptons avec reconnaissance, général.

Hervé donna aussitôt l'ordre de distribuer du pain et quelques pichets de cidre aux chouans qui accueillirent cette bonne aubaine avec joie.

Les quatre officiers entrèrent alors dans les ruines et s'assirent autour d'une table dressée pour eux et sur laquelle des rafraîchissements avaient été déposés à l'avance.

La glace se trouva alors presque entièrement rompue entre les officiers bleus et les officiers blancs qui, tout en buvant, commencèrent à causer entre eux, mais de choses indifférentes et complètement étrangères au motif qui les réunissait.

Chacun d'eux semblait même s'étudier avec soin à ne pas faire la moindre allusion aux questions brûlantes du jour qui, cependant, les intéressaient tous les quatre à un si haut degré.

Au bout de trois quarts d'heure environ, le comte de Kergoat se leva, et saluant les deux officiers républicains avec une exquise politesse :

— Citoyens, dit-il, nous nous mettrons en route aussitôt qu'il vous plaira...

— Partons ! citoyens, répondit Lucien.

— Vous avez des chevaux sans doute ? demanda le comte de Grandlieu.

— Les chevaux sont sellés, dit Hervé en paraissant.

On sortit.

Pendant que le général et le capitaine prenaient congé d'Hervé et se mettaient en selle, les deux royalistes retournèrent auprès de leurs chouans.

Ceux-ci, en les apercevant, se levèrent, reprirent leurs fusils et formèrent leurs rangs tant bien que mal pour les recevoir.

Lucien et son père nourricier se séparèrent après avoir échangé quelques rapides recommandations à voix basse, puis le général se hâta de rejoindre les chouans qui déjà se mettaient en marche.

Le vieux partisan, bien qu'il ne crût pas réellement à une trahison, connaissait trop bien les chouans et savait d'une façon trop certaine quelle anarchie régnait parmi eux et combien les chefs étaient impuissants souvent à défendre ceux qu'ils avaient juré de protéger, pour abandonner ainsi les deux jeunes gens au milieu d'eux ; tout en assurant à Lucien qu'il n'avait rien à redouter, il s'était promis, *in petto*, de veiller d'aussi près que possible sur lui et sur son fils ; et, à peine la petite troupe des chasseurs du roi eut-elle disparu au milieu des genêts que, suivi de quelques-uns de ses hommes les plus adroits et les plus déterminés, il se lança résolument sur leurs traces.

La matinée était assez avancée déjà, lorsque les chouans s'étaient mis en marche. Après plusieurs détours, ils s'étaient insensiblement rapprochés de la mer, dont, pendant plusieurs heures, ils suivirent la rive.

La journée était magnifique : le ciel, sans nuage et d'un bleu pur, était illuminé par un chaud soleil de mai, dont les ardents rayons se reflétaient au loin sur le miroir azuré de la mer ; l'air apportait des odeurs marines mêlées aux senteurs mielleuses des fleurs du blé noir ; le paysage, en s'élargissant de plus en plus, prenait des aspects d'un effet pittoresque et saisissant.

Les officiers républicains cheminaient côte à côte, sans parler, se laissant aller à ces douces rêveries qui, même dans les circonstances les plus sérieuses de la vie, envahissent l'esprit des hommes au cœur fort et leur font, pour un instant, oublier les mesquines exigences de la politique ou de la guerre.

Les précédant de quelques pas seulement, les deux gentilshommes marchaient avec une apparente insouciance, en tête de la petite troupe, n'échangeant entre eux que de rares paroles, se rapportant exclusivement à la route qu'il convenait de tenir.

Vers trois heures de l'après-dîner, les chouans quittèrent le bord de la mer pour s'enfoncer définitivement dans l'intérieur des terres.

Ils ne suivaient, en apparence, aucune route tracée, et pourtant, jamais ils n'hésitaient, jamais ils ne ralentissaient leur pas rapide, et ils s'avançaient avec autant de sécurité que s'ils eussent foulé le pavé banal des rues d'une ville.

Lucien, complètement désorienté par les tours, les détours, les marches et les contremarches, de ceux qui lui servaient de guides, ignorait complètement où il se trouvait.

Le pays semblait désert ; aussi loin que la vue pouvait s'étendre, dans toutes les directions, on n'apercevait ni hommes, ni animaux, ni maisons, ni cabanes ; les champs eux-mêmes étaient en friche pour la plupart.

L'aspect de cette campagne était sévère, presque désolé ; on sentait instinctivement que la guerre avait passé là, avec toutes ses fureurs, et lourdement pesé sur ce pauvre pays, solitaire et désolé maintenant.

Pourtant, par intervalles, les sons d'une corne se faisaient entendre, soit d'un côté, soit d'un autre, répétés aussitôt d'espace en espace, sans qu'il fût possible de découvrir les gens qui cornaient ainsi.

Les officiers bleus ne s'étonnaient et ne s'inquiétaient pas de ces signaux, qu'ils avaient bien souvent entendus, depuis qu'ils faisaient la guerre en Bretagne.

Ils savaient que les chouans, cachés au milieu du feuillage épais des arbres, avaient coutume, sinistres sentinelles, d'annoncer ainsi l'approche des troupes ennemies, ou même amies, qui se rendaient au quartier général de leurs bandes.

Un peu avant cinq heures du soir, au moment où les chouans émergeaient d'une forêt épaisse dans laquelle, depuis près de deux heures, ils étaient engagés, le comte de Kergoat ralentit le pas de façon à être facilement rejoint par les officiers bleus, et, lorsque ceux-ci se trouvèrent auprès de lui :

— Patience, général, dit-il en s'adressant à Lucien avec une certaine courtoisie brusque et joviale à la fois, avant une heure, nous serons arrivés.

— Je vous avoue, citoyen, répondit en souriant le jeune officier, que je suis heureux de la bonne nouvelle que vous me donnez. Cette longue course, faite par le grand soleil, m'a beaucoup fatigué : mais excusez-moi de vous faire remarquer que j'ai beau regarder de tous les côtés, je n'aperçois jusqu'aux dernières limites de l'horizon qu'une campagne, magnifique à la vérité, parfaitement cultivée, j'en conviens, mais aucune apparence de château ou de maison.

— Quant aux châteaux, fit le comte avec une certaine amertume, vos amis les patriotes ont mis bon ordre à ce qu'on les puisse apercevoir de loin, en prenant la précaution de les raser pour la plupart au niveau du sol ; quant aux maisons, c'est autre chose : celles qui existent encore dans ce malheureux pays sont, selon la coutume bretonne, blotties sous d'épais rideaux de verdure ; rassurez-vous donc ; bientôt vous apercevrez la ferme où nous devons nous arrêter, et qui sert, en ce moment, de quartier général au général Charette.

— Je croyais que depuis quelque temps le général Charette s'était installé dans un château fort situé...

— En effet, général, interrompit le comte, mais, lorsque l'abbé Bernier lui eut annoncé l'envoi d'un plénipotentiaire, il a jugé convenable de quitter sa forteresse et de se rapprocher de quelques dizaines de lieues, afin d'éviter un trop long voyage à travers un pays désolé, à l'ambassadeur que lui adressait le commandant des troupes républicaines.

— Et pour éviter, en même temps, que cet ambassadeur puisse juger par lui-même de l'état du pays et des mesures prises pour sa défense par le général Charette, n'est-ce pas, citoyen ? répondit Lucien en souriant.

— Peut-être y a-t-il un peu de cela, reprit le comte d'un air de bonne humeur, cela vous déplait-il, général ?

— En aucune façon, citoyen : ces précautions sont de bonne guerre ; je ne vois rien à y blâmer, seulement elles me semblent dénoter de la part de votre chef une certaine méfiance de ses forces, et une crainte cachée, peu en rapport avec la puissance dont il se vante, à tort ou à raison, de disposer.

Le comte de Kergoat se mordit les lèvres et ne répondit pas.

Cependant, les chouans avançaient toujours ; ils suivaient une espèce de sente à peine tracée à travers une plaine bien cultivée, bordée de jeunes futaies et de haies d'aubépines ; on commençait à rencontrer, à des distances de plus en plus rapprochées, ces mares verdâtres, nommées *vaux* dans le pays, annonce obligée de toute ferme bretonne.

Ils arrivèrent ainsi au fond d'une charmante vallée assez profondément encaissée entre deux coteaux élevés, tapissés de trèfles fleuris et de blés mûrs.

Plusieurs chiens fauves, appartenant à cette race armoricaine célèbre dans le moyen âge, s'élancèrent à la rencontre de la petite troupe, en aboyant à pleine gueule et faisant un vacarme épouvantable, mais fêtant bien plutôt la venue des arrivants qu'essayant de leur barrer le passage.

Roger Tancrède l'enleva du milieu des flammes qui étaient sur le point de l'atteindre.

La démonstration, il n'y avait pas à s'y tromper, quoique fort bruyante, avait un caractère essentiellement amical.

— Voici la ferme, dit le comte en étendant le bras et montrant une maison d'assez piètre apparence à demi cachée encore sous les feuilles.

Cette vue sembla rendre toute son ardeur à la petite troupe, épuisée par une longue traite, et sans y être invités, d'eux-mêmes, les hommes doublèrent le pas.

Après avoir côtoyé, pendant un quart d'heure environ, les prairies remplies de fleurs et de parfums, et encore joyeusement ensoleillées, les chouans firent un brusque crochet sur la gauche et s'engagèrent dans un sentier que les ronces et le houblon sauvage ombrageaient en berceau. Au bout de quelques pas, ils se trouvèrent devant l'aire placée derrière la maison.

Une jeune et jolie paysanne, au costume coquet, aux joues de pêche, aux lèvres coralines et à l'œil mutin, était occupée à étendre du linge mouillé sur des haies de sureau, suivie pas à pas par deux vigoureux molosses qui sans doute lui servaient de gardes du corps.

C'était la fermière.

En apercevant les chouans, elle vint en souriant à leur rencontre, toujours suivie de ses deux molosses qui marchaient gravement à sa droite et à sa gauche, et dont elle avait fait cesser les grondements par un geste plein de gentille autorité.

— Journée heureuse à vous, mes maîtres! dit-elle en adressant aux nouveaux venus le naïf et charmant salut breton.

— A vous aussi bonne journée, maîtresse, répondit au nom de tous le comte de Kergoat; le maître est-il ici?

— Il est arrivé il y a deux heures, reprit-elle; il vous attend; prenez la sente à droite, qui longe la maison, et vous le rencontrerez.

La fermière salua et se remit à sa besogne, sans plus se préoccuper des étrangers.

Les chouans prirent le sentier qu'elle leur avait indiqué, et bientôt ils se trouvèrent devant la maison.

Sur le seuil de la porte, un homme, richement vêtu, coiffé d'un chapeau empanaché de plumes blanches, les hanches serrées par une écharpe de la même couleur, se tenait, en compagnie de cinq ou six personnes mises à peu près de même façon, mais qui restaient respectueusement à deux ou trois pas en arrière.

Cet homme était le général Charette.

V

QUELLE RÉCEPTION FUT FAITE PAR M. DE CHARETTE AU GÉNÉRAL RÉPUBLICAIN

Puisque le grand nom de Charette se trouve sous notre plume et que, bien qu'effacé, le célèbre royaliste joue un rôle dans cette histoire, disons-en quelques mots, qui était cet homme, sur le compte duquel on a tant écrit, à tort ou à travers, avec ou sans bonne foi, et qui, aujourd'hui, bien que soixante-douze ans déjà se soient écoulés depuis sa mort sanglante, est encore si peu et surtout si mal connu.

Charette de la Contrie descendait en ligne directe d'une antique famille dont le chef, Perro Caretto, marquis de Final, était, au XIIIe siècle, venu s'établir en Bretagne où il avait épousé Jeanne Dubois de la Salle, demoiselle d'honneur d'Alix, duchesse de Bretagne.

Mais si son origine était ancienne, illustre même, sa fortune était des plus médiocres et sa famille nombreuse : trois filles et sept garçons. Charette, né à Gouffé, près Ancenis, le 21 avril 1763, fut presque adopté par son oncle, Charette de la Gascherie, conseiller au Parlement, qui se chargea des frais de son éducation. Entré en 1779, à peine âgé de seize ans, en qualité d'aspirant dans la marine, en 1787 il était lieutenant de vaisseau.

D'un caractère hautain, opiniâtre, irascible, et de mœurs plus que légères, à la suite d'une querelle, dont les motifs ne furent jamais bien connus, avec un autre officier qui lui était supérieur en grade, Charette donna sa démission et se retira définitivement du service. Quelque temps après il épousa Mme Charette de Bois-Foucault, veuve d'un de ses parents, plus âgée que lui, et dont il n'eut qu'un fils qui mourut au berceau.

Homme de conviction, de dévouement et surtout d'action, lorsque la Révolution éclata, il se rendit à Coblentz auprès des princes ; mais, accueilli avec indifférence, gêné au milieu de ces grands seigneurs fastueux et nuls qui formaient la cour des Bourbons, aigri par certaines paroles malsonnantes et par des pertes considérables éprouvées au jeu, il rentra en France et prit part, en qualité de chef de la garde nationale de son arrondissement, à la journée du 10 août, après laquelle il quitta Paris et se retira dans son château de Fonteclause, à deux lieues de Machecoul, résolu à ne plus se mêler en rien aux affaires publiques et s'obstinant à demeurer complètement étranger à la politique.

Mais lorsque commença l'insurrection vendéenne, les révoltés, qui manquaient d'un chef brave et dévoué, le prièrent de se mettre à leur tête; il refusa d'abord, et ce ne fut que contraint par leurs instances qu'il consentit à les commander.

Ce fut alors que se révélèrent les grandes qualités guerrières que possédait Charette et que lui-même ignorait. Il remporta d'éclatants succès, malheureusement ternis en plusieurs circonstances par des actes d'une cruauté froide.

Lorsqu'il eut consenti à tirer l'épée, il en jeta le fourreau.

Tous les actes de sa vie aventureuse démontrent jusqu'à l'évidence qu'il agit toujours par conviction et avec un dévouement tout à fait désintéressé ; jamais il ne se fit d'illusion sur le sort de l'insurrection que les Princes eux-mêmes abandonnaient ; mais, fidèle jusqu'au bout au serment qu'il s'était fait à lui-même, il persévéra bravement jusqu'à sa dernière heure, et, ainsi qu'il l'avait écrit à Louis XVIII dans une lettre dont on essaya vainement de nier l'existence, il périt inutilement pour son service, fusillé dans cette ville de Nantes où, quelques mois auparavant, après avoir signé la paix, il était entré à la tête d'un brillant état-major.

Disons-le une fois encore, Charette mourut fidèle à ses sentiments et à ses convictions.

A l'époque où se passent les faits que nous avons entrepris de raconter, Charette était âgé de trente-deux ans; sa taille était haute, bien prise; ses manières élégantes, quoique ses gestes brusques et nerveux, que parfois il ne parvenait pas à réprimer, décelassent son caractère bouillant et emporté ; ses traits réguliers et assez beaux respiraient l'audace et l'intelligence ; son visage était pâle, ses yeux pleins d'éclairs, sa voix douce, presque féminine.

— Soyez les bienvenus, messieurs, dit Charette en s'avançant vivement au-devant des deux officiers républicains qui déjà avaient mis pied à terre.

Et il leur tendit la main.

— Veuillez, continua le général vendéen, accepter la modeste hospitalité que les circonstances fâcheuses dans lesquelles je me trouve me permettent de vous accorder.

— Général, répondit Lucien en s'inclinant, si modeste que soit cette hospitalité, nous l'accepterons de vous avec reconnaissance.

— Dois-je attribuer votre présence ici à une simple visite, suffisamment autorisée du reste par la paix qui existe entre nous, ou bien, ainsi que me l'a assuré l'abbé Bernier, venez-vous chargé d'une mission diplomatique par le général Hoche?

— Général, dit le jeune officier en souriant, je suis envoyé vers vous par les généraux Hoche et Marceau; le général Hoche, aujourd'hui commandant en chef de l'armée républicaine désire régler définitivement certaines questions demeurées pendantes entre vous et son prédécesseur.

— A ce titre, général, vous êtes doublement le bienvenu parmi nous ; nul, plus que moi, soyez-en convaincu, ne désire voir la paix établie sur des bases solides.

— Je suis persuadé que telles sont vos intentions, général; aussi est-ce pour cela que j'ai sollicité l'honneur d'être envoyé près de vous.

— S'il en est ainsi, général, reprit Charette avec un charmant sourire, nous serons bientôt d'accord.

— Je l'espère, général.

Ces premiers compliments échangés, Charette insista pour que les officiers républicains entrassent avec lui dans la ferme.

— Vous êtes fatigués d'une longue course, dit-il ; à jeun depuis ce matin, vous avez besoin de réparer vos forces, c'est-à-dire de prendre du repos et de la nourriture; donc à demain les affaires sérieuses! Ce soir, nous deviserons de guerre et d'amour, ainsi que l'on disait jadis, en portant des santés en l'honneur des belles et des hauts faits d'armes. Demain, lorsque vous serez complètement remis de votre fatigant voyage, nous causerons politique. Cela vous convient-il ainsi, général?

— Parfaitement, général, répondit en souriant le jeune officier, vous ne pouviez me faire une plus agréable proposition.

— Eh bien! alors, entrons et mettons-nous à table sans plus tarder : Passage! s'il vous plaît, messieurs!

Les officiers vendéens s'écartèrent à droite et à gauche, et Charette, précédant ses hôtes, pénétra avec eux dans la ferme.

Cette ferme, comme au reste toutes celles de Bretagne à cette époque et peut-être encore à la nôtre, n'était composée que d'une seule pièce, assez vaste, au rez-de-chaussée.

La terre battue servait de plancher, un peu raboteux, il est vrai, et le plafond était formé par des fascines de noisetiers, encore garnies de leurs feuilles sèches et soutenues par de longues perches transversales.

A droite et à gauche de la salle étaient rangés six lits clos, en bois de chêne, noircis par le temps et sur les battants desquels était découpé à jour l'H surmonté d'une croix qui décore habituellement dans les églises le devant des autels. Au-dessus de ces lits si simples, et tranchant avec eux, se trouvaient des bahuts en chêne, aux moulures délicates et aux frêles colonnettes, transportés là sans doute après l'incendie, par les colonnes infernales, des châteaux voisins; des bassines de cuivre, brillantes comme l'or et disposées avec soin sur le vaisselier, une vaste cheminée, quelques huches de paille à demi cachées derrière deux grandes armoires sculptées, de même provenance que les bahuts; des armes appuyées çà et là contre les murs, des outils jetés dans un coin sur un tas d'herbes en fleurs complétaient l'aspect semi-guerrier, semi-villageois de la ferme.

Une immense table, sur laquelle un couvert pour une vingtaine de personnes était dressé, occupait le milieu de la salle; des bancs étaient disposés autour de cette table, sauf d'un côté où se trouvait un fauteuil à haut dossier curieusement sculpté et surmonté d'un écusson héraldique, deux sièges plus simples étaient placés de chaque côté de ce fauteuil.

— Vous voyez, citoyens, dit gaiement Charette, que le couvert est préparé; nous n'attendons plus que vous pour nous mettre à table. Mon cher Tinténiac, ajouta-t-il en se tournant vers un charmant jeune homme de vingt-cinq ans au plus, qui se tenait près de lui, voulez-vous me faire le plaisir de prévenir ces dames, et de dire, en même temps, qu'on serve le plus tôt possible.

— A l'instant, général, répondit, en s'inclinant, le jeune gentilhomme qui sortit aussitôt de la ferme.

Les écrivains royalistes ont reproché avec amertume à Charette le dérèglement de ses mœurs et sa passion effrénée pour les femmes.

Pour la gloire du général vendéen, ce reproche n'est malheureusement que trop juste; les femmes jouèrent un rôle souvent peu honorable pour lui et pour elles dans sa vie, et eurent sur les actions les plus importantes de sa carrière militaire une influence très fâcheuse.

Partout où il allait, au camp ou à la bataille, Charette menait toujours à sa suite plusieurs de ces beautés faciles qui, dépossédées par la Révolution de leurs titres et de leurs richesses, n'existaient plus que pour le plaisir et la vengeance, et dont la vie, échappée comme par miracle à l'implacable couteau de la guillotine, se laissait emporter par un tourbillon fatal, où les passions mauvaises étaient seules écoutées; car seuls, leurs germes s'étaient développés et étaient demeurés vivaces dans ces cœurs gangrenés par une haine inextinguible pour tout ce que la Révolution avait édifié ou essayait d'édifier contre la caste proscrite à laquelle elles appartenaient.

Cinq minutes à peine s'étaient écoulées depuis le départ du vicomte de Tinténiac, lorsqu'il rentra, accompagné de deux dames charmantes, vêtues avec toute l'élégance exagérée de l'ancienne cour, étincelantes de bijoux et de pierreries. Ces dames étaient, la première, la comtesse de S....., dont le nom n'est resté que trop célèbre, et que les chouans eux-mêmes, qui la détestaient pour son avarice sordide, sa cruauté et son incommensurable orgueil, nommaient entre eux, avec mépris, *la grande jument* de Charette.

Du reste, avouons avec humilité que jamais le démon n'avait si bien réussi à se cacher sous des enveloppes d'anges pour damner les hommes.

Ces deux dames, que le vicomte de Tinténiac conduisait avec toute la courtoisie exigée par la pointilleuse étiquette des grands appartements de Versailles, étaient d'une beauté réellement sans égale.

Charette sourit en les apercevant, s'avança vivement vers elles, les salua avec un respect affecté et les conduisit aux sièges préparés pour elles à sa droite et à sa gauche; puis, invitant les deux officiers républicains à occuper, près de ces dames, les sièges demeurés vacants :

— Messieurs, dit-il à ses officiers, à table, s'il vous plaît! nous n'avons que trop tardé déjà.

Les officiers vendéens s'assirent alors autour de la table ; les domestiques parurent et le repas commença.

Les premiers moments furent silencieux; tous ces hommes qui, sans doute, s'étaient, pendant la journée qui venait de s'écouler, livrés à de violents exercices exigés par la situation précaire que leur faisait la guerre civile, avaient un vigoureux appétit et livraient de rudes attaques aux mets, plus solides que recherchés, placés devant eux.

Cependant, lorsque la première faim fut à peu près calmée, la conversation, d'abord languissante et presque nulle, s'anima peu à peu et bientôt devint générale.

Comme, par courtoisie pour ses hôtes, Charette avait défendu que la plus légère allusion fût faite à la politique, les officiers vendéens, presque tous gentilshommes et appartenant à la plus haute noblesse, firent appel à leurs souvenirs et causèrent de Versailles et de Trianon, à l'époque où le malheureux Louis XVI, encore aimé de ses peuples, trônait au milieu d'une cour folle et brillante dans le palais féerique de son aïeul Louis XIV; et un feu roulant de chroniques, plus ou moins scandaleuses et dignes de l'Œil-de-Bœuf, mais racontées avec ce tact exquis et ce choix d'expressions quintessenciées, dont ces brillants gentilshommes avaient précieusement conservé le secret, qui est mort avec eux, vint, en quelques minutes, dérider les fronts les plus moroses et faire sourire les lèvres les plus pincées sous le poids de souvenirs attristants.

D'ailleurs, tous ces nobles, déchus de leurs hautes positions et réduits à mener la vie d'aventures au fond des bois et des marais, n'étaient pas fâchés de faire pièce aux deux officiers républicains assis au milieu d'eux, en étalant avec complaisance et faisant miroiter, comme un prisme trompeur, les enchantements d'une cour qui alors donnait le ton à l'Europe entière.

Le général républicain écouta pendant quelques instants, en se contentant de sourire doucement, ces récits, souvent enflés et parfois même dénaturés, qui se succédaient sans interruption autour de lui; puis il dit quelques mots, hasarda de légères observations dont la justesse surprit l'assemblée, et, en entendant raconter certaine anecdote passablement scandaleuse, dont le comte d'Artois était le héros, anecdote dont les détails, tenus secrets à cette époque, n'avaient été connus que des familiers du prince, il se pencha vers le conteur, et, lui adressant un salut gracieux :

— Pardon, monsieur, lui dit-il avec un sourire, je crois que vous avez été mal informé et que les faits ne se sont point passés entièrement tels que vous les rapportez.

— Auriez-vous une version préférable à la mienne, général? répondit avec ironie le gentilhomme; je vous avoue humblement que cela m'étonnerait singulièrement.

— Pourquoi donc cela, monsieur, s'il vous plaît ?

— Mais tout simplement, général, parce que je suis, ce que vous ignorez sans doute, le comte de La Tour-Houdart, que j'avais l'honneur, alors, d'être intimement lié avec le duc de Plessis-Rambert qui était des plus familiers de Son Altesse Royale, que c'est de sa bouche que je tiens ce récit, et que lui ne pouvait être mieux informé que mon ami.

— Vous m'excuserez, monsieur, quelqu'un pouvait l'être.

— Qui donc?

— Mon Dieu! monsieur le comte, Son Altesse Royale, tout simplement.

— Voulez-vous donc, général, répondit le comte avec une expression de sarcasme indicible, nous donner à entendre que vous tenez ce récit de la bouche du prince?

— Précisément, monsieur le comte, répondit Lucien en saluant, je le tiens de la bouche même de Son Altesse Royale, et, si vous le permettez, je rectifierai les légères inexactitudes qui se sont glissées dans votre récit, dont le fond est du reste, je le constate, d'une indiscutable vérité.

Cette déclaration si nette, faite d'une façon si franche et si posée par le jeune officier, causa une surprise générale.

Toutes les têtes se levèrent, et tous les regards se fixèrent instinctivement sur Lucien, qui en supporta le poids avec la plus entière indifférence.

— Nous vous écoutons, général, dit alors le comte avec intention.

Celui-ci ne se fit pas prier et raconta l'anecdote.

— Je m'incline, général, dit alors le comte avec la plus charmante courtoisie, votre version est, en effet, meilleure que la mienne, j'étais mal servi par ma mémoire.

Les convives commencèrent à se regarder avec surprise et à chuchoter en se demandant entre eux qui était cet homme, et comment il se trouvait si au courant des anecdotes de l'ancienne cour.

Au dessert, la conversation fit un crochet, et l'on parla de la Bretagne, sujet fort intéressant pour toutes les personnes présentes, originaires pour la plupart de cette antique province.

Cette fois encore Lucien eut l'occasion d'intervenir dans la conversation au sujet d'un événement qui s'était passé une vingtaine d'années auparavant dans l'évêché de Vannes, et qui avait eu alors un grand retentissement dans toute la province; le jeune officier rectifia certains faits controuvés et termina cette rectification par ces mots qui changèrent en stupéfaction et presque en stupeur la surprise des assistants.

— Je suis, messieurs, d'autant plus certain de ce que j'avance, que, par un hasard singulier, bien que je fusse fort jeune à cette époque, je me trouvais à Vannes, dans la maison même du comte de Kergoran, et je dînais à sa table. J'assistai donc à la discussion qui eut de si fâcheuses conséquences et qui, commencée à table, se termina le lendemain, derrière les remparts, par la mort du marquis de Penhoël, tué d'un coup d'épée en pleine poitrine par son ami intime, le comte de Kergoran, qui ne s'en consola jamais et se retira à la Trappe.

— Tout cela est d'une exactitude rigoureuse, mon cher général, dit Charette en riant, mais, à moins d'être messire Satanas en personne, ou un de ses amis intimes, ce que je ne puis supposer, je ne comprends pas comment il se peut faire que vous soyez si parfaitement au courant, non seulement de l'histoire scandaleuse de la cour du roi martyr, mais encore de celle de notre chère province.

— Cela est cependant bien facile à vous expliquer, général.

— A la rigueur, peut-être le hasard vous aura-t-il mis en rapport...

— Le hasard n'a rien à voir dans tout cela, général.

— S'il n'était pas indiscret de vous demander une explication, sur ma foi! général, je me hasarderais à le faire.

— Faites, général, ne vous gênez pas; cette explication sera aussi facile que courte; un seul mot me suffira pour cela.

— Pardieu! puisque vous êtes si charmant convive et que vous consentez à satisfaire notre curiosité, je me risque.

— Messieurs, dit alors le général en s'inclinant gracieusement à la ronde, je me nomme Lucien Caro de Bodegast.

A ce nom, si connu et si justement respecté, tous les fronts s'inclinèrent et toutes les mains se tendirent instinctivement vers le jeune homme.

— Eh quoi! s'écria Charette avec feu, vous êtes le comte de Bodegast, le fils aîné du marquis?

— Oui, messieurs; seulement, permettez-moi de vous faire observer que je me nomme aujourd'hui simplement Lucien de Bodegast et que je suis général républicain.

— De même que nous sommes, nous, officiers du roi; mais toutes les convictions sont respectables, monsieur, répondit sérieusement Charette, et cela n'empêche pas que nous soyons cousins, monsieur de Bodegast.

— Ce qui est pour moi un grand honneur, général.

— Et moi aussi, je suis votre cousin, s'écria Tinténiac.

— Et moi, et moi! répétèrent à l'envi les autres convives.

Et chacun, quittant sa place, vint féliciter le jeune homme ému de ces marques de bienveillance auxquelles il était si loin de s'attendre.

— Pardieu! monsieur mon cousin, s'écria Charette avec entraînement, je suis reconnaissant au général Hoche de vous avoir choisi pour traiter avec moi, nous nous entendrons facilement.

En ce moment, le galop de plusieurs chevaux se fit entendre au dehors, puis un serviteur de confiance entra et dit quelques mots à voix basse au général Charette.

Il s'avança au devant d'eux en jetant des regards investigateurs autour de lui.

Celui-ci fit un mouvement de joie qu'il réprima aussitôt.
— J'y vais à l'instant, dit-il.
Se tournant alors vers ses convives et particulièrement vers Lucien :
— Messieurs, dit-il, excusez-moi, de nouveaux hôtes m'arrivent que je suis contraint d'aller recevoir; mais mon absence sera, je l'espère, de courte durée. Que cela n'interrompe pas vos plaisir, dont je compte bientôt revenir

prendre ma part. Mesdames, je vous recommande mes hôtes, surtout notre cousin : fêtez son arrivée, messieurs, car sa présence au milieu de nous est d'un heureux augure pour le succès de nos négociations.

Il fit un geste gracieux de la main comme pour prendre congé et quitta à grands pas la salle.

Le départ de Charette jeta d'abord un certain froid parmi les convives; mais les dames, prenant au sérieux le rôle qui leur avait été confié par le général, prodiguèrent de si charmants sourires, montrèrent un si franc enjouement, et surent si adroitement placer la conversation sur des sujets agréables à la plus grande partie des assistants, que bientôt la contrainte disparut, le souper continua joyeusement et les santés se succédèrent avec une rapidité qui n'aurait pas tardé à être fatale à des têtes moins solides que celles de ces rudes gentilshommes bretons.

La comtesse de S..., placée à droite de Lucien, se montra d'une grâce charmante envers lui et s'étudia à lui faire oublier la longueur de l'absence du général, ce à quoi elle réussit complètement, en lui racontant à demi-voix, avec une spirituelle ironie et une verve railleuse inimaginable, l'histoire des gentilshommes présents. Lucien fut bientôt tout entier sous le charme de cette irrésistible enchanteresse; la conversation ne tarda pas à devenir plus intime entre elle et lui; de brûlantes œillades furent échangées; l'on marchait vite en guerre comme en amour à cette époque où la mort vous guettait sournoisement derrière chaque buisson et où, par conséquent, on avait fait un dieu du plaisir.

Lucien, dont la jeunesse tout entière s'était écoulée dans les camps, qui sont loin d'être une école de morale, se laissait enivrer par les douces paroles de cette séduisante sirène ; sa tête s'échauffait, ses artères battaient plus vite. Le colloque, qui d'abord, entre la comtesse et lui, reposait sur des généralités et des lieux communs, se faisait de plus en plus intime.

Les convives du général, dont les têtes, échauffées par de nombreuses libations, commençaient à fermenter et à éprouver enfin les premières atteintes de l'ivresse, ne s'apercevaient en rien de ce manège.

Les choses en étaient là, rien n'entravait la joie de plus en plus bruyante des convives. Depuis près de deux heures déjà, le général Charette était absent, lorsque le même serviteur, qui, précédemment, était venu annoncer au chef vendéen l'arrivée de nouveaux hôtes, entra pour la seconde fois dans la salle et réclama le silence, ayant, dit-il, une communication à faire à l'assistance.

Ce n'était pas chose facile que d'obtenir un peu de calme de toutes ces imaginations surexcitées, de toutes ces têtes en feu; ce ne fut qu'après de nombreux efforts que le serviteur de confiance du général parvint enfin à obtenir un silence relatif; il profita aussitôt du répit qui lui était accordé pour s'acquitter de la commission qui lui était confiée.

— Messieurs, dit-il, le général Charette me charge de l'excuser auprès de vous: des affaires de la plus haute gravité l'empêchent de revenir ici ce soir; il vous prie de ne pas attendre plus longtemps son retour et de vous retirer, s'il vous plaît, chacun dans vos quartiers.

A cette brusque déclaration, qui mettait si brutalement fin à leur joyeuse réunion, tous ces fiers gentilshommes, au lieu de protester, s'inclinèrent respectueusement, portèrent une dernière santé, vidèrent leurs verres, se levèrent de table et quittèrent la salle les uns après les autres.

— Ce qui se passe doit être fort grave, dit la comtesse de S..., en se penchant à l'oreille de Lucien ; mais nous sommes alliés maintenant, n'est-ce pas ?

Le jeune homme lui répondit par un regard à l'expression duquel il était impossible de se tromper.

— C'est bien, reprit-elle avec un délicieux sourire, soyez prudent et laissez-moi faire, nous nous reverrons.

Et, remarquant que le serviteur de Charette se dirigeait vers elle, elle posa un doigt sur la bouche, et s'éloigna après avoir répondu au salut de l'officier républicain par une coquette révérence.

Posant alors délicatement le bout de ses doigts sur le poing que lui présentait le vicomte de Tinténiac, la comtesse quitta la salle, en compagnie de son amie qui, pendant tout le repas, avait gardé un silence obstiné.

— Général, dit le domestique en s'inclinant respectueusement, veuillez me suivre ainsi que monsieur votre aide de camp; le général de Charette, mon maître, m'a chargé de vous conduire à l'appartement qu'il vous a choisi.

Ces paroles furent prononcées avec une emphase comique qui fit sourire les deux officiers, en songeant à la misérable ferme dans laquelle ils se trouvaient et où les appartements devaient être rares.

— Marchez, mon ami, nous vous suivons, répondit le général.

Ils sortirent.

Des sentinelles vendéennes, placées de distance en distance, faisaient bonne garde autour de la ferme.

Le domestique, armé d'une lanterne, guidait les officiers républicains à travers un dédale de sentiers où, en apparence, il était presque impossible de se reconnaître, mais dans lesquels il s'engageait sans la plus légère hésitation.

Après avoir marché ainsi d'un bon pas pendant environ un quart d'heure, vivement intrigué par la course singulière qu'on lui faisait faire ainsi, en pleine nuit et à plus de dix heures du soir, en tournant un épais rideau d'arbres, le général vit tout à coup s'élever devant lui, à une portée de pistolet, une charmante *fabrique*, de style gothique, ancien rendez-vous de chasse sans doute, mais assez considérable, puisque ce château en miniature, flanqué de deux tourelles, comportait un rez-de-chaussée et un premier étage, avec huit fenêtres de façade, dont plusieurs étaient éclairées.

Le général réprima un cri de surprise en voyant cette délicieuse et coquette demeure, si bien enfouie dans les arbres et cachée sous un inextricable fouillis de feuilles et de fleurs que, à moins d'en connaître positivement la situation exacte, il était de toute impossibilité de la découvrir, et il suivit le domestique qui avait continué impassiblement sa route.

Ils gravirent les marches d'un double perron devant lequel se promenaient deux sentinelles, et poussant une porte qui n'était pas même fermée, ils entrèrent dans la maison à la suite de leur silencieux guide.

Celui-ci, les précédant toujours, monta un escalier garni d'une rampe en fer forgé, curieusement ouvragée, et, ouvrant une porte, il les introduisit dans un appartement entièrement boisé, puis dans une chambre garnie de tapisseries de haute lisse et meublée de la façon la plus luxueuse : un lit se trouvait dans cette chambre.

Le domestique alluma deux candélabres.

— Voici votre appartement, général, dit-il ; la porte que vous voyez là conduit dans une seconde chambre à coucher, derrière laquelle se trouve un cabinet de toilette : un en-cas est préparé dans l'antichambre ; voici une bibliothèque ; M. de Charette vous prie d'excuser la simplicité de son hospitalité, et d'agir ici absolument comme si vous étiez dans un de vos châteaux ; vous pouvez à votre guise et sans avoir rien à craindre des sentinelles, qui sont prévenues, aller, venir, entrer et sortir ; si le sommeil ne vous tourmente pas trop, M. de Charette aura sans doute l'honneur de vous faire visite cette nuit.

— L'honneur sera pour moi, répondit le général.

Le domestique reprit sa lanterne, s'inclina respectueusement et sortit à reculons, laissant les hôtes de son maître libres de se livrer aux commentaires qu'il leur plairait de faire sur une si splendide réception, dans un pays perdu et désolé par la guerre, commentaires, entre parenthèses, auxquels les jeunes gens ne se privèrent nullement de se livrer.

En somme, jusqu'à ce moment, ils n'avaient qu'à se féliciter de la façon dont ils avaient été accueillis, et des égards qu'on leur avait témoignés ; leur ambassade commençait donc sous les plus riants auspices, et, à moins d'événements impossibles à prévoir, tout leur présageait le succès de la difficile mission dont ils étaient chargés.

— Si nous visitions notre campement, dit Alain en riant ; ceci est une précaution militaire qui n'est nullement à mépriser, il me semble, dans un pays de féerie comme celui où nous nous trouvons. Qu'en penses-tu, Lucien ? Ces diables de constructions gothiques me font toujours l'effet de boîtes à surprises ; on ne sait jamais qui vous entend ou qui vous voit, lorsqu'on se trouve enfermé dans ces murs épais et toujours creusés comme des fourmilières d'une foule de corridors inconnus.

— Tu es fou, Alain ! répondit Lucien sur le même ton, mais va pour la visite, cela nous fera gagner quelques instants.

Le capitaine passa une revue exacte de l'antichambre dont il sonda du pommeau de son sabre les boiseries, puis il revint dans la première pièce, souleva les tapisseries, écarta les rideaux de l'alcôve et frappa les murailles ; mais nulle trace de passage secret n'apparut.

— Bon ! fit le jeune homme, jusqu'à présent je ne vois rien de bien inquiétant ; passons dans la seconde pièce.

— Soit ! reprit Lucien que ce manège amusait, allons !

Alain s'arma d'un candélabre, et ils ouvrirent la porte de la seconde chambre.

Cette pièce, à peu près de la même grandeur que la première, était meublée avec le même luxe, et, comme elle, garnie de tapisseries de haute lisse.

Un lit, enveloppé d'épais rideaux, et posé sur une estrade recouverte d'un tapis moelleux, était placé dans une alcôve.

Là aussi, les recherches du capitaine furent infructueuses; il eut beau soulever les tapisseries, écarter les rideaux et sonder les murs; il ne découvrit rien de suspect.

— Nous en sommes pour notre courte honte, dit en riant Alain; s'il existe un passage secret, il est si bien dissimulé que le diable lui-même y perdrait son latin et ne le découvrirait pas.

— Ne te l'avais-je pas dit, répondit Lucien, entêté que tu es?

— Que veux-tu! malgré le peu de succès de nos opérations, rien ne m'ôtera de l'esprit qu'il existe au moins une porte secrète et un corridor inconnu.

— Sur quelle base repose cette croyance?

— Pardieu! sur une base excellente : la connaissance exacte que nous avons, toi et moi, du caractère du citoyen général Charette. Il est trop fin, et le métier qu'il fait est trop dangereux pour qu'il ignore et ne mette pas en pratique ce proverbe plein de sens des paysans du pays de Tréguier, le pays par excellence pour les proverbes : « La souris qui n'a qu'un trou est bientôt prise », et le sieur Charette est, à mon sens, une souris trop futée pour ne pas s'être précautionné d'une foule de trous dans toutes ses résidences.

Lucien se mit à rire.

— Ton idée n'est pas aussi folle qu'elle en a l'air; il y a du vrai dans ce que tu dis, reprit-il.

— Pardieu! voyons le cabinet de toilette.

— Encore?

— Toujours.

Mais là aussi les recherches furent sans résultat.

— Allons! s'écria Alain avec un désespoir comique en rentrant dans la seconde pièce, il est écrit que je ne découvrirai rien; maintenant il se fait tard, songeons à notre installation; je reste ici, moi, cela te convient-il?

— Parfaitement.

— As-tu besoin de moi?

— En aucune façon.

— Alors, avec ta permission, je me couche; je me sens la tête lourde; ce diable de vin d'Anjou est capiteux, et, quand on n'y est pas habitué...

— Bon, bon! fit en riant le jeune homme, tu n'as pas besoin de prétexte, paresseux!

— Paresseux! parce que j'ai envie de dormir! Et il bâilla à se démettre la mâchoire. Est-ce que tu ne vas pas te coucher aussi, toi?

— Non, pas encore; n'as-tu pas entendu ce qu'a dit le domestique du général?

— Non... si... ma foi, je ne sais pas.

— Il m'a dit que probablement son maître me ferait visite cette nuit; mais j'en doute.

— Moi aussi : dans tous les cas, si tu veux que je te tienne compagnie...

— Ce serait très agréable pour moi, tu dors debout.

— C'est, ma foi, vrai! mais tu vas horriblement t'ennuyer ainsi, tout seul.

— Merci ! je prendrai un livre et je lirai jusqu'à minuit.
— L'heure des spectres ! brrr !... fit Alain en riant.
— Ou des conspirateurs ; n'importe ! Si le général n'est pas venu à minuit, bonsoir ! je me couche, et j'éteins ma bougie !
— A ta place, moi, je me coucherais tout de suite, et je lirais en me dorlotant dans mon lit.
— Ce ne serait pas convenable.
— Au fait, c'est possible ! fais comme il te plaira, seulement, à la plus légère alerte, éveille-moi ; si tu y manquais, je ne te le pardonnerais de ma vie.
— Sois tranquille ; mais pourquoi cette méfiance ?
— Je ne sais pas... peut-être un pressentiment.
— Fou !... Allons, bonne nuit, Alain !
— Bonsoir, Lucien.
Les deux jeunes gens échangèrent une chaleureuse poignée de main.
Alain ôta son sabre et dégrafa son uniforme ; Lucien se dirigea vers la porte de communication, l'ouvrit et souleva la portière.
Tout à coup, il la laissa retomber en poussant un cri de surprise.
— Qu'as-tu donc ? s'écria Alain en s'approchant vivement de lui.
— Rien ! répondit Lucien d'une voix émue, le pied m'a tourné, et cela m'a fait mal.
— Ah !... fit Alain en le regardant fixement, bien vrai ? ce n'est pas autre chose ?
— Que veux-tu que ce soit, reprit-il avec un sourire pâle et contraint.
— Que sais-je ? répondit-il avec défiance.
— Allons, fou que tu es, tu radotes !
— Peut-être !
— Bonsoir, Alain !
— Bonsoir, Lucien... mais je veillerai, grommela-t-il entre ses dents.
Le général haussa les épaules et entra dans sa chambre à coucher, dont il referma soigneusement la porte derrière lui, et poussa, sans bruit, les verrous.

VI

OU LE GÉNÉRAL DE BODEGAST CROIT PRESQUE AUX FANTOMES

Le cri poussé par le général n'avait nullement été causé par la douleur, mais parce qu'il avait aperçu tout à coup, après avoir soulevé la portière de sa chambre à coucher, une dame pâle, belle, majestueuse, assise en face de lui dans un fauteuil et le regardant fixement, tandis qu'un sourire mélancolique se jouait sur ses lèvres mi-closes, et qu'il avait reconnue cette dame pour être la compagne de la fière comtesse de S...

Le général avait remarqué que cette dame, dont l'éclatante beauté l'avait frappé, n'avait pas desserré les lèvres, pendant les deux longues heures que le repas avait duré; que, à plusieurs reprises, lorsqu'elle supposait ne pas être aperçue des autres convives, ses regards s'étaient fixés sur lui avec une expression singulière, et que même une ou deux fois, elle avait semblé vouloir lui adresser la parole.

Lucien de Bodegast était gentilhomme de pied en cap; il laissa retomber la portière derrière lui, domina son émotion, s'approcha, calme et respectueux, de l'inconnue qu'il salua en silence, et il attendit qu'il lui plût d'entamer la conversation.

L'étrange visiteuse inclina doucement sa tête charmante avec une gracieuse nonchalance.

— Commencez-vous à croire, général, dit-elle avec un léger accent de raillerie, que votre aide de camp n'avait pas complètement tort, lorsqu'il soutenait l'existence de portes secrètes dans votre appartement?

— Peut-être, madame, répondit-il en souriant, mais comme vous êtes une fée...

— Oh! général, fi! que dites-vous donc là? Un officier républicain marivauder! quel anachronisme! laissez cela aux représentants arriérés de ce que vous nommez entre vous déjà, l'ancien régime.

— De l'ironie, madame? Qu'importe! après tout; je m'en tiens à mon dire; ne sommes-nous pas dans la patrie de Morgane, près de la redoutable forêt de Brocéliande, au plus profond de laquelle Merlin gît encore enchanté?

— Non, reprit-elle en devenant sérieuse, détrompez-vous, général, je ne suis qu'une simple mortelle, une femme qui souffre et qui n'a pas voulu se livrer au repos avant que d'avoir eu, avec vous, une explication indispensable.

— Je ne vous comprends pas, madame, mais je suis heureux de la visite que vous daignez me faire.

— Ce n'est pas moi que vous attendiez, général?

— Certes, j'étais loin de prévoir un si grand bonheur, madame; M. de Charette m'avait fait espérer...

— M. de Charette ne viendra pas, monsieur, interrompit-elle, cette nuit du moins.

— Vous croyez, madame?

— Je ne crois pas, je suis sûre.

— Je m'incline; m'est-il permis, madame, de vous demander d'où vous vient cette certitude?

— Oh! parfaitement, général; M. de Charette ne se rendra pas cette nuit auprès de vous, ainsi qu'il en avait manifesté le désir, parce qu'il y a une demi-heure déjà qu'il est parti.

— Parti?... s'écria-t-il avec surprise.

— Mon Dieu! oui, général, suivi de presque tout son état-major; il ne reste plus en ce moment ici que quelques chasseurs du roi, et deux ou trois officiers; le reste galope à franc étrier.

— Est-ce possible?

— M'interrogez-vous, général?

— Je n'oserais, madame.
— Pourquoi donc cela?... M. de Charette est parti à l'improviste à cause de nouvelles de la plus haute gravité qu'il a reçues pendant la soirée. Désirez-vous en savoir davantage?
— Vous me répondrez, madame?
— N'est-ce pas ce que je fais?
— Vous êtes mille fois bonne, madame. Sans doute vous connaissez ces nouvelles ?
— Parfaitement.
— Et... sont-elles réellement aussi graves que vous me faites l'honneur de me le dire?
— Plus encore, général. Mais pardon! je vous avoue que ce n'est pas pour causer d'affaires politiques que je me suis introduite d'une façon si en dehors des lois de la bonne compagnie, et au milieu de la nuit, dans votre appartement.
— Vous me rendez confus, madame; veuillez me pardonner, je vous prie, mais ce que vous m'apprenez me trouble tellement que... Me permettrez-vous de vous adresser une dernière question, madame?
— Parlez, général, et s'il m'est possible de vous répondre...
— Oh! rassurez-vous, madame, je n'ai nullement l'intention de chercher à connaître des secrets qui ne sont pas les miens ; je désire seulement savoir si l'absence de M. de Charette se prolongera longtemps.
— Je l'ignore, monsieur, mais je crois pouvoir vous assurer que probablement sous deux jours il sera de retour; du reste, avant que de quitter Fonteclose...
— Nous sommes donc à Fonteclose?
— Mais oui, monsieur ; vous l'ignoriez donc?
— Je vous l'avoue, mais pardon, vous disiez, madame?...
— Je disais, général, que M. de Charette avait laissé pour vous une lettre qui vous sera remise demain à votre lever, et dans laquelle, sans doute, il vous donne les renseignements que vous désirez et fixe l'époque de son retour.
— Cela doit être ainsi en effet; madame, mille grâces! Maintenant, je suis tout à vos ordres.

La jeune femme sourit avec tristesse, baissa la tête et demeura silencieuse pendant quelques instants.

Le général roula un fauteuil en face d'elle, s'appuya sur le dossier et attendit qu'il lui plût de s'expliquer.

Enfin, elle releva brusquement la tête, et tournant son délicieux visage vers lui avec une certaine coquetterie :

— Regardez-moi bien, lui dit-elle... mais pardon, je vous tiens debout, veuillez, je vous prie, vous asseoir, général.

Lucien s'inclina et obéit.

— Me reconnaissez-vous? reprit-elle.
— Je serais impardonnable s'il en était autrement, madame, répondit-il galamment, puisque, depuis une heure à peine je vous ai quittée.

— Mon père! mon bien-aimé père! s'écria Lucien en tombant à ses pieds.

— Vous ne me comprenez pas, monsieur, fit-elle avec un léger froncement de sourcils.
— Je ne vous comprends pas, madame?... Mais il me semble au contraire...
— Non, monsieur, vous ne me comprenez pas, je vous le répète, ou peut-être, ajouta-t-elle avec une émotion contenue, feignez-vous de ne pas me comprendre.

— Oh! madame, une telle pensée...

— Admettons que j'aie tort ; je vous renouvelle ma question sous une autre forme.

— J'écoute, madame.

— En m'examinant bien attentivement, retrouvez-vous dans les traits de mon visage ceux d'une personne que vous avez autrefois connue?

Lucien fixa pendant deux ou trois minutes sa charmante visiteuse avec la plus sérieuse attention, puis il secoua la tête avec découragement.

— Eh bien? demanda-t-elle avec anxiété.

— Eh bien! madame, il faut que je sois bien oublieux, car je crois pouvoir affirmer que c'est aujourd'hui, ce soir même, que j'ai vu pour la première fois votre visage.

— Ah! murmura-t-elle en pâlissant, je suis donc bien changée depuis quatorze ans?

— Que voulez-vous dire? s'écria-t-il avec émotion; expliquez-vous de grâce!

— A quoi bon, maintenant, reprit-elle avec mélancolie, puisque vous ne vous souvenez plus de moi?

Elle fit alors un mouvement pour se lever, mais le général la retint respectueusement.

— Madame, je vous en supplie, dit-il.

— Quelle singulière opinion vous êtes-vous donc formée de moi, monsieur, reprit-elle avec amertume, pour supposer que si je ne vous connaissais pas intimement depuis de longues années, j'aurais osé m'introduire ici à pareille heure, et vous parler avec autant d'abandon que je l'ai fait?

— Pardonnez-moi, madame, l'opinion que j'ai conçue de vous n'a rien qui ne soit profondément respectueux.

— Bien vrai? murmura-t-elle avec un vif mouvement de joie.

— Je vous le jure sur mon honneur de soldat, madame ; mais vous faites allusion à une connaissance qui date de longues années, ajouta-t-il en souriant ; vous êtes encore bien jeune, il me semble, pour compter ainsi déjà.

— Hélas! monsieur, je touche à la trentaine.

— Ce qui veut dire que vous en aviez quinze à peu près lorsque j'ai eu le bonheur de vous connaître, n'est-ce pas, madame?

— Oui, monsieur, près de quinze, j'étais jeune fille alors ; j'avais encore mon père et ma mère ; je les ai perdus, hélas! et maintenant je suis seule... seule pour toujours!

— Madame, je cherche en vain dans mes souvenirs; excusez-moi, tant de choses se sont écoulées depuis l'époque dont vous parlez que je puis malgré moi avoir oublié, de plus, il y a quatorze ans je n'étais pas en France.

— Non, monsieur, vous étiez en Amérique.

— Oui, madame ; il y a, je le pressens, un mystère enfoui au fond de vos paroles ; je vous en supplie, madame, un mot, dites un seul mot qui me mette sur la voie ; est-ce donc en Amérique que nous nous sommes rencontrés?

— Oui, murmura-t-elle en hochant tristement la tête.

— En Amérique! reprit-il en fronçant les sourcils et devenant subitement rêveur.

— Avez-vous donc oublié le sac de Black-Hill, l'incendie de James-Town ?
— Oh ! s'écria-t-il avec explosion, en pressant son front de ses mains crispées, et en se levant, pâle et les yeux hagards, je me souviens !
— Mon Dieu ! il serait vrai ! dit-elle en levant avec reconnaissance les yeux au ciel.
— Vous êtes Fanny Dayton ! reprit-il d'une voix brisée par l'émotion... Ah ! malheureuse femme ! je comprends tout, maintenant.

Et il se laissa tomber sur un siège en cachant sa tête dans ses mains.

— Eh quoi ! s'écria-t-elle avec douleur, vous aussi vous me jetez l'anathème ! vous, l'ami, le frère de Roger-Tancrède, vous m'accusez sans m'entendre ! Oh Lucien, Lucien ! vous à qui je m'étais accoutumée à donner le nom de frère ! combien vous me punissez d'une faute dont je suis innocente !

— Innocente ! murmura-t-il d'une voix sourde.

— Innocente ! s'écria-t-elle avec éclat, et c'est vous, vous ! qui me condamnerez sans m'entendre ! Oh ! la calomnie !...

— La calomnie ! que voulez-vous dire, madame ?

— Que pourrais-je vous dire que vous consentiez à entendre ? à quelle protestation ajouterez-vous foi ? n'êtes-vous pas un homme comme tous les autres hommes, indulgent pour vos propres fautes, implacable pour celles que vous nous reprochez à nous autres femmes, faibles et sans défense ! Vous me reconnaissez, vous vous souvenez enfin, et... votre premier mot est un outrage d'autant plus cruel qu'il me vient de vous, la cause involontaire de tous les maux qui m'accablent depuis douze ans !

— Moi, madame ?

— Oui, vous, monsieur, vous seul !

— Je suis fou ! murmura le général, et pourtant cette lettre, la dernière que j'ai reçue de Roger-Tancrède ; cette lettre à laquelle je ne pouvais rien comprendre et qui pesait sur mon cœur comme un remords, sans que je m'en expliquasse la raison ! Mon Dieu ! il y a là une fatalité terrible ou une machination effroyable... Que croire ? quel abîme de douleurs !... Et pourtant !...

Il se redressa tout à coup ; son visage devint de marbre.

— Parlez, madame, dit-il d'une voix brève, parlez ! je suis prêt à vous entendre ; et, je vous le jure, car je commence malgré moi à soupçonner que vous avez été, non pas coupable, mais victime d'une odieuse vengeance, si cela est vrai, je le jure sur mon nom et sur mon honneur, justice vous sera rendue, madame ; et c'est moi, moi, entendez-vous ? qui provoquerai, par tous les moyens, cette éclatante réparation, et qui l'obtiendrai, quoi qu'il puisse m'en coûter.

— Merci, Lucien, répondit-elle avec tristesse : depuis douze ans, retirée dans une retraite impénétrable, femme sans mari, mère sans enfant, vivant seule avec ma douleur, lorsque le hasard m'apprit que vous deviez venir ici vous aboucher avec le général Charette, je quittai tout, sans hésiter, pour vous voir, pour vous dire : « Lucien, mon frère, vous, le meilleur et le plus dévoué de tous les amis de mon mari, voici ce dont on m'accuse ; défendez-moi, car j'ai été indignement calomniée, et vous seul pouvez me rendre l'honneur et la considération qui m'ont été ravis. »

— Eh bien! me voilà!... je vous écoute, madame, parlez!
Elle secoua la tête.

— A quoi me servira de parler maintenant, monsieur? Votre amitié est éteinte, éteinte sans retour; vous avez oublié jusqu'à mon visage, et votre premier mot, en me reconnaissant, a été un outrage, outrage d'autant plus terrible qu'il me venait de vous, qui, moins que tout autre, avez le droit de me taxer d'infamie.

— Soit! madame, j'ai eu tort, d'abord comme homme qui ne doit jamais insulter une femme, si bas qu'il la croie tombée; tort, ensuite, parce que j'ai été votre ami, presque votre frère, et que cette amitié est encore aujourd'hui aussi vivace qu'autrefois au fond de mon cœur. Pardonnez-moi donc, je vous en conjure! Si l'insulte a été grande, elle a été involontaire, et l'expiation sera plus grande encore. De plus, vos paroles m'accusent, madame. Roger-Tancrède lui-même, dans la dernière lettre que j'ai reçue de lui, semble aussi me croire coupable, de quel crime? je l'ignore. C'est ce crime, que je dois, que je veux connaître; encore une fois, parlez, madame, je vous en supplie humblement; pour vous et pour moi, il faut que ces ténèbres s'éclaircissent.

— Vous l'exigez? murmura-t-elle faiblement.

— Je n'ai que le droit de prier, madame; aussi je vous supplie.

— Qu'attendez-vous de moi? reprit-elle d'une voix étranglée par l'émotion; une histoire banale, celle de toutes les jeunes filles qui, séduites par les paroles enivrantes d'un séducteur, se laissent tromper et roulent ainsi dans un abîme, dont rien, pas même une conduite exemplaire, un dévouement absolu, un repentir sincère ne peut les retirer. La faute commise est irréparable; elles sont à jamais marquées au front d'un indélébile stigmate d'infamie; le séducteur, lui, se glorifie de sa victoire; il porte le front haut; il a le sourire sur les lèvres; que lui importe l'honneur d'une jeune fille? Cette victime sans défense, immolée à sa vanité féroce de séducteur? il s'éloigne, il a oublié jusqu'à l'existence de celle dont la vie ne doit plus être qu'un long martyre. Vous le voyez, ainsi que je vous le disais, général, cette histoire est banale, sans intérêt; elle est commune et n'entache en rien l'honneur de l'homme qui a froidement perdu une jeune fille!

— Madame! madame! s'écria-t-il avec désespoir, ne me parlez pas ainsi, au nom du ciel! vous me brisez le cœur; cette histoire est fausse, je n'y crois pas..... Je ne veux pas y croire!...

— Cette histoire est vraie, monsieur, répondit-elle avec un sang-froid terrible; cette histoire est la mienne; la femme séduite c'est moi!.... le séducteur, c'est vous!

— Moi! s'écria-t-il, en se redressant terrible, moi, votre séducteur, madame! moi, dont le respect pour vous ne s'est jamais démenti une seconde! moi, l'ami de votre mari auquel je dois la vie! moi, le témoin de votre mariage!.... Je suis votre séducteur!.... Oh! vous 'raillez bien cruellement, madame!

— Je ne raille pas, monsieur, répondit-elle en hochant tristement la tête;

je n'invente rien, je ne dis pas un mot qui ne soit strictement vrai ; voilà ce dont on m'accuse, le crime qu'on m'impute et dont mon mari m'a jeté les preuves au visage, en me disant textuellement les paroles que vous venez d'entendre.

— Infamie ! et c'est moi, moi, qui vous accusais aussi ! Oh ! vous le comprenez maintenant, n'est-ce pas, madame, il faut que vous me disiez tout ; je ne prie plus, madame, j'exige ! car j'en ai le droit. Parlez donc, madame, je le veux !

Ces paroles furent prononcées avec un tel accent de haine et de colère que la jeune femme, brisée déjà par la douleur, se laissa aller, à demi évanouie, sur le dossier de son siège.

— Qu'ai-je fait, misérable que je suis ? s'écria le général en tombant aux pieds de Fanny Dayton. Oh ! pardon ! pardon ! madame, mais votre rancune m'appartient, ainsi que votre vengeance, puisqu'on me fait le complice de ce crime imaginaire ! revenez à vous, ayez pitié de moi qui donnerais ma vie pour vous... Courage, madame ! Je vous le jure, ces biens que vous avez perdus je vous les rendrai, vous serez heureuse, pardonnez-moi !

La jeune femme ouvrit languissamment les yeux.

— Ces émotions me tuent, murmura-t-elle en soupirant ; épargnez-moi, monsieur ; vous savez bien, vous, si je fus coupable !

— Oh ! madame !...

Il y eut quelques instants de silence.

Lucien attendait, anxieux et triste.

Ce fut la jeune femme qui reprit d'une voix douce et plaintive, mais mélodieuse comme le chant d'un oiseau blessé :

— J'aurai du courage ! dit-elle. Je dois, jusqu'à la dernière goutte, épuiser le calice que moi-même j'ai préparé ; je suis venue pour tout vous dire : vous saurez tout... puis vous me jugerez.

— Oh ! madame, dès ce moment j'ai la conviction de votre innocence ; vous êtes la plus pure et la plus chaste des femmes !

— Attendez ! reprit-elle avec un sourire mélancolique, tandis que ses yeux se remplissaient de larmes... J'étais bien jeune encore, lorsque le jour du sac de Black-Hill, pendant que les derniers fuyards royaux étaient poursuivis par vos troupes, James-Town que j'habitais avec ma famille et que l'ennemi avait incendié pendant sa fuite, fut préservé d'une ruine complète par le dévouement d'un détachement français, commandé par le capitaine Roger-Tancrède de Tancarville, par vous, monsieur, et par un troisième officier nommé Alain Kergras, votre frère de lait, je crois, monsieur.

— Oui, madame ; en effet, Roger-Tancrède vous enleva du milieu des flammes qui étaient sur le point de vous atteindre ; mon frère de lait et moi, nous fûmes assez heureux pour rendre le même service à vos parents.

— C'est cela. Oh ! je me souviens, car dès cet instant j'aimai Roger ; il était si beau, si noble, si vaillant, hélas !... Les soldats que vous aviez vaincus étaient de misérables maraudeurs, nommés *vachers*, qui, ne reconnaissant aucun drapeau, pillaient indistinctement les Anglais et les Américains. Votre ami, craignant le retour de ces bandits, persuada à mon père, dont la propriété était en effet très isolée, de se retirer à Boston.

— Où il vous escorta.

— Je passerai rapidement sur les événements qui suivirent et que vous connaissez aussi bien que moi. Roger, pendant les rares instants que la guerre lui laissait, fréquentait assidûment notre maison, où il était reçu comme un ami, plus encore, comme un sauveur. Vous vous le rappelez, n'est-ce pas, général? car bien souvent, vous et votre frère de lait, vous êtes venus vous asseoir à ce foyer où chacun vous aimait. Enfin la guerre se termina par le triomphe des Américains; la paix fut signée et les Anglais contraints d'abandonner pour toujours ce sol sur lequel ils avaient si longtemps commandé en maîtres. Roger m'aimait; moi, je l'aimais aussi d'un amour sincère et profond; mon père et ma mère voyaient avec joie cet amour qui leur permettait d'acquitter la dette sacrée qu'ils avaient contractée envers M. de Tancarville. Roger déclara son amour et fut agréé; notre mariage fut fixé à six mois de là; j'avais alors dix-sept ans. Ce fut trois mois avant mon mariage, qu'un soir, en revenant un peu tard d'une promenade aux environs de la ville de Salem, je crois, vous fûtes attaqué à l'improviste par sept ou huit bandits, et, malgré votre défense héroïque vous auriez succombé, si Roger, qui fut gravement blessé en vous défendant, n'était accouru à votre secours.

— Ceci est parfaitement exact, madame; j'étais renversé, évanoui, couvert de blessures, incapable de résister plus longtemps aux misérables qui s'acharnaient sur moi, si Roger, heureusement pour moi, ne s'était jeté au milieu de ces bandits; je lui dus la vie cette fois-là encore.

— Ce malheureux événement retarda notre mariage de près de trois mois ; l'ordre d'embarquement était arrivé depuis quelque temps déjà; les troupes françaises opéraient leur mouvement de concentration; il fallait partir; notre mariage eut lieu enfin. Il fut célébré quatre jours à peine avant le départ de la flotte française. Je m'embarquai avec mon mari. Cinq mois plus tard, j'étais présentée au cercle de la reine Marie-Antoinette, à Versailles. Pauvre reine! Ce fut M. le marquis de Lafayette qui se fit, en cette circonstance, notre introducteur. Nous vous avions quitté, vous, monsieur, dès notre arrivée à Brest, certaines affaires exigeant, pendant quelque temps, votre présence en Bretagne; je ne vous revis que quelques mois plus tard, à notre hôtel de la rue des Réservoirs, à Versailles, pendant un voyage que mon mari avait été contraint de faire en Poitou où se trouvaient ses propriétés.

— C'était, je crois me le rappeler, pendant le printemps de 1784, madame j'avais le plus vif désir de voir Roger; je l'attendis même pendant près d'un mois; mais des affaires pressantes me contraignirent à m'éloigner avant son retour; depuis, ce fut en vain que j'essayai de le rejoindre; l'horizon politique s'assombrissait de plus en plus; le comte s'était retiré dans ses terres où je me préparais à me rendre, afin de le voir une fois encore avant de quitter la France pour un an ou deux, lorsque je reçus de lui un billet dont le contenu me frappa de stupeur et qu'il me fut impossible de comprendre; ce billet, le voici, je le porte toujours avec moi.

Il ouvrit son portefeuille et en retira un papier jauni et coupé dans les plis.

— Écoutez! dit-il, et il lut d'une voix que l'émotion faisait trembler :

« Vous étiez mon ami le plus cher ; votre horrible trahison m'a brisé le cœur ; j'enlève votre enfant ; vous ne le reverrez jamais. Je vous abandonne, vous et votre indigne complice, à vos remords. Que Dieu vous pardonne ; moi, je ne puis que vous haïr !

« Comte Roger-Tancrède de Tancarville. »

— Ce billet, continua le général, en repliant le papier qu'il renferma dans le portefeuille, me parut l'œuvre d'un fou. Que s'était-il passé? qu'était-il arrivé qui justifiât une semblable missive? Je pressentis qu'un affreux malheur était dans l'air ; je connaissais la jalousie de Roger, et je tremblai pour vous et pour lui ; tout en essayant de comprendre comment je pouvais être, moi, mêlé à cette tragédie terrible. Je partis aussitôt, résolu à le voir, et, n'importe par quel moyen, exiger une explication catégorique. Lorsque j'arrivai à franc étrier à son château, il était désert depuis huit jours déjà. Voici ce que j'appris : Après une scène qui avait dû être terrible, mais qui demeura secrète, le comte avait quitté le château en emportant son enfant roulé dans son manteau. Trois jours plus tard, vous étiez partie, vous, madame ; nul ne put me renseigner sur la direction prise par vous et par votre mari. Je revins à Paris, en proie à une violente douleur. Je comprenais qu'une épouvantable accusation pesait sur moi, mais comment prouver mon innocence? Pendant quatre ans je tentai les plus grands efforts, je fis les démarches les plus folles pour retrouver le comte. Puis la Révolution éclata et, malgré moi, je fus contraint, non pas à renoncer à me justifier, mais à attendre que l'occasion se présentât de le faire ; voilà tout ce que je sais de cette histoire, madame, mais j'espère en Dieu, qui n'abandonne pas ceux qui ont foi en sa justice : un jour, j'en ai la conviction, je prouverai mon innocence et la vôtre.

— Dieu le veuille! monsieur, répondit la comtesse en soupirant ; laissez-moi maintenant vous apprendre ce que vous ignorez ; car il faut que vous sachiez tout.

— Oui, madame, tout! répondit-il d'une voix sourde.

— Mon mari m'avait présentée, à Versailles, comme étant un peu son parent, un certain marquis de Chênevailles ; le marquis était jeune encore, assez joli homme, fort riche, et très bien en cour ; il était fort infatué de sa personne, ne croyait pas à la vertu des femmes, et certaines aventures, assez scandaleuses, lui avaient persuadé que toute conquête lui était facile. Bien que je vécusse assez retirée, à cause de l'abandon de mon mari, sa qualité de parent avait engagé le comte à autoriser le marquis à me faire visite ; pendant votre séjour à Versailles, vous avez dû vous rencontrer plusieurs fois chez moi avec lui.

— En effet, je crois me le rappeler, madame ; j'éprouvais même pour cet homme, je ne sais pourquoi, une sorte de répulsion instinctive, que rien cependant ne semblait justifier.

— Le marquis me fit la cour ; d'abord je n'y attachai aucune importance, et j'eus le tort de rire de ses protestations d'amour; il s'entêta; un jour il osa me parler dans des termes qui me firent monter la rougeur au front ; il me dit qu'il m'aimait; bref, je lui signifiai son congé, en lui défendant de jamais reparaître devant moi. Le marquis devint livide; il me lança un regard de vipère et sortit sans prononcer un mot. Je ne le revis plus. Quelques jours plus tard, mon mari revint. J'étais heureuse de ce retour qui me rendait mon protecteur naturel ; puis j'avais à annoncer à mon mari une nouvelle qui devait le combler de joie : j'allais être mère !... Contre mon attente, Roger reçut cette nouvelle en fronçant le sourcil et en pâlissant légèrement, puis, d'une voix dure, que jamais il n'avait prise avec moi, il m'ordonna de faire mes préparatifs de départ pour une de nos propriétés d'Anjou. Surprise et presque effrayée du ton du comte, je me retirai sans lui répondre, et, me renfermant dans ma chambre à coucher, je fondis en larmes; je sentais que quelque chose venait de se briser dans mon cœur, et que je ne possédais plus l'amour de mon mari. Mais, comme j'étais loin de soupçonner, hélas! le malheur affreux qui me menaçait.

— Du courage, madame! dit le général, en voyant que la voix de la comtesse faiblissait.

— J'en aurai! répondit-elle avec un accent nerveux et saccadé... Notre voyage fut triste, mon mari n'échangea pas dix paroles avec moi pendant tout le temps qu'il dura. Cependant l'époque de mes couches arriva; je devins mère après des souffrances affreuses. Je remarquai que le comte fronça imperceptiblement les sourcils lorsqu'on lui présenta l'enfant auquel j'avais donné le jour, et qu'il détourna la tête. Un soupçon terrible me mordit au cœur; mon mari, dominé par sa jalousie, avait des doutes sur sa paternité! Le lendemain du jour où j'étais accouchée, en m'éveillant, je vis le comte assis à mon chevet; il avait passé la nuit entière à me veiller; il était pâle ; ses traits avaient la rigidité du marbre. « Madame, me dit-il, en me regardant fixement dès que je m'éveillai, cet enfant est-il à moi? — Oh! monsieur... » m'écriai-je en fondant en larmes; et, prise d'un tremblement convulsif, je retombai sur mes oreillers et je m'évanouis. Lorsque je repris connaissance, mon mari était là, près de moi, froid, impassible, implacable : « Madame, me dit-il, donnez-moi, je vous prie, la clef du tiroir secret dans lequel vous renfermez vos papiers et votre correspondance. » Cette demande me sembla si extraordinaire que je le regardai un instant sans comprendre : « Vous refusez? » reprit-il. Cette clef, je la portais pendue à mon cou par une tresse faite des cheveux de ma mère et de mon père. Je la retirai et je la lui présentai; il alla au meuble que je lui désignai, l'ouvrit, chercha un instant, puis il revint vers moi; il tenait à la main un paquet attaché par une faveur rose; ce paquet contenait quelques lettres... ces lettres étaient toutes de votre écriture!

— De mon écriture ! s'écria le général avec épouvante.

— Ou du moins, votre écriture était si parfaitement imitée que chacun devait s'y tromper; mon mari les lut toutes, les unes après les autres, à haute voix; elles respiraient l'amour heureux, satisfait et surtout passionné, mêlé à des remarques railleuses à l'adresse de mon mari. Je compris que j'étais perdue. Qui avait pu mettre à mon insu ces lettres là?... Je baissai la tête;

Le partisan s'enfonça dans la forêt où il ne tarda pas à disparaître.

mes larmes m'étouffaient; je ne pouvais même pas pleurer. Le comte, sa lecture terminée, me jeta les lettres au visage avec une expression de dégoût et de mépris telle que je faillis devenir folle de désespoir. Que dire? Comment me justifier? Cela était impossible, et pourtant, j'étais innocente! Il y eut un silence : ce fut le comte qui le rompit, moi, je n'étais plus qu'une masse inerte sans énergie et sans espoir. « Écoutez-moi, madame, me dit-il d'une voix profonde, et retenez bien mes paroles, car cet entretien est le dernier que j'aurai avec vous. Si vous m'aviez avoué votre faute, peut-être vous aurais-je pardonné, car mon amour pour vous n'avait pas de bornes. Maintenant, cet amour n'existe plus, vous l'avez tué; mais le souvenir de cet amour m'engage à user de clémence envers vous; trompée par un indigne séducteur, vous êtes, par votre jeunesse et par votre ignorance de notre monde, plus malheureuse que coupable. Cependant, à cause de vous, ma vie est perdue, mon avenir brisé, mon bonheur détruit à jamais. Je ne me sens pas le courage de vous pardonner. Ce soir, j'aurai quitté le château pour toujours ; vous n'entendrez plus parler de moi ; je vous rends votre fortune et je vous laisse libre, mais seule! — Seule! murmurai-je faiblement et parlant comme dans un rêve, car je me croyais en proie à un horrible cauchemar. — Oui, reprit-il, car cet enfant, ce fruit odieux de votre honte, je l'emporte avec moi. Oh! ne craignez rien, madame, s'écria-t-il en remarquant l'effroi qui se peignait dans mes regards à ses paroles, je n'ai nullement l'intention de le tuer!... non, cet enfant, je lui ferai tracer la première lettre de votre nom sur le bras, d'une manière indélébile, puis je l'abandonnerai à des paysans. — Monsieur, vous ne ferez pas cela! m'écriai-je, l'excès même de ma douleur me donnant des forces, vous ne m'enlèverez pas mon enfant! — Je le ferai, me répondit-il avec un sang-froid glacial, je l'ai résolu; libre à vous de le chercher, madame; si vous le retrouvez, c'est que Dieu vous aura pardonné. Voilà votre châtiment; femme sans mari, mère sans enfant, je vous livre à vos remords. — Laissez-moi l'embrasser encore une fois, une seule... Dites-moi si c'est un fils ou une fille, je vous en supplie, au nom de cet amour que vous prétendez avoir eu pour moi. — Non, fit-il sèchement. Adieu pour jamais, madame. » Je tombai évanouie, presque morte. Quand je revins à moi, le comte était parti. Le lendemain, un homme se présenta au château ; cet homme était porteur d'une lettre du comte. Je donnai l'ordre qu'il fût introduit. Dès qu'il fut seul avec moi, il me fit voir son visage que jusque-là il avait tenu caché ; je le reconnus alors, c'était le marquis de Chènevailles : « Me suis-je vengé, madame? » me dit-il avec un rire de démon, et il sortit aussitôt, en jetant la lettre sur mon lit. Cette lettre ne contenait que ces mots : « Adieu, madame, je suis mort pour tous ; vous m'avez tué ; puisse le ciel vous pardonner comme je vous pardonne. »

— Oh! c'est affreux! s'écria le général.

— Deux jours plus tard, je quittai le château ; je n'entendis plus parler du marquis ; le démon avait accompli son œuvre ; depuis neuf ans, je cherche en vain mon enfant! s'écria la comtesse avec accablement. Comprenez-vous maintenant, mon ami, mon frère, pourquoi je me suis introduite dans cette chambre, pourquoi j'ai consenti à rougir devant vous?

— Je vous comprends, et je vous remercie, madame, de la confiance que vous avez mise en moi ; c'est une œuvre de rédemption que vous me proposez, je l'accepte avec joie ; je vous vengerai, moi! et cet enfant, je vous le jure, je saurai le découvrir ; je vous le rendrai, madame, ainsi que l'amour de votre époux, je vous en fais le serment. Avez-vous obtenu quelques renseignements?

— Le comte, implacable dans sa vengeance, a pris un soin extrême pour dissimuler les traces de sa fuite ; pourtant, le hasard m'a fait découvrir que quinze jours après avoir quitté le château, il s'était embarqué à Brest, sur un brick de commerce, nommé l'*Aventure* ; ce brick, commandé par un officier bleu, appelé Raboisson, faisait, à cette époque, le trajet de Brest à New-York et à Boston.

— Raboisson! je connais un marin de ce nom ; plusieurs fois même je me suis trouvé avec lui ; c'est aujourd'hui un de nos plus intrépides et de nos plus habiles corsaires; il est âgé de quarante à quarante-cinq ans; il est grand, solidement charpenté, ses traits sont énergiques.

— Je n'ai jamais vu l'officier dont je vous parle; par un hasard inouï, une fatalité étrange, il me fut toujours impossible de le rencontrer. Je m'étais rendue à Brest dans l'intention de l'interroger, de lui demander si le comte s'était embarqué seul à bord de son navire, ou s'il avait emmené l'enfant avec lui.

— Ce n'est pas probable, et, par cela même, c'est possible: un homme qui médite froidement une vengeance en calcule toutes les conséquences et choisit surtout les moyens les plus impossibles et qui, à cause de cela, peuvent assurer plus certainement le succès de cette vengeance. Je verrai le capitaine, fallût-il, pour le rencontrer, le poursuivre sur toutes les mers du globe; je l'interrogerai, il n'a aucun motif pour me cacher la vérité; ce détail, peu important en apparence, est précieux pour nous, madame; c'est une lueur qui servira à nous guider dans la nuit épaisse où nous marchons; et, qui sait? peut-être Dieu permettra-t-il que cette lueur devienne un phare.

— Ah! combien je me félicite, mon ami, d'avoir cédé au mouvement de mon cœur qui me poussait vers vous; je ne sais pourquoi, je sens l'espoir rentrer dans mon âme; il me semble que Dieu, qui connaît mon innocence, me prend enfin en pitié.

— Ne vous laissez pas aller à un fol espoir, pauvre femme! qui sait ce que l'avenir nous réserve encore? l'horizon se rembrunit de plus en plus autour de nous; hélas! nous traversons une sombre époque. Qui sait si nous parviendrons à résister à la tempête, et si nous serons debout encore lorsqu'elle sera passée? mais prenez courage, faites-moi parvenir ces lettres que sans doute vous avez conservées; ma confiance en Dieu est grande : il nous soutiendra dans cette lutte.

— Oui, monsieur, oui! s'écria-t-elle avec exaltation, car nous serons deux, maintenant, à chercher.

— Pardon, belle dame, nous serons trois, si vous voulez bien le permettre! dit une voix sonore.

La portière se souleva, et Alain parut.

La comtesse poussa un cri d'effroi.

— Rassurez-vous, madame, reprit le jeune homme en saluant, je suis une de vos anciennes connaissances, moi aussi.

— Oh! c'est mal de nous avoir écoutés, Alain, dit le général d'un ton de reproche.

— Tu te trompes, mon ami; j'ai entendu les derniers mots de votre conversation, voilà tout; mais comme tu ne me refuseras pas de m'apprendre ce que j'ignore encore, cela importe peu, quant à présent.

— J'avais pourtant poussé les verrous?

— En dehors de leur gâche, oui, mon ami; ce qui fait que la porte elle-même n'étant pas fermée, je n'ai eu que la peine de la pousser pour pénétrer ici comme sur la place de la Révolution; tu étais trop ému pour songer à ce que tu faisais, voilà pourquoi, pensant t'enfermer, le contraire est arrivé.

La comtesse ne put s'empêcher de sourire.

— Je vous remercie de ce que vous avez dit en entrant ici, monsieur; nous sommes de vieux amis, voici ma main, fit-elle gracieusement,

Le capitaine baisa galamment la main mignonne que lui tendait la comtesse et, la conservant un instant dans les siennes :

— Madame, dit-il avec émotion, je vous suis doublement dévoué : je suis le frère de lait de Lucien, vous le savez, mais ce que vous ignorez, c'est que je suis un pauvre paysan dont il a fait un homme, presque son égal. J'ai à peine dix jours de plus que lui; nous ne nous sommes jamais quittés; il m'a appris le peu que je sais, et m'a aidé à gagner le grade dont je suis fier : je lui dois tout.

— Tais-toi, bavard insupportable ! interrompit le général en souriant, assieds-toi là, et, au lieu de caqueter comme une pie, raconte-nous plutôt comment il se fait qu'au lieu de dormir tu sois éveillé comme une potée de souris.

— Voilà, madame, la façon dont il me traite chaque fois que j'essaie de faire son éloge! dit le jeune homme avec un désespoir comique.

— Je crois que vous ferez bien d'en prendre votre parti, capitaine.

— C'est ce que je fais, madame, il le faut bien. Voici maintenant le récit demandé, il ne sera pas long : Figurez-vous, madame, que j'adore la lecture : pendant les courts instants de loisir que nous laissent les chouans, je dévore, c'est le mot, tous les romans, bons ou mauvais, qui me tombent sous la main. Or, j'ai remarqué que les scènes les plus palpitantes de ces romans se passent toutes dans de vieux châteaux gothiques, hantés par des fantômes et bourrés de portes secrètes, de corridors et de souterrains inconnus. En entrant dans le château où nous sommes, je me suis dit : Bon! voilà l'occasion de m'assurer si les romanciers sont des conteurs de bourdes, ou s'ils disent la vérité; cherchons les portes secrètes.

— Et vous avez cherché? dit en souriant la comtesse que ce verbiage amusait et dont les pensées commençaient, sous l'influence de ce récit fantastique, à devenir moins tristes.

— Avec acharnement, madame, continua le capitaine, bien que Lucien se moquât de moi et essayât de m'en empêcher. Je ne trouvai rien. Pourtant je n'étais pas convaincu; mais, comme je tombais de sommeil, je consentis à me mettre au lit. Le cri poussé par Lucien, en entrant dans sa chambre, me donna à réfléchir; son excuse me sembla une mauvaise plaisanterie ; je n'en crus pas un mot. Mon frère de lait, dis-je en moi-même, est devenu bien douillet; lui que j'ai vu se laisser extraire, sans sourciller, une balle qu'il avait reçue en pleine poitrine; ce n'est pas naturel; il y a quelque chose là-dessous. Cependant je n'insistai pas, et je me couchai, bien résolu à me tenir éveillé; malgré moi, je l'avoue à ma honte, à peine ma tête fut-elle sur l'oreiller que je m'endormis ; mais mon sommeil était agité; moi qui, d'ordinaire, dors si bien, je faisais des rêves atroces. Soudain je m'éveillai en sursaut : il m'avait semblé entendre un cri, une exclamation; je me jetai alors au bas de mon lit, et je m'habillai; je prêtai l'oreille, je crus entendre un murmure de voix dans la chambre de Lucien. Il cause avec le général Charette, me dis-je; le général sera entré, sans bruit, pendant que je dormais. Je fus sur le point de me recoucher, pourtant je réfléchis que mon frère de lait pouvait avoir besoin de moi, et je m'avançai à pas de loup vers la porte. J'entendis vos dernières paroles, je n'hésitai plus et j'entrai. Voilà la vérité vraie, madame! Maintenant je suis convaincu plus que jamais que les romanciers ont raison et qu'il existe des portes secrètes dans les vieux châteaux gothiques.

— Cela est parfaitement exact, capitaine, je suis entrée ici par une porte secrète qui se trouve dans le cabinet de toilette, derrière une grande armoire porte-manteau, dont le panneau du fond se déplace en pesant sur un ressort dissimulé dans une cannelure.

— Là! que dis-je? s'écria-t-il, en frappant joyeusement des mains.

— Eh bien! oui, tu as raison, Alain, j'en dois convenir; d'ailleurs, une fois n'est pas coutume.

— Merci, cher ami, je reconnais là ton féroce orgueil, tu es vexé d'être contraint d'avouer que tu as eu tort, n'en parlons plus! A présent que vous êtes convaincue, madame, de mon innocence, et que vous avez daigné m'accepter en tiers, laissez-moi vous affirmer que nos recherches aboutiront à un bon résultat.

— Dieu vous entende, capitaine!

— Il m'entendra, madame! la paix que nous allons conclure nous donnera tout le temps nécessaire pour nous occuper sérieusement de cette affaire.

La comtesse hocha la tête avec découragement.

— Vous ne croyez pas à la paix, madame?

— J'y croyais il y a quelques heures; je suis maintenant convaincue qu'elle est au contraire plus éloignée que jamais.

— Que voulez-vous dire, madame?

— Expliquez-vous! s'écria le général.

La comtesse sembla réfléchir un instant.

— Au fait! dit-elle, pourquoi essayerais-je de vous cacher une chose que d'ici à quelque jours, vous saurez? Ecoutez-moi donc: vous vous souvenez que le général Charette, vers la fin du souper, fut contraint de se lever de table?

— Oui, dit Lucien, pour recevoir de nouveaux hôtes.

— Savez-vous quels étaient ces nouveaux hôtes, messieurs? Votre père, le marquis de Bodegast, général, et le comte de Sombreuil, qui arrivent d'Angleterre, et qui, à peine débarqués, sont accourus en toute hâte, tant les nouvelles dont ils sont porteurs importantes,

Et ces nouvelles? demanda le général avec anxiété.

— Les voici: Le comte de Puisaye et le marquis de Bodegast ont obtenu du ministère britannique que l'Angleterre enverrait un puissant secours à la Vendée: une expédition formidable se prépare à Portsmouth et à Southamphon; les dépenses faites pour cette expédition montent à la somme de deux millions de livres sterling.

— C'est-à-dire cinquante millions de francs, dit le général, pensif.

— L'amiral Warren commande en chef l'escadre anglaise, qui sera forte de quinze vaisseaux de lignes, lorsqu'il aura rallié l'amiral Bridport; vous pouvez être assurés de l'exactitude de ces renseignements; j'ai lu moi-même la dépêche.

— Connaissez-vous, madame, le nombre des troupes et le point sur lequel les Anglais se proposent d'opérer ?

— Quant à ce dernier détail, je crois que l'on n'est pas encore tombé d'accord sur le point le plus favorable à une descente ; quant aux chiffres, les voici : l'expédition porte trois régiments d'émigrés et un corps d'artillerie formant 3,200 hommes d'élite, sous les ordres de M. d'Hervilly, ami particulier du comte de Puisaye, 80,000 fusils, 80 pièces de canon, des uniformes pour 60,000 hommes, des vivres pour un an, de la poudre, des balles, des boulets suffisamment pour alimenter pendant deux ans toutes les forces royalistes ; de plus des chevaux de transport, des médicaments, des caissons, et plusieurs millions en numéraire.

— En effet, cette expédition est formidable !

— Attendez, ce n'est pas tout : ces troupes seront commandées par le comte d'Artois en personne ; ce prince s'est enfin résolu à se mettre à la tête des Vendéens qui, depuis tant d'années, défendent la cause de la royauté avec tant de courage et d'abnégation.

— Malheureuse Bretagne ! s'écria le général avec douleur, malheureux Bourbons, qui amènent nos ennemis naturels sur le sol sacré de la patrie ! Et c'est mon père, le descendant d'un des champions du combat des Trente, qui a traité avec les Anglais !... La cause royale est perdue !...

— Est-ce donc à propos de ce traité que M. de Charette est ainsi parti au milieu de la nuit ? demanda le capitaine.

— Non, répondit la comtesse avec hésitation, bien que ce départ y ait trait cependant ; il doit assister demain à un grand conseil de guerre où se trouveront Frotté, Scépeaux, Stofflet, etc., et dans lequel on doit s'entendre sur ce qu'il convient de faire.

— Alors, dit tristement le général, tout espoir de paix est anéanti ?

— Qui sait ? murmura la comtesse, devenue rêveuse ; tous ces chefs se détestent et se jalousent ; chacun voudra agir sous sa responsabilité personnelle.

— Nous n'avons plus rien à faire ici, dit Lucien, peut-être vaudrait-il mieux partir ?

— Ce serait une faute, fit observer Alain, d'autant plus que nous sommes censé ignorer ce qui se passe ; notre devoir nous ordonne au contraire d'attendre le général Charette.

— Messieurs, dit la comtesse en se levant, permettez-moi de me retirer ; je suis ici depuis bien longtemps.

— Un mot seulement, madame : vous reverrai-je ?

— Non, pas maintenant ; je vous ferai parvenir à Rennes les papiers dont je vous ai parlé.

— Merci ; et si la guerre recommence, que comptez-vous faire ?

La comtesse hésita.

— Je ne sais, répondit-elle enfin, d'une voix sourde ; Dieu m'inspirera !...

Le général s'inclina.

— Au revoir, madame, et prenez courage, dit-il ; maintenant nous sommes alliés.

La comtesse lui tendit la main en souriant, et elle sortit par la porte secrète, laissant les deux officiers républicains fort perplexes sur le résultat de la mission dont le général Hoche les avait chargés.

VII

QUEL FUT LE RÉSULTAT DE LA MISSION DU GÉNÉRAL DE BODEGAST

Malgré la nuit passablement accidentée qu'ils avaient passée, les deux officiers républicains se levèrent de bonne heure, et profitant de la liberté complète dont ils jouissaient, ils quittèrent leur appartement et descendirent avec l'intention de faire un tour de promenade dans le parc, assez petit, mais dessiné de la façon la plus pittoresque, qu'ils avaient aperçu de leurs fenêtres, et qui s'étendait assez loin derrière le château.

Le vieux domestique qui, la veille, leur avait servi de guide les attendait au bas des degrés.

En apercevant le général, cet homme s'approcha respectueusement de lui et lui présenta une lettre sur un plateau, en lui disant seulement ces mots :

— De la part de mon maître.

Le général prit la lettre et s'enfonça dans une des allées du parc, en compagnie de son aide de camp.

Lorsqu'il se crut à l'abri de tout regard indiscret, Lucien s'arrêta, décacheta la lettre et la lut à demi-voix.

Voici quel était son contenu :

« Mon cher cousin (car je ne veux pas vous donner d'autre nom), une personne que j'aime au-dessus de tout réclame ma présence à vingt lieues d'ici ; je ne puis manquer à ce rendez-vous donné à l'improviste. Pourquoi ne l'avouerais-je pas ? tous deux nous sommes jeunes, vous me comprendrez ; il y a de l'amour sous jeu. Puisque la guerre me laisse des loisirs, j'en profite pour aimer ; n'ai-je pas raison ? Je serai absent deux jours ; je vous laisse maître chez moi, c'est-à-dire chez vous ; tâchez de passer le temps le moins mal possible, et ne m'en veuillez pas trop de mon abandon. L'amour est mon péché mignon, vous le savez ; donc, vous serez indulgent.

« Croyez-moi, mon cher cousin, votre bien affectionné ami et cousin

« S. A. DE CHARETTE DE LA CONTRIE. »

— Que penses-tu de cela, Alain ? demanda le général lorsqu'il eut achevé la lecture de cette singulière missive.

— Eh ! je pense, mon cher ami, que le citoyen de Charette est décidément un homme très fort ; que c'est bien joué et que, si nous n'avions pas été prévenus, nous nous y serions parfaitement laissé prendre.

— Oui, d'autant plus que tous les termes de cette lettre sont choisis avec un soin extrême, et qu'il y règne un ton de bonhomie et de franchise capable de tromper les plus fins.

— Oh! nous avons affaire à un rusé diplomate.

— Je suis, je te l'avoue, très embarrassé; les nouvelles que nous a données la comtesse sont d'autant plus graves que Hoche ne se doute en aucune façon de ce que les royalistes machinent contre lui; les minutes valent des jours en ce moment.

— C'est vrai, il faudrait l'avertir; mais comment faire? nous sommes dans un pays qui nous est complètement inconnu, et, de plus, sillonné dans tous les sens par les chouans.

— J'ai profité des quelques heures de nuit qui me restaient pour faire au général en chef un rapport détaillé de tout ce que nous avons appris; mais comment envoyer cette dépêche? Nous sommes seuls ici; nos moindres démarches sont épiées, sans doute; et cependant il est de la plus grande importance que Hoche soit averti sans retard, afin qu'il puisse prendre ses précautions et se mettre en mesure.

— Veux-tu que je parte?

— J'y ai songé; mais j'ai réfléchi que ce départ, que rien ne motive en apparence, éveillerait les soupçons et j'ai reconnu l'impossibilité de t'envoyer au quartier général; d'ailleurs, je suis convaincu que tu ne ferais pas une lieue sans être arrêté et peut-être fusillé.

— Dame! mon ami, c'est un risque à courir; entre nous, la chose en vaut bien la peine.

— Ne me parle plus de cela; il ne s'agit pas de se faire sottement tuer; il faut réussir.

— Ah! si mon père était ici!

— Oui, il nous sortirait d'embarras, lui, l'homme de ressources par excellence; malheureusement il n'y est pas et il faut que nous sortions d'affaire nous-mêmes.

Tout en causant ainsi, en langue italienne, afin de ne pas être compris des espions s'il y en avait aux environs, ils avaient continué leur promenade et avaient atteint la lisière d'un fourré assez épais.

Tout à coup le général s'arrêta, il avait aperçu ou cru apercevoir au milieu des ronces, la tête d'un homme qui semblait les guetter.

— Que te disais-je? s'écria le général en désignant à son frère de lait un buisson dont les branches feuillues s'agitaient encore faiblement.

— Pardieu! dit le capitaine, j'en aurai le cœur net, et, si ce drôle est un espion, eh bien! je le démasquerai.

En parlant ainsi, le jeune homme s'enfonça résolument dans le fourré, suivi de près par le général.

— A peine avaient-ils fait quelques pas qu'ils aperçurent un homme qui sortit de derrière un tronc d'arbre où il était embusqué, et qui, loin de s'enfuir à leur approche, s'avança au contraire au-devant d'eux, en jetant des regards investigateurs autour de lui.

— Parbleu! voilà un gaillard qui a de l'audace! murmura le général.

Mais soudain le capitaine s'arrêta en réprimant un cri de joie.

LA FORÊT VIERGE

— Dans les forêts vierges du nouveau monde j'ai passé des heures à contempler le paysage abrupt qui m'entourait.

— Qu'y a-t-il? demanda vivement Lucien.
— Il y a, répondit Alain en riant, que décidément le ciel nous protège.
— Comment cela?
— Tu ne reconnais pas cet homme?
— Ma foi, non !
— C'est mon père !
— Ton père !... est-il possible?
— Très possible, tu vas voir; je dois avouer par exemple qu'il est parfaitement déguisé; les chouans les plus rusés ne le reconnaîtraient pas; il faut l'œil d'un fils pour ne pas s'y tromper.

— Eh ! not' monsieur ! dit en riant le partisan, il paraît que vous ne me reconnaissez pas, tant mieux ! sur ma foi de Dieu !

— Je l'avoue, Hervé; mais comment se fait-il que tu sois ici?
— Je suis ici parce que vous y êtes, général, et que je me suis promis à moi-même de ne pas vous perdre de vue, tant que vous seriez dans l'antre du tigre.

— Mais je n'ai pas eu trop à me plaindre de lui, jusqu'à présent, du moins; je l'ai trouvé charmant au contraire.

— Tant pis, not' monsieur, tant pis ! fit le vieux patriote en hochant la tête, c'est qu'il médite quelque trahison, alors.

Le jeune homme tressaillit, et, s'adressant à Alain :
— Veille sur nous pendant que je cause avec ton père, lui dit-il.
Le capitaine serra la main d'Hervé et s'éloigna sans répondre.
— Je crois que tu as raison, Hervé, reprit le jeune homme.
— Moi, je ne le crois pas, j'en suis sûr.
— Es-tu seul ici?
— Excusez-moi, not' monsieur, nous sommes une vingtaine, embusqués derrière tous les buissons.
— Comment as-tu fait pour parvenir jusqu'ici?
— Bah ! je connais le marais peut-être mieux que ceux qui y sont aujourd'hui réfugiés, cela n'a pas été difficile.
— Penses-tu que tu pourrais, avec autant de facilité, opérer ta retraite?
— Cela ne fait pas pour moi le moindre doute; les chouans sont bien malins, mais depuis hier soir à la brune, que je rôde aux environs avec mes gars, nous avons tout visité, tout vu, tout entendu, et du diable si un chouan s'est aperçu de notre présence.
— Alors tu sais que le général est parti cette nuit à l'improviste?
— Je le sais : il était accompagné de MM. de Bodegast, votre père, de Sombreuil, de Tinténiac, de Kergoat et de Grandlieu; ils ont quitté le château à onze heures du soir ; deux troupes de chouans, commandées par Télémaque et Coco, les escortaient, en courant à droite et à gauche sur la lisière de la sente.
— Sais-tu où allait Charette?
— Non, mais si cela vous intéresse, je le saurai bientôt.
— Il faut le savoir.
— Ce soir je vous le dirai; rien ne nous gêne ici ; il ne reste presque personne à la ferme; descendez à huit heures dans le parc, je vous attendrai.

— C'est convenu; as-tu parmi tes hommes un gars solide et adroit sur lequel tu puisses compter entièrement?

— Je puis compter sur tous mes gars; mais il y a surtout Tête-de-Plume, mon lieutenant, qui est bien le plus malin singe que je connaisse, bien qu'il semble à moitié idiot; vous l'avez vu dans les ruines de Beauport, not' monsieur, ce géant qui parlait si peu et qui obéissait si promptement.

— Oui, oui, je me le rappelle.

— Est-ce que vous avez besoin de lui?

— Précisément : j'ai appris, cette nuit, une nouvelle de la plus haute gravité; cette nouvelle, il importe que le général en chef en soit informé dans le plus bref délai; il s'agit tout simplement du salut de l'armée.

— Hum! il y a donc réellement trahison?

— Trahison horrible, Hervé! si le général Hoche n'est pas prévenu à temps, l'armée est perdue.

— Oh! oh! c'est grave en effet; avez-vous préparé une dépêche?

— Oui, je l'ai faite à tout hasard, espérant que Dieu, qui protège la France, me procurerait l'occasion de la confier à des mains sûres et de la faire parvenir au général.

— Vous voyez que Dieu ne vous a pas failli, not' monsieur; donnez la dépêche, dans dix minutes elle sera partie.

— Il faut qu'elle soit remise au général.

— Elle le sera, je vous l'affirme, quoi qu'il arrive.

— Souviens-toi, Hervé, que tu tiens notre salut à tous entre tes mains.

— Comptez sur moi, général, répondit le vieux partisan d'une voix ferme, avant quarante-huit heures vous recevrez une réponse du général Hoche.

— Ta main, Hervé!... et maintenant, pars! les minutes sont précieuses.

— A ce soir, ici, général!

— A huit heures, j'y serai.

Le partisan se glissa alors comme un serpent dans les broussailles où il ne tarda pas à disparaître.

Le jeune homme alla, tout pensif, rejoindre son frère de lait qui se promenait, en fumant un cigare, d'un air indifférent, dans une allée voisine.

Quatre jours s'écoulèrent avant que le général Charette ne revînt à Fonteclose; ce ne fut que dans la soirée du quatrième jour, à une heure déjà avancée, que le général arriva au château. Sans vouloir recevoir personne, il s'enferma dans son appartement; il paraissait harassé de fatigue, mais son visage était radieux.

Ces quatre jours, pendant lesquels ils demeurèrent seuls, s'écoulèrent assez tristement pour les deux officiers républicains. Malgré l'apparente liberté dont ils jouissaient, ils s'aperçurent bientôt qu'ils étaient entourés d'une surveillance occulte, et que tous leurs mouvements étaient épiés.

Cependant, malgré cette surveillance, le général réussit à se rencontrer deux fois avec Hervé. La première fois, le vieux partisan lui apprit que le général Charette s'était rendu dans le bois de la *Heureuserie* où il avait présidé un conseil de guerre auquel tous les principaux chefs de l'armée catholique assistaient et que, de là, il était parti pour parcourir les paroisses en compagnie de plusieurs de ses adhérents.

Le matin même du jour où Charette revint à Fonteclose, le général républicain rencontra de nouveau Hervé. Tête-de-Plume était enfin de retour ; il avait réussi, après mille difficultés, à traverser le pays insurgé et à parvenir jusqu'au général Hoche, auquel il avait remis la dépêche, dont il rapportait la réponse.

Hervé donna cette réponse au général qui l'ouvrit aussitôt et la parcourut rapidement des yeux.

Le style de cette lettre était laconique mais clair.

Elle ne contenait que ces quelques lignes, hachées et brusques :

« Je reçois ta dépêche ; elle m'a frappé de stupeur ; venant de toi je n'ai pas hésité à y ajouter foi complètement. Cette coupable tentative sera la ruine du parti royaliste. Sa monstrueuse alliance avec l'étranger le perd à jamais ; quand les Anglais paraîtront, grâce à ton patriotisme, je serai en mesure de les recevoir de façon à les dégoûter de tenter une autre expédition sur nos côtes.

« Le représentant en mission me charge de t'adresser de chaleureuses félicitations.

« Je suis heureux de t'annoncer que tu es nommé général commandant la première division de l'armée de l'Ouest ; que le capitaine Alain Kergras, ton aide de camp, est promu au grade de chef de brigade, et qu'il prendra, aussitôt après ton retour, le commandemet de la cavalerie de ta division : je sais quelle est ton amitié pour lui, je ne veux pas vous séparer. Continue à servir la République comme tu l'as fait jusqu'à présent ; surveille attentivement les ennemis.

« Prouve-leur au besoin que nous connaissons leurs machinations liberticides et que nous ne sommes pas leurs dupes. Je serre ta main amie.

« *Salut et fraternité.*

Le général commandant en chef l'armée de l'Ouest,

« Lazare Hoche. »

« Rennes, 8 prarial an III de la République française une et indivisible. »

Lorsqu'il eut terminé la lecture de cette lettre, le général releva la tête, et, regardant en souriant le vieux partisan, immobile devant lui :

— Merci, Hervé, lui dit-il en lui serrant la main.

— Alors, vous êtes satisfait, hein ? not' monsieur, fit Hervé. Allons tant mieux, ma foi de Dieu !

— Oui, je suis satisfait, mon brave père nourricier, et je veux que tu le sois aussi ; il y a dans cette lettre quelque chose qui te regarde.

— Moi ? bon ! vous plaisantez, not' monsieur ; quoi donc peut me regarder ? fit-il en haussant les épaules d'un air incrédule.

— Ah ! tu doutes de mes paroles ! eh bien ! écoute ceci ; et il lut : « Le capitaine Alain Kergras qui, en plusieurs circonstances importantes, a rempli les fonctions de chef de brigade, est promu à ce grade. » Que penses-tu de cela, Hervé ? continua-t-il en repliant la lettre et la mettant dans une poche de son uniforme.

— Est-il Dieu possible ? s'écria le partisan en joignant les mains, en proie à une émotion qu'il ne parvenait pas à maîtriser, mon fils, mon petit Alain, général, comme vous, not' monsieur !

A peu près ; au reste, depuis longtemps Alain mérite cette récompense, et ce n'est que justice de la lui avoir donnée, Hervé.

— Oh ! oh ! puisque vous le dites ! au fait, cela doit être, not' monsieur ; c'est égal, c'est crânement beau ! tant pis : Vive la République ! s'écria-t-il en jetant son chapeau en l'air.

Le brave homme ne se connaissait plus ; la joie l'affolait.

— Veux-tu te taire, malheureux ! lui dit Lucien en riant, oublies-tu où nous sommes ?

— Bah ! au diable les chouans et toute leur séquelle !

— Que se passe-t-il donc ? s'écria Alain en accourant avec inquiétude ; voilà mon père qui crie : Vive la République ! à pleins poumons, il veut donc nous faire fusiller sans rémission ?

— Allons donc ! il n'y a pas de danger ! s'écria le partisan en le serrant dans ses bras ; embrasse-moi, général !

— Avec plaisir, mon père ; mais la joie vous aveugle ; ne voyez-vous pas que je suis capitaine ?

— Je sais ce que je dis : je te répète que tu es général, sur ma foi de Dieu !

Alain pâlit et regarda Lucien.

— J'ai voulu laisser à ton père le bonheur de t'annoncer cette nouvelle, répondit en souriant le jeune homme à cette interrogation muette.

— Eh da ! pour sûr, je suis fièrement content ! quel malheur que ces gueux de chouans aient assassiné ta pauvre mère ! c'est elle qui serait heureuse, aujourd'hui !

A ces touchantes paroles, si naïvement échappées du cœur, le père et le fils tombèrent en fondant en larmes dans les bras l'un de l'autre.

Pendant tout le temps que dura l'absence du général Charette, les officiers républicains furent servis dans leur appartement, et ils n'eurent aucune relation avec les autres hôtes du château.

Le serviteur qui avait, dès le principe, été affecté à leur service pénétrait seul dans leur retraite ; il s'acquittait avec intelligence et célérité de ses devoirs, mais il était muet, se bornant à répondre à toutes questions que le général lui adressait, par cette phrase qui semblait stéréotypée sur ses lèvres, et qui coupait court à toute conversation :

— Je ne sais pas, général.

Le temps commençait à paraître long aux deux officiers, et à leur peser lourdement ; aussi, ce fut avec une joie réelle qu'ils apprirent enfin le retour de Charette à Fonteclose.

Depuis la visite qu'elle leur avait faite d'une façon si étrange, au milieu de la nuit, Lucien et son frère de lait n'avaient plus reçu de nouvelle de la comtesse de Tancarville; elle ne leur avait pas donné signe de vie; de plus, ils avaient entendu dire par des chouans qui causaient entre eux et sans doute ne les croyaient pas aussi près, que la comtesse et la baronne avaient subitement quitté le château pour se rendre dans le Bocage. Cette nouvelle était-elle vraie, était-elle fausse? ils ne savaient à quoi s'en tenir à ce sujet qui les inquiétait vivement.

Le lendemain du jour où Charette était revenu, les deux officiers achevaient de déjeuner tête à tête, lorsque le comte de Kergoat entra dans la salle où ils se trouvaient, et, après les avoir salués poliment, mais avec une froideur qu'ils remarquèrent, il leur annonça que le général Charette désirait les voir, et il les invita à le suivre.

— Enfin! dit Lucien en se levant.

Le général Charette se tenait dans un vaste salon, meublé dans le style de la Renaissance et éclairé par deux fenêtres en ogives, dont les vitres, petites et poussiéreuses, ne laissaient pénétrer qu'une lumière assez faible et tamisée.

Charette, en grand costume de chef vendéen, était assis dans un grand fauteuil armorié; une vingtaine d'officiers et de chefs de bandes, parmi lesquels Lucien reconnut Stofflet et Frotté, se tenaient debout autour de lui, appuyés sur la poignée de leur sabre; le jeune officier républicain tressaillit intérieurement en apercevant, debout et sombre, à la droite de Charette, son père, le marquis de Bodegast.

Aussitôt que les officiers eurent été introduits par le comte de Kergoat, Charette se leva et fit quelques pas à leur rencontre, puis il les salua poliment et remit son chapeau sur sa tête.

Ce froid cérémonial dont le général républicain saisit tout de suite la portée, lui fit comprendre à l'instant quelle serait l'issue de cette conférence.

Charette, en le recevant avec cet apparat inusité, au milieu de ses officiers et de ses adhérents, affichait la prétention de traiter de puissance à puissance avec la République française, et d'imposer des conditions bien plus que d'en recevoir; il fallait qu'il se sentît ou du moins qu'il se crût bien fort pour agir ainsi.

Cependant, Lucien ne laissa percer au dehors aucun des sentiments qui l'agitaient intérieurement; pas un des muscles de son visage ne tressaillit; il demeura calme et souriant.

Il répondit au salut du général par un salut complètement semblable, et, comme lui, remit son chapeau sur la tête, geste imité aussitôt par son aide de camp; puis il attendit froidement qu'il plût au général de lui adresser la parole, sans paraître attacher la plus légère attention aux regards curieux fixés sur lui. Sur un geste de Charette, un valet avança une chaise au général qui la repoussa.

— Ne voulez-vous donc pas vous asseoir, général? lui demanda Charette avec une pointe d'ironie.

— Citoyen, répondit froidement mais nettement le général, je ne refuse pas ; seulement, comme je représente ici la République française, une et indivisible, je cherche, pour m'asseoir, un siège convenable, et semblable au vôtre; mais, comme je n'en vois pas, je resterai debout.

Charette se mordit les lèvres jusqu'au sang; mais il se leva; la leçon avait porté.

— J'ai vu par vos lettres de créance, général, reprit-il, que vous êtes envoyé vers moi par le général Lazare Hoche, dans le but de poser, de concert avec moi, les bases d'une paix solide qui mette enfin un terme à la guerre qui, depuis si longtemps, désole cette malheureuse et fidèle province.

— Telle est en effet la mission dont je suis chargé, citoyen; mais avant que d'aller plus loin, je vous fais observer que je ne puis accepter la discussion sur le terrain où vous semblez vouloir la placer.

— Qu'est-ce à dire, général? s'écria Charette en fronçant les sourcils.

— C'est-à-dire, reprit Lucien toujours froid et calme, que ce serait singulièrement intervertir les rôles; je suis le représentant d'un gouvernement fort respecté par l'Europe entière, qui vient, au nom de l'humanité, tendre la main à des hommes égarés, à des rebelles; veuillez ne pas l'oublier.

— Votre langage est bien hautain, monsieur! s'écria Charette, en arrêtant d'un geste les murmures qui s'étaient élevés aux fières paroles de l'officier républicain. Ne savez-vous pas où vous êtes?

— Je le sais parfaitement au contraire, citoyen, voici pourquoi je parle ainsi que je le fais. La République veut en finir une fois pour toutes avec les traîtres qui traitent avec l'étranger et, pour entretenir une guerre fratricide, n'hésitent pas à l'appeler sur le sol sacré de la patrie.

Ces paroles causèrent une indicible stupeur parmi les assistants, stupeur qui, presque aussitôt, dégénéra en un tumulte effroyable. Des cris, des menaces s'élevèrent de tous côtés; quelques-uns des chefs les plus exaltés semblèrent même vouloir s'élancer sur cet audacieux qui les bravait ainsi en face.

Le général croisa les bras sur sa poitrine, et, la tête haute, un sourire dédaigneux aux lèvres, il attendit que le calme se rétablît.

— Avez-vous donc plusieurs vies à perdre, monsieur! s'écria Charette, pour oser vous exprimer ainsi devant des gentilshommes dévoués au roi.

— Je ne sais de quel roi vous parlez, et peu m'importe! je vous parle au nom de la patrie qui, pour la dernière fois, consent, par ma bouche, à vous accorder un généreux pardon, à la condition que vous mettrez bas les armes immédiatement; que vous licencierez les rassemblements de paysans que vous avez réunis, et que vous quitterez sous huit jours le territoire de la République.

— C'est trop d'audace!... Oser nous braver ainsi!... Qu'on lui impose silence! s'écrièrent les Vendéens avec fureur.

Charette lui-même, malgré ses efforts et le prestige dont il jouissait parmi les siens, ne parvint qu'avec les plus grandes difficultés à dominer le tumulte et à rétablir une apparence de calme.

— On ne m'imposera pas silence, reprit le général d'une voix éclatante, parce que je parle au nom de la patrie outragée, de l'honneur méconnu! Et quoi! citoyens, en êtes-vous arrivés à ce degré de folie furieuse, que, pour soutenir les droits annulés d'une famille que la France tout entière a chassée, vous ayez recours à ce moyen fratricide de traiter avec les éternels ennemis de votre pays, d'accepter l'or et les hommes de l'Angleterre? Et ce sont des Bretons, des descendants de ces vaillants qui combattirent et portèrent de si grands coups sur le champ glorieux de *mi-Voie*; ce sont les compatriotes des Duguesclin, des Clisson, qui n'ont pas craint que leur main se séchât en signant ce honteux traité! Je suis Breton, moi aussi, et la rougeur me monte au front, la douleur brise mon cœur, en songeant que la haine et l'ambition peuvent égarer ainsi des hommes, dont, depuis des siècles, le nom était synonyme de loyauté! Je vous en supplie, citoyens, réfléchissez! il en est temps encore! Continuez, s'il le faut, cette lutte gigantesque et glorieuse que jusqu'ici vous avez soutenue si vaillamment pour des principes que vous croyez justes; mais, au nom de la patrie éplorée qui vous parle par ma voix, n'appelez pas les secours étrangers, ne laissez pas les Anglais poser le pied sur cette noble terre de Bretagne, car elle s'entr'ouvrirait pour les engloutir, et vous disparaîtriez tous dans un ouragan de fer et de flammes, non pas seulement vaincus, mais déshonorés et flétris du nom de traîtres! Voyons, citoyens, ne restez pas plus longtemps sourds à la voix de la patrie; ayez pitié de cette pauvre terre, depuis si longtemps désolée par une guerre impie! La République est prête à vous ouvrir les bras; la paix, au nom de l'honneur et de la fraternité humaine; le général Hoche, dont vous connaissez tous la loyauté et le grand et beau caractère, vous accordera les conditions les plus larges et les plus généreuses! et, sur mon honneur de citoyen et de soldat, ces conditions seront immédiatement ratifiées par la Convention nationale. Vous le savez, le régime odieux de la Terreur a cessé; lorsque l'Europe entière reconnaît le gouvernement qui régit la France, ne vous obstinez pas dans une lutte insensée qui ferait verser inutilement des flots de sang français.

Subissant malgré eux l'influence de cet homme qui s'imposait si audacieusement à eux, reconnaissant la justesse des reproches qu'il leur adressait d'une voix tour à tour menaçante, indignée et suppliante, peu à peu les chouans avaient fait silence, leurs visages avaient pâli, la honte avait courbé leurs fronts.

Lorsque le général se tut enfin, un silence de plomb semblait peser sur cette assemblée si bruyante quelques minutes auparavant; on aurait presque entendu le bruit de la respiration haletante de toutes ces poitrines oppressées.

Les officiers vendéens se regardaient tristement entre eux, sans que personne osât prendre la parole.

Charette se résolut enfin à rompre ce silence qui commençait à devenir embarrassant pour tous les assistants, mais il le fit sur un ton qui formait un complet contraste avec celui qu'il avait employé jusque-là.

— Général, dit-il en s'inclinant avec courtoisie, vous êtes aussi habile avocat que redoutable militaire; vos paroles chaleureuses, les nobles sentiments que vous avez si bien exprimés retentissent encore dans nos cœurs; elles nous auraient convaincus, si nous pouvions l'être. On ne discute pas des convictions, on les subit; nous sommes des hommes convaincus, nous avons fait serment de mourir pour le roi et de nous ensevelir sous les ruines de la monarchie; ce

Lucien regagnait le camp, lorsqu'il aperçut plusieurs soldats qui s'acharnaient contre un vieillard.

serment, quoi qu'il puisse advenir de nous, nous le tiendrons, et, croyez-le bien, si nous sommes vaincus, notre mort ne sera pas inutile pour la défense des principes sacrés que nous aurons soutenus jusqu'à notre dernier soupir. Le sang des martyrs n'a jamais coulé en vain, et nous sommes les martyrs d'une cause que nous prétendons juste ! l'avenir décidera entre nous et la République; Dieu et Roi! telle est notre devise; Patrie et Liberté! telle est la vôtre; quatre mots sublimes qui hurlent d'être séparés et qui, un jour que probablement nous ne verrons pas, seront réunis. Entre la République et nous, il y a un abîme que rien ne saurait combler; nous ne nous comprenons pas : nous ne nous comprendrons jamais. Nous n'avons ni la même foi, ni les mêmes idées, ni les mêmes aspirations; nous ne parlons même plus la même langue; donc, tout nous sépare. Essayer de nous réunir serait tenter une tâche impossible, essayer de faire refluer la mer sur elle-même et d'enchaîner les flots furieux que rien, si ce n'est Dieu, n'est assez puissant pour contenir. Une plus longue discussion serait donc oiseuse et n'amènerait aucun résultat satisfaisant ni pour vous, ni pour nous. Certes, nous respectons le général Hoche, nous admirons son beau et grand caractère, digne des temps antiques : la fatalité nous ordonne de le combattre, nous obéirons; il nous vaincra peut-être, soit, nous tomberons bravement sous ses coups redoutables, sans nous plaindre comme sans reculer. Ceci est peut-être du fanatisme, eh bien! c'est le fanatisme du droit, comme vous avez, vous, celui de ce que vous nommez a Liberté. Donc, brisons là, votre mission est terminée; vous serez, dès que vous voudrez, reconduit en sûreté jusque en vue de vos lignes; mais nous espérons que, maintenant que l'homme public a fait son devoir, l'homme privé se souviendra qu'il a ici des parents et des amis qui seront heureux de le posséder encore quelques jours au milieu d'eux.

— Je vous remercie des paroles que vous me faites l'honneur de m'adresser, citoyen, mais je ne puis accepter vos offres gracieuses; mon devoir exige que je parte à l'instant, et, puisque vous me le permettez, dès que mon cheval et celui de mon aide de camp seront sellés, nous nous éloignerons avec le regret de ne pas avoir mieux réussi auprès de vous à empêcher une guerre fratricide et à arrêter l'effusion d'un sang précieux.

— Qu'il soit donc fait ainsi que vous le désirez, général, vos chevaux vous attendent; la rupture de la trêve sera déclarée dans soixante-douze heures et les hostilités recommenceront immédiatement.

— Adieu, citoyen, que le sang versé retombe sur ceux dont les coupables machinations vous mènent à votre perte!

— Adieu, général! Dieu, qui nous voit, sourira, je l'espère, à nos efforts.

Les deux hommes s'inclinèrent cérémonieusement l'un devant l'autre.

Charette, suivi de tous les autres chefs, accompagna les officiers jusqu'à l'endroit où leurs chevaux les attendaient.

Le général salua de nouveau et se mit en selle ainsi que son aide de camp.

A ce moment, tous les Vendéens ôtèrent leurs chapeaux et les agitèrent au-dessus de leurs têtes en poussant, d'une voix tonnante, le cri de :

— Vive le roi!

— Vive la République! répondirent les deux officiers d'une voix non moins forte en saluant gracieusement.

Et ils s'éloignèrent au petit pas, suivis par une escorte de chouans commandée par un officier qui semblait s'obstiner à se tenir en arrière de sa troupe.

Aucun incident digne d'être mentionné ne troubla leur voyage; partis vers midi du château de Fonteclose, ils atteignirent un peu après dix heures du soir les ruines de l'abbaye de Beauport où il avaient résolu de passer la nuit.

Au moment où ils s'engageaient dans l'étroit sentier qui conduisait au sommet de la colline, un formidable : « Qui vive? » les arrêta court.

— Officiers supérieurs républicains, répondit aussitôt le général, en ordonnant du geste à son escorte de se tenir un peu en arrière, mais sans faire de démonstrations hostiles.

Un cri de joie répondit au général: plusieurs hommes armés de torches parurent aussitôt, semblant littéralement surgir de terre.

Le général reconnut Hervé en tête de ces hommes.

Le partisan vint saluer les jeunes gens qui mirent pied à terre et dont les chevaux furent emmenés.

— Mon ami, lui dit Lucien, je te recommande ces braves gens qui m'ont fidèlement escorté jusqu'ici.

— Qu'ils soient les bienvenus, général, ils passeront la nuit où ils sont et seront traités comme des ci-devant princes, dit en riant le partisan.

Toutes choses étant ainsi réglées, les deux troupes se mêlèrent et continuèrent leur route vers les ruines.

— Je ne vous attendais pas aussi tôt, dit joyeusement Hervé ; je ne vous précède que de deux heures ; il paraît que vous avez fait diligence.

— Oui, nous avons bien marché; tu étais donc demeuré là-bas, malgré mes recommandations?

— C'est justement pour cela qu'il y était resté, fit Alain en riant, tu connais bien l'entêtement du vieux, Lucien, il n'en fait jamais qu'à sa tête.

— Tu dis vrai, garçon, et puis, je n'étais pas fâché de surveiller un peu votre escorte : tout s'est bien passé, tant mieux !

— Oh! oh! tu vas un peu loin, il me semble, Hervé.

— Peut-être, général, mais vous le savez, je ne suis pas payé pour aimer les chouans et avoir confiance en eux, dit-il d'une voix sourde.

Lucien ne répondit pas.

Deux minutes plus tard, on entra dans les ruines, ce qui mit fin naturellement à la conversation.

Quant aux deux officiers, Hervé les conduisit dans le souterrain.

La première personne que le général aperçut en pénétrant dans la salle, où déjà il avait une fois passé la nuit, fut son frère.

Les deux jeunes gens s'embrassèrent avec effusion.

VIII

DE LA GRANDE JOIE QUE LE KLOAREK CAUSA A SON FRÈRE

Hervé Kergras, qui peut-être n'avait quitté la salle que pour laisser aux deux frères la liberté de s'embrasser tout à leur aise, rentra alors accompagné de son fils.

Alain, en véritable cavalier qu'il était, avait voulu s'assurer par lui-même que le cheval de son frère de lait et le sien, après avoir été consciencieusement bouchonnés, avaient été placés sur une moelleuse litière, avec une abondante provende devant eux.

Il rentrait, fort satisfait de la façon dont les bonnes bêtes avaient été traitées.

— A table, citoyens ! dit alors le partisan ; nous avons fait aujourd'hui une longue route, et, pour ma part, je meurs de faim.

— Pardieu ! j'en ai autant à ton service, père, dit gaiement Alain.

— Et moi donc ! ajouta Lucien en riant.

Les convives se placèrent : le kloarek prononça le bénédicité, et le repas commença.

— Je n'espérais pas te rencontrer ici ! dit Lucien à son frère.

— Pourquoi donc cela ? demanda Tancrède.

— Parce que, d'après ce que tu m'avais dit, je comptais presque te voir à Fonteclose.

— J'en arrive, il y a deux heures, n'est-ce pas, Hervé ?

— Oui, monsieur l'abbé, répondit le partisan, la bouche pleine, deux heures ou deux heures et demie au plus.

— Tu viens de Fonteclose ?

— Oui, mon frère, j'y étais même arrivé avant toi.

— Oh ! fit-il d'un ton de reproche, et pendant quatre jours que je suis resté dans ce château, je ne t'ai pas vu une seule fois ! c'est mal, frère.

— Ne me condamne pas sans m'entendre, Lucien ; tu connaîtras bientôt les motifs qui m'ont contraint à t'éviter. Je ne te dirai que ceci : on me l'avait défendu ; maintenant, restons-en là, je te prie, quant à présent.

— Comme il te plaira ! répondit-il d'un air piqué.

— Tu m'en veux et tu as tort, Lucien, car tu me causes du chagrin et je ne le mérite pas.

— C'est vrai, frère ; pardonne à ma mauvaise tête : là, c'est fini ; je n'y pense plus ; rions et causons, sans attrister le bon repas que nous offre notre ami Hervé.

— Puissamment raisonné ! dit Alain en riant : au diable le chagrin ! le souci tuerait un chat. Buvons ! A ta santé, Lucien ;... oh ! pardon, monsieur Tancrède, je crains d'avoir dit une sottise ; malheureusement cela m'arrive souvent.

— Et tu ne t'en aperçois qu'après, dit gaiement Lucien.

— Ma foi, oui.

— Ne vous gênez pas avec moi, ne suis-je pas votre ami, capitaine ?

— Pardon, monsieur l'abbé, c'est général qu'il faut dire, car il l'est, par ma foi de Dieu ! le gars, et il ne l'a pas volé !

— Qu'en sais-tu, père ?

— C'est not' monsieur qui l'a dit, et il le sait lui !

— Ah ! bon ! si tu crois tout ce qu'il dit quand il parle de moi, il te mènera loin.

— Ce sera un prêté pour un rendu, mauvaise langue ! avec cela que tu te gênes sur mon compte, toi !

— Oh! moi, c'est différent! je n'en dirai jamais assez, fit-il avec une émotion contenue.

— Je vous félicite sincèrement de cette heureuse nomination, mon cher général, dit Tancrède.

— Tenez, monsieur, voulez-vous me rendre un véritable service? dit le joyeux garçon.

— Certes, monsieur, si cela est en mon pouvoir.

— C'est parfaitement en votre pouvoir, monsieur Tancrède; il s'agit tout simplement de ne m'appeler ni monsieur, ni général, et de me nommer Alain tout court, comme mon frère de lait.

— Bravo! bien! topé dà! voilà qui est bien parlé! s'écria le partisan en emplissant les verres.

— Allons! je vois que non seulement nous sommes amis, mais que bientôt nous serons frères.

— Comme avec Lucien! je vous remercie, monsieur Tancrède.

— Je vous ferai observer, mon cher Alain, que je me nomme Tancrède comme mon frère se nomme Lucien; veuillez donc, je vous prie, ne pas m'appeler autrement désormais.

— Ah! c'est trop de bonté!

— Pourquoi donc? Chacun de nous, au lieu d'un frère, en a deux à présent, voilà tout.

— Tancrède, dit Lucien, je te suis sincèrement reconnaissant de ce que tu viens de dire.

Le souper continua ainsi dans les conditions les plus agréables.

Lorsqu'il fut terminé, Tancrède se leva, et s'adressant à son frère :

— Veux-tu que nous laissions Alain et son père causer cœur à cœur de leurs affaires, et que nous allions respirer un peu l'air dans les ruines avant que de nous livrer au sommeil?

— Je ne demande pas mieux, dit Lucien en allumant un cigare; la fumée ne t'incommode pas?

— Nullement; ne suis-je pas Breton?

— C'est vrai! alors je suis à tes ordres.

Ils quittèrent la salle et montèrent dans les ruines.

La nuit était magnifique; il était près de minuit; un silence profond, interrompu seulement par ce susurrement mystérieux qui jamais ne s'arrête, régnait dans toute la nature. Tout était calme et reposé.

Le ciel, d'un bleu profond, était sablé de milliards d'étoiles qui scintillaient comme des pointes de diamant; la lune, presque dans son plein, nageait dans l'éther, déversant à profusion ses pâles rayons sur le paysage auquel ils donnaient une apparence fantastique, une brise folle courait dans les arbres dont elle faisait frissonner les feuilles; c'était enfin une de ces nuits lumineuses comme on n'en rencontre que dans cette vieille Armorique, si calomniée, dans les derniers jours du printemps, nuits presque tropicales qui élèvent le cœur, agrandissent les idées et poussent l'âme à la rêverie.

Les chouans de l'escorte dormaient, étendus sur des bottes de paille.

Les deux frères allèrent s'asseoir côte à côte, sur un fût de colonne renversé, à l'entrée des ruines, afin de jouir d'un coup d'œil du paysage grandiose qui, dans toutes les directions, se déroulait comme un immense kaléidoscope à leurs regards éblouis.

— Que c'est beau! murmura le général en se laissant aller à ses pensées. Combien de fois, pendant mes longues nuits de bivouacs dans les forêts vierges du nouveau monde, ai-je passé des heures entières à contempler le paysage abrupt qui m'entourait, en songeant à la Bretagne, cette terre où je suis né, où respirent tous ceux que j'aime, toi, mon frère, mon père, qui m'a renié, et pour lequel, pourtant, je conserve, dans mon cœur, un amour si profond! Pauvre père! fit-il avec un soupir; je l'ai vu aujourd'hui, Tancrède; tout mon être s'élançait vers lui; j'aurais voulu le serrer dans mes bras, l'embrasser, et lui dire : Père! père! je suis votre fils, votre fils premier-né, que vous aimiez tant autrefois; dites, mon père, est-ce que vous ne m'aimez pas encore? Je l'aurais fait, Tancrède, sur mon âme, je l'aurais fait, malgré tous les hommes qui m'entouraient et l'impérieux devoir que j'avais à remplir.

— Pourquoi ne l'as-tu pas fait, Lucien?

— Pourquoi? dis-tu, parce que mon père était là, devant moi, sombre, morne, sévère, ne semblant ni me voir, ni m'entendre, et que j'avais la mort au cœur en songeant que ce noble et rigide vieillard, dont l'honneur et la loyauté furent, pendant sa longue carrière, les seuls guides, était confondu avec de misérables ambitieux, des intrigants, des hommes avides de sang et d'or, des Charette, des Scépaux, des Stofflet, des Sombreuil, et tant d'autres, qui s'abritent lâchement derrière sa vertu et son nom illustre pour justifier leurs honteuses machinations, et innocenter leurs crimes!

— Frère, je t'en prie, ne parle pas ainsi.

— Pourquoi donc? nous sommes seuls, personne ne nous entend, il me semble? Laisse-moi, Tancrède, épancher mon cœur dans le tien; j'ai trop souffert, vois-tu, pendant cette heure que je suis demeuré dans cette salle, devant ces hommes, l'élite de la noblesse bretonne, qui n'ont pas craint, eux, les descendants des preux qui luttèrent si vaillamment pour l'indépendance de leur pays, de s'allier aux Anglais, ces implacables et éternels ennemis de la Bretagne.

— Lucien, n'es-tu pas un peu sévère dans tes appréciations? Je ne suis rien, moi, pauvre kloarek, dont la mission sur cette terre est de prier pour ceux qui souffrent, quels qu'ils soient, de les consoler et de les secourir; mais il me semble que les reproches que tu adresses à la noblesse sont bien graves; tu es noble aussi, toi, frère, cependant tu as abandonné la caste à laquelle tu appartiens, pour t'allier avec des hommes qui, il y a quelques années, étaient bien au-dessous de toi

— Et qui, aujourd'hui, n'est-ce pas? Tancrède, sont mes égaux, sinon mes supérieurs.

— Je ne prétends pas jeter un blâme sur ta conduite, mon frère; je constate un fait, voilà tout, s'écria vivement le jeune homme.

— Tu es dans l'erreur, Tancrède; que signifie le mot noblesse? il veut dire, n'est-ce pas, l'élite de la nation, ce qu'il y a de plus grand?

— Certes, mon frère!

— Qui furent les premiers nobles? des guerriers renommés par leur courage, des savants illustres, des sages. Rien n'est changé; tout est encore de même aujourd'hui; les premiers de la nation sont toujours des sages, des guerriers et des savants, et toujours il en sera ainsi, car l'égalité physique de même que l'égalité morale, ne saurait être que relative. Dieu n'a pas donné à tous les hommes une somme égale de force et d'intelligence; il y en aura toujours parmi eux quelques-uns que leur génie élèvera au-dessus des autres et fera les chefs et les pasteurs du peuple. Tout ce que peuvent faire les législateurs pour le bien général de l'humanité, c'est de ne reconnaître qu'une noblesse, celle du cœur et du talent, d'établir des lois protectrices devant lesquelles grands et petits devront s'incliner, de rendre la justice égale pour tous, d'abolir enfin des privilèges nuisibles et hors du droit commun parce qu'ils ne profitent qu'à un petit nombre aux dépens de la majorité. Me comprends-tu, frère?

— Oui, je crois te comprendre à peu près, mais je ne vois pas bien encore comment la noblesse...

— Écoute-moi! s'écria le général, se laissant aller de plus en plus à ses pensées : l'humanité est ainsi faite, que tout change et se transforme fatalement; avec le temps, les choses les meilleures dégénèrent et deviennent mauvaises; le sang, pour rester pur et ferme, a besoin d'être renouvelé par un sang plus jeune; la noblesse héréditaire est non seulement une injustice, mais encore un contresens moral, presque un crime.

— Un crime, frère?

— Mon Dieu, oui, Tancrède : ne voit-on pas tous les jours le descendant d'une race illustre être un scélérat ou un imbécile? Eh bien! ce scélérat ou cet imbécile jouit injustement des privilèges et des immunités accordés à ses ancêtres à cause des éclatants services qu'ils ont rendus au pays; il commande des armées, gouverne même des peuples; il détruit par son ineptie ou sa méchanceté, le bien que ses ancêtres avaient fait; protégé par leur ombre illustre, il persécute des hommes plus grands que lui par l'intelligence ou par le cœur, devient leur bourreau, et, pour assouvir un orgueil incommensurable et une jalousie féroce, il conduit les nations dont son nom l'a fait le chef à une ruine terrible et inévitable. Les premiers révolutionnaires en France furent tous des nobles; ils donnèrent seul l'élan à la nation qui gémissait depuis des siècles sans oser se plaindre; mais bientôt ils eurent peur de ce qu'ils avaient fait, et ils reculèrent; ils voulaient la liberté, mais une liberté de commande, qui respectât les droits qu'ils s'étaient arrogés, les privilèges qu'ils avaient arrachés, soit par la crainte soit par la bassesse, à la faiblesse des rois; les titres dont ils étaient si vains et qui les plaçaient au-dessus des autres hommes. Alors, la noblesse fut dépassée; elle devint l'ennemie du peuple dont elle avait voulu se faire un instrument, pour contraindre le souverain à lui accorder de nouvelles faveurs. Souverains et noblesse furent engloutis par la tourmente révolutionnaire qu'ils avaient soulevée; ce fut la loi du talion, loi fatale et inexorable. Une autre noblesse surgit alors, la noblesse du génie, qui sur les ruines d'une civilisation décrépite, en édifia aussitôt une autre, et, par le baptême terrible du sang, cette moelle de lion qui agrandit le cœur, créa une civilisation forte, puissante, irrésistible, qui est appelée à régénérer le monde. Regarde autour de toi, frère, compte, si tu le peux, les immenses progrès qui ont été accomplis en quelques années ; les hommes de génie qui ont surgi de toutes parts sur cette vaillante terre de France qu'il suffit de frapper du pied pour en faire sortir des héros. La noblesse doit disparaître ou se rallier aux idées nouvelles ; beaucoup de nobles l'ont compris déjà, tous le comprendront un jour. Je suis parti soldat, moi ; tous mes grades, je les ai gagnés à force de courage et de lutte ; aujourd'hui, je suis arrivé plus haut qu'aucun de mes ancêtres ; n'est-ce donc pas une noblesse, cela ? Mon blason est-il terni, parce que je me suis bravement mêlé aux rangs de ce peuple dont mon premier ancêtre est sorti lui aussi ? J'ai servi ma patrie, et j'ai, par les services que je lui ai rendus, donné un lustre nouveau au nom que j'ai l'honneur de porter et que je tiens de mon père. En France, aujourd'hui, on ne vaut que par soi-même ; il n'y a pas d'illusions à se faire à ce sujet. Malheur à ceux qui ne le veulent pas comprendre ; défendre des principes caducs, combattre pour le maintien d'institutions absurdes, ce n'est pas du dévouement, c'est de la trahison, car les motifs de ce feint dévouement sont l'ambition favorable et l'orgueil. Voilà, frère, ce que j'aurais voulu faire comprendre à notre vénéré père ; voilà quelle aurait été ma justification, et, j'en ai la conviction au fond du cœur, si j'avais pu lui parler ainsi, mon père, au lieu de me maudire, m'aurait ouvert ses bras et il m'aurait dit...

— Mon fils, je vous bénis et je vous pardonne, dit une voix ferme qui fit tressaillir les deux jeunes gens, car votre cœur est grand et vos intentions sont bonnes !

Lucien et Tancrède se levèrent comme s'ils avaient reçu une commotion électrique.

Le marquis de Bodegast était immobile, calme, triste, les yeux pleins de larmes ; ses cheveux, d'une blancheur de neige, flottaient sur ses épaules ; ses traits pâles, sur lesquels se jouaient les rayons argentés de la lune, avaient une expression que rien ne saurait rendre : le noble vieillard semblait presque transfiguré.

— Mon père ! mon bien-aimé père ! s'écria Lucien en éclatant en sanglots et en tombant à ses pieds.

Tancrède, lui aussi, s'était jeté aux genoux du vieillard et l'implorait avec des larmes.

— Relevez-vous, mes enfants, dit le marquis en se baissant vers eux et leur tendant les bras, relevez-vous et venez sur mon cœur !

Il y eut un long et silencieux embrassement.

Ces trois hommes, à l'âme grande, aux instincts généreux, vaincus par l'émotion, ne trouvaient pas un mot pour exprimer ce qu'ils éprouvaient ; ils pleuraient ensemble, confondaient leurs larmes, et une joie immense gonflait leur cœur.

Quelques minutes s'écoulèrent pendant lesquelles on n'entendit que leurs sanglots.

Le marquis releva enfin la tête, serra une dernière fois ses enfants sur sa poitrine haletante de bonheur, et, s'asseyant entre eux deux :

— Sois béni, Tancrède, dit-il au jeune kloarek d'une voix que l'émotion

Un de ses aides de camp lui annonça...

rendait tremblante, sois béni, mon enfant bien-aimé! car c'est toi qui m'as empêché de maudire mon premier-né et qui l'as, après tant d'années, rendu à ma tendresse.

— Oh! mon père! s'écrièrent les deux jeunes gens en couvrant ses mains de baisers.

— J'ai eu de grands torts envers toi, Lucien, reprit le vieillard d'une voix triste, je le reconnais à présent, ne m'en veuille pas!

— Vous en vouloir, à vous, mon père, que j'aime au-dessus de tout au monde! s'écria le jeune homme avec passion, oh! vous ne le croyez pas, mon père.

— Non, je ne le crois pas, Lucien, reprit-il avec un pâle sourire, car tu es bon et tu m'aimes! Oh! de quelle somme immense de bonheur je me suis privé en repoussant tes filiales caresses! Combien je regrette aujourd'hui ce qui s'est passé; j'aurais pu être si heureux auprès de toi! mais, hélas! à quoi bon revenir là-dessus? il est trop tard maintenant, fit-il avec un soupir étouffé.

— Mais nous sommes réunis enfin, mon père; nous ne nous quitterons plus, n'est-ce pas?

Le vieillard hocha tristement la tête.

— Ce serait trop de bonheur, murmura-t-il.

— Qui s'oppose à cette réunion, mon père? demanda doucement Tancrède.

— Pourquoi nous séparer? ajouta Lucien d'une voix caressante.

— Hélas! mes enfants, tout nous sépare; vous le savez comme moi, le passé enchaîne l'avenir; nous avons, vous et moi, marché dans des voies différentes; emporté par une haine, injuste peut-être, trompé, séduit, entraîné par des hommes que j'aimais et dans la loyauté desquels j'avais foi; dominé peut-être aussi par mon orgueil de caste, tu vois que je te parle franchement, Lucien, je me suis fait l'ennemi de cette République dont tu es un des plus braves et des plus dévoués soldats; et puis, tu sais, mon enfant, la vieillesse est oublieuse, égoïste, elle a des idées arrêtées sur toutes choses; c'est l'immobilité dans la vie, la halte sur le bord de la tombe; elle se gourme dans une expérience de convention qui n'est le plus souvent qu'une continuation des sottises de la jeunesse, tant ce qui dérange ses habitudes, froisse ses convictions, éveille ses susceptibilités hargneuses, lui est insupportable; la routine est tout pour elle; nous ne devons donc pas suivre la même route; car la jeunesse, c'est la foi et l'espérance; la vieillesse, la désillusion et les regrets. Royaliste, je devais rester royaliste : autour de moi, tout le monde partageait mon opinion; toi, envolé de bonne heure du nid paternel, à cet âge où l'on n'a pas encore de croyances nettement dessinées, mais seulement des aspirations; jeté au milieu d'hommes jeunes, bouillants, généreux; nourri pour ainsi dire par des principes philosophiques qui étaient alors si à la mode, tu devais tressaillir de joie, à ce mot magique de liberté dont tu ne comprenais pas encore le sens si élastique; hélas! que ne fait-on pas, au nom de la liberté? Ce mot renferme tout, le bien comme le mal, beaucoup de bien, sans doute, mais bientôt tu le reconnaîtras, encore plus de mal. Compagnon de La Fayette et de Rochambeau, tu as combattu sous les drapeaux d'un peuple opprimé qui revendiquait ses droits. Ta voie était trouvée, désormais; tu devais y persévérer quand même; qui sait si toi, si ardent patriote aujourd'hui, tu ne paraîtras pas bien tiède et bien froid, dans trente ans d'ici, à ceux qui te succéderont? Car il en est ainsi toujours dans la vie, mon cher enfant! Les jeunes générations poussent les vieilles, et, reprenant la question où celles-ci l'ont laissée, elles la développent et l'agrandissent en ne regardant plus qu'avec un sourire de pitié les trembleurs qui les ont précédées. Lorsque la Révolution éclata en France, ses premiers jours eurent un rayonnement splendide; on se crut un instant revenu à l'âge d'or. Tu te jetas à corps perdu dans le mouvement, sans réflexion comme sans arrière-pensée; moi, je restai enfermé dans mon château, entouré de mes vieux amis, de mes paysans; la tempête passait au-dessus de ma tête, les épaisses murailles de mon manoir empêchaient les éclatantes fanfares de la liberté de parvenir jusqu'à mon oreille; je vivais dans le passé avec mes souvenirs; toi, tu t'élançais vers l'avenir, inconnu et radieux, avec toute la fougue de la jeunesse. Tout cela était dans l'ordre. Un jour vint où l'on voulut nous enlever, à nous autres, vieux gentilshommes, non seulement notre roi et nos titres, mais encore nos prêtres et notre religion; c'en était trop! Les Bretons sont chrétiens d'abord, ensuite foncièrement attachés à leurs vieilles coutumes : quant à leur amour pour le roi, je n'en dirai rien; ce ne fut pas la mort de l'infortuné Louis XVI qui causa le soulèvement de la Bretagne : les paysans bretons, attachés au sol, se soucient peu de la monarchie; ils ne connaissent que leurs seigneurs et les recteurs de leurs paroisses; ils détestent surtout la tyrannie. La noblesse laissa d'abord agir les paysans qui réclamaient leurs prêtres; quand elle entra dans le mouvement, ce ne fut que par égoïsme et par orgueil; malheureusement, je me laissai entraîner à prendre part à la révolte. Mon nom, la considération dont ma famille était entourée dans la province, tout me désignait pour être un des chefs du mouvement. Les républicains agissaient avec nous en barbares, des atrocités sans nom se commettaient journellement, la Bretagne était devenue une fournaise; j'avais été atteint dans ce que j'avais de plus cher; la haine l'emporta sur la prudence, je me laissai convaincre par mes amis et je devins un des chefs de la rébellion; dès ce moment, nous étions à jamais séparés, mon fils; bien plus, nous étions ennemis, combattant l'un contre l'autre, exposés à nous rencontrer face à face sur un champ de bataille, au milieu du carnage; c'est affreux cela, n'est-ce pas?

— Mon père!

— Que veux-tu, mon fils, telle est notre position, à nous autres vieillards, que nos enfants soient contre nous : toute révolution en est là; malheureusement, la chose est sans remède : j'ai donné des gages au parti royaliste; j'ai fait le serment de défendre le roi jusqu'à ma dernière heure, un serment est une chose sainte, la parole d'un gentilhomme de notre maison ne doit pas être soupçonnée. Je ferai mon devoir comme tu feras le tien; mais je te l'avoue, je vois maintenant la profondeur du gouffre dans lequel je suis tombé, et j'en suis effrayé; en entendant tes nobles paroles, j'ai compris combien je m'étais trompé, j'ai eu peur de ce que j'avais fait.

— Il en est temps encore, mon père, retirez-vous de cette rébellion que Dieu a condamnée, demeurez neutre entre nous. A quoi bon, puisque vos pensées ne sont plus les mêmes, partager le sort de ces hommes qui vous ont trompé et entraîné malgré vous dans une voie que vous regrettez d'avoir prise?

— Pourquoi, mon fils?.. parce que j'ai donné ma parole, et que rien, pas même les plus affreux supplices, ne m'y ferait manquer. Hélas ! Lucien, tes paroles m'ont condamné à mort !

— Au nom du ciel, mon père, que dites-vous ?

— Je dis ce qui est vrai, mon fils ; j'ai fait le serment de marcher avec les royalistes, à leur tête même ; ce serment, je le tiendrai ; de Puysaye m'a contraint, malgré une résistance obstinée, à mettre à côté de la sienne ma signature au bas du traité infâme qu'il a conclu avec le ministère britannique ; cette faiblesse, indigne de moi, cette faute que j'ai commise, exige un châtiment exemplaire ; peut-être Dieu, dont la bonté est infinie, me pardonnera-t-il en faveur de mon repentir.

— Il vous a déjà pardonné, mon père, dit doucement Tancrède, puisque votre repentir est sincère.

— Oh ! oui, bien sincère, mes enfants, c'est un remords incessant qui me ronge le cœur ; j'ai failli, moi, descendant d'une si noble race ! Eh bien ! je ne survivrai pas à ma honte : ceux qui m'ont entraîné à commettre ce crime, cette trahison envers mon pays, assisteront à mon expiation. Puisse ma mort faire entrer le repentir dans leur cœur ! Je marcherai, comme je m'y suis engagé, à la tête des royalistes, mais sans tirer l'épée ; au premier coup de feu, je briserai cette arme que je n'aurais jamais dû sortir du fourreau, pour soutenir une cause fatale, et, calme et souriant, je marcherai à la mort.

— Prenez garde, mon père, s'écria vivement Tancrède, ce ne sera plus une expiation, ce sera un suicide que vous commettrez, et vous le savez, l'Église réprouve le suicide comme un crime odieux. Non, mon père, vous ne ferez pas cela, vous n'offrirez pas ainsi votre poitrine désarmée aux balles républicaines !

— Mon père, je suis, moi, dans les rangs de ceux au-devant desquels vous marcherez ainsi ; la balle qui vous renversera mourant, sortira peut-être du fusil d'un de mes soldats ; ne me léguez pas ce remords horrible, ne me condamnez pas à être parricide, je vous en supplie, mon père !

Il y eut un assez long silence ; le marquis, la tête penchée sur la poitrine, semblait plongé dans de profondes réflexions ; ses fils, assis à ses côtés, attendaient, haletants, sans oser lui adresser la parole.

Enfin le vieillard se redressa ; son visage était calme et souriant, son regard brillait.

— Soit ! dit-il, je renonce à me faire tuer ainsi ; en effet, pauvre enfant, ce moyen est affreux !

— Oh ! merci, merci, mon père, vous avez cédé à mes prières, vous avez compris.

— J'ai compris, mon fils, répondit-il, avec une froide résolution, que je dois mourir, mais non comme je me l'étais proposé.

Après avoir prononcé ces paroles, le marquis se leva et commença à se promener de long en large, dans les ruines, d'un air pensif.

Lucien fit un mouvement pour suivre son père, Tancrède le retint.

— N'insiste pas, lui dit-il ; laisse-le libre de réfléchir à sa guise ; bientôt il reviendra vers nous ; sois-en sûr, le cours de ses pensées sera changé.

— Pauvre père ! murmura le général, pourquoi ne m'as-tu pas averti qu'il m'écoutait? c'est mal, Tancrède; si je l'avais su là, je n'aurais pas parlé ainsi que je l'ai fait.

— Et c'eût été tant pis, Lucien! Notre père est surtout un homme d'un esprit droit et d'idées larges, la vérité le frappe toujours; il la reconnaît et l'accepte, sans que pour cela elle modifie en rien les résolutions qu'il peut avoir prises antérieurement, bien qu'elles aient une influence extrême sur celles que plus tard il devra prendre; il t'a écouté avec la plus sérieuse attention, il a reconnu la justesse de tes raisonnements, et il en a été convaincu; tu en as la preuve; maintenant, il est évident qu'un immense travail s'opère dans son esprit; on n'abandonne pas ainsi, en un instant, les convictions de sa vie entière, sans que le cœur se déchire; mais, ferme et droit comme il l'est, notre père sortira, j'en suis certain, vainqueur de cette lutte qu'il engage contre lui-même : attendons; ne le troublons pas.

— Ce qu'il m'a dit m'effraie, Tancrède; crois-tu qu'il mettra à exécution l'horrible projet dont il nous a fait part?

— Je n'ai pas, malheureusement, le plus léger doute que telle soit en effet son intention; il se fera tuer froidement, comme il nous l'a dit, si nous ne prenons pas nos précautions pour le sauver malgré lui.

— C'est affreux! mais que faire?

— Hélas! je l'ignore, frère; je ne suis pas soldat, moi, je ne puis que le raisonner, et peut-être m'imposera-t-il silence. Tu es soldat, toi; vois, imagine, invente, mais sauve-le!

— J'y tâcherai, Tancrède, car cette pensée me tue; pauvre père!

— Le voici qui revient vers nous; pas un mot, je t'en supplie, de ce que nous avons dit.

En effet, le marquis revenait lentement vers les jeunes gens; il reprit sa place au milieu d'eux, et les regardant avec affection :

— De quoi parliez-vous, enfants? Vous causiez, il me semble? demanda-t-il.

— Oui, mon père, se hâta de répondre Lucien, mon frère m'interrogeait sur les aventures qui me sont arrivées depuis que j'ai quitté notre manoir de famille, pour me lancer dans le tourbillon du monde, et je lui répondais de mon mieux.

— Voyons, Lucien, raconte-nous un peu ce qui t'est arrivé de saillant depuis ta trop longue absence; ton frère a raison, dit le marquis avec bonhomie; j'ignore complètement la vie que tu as menée; cela m'intéressera, j'en suis sûr : rien ne nous presse d'ailleurs; parle, je t'écoute.

— Je ne demande pas mieux que de vous satisfaire, mon père, mais il est une chose que je désirerais vivement connaître, moi aussi.

— Laquelle, mon fils?

— Comment se fait-il, ou plutôt par quel hasard ai-je eu le bonheur de vous rencontrer ici cette nuit, et d'obtenir de vous un si généreux pardon?

— Oh! le hasard n'y est pour rien, Lucien, répondit le marquis en souriant, c'est un homme qui t'aime de toutes les forces de son âme, un ange, dirais-je, s'il n'était pas mon fils et ton frère, qui a tout fait; je me suis laissé convaincre par lui que je ne pouvais pas te juger sans t'entendre; déjà, ce matin, ta fière contenance devant les chefs vendéens m'avait favorablement disposé à ton égard : Tancrède réussit facilement à me faire faire sa volonté; je pris le commandement de ton escorte, et tu sais le reste. Oh! c'est un rusé diplomate, va! ce cher enfant-là; lorsqu'il s'agit de faire le bien, rien ne lui coûte.

— Cher Tancrède! s'écria Lucien en embrassant son frère.

— Aimez-vous bien, enfants, dit doucement le marquis, marchez toujours dans la vie, la main dans la main, appuyés l'un sur l'autre, et vous serez forts; le malheur n'aura pas prise sur vous.

— Oh! nous n'aurons toujours qu'un même cœur, s'écria Lucien.

— Tu le vois, glissa Tancrède à l'oreille de son frère, il a oublié ce qui s'est passé; ne réveillons pas ses souvenirs.

— Voyons, monsieur l'aventurier, dit gaiement le marquis, dites-nous un peu ce que vous avez fait pendant tant d'années que vous êtes resté éloigné de nous; confessez-vous, nous serons indulgents, et, si vos fautes ne sont pas trop graves, eh bien! nous vous accorderons facilement l'absolution de vos séduisants péchés de jeunesse, n'est-ce pas, Tancrède?

— Oh! oui, mon père; mais il faut que sa confession soit entière, sans cela je serai inexorable.

— Tiens-toi bien, Lucien, tu vas avoir affaire à forte partie; allons, commence, enfant, je t'écoute.

Le général, sans se faire prier davantage, raconta alors tout ce qui lui était arrivé pendant les quinze ou seize ans qui s'étaient écoulés depuis sa séparation d'avec sa famille; cependant, malgré la recommandation qui lui avait été faite, il passa légèrement sur certains détails, en effleura à peine certains autres; il y en eut même quelques-uns qu'il jugea convenable de supprimer entièrement, ne voulant pas exposer son frère à rougir de ses folies de jeunesse, un peu vives peut-être pour une âme aussi chaste et un cœur aussi candide.

Le marquis s'aperçut facilement de ces supressions, dont il sut le meilleur gré à son fils, et la nuit tout entière s'écoula ainsi dans les plus charmantes causeries.

Un auditeur indifférent et étranger n'eût certes jamais deviné, en voyant ces visages placides, ces voix douces et ces regards limpides, combien de douleurs poignantes étaient cachées sous ce calme apparent.

Quand le jour parut, le marquis se leva.

— Il est temps de nous séparer, dit-il; tu n'as plus besoin de mon escorte, Lucien, et je suis impatiemment attendu là où il faut que je retourne.

— Eh! quoi, mon père, vous me quittez déjà? s'écria douloureusement le jeune homme.

— J'ai promis de revenir au plus vite; mes chouans sont reposés, dispos; rien ne nous empêche de nous remettre en route.

— Encore quelques instants, je vous en supplie, mon père.

— Je le voudrais, répondit-il tristement, mais cela m'est impossible.

— C'est ce que nous allons voir! dit bas à Lucien, Hervé qui parut subitement, et s'adressant au marquis : Etes-vous satisfait, not' monsieur, de l'hospitalité qui vous a été offerte dans ces ruines?

— Très satisfait, Hervé, et je t'en remercierais, si ton dévouement absolu ne m'était pas connu de longue date.

— Pourquoi donc alors, monsieur le marquis, voulez-vous me faire de la peine, vous qui connaissez si bien nos vieilles coutumes bretonnes et qui les pratiquez avec une si grande exactitude?

— Te faire de la peine, à toi, Hervé, mon vieux serviteur! je ne te comprends pas, explique-toi, mon ami.

— Dam! monsieur le marquis, ce n'est pas bien malin, cela; vous savez qu'après toute querelle de famille, on scelle la réconciliation en partageant le pain et le sel, sinon, cela jette un nuage entre les parents et la réconciliation n'est pas considérée comme franchement faite, voilà!

Le marquis sourit, ses yeux s'emplirent de larmes et il tendit la main au paysan qui la pressa respectueusement dans les siennes.

— Tu as trouvé le véritable et le seul moyen de me retenir, méchant garçon, dit-il d'un ton de bonne humeur; allons! je ne veux pas manquer en cette circonstance à nos vieilles coutumes armoricaines; je reste, dans deux heures seulement je me remettrai en route.

— Je savais bien, moi, que je parviendrais à vous faire retarder votre départ; venez, monsieur le marquis, le déjeuner est tout prêt; il vous attend.

Deux heures plus tard, le marquis prit définitivement congé de son fils aîné.

— Je vous reverrai, n'est-ce pas, mon père? dit le jeune homme.

— Je te le promets, Lucien, répondit le marquis en le serrant entre ses bras; ton frère sera notre intermédiaire; c'est lui qui te conduira vers moi.

— Je compte sur votre parole.

— Enfant, je désire te revoir, plus que tu ne désires toi-même te retrouver avec moi, malgré ta sincère et profonde amitié pour ton vieux père; crois donc à ma parole.

Les deux troupes quittèrent ensemble les ruines, puis, après avoir échangé les derniers adieux, elles tournèrent l'une à droite, l'autre à gauche, et bientôt elles se perdirent de vue, malgré la lenteur calculée avec laquelle elles marchaient, afin de rester plus longtemps ensemble.

IX

COMMENT LES ÉMIGRÉS DÉBARQUÈRENT DANS LA BAIE DE QUIBERON, ET CE QUI EN ADVINT.

Plus d'un mois s'était écoulé depuis la scène par laquelle se termine notre précédent chapitre.

Pendant ces trente et quelques jours; les événements avaient marché avec une rapidité foudroyante.

La guerre avait recommencé sur tous les points à la fois; plusieurs chefs vendéens, Cormatin et Solihac entre autres, avaient été arrêtés.

Le redoutable et chevaleresque Bois-Hardy et deux de ses lieutenants s'étaient bravement fait tuer à la tête de leurs bandes, plutôt que de se rendre.

Les terribles colonnes mobiles avaient recommencé à parcourir le pays qu'elles sillonnaient dans tous les sens.

Les chouans, comme s'ils eussent obéi à un mot d'ordre, se dirigeaient en masse vers les côtes du Morbihan.

Enfin, le 27 juin 1795, l'escadre anglaise formant la première division des troupes de débarquement, et commandée par le commodore Warren, opéra une descente dans la baie de Quiberon, au village de Carnac ; les émigrés furent reçus par des bandes de chouans, conduits par d'Alligre, Dubois, Georges Cadoudal, Mercier, au nombre d'environ cinq mille hommes.

Ils dispersèrent quelques détachements républicains au cri de : Vive le roi ! et s'assurèrent du rivage.

La baie de Quiberon est formée d'un côté par la côte de Bretagne, de l'autre par une presqu'île d'environ deux lieues de long, et dont la largeur varie d'une demie à trois quarts de lieue ; c'est la fameuse presqu'île de Quiberon, jointe à la côte bretonne par une bande de sable, étroite, d'une lieue de longueur, et nommée la Falaise.

Le fort Penthièvre, occupé par sept cents républicains seulement, et construit au centre de la presqu'île, défendait les approches de celle-ci du côté du continent.

La première division de l'expédition anglaise, bien plus considérable qu'on l'avait supposé, comptait cinq mille hommes de débarquement.

Cette division, composée presque entièrement de Français émigrés, portait la cocarde blanche, afin de conserver à l'expédition son caractère national.

Une seconde division, forte de quinze cents hommes de débarquement, sous les ordres du jeune comte de Sombreuil et rassemblés en Hanovre, devait suivre immédiatement.

Puis, le débarquement des deux premières divisions heureusement opéré, paraîtrait enfin la troisième, portant *une armée anglaise*, et ayant à son bord le comte d'Artois qui prendrait le commandement en chef de l'expédition.

Le fort Penthièvre, impétueusement attaqué par le comte de Puisaye, avait été enlevé presque sans combat.

Puisaye s'y était aussitôt établi fortement ; par un ouvrage solidement construit en pierres, il avait relié la forteresse avec un rocher de soixante pieds de hauteur, qui flanquait la presqu'île à l'ouest, du côté de la pleine mer, de sorte qu'elle était entièrement coupée et que tout passage était fermé d'un rivage à l'autre.

Puis, tout le matériel apporté par l'escadre anglaise avait été débarqué, et on avait distribué aux chouans, dont dix mille occupaient déjà la ligne importante de Lorient à Auray, des habits, des armes et des munitions; des émissaires avaient été expédiés dans toutes les directions pour attirer et stimuler les principaux chefs vendéens, Charette, Stofflet, Scépeaux, etc., qui de leur côté, avaient audacieusement recommencé les hostilités.

La situation était plus que grave ; elle était excessivement critique, mais

A la voix de leur chef, ils s'élancèrent désespérément en avant.

Hoche ne s'était pas laissé décourager par cette attaque formidable : parti de Rennes en toute hâte, avec cinq mille hommes au plus, en appelant à lui toutes les troupes disséminées çà et là, le 6 juillet, dix ou douze mille hommes l'avaient rejoint à Auray, son quartier général.

Telle était la situation des choses, au moment où nous reprenons notre récit.

Hoche se croyait, grâce aux renforts qu'il avait reçus et à ceux qu'il attendait incessamment, assez fort pour attaquer les chouans, qui, au nombre de plus de dix mille, commandés par Vauban et Georges Cadoudal, s'étaient établis solidement, et occupaient, en avant de la presqu'île de Quiberon, toute la ligne entre Saint-Michel, Carnac et Sainte-Barbe.

Le poste de Sainte-Barbe avait une importance extrême; c'était lui qui maintenait les communications ouvertes entre la presqu'île et le littoral.

Ce fut sur ce point que Hoche résolut de concentrer ses plus grands efforts.

L'attaque fut vive; la résistance plus vive encore.

Le général de Bodegast, à pied, l'épée à la main, marchant en tête de ses troupes, s'élança deux fois à l'assaut des retranchements; deux fois il fut repoussé.

Il tenta une troisième attaque; Vauban appela à son aide les émigrés du régiment d'Hervilly; le général de Bodegast les culbuta au pas de course et se précipita à leur suite dans les retranchements.

Les royalistes, étonnés par cette charge audacieuse, lâchèrent pied et se mirent en retraite sur la presqu'île où ils rentrèrent dans le plus affreux désordre, entraînant avec eux une foule de femmes et d'enfants, et poursuivis par les républicains, la baïonnette dans les reins.

Ils étaient perdus, si les chaloupes canonnières de l'armée anglaise, embossées de chaque côté de la falaise, n'avaient tout à coup ouvert leur feu sur les républicains qu'elles couvrirent d'une grêle de boulets et contraignirent à s'arrêter.

Mais le but que Hoche s'était proposé, il l'avait atteint; les émigrés et les chouans, tous renfermés maintenant dans la presqu'île, pouvaient presque être considérés comme prisonniers.

Hoche établit aussitôt son quartier général.

Lucien de Bodegast regagnait le camp, lorsqu'il aperçut plusieurs soldats qui s'acharnaient contre un vieillard, à demi renversé et qui se défendit comme un lion contre eux, aidé par, ou plutôt accompagné d'un enfant qui suppliait les soldats de se retirer, tout en s'élançant bravement contre eux, au péril de sa vie, dans le seul but de protéger le vieux royaliste.

Le général accourut aussitôt, et obligea les soldats à lâcher prise: le vieillard était évanoui et perdait son sang par deux affreuses blessures; l'enfant agenouillé près de lui, sanglotait et se tordait les bras avec désespoir. Lucien, saisi d'une immense pitié, ordonna d'enlever le blessé et de le transporter à l'ambulance.

L'enfant se releva alors, le remercia par quelques paroles chaleureuses et rejoignit les soldats qui emportaient le blessé sur leurs fusils croisés.

Le jeune officier tressaillit et retint à peine un cri de surprise.

Ce vieillard blessé était le comte de Kergoat, l'enfant était sa fille.

Après un moment d'hésitation, le général dit quelques mots à un de ses aides de camp qui s'éloigna aussitôt en toute hâte, et lui, il se dirigea vers le quartier général, où le général en chef l'attendait avec impatience.

Après avoir fait son rapport, Lucien, sans perdre un instant, se rendit à une masure du village où, d'après son ordre, son aide de camp avait fait transporter le blessé. Comme il entrait dans cette masure, il rencontra le chirurgien qui en sortait.

— Eh bien ? lui demanda-t-il.

— Hum ! général, répondit le chirurgien, votre protégé est bien malade.

— Reste-t-il espoir de le sauver ?

— Je crains qu'avant deux heures il soit mort.

— C'est affreux !

— Bah ! aujourd'hui lui, demain un autre, vous ou moi peut-être, qu'y faire ? c'est la chance de la guerre ! répondit le chirurgien avec la plus complète indifférence.

Et, après avoir salué le général, il s'éloigna en fredonnant la *Marseillaise*.

— Il a raison, murmura Lucien, en le suivant machinalement du regard, puis il ajouta, en entrant dans la maison : Pauvre enfant !

Le comte avait repris connaissance : il essayait de consoler sa fille ; la malheureuse enfant, agenouillée au chevet du lit, tâchait vainement d'étouffer ses sanglots.

Lorsque le blessé aperçut le général, il le reconnut aussitôt ; il poussa un cri de joie et lui tendit la main en souriant.

— Je vous remercie, général, lui dit-il avec émotion ; je sais que c'est grâce à vous que je dois de ne pas avoir été impitoyablement massacré, et d'avoir été transporté ici.

— Je n'ai fait que ce que tout autre eût fait à ma place, monsieur.

— Oui, tout autre qui vous eût ressemblé, reprit le blessé avec intention, et s'adressant à sa fille qui, absorbée par sa douleur, n'avait pas fait un mouvement et, sans doute, ne s'était pas aperçue de la présence du général :

— Andrée ! lui dit-il doucement.

— Mon père ? répondit la jeune fille en relevant aussitôt la tête.

— Éloigne-toi un instant, ma mignonne, j'ai quelques mots à dire en particulier à M. de Bodegast, reste dans la chambre à côté ; dans dix minutes tu entreras. Va, chère petite, je t'en prie.

La jeune fille se pencha vers son père, lui mit un baiser au front, tourna sur elle-même sans prononcer un mot, fit un léger salut au général, et sortit.

Le comte la suivait ardemment des yeux. Lorsqu'elle fut sortie et qu'elle eut refermé la porte derrière elle, il regarda le général, et d'une voix ferme :

— Dites-moi la vérité, général, fit-il ; je suis un homme mort, n'est-ce pas ?

— Monsieur... répondit Lucien avec embarras.

— Pas d'hésitation, général, c'est un soldat qui s'adresse à un autre, et qui veut savoir la vérité, parce qu'il a besoin de la connaître, afin de profiter du peu de temps qui lui est accordé encore pour mettre ordre à ses affaires ; soyez donc franc avec moi, je vous en supplie.

— Puisqu'il en est ainsi, monsieur, je dois vous avouer que le chirurgien qui a posé le premier appareil sur vos blessures, m'a assuré que vous aviez à peine deux heures à vivre ; mais, vous le savez, la science n'est pas infaillible, et...

— Deux heures, c'est plus qu'il ne m'en faut pour ce qui me reste à faire ; n'essayez pas de me donner une espérance que je n'ai point, je sens que la vie me quitte à grands pas ; je vais essayer de mettre à profit ces deux heures. Général, bien que nos opinions ne soient pas les mêmes, que nous combattions pour deux causes opposées, je vous tiens pour un des hommes les plus honorables que je connaisse. Voulez-vous me rendre la mort presque douce?

— Parlez, monsieur, tout ce qui dépendra de moi pour cela je le ferai, je vous en donne ma parole de soldat, et de gentilhomme, ajouta-t-il avec un sourire triste.

— J'avais le pressentiment que vous consentiriez à faire ce que je vous demanderais.

— Les derniers vœux d'un mourant sont sacrés, monsieur, parlez donc sans crainte.

— Merci. De toute ma famille, dans deux heures, moins peut-être, il ne restera plus que ma pauvre Andrée, ma fille. Tous mes parents ont été guillotinés, noyés et fusillés à Nantes, par les ordres de ce tigre à face humaine qu'on nommait Carrier. Comment ai-je réussi à lui échapper et à sauver ma fille de ses mains impitoyables, c'est ce que je n'ai jamais pu m'expliquer ; moi mort, Andrée restera seule, abandonnée ; il y a plusieurs alliances entre votre famille et la mienne ; voulez-vous accepter le legs que je vous fais de la malheureuse orpheline ?

— Je vous le jure, monsieur, je serai un père, un frère pour elle.

Le blessé sembla hésiter un instant.

— Je désirerais plus, dit-il ; vous êtes bien jeunes, tous deux, l'honneur d'une jeune fille est un miroir que le moindre souffle peut ternir à jamais...

— Je vous entends, monsieur. Je vous répondrai franchement. Je n'ai fait qu'entrevoir votre fille ; probablement, elle, absorbée par sa douleur, ne m'a pas même vu ; elle est bien jeune encore pour se marier à un homme qu'elle ne connaît pas ; laissez-la libre de son choix ; vous mort, elle partira sous bonne escorte pour Rennes, où elle habitera la maison d'une de mes parentes ; si, plus tard, moi qui suis libre aussi et qui n'aime personne, je réussis à lui plaire, je vous engage ma parole de l'épouser ; la pauvre enfant a trop souffert déjà pour la condamner à contracter une union qui, conclue contre sa volonté, ferait le malheur de sa vie entière ; d'ailleurs, qu'elle accepte ou qu'elle refuse mon nom, je vous le répète, je serai non seulement son tuteur, mais encore son frère et son ami, et tous mes efforts seront dirigés vers son bonheur.

— Vous venez de parler en honnête homme et en homme de cœur, général, je vous remercie ; agissez comme vous le jugerez convenable, ce que vous ferez sera bien fait, j'en ai la conviction, et pourtant j'aurais voulu... mais n'en parlons plus, peut-être tout est-il mieux ainsi. Veuillez, je vous prie, général, prendre dans mon habit qui est là, sur cette chaise, un portefeuille qui s'y trouve.

Lucien obéit et voulut lui remettre le portefeuille.

— C'est inutile ; gardez-le, dit le blessé dont la voix faiblissait ; plus tard vous l'ouvrirez.

Le jeune homme lui présenta un cordial préparé sur une table ; le comte but à long traits.

— Je me sens mieux, murmura-t-il ; la mort approche. Aussitôt que la

Révolution commença, je prévis ce qui devait arriver, et je pris mes précautions en conséquence. Je réalisai à petit bruit ma fortune, et je plaçai mes fonds en Angleterre et en Hollande, chez deux riches banquiers de Londres et d'Amsterdam. Vous trouverez leurs noms inscrits sur les pages de mon portefeuille, ainsi que le reçu des sommes que j'ai déposées chez eux ; ces sommes sont considérables ; elles se montent à huit millions de livres ; vous trouverez aussi mon testament, fait en faveur de ma fille, naturellement, dans une des poches du portefeuille.

— Quelle destination donnez-vous à cette fortune, monsieur ?

— Celle qui vous paraîtra la plus avantageuse.

— Peut-être, provisoirement du moins, vaudrait-il mieux laisser cet argent où il est.

— Je partage votre avis ; pourtant vous agirez selon les circonstances. Vous trouverez aussi, dans mon portefeuille, un plan tracé par moi du château de Kergoat, qui, il y a un an, a été brûlé par une colonne infernale ; sur ce plan, il y a une marque rouge ; cette marque indique la place où j'ai enterré toute ma vaisselle et mes bijoux de famille ; il y en a pour une somme considérable. Lorsque la paix sera faite, et la tranquillité rétablie, vous déterrerez ce trésor, pas avant. Maintenant, votre main, monsieur ; je compte sur votre parole et je vous remercie de me l'avoir donnée. Je vous devrai de mourir tranquille et rassuré sur le sort de ma pauvre enfant... J'aurais voulu... enfin, encore !... Ennemis, il y a une heure, nous sommes maintenant liés pour l'éternité qui bientôt va commencer pour moi.

Lucien lui serra la main sans répondre et les yeux pleins de larmes.

— Veuillez, je vous prie, appeler ma fille, je sens que je n'ai plus longtemps à vivre.

— Me voici, mon père, s'écria la jeune fille en s'élançant dans la chambre. Elle embrassa tendrement le blessé à plusieurs reprises : Mon père, reprit-elle avec une émotion contenue, pardonnez-moi.

— Te pardonner, mon enfant ?

— Oui, mon père ; malgré votre défense, j'ai écouté votre conversation et j'ai entendu tout ce que vous avez dit ; il est un dernier vœu que vous avez formé, il ne tiendra pas à moi que ce vœu ne s'accomplisse, et que vous mouriez, sinon heureux, du moins satisfait.

— Que veux-tu dire, chère enfant ?

La jeune fille sourit et, se tournant vers Lucien qui se tenait, debout et immobile, au pied du lit :

— Général, dit-elle, il y a un instant, mon père vous a offert ma main ; vous lui avez répondu ces paroles : Elle est bien jeune pour se marier à un homme qu'elle ne connaît pas ; laissez-la libre de son choix ; si, plus tard, moi qui suis libre aussi et qui n'aime personne, je réussis à lui plaire, je vous engage ma parole de l'épouser. La pauvre enfant a trop souffert pour la condamner à contracter une union qui, conclue contre sa volonté, ferait le malheur de sa vie entière. Ai-je bien retenu vos paroles ?

— Oui, mademoiselle, j'ai en effet dit cela, et telle était bien réellement mon intention.

— Mais maintenant que vous me savez riche presque autant que vous l'êtes vous-même, vous hésitez, vous craignez qu'on ne vous accuse, et si je ne fais point le premier pas vers vous, jamais vous ne consentirez à le faire.

Lucien baissa la tête sans répondre.

— Ah! reprit-elle avec un sourire triste, j'avais deviné ce sentiment généreux; eh bien! ajouta-t-elle, d'une voix douce et un peu tremblante, ce pas, je le fais: général, voulez-vous me faire l'honneur d'accepter ma main? et, croyez-moi, c'est librement et avec joie que je vous l'offre.

Le blessé poussa un cri de joie.

Lucien était vaincu par tant d'abnégation filiale; il s'inclina sur cette main que lui tendait la jeune fille et la toucha respectueusement de ses lèvres; puis, s'élançant vivement vers la porte, il dit quelques mots à voix basse à un aide de camp qui se tenait dans la première pièce et cela fait il revint aussitôt vers le comte, qui le regardait avec une surprise extrême, ne comprenant rien a l'action du jeune homme.

— Attendez, monsieur, dit-il d'une voix douce, en échangeant un regard avec la jeune fille.

— Oui, mon père, attendez, car j'ai deviné, moi, dit-elle avec émotion, en présentant au blessé une tasse de la potion préparée pour lui.

Un quart d'heure s'écoula sans qu'un mot fût prononcé entre les trois personnes. Tout à coup, on entendit un bruit de pas au dehors; des éperons et des fourreaux de sabre résonnèrent et quatre personnes entrèrent dans la chambre.

Ces quatre personnes étaient : le général Hoche, les conventionnels Tallien et Blad, envoyés par la Convention et qui étaient arrivés au camp dix minutes auparavant, et le commissaire administrateur de l'armée.

— Citoyens, dit le général, après avoir salué les arrivants, pardonnez-moi le dérangement que je vous occasionne, mais la circonstance dans laquelle je me trouve est exceptionnelle. Je désire que vous sanctionniez par votre présence, le mariage que je vais contracter à l'instant même avec la citoyenne Andrée-Adélaïde de Kergoat, fille du citoyen de Kergoat, blessé mortellement et étendu sur ce lit.

— Citoyen, répondit Tallien, nous acceptons l'honneur que vous voulez bien nous faire, et nous signerons l'acte de mariage.

— Merci, citoyen représentant.

— Ce que tu fais là, Lucien, dit Hoche, est grand et généreux; je te félicite sincèrement.

Pendant que ces quelques mots étaient échangés, le commissaire, après avoir interrogé à voix basse la jeune fille, avait libellé le contrat.

— Voilà qui est fait, dit-il; il ne manque plus que les signatures.

Et, au milieu du silence général des assistants, il lut le contrat qui n'avait que quelques lignes.

— Maintenant, citoyens, dit-il, signez!

Lucien prit aussitôt la plume, signa, puis il passa la plume à la jeune fille qui écrivit son nom près du sien.

— A mon tour, dit le comte, en faisant un mouvement pour se soulever sur son lit.

Il se passa alors une chose étrange.

Tallien et Blad, les deux conventionnels, soulevèrent doucement le mourant et le soutinrent assis, pendant que, d'une main tremblante, il écrivait son nom sur la feuille de papier que lui présentait le général Hoche.

Puis, les deux conventionnels replacèrent avec précaution le blessé sur le lit et signèrent immédiatement après le général Hoche.

Le commissaire administrateur signa le dernier.

Le mariage était accompli, rien ne pouvait plus le rompre; le blessé poussa un soupir de joie.

— Messieurs, dit-il, agréez mes remercîments les plus sincères ; grâce à vous, je meurs sans regrets et sans crainte pour mon enfant.

Les assistants saluèrent silencieusement, et se retirèrent, après avoir, l'un après l'autre, serré cordialement la main à Lucien et à sa charmante femme.

Dès que le bruit des pas des chefs de l'armée eut cessé de se faire entendre, Lucien prit la main de sa femme, et tous deux s'agenouillèrent au chevet du mourant.

— Mon père, dit Lucien avec émotion, bénissez vos enfants.

Une demi-heure plus tard le comte de Kergoat rendit le dernier soupir, sans agonie et sans souffrance apparente.

Sa fille lui ferma pieusement les yeux et veilla toute la nuit à son chevet, en priant et en pleurant.

Vers le matin, le général obligea la jeune fille à prendre quelques instants de repos qui lui devenaient indispensables.

Le corps fut enseveli, puis inhumé ; par les soins du général, les honneurs militaires furent rendus sur la tombe du vieux gentilhomme qui était mort bravement pour soutenir des principes qu'il croyait bons.

Le bruit des coups de feu apprit à la jeune fille qu'elle était pour toujours séparée de son père qu'elle aimait tant et qui, lui, l'avait tant aimée.

Andrée quitta le lit sur lequel elle s'était jetée toute vêtue ; elle aperçut le général qui revenait tristement ; bondissant comme une gazelle effarée, en une seconde elle fut vers lui.

— Monsieur, lui dit-elle doucement, je voudrais savoir où est la tombe de mon père ?

— Venez! lui répondit-il laconiquement.

Et il la conduisit.

Andrée s'agenouilla sur la terre humide et fraîchement remuée de la fosse et fit une longue et ardente prière.

Puis elle se leva, et fixant un regard chargé de larmes sur le général :

— Maintenant, dit-elle d'une voix brisée, je n'ai plus que vous pour m'aimer et me protéger !

— Je vous aimerai et je vous protégerai, je vous le jure sur cette tombe à peine recouverte, répondit-il avec émotion.

Il lui ouvrit les bras entre lesquels la jeune fille se blottit comme un oiseau blessé, en poussant un gémissement douloureux.

Elle était évanouie. Le général l'enleva dans ses bras robustes et l'emporta dans la masure.

Pendant deux ou trois jours la pauvre enfant ne fit que pleurer; elle usa ainsi la première violence de sa douleur.

Lucien, lorsqu'il la vit plus calme, lui proposa de la faire conduire à Rennes, chez la marquise douairière de Champvallon, parente assez proche de sa famille.

— Pourquoi m'éloigner de vous? lui demanda-t-elle avec douceur; vous suis-je importune?

— Vous ne le croyez pas, madame!

— Eh bien! s'il en est ainsi, laissez-moi à votre côté, près de la tombe de mon père, où j'ai la consolation d'aller pleurer et prier; je suis fille de soldat, habituée à la vie des camps et au bruit des batailles; je tiendrai si peu de place que c'est à peine si vous vous apercevrez de ma présence.

— Oh! madame!

— Et puis, si vous étiez malade, blessé, qui prendrait soin de vous, monsieur? Je conserverai mes vêtements masculins et je serai là, près de vous, comme j'étais auprès de mon pauvre père. D'ailleurs, qu'ai-je à craindre au milieu de votre armée? Vos soldats vous aiment; ils me respecteront et m'aimeront à cause de vous!

— Je n'insiste pas davantage, madame; restez donc, puisque vous le désirez.

— Est-ce que cela vous contrarie?

— Loin de là, madame; cette fière résolution me charme; d'ailleurs ne faut-il pas que vous appreniez à connaître l'homme auquel vous vous êtes si noblement engagée pour la vie?

Un pâle sourire glissa sur les lèvres de la jeune femme; ses grands yeux de gazelle pétillèrent de malice.

— Oh! je vous connais depuis longtemps, moi, monsieur, dit-elle en rougissant légèrement.

— Vraiment? demanda-t-il avec curiosité.

— Je vous ai vu plusieurs fois; mais vous ne m'avez pas remarquée, ce qui n'est pas étonnant; la première fois, ce fut en 1790; je n'étais alors qu'une enfant, j'avais douze ans à peine, à une soirée chez le duc de Mercœur.

— Eh quoi! ce charmant lutin aux cheveux blonds que toutes les dames se disputaient, c'était vous?

— Vous vous le rappelez? s'écria-t-elle avec une certaine animation.

— Certes, madame.

— Mais ce n'est pas tout : je vous ai revu encore une fois à Rennes, il y a un an et demi, chez votre parente, madame de Champvallon; c'était au plus fort de la Terreur; je me trouvais chez elle, où mon père m'avait cachée, après m'avoir fait échapper de Nantes. La marquise était souffrante : ce fut moi qui vous conduisis près d'elle lorsque vous vîntes lui apporter une carte de

Le cortège, guidé par le jeune Kloarek, atteignit enfin l'entrée d'une grotte.

civisme, en l'assurant qu'elle n'avait rien à redouter des autorités révolutionnaires.

Lucien se frappa le front.

— Ah! fit-il avec émotion, voilà donc cette ressemblance que je cherchais vainement et qui m'a frappé, lorsque le hasard me fit vous rencontrer, il y a un mois, dans les ruines de Beauport.

— Ainsi, s'écria-t-elle, c'était bien réellement vous qui étiez assis dans ombre, près de moi, et caché dans votre manteau ?

— Oui, murmura-t-il.

— Oh ! s'écria-t-elle avec élan, j'en avais le pressentiment ; mon cœur l'avait deviné.

Et, honteuse, rougissante, la jeune femme cacha son visage dans ses mains en fondant en larmes.

Elle avait laissé échapper son secret.

Il ne fut plus question de séparation entre les nouveaux époux si singulièrement liés l'un à l'autre ; maintenant, ils se comprenaient.

Cependant, malgré le brillant succès qu'il avait obtenu sur les Vendéens, le général Hoche se trouvait dans une situation extrêmement critique.

Tout autour de lui, devant et derrière, le pays qu'il occupait était hostile, non seulement à son armée, mais encore à sa cause ; il était contraint de faire venir des vivres de fort loin, sous de fortes escortes, et encore les arrivages étaient très longs et surtout très difficiles.

Aussi, plus son armée grossissait, plus il éprouvait de difficultés pour la nourrir.

Les conventionnels usèrent, avec succès il est vrai, pour approvisionner l'armée, des procédés révolutionnaires dont la Convention avait l'habitude pour parer aux besoins du moment. Mais ces moyens extrêmes, en poussant les paysans au désespoir, augmentèrent les périls de la faible armée républicaine isolée au milieu de ces populations exaspérées.

De plus, le général Hoche avait en face de lui un ennemi très nombreux, et surtout très redoutable, qui, enfoncé dans la presqu'île, occupait une position en apparence inexpugnable, appuyée d'un côté sur le fort Penthièvre et de l'autre sur l'escadre anglaise.

Il fallait en finir à tout prix.

Puisaye, qui était un véritable homme de guerre, que les royalistes accusèrent à tort de trahison, et qui fut au contraire trahi par l'agence royaliste de Paris, qui s'étudia à faire avorter tous ses plans, avait conçu une manœuvre qui, bien exécutée, aurait pour l'armée républicaine des conséquences désastreuses, et peut-être aurait causé sa ruine totale.

D'après ses ordres, quatre mille chouans, commandés par Tinténiac, d'Allègre et Mercier, débarquèrent à Sarzeau ; une seconde division de trois mille hommes, sous les ordres de Jean-Jean et de Lantivy, descendit un peu au-dessus de Quimper.

Ces deux divisions, formant un effectif de sept mille combattants, devaient se réunir le 14 juillet à Bard, en arrière des républicains, et prendre à revers le camp de Sainte-Barbe, pendant que lui, il l'attaquerait de front.

Ce plan était bien conçu, d'une réussite presque certaine ; mais l'agence royaliste y mit ordre ; elle voulait agir en dehors des Anglais et s'assurer, sans leur concours, d'une place du littoral. N'ayant pu s'emparer de Saint-Malo, elle tenta d'enlever Saint-Brieuc ; apprenant le débarquement de Tinténiac, elle le somma, au nom du roi, de marcher sur Saint-Brieuc et de s'en rendre maître. Tinténiac, contraint, malgré lui, d'obéir, se fit tuer de désespoir, deux jours plus tard, à l'attaque du château de Coëtlogon.

Puisaye, persuadé que ses ordres avaient été exécutés, fit embarquer Vauban avec douze cents chouans, en lui prescrivant de faire une fausse attaque par la gauche des républicains à Carnac, en essayant de se lier à Tinténiac sur les derrières de leur camp [1].

Vauban devait tirer une première fusée s'il parvenait à débarquer, et une seconde dans le cas où il serait repoussé et ne pourrait tenir sur le rivage; Vauban tira sa première fusée.

Mais les républicainsc accoururent en nombre supérieur; la cavalerie du général Alain Kergras le prit en flanc, fit une charge vigoureuse et le contraignit à se rembarquer en désordre; le chef vendéen tira alors sa seconde fusée, mais celle-ci ne fut pas aperçue par les royalistes.

Le comte de Puisaye se persuada donc assez légèrement, et sans songer à s'en informer d'une manière précise, que Vauban avait réussi à donner la main à Tinténiac.

Un peu avant le lever du soleil, l'armée régulière vendéenne sortit de la presqu'île et marcha fièrement, en colonnes d'attaque, contre les républicains.

Cette armée comptait cinq mille hommes.

Le régiment de Royal-Émigrant était en tête; à droite s'avançaient les régiments de Royal-Marine et de Dudrenay, soutenus par six cents chouans sous les ordres du duc de Lévis.

Le régiment d'Hervilly, avec mille chouans, formait la gauche, puis venait l'artillerie des canonniers toulonnais, commandés par le général Rotalie.

Ce fut ainsi que l'armée royale déboucha de la falaise et marcha sur Sainte-Barbe.

En entendant au loin la fusillade qui pétillait :

— C'est Tinténiac! ils sont à nous! s'écria de Puisaye, et il fondit avec fureur sur les avant-postes républicains commandés par le général Humbert.

Ce général, obéissant aux ordres qu'il avait reçus, ne soutint que mollement ce choc impétueux et se replia en bon ordre dans le camp.

Les républicains, froids et sombres derrière leurs retranchements, attendirent, impassibles, le choc des royalistes.

Ce choc fut terrible; l'acharnement des Vendéens était extrême.

Lorsqu'il vit la lutte bien engagée, Hoche, qui suivait d'un œil calme les péripéties de ce sanglant combat, leva son épée au-dessus de sa tête.

Tout à coup, de redoutables batteries furent démasquées sur le flanc des royalistes : un vent de mort passa sur eux, et un ouragan de mitraille, d'obus et de boulets s'abattit sur les Vendéens; des files entières disparaissaient fauchées par la mitraille; presque tous les chefs étaient blessés ou tués; le massacre était effroyable.

Cependant, personne ne reculait d'un pouce; les royalistes accomplissaient

---

[1]. Tous les renseignements relatifs à l'affaire de Quiberon m'ont été fournis par l'excellent ouvrage de M. Émile de Bonnechose, intitulé : *Lazare Hoche*.

G. A.

des prodiges de valeur et tentaient les plus héroïques efforts pour franchir des retranchements si fièrement défendus.

Ils étaient là, Français contre Français, tous résolus à vaincre ou à mourir.

Cependant la fusillade avait cessé sur les derrières du camp républicain.

Puisaye comprit que Vauban avait échoué et que Tinténiac ne s'était pas trouvé au rendez-vous assigné.

Il fallait renoncer à une victoire désormais impossible. En pleurant de rage, Puisaye ordonna enfin la retraite.

Elle commença, mais dans le plus grand désordre, sous un feu terrible.

Les républicains sortirent alors de leurs retranchements et se précipitèrent sur les royalistes. Le général Alain Kergras accourut avec sa cavalerie et se déploya dans la plaine, pour rejeter les Vendéens dans la mer avant qu'ils pussent atteindre le fort Penthièvre.

Au milieu du désordre, d'Hervilly, qui combattait bravement de sa personne pour arrêter la confusion, reçut un biscaïen en pleine poitrine.

C'en était fait de l'armée royale si l'amiral Warren n'avait fait avancer ses chaloupes; celles-ci avaient recueilli Vauban et ses douze cents chouans.

Ils s'élancèrent sur la falaise dont ils protégèrent l'entrée, couvrant la désastreuse retraite de l'armée royale, et ils tinrent en échec les républicains sur lesquels les chaloupes ouvrirent en même temps un feu épouvantable.

Les républicains s'arrêtèrent, reculèrent à leur tour, et rentrèrent dans leur camp.

Les pertes des émigrés étaient énormes; mais, au même instant, il leur arrivait du renfort. Au moment même du combat, la seconde division de l'expédition, commandée et formée de régiments au service de l'Angleterre, était entrée dans la rade de Quiberon, mais trop tard pour prendre part à l'action.

Sombreuil, qui commandait cette division, avait seul obtenu de l'amiral l'autorisation de descendre à terre.

Il avait vaillamment combattu comme volontaire; il se trouvait auprès de d'Hervilly, lorsque celui-ci fut blessé; il le reçut dans ses bras, et ce fut lui qu'avant de mourir d'Hervilly désigna pour prendre le commandement à sa place, sous la direction supérieure du comte de Puisaye.

Non seulement l'échec éprouvé par les royalistes avait été terrible, mais l'effet moral produit par cette défaite avait eu des conséquences excessivement graves pour le succès de l'expédition.

Les émigrés, les Vendéens, les chouans, si remplis d'ardeur, si téméraires d'abord, commençaient à douter et à ressentir des craintes sérieuses; ces républicains si faibles, pris, pour ainsi dire, à l'improviste, avaient, sous les ordres d'un général aussi habile qu'infatigable, accompli des prodiges d'audace et de valeur; ils avaient maintenant l'avantage du nombre, et leur confiance, augmentée encore par le succès, décuplait leurs forces et ne leur laissait pas admettre la possibilité d'une défaite.

Cependant tout pouvait se réparer.

Sombreuil était brave, entreprenant; quoique bien jeune il avait toutes les aptitudes de l'homme de guerre.

Un coup d'éclat, une manœuvre audacieuse bien combinée suffisaient pour sauver l'expédition et donner la victoire aux royalistes.

Sombreuil s'employa d'abord à relever le moral des troupes et à réorganiser son armée; puis, lorsqu'il crut avoir, autant que possible, réparé le mal et ranimé l'ardeur de ses soldats, il se prépara à agir vigoureusement et à prendre une fois encore l'offensive.

X

COMMENT LES RÉPUBLICAINS ESCALADÈRENT LE FORT PENTHIÈVRE, ET CE QUI S'ENSUIVIT

Après avoir opéré son débarquement, le comte de Puisaye ayant, ainsi que nous l'avons dit plus haut, enlevé par un vigoureux coup de main le fort Penthièvre, dont il avait reconnu toute l'importance pour lui, l'avait flanqué de retranchements du côté de la pleine mer, de sorte qu'il coupait complètement la presqu'île d'un rivage à l'autre.

Là était la clef de la position occupée par les émigrés; de la conservation de ce fort dépendait le salut de l'armée royale.

Le comte de Sombreuil le comprit; aussi insista-t-il vivement auprès du comte de Puisaye, et cela à plusieurs reprises, pour que la défense du fort Penthièvre fût exclusivement confiée à sa garde.

Puisaye aimait de Sombreuil, qu'il appréciait à sa juste valeur; et il eût désiré pouvoir lui accorder sa demande. Mais il craignait, avant tout, d'indisposer les émigrés des autres divisions dont il connaissait l'orgueil et les ridicules susceptibilités, et de soulever ainsi de nouveaux conflits dans l'armée; à son grand regret, il fut contraint de refuser.

Ce refus causa la perte de l'armée royale.

Avant de quitter l'Angleterre, par ordre du ministère, on avait incorporé dans les trois divisions de l'expédition un nombre considérable de prisonniers républicains, dont les Anglais, toujours économes, n'étaient pas fâchés de se débarrasser.

Ces prisonniers, afin d'échapper aux horribles souffrances des pontons anglais, avaient accepté avec un feint enthousiasme, la proposition de s'engager dans les rangs des royalistes, bien résolus, au reste, à les trahir à la première occasion, ou tout au moins à les abandonner pour reprendre leur place dans l'armée républicaine.

Déjà, un grand nombre de ces prisonniers faisant partie de la garnison du fort Penthièvre, brûlant du désir de rejoindre ceux avec lesquels ils avaient toujours combattu, avaient essayé de déserter; presque tous avaient réussi, en profitant de la marée basse, à se glisser le long des murs, à se jeter dan l'eau qui couvrait à peine, alors, les sables de la falaise, et pendant les nuits sans lune, au risque de périr, ils étaient parvenus à gagner les avant-postes de Hoche, en ayant soin de remarquer attentivement les passages guéables qui se trouvaient à droite et à gauche du fort.

Malgré les plus grandes précautions et une surveillance incessante, chaque nuit, de nouveaux déserteurs s'échappaient du fort.

Les émigrés commençaient à s'inquiéter de ces désertions continuelles, qu'ils ne parvenaient pas à empêcher; leur situation devenait de plus en plus difficile, et, malgré les exhortations de de Sombreuil, le découragement s'emparait d'eux de nouveau; ils avaient le pressentiment d'une catastrophe prochaine.

Un soir, c'était le 18 juillet, vers onze heures, le général en chef Hoche, après avoir fait une ronde dans le camp, rentrait, en compagnie des deux conventionnels Tallien et Blad, dans la grange où il avait installé son quartier général, lorsqu'un de ses aides de camp lui annonça que le général Lucien de Bodégast était là et qu'il insistait pour être admis en sa présence, ayant à lui faire une communication importante.

— Lucien de Bodégast, dit Tallien, ce nom ne m'est pas inconnu.

— C'est le général au mariage duquel tu as assisté comme témoin.

— Ah! très bien! j'y suis, maintenant : il me revient beaucoup.

— N'est-ce pas un ci-devant? demanda Blad.

— C'est un bon patriote, un officier d'un grand mérite, dit Hoche assez sèchement, et, de plus, un homme que j'estime et que j'aime.

— Ce diable de Hoche! s'écria Tallien en riant, quand on lui parle d'un de ses officiers, il devient intraitable.

— Qu'importe, au fait, qu'il soit noble ou qu'il ne le soit pas, dit Blad avec un sourire contraint, s'il sert bien la patrie.

— C'est lui qui, le premier, nous a avertis du traité signé par les royalistes avec le ministère anglais et de l'expédition préparée contre nous.

— Oh! oh! s'il en est ainsi, nous n'avons que des louanges à lui adresser, reprit Tallien.

— D'autant plus que, sans les renseignements qu'il est parvenu à se procurer et qu'il nous a immédiatement donnés, nous aurions été pris à l'improviste, et Dieu sait ce qui serait arrivé!

— Tu as raison, dit franchement Blad, le général Bodégast, noble ou non, a bien mérité de la patrie.

— Ah! tu en conviens maintenant, fit Hoche avec ironie.

— Que veux-tu! tant de traîtres nous entourent que la méfiance nous doit être permise.

— Ce n'est que trop vrai, Blad, mais quant à cet homme, j'en réponds corps pour corps : voilà deux ans que nous servons ensemble et j'ai appris à le connaître.

— Excuse-nous, Hoche, dit alors Tallien d'un ton conciliant, et donne l'ordre que cet officier soit introduit.

Hoche fit un geste de la main à l'aide de camp qui se retira et revint presque aussitôt accompagné du général ; puis il sortit.

Lucien salua les assistants et accepta le siège que Hoche lui offrit.

— Tu as demandé à me parler pour affaire sérieuse, Lucien, dit amicalement le général en chef : me voici prêt à t'entendre. Qu'as-tu à me dire ?

— J'ai, je le crois, citoyen général, une bonne nouvelle à t'annoncer, et je suis heureux de la présence des citoyens conventionnels.

— De quoi s'agit-il donc? demanda curieusement Tallien.

— De prendre le fort Penthièvre, dit nettement Lucien.

— Eh! s'écria Blad, prendre le fort Penthièvre, voilà en effet une bonne nouvelle! est-ce toi, citoyen, qui te charges de cette expédition?

— Je demande seulement à marcher à la tête des hommes qui seront chargés par le général en chef d'opérer contre la forteresse.

— Cette demande est trop juste pour t'être refusée; maintenant, parle, dit Tallien, et je te jure, moi, que je t'accompagnerai.

— C'est entendu, citoyen représentant.

— Explique-toi, Lucien, dit Hoche, quel plan as-tu formé?

— Aucun, général ; un homme dont je suis sûr s'est présenté à moi, il y a une heure, en me disant que si tu consentais à l'écouter, il te fournirait les moyens de t'emparer du fort.

— Est-ce un déserteur royaliste?

— Non, général, c'est un bon patriote que tu connais depuis longtemps et que tu estimes, c'est mon père de lait...

— Cœur-d'Acier? demanda Hoche.

— Le célèbre contre-chouan! s'écria Tallien.

— Lui-même, répondit simplement Lucien.

— Il y a quelque chose à faire avec cet homme, il me semble.

— J'en suis certain, appuya Hoche.

— Et moi je l'affirme, conclut Lucien.

— T'a-t-il donné quelques détails sur les moyens qu'il compte employer? demanda le général en chef.

— Il ne m'a pas dit un mot; c'est à toi seul, général, qu'il veut faire part de son plan.

— Où est Cœur-d'Acier ?

— Là, dehors.

— Qu'il entre!

Lucien ouvrit la porte.

— Viens, Hervé, dit-il.

Le vieux contre-chouan parut.

— Te voilà, Cœur-d'Acier, lui dit Hoche avec cet accent sympathique qui lui faisait de ses soldats autant de séides; approche, mon brave, je suis content de te voir.

— Et moi aussi, mon général, répondit le Breton en saluant à la ronde.

— Il y a plus de huit jours que je n'ai entendu parler de toi : qu'es-tu donc devenu pendant ce temps? tu n'as pas l'habitude de rester si longtemps sans donner de tes nouvelles.

— C'est vrai, mon général; c'est qu'il m'était venu une idée, dans l'intérêt de la République et dans le vôtre.

— C'est d'un bon patriote, cela : quelle était cette idée, Cœur-d'Acier?
— Eh! da! mon général, le citoyen général Bodégast a dû vous la dire : à vous donner le fort Penthièvre, tout simplement.
— Tu trouves cela simple, toi, Cœur-d'Acier?
— C'est une façon de parler, mon général, mais ce n'est pas la mer à boire, quoiqu'il faille y barboter tant soit peu, dit-il en riant.

Nul ne possédait à un plus haut degré que Hoche ce talent précieux qui consiste à savoir interroger les hommes de l'espèce de celui en face duquel il se trouvait; il les écoutait avec une patience admirable, les suivait dans toutes leurs divagations, sans les troubler par des interruptions gênantes, et toujours il réussissait à en obtenir tous les renseignements dont il avait besoin.

Savoir interroger un paysan ou un soldat illettré est beaucoup plus difficile qu'on ne le suppose généralement. L'homme illettré, si on le presse, se brouille, s'interloque, et répond tout de travers; au lieu que si on sait le guider adroitement, tout en feignant de comprendre ses phrases absurdes et entortillées, sa pensée ne tarde pas à se dégager claire de ce chaos, et la vérité se fait jour.

— Conte-nous donc un peu cela, Cœur-d'Acier, reprit Hoche, tu es homme de bon conseil, et je serai charmé de connaître ton idée : elle doit être excellente.

— Vons me faites bien de l'honneur, mon général, répondit le partisan, extraordinairement flatté de ce compliment. Alors, j' vas vous raconter la chose par le commencement, pas vrai?

— Oui, conte-nous-la par le commencement, cela vaudra mieux.

— Pour lors, mon général, vous saurez donc que j'étais furieux de voir ces gueux de royalistes installés si à leur aise dans le fort Penthièvre qu'ils nous avaient enlevé par traîtrise; je dis, nous avaient, parce que je m'y trouvais depuis deux jours, ayant été chargé, par le général Humbert, de remettre une dépêche au commandant du fort; nous nous sommes bien défendus, oui-dà, mon général; mais que pouvions-nous faire, sept cents hommes que nous étions, et qui ne nous attendions à rien? Nous fûmes obligés de nous rendre; c'est-à-dire la garnison. Moi, je n'en faisais pas partie; je ne voulus pas capituler; je serrai, en enrageant, la main aux camarades, et, au moment où l'on ouvrait la porte aux chouans, moi, je piquai une tête dans la mer, v'lan.

— Tu ruminais quelque chose, hein? dit en souriant le général.

— Juste comme vous dites, mon général; ça ne pouvait pas se passer comme ça; je suis Breton, moi, c'est-à-dire têtu; je voulais ma revanche; pour lors je plonge comme un canard, et je viens ressortir sur la falaise où je saute en me secouant comme un chien mouillé, et en criant comme un furieux en montrant le poing au fort : « Scélérats de patriotes, gueux de patauds! ah! vous avez voulu me noyer, vous me le payerez, gredins de bleus! » et ci et ça, et tout en criant et en gesticulant, j'entrai dans le fort, mêlé aux royalistes, dont beaucoup étaient aussi mouillés que moi, et sans doute avaient été jetés à l'eau pendant l'attaque. C'était adroit, hein, mon général?

L'heure est venue, dit-elle en montrant son couteau.

— Je le crois bien, mais tu courais le risque d'être fusillé si tu avais été reconnu, mon pauvre garçon!
— Il n'y avait pas de danger, mon général, c'étaient tous des émigrés qui arrivaient tout droit d'Angleterre, ou des prisonniers qui avaient été engagés sur les pontons; finalement, je fis si bien, des pieds et des mains, que je finis par me faire admettre au nombre de ceux désignés pour tenir garnison dans

le fort; pour lors, tout en travaillant aux retranchements, en furetant d'un côté et d'un autre, je fis connaissance avec plusieurs prisonniers qui ne demandaient pas mieux que d'abandonner les chouans, et revenir sous le drapeau de la République : vous avez dû vous en apercevoir?

— En effet, il nous est arrivé beaucoup de déserteurs.

— C'est moi qui vous les ai conduits, mon général, la nuit, à la marée basse; j'ai trouvé un gué.

— Tu as trouvé un gué! s'écria Tallien.

— Et, au lieu d'en profiter pour nous rejoindre le plus tôt possible, tu ne viens qu'aujourd'hui! dit Blad, en fronçant le sourcil.

— Tu avais ton plan, hein, vieux madré? dit Hoche, en échangeant un regard avec les conventionnels pour leur recommander le silence.

— J'avais un plan, oui, mon général, reprit Hervé en souriant avec finesse. J'avais découvert un gué, c'est vrai, mais je n'en connaissais pas la largeur, et c'était ce que je voulais savoir. J'ai servi de guide à ceux de mes camarades qui voulaient se sauver; je prenais tantôt à droite, tantôt à gauche; parfois je faisais des détours; je marquais les places dans ma tête, en me réglant sur les échancrures de la côte et les angles des bastions; les camarades n'y voyaient que du feu. A quoi aurait servi un misérable gué, large comme une peau de bique, où un homme aurait à peine pu passer? A rien du tout, n'est-ce pas, général?

— En effet, à rien du tout, tu as raison, Cœur-d'Acier.

— Je le savais bien, aussi j'ai pris mes précautions : je connais le gué, maintenant, comme je connais mon chapeau, sans comparaison, mon général; le fond est solide, de sable fin, doux aux pieds; il n'a pas de trous, il est facile à traverser à marée basse, avec de l'eau jusqu'au mollet à peine, et quinze hommes peuvent y marcher de front, sans se gêner, dans sa partie la moins large; de plus, les camarades qui sont restés là-bas nous feront la courte échelle pour monter, si cela nous est agréable; je n'aurai qu'à les avertir de la nuit où vous déciderez l'attaque, ce qui sera bientôt fait. Voilà, mon général; êtes-vous content?

— Très content, Cœur-d'Acier.

— Citoyen, tu as bien mérité de la patrie, dit Tallien avec emphase.

— Vous êtes bien honnête, citoyen, je n'ai fait que mon devoir.

— Ainsi, tu te charges de guider la colonne que j'enverrai de ce côté?

— Oui, mon général : et elle arrivera à bon port, je vous le promets.

— J'ai réclamé le commandement de cette colonne, général, dit vivement Lucien.

— Tu as mérité cette récompense, répondit Tallien; nous irons ensemble, citoyen général.

— Maintenant, dites-moi tout de suite à quelle nuit vous fixerez l'attaque, mon général; faut que je retourne là-bas.

— Comment, tu oseras te risquer à rentrer dans le fort! s'écria Blad avec une surprise mêlée d'admiration.

— Dame! citoyen représentant, répondit Hervé avec bonhomie, si je n'y allais pas, qui est-ce qui préviendrait les camarades?

— C'est juste! fit le conventionnel.

— Voyons, reprit Hoche, c'est aujourd'hui le 30 messidor, n'est-ce pas? eh bien! dans la nuit du 2 thermidor, nous essayerons d'enlever le fort Penthièvre.

— Bon, c'est bien entendu, n'est-ce pas, général, vous dites le 2 thermidor?

— Ou le vingt juillet, si tu le préfères, c'est entendu!

— Je leur dirai la nuit du vingt au vingt et un juillet, ils me comprendront mieux; ils n'ont pas, autant que nous, l'habitude du calendrier républicain. Dame! des gens qui vivent en Angleterre! Pardon, excuse, mon général et la compagnie, si vous n'avez pas autre chose à me dire, je m'en vais.

— Quand reviendras-tu?

— Le temps de prévenir les autres, mon général; avant la fin de la nuit je serai de retour au camp.

— Va!... mais n'oublie pas de venir tout droit ici, dès que tu seras rentré; tu m'entends, nous avons à causer ensemble.

— C'est convenu, mon général.

Et, après avoir salué, il sortit.

Ainsi qu'il l'avait dit, avant le lever du soleil, il était rentré au camp, et, selon l'ordre qu'il avait reçu, il se dirigeait en toute hâte vers le quartier général.

Hoche l'attendait avec impatience, il s'enferma avec lui, et pendant plusieurs heures, il l'interrogea et lui demanda des renseignements, puis il le congédia.

Cœur-d'Acier se rendit aussitôt à la maison occupée par le général de Bodégast.

Lorsque Cœur-d'Acier entra, le général déjeunait en tête à tête avec le général Alain Kergras et Andrée, toujours triste et un peu souffrante.

Le vieux partisan fut très bien accueilli par les deux jeunes gens qui poussèrent un cri de joie en l'apercevant, et l'obligèrent à prendre place entre eux et à partager leur déjeuner, offre que le partisan accepta sans cérémonie; ses courses de la nuit lui avaient considérablement ouvert l'appétit.

— Eh bien? lui demanda le général avec intérêt.

— Tout marche à souhait, not' monsieur.

— Mon père est à Penthièvre?

— Oui, c'est lui qui commande la garnison en sous-ordre.

— T'a-t-il vu?

— Je me suis bien gardé de me montrer à lui, cela aurait fait tout manquer; il croit que vous ignorez sa présence dans la presqu'île; mais il est surveillé de près, et le moment venu, rapportez-vous-en à moi.

— Dieu veuille que nous réussissions! dit tristement le général.

— Je ne vois aucune probabilité contre, dit Alain; l'embarcation du chasse-marée anglais est bien cachée; j'ai causé avec le patron, auquel j'ai compté la moitié de la somme promise; il est tout disposé pour nous.

— Je ne sais pourquoi ce départ pour l'Angleterre m'effraie : mon père ne pourra vivre en exil.

— Son exil ne sera que temporaire, mon cher Lucien; avant six mois, nous réussirons à le faire revenir auprès de nous.

— Je l'espère comme toi, Alain; cependant, j'aurais préféré qu'il ne quittât pas la France.

— Tu as tort; écoute, je veux être franc avec toi. Si Hoche était le maître, certes, ton père n'aurait rien à redouter : malheureusement, il n'en est pas ainsi; il est obligé d'obéir aux ordres qu'il reçoit des deux représentants en mission : et, qui sont ces hommes? Tallien, Blad, deux des plus féroces membres de la Convention.

— Mais, mon ami, Robespierre est mort, grâce à Dieu, et la Terreur avec lui.

— C'est une erreur, Lucien, nous sommes en pleine réaction thermidorienne au contraire : les soixante-treize représentants mis hors la loi par Robespierre et rappelés sur les bancs de la Convention, se vengent cruellement de leurs ennemis : la Terreur est dans toute sa force; si l'on guillotine moins, l'on fusille davantage. La Convention veut en finir avec la Vendée qui, depuis si longtemps, tient en échec les forces de la République; le traité signé par les royalistes avec l'Angleterre lui offre l'occasion qu'elle cherche depuis si longtemps d'être impitoyable : elle le sera.

— Non, mon ami, je ne puis croire cela, tu rembrunis le tableau; quelques-uns des chefs seront sacrifiés, peut-être, je l'admets, comme une mesure rigoureuse, mais Hoche ne souffrira pas...

— Hoche ne peut rien, te dis-je! s'écria Alain avec feu; le jour de l'échauffourée de Vauban, à Carnac, tu te rappelles, n'est-ce pas?

— Sans doute, eh bien?...

— Eh bien! mes cavaliers, tout en sabrant les fuyards, avaient ramené une cinquantaine de prisonniers; parmi eux se trouvaient des vieillards, des femmes, même des enfants. Blad était accouru aux premiers coups de feu : « Qu'est cela? me demanda-t-il de sa voix sifflante, en montrant les royalistes. — Des prisonniers, répondis-je. — Des traîtres! » me dit-il, en me jetant un regard de vipère, et il les fit tous hacher à coups de sabre, femmes, enfants et vieillards.

— Oh! c'est affreux!

— C'est comme cela, mon cher ami. Souviens-toi de mes paroles : quand les Vendéens seront vaincus, ce qui ne tardera pas, malheur à ceux qui tomberont entre nos mains.

— Crois-tu donc?...

— Qu'ils seront fusillés?... Oui, mon ami, tous, fussent-ils dix mille : on ne fera grâce à aucun; Quiberon sera une date sanglante et fatale dans notre histoire. Cette fois surtout, la Convention a eu trop peur, pour se montrer compatissante : ces malheureux sont condamnés d'avance, voués à la mort par l'implacable gouvernement qui nous régit; félicite-toi de ce que ton père ait, grâce à nous, les moyens d'échapper à cet horrible hécatombe et de se réfugier en Angleterre; s'il était pris, personne ne pourrait le sauver, ni Hoche, ni toi, ni même les représentants, quand bien même ils le désireraient; ils ont reçu les ordres de la Convention, et ces ordres, sois-en bien convaincu, ils les exécuteront, quelles qu'en doivent être les conséquences, et quand même ils devraient marcher dans le sang jusqu'aux genoux. Voilà ce que je voulais te dire, parce que je le sais de bonne source. Ne regrette donc pas l'exil temporaire de ton père; cet exil, si douloureux qu'il soit, peut seul le sauver.

— Croyez mon fils, not' monsieur, dit d'une voix profonde Hervé qui, avec la plus sérieuse attention, avait écouté cette conversation entre les deux jeunes gens.

En ce moment, un aide de camp entra.

Le général de Bodégast était appelé à se rendre au quartier général à l'instant même pour assister à un conseil de guerre.

Dans ce conseil de guerre, présidé par le général Hoche, commandant en chef de l'armée, et dans lequel les deux représentants de la Convention, Tallien et Blad, siégeaient aussi, furent prises les résolutions suivantes :

Dans la nuit du lendemain, le fort Penthièvre serait, vers onze heures du soir, c'est-à-dire à la basse mer, attaqué de trois côtés à la fois, par trois colonnes, dirigées, celle de gauche par le général Humbert; celle de l'extrême droite par le général de Bodégast, en ayant en sous-ordre le général Valleton et l'adjudant-général Kergras qui, avec cinq cents hommes d'élite, escaladerait, n'importe à quel prix, le rocher relié au fort par les retranchements des émigrés. Hoche lui-même dirigerait le centre.

Afin de ne pas donner l'éveil à l'ennemi et de ne pas lui laisser soupçonner la surprise méditée par les forces républicaines, les colonnes seraient averties par les caporaux et sous-officiers, et se réuniraient, sans qu'il soit fait d'appel à la tête du camp, à dix heures du soir, feux éteints comme de coutume.

Pendant la nuit du 19 au 20 juillet, il s'opéra un changement subit dans l'atmosphère : le baromètre éprouva une baisse considérable.

La journée du 20 juillet, le temps fut à l'orage; la mer déferlait avec fureur sur la rive; le vent venait du large, et, par intervalles, sifflait avec violence; le soleil, presque constamment caché, était pâle, ses rayons n'avaient point de chaleur; des nuages d'une teinte jaunâtre, bas et chargés d'électricité, couraient lourdement dans l'espace ; les oiseaux de mer se réfugiaient à tire-d'aile dans les rochers du rivage, en poussant des cris plaintifs; tout présageait un ouragan terrible pour la nuit.

Hoche voulut remettre l'expédition au lendemain; les deux représentants s'y opposèrent, soutenant, avec une apparence de raison, au reste, que plus le temps serait mauvais, moins les royalistes soupçonneraient une attaque et, par conséquent, plus ils seraient faciles à surprendre.

Hoche n'avait aucune objection plausible à faire à un pareil raisonnement; d'ailleurs, il était placé sous les ordres des conventionnels; de bonne ou de mauvaise volonté, il lui fallait se soumettre et obéir.

Donc, à l'heure indiquée, les trois colonnes d'attaque se trouvèrent réunies à l'endroit désiré.

On partit.

Le ciel était sombre, la nuit noire; pas une étoile ne brillait dans l'éther couleur d'encre; le vent soufflait en foudre; la mer mugissait avec fureur.

A peine les colonnes s'étaient-elles engagées sur la falaise que l'orage, qui depuis si longtemps menaçait, éclata avec une rage inaccoutumée, même dans ces parages; une pluie glacée, mêlée de grêlons, tombait dru sur les soldats en même temps que le vent, tourbillonnant sur la plage, soulevait des flots de sable qui aveuglaient les troupes et les empêchaient d'avancer.

Après des efforts inouïs pour continuer leur marche, les hommes, qui ne distinguaient plus l'endroit même où leur pied se posait, avaient perdu leur direction et n'entendaient plus la voix de leurs chefs : tremblants de froid et découragés, ils s'arrêtèrent dans un désordre affreux.

Cependant, après quelques instants de répit, encouragés et ranimés par les exhortations chaleureuses de Hoche et de Blad qui marchaient à leur tête, ils se remirent en route, et, après des efforts surhumains, ils atteignirent enfin, sans être aperçus, le pied des remparts, au centre même de la position.

Là ils s'arrêtèrent et attendirent, avant de tenter l'assaut, des nouvelles de l'attaque de gauche.

Mais la colonne commandée par le général Humbert, plus malheureuse que celle du centre, perdue dans l'obscurité, vaincue par la violence de l'ouragan, ne parvint au fort qu'aux premières heures du jour, à l'instant même où la division centrale, commandée par Hoche, était découverte par la garnison du fort.

Les canonniers toulonnais commencèrent alors un feu plongeant qui donna l'éveil à une chaloupe anglaise embossée près de la falaise; cette canonnière ouvrit alors un feu terrible sur la colonne du général Humbert, la couvrit de mitraille et d'obus, l'écrasa et la contraignit à reculer.

Hoche comprit que ce serait folie de s'obstiner; d'ailleurs, il avait prévu ce qui arrivait; il rallia froidement les troupes et ordonna la retraite, au pas ordinaire.

La tentative échouait; la journée semblait perdue; non par la faute des hommes, mais par celle des éléments.

La seule chance de succès qui restait encore aux républicains, chance bien faible à la vérité, reposait maintenant tout entière sur l'attaque de droite, commandée par le général Lucien de Bodégast, et guidée par Cœur-d'Acier.

Cette attaque qui, même par une belle nuit, aurait présenté d'immenses difficultés, semblait maintenant complètement impossible. La mer inondait le banc de sable, montait à des hauteurs énormes, et battait à coups pressés le roc bastionné au pied duquel les soldats devaient arriver.

La nuit était horrible, l'ouragan faisait rage, les ténèbres étaient complètes.

Lucien ne se décourageait pas; il était sûr des hommes qui le suivaient et que lui-même avait choisis; résolu à périr plutôt que de reculer d'une semelle, il ordonna aux soldats de se presser les uns contre les autres, en se retenant réciproquement par leurs vêtements, afin d'opposer une masse compacte et résistante aux lames en fureur qui accouraient sans discontinuer sur eux, et parfois les couvraient tout entiers.

Cette précaution prise, la colonne continua résolument sa marche.

Il vint un moment terrible, où, accablée de fatigue, succombant presque sous l'effort de la tempête, la petite troupe fut contrainte de faire halte devant les flots qui redoublaient de fureur, et de recevoir leur choc sans avancer ni reculer.

Enfin, il y eut une accalmie de quatre ou cinq minutes. L'ouragan semblait reprendre haleine avant de porter un coup décisif à ces rudes lutteurs dont il ne pouvait vaincre l'obstination.

Les républicains respirèrent : à la voix de leur chef, profitant de ces quelques minutes de répit qui leur étaient accordées, ils s'élancèrent désespérément en avant.

Protégés par les ténèbres qui les enveloppaient, et le bruit immense de la mer en furie, sur l'ordre de leur chef, sans ralentir leur course, ils se ruèrent sur le roc qu'ils escaladèrent par un effort suprême; s'accrochant aux ronces, aux arbrisseaux, enfonçant leurs baïonnettes dans les crevasses et s'en faisant des échelons, enfin, s'aidant les uns les autres, après des prodiges de force, d'adresse, et d'audace, ils parvinrent à couronner le sommet du rocher.

Mais tout n'était pas fait encore, le parapet restait à gravir.

Le cri d'alarme d'une sentinelle suffisait pour donner l'éveil à la garnison, faire découvrir les républicains et les faire précipiter tous d'une hauteur de soixante pieds dans la mer hurlante au-dessous d'eux.

La situation était des plus critiques ; il s'agissait bien réellement de vaincre ou de mourir : il ne leur restait pas d'autre alternative. Les républicains le savaient; ils ne furent pas ébranlés, au contraire, leur courage monta au niveau de l'œuvre titanesque qu'ils avaient juré d'accomplir ; ces hommes de fer, que la liberté fanatisait, niaient le danger; un peu plus, ils auraient nié la mort qu'ils bravaient en riant.

Hervé n'avait pas trompé le général. Ainsi qu'il l'avait annoncé, ses complices étaient nombreux et attendaient anxieusement son arrivée; lorsque son signal retentit tout à coup au milieu du fracas épouvantable de la tempête, des voix amies se hâtèrent de répondre, des ombres se penchèrent avec empressement sur les créneaux, des mains furent tendues aux républicains, et ceux-ci s'élancèrent comme des lions sur la plate-forme.

Il y eut alors un coup de théâtre terrible.

Les royalistes, qui déjà se croyaient vainqueurs, furent surpris et massacrés; les canonniers toulonnais, pris à revers, égorgés sur leurs pièces encore fumantes ; les Vendéens qui tombèrent entre les mains des républicains, impitoyablement massacrés.

Puis, tandis que Ménage courait, par son ordre, ouvrir la porte du fort, le général de Bodégast plantait le drapeau tricolore sur la muraille, aux cris mille fois répétés, par les soldats ivres de joie, de:

— Vive la République!

Tout à coup Hoche, qui continuait lentement sa retraite, s'arrêta; soudain il fit volte-face; il venait d'apercevoir le drapeau dont les larges plis se déroulaient en ondoyant aux caprices de la brise.

Les républicains, brûlant de venger leur précédente défaite, se précipitèrent au pas de course à la suite de leur général et pénétrèrent sans résistance dans la forteresse.

Hoche embrassa Lucien avec effusion, nomma Ménage chef de brigade, et, sans perdre une seconde, il s'empressa de prendre les mesures les plus urgentes afin d'empêcher un retour offensif des Vendéens, consolider la victoire et la rendre définitive.

Puisaye, au premier bruit qui lui parvint de la prise du fort, comprit que la partie était perdue pour lui.

Il ne s'agissait plus maintenant de défendre la presqu'île ouverte au flot toujours grossissant des troupes républicaines, il fallait, et là était le dernier espoir des chefs royalistes, engager une lutte suprême, afin d'arrêter assez longtemps les vainqueurs pour permettre aux débris mutilés de l'armée royaliste de se rembarquer et d'échapper ainsi à une perte totale.

Leur dernier espoir était là.

Sombreuil et de Puisaye, avec un dévouement admirable, prirent, au milieu d'une confusion épouvantable, de vaines dispositions.

Le désordre était à son comble, augmenté encore par une multitude de paysans, de femmes, d'enfants et de vieillards, qui couraient en désespérés vers le rivage en entraînant avec eux les valeureux bataillons qui essayaient de se former, et qui n'avaient que leur poitrine à opposer aux feux roulants de la mousqueterie et des canons.

Les Vendéens n'avaient plus ni artillerie, ni retranchements; les républicains étaient maîtres de tout.

Sur quelques points cependant, ralliés par Sombreuil, les royalistes bondirent, comme des lions aux abois, sur les républicains, et les contraignirent, pour un instant, à reculer.

Mais que pouvait l'héroïque valeur de trois ou quatre mille hommes, mal disciplinés, contre quinze mille soldats que la victoire enivrait?

Les royalistes étaient de plus en plus acculés sur la mer; la marée était basse, le temps sombre; la tourmente durait encore; les lames bouleversées rendaient presque impossible l'approche des embarcations.

L'escadre anglaise, mouillée à une lieue au large, ignorait encore la prise du fort.

Vainement Puisaye expédia à bord un pilote intrépide, et le marquis de la Jaille, son aide de camp, pour demander des secours : voyant que tout était désespéré, quoique son honneur exigeât qu'il restât à terre pour mourir avec ceux qu'il avait entraînés dans le péril, il sauta dans une barque au fort Haliguen, pour hâter, dit-il, l'arrivée des secours et mettre en sûreté sa correspondance, qui eût, prétendit-il plus tard, compromis toute la Bretagne.

Les émigrés virent cette fuite avec désespoir, et, peut-être non sans raison, accusèrent Puisaye de trahison.

Cependant, Sombreuil combattait toujours avec une énergie et un dévouement admirables.

La flotte anglaise s'était rapprochée du rivage et avait ouvert un feu terrible sur les républicains.

Le rivage offrait alors le plus affreux spectacle.

La mer en fureur repoussait au plein les embarcations vers lesquelles une multitude de malheureux de tous les sexes et de tous les âges tendaient vainement les mains en hurlant de désespoir; plusieurs, affolés de terreur, entraient dans la mer qui les engloutissait ou les rejetait roulés ou brisés

L'Éclair avait lacé deux mustangs magnifiques.

sur le sable ; et cela au milieu de la fusillade continuelle des républicains, et des bordées de l'escadre, dont les canons vomissaient une grêle de fer et de mitraille autour et souvent, trop souvent sur eux, à cause, dirent plus tard les Anglais, de l'agitation de la mer qui empêchait de rectifier le tir, circonstance bien malheureuse pour les émigrés français.

Le fort Neuf, à peu près démantelé et situé à l'extrémité sud de la presqu'île, fut le refuge suprême des royalistes; huit cents d'entre eux s'y jetèrent, conduits par Sombreuil.

Cependant, les grenadiers républicains, Hoche à leur tête, avançaient toujours.

Ils étaient émus de pitié pour une si grande infortune et criaient :

— Bas les armes ! à nous les patriotes !

Beaucoup d'entre eux répétaient sans cesse :

— Rendez-vous ! on ne vous fera rien !

A trois cents pas du fort les républicains firent halte.

Hoche se porta en avant des siens.

Sombreuil sortit du fort : il demandait à capituler et offrait sa vie pour sauver celle de ses compagnons et qu'ils fussent traités en prisonniers de guerre.

Les représentants de la Convention étaient là : Hoche n'était pas le maître ; d'ailleurs la loi était précise : tout en admirant le généreux dévouement de son adversaire, le général fut contraint de refuser ses propositions.

Pourtant il prit sur lui d'accorder aux vaincus une demi-heure pour se rembarquer. Sombreuil rentra au fort la mort dans l'âme.

— Vous avez une demi-heure pour vous embarquer, dit-il seulement à ceux qui se pressaient anxieux autour de lui.

Et il ordonna de déposer les armes ; un murmure de douleur et de honte parcourut les rangs des émigrés, mais ils obéirent.

La demi-heure écoulée, Hoche marcha en avant; aucun émigré n'avait profité du répit accordé par le général républicain. Les chaloupes anglaises n'avaient pu être mises à la mer.

Les royalistes furent entourés et faits prisonniers ; plusieurs d'entre eux se tuèrent, d'autres se jetèrent dans les flots pour échapper au sort qui les attendait.

Les huit cents prisonniers du fort Neuf, réunis à ceux du fort de Penthièvre, formaient environ trois mille hommes.

Ils furent envoyés à Auray, sous l'escorte du général Humbert, accompagné du conventionnel Blad.

Parmi ces prisonniers se trouvaient l'évêque de Dol et vingt-deux prêtres qui, en qualité de missionnaires, avaient, avec lui, suivi l'expédition anglaise.

Les prisonniers furent entassés pêle-mêle dans les églises et les prisons de cette petite ville pour attendre leur jugement.

Alors, après les combats acharnés, commencèrent les massacres juridiques.

XI

QUELLE FUT LA MORT DU MARQUIS DE BODÉGAST

Maintenant que nous avons terminé la relation de la sinistre boucherie de Quiberon, que nous n'avons pas voulu interrompre, bien que nous ayons, avec intention, passé sous silence certains épisodes émouvants sur lesquels, d'ailleurs, nous nous réservons de revenir bientôt, parce qu'ils se rattachent essentiellement à notre histoire, nous ferons quelques pas en arrière, et, usant de ce privilège accordé depuis longtemps aux romanciers, de vagabonder peut-être un peu trop à leur guise, nous abandonnerons la baie de Quiberon, et, cinq ou six jours environ avant le débarquement des émigrés, sur la falaise, nous nous arrêterons, vers le soir, à une portée de fusil à peu près de la forêt de Broceliande.

Cette forêt, dont la renommée est grande dans les romans de la Table-Ronde, et au fond de laquelle gît encore, enchanté, dans une tombe ignorée, le célèbre Merlin, est nommée indifféremment aujourd'hui forêt de Paimpol ou de Breulien; elle est située dans la commune de Concoret, dans le département du Morbihan. Ce n'est plus maintenant, grâce aux défrichements consécutifs qui ont été opérés, qu'un bois, d'une étendue assez vaste à la vérité, mais qui est appelé, dans un avenir prochain, à disparaître complètement.

A l'époque où se passe notre histoire, la forêt de Broceliande jouissait encore d'une certaine importance; elle avait conservé un grand nombre de ces chênes gigantesques sous l'ombrage desquels les druides célébraient jadis leurs redoutables et sanglants mystères; plusieurs de ces retraites feuillues étaient encore ignorées; les fauves y abondaient et la superstition populaire l'entourait d'une respectueuse terreur qui en faisait un refuge presque assuré pour les proscrits du parti royaliste qui s'y abritaient contre les persécutions des autorités républicaines.

Les chouans avaient utilisé cette réputation formidable à leur profit.

Leurs bandes y trouvaient des abris impénétrables et des refuges assurés contre les *patauds*, ainsi qu'ils nommaient les républicains; c'était de là que, pareils à une nuée de vautours, ils s'abattaient sur les postes républicains, qu'ils massacraient sans pitié, et tentaient ces hardis coups de main contre les petites villes, les villages ou les grandes fermes, sinistres expéditions qui, presque toujours, demeuraient impunies.

Le jour où recommence notre récit, la chaleur avait été étouffante; la terre, fendillée et crevassée çà et là, se pâmait de chaleur; la cigale jetait sa note métallique à travers l'espace; l'atmosphère était lourde, les nuages très bas, d'une couleur jaunâtre, roulaient pesamment les uns au-dessus des autres; le soleil, bas à l'horizon, apparaissait comme une boule d'un rouge sanglant à travers les plus basses branches des chênes druidiques qui, semblables à des héros antiques, s'élevaient sur la lisière de la forêt de Broceliande, dont ils paraissaient les sentinelles avancées.

La route étroite, zigzaguée et poussiéreuse qui conduit de Concoret à Ploërmel en contournant une partie de la forêt, était, vers cinq heures du soir, occupée, sur la longueur d'un quart de lieue à peu près, par une nombreuse colonne d'hommes armés, dont les files s'allongeaient comme les anneaux d'un serpent gigantesque à travers ses détours compliqués.

Certes, si un paisible voyageur de nos jours, accoutumé à la tenue correcte, aux brillants uniformes et aux visages pleins et rosés de nos élégants soldats, se trouvait à l'improviste face à face au coin d'un bois avec une troupe comme celle dont nous parlons, il croirait avoir affaire à une bande de brigands, et il aurait sans doute raison ; mais alors personne ne s'y trompait, et chacun les saluait avec respect.

Ces hommes, à moitié nus, qui n'avaient conservé que quelques vagues débris dépareillés d'uniformes, coiffés pour la plupart de vieux chapeaux de paille, relevés à la grenadière, vêtus de redingotes de toile à parements bleus, chaussés de lambeaux de feutre ou de semelles ficelées tant bien que mal au-dessus de la cheville, et armés de carabines noircies, de sabres inégaux et de pistolets passés dans une ceinture de cordes, étaient des grenadiers républicains, et faisaient partie du bataillon des volontaires de la Côte-d'Or.

D'ailleurs, malgré l'état misérable de leur costume, la sûreté de leur marche, la régularité de leurs mouvements, leur discipline, les dénonçaient au premier coup d'œil pour être au nombre de ces indomptables jeunes gens qui, au cri de : La patrie est en danger ! s'étaient levés en masse en 1792 pour courir à la frontière ; c'étaient ces hommes de fer, enthousiastes de liberté, indomptables, tannés par le vent, le soleil et la pluie, noirs de poudre, la barbe inculte et hérissée, l'œil fier et brillant, la bouche narquoise, convaincus, affamés, défiant la mort, qui devaient, pendant vingt-cinq ans, tenir l'Europe entière en échec devant la pointe de leurs baïonnettes, entrer dans toutes les capitales, et venir se coucher, invaincus et railleurs, dans la sanglante hécatombe de Waterloo, à la suite de ce despote sinistre dont ils avaient fait leur idole.

Le capitaine de ce bataillon, vêtu d'une redingote militaire, usée, rapiécée et blanchie sur toutes les coutures par l'usage, chaussé de sabots sans talons et coiffé d'un vieux feutre délabré, décoré d'un plumet tricolore, marchait seul, en avant de la colonne.

C'était un homme d'une quarantaine d'années, grand, sec, nerveux, aux traits durs et énergiques, au regard sombre, perçant, et toujours en éveil.

Arrivé à un certain endroit de la route, il s'arrêta, et, étendant le bras vers un vaste champ de blé :

— Là ! dit-il laconiquement.

La colonne fit halte au milieu de la route, des tirailleurs se détachèrent, et la flanquèrent à droite et à gauche ; et une cinquantaine d'hommes, armés de faux et de faucilles, qui suivaient le bataillon et conduisaient au milieu d'eux plusieurs charrettes attelées de deux et même trois chevaux, s'élancèrent au milieu du champ de blé, et commencèrent à le faucher avec une dextérité et une rapidité extrêmes.

Cette petite troupe était la compagnie des moissonneurs, formée, en vertu d'un décret de la Convention nationale, dans le seul but de couper, battre et enlever les blés et les céréales du pays conquis sur les royalistes.

Ne pouvant pas réussir à les vaincre, on avait résolu de les affamer.

Ce système, très rigoureux à la vérité, avait cependant un avantage immense: d'abord il diminuait l'effusion du sang; les Bretons sont tenaces dans leur haine comme dans leur amour; dans ce pays où chaque fossé produisait un combattant, où chaque touffe de genêts se changeait en embuscade; où, tant qu'on leur laisserait un fusil, les paysans iraient à la chasse aux *bleus*, les victoires ne donnaient aucun résultat. En s'en prenant aux moissons, on prenait les habitants des villages par leur faible, et on parvenait à leur faire rendre leurs armes et se soumettre, par la crainte de voir leurs récoltes saisies par leurs ennemis, et la famine entrer dans les chaumières.

Ce moyen n'était-il pas préférable à celui des colonnes infernales ?

D'ailleurs, il avait produit déjà, bien qu'adopté depuis peu de temps, d'excellents résultats.

En somme, que faisait la Convention ? Elle agissait envers les Bretons et les Vendéens révoltés depuis si longtemps contre la République, comme avec les animaux malfaisants et nuisibles que l'on ne veut pas tuer, mais auxquels on rogne les griffes et on lime les dents.

Cependant les faucheurs avaient été rondement en besogne; en moins d'une heure, les champs avaient été complètement coupés, les gerbes réunies en bottes et chargées dans les voitures: il n'en restait plus que quelques-unes à emporter, lorsque soudain un coup de feu fut tiré derrière la troupe.

Aussitôt, comme à un signal donné, une vive fusillade éclata des deux côtés du chemin.

Il y eut un instant de surprise et de confusion: quelques hommes tombèrent.

Cependant, les grenadiers républicains étaient des soldats trop aguerris pour se laisser aller à une panique; sur l'ordre du capitaine, la colonne se fractionna en pelotons, et, tout en ripostant vigoureusement, opéra lentement sa retraite jusqu'à un carrefour assez large où les chouans ne pouvaient l'attaquer sans se montrer à découvert.

Cette retraite des bleus s'opérait avec un ordre admirable, et comme s'ils se fussent trouvés sur un champ de manœuvre; mais la fusillade des royalistes s'étendait déjà sur une ligne énorme; les balles pleuvaient de chaque côté du chemin sur les républicains dont les rangs commençaient à s'éclaircir.

— Égaillez-vous ! cria le capitaine de sa voix calme et sonore sans qu'un muscle de son visage tressaillît.

Cette manœuvre, empruntée aux blancs par les républicains, consistait à se disperser, se faire un abri de chaque haie, de chaque tronc d'arbre, et, de là, continuer la fusillade.

A l'ordre de leur chef, les grenadiers se débandèrent et s'élancèrent vers les haies qu'ils essayèrent de franchir, afin de débusquer l'ennemi; mais celui-ci ne se laissa pas intimider; son feu redoubla d'intensité, et les républicains, contraints de reculer en désordre, gagnèrent enfin le carrefour, où ils reformèrent leurs rangs tant bien que mal.

Les pertes étaient sensibles; une quinzaine de cadavres jonchaient le chemin; beaucoup de blessés étaient demeurés en arrière et se traînaient, appuyés sur leurs fusils, pour rejoindre la colonne.

Contrairement à leur habitude, jusque-là les chouans avaient gardé le silence; pas un bruissement dans les feuilles, pas un cri d'appel n'avait retenti sous le couvert.

Tout à coup, la fusillade cessa subitement.

Les républicains se regardèrent avec surprise.

Le capitaine fronça le sourcil.

— Quelle diablerie manigancent ces démons? murmura-t-il en hochant la tête et se mordant les moustaches.

Il y eut alors une pause terrible.

L'attente d'hommes qui croisent la baïonnette dans le vide, qui sentent l'ennemi tout autour d'eux, sans cependant le voir, et qui sont exposés aux coups de cet ennemi insaisissable, sans riposte possible.

Mais, heureusement pour le moral des soldats, cette attente fut de courte durée.

Soudain le biniou, cette cornemuse bretonne, fit entendre ses accents mélancoliques et criards, en avant, en arrière, à droite, à gauche, enfin de tous les côtés à la fois.

Les républicains étaient entourés.

A ce signal, les chouans se levèrent de derrière chaque buisson, du fond de chaque fossé, en poussant des hurlements sauvages.

A cette vue terrible, une rumeur de saisissement, mais qui s'éteignit aussitôt, parcourut, comme un frisson électrique, les rangs des républicains.

Ils se sentaient perdus; alors, ils se pressèrent les uns contre les autres et se préparèrent à bien mourir.

En quelques secondes les charrettes chargées de fourrages furent placées en équerre, et la colonne formée en carré derrière cet abri précaire.

— Grenadiers, dit le capitaine d'une voix aussi calme que s'il se fût trouvé à la parade, et en saluant gravement ses soldats, il s'agit de ne pas se laisser *embêter* par ces *messieurs*. Montrons-leur ce dont nous sommes capables; ménageons notre poudre; ne tirons qu'au commandement et conduisons-nous de façon à ce que ces *messieurs* ne confondent pas le bataillon de la *Côte-d'Or* avec celui de l'*Unité*; c'est entendu, n'est-ce pas ?

— Entendu, capitaine ! répondirent les grenadiers d'une seule voix.

— Eh bien ! alors, enfants, à la grâce de l'Être suprême, et vive la République !

— Vive la République ! répétèrent les soldats avec un enthousiasme farouche.

Nous noterons, en passant, que ce bataillon de l'*Unité* auquel le brave capitaine avait fait allusion, jouissait, en Vendée et en Bretagne, d'une réputation de lâcheté qui était devenue proverbiale.

— Vous savez, mes enfants, ajouta le capitaine d'un ton goguenard, qu'il ne s'agit pas de vaincre, ici, cela est impossible, mais de mourir bravement jusqu'au dernier, en tuant le plus d'ennemis que nous pourrons.

— Oui, oui, capitaine, répliquèrent presque gaiement les soldats.

Il aurait été injuste d'accuser le brave capitaine de dorer la pilule à ses grenadiers ; sa déclaration était assez nette ; mais il connaissait les hommes auxquels il avait affaire, et maintenant il se frottait les mains d'un air joyeux ; il savait qu'ils accompliraient des prodiges.

La nuit commençait à tomber ; à la lueur du crépuscule on apercevait les chouans qui s'avançaient de tous les côtés à la fois, et dont le cercle noir et mouvant allait se resserrant de plus en plus autour de la petite troupe républicaine.

Autant qu'il était possible d'en juger, ils étaient au moins mille à douze cents, c'est-à-dire cinq et même six contre un.

Ils continuaient cependant à s'avancer, sans tirer un coup de fusil, mais le biniou sonnait sans discontinuer, et, par intervalles, les chouans poussaient de sinistres clameurs.

L'ennemi n'était plus qu'à quelques pas.

— Attention ! dit le capitaine en levant son sabre.

Tous les fusils se couchèrent aussitôt par un mouvement sec.

— Feu ! reprit le capitaine.

Une décharge épouvantable éclata, aux cris mille fois répétés de : « Vive la République ! »

Et les soldats reçurent sur leurs baïonnettes les chouans qui se ruèrent sur eux avec fureur.

Dès lors, il y eut une mêlée sans nom, horrible : pendant près de dix minutes les républicains disparurent comme s'ils eussent été engloutis sous l'effroyable avalanche qui se précipitait sur eux avec une rage infernale.

Puis les chouans reculèrent, et les républicains sortirent de la fumée, toujours calmes, immobiles, les rangs serrés, mais noirs de poudre, avec leur capitaine debout sur une charrette, le sabre sous le bras et le visage souriant.

Les baïonnettes étaient rougies jusqu'à la douille ; beaucoup faussées et tordues à force de s'enfoncer dans des poitrines humaines.

Une double rangée de cadavres, couchés aux pieds des soldats, leur formaient comme une espèce de rempart.

— Vive la République ! crièrent les soldats.

— Eh ! eh ! fit le capitaine, en riant, ces *messieurs* trouvent, à ce qu'il paraît, la soupe trop chaude ; laissons-les respirer un peu.

En effet, les chouans ne fuyaient pas ; ils avaient seulement reculé, pour prendre un élan plus terrible.

Les soldats le savaient fort bien, car ils ne se faisaient aucune illusion sur leur position ; mais l'avantage qu'ils venaient de remporter redoublait leur ardeur et décuplait leurs forces ; bien qu'ayant bravement fait le sacrifice de leur vie, ils étaient résolus à la défendre le plus longtemps et le plus vigoureusement possible.

En ce moment, l'orage, qui depuis plusieurs heures menaçait, éclata avec une violence extrême ; des torrents de pluie, mêlée de grêle, inondèrent la campagne, et le tonnerre commença à rouler d'une façon formidable.

— Ces *messieurs* vont se mouiller, quel malheur ! dit le capitaine en ricanant.

Les soldats poussèrent un joyeux éclat de rire à cette plaisanterie.

Que pouvaient les royalistes contre des hommes de cette trempe, que rien, pas même l'assurance d'une mort certaine, ne pouvait émouvoir et qui riaient au milieu de la double tempête divine et humaine qui les assaillait à la fois ?

Par une coïncidence étrange, cette nuit était celle-là même choisie par le général Hoche pour tenter la surprise du fort Penthièvre.

Tout à coup le biniou fit entendre une seule note, mais tellement stridente qu'elle domina le fracas de l'ouragan, alors dans toute sa force.

A ce signal, les chouans reparurent ; ils s'avançaient, pressés les uns contre les autres, résolus, mais silencieux cette fois, et réservant leur feu, comme s'ils eussent voulu égorger les républicains à bout portant, et en finir d'un coup avec eux.

Les grenadiers de la Côte-d'Or, non moins fermes, non moins résolus, les regardaient marcher contre eux, muets aussi, mais prêts à les bravement recevoir.

Le premier choc fut terrible ; la mêlée s'engagea aussitôt avec un acharnement indescriptible.

Les chouans s'attachaient aux soldats, essayaient de les renverser, faisaient des efforts inouïs pour les rompre, et ceux qui tombaient se redressaient à demi pour poignarder leurs ennemis, les enlacer et les entraîner dans leur chute. Le combat prenait les proportions d'une boucherie grandiose ; on ne se battait plus pour vaincre, mais pour tuer.

Tout à coup, un galop de chevaux se fit entendre, et une légion de sinistres fantômes apparut subitement, et se rua, sabre en main, sur les royalistes qui se trouvèrent pris entre deux feux.

— Vive la République ! crièrent les arrivants en pointant sur les chouans qu'ils chargeaient à toute course.

— Vive la République ! répétèrent les grenadiers, en abandonnant la défensive et se ruant à la baïonnette sur leurs ennemis en désordre.

Le massacre devint alors horrible, sans pitié, sans merci ; dans ces luttes fratricides, personne ne demandait grâce, personne ne l'accordait : on tuait, on tuait toujours, d'autant plus qu'on savait que les survivants devaient être fusillés une heure plus tard, et dans l'un comme dans l'autre cas, on préférait en finir pendant la chaleur de l'action avec des ennemis qui faisaient bravement leur devoir, que, le combat terminé, être contraint de les massacrer froidement.

Les chouans, à bout de forces, manquant de munitions et se voyant la retraite coupée, jetaient leurs armes pour la plupart, en rougissant de rage, non pas de se rendre, mais d'être contraints de cesser la lutte.

Seul, un groupe de chouans, composé d'une centaine d'hommes au plus, soutenait encore, contre toutes les forces républicaines, un combat mortel, avec toute l'énergique résolution du désespoir.

Tout à coup, un éclair verdâtre sillonna l'espace, et, pendant deux ou trois secondes, jeta une lueur fulgurante sur le champ de bataille.

Si rapidement que cette lumière se fût évanouie cependant, ce laps de temps si court avait suffi pour que l'officier commandant la cavalerie répu-

Un enfant d'une dizaine d'années se tenait sur la même ligne que les trois cavaliers.

blicaine poussât un cri de douleur et de désespoir, et fit aussitôt cesser le combat.

Puis, s'avançant, seul, au milieu de l'espace demeuré vide entre les combattants qui restaient sur la défensive :

— Jetez vos armes, dit-il aux chouans, passage vous sera ouvert ; vous pourrez vous retirer libres, en emportant vos morts et vos blessés.

Il y eut un moment d'hésitation parmi les chouans ; un murmure de colère dans les rangs républicains.

— Je suis le général Alain Kergras, reprit encore l'officier républicain.

— Bas les armes, mes gars! dit alors une voix faible, mais d'un ton de commandement irrésistible.

— L'arme au pied! ouvrez vos rangs! ordonna le général.

Les républicains obéirent en frémissant ; la victoire leur coûtait cher; ils avaient bien des morts à venger.

Les chouans avaient jeté leurs armes ; ils s'échappaient dans toutes les directions.

Le général mit pied à terre, et pénétra dans le groupe qui, le dernier, lui avait tenu tête.

Au centre de ce groupe, un vieillard, pâle, sanglant, défiguré par les affres de la mort, gisait, renversé sur le sol.

Un prêtre, aux traits émaciés par la souffrance et les privations de toutes sortes, endurées avec une évangélique abnégation, ses longs cheveux blancs tombant en désordre sur ses épaules, assisté par un jeune homme, presque un enfant, revêtu du simple costume des kloareks bretons, le soutenait dans ses bras et lui prodiguait les secours de la religion ; le visage du jeune homme était aussi livide que celui du blessé ; de ses yeux coulaient en abondance des larmes qu'il n'essayait pas de retenir ; sa voix était étranglée par des sanglots ; auprès du blessé, une femme, couverte de vêtements de deuil, était agenouillée ; la tête cachée dans ses mains, elle priait avec ferveur.

Le blessé était le marquis de Bodégast, le jeune kloarek, son fils Tancrède; la femme qui priait, la comtesse de Tancarville.

Le marquis s'était, ainsi que Cœur-d'Acier l'avait dit au général, enfermé dans le fort Penthièvre ; mais, la veille même du jour où Hoche devait tenter la surprise que nous avons rapportée, le comte de Puisaye avait chargé le marquis de Bodégast d'aller au-devant d'un renfort de quinze cents chouans que Charette lui envoyait, de rallier toutes les bandes qu'il rencontrerait sur sa route, et de venir, en passant sur le corps de tous les détachements qui lui barreraient le passage, s'embusquer en arrière du poste Sainte-Barbe, et, une fois là, d'attendre ses ordres.

Le marquis, charmé d'être chargé d'une mission aussi importante, s'était hâté d'obéir. Il avait secrètement quitté le fort quelques minutes après Cœur-d'Acier, s'était jeté en enfant perdu à travers la campagne, et ainsi que le comte de Puisaye le lui avait dit, il avait rencontré le détachement de chouans envoyé par Charette, et en avait aussitôt pris le commandement ; plusieurs petites bandes avaient été ralliées, et le marquis marchait rapidement sur Quiberon, lorsque tout à coup il était venu se heurter à l'improviste contre le bataillon des volontaires de la Côte-d'Or ; reculer était impossible, le marquis résolut de pousser en avant, convaincu d'ailleurs qu'il aurait bon marché de cette poignée d'hommes.

On sait le reste, et comment la fortune trompa ses prévisions.

Au moment où le général Kergras se préparait à écraser le dernier noyau de rebelles qui résistaient encore, la lueur d'un éclair lui avait permis d'entrevoir pendant une seconde, comme dans un songe, quel était l'ennemi qu'il allait attaquer ; il tressaillit en le reconnaissant, et, oubliant tout pour ne se souvenir que de la douleur qu'éprouverait son frère de lait en apprenant la mort du marquis, il résolut de le sauver, quoi qu'il dût lui en coûter plus tard pour avoir osé se montrer clément, et il consentit à laisser échapper les quelques chouans qui avaient survécu à la bataille, pourvu que le père de son ami fût sauvé.

Le jeune officier était au désespoir d'avoir été si fatalement choisi par le hasard pour porter au marquis ces coups terribles.

Cependant, il n'y avait pas un instant à perdre pour chercher un refuge contre la tempête qui redoublait encore d'intensité.

Les éclairs et les coups de tonnerre se succédaient sans interruption ; le vent faisait rage et soufflait la pluie qui tombait à torrents.

Les blessés furent ramassés en toute hâte, entassés dans des charrettes et recouverts de paille.

Le marquis avait perdu connaissance ; son fils Tancrède, aidé par la comtesse, était parvenu à poser, tant bien que mal, le premier appareil sur les blessures de son père.

Le général allait donner l'ordre de se mettre en marche, lorsque le jeune kloarek lui posa doucement la main sur le bras.

— Que désirez-vous, monsieur Tancrède? demanda Alain avec déférence.

— Que voulez-vous faire, monsieur? répondit le jeune homme.

— Trouver le plus tôt possible un abri, afin de donner à votre père et à nos blessés les soins que leur état réclame ; gagner au plus vite Concoret ou Ploërmel.

Le jeune kloarek secoua la tête avec tristesse.

— Concoret est à deux lieues et demie d'ici, dit-il ; Ploërmel à plus de quatre ; les chemins, défoncés par l'orage, ne forment plus maintenant que des fondrières impraticables qui vous engloutiront.

— Nous ne pouvons cependant demeurer ici plus longtemps.

— Non ; laissez vos charrettes, emmenez vos blessés sur des fusils croisés, et suivez-moi, je vous sauverai.

— Mais nous sommes des bleus, nous autres, dit le capitaine du bataillon en tortillant sa moustache, vos ennemis, par conséquent ; qui nous assure...

Le kloarek le regarda avec une telle expression de bonté et de douceur, que, malgré lui, l'officier républicain s'interrompit net.

— Je n'ai pas d'ennemis, moi, monsieur, dit-il, je n'ai que des frères. Le Dieu que je sers recommande la charité même envers ceux qui nous font du mal ; je lui obéis en sauvant des malheureux qui, comme moi, sont Français ; suivez-moi, je vous le répète, et avant une demi-heure, vous et les vôtres, vous serez en sûreté ; mais hâtez-vous, le temps presse !

— Obéissez, dit le général, et, se tournant vers le kloarck : Monsieur Tancrède, lui dit-il, n'avez-vous plus rien à me demander?

— Si, répondit le jeune homme, mais occupons-nous d'abord des malheureux blessés.

Les soldats, avec cette rapidité et cette adresse qui, de tout temps, ont distingué le soldat français, formèrent des brancards avec leurs fusils, les recouvrirent de paille et y étendirent les blessés; puis, sur un signe du kloarek, le lugubre cortège se mit lentement en marche, et se dirigea à sa suite vers la forêt.

Un quart d'heure suffit pour atteindre le couvert; tous les soldats étaient à pied.

Les cavaliers avaient laissé leurs chevaux sous la garde de quelques-uns de leurs compagnons, abrités le moins mal possible, au milieu des trois charrettes chargées de blé.

Mais, sous le couvert, l'obscurité était tellement grande qu'il était littéralement impossible de mettre un pied devant l'autre, on ne voyait point à deux pas.

On fit halte.

Le kloarek dit quelques mots à voix basse à un chouan blessé qui s'appuyait péniblement sur son bras; cet homme s'éloigna, mais il revint presque aussitôt, tenant une torche allumée à la main et une vingtaine d'autres sur l'épaule.

Ces torches furent allumées, et alors il fut facile de se diriger à travers les détours inextricables de la forêt.

Après une course d'une vingtaine de minutes à peu près, le cortège, toujours guidé par le jeune kloarek, atteignit enfin l'entrée béante d'une grotte.

— Il fallait sauver ces malheureux, dit gravement Tancrède; pour cela, il me fallait livrer le secret de ce refuge. Je n'ai pas hésité. Entrez, mes frères!

— Diable de jeune homme! grommela le capitaine entre ses dents; si cela continue, il va nous obliger à l'adorer. Quel malheur que ce soit un ci-devant!

La grotte était vaste, divisée en plusieurs compartiments; de la paille, des cendres chaudes encore, quelques loques éparses çà et là, prouvaient qu'elle avait été récemment habitée.

Les républicains s'y installèrent; les blessés, étendus sur de la paille sèche, purent alors être pansés.

Dès que les soldats avaient été à l'abri dans l'intérieur de la grotte, le jeune kloarek n'avait plus songé qu'à son père.

Par ses soins, le marquis, toujours évanoui, avait été transporté dans un compartiment éloigné.

La comtesse, aidée par quelques soldats valides, s'occupait à panser les blessés.

Le capitaine, après avoir poussé une reconnaissance dans la grotte, s'occupait, lui, de crainte de surprise, à poser des sentinelles en divers endroits: plusieurs corvées avaient été désignées par lui pour aller, sous la conduite d'un chouan, chercher de la paille, et les quelques vivres, ainsi que les médicaments qui se trouvaient dans des boîtes, sur les charrettes, et que les deux chirurgiens, qui accompagnaient la troupe républicaine, réclamaient maintenant à grands cris.

Le général se tenait, sombre et pensif, à l'entrée même de la grotte.

Soudain il releva les yeux, le kloarek était devant lui, pâle, triste, le visage inondé de larmes.

— Eh bien, monsieur Tancrède, lui demanda l'officier avec intérêt, M. Bodégast?...

— Hélas! monsieur, interrompit tristement le jeune homme, mon père a reçu plusieurs blessures graves, je n'ai qu'un bien faible espoir de le conserver; depuis qu'il a repris connaissance, il est tombé dans une espèce de somnolence qui me cause une vive inquiétude, et je crains...

— Allons! il n'y a pas à hésiter! s'écria vivement Alain, je pars, monsieur Tancrède; dans quelques heures je ramènerai non seulement votre frère, dont la vue plaira sans doute à M. le marquis, mais encore un jeune médecin qui suit notre armée, et qui, j'en ai l'espoir, sauvera notre pauvre blessé. Reprenez donc courage!

— Vous êtes bon, monsieur, et je vous remercie; malheureusement, par cette nuit horrible, il vous sera impossible de vous diriger au milieu des ténèbres; les chemins doivent être affreux; vous périrez en route.

— Bon! il n'y aurait pas grand mal, après tout, et je serais mort en faisant mon devoir, dit presque gaiement l'insouciant jeune homme; mais rassurez-vous, monsieur Tancrède, il ne m'arrivera rien, et je vous le répète, avant le jour, vous me reverrez, ainsi que ceux que je vais chercher.

— Allez donc! je ne me sens pas le courage de vous retenir; ma douleur égoïste n'empêche d'insister pour vous conseiller d'attendre que la tempête se calme, les minutes me sont si précieuses, hélas! puisqu'il s'agit pour moi du salut de mon père.

— Donnez-moi un guide pour me conduire jusqu'à la route, et, au revoir, monsieur Tancrède!

Vers cinq heures du matin, le marquis de Bodégast, qui depuis deux heures dormait d'un sommeil calme et rafraîchissant, ouvrit tout à coup les yeux et, se tournant vers Tancrède qui, pendant la nuit tout entière, était demeuré à son chevet :

— Tancrède, lui dit-il d'une voix faible mais parfaitement distincte, mon fils, votre frère arrive; entendez-vous ce galop furieux de chevaux, qui va se rapprochant?

Le jeune homme prêta l'oreille; la tempête était complètement calmée; un silence profond régnait dans la forêt.

— Vous vous trompez, mon père, je n'entends rien, répondit-il doucement.

— Non, Tancrède, je ne me trompe pas; l'homme qui n'a plus que quelques instants à vivre, et qui est sur le seuil du tombeau, entend et voit des choses que les autres hommes ne peuvent ni voir, ni entendre. J'ai tant prié le Seigneur qu'il a eu pitié de moi, et m'a accordé l'ineffable bonheur de voir mon fils aîné, avant de mourir. Lucien arrive, vous dis-je, Tancrède, je le vois, je le sens, allez au-devant de lui, mon enfant, allez!... le voilà!

Tancrède baisa son père au front, se leva et sortit : à peine atteignait-il l'entrée de la grotte qu'il se trouva face à face avec son frère que suivaient quatre ou cinq autres personnes.

Les deux frères tombèrent en pleurant dans les bras l'un de l'autre.

— Mon père? s'écria Lucien.

— Il vit, il t'attend, il t'appelle, viens! répondit vivement le jeune homme.

— Dieu soit loué ! s'écria Lucien en s'élançant dans la grotte.
Tous le suivirent.
— Enfin ! s'écria le marquis en apercevant son fils.
Celui-ci s'agenouilla à son chevet et éclata en sanglots.
— Sois homme, mon fils ! dit le vieillard d'une voix ferme. La mort est-elle donc si redoutable ? Notre séparation doit-elle donc être éternelle ? Et promenant un regard brillant autour de lui : Hervé, mon vieux serviteur, dit-il, je suis heureux de te voir, et toi aussi, Alain, et vous, Andrée, ajouta-t-il avec un pâle sourire ; venez près de moi, ma fille !
La jeune femme s'agenouilla.
— Eh bien ? demanda avec anxiété Lucien au chirurgien.
Celui-ci hocha tristement la tête ; un coup d'œil lui avait suffi pour reconnaître qu'il n'y avait plus d'espoir.
Le marquis, auquel rien n'échappait, lut son arrêt dans les yeux du jeune docteur.
— Approchez, mes enfants, dit-il, je n'ai plus que quelques secondes à vous donner.
Il attira alors ses deux fils et sa belle-fille sur sa poitrine haletante, et, les réunissant dans une douce étreinte :
— Soyez bénis, mes enfants ! Que le Seigneur, dont la bonté est infinie, daigne laisser tomber sur vous un regard miséricordieux ; qu'il vous donne une belle mort, après vous avoir accordé une existence bien remplie ; nous ne nous quittons que pour nous réunir plus tard, pour l'éternité. Et, se penchant à l'oreille de son fils, il lui dit à voix basse, en lui désignant la comtesse qui sanglotait, agenouillée dans un coin obscur de la grotte : — Dieu a pardonné à la femme adultère, mon fils ; ne sois pas sans pitié pour cette malheureuse ; ne l'abandonne pas !
— Je vous le jure, mon père ! répondit le jeune homme d'une voix brisée par la douleur.
Le prêtre et le jeune kloarek avaient, pendant la nuit, avec l'aide de quelques chouans, préparé une espèce d'autel rustique, en face de l'endroit où gisait le vieillard.
Sur un signe du marquis, les deux hommes se levèrent.
Il se passa alors dans cette grotte, qui peut-être dans les siècles passés avait vu s'accomplir les rites mystérieux du druidisme, une scène majestueuse et attendrissante à la fois, par sa simplicité biblique.
Le vieux prêtre, servi par Tancrède, dont le visage pâle était inondé de larmes, offrit, pour le mourant, le saint sacrifice de la messe.
Tous ces rudes soldats qui, à la voix du pays en péril, avaient abandonné la chaumière paternelle, et presque oublié leurs naïves croyances du premier âge, redevinrent subitement les paysans religieux et simples des jours de leur enfance ; ces hommes, bronzés par cent batailles, sentirent de douces larmes humecter leurs yeux ; lorsque la clochette les convia à la prière, ils oublièrent pour un instant leur sceptique indifférence ; d'un mouvement spontané, tous, sans exception, tombèrent agenouillés et courbèrent respectueusement le front devant le signe sacré de notre rédemption, qu'on avait essayé,

depuis tant d'années, de leur faire mépriser ; la pensée de Dieu rentra dans leurs cœurs pour n'en plus sortir.

Ils prièrent.

Ils retrouvèrent à ce moment suprême de régénération morale, dans les replis secrets de leurs cœurs, ces simples et touchantes paroles qu'on n'oublie jamais entièrement, et qu'enfants ils avaient balbutiées sur le sein de leurs mères, en élevant leurs regards purs vers Dieu.

La foi éclatait sincère dans leurs yeux humides de douces larmes.

Lorsque le marquis eut reçu le viatique, ses forces, qui diminuaient rapidement, semblèrent l'abandonner tout à coup ; mais il s'opéra une subite réaction.

Soudain, il se redressa, l'œil brillant, le front radieux, appuya ses mains tremblantes sur les épaules courbées de ses enfants, et, relevant la tête, comme s'il eût répondu à un appel suprême :

— Si je me suis trompé, pardonnez-moi, Seigneur ! dit-il. Je n'étais que la plus humble de vos créatures. Seigneur, recevez-moi dans votre sein ! Il fit une pause de quelques secondes, puis il s'écria d'une voix forte et vibrante : Seigneur, me voilà !...

Il se laissa alors retomber en arrière, sans essayer de se retenir, et demeura immobile.

Il était mort.

Le brave chevalier était tombé pour ses croyances, comme les preux, ses ancêtres, dans son armure, après la bataille.

Mais, moins heureux que ses pères, à sa dernière heure, le doute était entré dans son âme.

Il avait eu le pressentiment de l'avenir, entrevu la ruine de ce principe monarchique pour le soutien duquel il avait sacrifié sa vie, et une amère douleur avait envahi son âme, qui déjà s'élançait vers les sphères supérieures.

En effet, avec ce dernier et noble représentant de la France féodale, le vieux monde se couchait à jamais dans une tombe sanglante.

L'aube radieuse d'un monde nouveau allait bientôt paraître, inaugurant la liberté, l'égalité des droits, la foi vive et intelligente, et la grande solidarité humaine.

. . . .
. . . .
. . . .

Un mois plus tard, le général Lucien de Bodégast et sa femme quittaient la France et passaient en Hollande.

Lucien avait obtenu un congé de deux mois du général Hoche, dont il devait rejoindre l'armée aussitôt qu'il aurait terminé certaines affaires importantes ; ce congé était contresigné par le conventionnel Tallien.

La comtesse de Tancarville avait disparu ; toutes les recherches faites par Lucien pour obtenir de ses nouvelles demeurèrent infructueuses.

XII

OU IL EST PROUVÉ QU'IL EST BON DE CONNAÎTRE LES PERSONNES AUXQUELLES ON DEMANDE L'HOSPITALITÉ

Les citoyens de la grande République américaine prétendent, avec ce ton de raillerie nerveuse et tranchante qui est le côté saillant de leur caractère, que, jetés sur le sol du nouveau monde par une volonté plus forte que la leur et poussés par une puissance irrésistible, ils accomplissent une mission essentiellement providentielle. En un mot, qu'ils sont fatalement appelés par Dieu lui-même à déplacer le centre des lumières et à fonder sur cette terre vierge une civilisation nouvelle et réellement humaine, destinée à remplacer dans un avenir prochain, la civilisation décrépite de la vieille Europe, qui bientôt, juste retour des choses d'ici-bas, deviendra, elle, le centre de la barbarie.

Si audacieux que paraisse ce paradoxe yankee, à peine a-t-on passé un mois au milieu du peuple étrange de cette immense république, qu'on se laisse aller, malgré soi, à admettre, non pas sa réalisation, mais sa possibilité, en voyant le mouvement continuel de cette fourmilière, l'esprit d'activité et de curiosité qui la domine ; en étudiant le caractère inquiet, chercheur, remuant de ces hommes pour lesquels l'immobilité est la mort ; qui, de même que le Juif-Errant de la légende, sont poursuivis d'un besoin de locomotion et d'expansion qui les oblige à sauter par-dessus leurs frontières, cependant trop vastes pour le chiffre relatif de leur population, et à s'enfoncer, à droite et à gauche, devant et derrière eux, dans les déserts qui les enveloppent et les empêchent de respirer à l'aise, et à envahir les territoires des nations voisines pour défricher les terres incultes ou abandonnées, créer des centres d'industrie puissants, non pas poussés par l'avarice, car l'or pour eux n'est qu'un moyen, ils le prodiguent aussi facilement qu'ils le gagnent, mais pour étendre leurs relations commerciales et civiliser par le trafic, en moralisant le travail. Ils ne doutent de rien ; tout leur est possible excepté ne rien faire ; ils ont inventé le mouvement perpétuel du cerveau et des membres, agissant toujours, et toujours de concert.

Les travaux qu'ils ont accomplis depuis moins d'un siècle par des efforts gigantesques, sur un territoire qu'ils ne parviennent pas à peupler, sont incalculables ; ils ont fait des prodiges et ils ne s'arrêteront pas en si beau chemin, ce qui, d'ailleurs, serait dommage pour le progrès qu'ils prétendent représenter, lorsqu'ils n'en représentent tout au plus que l'agitation mercantile.

Certes, la civilisation américaine est belle ; elle est grande, elle est humaine surtout ; mais voilà où pour elle est l'écueil : comme toutes les choses purement humaines, et qui ne sont, par conséquent, que l'expression de l'égoïsme et la satisfaction des besoins physiques, elle est essentiellement matérialiste.

Un si grand enthousiasme rayonnait sur le front de son frère que le général...

La foi lui manque, la foi, cette étincelle divine qui aplanit les montagnes et soulève les vallées, qui agrandit l'intelligence, gonfle le cœur, enseigne la fraternité, et, rappelant l'homme sans cesse à son humble origine, lui donne la connaissance de ce qui est grand, et, levier plus puissant que celui d'Archimède, lui fait accomplir de belles et nobles actions ; cette foi enfin, qui a produit notre civilisation si complète et dont les Américains, qui feignent de la mépriser, ne sont, en somme, que les enfants perdus.

L'Américain ne croit pas, ou plutôt, aveugle volontaire, il ne reconnaît qu'un Dieu : l'or, avec lequel il prétend tout faire.

Et cependant, s'il voulait de bonne foi regarder autour de lui, il n'aurait besoin que d'un coup d'œil, pour reconnaître à l'instant son erreur, car il habite le plus beau pays de l'univers et il est entouré d'une nature exubérante, grandiose, qui parle au cœur encore plus qu'aux yeux, et sur laquelle, à chaque pas, le doigt tout-puissant du Créateur a imprimé son cachet en caractères indélébiles.

Toute civilisation doit être, pour devenir durable et progressive, le résultat ou plutôt l'expression de la foi, et reposer, comme le christianisme, sur le dévouement et l'abnégation, sentiments divins, qui sont l'essence et la force de la société elle-même.

La civilisation comme celle inaugurée aux États-Unis, qui, au contraire, est la négation de toute croyance et ne repose que sur la satisfaction des instincts et des besoins physiques, est fatalement appelée à périr dans un temps plus ou moins rapproché.

Le mormonisme est la preuve du profond abaissement du niveau moral aux États-Unis, et l'épigramme la plus sanglante et la plus amère faite contre cette civilisation, prétendue progressive, de la société du Nouveau-Monde.

Aujourd'hui que tout a marché à pas de géant, dans cette magnifique contrée, il faut s'enfoncer bien loin dans l'intérieur des terres, pour retrouver les splendides horizons de la nature primitive et la prendre pour ainsi dire sur le fait; mais à l'époque où nous reprenons l'histoire que nous avons entrepris de raconter, c'est-à-dire dans les premières années du dix-neuvième siècle, il n'en était pas ainsi.

La République américaine était née depuis quelques années à peine ; elle était pauvre, faible, peu peuplée ; ses côtes seules étaient habitées ; sa population industrieuse, resserrée dans quelques villes disséminées à de longues distances les unes des autres sur les côtes, ne se risquait que rarement et par exception à quelques lieues dans l'intérieur.

La nature avait presque partout conservé sa virginité primitive, sur cet immense territoire, à peu près complètement inexploré, et parcouru alors par de nombreuses tribus sauvages, fort redoutées des colons, et restes de ces puissantes et belliqueuses nations anciennement maîtresses du sol.

L'été de 1806 fut d'une chaleur excessive dans certaines contrées de l'Amérique septentrionale ; beaucoup de cours d'eau tarirent presque subitement ; l'herbe des prairies fut brûlée par les rayons ardents du soleil et une quantité innombrable de gibier périt faute de trouver à se nourrir.

Cependant, vers le commencement d'août de cette année, la température s'abaissa, la chaleur devint supportable, les prairies reverdirent, et ces contrées, depuis si longtemps désolées, reprirent peu à peu leur aspect accoutumé ; la vie, qui semblait les avoir abandonnées, reparut presque aussitôt, et les animaux, réfugiés au fond des forêts, recommencèrent leurs ébats oyeux dans les savanes et sur les bords des lacs, au milieu d'une végétation luxuriante.

Le 5 septembre 1806, vers quatre heures et demie de l'après-dîner, un homme de haute taille, vêtu du costume en cuir tanné des trappeurs et des coureurs des bois, suivait, d'un pas rapide, la branche du Nebraska, qui prend sa source à l'E.-S.-E. dans le voisinage des eaux supérieures de l'Arkansas, et était alors la seule route qui conduisît aux établissements septentrionaux du Mexique, en traversant les vastes territoires occupés ou plutôt parcourus par les Indiens Comanches et Kioway.

Ce voyageur était un homme jeune encore; il paraissait à peine vingt-six ou vingt-huit ans.

Sa taille était gigantesque, près de six pieds deux pouces, mais élégante et admirablement proportionnée; ses épaules larges, ses membres bien attachés, garnis de muscles saillants, durs comme des cordes, témoignaient d'une vigueur et d'une légèreté extraordinaires; sa démarche était assurée, ses gestes rapides et nets; en somme, ce devait être un formidable adversaire à rencontrer face à face.

Ses traits étaient réguliers, beaux et énergiques; ses grands yeux bleus qui regardaient droit, respiraient l'intelligence et la résolution; son front vaste et pur, son nez un peu long et recourbé légèrement, ses pommettes saillantes, sa bouche bien fendue, garnie de dents éblouissantes, sa barbe d'un rouge fauve et ses cheveux ressemblant à une crinière de lion et tombant en épaisses boucles sur ses épaules, donnaient un caractère étrange à son visage bronzé par la bise, le soleil et la pluie, mais imprimaient un cachet tout particulier, rempli d'un charme sympathique, irrésistible, à sa physionomie, à l'expression de douceur et de loyauté qui en formait le côté saillant.

Le brave géant était accompagné d'un magnifique molosse, gros comme un ânon, au pelage noir sur blanc, aux yeux intelligents et brillants comme des escarboucles, à la mâchoire formidable, armée d'une double rangée de crocs d'une longueur peu rassurante, et qui suivait gravement son maître pas à pas, sans jamais s'écarter ni à droite, ni à gauche, et léchant de sa langue, d'un rouge de sang, la main que parfois le voyageur laissait pendre probablement avec intention.

Parfois, notre voyageur s'arrêtait; d'un mouvement brusque, il redressait l'énorme havresac attaché par des bretelles à ses robustes épaules, s'appuyait des deux mains sur le bout du long canon de sa carabine kentuckienne et se prenait à admirer d'un air de jubilation le paysage qui, en effet, était excessivement pittoresque.

Puis il s'écriait, en s'adressant à son chien qui le regardait assis sur son train de derrière, frétillant la queue et semblant le comprendre :

—Hein! Milord, mon garçon, est-il assez beau ce pays? Crois-tu que nous n'avons pas bien fait de quitter les grands lacs et de pousser jusqu'ici? En voilà une terre bénie!

Et il se remettait gaillardement en route.

A son léger accent, car ceci était dit en français, il était facile de reconnaître que le brave géant était Canadien, de pure descendance normande.

Cependant, la vieille piste indienne qu'il suivait depuis le matin le conduisit juste au coucher du soleil, sur la lisière d'un bois fort touffu duquel s'échappaient les chants confus d'une multitude d'oiseaux, réfugiés sous la feuillée et qui, avant de mettre la tête sous l'aile, saluaient une dernière fois le soleil.

Le Canadien s'arrêta de nouveau, il promena un regard investigateur autour de lui et sembla hésiter.

— Si nous campions ici, murmura-t-il ; bah ! pourquoi pas ?

Et comme la nuit arrivait rapidement et que déjà l'obscurté commençait à l'envelopper, il s'occupa sérieusement à chercher une place commode, où il pût établir son campement de nuit.

Sur ces entrefaites, il leva la tête par hasard et fit un geste de surprise ; il venait d'apercevoir cette lumière brillante, en face de lui, à une assez courte distance dans l'épaisseur du bois.

— Qu'est-ce que cela ? fit-il ; une halte indienne sans doute ? les maisons ne foisonnent pas dans ces parages ; viens, Milord, allons un peu demander l'hospitalité à ces braves gens : cela ne se refuse pas au désert.

Il reboucla son havresac dont il s'était déjà débarrassé, et pénétra résolument dans le bois.

La lumière était plus rapprochée qu'il ne l'avait supposé d'abord ; il l'atteignit en moins de dix minutes ; mais alors il reconnut avec une nouvelle surprise que cette lumière ne provenait pas d'un campement indien, mais qu'elle éclairait l'intérieur d'une *paillotte*, espèce de cabane, en branches entrelacées, que les chasseurs construisent pour leur servir d'abri, lorsqu'ils veulent demeurer pendant quelque temps dans le même endroit.

La porte, ou du moins la claie qui en tenait lieu, était ouverte ; le Canadien entra.

Il aperçut tout d'abord, à la lueur du feu qui brûlait dans l'âtre, une grande mulâtresse, vieille et maigre à faire peur, couverte bien que mal de haillons sordides, en train de vaquer aux soins de son misérable ménage.

Le Canadien demanda poliment à cette femme si elle consentait à lui donner l'hospitalité pour la nuit.

Elle l'examina un instant avec ses yeux de chouette, chassieux et clignotants, et lui répondit : « Oui », d'un ton de mauvaise humeur qui n'avait rien d'engageant.

Le Canadien avait faim ; il était fatigué d'une longue traite, il ne remarqua pas le ton de son hôtesse, prit un crâne de bison pour lui servir de siège et déboucla son havresac, tout en jetant un regard distrait autour de lui.

Ses yeux tombèrent alors sur un Indien, d'une taille robuste et parfaitement proportionnée, qui se tenait assis à terre, dans un coin de la cabane, les coudes sur les genoux et les mains soutenant sa tête ; aux pieds de cet Indien se trouvait un carquois en peau de panthère, bourré de flèches, plusieurs peaux de castors et d'oppossums et, appuyé contre le clayonnage, un arc de fortes dimensions.

Cet Indien était immobile ; il ne semblait même pas respirer.

Le chasseur, accoutumé sans doute aux manières d'être des Peaux-Rouges, et sachant le peu de sympathie qu'ils ont pour les blancs, ne se formalisa en aucune façon de cette apparente indifférence, et lui adressa la parole en français, langue qu'à cette époque la plupart des Indiens de cette région comprenaient et même parlaient assez couramment.

— Je suis heureux de rencontrer ici mon frère, dit-il.

L'Indien releva la tête et le regarda en lui lançant un regard d'une expression singulière.

C'était un beau jeune homme, aux traits fins et intelligents et à l'œil plein d'éclairs ; son visage était couvert de sang ; une large balafre séparait en deux son sourcil droit, remontait vers le front, et allait se perdre à la naissance des cheveux.

— Je remercie mon frère, répondit-il d'une voix douce et sonore à la fois.

— Qu'est ceci? s'écria le Canadien en se levant vivement, mon frère est blessé?

— Oui, répondit-il, j'ai failli perdre l'œil ; un peu avant le coucher du soleil, je me préparais à décocher une flèche sur un oppossum, placé à la cime d'un arbre, lorsque mon pied butta contre une pierre ; la flèche glissa sur la corde, partit en arrière et me blessa ; ce n'est rien : l'Éclair est un guerrier et non une femme craintive.

— Oui, fit le Canadien, l'Éclair est un guerrier, mais il souffre, sa blessure est grave, qu'il me laisse faire.

— Mon frère est libre : les visages pâles sont de grands médecins.

Le Canadien déboucla son havresac, vida sur le sol une partie de ce qu'il contenait, sans remarquer les regards de convoitise de la mulâtresse, en apercevant six ou huit morceaux d'or assez gros, mêlés aux objets contenus dans le havresac ; il prit une fiole qu'il déboucha, puis, s'approchant de l'Indien qui se laissait faire complaisamment, il lava la blessure avec de l'eau fraîche, versa dessus quelques gouttes de la liqueur contenue dans le flacon ; puis il rapprocha soigneusement les lèvres de la blessure, les recousut avec des épingles en argent très fines, recouvrit ensuite la plaie avec des bandes de diachylon et, déchirant un morceau à une pièce de calicot, il en entoura la tête du blessé.

— Là! dit-il d'un air satisfait, en remettant dans le havresac les objets qu'il en avait retirés, maintenant, mon frère rouge peut dormir tranquille ; dans quelques jours il n'y paraîtra plus.

— Mon frère est bon, répondit l'Indien ; l'Éclair est un des chefs de sa nation, il ne sera pas ingrat ; l'ingratitude est un vice blanc.

— Comme la reconnaissance est une vertu rouge, répondit en souriant le Canadien ; vous avez raison, chef, j'en ai eu souvent la preuve.

— Quel est le nom de mon frère?

— J'en ai deux, chef : celui que j'ai reçu au baptême, Charles Meunier, mais que j'ai presque oublié maintenant, et celui que j'ai gagné dans la prairie et qui m'a été donné par les guerriers Dacotahs, contre lesquels j'ai souvent combattu, Pasha-Sakaï, c'est-à-dire l'Aigle-Rouge. Ce nom est le seul aujourd'hui auquel je sois accoutumé à répondre.

— Si les apparences ne sont pas trompeuses, mon frère a été bien nommé, reprit l'Indien avec courtoisie ; bon, mon frère l'Aigle-Rouge a un ami.

Les deux hommes se serrèrent la main, et le chef retomba dans son mutisme.

L'Aigle-Rouge, puisque maintenant nous savons le nom du géant, nous continuerons à le désigner ainsi, retourna s'asseoir sur son crâne de bison et continua à remettre de l'ordre dans son bagage.

La mulâtresse ne le perdait pas de l'œil.

Elle n'avait rien compris à la conversation des deux hommes, ce qui l'intriguait fort, redoutant sans doute quelque confidence peu agréable pour elle, mais feignant de n'être aucunement préoccupée de ce qui avait été dit.

— Qu'est-ce donc que cela? demanda-t-elle au Canadien en désignant du doigt les morceaux d'or.

— Cela, répondit-il négligemment, c'est de l'or.

— De l'or! fit-elle en regardant curieusement les morceaux les uns après les autres, il doit y en avoir là pour une grosse somme.

— Probablement, mais je l'ignore ; je les ai trouvés par hasard, il y a quelques jours, et il se passera du temps avant que je retourne aux défrichements et que je sache leur valeur.

Il les renferma dans son havresac qu'il boucla, et, avisant plusieurs peaux d'ours et de bison dans un coin, il se prépara un lit pour la nuit.

— Vous allez dormir? lui demanda la femme.

— Oui, je suis fatigué, il est tard, et je veux partir de bonne heure.

— Vous n'avez donc pas faim? reprit-elle avec une grimace qui avait la prétention de ressembler à un sourire.

— Pardon, j'ai très faim, au contraire ; mais je n'ai rien tué aujourd'hui, et comme vous ne semblez pas avoir beaucoup de vivres ici, ma foi! je me coucherai sans souper. A la guerre comme à la guerre!

— Vous vous trompez, dit-elle de l'air le plus aimable; nous avons de la venaison à foison, du bison *jerked* — fumé — et, si vous voulez écarter les cendres de l'âtre, vous trouverez un gâteau de maïs au miel. Mangez donc sans cérémonie, puisque vous avez faim ; l'hôte est l'envoyé de Dieu.

— Ma foi, j'accepte, puisque vous m'offrez de si bonne grâce. Je vous avoue que je meurs littéralement de faim.

— Pauvre homme! fit-elle avec compassion.

Et elle se hâta de lui servir un repas qui aurait suffi pour quatre personnes d'un appétit ordinaire.

La mulâtresse poussa même la générosité jusqu'à donner une copieuse pitance au molosse.

Le maître et le chien étaient réellement à jeun depuis longtemps; ils avaient grand'faim; ils ne se firent prier que juste ce qu'il fallait, avant d'accepter, puis ils commencèrent à faire fonctionner leurs mâchoires avec une ardeur qui menaçait de faire une brèche formidable dans les provisions placées devant eux.

Cependant, tout en mangeant, le Canadien réfléchissait.

Il sentait germer dans son cœur des soupçons contre son hôtesse ; en vain essayait-il de les éloigner, en causant et riant avec la mulâtresse; le visage de la vieille femme avait une expression si diabolique, une telle méchanceté brillait dans ses paupières clignotantes que, loin de s'effacer, ses soupçons grandissaient toujours, plus précis et plus tenaces.

Il ne s'expliquait pas comment cette femme, qui, lorsqu'il lui avait demandé l'hospitalité, avait plutôt subi sa présence dans sa hutte que consenti à le recevoir, avait ainsi changé subitement de manières et semblait si empressée à lui être agréable, à le servir, et poussait la complaisance jusqu'à lui verser de pleins verres de wiskey, liqueur précieuse cependant dans ces contrées désertes, et insistait, avec une opiniâtreté fatigante, pour le faire boire. Toutes ces manœuvres, dont il ne comprenait pas le but, devaient évidemment cacher un piège; mais lequel?

Était-il tombé, à son insu, dans un de ces repaires de pirates comme il en existe dans les prairies? Prétendait-on l'égorger dans son sommeil?

Toutes ces pensées se présentaient à l'esprit du Canadien, sans qu'il lui fût possible de leur trouver une réponse satisfaisante.

Pourquoi un guet-apens? Pourquoi essayer de l'assassiner? Dans quel but?
Il se le demandait vainement.

Le motif de la mulâtresse était cependant bien facile à deviner : les morceaux d'or, qu'en ouvrant son havresac le chasseur avait laissé voir, et qui avaient excité la convoitise de cette horrible créature.

Mais il n'y songeait pas.

D'ailleurs, doué d'une force athlétique extraordinaire, d'une adresse remarquable et d'un courage de lion, le géant souriait intérieurement à la pensée d'un attentat contre sa personne par cette femme seule, vieille, débile, et que Milord, son molosse, auquel trois hommes ne faisaient pas peur, étranglerait en un clin d'œil, sur un geste de lui.

Tout en causant avec la vieille, et en refusant les rasades qu'elle s'obstinait à lui verser, car le chasseur était sobre et ne buvait que fort peu de liqueurs, il remarqua que le chef indien avait relevé une seconde fois la tête.

Le Canadien ouvrait la bouche pour lui adresser une question, mais l'Éclair fixa sur lui un regard d'une expression tellement significative, son air était si sombre que le géant ne prononça pas un mot et sentit un frisson dans tous ses membres.

Le chef indien, après avoir examiné avec soin le fil de son couteau à scalper, l'avait caché dans sa ceinture, puis il avait pris négligemment son tomahawk derrière lui, en avait essuyé le fer, et après avoir rempli sa pipe de *morriché* ou tabac préparé, il s'était mis à fumer, tout en lançant des regards significatifs au chasseur, chaque fois que la mulâtresse tournait le dos.

Le Canadien ne conservait plus aucun doute; un danger terrible le menaçait. Il rendit regard pour regard au chef indien, pour lui donner à comprendre qu'il faisait cause commune avec lui et, comme son repas était terminé, il se leva et sortit de la hutte, dans le but apparent de consulter le ciel, afin de reconnaître quel temps il ferait au lever du soleil, mais, en réalité, pour donner un coup à la pierre de son fusil et en renouveler l'amorce; puis il rentra, jeta quelques fourrures les unes sur les autres, pour lui servir de lit, plaça son havresac sous sa tête, se coucha, mit son fusil à portée de sa main, appela Milord qui s'installa à ses pieds, et il ferma les yeux.

Quelques minutes après, le chasseur semblait plongé dans un profond sommeil.

Mais il avait garde de s'endormir ; au contraire, tous ses sens étaient en éveil, et, bien qu'il parût calme et même souriant, son cœur battait à rompre sa poitrine, et il éprouvait cette angoisse instinctive que ressentent les hommes, même les plus braves, à l'approche d'un danger inconnu, et par cela même plus redoutable.

Une demi-heure au plus s'était écoulée. Bien que ses yeux fussent fermés, le chasseur sentait peser sur lui le regard de plomb de la vieille mulâtresse accroupie au coin de l'âtre.

Soudain, il entendit un bruit de voix au dehors ; et, en soulevant légèrement les paupières, il vit entrer dans la hutte deux hommes à face patibulaire, armés jusqu'aux dents et taillés en hercules ; derrière eux, deux autres entrèrent de pire apparence, s'il est possible, et portant, suspendu à une perche, un daim qu'ils avaient tué ; puis deux autres hommes encore, parfaitement semblables aux premiers.

En tout, six.

La question se compliquait ; elle devenait grave ; s'il y avait bataille, ce qui était à supposer, elle serait rude, contre de si terribles adversaires.

Ceux qui portaient le daim déposèrent leur fardeau, puis tous les six s'assirent sur des crânes de bisons, autour d'une espèce de table boiteuse, et se firent apporter du whiskey, dont ils se versèrent de nombreuses et copieuses rasades.

L'un d'eux ayant aperçu l'Indien, et sachant que, comme tous ceux de sa race, il ne comprenait pas l'anglais, demanda ce que faisait là ce *Rascal*, et pourquoi on ne l'avait pas jeté dehors. Un autre s'informa du chasseur, mais dans de meilleurs termes.

Leur mère, car la mulâtresse était la mère de cinq de ces hommes, mit un doigt sur sa bouche et leur recommanda de parler plus bas, ou de causer dans une autre langue ; les inconnus adoptèrent aussitôt l'espagnol, langue que le Canadien parlait presque aussi facilement que le français et l'anglais ; il redoubla d'attention.

La mulâtresse, persuadée que ses hôtes ne la comprendraient pas, au cas où ils s'éveilleraient, raconta alors aux nouveaux venus que le chasseur avait son havresac rempli de lingots d'or, puis elle les obligea à se lever, les entraîna dans un angle opposé de la hutte et engagea à voix basse avec eux une conversation, dont maintenant il ne fut pas difficile au Canadien de deviner le but.

L'Aigle-Rouge allongea le pied, et toucha légèrement son chien ; l'animal remua la queue et fixa alternativement, d'un œil intelligent, son maître et l'endroit où se tenait le sombre conciliabule.

Certain que son chien avait conscience du danger, le chasseur lança un regard sur le chef indien, couché à quelques pas de lui ; celui-ci avait en ce moment les yeux fixés sur lui ; ils se comprirent.

Cependant, les bandits, car il n'y avait plus la moindre illusion à se faire sur leur compte, avaient tellement bu, ainsi que la vieille mulâtresse, que, malgré leur grand désir de dévaliser le chasseur, tous seraient bientôt réduits,

Il asséna un si vigoureux coup de crosse à un des bandits, que celui-ci roula assommé sur le sol...

par l'ivresse qui grondait dans leur cerveau, à la plus complète impuissance, du moins le chasseur l'espérait ainsi ; mais cette fois encore il se trompait et sa stupéfaction devint presque de la terreur lorsqu'il vit l'horrible mégère se saisir d'un de ces énormes couteaux nommés langues-de-bœuf et s'en aller d'un pas ferme à la meule, pour l'aiguiser.

Elle mit la roue en mouvement, versa de l'eau sur la pierre et s'acquitta, avec toutes les précautions et tout le soin voulu, de cette opération dangereuse, vu l'état où elle se trouvait.

Son travail fini, elle revint près de ses fils qui avaient continué à boire et titubaient sur leurs jambes avinées, et leur faisait signe de prendre leurs armes, déposées sur la table.

— L'heure est venue, dit-elle d'une voix rauque, et, montrant son couteau : Voici pour lui faire promptement son affaire. Allons ! mes garçons, expédiez-moi ça bellement, sus à ces chiens maudits !... et vite aux lingots du havresac !

Les bandits répondirent par un ricanement joyeux, avalèrent une copieuse rasade, et, saisissant leurs armes, ils s'avancèrent en silence et résolument vers les soi-disant dormeurs.

Le feu de l'âtre, à demi éteint, ne répandait qu'une lueur faible et incertaine dans la cabane et permettait à peine d'entrevoir les sinistres fantômes qui s'avançaient, à demi courbés et à pas de loup, tenant à la main leurs longs couteaux, dont les lames lançaient parfois des éclairs bleuâtres.

Il n'y avait pas à hésiter, il fallait prévenir leur attaque.

Sans prononcer un mot, les deux hommes et le chien bondirent à la fois sur leurs pieds et se ruèrent comme des tigres au milieu des bandits, atterrés de voir éveillés ceux qu'ils espéraient surprendre et égorger dans leur sommeil.

Il y eut alors une lutte affreuse dans les ténèbres.

Les bandits, excités par leur mère, et comprenant qu'il leur fallait tuer leurs hôtes ou être tués par eux, que toute trêve était impossible, combattaient avec l'acharnement de démons.

Mais ils avaient affaire à forte partie, et bientôt des râles d'agonie se mêlèrent à leurs sourds cris de colère.

Tout à coup, un bruit de pas se fit entendre au dehors ; des lueurs rougeâtres filtrèrent à travers le clayonnage ; la claie qui servait de porte vola en éclats, et une dizaine d'hommes, bien armés, vêtus en chasseurs, et dont quelques-uns tenaient des torches allumées, firent irruption dans la hutte.

L'intérieur de celle-ci présentait un horrible et hideux spectacle.

L'Aigle-Rouge et l'Éclair, placés dos à dos, au milieu de la hutte, l'un tenant son fusil par l'extrémité du canon, l'autre armé de son tomahawk, luttaient contre quatre bandits. Deux gisaient sur le sol : l'un, le crâne fracassé, était mort ; le second se débattait vainement contre Milord qui, après avoir presque étranglé la vieille mulâtresse qui se roulait dans les convulsions d'une affreuse agonie, avait bondi sur lui, l'avait renversé sur le sol et le dévorait littéralement ; le misérable poussait des hurlements effroyables, et, malgré des efforts prodigieux, ne pouvait parvenir à se délivrer de l'étreinte de son terrible adversaire.

L'arrivée des chasseurs changea subitement la face du combat.

— A la bonne heure ! s'écria joyeusement le Canadien, on y voit clair au moins !

Et il asséna un si vigoureux coup de crosse à un des bandits, que celui-ci roula assommé sur le sol.

Les nouveaux venus se précipitèrent sur les mulâtres, dont ils se rendirent maîtres, non sans difficulté.

L'un des bandits, le plus jeune, se jeta à corps perdu contre le clayonnage qu'il défonça, et réussit ainsi à s'échapper.

L'Aigle-Rouge voulait lancer le molosse sur sa piste, mais le chef des arrivants s'y opposa.

— Laissez-le fuir, dit-il, le tigre a les griffes arrachées, il est seul; nous saurons, quand nous le voudrons, le rejoindre, il est inutile de risquer la vie d'un si vaillant animal contre un pareil misérable.

Lorsque les mulâtres eurent été solidement garrottés, le chef des chasseurs expliqua au Canadien que plusieurs trappeurs et chasseurs de la prairie avaient depuis quelques jours été dévalisés et assassinés par ces misérables qui étaient arrivés depuis un mois à peine dans la contrée, on ne savait d'où, et s'étaient, comme une nichée de loups, embusqués dans ce bois, et que les chasseurs, poussés par le désir d'une légitime vengeance, s'étaient réunis dans le but de détruire leur repaire et l'avaient choisi pour leur chef.

— Je me nomme Bon-Affût, et je suis Canadien, dit-il en terminant; mes compagnons sont tous de braves chasseurs et trappeurs, Bois-Brûlés comme moi; acceptez ma main, c'est celle d'un honnête homme et d'un ami.

— Voici ma main; je suis Canadien comme vous, répondit le chasseur; je me nomme l'Aigle-Rouge. Voici l'Éclair, un grand chef Comanche; c'est à lui que je dois de ne pas avoir été assassiné pendant mon sommeil par ces misérables.

— L'Éclair est un des grands braves de sa nation, dit Bon-Affût, avec courtoisie; sa renommée est grande dans la prairie, les chasseurs blancs et Bois-Brûlés l'aiment, et le respectent.

Le jeune chef s'inclina, et un sourire d'orgueil éclaira sa physionomie intelligente.

Les chasseurs ne voulurent toucher ni aux vivres, ni aux provisions qui se trouvaient dans la hutte.

Ils s'accommodèrent pour dormir, en ayant soin, toutefois, de laisser deux d'entre eux pour veiller sur les prisonniers.

Ceux-ci, depuis qu'on s'était emparé d'eux, n'avaient pas prononcé un mot, n'avaient pas poussé une plainte. Seule, la vieille mulâtresse, assise par terre, le dos appuyé contre le clayonnage, roulait autour d'elle des yeux effarés, et, parfois, laissait échapper de sourds et rauques gémissements.

La nuit se passa ainsi.

Au lever du soleil, les chasseurs s'éveillèrent; sur un geste de Bon-Affût, ils poussèrent les prisonniers hors de la hutte. Presque aussitôt, plusieurs coups de fusil retentirent.

L'Aigle-Rouge, réveillé en sursaut, ainsi que le chef indien couché près de lui, se hâta de sortir pour s'informer de ce qui se passait, malgré les efforts du Peau-Rouge pour le retenir.

Justice était faite, les prisonniers étaient morts, fusillés.

Les implacables chasseurs étaient occupés froidement à leur couper la tête, qu'ils plantaient sur des pieux aigus, enfoncés en terre.

Sur une planchette fixée à chaque pieu étaient tracés avec du sang ces deux mots :

Lynch Law,

explication sinistre de cette terrible exécution.

Les cadavres des suppliciés furent ensuite transportés dans la hutte, dont on n'enleva que les armes et les munitions de guerre, et, sur un signe de Bon-Affût, un des chasseurs mit le feu à la paillotte, qui bientôt fut en flammes.

Les trappeurs demeurèrent immobiles, froids et impassibles, appuyés sur leurs fusils, devant cette misérable demeure, jusqu'à ce qu'elle ne fût plus qu'un monceau de cendres.

XIII

COMME QUOI MILORD ÉVEILLA L'AIGLE-ROUGE, ET CE QU'IL LUI FIT VOIR

Malgré son courage de lion, ce fut cependant avec une terreur instinctive que le chasseur canadien assista à cet acte terrible de justice sommaire, si fréquemment exercée pourtant, même dans les États civilisés de la grande république américaine, mais dont, au Canada, il n'avait encore jusqu'alors jamais vu aucun exemple.

Tuer son ennemi bravement, en face, pendant le combat, lui semblait une action toute simple et même parfaitement justifiée par le cas de légitime défense qui dans le désert prime toutes les considérations ; mais le massacrer ainsi, froidement, sans défense, et pour ainsi dire sans jugement, lui paraissait presque un crime ; il se sentait intérieurement satisfait de n'avoir pas été acteur dans cette horrible tragédie.

Cependant, le digne géant avait tort ; il se laissait emporter par son excellent naturel et il ne réfléchissait pas que, dans une contrée sauvage où les lois n'existent point, ou, si elles existent, sont impuissantes pour protéger les particuliers, ceux-ci doivent se protéger eux-mêmes, et punir d'autant plus sévèrement ceux d'entre eux qui attentent à la vie ou à la propriété des autres.

Lorsqu'il ne resta plus qu'un monceau de cendres brûlantes d'où s'exhalait une odeur fétide et nauséabonde de chairs grillées et de vêtements brûlés de la hutte des bandits, les chasseurs s'éloignèrent et sortirent du bois.

Ils marchèrent silencieusement jusqu'au bord du Nebraska, où ils s'arrêtèrent pour préparer le repas du matin.

Leurs chevaux, gardés par quelques-uns de leurs compagnons demeurés exprès en arrière, mangeaient leur provende sous un bouquet de peupliers cotonniers.

Les chasseurs déjeunèrent gaiement, sans qu'il fût fait la moindre allusion à l'expédition sanglante qu'ils avaient terminée d'une si tragique manière ; puis, le repas fini, ils se levèrent pour repartir.

Bon-Affût s'approcha alors du Canadien et du chef comanche.

— Vous êtes étranger dans ces parages, dit-il au chasseur.

— C'est vrai! répondit-il franchement, voici la première fois que je viens par ici.

— Je l'ai deviné à votre émotion de ce matin, reprit-il d'une voix douce, mais triste; vous ignorez les lois terribles, mais nécessaires, de ces contrées; attendez pour juger que vous connaissiez mieux le terrain que vous foulez; notre rencontre a eu lieu dans des conditions bien sombres, mais j'espère que notre amitié n'en souffrira pas, et que vous me garderez la vôtre, comme je vous conserverai la mienne.

— Vous m'avez sauvé la vie; je vous en garderai une éternelle reconnaissance.

— Quant à vous avoir sauvé la vie, dit Bon-Affût en souriant, je n'en suis pas bien sûr; vous étiez, à mon arrivée, dans une excellente position, et vous ne sembliez nullement avoir besoin de mon aide; mais n'importe! ce ne saurait être dans tous les cas qu'un prêté pour un rendu entre nous; dans le désert, tous les honnêtes gens doivent faire cause commune contre les bandits. Vous ne me devez donc rien; je n'ai fait qu'accomplir un devoir en venant à votre secours.

Il retira alors son couteau de sa ceinture.

— Changeons de couteau, ajouta-t-il, conservez le mien, de même que je conserverai le vôtre; mon nom est écrit sur le manche, il servira de signe de reconnaissance entre mes amis et vous.

— Merci, dit vivement le chasseur, j'accepte avec joie cet échange; il y a un lien maintenant entre nous. Voici mon couteau; mon nom est gravé aussi sur le manche, c'est du reste une vieille coutume canadienne.

— Quant à vous, chef, ajouta Bon-Affût en s'adressant au guerrier peau-rouge, bien que nous ne nous fussions pas encore vus face à face, depuis longtemps déjà le bruit de vos exploits et de votre sagesse était venu jusqu'à moi; de plus, je sais que vous aimez les visages pâles; acceptez ce fusil de la main d'un ami; je vous demande seulement de ne jamais vous en servir contre des hommes de ma couleur, à moins que ces hommes ne soient des misérables, semblables à ceux qui ont, il y a une heure, reçu le juste châtiment de leurs crimes.

Le chef comanche saisit le fusil avec un mouvement de joie que, malgré toute sa puissance sur lui-même, il ne parvint pas à maîtriser.

— Bon-Affût est un homme sage et loyal, dit-il avec émotion; le fusil dont il arme l'Éclair sera bien placé entre ses mains; il apprendra à le manier, il ne s'en servira jamais que pour défendre une cause juste et protéger le faible contre le fort. Je remercie le chasseur; les paroles ne peuvent, comme je le voudrais, monter de mon cœur à mes lèvres, mais qu'il le sache bien, aujourd'hui comme dans vingt ans, si l'Éclair n'est pas retourné dans la terre des Esprits, il sera sur un mot, sur un signe, prêt à servir Bon-Affût. Et, arrachant de son cou une amulette faite d'une extrémité de corne de bison, dans laquelle deux perles d'une grande valeur étaient enchâssées, et qu'il portait attachée par une tresse de cuir de daim, il la présenta au Canadien : — Que mon frère prenne ce wampum, dit-il, et qu'il le garde sur sa poitrine ; quand il me sera remis en son nom, j'accourrai vers lui, sans hésiter, à la tête de ma tribu entière, s'il l'exige.

Bon-Affût s'inclina gravement, prit l'amulette et la suspendit à son cou.

— Maintenant, reprit-il, notre route n'est point la même ; nous suivons des sentiers différents : chacun de nous va où l'appelle son devoir ; je dis non pas adieu, mais au revoir à mes frères.

Et il les accola à la façon indienne.

Les autres chasseurs qui s'étaient approchés en firent de même, puis ils montèrent à cheval et, après un dernier geste d'adieu, ils se penchèrent sur le cou de leurs montures, lâchèrent la bride et s'éloignèrent ventre à terre : bientôt ils eurent disparu dans un pli de terrain.

Le Canadien et le chef comanche étaient seuls.

Le chasseur jeta un regard investigateur autour de lui, puis il se mit à boucler son havresac.

L'Éclair faisait jouer les batteries de son fusil d'un air pensif.

Tout à coup il releva la tête.

— Mon frère me quitte ? demanda-t-il.

— C'est selon, chef ; demeurez-vous ici ?

— Non ; et mon frère, où va-t-il ?

— Moi, ma foi ! pour être sincère, je l'ignore, chef.

— Ooah ! fit l'Indien avec surprise, mon frère ne sait point où il va !

— Je vous l'avoue, bien que cela paraisse extraordinaire.

— Que fait donc mon frère dans la prairie, alors ?

— Je cherche un homme.

— Je ne comprends pas mon frère ; peut-être a-t-il des secrets qu'il désire garder pour lui seul ?

— Vous ne me connaissez pas encore, chef ; je n'ai jamais eu de secrets et j'espère n'en avoir jamais. J'ai dit que je cherchais un homme, je me trompe, c'est un chasseur comme moi, un parent, un ami d'enfance.

— Ooah ! ceci est différent ; mon frère a sans doute un grand intérêt qui l'engage à chercher ce parent ?

— Moi ! pas le moins du monde. Nous sommes nés tous deux dans le même village d'une tribu huronne, nommée les Bisons-Hurons ; là-bas, bien loin, par derrière les grands lacs ; nous avons grandi côte à côte, nous aimant comme deux frères ; d'ailleurs je vous l'ai dit, chef, nous sommes très proches parents, cousins issus de germains ; donc, notre amitié est naturelle, n'est-ce pas ?

— Les cousins germains sont aussi proches parents que les frères, dit gravement le chef.

— C'est cela. Donc, il y a quatre mois, je rentrai au village de la tribu après une longue chasse du côté de la baie d'Hudson ; lorsque je me présentai à la hutte du père et de l'aïeul de mon frère, je les vis tristes, inquiets ; bien que leur accueil fût cordial et empressé, je crus m'apercevoir, cependant, qu'une profonde douleur était renfermée dans leur cœur ; n'osant pas les interroger, je m'adressai à la sœur de mon cousin, qui est la femme du chef le plus renommé de la tribu. En m'écoutant, elle soupira, et des larmes lui vinrent aux yeux; puis me prenant la main : « — Charles, c'est-à-dire l'Aigle-Rouge, me dit-elle, comment se fait-il que toi qui aimes tant mon frère, tu n'aies pas compris la cause de la douleur de mon père et de mon aïeul? Mon frère est parti, il y a quatre ans, pour les frontières du Mexique, et, depuis lors, nous n'avons pas reçu une seule fois de ses nouvelles; il devait ne demeurer qu'un an en voyage.

« Mon père pleure parce qu'il craint qu'il soit mort, et mon aïeul est désespéré parce qu'il a peur de mourir sans l'avoir embrassé une fois encore, et sans lui avoir donné sa bénédiction avant de se coucher dans la tombe.

« — C'est bien, répondis-je; merci, Rosée-du-Soir. Et je me rendis aussitôt dans la hutte des deux vieillards : « Séchez vos larmes et ayez bon espoir, mes « respectables cousins, leur dis-je; je vous ramènerai celui que vous regrettez « si vivement; demain, j'irai à sa recherche. » Ils tombèrent dans mes bras en sanglotant. Le lendemain, ainsi que je l'avais promis, je partis au lever du soleil. Voilà quatre mois bientôt que je suis en route; j'approche des frontières du Mexique; j'espère, si Dieu nous l'a conservé, avoir bientôt des nouvelles de mon cousin, le retrouver et le reconduire aux deux vieillards auxquels je dirai : « Soyez heureux, voilà votre enfant revenu! » Croyez-vous, chef, que leur satisfaction et leur bonheur ne me récompenseront pas amplement des fatigues que j'aurai éprouvées et des dangers que j'aurai courus? Voilà pourquoi, chef, ainsi que je vous le disais il n'y a qu'un instant, j'ignore où je vais : je cherche.

Le Comanche avait écouté le récit du chasseur avec la plus sérieuse attention; lorsqu'il se tut, il lui répondit, avec un accent d'admiration respectueuse :

— Mon frère est un cœur grand et généreux; je remercie le Wacondah de l'avoir placé sur ma route; je suis fier d'être son ami; son action est belle.

— Je ne mérite pas ces éloges, chef; ce que je fais est tout naturel. Les deux vieillards versaient des larmes qui me retombaient une à une sur le cœur : j'ai voulu leur rendre leur enfant. Quoi de plus simple?

— Rien, en effet; mon frère a raison, répondit le chef avec un sourire; mais, puisque mon frère ne sait où il va, qui l'empêche de me suivre? Nous voyagerons en compagnie.

— Je ne demande pas mieux, chef, car vous me plaisez, et je sens que je vous aime. Mais encore est-il important que je sache quelle direction vous comptez suivre.

— C'est juste, mon frère parle bien; ma route est la sienne; plusieurs de mes guerriers sont venus avec moi chasser la longue-corne dans cette contrée; ils doivent m'attendre à deux soleils au plus de l'endroit où nous sommes, à un rendez-vous que je leur ai désigné. Dès que nous les aurons rejoints, nous redescendrons du côté du rio Gila, vers les frontières du Mexique.

— Tout est pour le mieux; alors, c'est convenu, chef, je vous accompagne; à quelle distance sommes-nous de ces frontières?

— A vingt-cinq soleils, à pied.

— Hum! c'est beaucoup. Enfin, n'importe! l'essentiel, pour moi, est d'arriver.

— Mon frère sait-il monter à cheval?

— Oui, répondit-il en souriant, mais mon cheval a été piqué par une vipère aveugle, et le pauvre animal est mort, il y a un mois de cela.

— Bon! nous en trouverons un autre avant ce soir.

— Je ne demande pas mieux : il ne nous manquera plus que des harnais.

L'Indien sourit avec finesse.

— A deux heures de marche, j'ai un *sunjegwum*, dit-il.

— Alors, en route, chef, quand vous voudrez. Et il ajouta entre ses dents :

— Mon pauvre Balle-Franche, je serais si heureux de le revoir!

Le chef, qui s'était mis en marche, s'arrêta tout à coup, et se tournant vers le chasseur :

— Comment a dit mon frère? demanda-t-il vivement.

— Quand cela? répondit naïvement le géant.

— A l'instant, mon frère l'Aigle-Rouge a prononcé un nom.

— C'est vrai : j'ai prononcé le nom de mon cousin.

— Et il se nomme?...

— Balle-Franche.

— L'Aigle-Rouge est le cousin de Balle-Franche, le grand chasseur? s'écria l'Indien avec surprise.

— Je ne sais pas si Balle-Franche est un grand chasseur, répondit le géant avec simplicité ; mais ce que je puis assurer, c'est qu'il est mon cousin germain, et que nous nous aimons comme si nous étions frères.

Le chef posa la main sur l'épaule du chasseur, et il lui dit avec un accent ému qui allait droit au cœur de celui-ci :

— L'Eclair connaît Balle-Franche, le grand chasseur pâle; il est son ami; il conduira l'Aigle-Rouge vers lui.

— Est-ce possible? s'écria le Canadien avec une surprise qui lui coupa presque la parole; vous connaissez Balle-Franche?

— Je le connais.

— Et vous me conduirez vers lui?

— Je vous conduirai, mon frère.

— Vous savez donc où il est?

— A peu près : je connais ses territoires de chasse.

— Ah! fit le chasseur, enfin!...

Soudain, il s'arrêta, ôta son bonnet, joignit les mains, et, levant vers le ciel ses yeux remplis de larmes, qu'il laissait, sans y songer, couler sur ses joues brunies :

— Mon Dieu, soyez béni! s'écria-t-il avec ferveur, soyez béni, vous qui m'avez, à travers tant de périls, conduit jusqu'ici, grâce à votre toute-puissante bonté.

« Les vieux qui pleurent, là-bas, dans le village, ne mourront pas désolés; ils embrasseront encore leur enfant!

Il fit le signe de la croix, remit son bonnet, et jetant joyeusement son fusil sur l'épaule :

— Marchons, chef! dit-il gaiement : vous venez d'inonder mon cœur de

Avec son couteau, il enleva l'herbe par carrés à l'endroit qu'il voulait fouiller.

joie : allons, à quelque chose malheur est bon ! et maintenant, je plains presque les misérables qui m'ont voulu tuer : c'est Dieu qui me conduisait dans ce repaire pour que je vous y rencontre.

L'Indien sourit de la joie naïve de son ami, et il se remit en marche sans répondre.

La route se faisait gaiement : les Indiens sont, en général, très rieurs et très portés à la plaisanterie, lorsqu'ils sont entre eux ou avec des amis dans lesquels ils ont confiance.

Tout en marchant, l'Aigle-Rouge, voyant le chef assez embarrassé de l'arme que Bon-Affût lui avait donnée et dont il ne savait pas se servir, s'offrit gracieusement à lui enseigner à charger son fusil et à viser, ce que le chef accepta avec empressement.

Le chasseur était d'une adresse remarquable ; il tirait comme un Canadien ; à trois cents pas, il coupait sur l'arbre la queue d'une orange, sans endommager le fruit, c'est-à-dire au juger.

Il se mit aussitôt à l'œuvre, expliqua au chef le mécanisme de l'arme dont il démonta et remonta la batterie ; puis, lorsque le Peau-Rouge eut bien compris sa définition, ce qui ne fut pas long, car le chef devinait ce que le chasseur lui expliquait, presque sur ses lèvres, il lui enseigna à charger, en lui indiquant la dose de poudre nécessaire pour que le fusil n'eût pas un trop fort recul, et n'écartât pas trop ; comment la balle, enveloppée dans un cuir graissé, devait être repoussée avec la baguette dans le canon ; puis, tout cela bien compris, il passa au tir, démontrant au jeune homme de quelle façon il devait épauler.

L'Éclair était un écolier docile, intelligent, et qui surtout voulait apprendre ; après avoir tiré une dizaine de coups de fusil, il commença à ne pas viser trop mal ; il parvint même à blesser un daim que, pour ne pas le perdre, l'Aigle-Rouge arrêta net d'une balle dans la tête.

Le Comanche sauta littéralement de joie, lorsqu'il vit qu'il avait touché l'animal.

— Vous vous pressez trop, lui dit le Canadien ; c'est le défaut ordinaire des Peaux-Rouges ; mais, avec un peu d'expérience, vous vous corrigerez, et avant quelques jours je vous promets que vous serez un excellent tireur ; d'ailleurs je serai là pour vous conseiller ; je n'ai pas obtenu de si beaux résultats, moi, tant s'en faut, la première fois que je me suis exercé ; ayez donc patience.

Le chef sourit avec orgueil aux paroles de son ami.

Le daim fut vidé ; le géant le chargea sur ses puissantes épaules, et les voyageurs se remirent en route.

Vers quatre heures du soir, ils arrivèrent en face d'une île assez grande et parfaitement boisée, qui tenait le milieu de la rivière sur une longueur de près d'une lieue.

Ils se rapprochèrent du rivage.

— C'est là que nous allons, dit le chef.

— Bon ! répondit laconiquement l'Aigle-Rouge, sans s'inquiéter de la manière dont on atteindrait cette île, mais s'en rapportant complètement à son compagnon pour cela.

Au reste, il n'avait pas tort de se fier à lui : le Comanche s'était glissé au milieu des broussailles ; bientôt il reparut, dans une légère pirogue d'écorce de bouleau, et invita son compagnon à prendre place à ses côtés : ce que fit immédiatement celui-ci.

Quant à Milord, il préféra se mettre à l'eau.

Le fleuve était large à cet endroit; il leur fallut près d'un quart d'heure avant que d'aborder dans l'île.

Après avoir caché la pirogue dans les buissons, ils s'enfoncèrent sous la feuillée, précédés par Milord qui, lui, était arrivé bien avant eux.

Le bois dans lequel ils se trouvaient était fort touffu et embarrassé de lianes et de brousailles; il frappa du pied à un endroit où l'herbe était très touffue.

— Voilà le *sunjegwum*, dit-il.

— Le lieu est bien choisi, répondit le chasseur, et à l'abri de la curiosité des maraudeurs.

Un sunjegwum est tout simplement une cache, c'est-à-dire un trou fait dans la terre; trou dans lequel les Peaux-Rouges, et même les trappeurs et les chasseurs blancs, enfouissent les objets précieux qu'ils possèdent, qu'ils ne peuvent emporter avec eux pour une raison ou pour une autre et qu'ils se réservent de venir prendre plus tard.

Les objets, quels qu'ils soient, enveloppés soigneusement dans des peaux de bison pour les préserver de l'humidité, sont placés dans la cache qui est ensuite comblée, avec une adresse extrême, afin de ne pas laisser de traces du trou qui a été fait.

Il existe une énorme quantité de ces caches dans les déserts; beaucoup, dont les propriétaires sont tués à l'improviste, sont perdues; d'autres, malgré toute l'adresse employée pour les dissimuler, sont découvertes par les maraudeurs, toujours aux aguets, et pillées par eux sans le moindre scrupule.

— Fouillons-nous tout de suite? demanda le Canadien.

— Oui, reprit le chef, mais mon frère fouillera tout seul, tandis que moi j'irai à la découverte, pour tâcher de lacer des chevaux; il y en a près d'ici : de cette façon, nous ne perdrons pas de temps : à mon retour, j'aiderai mon frère à recombler le sungjewum; nous camperons dans l'île, et demain, au lever du soleil, nous nous mettrons en route, mais à cheval, cette fois.

— C'est convenu! Allez, chef! répondit seulement le chasseur.

L'Indien laissa son fusil, son arc et ses flèches, ne prit que son couteau à scalper et sa *reata*, et, se glissant comme un serpent à travers les buissons, il disparut.

Le chasseur, dès qu'il fut seul, se mit à l'œuvre, après avoir toutefois placé Milord en sentinelle, de crainte de surprise.

Il commença par étaler des couvertures et des zarapés par terre, puis, avec son couteau, il enleva l'herbe par carrés, à l'endroit qu'il voulait fouiller, posa ces carrés en pile sur un coin de l'un des zarapés; se mit à enlever la terre avec précaution, et la jeta au fur et à mesure sur les couvertures préparées à cet effet.

Les outils dont il se servait étaient peu commodes; son travail avançait lentement, d'autant plus qu'il prenait soin de ne pas laisser tomber de terre en dehors des couvertures : il lui fallut plus de deux heures pour atteindre la peau de bison placée au-dessus des objets déposés dans la cache.

Arrivé là, il s'arrêta, ne voulant pas aller plus loin avant le retour du chef.

Mais, comme le soleil se couchait, il s'occupa à ramasser du bois sec, alluma du feu et prépara le souper.

La nuit était complète depuis environ deux heures, lorsque Milord fit entendre un grondement sourd : le Canadien lui imposa silence, et, s'embusquant derrière un énorme tronc d'arbre, il attendit, le doigt sur la détente du fusil.

Mais bientôt il entendit un pas de chevaux dans les broussailles et la voix du chef qui l'appelait.

Il quitta alors son embuscade et alla à sa rencontre, en laissant Milord à la garde du camp.

L'Éclair avait lancé deux mustangs magnifiques, pleins de feu, et qui ne paraissaient pas trop farouches.

Lorsque les animaux furent solidement entravés pour qu'ils ne s'échappassent point pendant la nuit, et que du fourrage eut été déposé devant eux, les deux coureurs des bois songèrent alors à eux-mêmes et, s'asseyant en face l'un de l'autre, ils commencèrent leur repas, dont ils abandonnèrent ensuite les reliefs à Milord.

Le souper terminé et un coup d'œil donné aux chevaux, qui broyaient gaiement leur provende à pleine bouche, on visita la cache.

Elle était profonde et bien munie de toutes les marchandises qu'on y avait déposées; elles étaient sèches et en parfait état de conservation.

Le chef en retira deux harnais complets, deux fouets dont le manche était en corne d'assatha (les Indiens ne se servent jamais d'éperons); deux magnifiques peaux de panthère pour placer sur les selles, deux longues cornes de bison remplies de poudre, deux sacs en peau de daim, pleins de balles; deux pierres à fusil, une *reata* en cuir, tressée très serré, et une hache assez pesante pour le chasseur; puis, après s'être choisi chacun une paire d'élégants *moksens* pour remplacer ceux qu'ils avaient aux pieds et qui étaient usés, ils enveloppèrent de nouveau les marchandises qui restaient, les enfouirent dans la , cache les recouvrirent avec des peaux de bison et rejetèrent la terre par-dessus, en ayant soin de la tasser au fur et à mesure; les carrés d'herbe furent ensuite replacés, soigneusement arrosés à deux ou trois reprises, les couvertures relevées et secouées dans la rivière, de sorte que pas une parcelle de terre n'était tombée, et, dès que l'herbe aurait repris, ce qui était l'affaire d'un jour, il serait impossible de découvrir la place où se trouvait la cache.

Ce travail minutieux avait pris beaucoup de temps; il était plus de onze heures du soir lorsqu'il fut terminé.

— Que mon frère dorme, dit le chef, l'Éclair veillera.

— C'est inutile, répondit le chasseur; dormez, chef; nous avons pour nous garder une sentinelle plus sûre et plus vigilante que nous ne pourrions l'être vous et moi, malgré notre expérience du désert.

Et appelant le molosse :

— Veille! Milord, mon garçon! lui dit-il.

La bonne bête remua la queue, regarda son maître de ses grands yeux dans lesquels brillait une intelligence presque humaine, et alla s'accroupir dans un fourré.

Le Canadien recouvrit le feu, puis les deux voyageurs s'étendirent sur l'herbe, s'enveloppèrent dans leurs couvertures, et, cinq minutes plus tard, ils dormaient à poings fermés.

La nuit était magnifique, le ciel était diamanté d'étoiles étincelantes, la lune répandait à profusion les rayons de sa lumière blanchâtre, une brise folle se jouait dans les branches des arbres et leur imprimait un mouvement qui produisait un mystérieux murmure.

Le Canadien était au meilleur et au plus profond de son sommeil, lorsqu'il se sentit tirer par sa couverture; il ouvrit aussitôt les yeux et regarda.

C'était Milord qui l'avait éveillé.

Le chasseur connaissait son chien; il prit son fusil dont il visita l'amorce, et, faisant un signe à l'intelligent animal qui semblait l'attendre, il s'enfonça à sa suite dans les buissons, en rampant comme un serpent, mais avec une adresse et une légèreté de mouvements telles qu'il ne produisait pas le plus léger bruit.

Arrivé sur la lisière même du bois, Milord s'arrêta.

L'Aigle-Rouge comprit qu'il ne devait pas aller plus loin; il se releva sur les genoux et regarda.

En face de lui, s'étendait une espèce de plage de sable, d'une cinquantaine de mètres de large au plus; grâce à la lune qui éclairait presque comme en plein jour, le chasseur aperçut plusieurs hommes groupés autour d'un buisson éloigné de quelques mètres à peine de l'endroit où il se trouvait; deux pirogues étaient tirées hors de l'eau et gisaient sur le sable.

Ces hommes, revêtus pour la plupart de costumes sordides, tenant le milieu entre celui adopté par les chasseurs blancs et le vêtement indien, étaient au nombre de douze, tous bien armés; ils buvaient et mangeaient tout en causant à voix haute, en hommes qui se croient assurés de ne pas être espionnés. Cependant, ils avaient eu la précaution de ne pss allumer du feu, ce qui dénotait le désir de ne pas être aperçus de loin.

Deux de ces hommes étaient des blancs ou du moins des sang-mêlé; les dix autres étaient des Indiens Sioux, ainsi qu'il était facile de le reconnaître à leur chevelure relevée en forme de casque; parmi eux se trouvait un chef, homme d'une quarantaine d'années environ, aux traits durs enfoncés sous l'orbite, mais brillants comme ceux d'une bête fauve, aux formes musculeuses et à la mine altière; les nombreux *coups* dessinés sur sa poitrine et les longues queues de loup attachées à ses talons, ainsi que la plume d'épervier plantée droite dans sa touffe de guerre, le désignaient comme un guerrier renommé.

Les deux sang-mêlé étaient accroupis à sa droite et à sa gauche : par un hasard singulier, ces trois hommes faisaient face au chasseur, ce qui permit à celui-ci de les examiner tout à son aise, et de bien graver leurs traits dans sa mémoire.

Le plus âgé des sang-mêlé était un homme de moyenne taille, trapu, vigoureusement charpenté, à la face ignoble, aux regards louches et à la physionomie méchante et rusée; il y avait du tigre et du serpent dans cet homme dont le sourire railleur faisait froid au cœur.

Le second était un grand jeune homme d'une vingtaine d'années au plus, bien fait, élancé, aux traits réguliers, beaux et intelligents, mais gâtés par une expression de perversité précoce et de méchanceté cynique; ses grands yeux noirs, toujours en mouvement, avaient dans le regard quelque chose de vague et même d'égaré; son torse était celui de l'Antinoüs antique, mais avec des lignes plus fermes et les muscles saillants d'un athlète.

C'était lui qui parlait au moment où le chasseur atteignit la lisière du bois.

— C'est ainsi, disait-il d'une voix brève, le Moqueur est un chef renommé, j'attends sa réponse. Est-il, oui ou non, l'ami de son frère le Vautour-Fauve et celui de Gypaète?

— Serais-je ici sans cela? dit ironiquement le chef qu'on avait nommé le Moqueur.

— Ce n'est pas répondre, reprit le jeune homme avec une certaine violence. Je n'ai que faire de vos circonlocutions indiennes, chef; parlez comme un homme, et faites-moi connaître sans détour le fond de votre pensée.

— Le Vautour-Fauve est vif; son sang est jeune, il est bouillant, repartit l'Indien. Le Moqueur est un chef, lorsqu'il a donné sa parole à un ami, il ne la retire pas; tout ce qu'il a promis, il le fera, mais mon frère tiendra, lui aussi, la promesse qu'il lui a faite.

— Je tiendrai ma promesse, reprit le jeune homme, sans hésitation comme sans crainte, dès que l'occasion s'en présentera; d'ailleurs, n'ai-je pas maintenant une vengeance terrible à exercer contre ceux qui ont brûlé ma hutte et massacré ceux que j'appelais mes frères? Que le chef se rassure; je tiendrai plus que je n'ai promis.

— J'en suis garant, dit en ricanant le second sang-mêlé; le Vautour-Fauve est jeune, mais personne, que je sache, pas même moi, ne le surpasse en audace, en finesse et en duplicité. Soyez tranquille, chef.

— Tais-toi, Gypaète, s'écria le jeune homme avec colère, qu'ai-je besoin de tes assurances, fils d'une chienne apache que tu es!

— N'insulte pas la plus malicieuse coquine de toute la prairie, répondit le Gypaète d'une voix mielleuse; elle a depuis longtemps déjà rendu son âme au diable, le cou pris dans un nœud coulant.

— Oui, que l'on assure avoir été serré par toi-même, fit le jeune homme avec mépris.

— Qui sait? reprit l'autre en ricanant, il y a tant de mauvaises langues au désert.

— Le Vautour-Fauve a découvert des pistes? demanda le Moqueur, en interrompant cette altercation qui menaçait de devenir orageuse entre les deux associés.

— Trois, répondit le jeune homme : d'abord celle des assassins de mes anciens associés, que j'ai provisoirement négligée, parce que je suis certain de la retrouver plus tard, quand il me plaira; la seconde, celle du Canadien et de son chien maudit et du chef comanche que j'ai perdue aux environs du lieu où nous sommes.

— Peut-être sont-ils passés dans l'île, dit vivement le chef.

— Ce n'est pas probable; la rivière est large, ils n'ont pas de chevaux, et je n'ai trouvé ici aucune trace de pirogue; quoique la rivière soit peu profonde et facile à traverser à gué, avec des chevaux, à pied, cela est impossible; je n'ai vu que les traces des pas de chevaux sauvages qui, sans doute, ont passé, comme cela leur arrive souvent, d'une rive à l'autre de la rivière ; d'ailleurs, cette piste n'est pas importante pour nous. Que nous font ces deux hommes? Ils sont seuls et hors d'état de nous nuire.

— Peut-être, cher ami, dit le Gypaète; souviens-toi qu'un ennemi, si faible et si seul qu'il soit en apparence, est toujours à redouter.

— Tu es un idiot! Je n'ai que faire de tes observations.

— A ton aise, mon garçon, reprit-il avec son éternel ricanement.

Le Vautour-Fauve haussa dédaigneusement les épaules et continua en s'adressant au chef :

— Quant à la troisième piste, dit-il, celle-là c'est une autre affaire; je l'ai suivie avec joie, c'est presque une caravane; elle se compose au moins de trente individus : ce sont des faces pâles; ils ont de nombreux bagages; ils doivent être riches; il y a des femmes avec eux.

— Hugh! fit le chef, trente, c'est beaucoup!

— Qu'importe cela? Ne pouvez-vous pas, au besoin, réunir le double et même le triple de guerriers, s'il le faut?

— Oui, mais le Moqueur est un chef prudent; la vie de ses jeunes hommes lui est précieuse; il ira lui-même voir ces faces pâles.

— Comme il vous plaira, chef, je ne demande pas mieux.

— Où sont-ils campés?

— Près du Brûlis de la Longue-Corne, à huit lieues d'ici: d'ailleurs, ils sont faciles à reconnaître et à suivre, ils se dirigent vers l'Est. Voulez-vous que je vous accompagne?

— Le Moqueur n'a besoin de personne avec lui, répondit sèchement le chef; il sait faire une reconnaissance.

— Et en profiter au besoin, fit observer en ricanant le Gypaète.

— Bon! laisse-le faire; s'il avise de me tromper, il le payera plus cher qu'il ne croit, dit le Vautour-Fauve. Quand comptez-vous exécuter cette reconnaissance, chef ?

— Mes jeunes hommes vont à l'instant descendre dans la pirogue; le Moqueur part avec eux.

— C'est bien! Et moi, quand vous verrai-je?

— Demain, à la même heure que cette nuit, sur la colline du Serpent.

— Soit, mon compagnon et moi nous y serons : mais franc jeu, surtout, ou sinon...

— Un chef a parlé, interrompit sèchement le Moqueur.

Le Vautour-Fauve se leva en grommelant; il fit un geste au Gypaète qui le suivit; tous deux remontèrent dans la plus petite des deux pirogues, et ils s'éloignèrent aussitôt.

Au bout d'un instant, les Sioux se levèrent à leur tour; pas un mot n'avait été prononcé depuis le départ des sang-mêlé.

Les Sioux mirent leur pirogue à l'eau, s'embarquèrent et s'éloignèrent dans une direction différente que celle prise par le Vautour-Fauve et ses compagnons.

Le Canadien regagna son campement : il était songeur ; cependant, comme le chef Comanche dormait toujours, et qu'en somme rien ne pressait, il jugea inutile de le réveiller, s'étendit auprès de lui et presque aussitôt reprit son sommeil si brusquement interrompu. Milord s'était bravement remis en sentinelle.

On voit, par ce qui précède, que les voyageurs pouvaient avoir confiance dans la sagacité et l'intelligence de la bonne bête.

XIV

CE QUE C'ÉTAIT QUE LA CARAVANE DONT LE VAUTOUR-FAUVE AVAIT PARLÉ AU MOQUEUR

Nous abandonnerons pendant quelque temps les deux coureurs des bois ; nous les laisserons paisiblement endormis dans l'île, sous la garde vigilante du brave Milord, et nous nous transporterons au Brûlis de la Longue-Corne, près duquel, ainsi que le Vautour-Fauve l'avait annoncé au chef sioux, le Moqueur, une nombreuse caravane, composée entièrement de visages pâles, était campée depuis le coucher du soleil.

Cette caravane était nombreuse, en effet ; plus nombreuse même que ne l'avait dit le Vautour-Fauve, soit qu'il eût eu l'intention de tromper son associé, ou soit que, contraint de se tenir à l'écart afin de ne pas être aperçu, il se fût trompé lui-même et eût mal compté, ce qui est plus probable ; en réalité, cette caravane était du triple au moins plus forte qu'il ne l'avait annoncé.

Il y avait d'abord, chose extraordinaire à cette époque, et qui dénotait que, quels qu'ils fussent, ces voyageurs étaient puissamment riches, seize énormes wagons, attelés chacun de quatre mules, auxquelles, dans les passages difficiles, on adjoignait pareil nombre de bœufs.

Venaient ensuite deux grandes litières, en forme de palanquins, carrées, garnies de rideaux et attelées de deux mules, une devant, l'autre derrière, et dix mules chargées chacune d'un double ballot de marchandises ou de bagages.

Trente hommes, jeunes, vigoureux, bien armés, suffisaient à peine pour surveiller et soigner cet immense matériel ; ces trente hommes allaient ordinairement à pied, auprès des wagons qu'ils étaient chargés de conduire, ou bien, ils s'asseyaient sur une banquette placée sur le devant de ces wagons ; au premier signal, ils sautaient sur des chevaux constamment harnachés, prêts à être montés, et qui étaient attachés par une longe à l'arrière de chaque wagon.

Une troupe de cavaliers, divisés en deux escadrons de vingt hommes

Des éclaireurs à pied surveillaient la prairie et fouillaient les buissons.

chacun, se tenait, la première moitié en avant, la seconde en arrière de la caravane.

Ce n'est pas tout : sur les flancs, dix à droite, dix à gauche, des éclaireurs, à pied ceux-là, surveillaient la prairie et fouillaient les buissons.

Par surcroît de précaution, une avant-garde de dix cavaliers se tenait toujours à une portée de fusil en avant.

Ce n'était pas seulement une caravane, c'était presque une expédition militaire.

Trois cavaliers, les deux premiers âgés de quarante ans environ, à la tournure martiale, au regard ferme et doux à la fois, aux traits énergiques, au teint hâlé, le troisième, âgé de près de soixante-dix ans, mais encore vert, droit et ferme sur sa selle, à l'œil perçant et aux traits durs et accentués, paraissaient être les chefs de cette formidable troupe, et marchaient le front en avant de la caravane.

Un enfant d'une dizaine d'années, mais déjà fort pour son âge, aux grands yeux bleus et étonnés, à la chevelure blonde, bouclant sur les épaules, monté sur un cheval proportionné à sa taille, se tenait sur la même ligne que les trois cavaliers, avec l'un desquels il avait une ressemblance frappante.

A droite et à gauche du cheval de cet enfant marchait gravement un énorme molosse, presque aussi haut que l'animal qu'il escortait et appartenant à cette race terrible que les Espagnols avaient amenée en Amérique et dont les colons se servaient pour faire la chasse aux esclaves et la guerre aux Indiens.

Cette caravane se composait donc, non pas d'une trentaine d'hommes, ainsi que le Vautour-Fauve l'avait déclaré, mais bien de cent trois hommes, résolus, bien montés et bien armés.

Il était évident, à cause des précautions extrêmes prises par les voyageurs, que le sang-mêlé ne les avait observés qu'à une longue distance; de là l'erreur involontaire sans doute qu'il avait commise.

Ces cavaliers portaient uniformément un costume gris de fer, composé d'un chapeau à larges bords et de forme basse, d'une jaquette en drap sur laquelle était passée une blouse de chasse, de culottes de peau de daim et de guêtres montant au-dessus du genou et ne gênant en rien la marche ni même la course; une ceinture de cuir leur serrait la taille; dans cette ceinture étaient passés une cartouchière, un sabre droit à fourreau de fer, une paire de pistolets et une gourde.

Leur selle était la selle mexicaine, bourrée de couvertures; ils avaient une seconde paire de pistolets aux arçons, une carabine de fabrique française et à baïonnette en bandoulière, des alforjas aux doubles poches attachées sous la selle, et chacun portait en croupe de son cheval un porte manteau contenant probablement du linge et quelques effets de rechange.

Au moment où nous avons rencontré la caravane, elle achevait de gravir une colline assez élevée, formant accore sur le bord même du Nebraska, au-dessus duquel elle s'avançait presque à pic.

Bien que les environs de cette colline et ses pentes fussent dénués d'arbres et même de buissons, le sommet était complètement boisé.

C'était une excellente position en cas d'attaque; une surprise était presque impossible.

La caravane se préparait à camper; il était six heures du soir et le soleil disparaissait majestueusement dans des flots de pourpre et d'or derrière les pics neigeux des montagnes qui formaient l'horizon.

Cette opération du campement, ordinairement si difficile, fut opérée avec une prestesse et un ordre admirables.

Tandis que les uns dételaient les wagons, après les avoir rangés en croix de Saint-André, et les rattachaient les uns aux autres par de lourdes chaînes, d'autres enlevaient les harnais aux chevaux et aux mules, remplissaient l'espace laissé libre entre les wagons avec les ballots de façon à former un rempart, et, sous l'escorte de quelques cavaliers, conduisaient les animaux à la rivière ; d'autres enfin plantaient des piquets, formaient une espèce de parc, et au centre même du camp, dressaient trois tentes assez rapprochées et placées en équerre.

Les retranchements établis, les chevaux revenus de l'abreuvoir et les tentes dressées, travail qui demanda moins d'une heure, tant les voyageurs travaillaient avec ordre, adresse et intelligence, on retira d'un wagon deux affûts posés sur plate-forme mobile. Ces affûts furent installés à chaque angle du camp du côté de la plaine ; deux légères pièces de montagne, portées facilement par quatre hommes, furent à leur tour retirées du même wagon, posées sur les affûts et masquées par des ballots faciles à enlever au premier signal.

Puis on alluma les feux, et chacun s'occupa de son repas.

Les bœufs avaient été installés dans le parc préparé pour eux ; les chevaux et les mules attachés à des piquets plantés en terre ; les animaux mangeaient déjà à pleine bouche leur provende.

Les chefs, après avoir présidé à l'installation du campement, s'approchèrent des palanquins qu'ils ouvrirent.

Du premier, descendit une jeune femme, fort belle et n'ayant pas encore dépassé la trentaine, mais pâle et paraissant souffrante malgré les efforts qu'elle faisait pour sourire au cavalier qui, après l'avoir reçue dans ses bras et lui avoir mis un baiser au front, la posait délicatement à terre.

Dans le second palanquin se trouvaient deux jeunes femmes au minois espiègle, à l'œil mutin et à la taille cambrée, attachées au service de la première dame ; elles sautèrent légèrement à terre et suivirent leur maîtresse dans la première tente.

Puis les palanquins furent emmenés et dételés.

Au bout d'un instant, un grand gaillard de quarante-cinq ans environ, bien découplé, s'approcha des trois chefs de la caravane qui causaient entre eux à voix basse en inspectant la campagne, se découvrit respectueusement et salua.

— Que veux-tu, Tête-de-Plume ? lui dit un de ses chefs.

— Moi, rien, mon général ; c'est Mme la marquise qui vous fait prévenir que le souper est servi.

— Tu sais que je t'ai vingt fois défendu de te servir de ce titre.

— C'est une habitude prise, mon général, je ne puis pas faire autrement.

— Va ! tu n'es qu'un Breton entêté.

— Comme vous, général, puisque nous sommes de la même paroisse.

Les trois hommes se mirent à rire.

— Bien répondu, mon gars ! dit le plus vieux des trois.

— Oh! toi, fit en souriant le général, j'étais sûr que tu le défendrais.

Et ils entrèrent dans la tente où la dame les avait précédés de quelques instants seulement.

Sur le seuil, le général se retourna.

— Tête-de-Plume! dit-il.

— Mon général.

— Appelle le chef des guides.

Tête-de-Plume salua et se retira.

La table était dressée avec une somptuosité à laquelle on aurait certes été loin de s'attendre, non seulement au désert, mais encore, à cette époque, dans la plupart des villes de la république américaine.

Il y avait six couverts.

Au bout d'un instant le chef des guides parut.

C'était un jeune homme de vingt-huit ans à peine, aux traits fins et intelligents, à l'œil bien ouvert et à la taille haute, bien prise et dénotant une grande vigueur.

— Vous avez à me parler, mon général? demanda-t-il après avoir respectueusement salué les personnes présentes.

— Oui, mon cher Balle-Franche, répondit le général avec cordialité; mais d'abord je vous prie de partager notre repas.

— Mon général... un si grand honneur...

— Vous est dû, Balle-Franche; vous êtes un de ces hommes au cœur droit et à l'âme honnête comme je les aime, et comme malheureusement on en rencontre si peu; acceptez donc sans cérémonie; un refus me peinerait fort.

— J'accepte, mon général.

— Merci! mettez-vous là, tenez, entre le général Kergras et moi, et maintenant, à table!

On s'assit, et le repas commença, servi par les deux gentilles caméristes.

La femme du général mangeait peu et du bout des lèvres; mais elle faisait d'une façon charmante les honneurs de la table, surveillait les besoins des convives, leur offrait avec un sourire engageant les mets qu'ils semblaient préférer, et veillait surtout attentivement sur son fils, placé à son côté, entre elle et son mari.

Le premier appétit calmé, la conversation, d'abord languissante, s'anima peu à peu, et bientôt devint assez vive entre les quatre hommes, car la femme du général n'y prenait que peu de part et se bornait seulement à répondre aux questions que parfois on lui adressait.

Lorsque le dessert eut été entamé, la femme du général se pencha en souriant vers les convives :

— Messieurs, dit-elle, je vous demande la permission de me retirer, je me sens un peu fatiguée.

— Allez, Andrée, ma chère âme, dit le général, vous avez en effet besoin de repos, bientôt je vous rejoindrai. Je désire causer quelques instants avec vous avant que vous ne vous livriez au sommeil.

— Je vous attendrai, mon ami, répondit-elle en se levant.

Son fils l'imita, courut à son père et lui fit une chaîne de ses bras autour du cou.
— Bonsoir, père ! lui dit-il en l'embrassant.
— Bonne nuit, Alain ! répondit le général, n'oublie pas ta prière.
— Nous la dirons ensemble, ma mère et moi, mon père.
— C'est cela, mon enfant ; Dieu, qui est clément et juste, exaucera les vœux de ses anges.
— Bonsoir, mon parrain ! reprit l'espiègle en embrassant le général Kergras.
— Bonsoir, filleul ! répondit celui-ci en l'enlevant dans ses bras ; je suis content de toi, Alain, tu deviens un homme.
— Je tâcherai de toujours vous satisfaire, parrain ; vous êtes si bon pour moi ! Bonsoir, mon ami Cœur-d'Acier, ajouta-t-il en s'adressant au plus âgé des trois personnages.
— Bonsoir, gentil espiègle ! Et il l'embrassa.
L'enfant s'approcha alors du chasseur, et lui sautant au cou :
— A demain, mon ami Balle-Franche, lui dit-il d'un air câlin ; je t'aime bien, va ! Tu m'apprendras à me servir d'un fusil aussi bien que toi, n'est-ce pas ?
— Je tâcherai, mon enfant.
— Merci ! s'écria-t-il en faisant une joyeuse cabriole.
Courant alors à sa mère qui le regardait avec un doux sourire, et lui prenant la main :
— Viens, maman, lui dit-il ; tu es fatiguée, pauvre mère ; viens te reposer.
Ils sortirent la main dans la main et passèrent dans un autre compartiment de la tente.
Sur un geste du général, les caméristes suivirent leur maîtresse.
— Maintenant que nous sommes seuls, causons, messieurs, dit le général ; et, d'abord, ajouta-t-il en saisissant un flacon, permettez-moi de vous verser un verre de cet excellent rhum de la Jamaïque.
Chacun tendit son verre, et but.
— Balle-Franche, mon ami, reprit le général, je désire vous demander certains renseignements.
— Je vous écoute, mon général, répondit le chasseur.
— Voici deux mois à peu près que nous avons quitté Arkapolis.
— Little-Rock, oui, mon général.
— Je vous avais chargé de me choisir, vous-même, un certain nombre d'hommes sur lesquels je pusse compter.
— Mon général, ces hommes ont été choisis par moi avec le plus grand soin ; ce sont tous des Canadiens Bois-Brûlés, vieux coureurs des bois émérites, braves et surtout dévoués, que je connais depuis longtemps et que j'ai éprouvés en maintes circonstances difficiles. Je serais désolé que vous ayez à vous plaindre d'eux.
— Je ne dis pas cela, Balle-Franche.
— Je comprends votre pensée, mon général.
— Quelle est-elle ? Voyons si vous la comprenez réellement.

— Oh! c'est bien facile! Il vous semble, depuis quelques jours, que les choses ne vont pas tout à fait comme elles devraient aller; vous avez entendu quelques murmures, quelques plaintes, peut-être, n'est-ce pas, mon général?

— En effet, Balle-Franche, c'est cela même; je vous avoue que ce mécontentement qui se produit dans ma troupe, et dont la cause m'échappe, me préoccupe, m'inquiète même, s'il faut tout dire. De quoi se plaignent-ils? Qu'ont-ils à me reprocher? Ne sont-ils pas bien payés, bien nourris, bien vêtus, bien traités? Enfin, que demandent-ils de plus?

Le chasseur hocha la tête sans répondre.

— Voyons, reprit le général, expliquez-moi ce qui se passe, mon ami. Vous devez le savoir, vous, que diable! Pourquoi hésiter? Croyez-vous que je vous garderai rancune de votre franchise? Si j'ai eu des torts involontaires, dites-le-moi nettement, je les réparerai, si cela est possible.

Le chasseur hocha la tête à plusieurs reprises.

— Vous m'ordonnez de parler nettement et franchement, n'est-ce pas, mon général? dit-il avec une certaine hésitation.

— Oui, mille fois oui, mon ami; je vous l'ordonne; je veux tout apprendre, et savoir à quoi m'en tenir, une fois pour toutes.

— Mon général, il est évident que je suis ici pour vous obéir; mais ce que vous demandez de moi est bien difficile.

— Pourquoi donc cela?

— Parce que, général, je suis tout d'abord contraint de vous dire que vous êtes seul cause de tout ce qui arrive.

— Moi?

— Oui, mon général; indirectement et sans le savoir, bien entendu.

— Ah! parbleu! mon ami, ceci demande une explication, et je serais heureux que vous me la donniez.

— Croyez bien, mon général, que je suis désolé...

— De quoi, mon ami? de ce que, connaissant mieux que moi les coutumes du pays où nous sommes, et le caractère des gens auxquels nous avons affaire, vous avez vu les fautes que mon ignorance m'a fait commettre? Eh! mon ami, on n'acquiert l'expérience qu'à ses dépens : je ne sais rien des choses du désert américain, moi, instruisez-moi, je ne demande pas mieux, et, loin de vous en vouloir, je vous serai, au contraire, reconnaissant; ainsi, parlez sans crainte, je vous le répète.

— Puisqu'il en est ainsi, mon général, et que je suis excusé d'avance...

— Parfaitement, mon ami, allez; je vous écoute avec la plus sérieuse attention.

Le Canadien réfléchit pendant quelques secondes, puis enfin il releva la tête et reprit :

— Mon général, vous vous souvenez, dit-il d'une voix ferme, que, chargé par vous, à Arkapolis, d'engager des hommes pour la campagne que nous faisons maintenant, je choisis de préférence des Canadiens, et je vous en amenai soixante qui, tous, furent acceptés par vous?

— En effet, Balle-Franche, je me rappelle parfaitement cela; je me souviens aussi que vous me dîtes alors : « Il vous manque encore dix hommes pour compléter, avec vos trente Bretons, le nombre d'engagés dont vous avez besoin; ces dix hommes, avant deux jours, je vous les fournirai. — Des Canadiens? demandai-je, non, Balle-Franche, je n'en veux plus ; complétons notre troupe avec des hommes de ce pays.

— Justement, mon général, et comme je baissais la tête et que je semblais être mécontent...

— Je me mis à rire et je vous dis : Vous aimez trop vos compatriotes, Balle-Franche.

— En effet, mon général. Je n'insistai pas et je me retirai; j'eus tort, parce que si je vous avais dit alors ce que je suis obligé de vous dire aujourd'hui, vous n'auriez pas engagé ces chiens de Yankees et nous n'en serions pas où nous en sommes.

— C'est possible, mais vous ne m'avez rien dit; d'ailleurs, je ne vois pas, jusqu'à présent, l'importance du fait que vous me reprochez.

— Mon général, le Yankee a l'esprit inquiet, impatient; tout joug, si doux qu'il soit, lui est insupportable. Son naturel est aventureux ; il aime le changement par-dessus tout; le caprice est sa ligne ordinaire de conduite; il fera cinq cents lieues tout d'une traite, mais à son aise, selon ses goûts, marchant ou s'arrêtant où l'envie lui en prendra; de plus, il aime la terre; il tient au sol surtout; son bonheur suprême est de faire tomber les forêts sous les coups répétés de sa cognée, de défricher, de labourer et de fonder des plantations ; il est chasseur, mais à son corps défendant, pour sa défense personnelle ou pour ne pas mourir de faim; d'ailleurs, la chasse ou le trappage ne rapportent rien ou fort peu, et l'instinct secret de son organisation le pousse vers le commerce et le lucre qui en découle.

« Le Yankee ne sera réellement heureux que lorsqu'il aura réussi à dépouiller ce malheureux pays de toutes ses magnifiques forêts, et fondé à la place des comptoirs, des fabriques, tracé des routes et édifié des villes. Me comprenez-vous, mon général?

— A peu près, Balle-Franche, mais continuez, mon ami.

— Le Yankee aime à pérorer, à prêcher si vous le préférez; il a besoin qu'on l'écoute et qu'on l'admire ; le désert l'effraye, les forêts l'épouvantent parce qu'on y vit seul, livré à soi-même, face à face avec les grandes œuvres de Dieu ; aussi, sur mille coureurs des bois, compte-t-on à peine deux Yankees, et encore, de ces deux, l'un est un sang-mêlé. Les chasseurs sont tous Canadiens, Louisianais ou Mexicains: ce sont, en général, des hommes sobres, probes et braves; que la lutte qu'ils soutiennent contre les Peaux-Rouges et la misère a endurcis à la fatigue, et qui, habitués aux sublimes spectacles des immenses dômes de verdure des forêts vierges, sont devenus meilleurs à l'aspect de ces grandioses créations du Tout-Puissant. Les Yankees que, de loin en loin, on rencontre dans la savane, sont des maraudeurs ou des pirates ; ceux qui fondent des défrichements sur la limite du désert, sont des *squatters*, mot qu'ils ont inventé et qui est presque synonyme de voleurs; en effet, que sont ces squatters? des émigrants, venus on ne sait d'où, qui s'établissent dans le lieu qui leur paraît le plus convenable et qui, lorsque le propriétaire leur réclame son terrain, le reçoivent à coups de fusil, déchirent ses titres à son nez, le tuent même s'ils le peuvent et se maintiennent envers et contre tous, s'ils sont les plus forts, sous prétexte que possession vaut titre et qu'ils usent de leur droit de premiers occupants ; voilà quels sont les Yankees sur la frontière indienne et au désert ; quelle confiance voulez-vous avoir en des hommes comme ceux-là pour un voyage comme celui que nous faisons, qui est dangereux, fatigant, ne leur rapporte qu'un profit limité, et dont ils ignorent le but ?

— Il doit y avoir du vrai au fond de tout cela, murmura le général devenu pensif.

— Oui, oui, mon général, croyez-moi, je vous ai parlé sans haine comme sans partialité ; je vous ai dit ma pensée tout entière.

— Ainsi, nos Yankees, comme vous les nommez...

— Ils s'ennuient, mon général, voilà le vrai mot lâché ! et, comme ils s'ennuient, ils pérorent, ils se plaignent, ils s'excitent entre eux. Dieu me garde d'accuser qui que ce soit sans preuve, mais en ce moment leur mauvais vouloir est grand ; qui sait, s'il se présentait une occasion favorable, s'ils ne nous mettraient pas dans un grand embarras ?

— Que voulez-vous dire par ces mots, une occasion favorable ?

— Général, mieux vaut être clair : telle est votre pensée, n'est-ce pas, et votre désir ?

— Certes.

— Vous avez confiance en moi ?

— Complètement, mon ami.

— Eh bien ! mon général, nous nous trouvons en ce moment dans la partie la plus dangereuse du désert : nous sommes entourés de tribus hostiles aux blancs, féroces et pillardes ; ces nations sont d'abord les Sioux, puis les Pieds-Noirs et les Indiens du sang. Quoique ces nations soient ennemies entre elles, lorsqu'il s'agit de dévaliser ou d'assassiner les blancs, elles font toujours cause commune, afin de se partager les dépouilles des malheureux que leur mauvais destin amène à leur portée.

« Il y a de plus, poursuivit-il, de nombreux maraudeurs sang-mêlé qui ne vivent que de rapines et qui, ennemis des blancs et des Indiens, s'associent toujours avec ceux-ci chaque fois qu'il s'agit d'attaquer une caravane. Depuis longtemps, nous sommes signalés à ces bandits par leurs éclaireurs, qui nous suivent à la piste comme des loups. Supposez que ces pirates du désert se décident à nous attaquer, que feront nos Yankees ?

— Vous seul pouvez répondre à cette question, Balle-Franche.

— J'y répondrai donc, puisque vous l'exigez, mon général ; j'y répondrai en honnête homme et en serviteur dévoué. Je suis né dans une tribu indienne ; je suis fils et petit-fils de chasseurs ; je n'ai jamais quitté le désert ; quoique bien jeune encore, j'ai une grande expérience de ce qui s'y passe ; en allant, en venant d'un côté ou d'un autre, j'entends bien des choses, bien des demi-mots qui valent pour moi une conversation complète. Si nous sommes attaqués, peut-être nos Yankees ne nous abandonneront-ils pas pour passer à l'ennemi ; mais je suis certain qu'ils garderont tout au moins une neutralité qui sera

Par surcroît de précaution une avant-garde de dix cavaliers se tenait toujours à une portée de fusil en avant.

pour nous un grand embarras pendant la bataille; voilà ce que je pense, mon général; je dirai même plus, ce que je crois pouvoir affirmer.

— Ainsi ces dix hommes sont prêts à nous trahir?

— Pris isolément, non, sans doute; mais ils se tiennent, et, ce que le premier fera, les autres le feront. C'est à vous maintenant à aviser, mon général, car je ne vous cache pas que la situation est grave. Il y a surtout un certain

Joë Smith, qui est méchant comme un âne rouge, un ancien corsaire ou négrier, je ne sais lequel, qui, le cas échéant, nous donnera fort à faire.

Le général hocha la tête et jeta un regard interrogateur à ses amis qui avaient assisté silencieusement, il est vrai, mais attentifs à cette conversation.

— Quel est votre avis, messieurs?

— Si cela me regardait, dit brusquement Cœur-d'Acier, je n'hésiterais point, ma foi de Dieu! Je ferais comme dans le temps, là-bas, en Vendée.

— Oh! toi, tu es pour les moyens expéditifs.

— Ce sont les meilleurs : il y a un proverbe de notre pays qui dit qu'il vaut mieux tuer le diable que d'être tué par lui.

— Et toi, Alain, que penses-tu de tout cela?

— Ma foi, frère, je t'avoue que je trouve la situation très difficile; que ces gens aient l'intention de nous trahir, cela ne fait pas pour moi le plus léger doute; mais jusqu'à présent, en apparence, ils s'acquittent convenablement de leur devoir; nous n'avons que des soupçons contre eux, mais pas une seule preuve. Pouvons-nous, sur des soupçons, si fondés qu'ils paraissent, condamner dix hommes? Voilà ce que je me demande.

— Pouvons-nous, reprit vivement Cœur-d'Acier, mettre dans la balance la vie de dix drôles de cette espèce, avec celle de quatre-vingt-dix honnêtes gens?

— N'y a-t-il donc près d'ici aucun poste américain? demanda le général.

— Le fort le plus rapproché de nous est à plus de trente lieues, mon général, et les chemins qui pourraient nous y conduire sont impraticables pour nos wagons.

— Que faire? reprit le général d'un air soucieux; voyons, Balle-Franche, que feriez-vous, dans une situation semblable, mon ami?

— Mon général, aux grands maux les grands remèdes; je couperais le mal dans sa racine; en un mot, je ferais la part du feu; je ferais appeler ces hommes tous ensemble, puis je leur dirais que le but de votre voyage étant atteint, et comptant demeurer plusieurs mois à l'endroit où nous sommes, vous n'avez plus besoin d'eux; que leurs services vous deviennent inutiles ; mais que, les ayant engagés pour six mois, bien qu'il y en ait à peine trois d'écoulés, comme vous êtes satisfait de leur conduite, vous êtes prêt à leur payer, non seulement les trois mois qui restent à courir, mais que vous comptez de plus leur donner une gratification convenable en argent, et de plus, leur laisser leurs chevaux, leurs armes, dix charges de poudre à chacun et des vivres pour huit jours; ce qui leur permettra amplement de gagner le plus prochain défrichement.

— Mais ne craignez-vous pas que la vue de l'or n'éveille leur avarice?

— Permettez, mon général; vous oubliez que, sur le traité que vous avez fait avec eux, il est stipulé en toutes lettres qu'ils n'auront droit à leurs appointements qu'à leur retour à Arkapolis, où, dans le cas possible où vous les congédieriez sans revenir avec eux, ils se présenteraient, porteurs d'une cédule signée de vous, chez Groslow Wilson and C°, banquiers à Arkapolis, entre les mains desquels les fonds ont été déposés par vous en leur présence, aussitôt après la lecture du traité. Vous vous souvenez, mon général, que c'est moi qui ai insisté auprès de vous, pour que cet article, dont vous reconnaissez aujourd'hui l'importance, je l'espère, fût inséré dans le traité?

— C'est vrai ! je l'avais oublié, en effet, s'écria le général avec joie ; vous nous sauvez, mon ami, votre prévoyance nous sort de la situation critique dans laquelle nous sommes.

— Dieu le veuille, mon général ! Ce qui me le fait espérer, c'est que rien ne nous empêchera de dire à ces chiens yankees que vous êtes désolé de leur occasionner un si long voyage pour toucher ce qui leur est dû, mais qu'ils doivent comprendre que, dans une expédition comme celle-ci, où l'argent est inutile, puisqu'on ne peut ni vendre ni acheter, vous n'avez emporté qu'une somme insuffisante pour régler leur compte. Cette raison a l'avantage d'être probable sous tous les rapports et je ne doute pas que les Américains, qui sont avant tout des hommes de bon sens, n'y ajoutent une foi entière ; aussi se hâteront-ils de partir et, à moins d'événements imprévus, retourneront-ils tout droit à Arkapolis, où ils ont à toucher chacun une somme relativement très considérable.

— Il y a beaucoup de bon dans l'avis que vous me donnez ; je crois qu'en effet nous pouvons nous en servir avec avantage, dit le général dont le visage demeurait soucieux.

— Ce n'est pas tout encore, mon général, reprit le chasseur.

— Parlez, mon ami.

— Pardon ! fit le général Alain Kergras, il me semble à moi que ce que nous propose notre ami Balle-Franche, bien que très avantageux au premier coup d'œil, non seulement ne remédie en rien à nos embarras présents, mais encore peut nous en créer de très graves pour l'avenir.

— Explique-toi, frère, dit vivement le général.

— En effet, continua Alain, tu renvoies ces hommes, bien armés, bien montés, munis de vivres et de munitions, n'est-ce pas ?

— Sans doute, nous ne pouvons les abandonner, sans armes et sans chevaux, dans le désert : l'humanité, l'honneur même nous le défendent, quoi qu'il puisse résulter pour nous, plus tard, de cette mesure.

— D'accord, mon ami ; mais réfléchis que de plus tu leur mets en poche la cédule qui règle leur compte ; ils sont donc libres et complètement dégagés envers toi, et certains de ne pas perdre leur argent ; rien ne les oblige à hâter leur retour à Arkapolis, où ils savent que les fonds que tu leur dois leur seront comptés sur la simple présentation du papier au bas duquel se trouvera ta signature ; par conséquent, rien ne les empêchera de s'aboucher avec les bandits qui nous entourent, de tourner contre nous les armes que tu leur auras si généreusement laissées ; puis, après avoir aidé à nous dévaliser, si leur entreprise réussit, et partagé nos dépouilles avec les bandits, de s'en aller tranquillement toucher leurs fonds chez ton banquier à Arkapolis ; de cette façon, ils auront fait une excellente affaire, puisque grâce à leur trahison, ils auront été payés deux fois : la première, par toi ; la seconde par eux-mêmes. Cette considération, je crois, donne matière à réflexions.

— C'est juste ! reprit le général, et je suis convaincu qu'ils n'hésiteront pas à agir ainsi que tu le dis ; d'autant plus, qu'ils sont à peu près certains de l'impunité.

— J'en reviens à mon moyen, qui, je le soutiens, est le meilleur sous tous les rapports, dit nettement Cœur-d'Acier; fusillez-les; les morts ne sont plus à craindre!

— Pour rien au monde, je ne voudrais avoir recours à un moyen aussi barbare! s'écria le général avec un geste d'horreur.

— Vous avez tort, not' monsieur, reprit Cœur-d'Acier en haussant les épaules; vous vous repentirez de ne pas avoir suivi mon conseil.

— A la grâce de Dieu! mais je ne souillerai pas mon honneur d'un pareil assassinat.

— Monsieur le général Alain Kergras aurait raison, mon général, reprit Balle-Franche, qui avait écouté avec la plus sérieuse attention ce qui venait d'être dit; il aurait raison, et mon moyen serait en effet, non seulement mauvais et infructueux, mais encore dangereux, si les choses devaient se passer comme il le suppose. Mais telle n'est pas ma pensée, mon général, voilà pourquoi je persiste à trouver ce moyen excellent.

— Expliquez-vous, Balle-Franche, dit le général Kergras; vous comprenez bien que je ne demande pas mieux que d'être convaincu.

— J'en suis persuadé, monsieur; écoutez donc. Pour venir d'Arkapolis ici, marchant très lentement à cause des wagons et des bœufs que nous emmenons avec nous, nous avons mis cinquante-deux jours, ne faisant en moyenne que cinq lieues au plus par jour. Ce chiffre vous semble-t-il exact?

— Parfaitement, dit Alain.

— Où voulez-vous en venir? demanda le général.

— Vous allez voir, reprit-il avec un fin sourire. Nous nous sommes arrêtés cinq fois en route; ce sont donc cinq jours, ou plutôt vingt-cinq lieues à défalquer sur le trajet accompli; restent quarante-sept jours, c'est-à-dire deux cent trente-cinq lieues. Or, un cheval, je veux dire un mustang des prairies, de valeur moyenne, et tous les nôtres sont des animaux de choix, peut facilement, cela est prouvé, faire, sans être surmené, pendant des mois entiers, dix-huit et vingt lieues par jour et même souvent plus. Prenons, si vous le voulez, une moyenne de seize; il ne faudra au plus que dix-neuf jours à un cavalier pour accomplir un trajet qui nous en a coûté quarante-sept. J'ai fait, moi, de plus longs voyages en moins de temps; mettons vingt jours.

« Vous stipulez sur votre cédule que vos engagés, partis de votre camp du Brûlis de la Longue-Corne le 8 septembre, au lever du soleil, devront se présenter le 27 du même mois, tous ensemble, à Arkapolis, chez MM. Groslow Wilson and C°, pour toucher ce qui leur est dû, sous peine de voir leur traité annulé et de ne rien recevoir s'ils se présentent un jour plus tard, ajoutant que si un seul d'entre eux manque à ce rendez-vous que vous leur indiquez, ce sera tant pis pour les autres, cette absence ou ce retard annulant tout payement.

— Pardieu! s'écria gaiement Alain Kergras, voilà le moyen trouvé!

— Oui, reprit le chasseur, d'autant plus qu'un de nos hommes partira ce soir même pour Arkapolis, où il précédera les Yankees; que ce messager sera porteur d'une lettre du général qui tracera au banquier la ligne de conduite qu'il devra suivre. Cet homme, qui est sûr et dont je réponds, engagera, si le général le désire, de nouveaux chasseurs, mais Canadiens cette fois, et nous les amènera. Maintenant, si, leur argent en poche, les Yankees veulent nous jouer un mauvais tour, à leur aise! nous serons en mesure de leur répondre, d'autant plus que j'ai certains projets en tête...

— Lesquels? demanda le général.

Le chasseur sourit.

— Permettez-moi de ne vous en rien dire encore, mon général, répondit-il. Comptez-vous vous remettre en route demain?

— Qu'en pensez-vous?

— Je serais d'avis de laisser les hommes et les chevaux se reposer pendant trois ou quatre jours; d'ailleurs, notre position est excellente, et nous n'avons ici aucune attaque à redouter.

— Eh bien! soit, mon ami, nous ferons une halte de quatre jours; maintenant veuillez, pendant que j'écrirai la lettre, avertir le courrier de se tenir prêt; il faut qu'avant une heure il soit parti.

Balle-Franche se frotta joyeusement les mains et quitta la tente.

— Il est heureux pour nous d'avoir un pareil homme, dit le général en le suivant des yeux.

— C'est la plus honnête et la plus loyale nature qu'il soit possible de trouver, ajouta Alain avec conviction.

XV

OU L'ON DONNE CERTAINS DÉTAILS INTÉRESSANTS SUR QUELQUES-UNS DES PERSONNAGES DE CETTE HISTOIRE.

Il est de notre devoir d'expliquer aux lecteurs, avant de continuer notre récit, à la suite de quelles circonstances singulières les personnages que nous avons quittés dans les derniers jours de juillet 1795, en Bretagne, se trouvaient, en septembre 1806, c'est-à-dire plus de onze ans plus tard, réunis dans le Far-West, à deux cent et tant de lieues de toute habitation européenne, et campés sur une colline, près du Brûlis de la Longue-Corne, au milieu d'une caravane nombreuse dont ils étaient les chefs.

Ces explications sont non seulement indispensables pour l'intelligence des faits qui suivront, mais encore elles éclairciront quelques points de notre histoire demeurés forcément obscurs.

Aussitôt après la mort de son père, le général de Bodégast avait sollicité de Hoche un congé de deux mois afin de mettre ordre à ses affaires de famille. Puis, après avoir fait enlever par Hervé Kergras la vaisselle et les bijoux enfouis dans les ruines du château de Kergoat, et réuni les débris de la fortune de son père que le marquis, en prévision des événements, avait réalisée, ainsi que firent la plupart des gentilshommes bretons à cette époque, le général passa en Hollande et de là en Angleterre, afin de placer sa double fortune, celle de sa femme et la sienne, dans des maisons sûres.

La chose, du reste, en valait la peine ; ces deux fortunes réunies donnaient aux deux époux un peu plus de huit cent mille livres de rentes, ce qui, pour l'époque, était énorme et vaudrait aujourd'hui plus du double.

Le général ne garda par devers lui qu'une soixantaine de mille francs disponibles, ordonnant à ses mandataires de faire fructifier le plus possible son argent, en se servant seulement des intérêts, sans jamais attaquer le capital.

Le général s'était logé à Londres dans le Strand, où il occupait avec sa femme un modeste appartement.

Un matin il sortit de bonne heure et resta presque toute la journée hors de chez lui.

À son retour, sa femme, que son absence avait fort inquiétée, car les deux jeunes époux s'aimaient avec tout l'abandon d'un amour éprouvé par la souffrance, l'interrogea sur les motifs qui l'avaient si longtemps retenu au dehors.

Le général la serra sur son cœur, lui mit un baiser au front et lui glissa un seul mot à l'oreille :

— Attends !

La jeune femme fixa sur son mari des yeux brillants de curiosité; il souriait, elle sourit aussi, sans comprendre pourquoi, mais elle devinait que son mari lui préparait une surprise agréable.

Laquelle? Elle ne le savait pas, mais peu lui importait.

En ce moment, le marteau de la porte de la rue retentit sous des coups pressés annonçant une visite d'importance.

Un instant plus tard, plusieurs personnes, parmi lesquelles Andrée reconnut avec un tressaillement intérieur deux parents éloignés de sa famille et le général Alain Kergras, entrèrent dans le salon où se tenaient les deux époux.

Le général alla en souriant au-devant des arrivants qu'il présenta aussitôt à sa femme.

C'étaient, outre le général Kergras, les deux parents de la jeune femme, le baron de la Hunaudhaye et le comte de Servieux, deux parents assez rapprochés du général de Bodégast, le marquis de Penhoël-Maucroix et le marquis Guethénoc de Malestreit-de-Bruc, c'est-à-dire quatre des plus beaux, des plus grands et des plus anciens noms de la Bretagne.

Lorsque la présentation fut terminée et que chacun se fut assis, le général prit la main de sa femme qu'il garda dans les siennes et lui dit en souriant pendant qu'elle le regardait, palpitante à la fois, non pas de curiosité et d'inquiétude, mais d'un espoir et d'un bonheur inconnus dont elle semblait pour ainsi dire avoir la secrète intuition.

— Ma douce et belle Andrée, notre mariage, pardonnez-moi de revenir sur ces pénibles souvenirs, s'est accompli dans des conditions bien tristes et avec des formes étranges que les circonstances exigeaient alors impérieusement; mais tous deux, n'est-ce pas? nous nous promettions au fond du cœur de faire bénir par un prêtre, aussitôt que cela nous serait possible, cette union peut-être trop précipitée et contractée pour votre sûreté d'abord et ensuite afin d'éclairer d'un dernier rayon de bonheur la couche sur laquelle votre père s'en allait mourant, presque désespéré de l'abandon dans lequel il vous laissait.

Le visage de la jeune femme était inondé de larmes, mais ses yeux demeuraient rivés sur ceux de son mari avec une expression mêlée de douleur et de joie impossible à rendre.

Les assistants qui, presque tous, eux aussi, avaient souffert de grandes douleurs, se sentaient émus, et des larmes s'échappaient furtivement de leurs yeux sans qu'ils songeassent à les essuyer.

Le général continua en adoucissant encore le timbre de sa voix :

— Nous sommes des enfants de la vieille et dure Armorique, nous autres, n'est-ce pas, ma chère Andrée ? Nous avons conservé intacte au fond de notre cœur la foi naïve et touchante de nos pères ; fils pieux de notre bien-aimée Bretagne, nous tenons aux simples et belles coutumes de notre pays ; malheureuse l'union sur laquelle un prêtre n'appelle pas la bénédiction divine ! Rassurez-vous, ma chère Andrée ; bien que par délicatesse vous ne m'ayez pas adressé un mot à ce sujet, j'ai deviné vos secrets désirs : demain, Mgr le cardinal archevêque de Strasbourg, en ce moment à Londres, nous donnera solennellement la bénédiction nuptiale, et messieurs nos parents et nos amis consentent à nous assister comme témoins et à signer à notre contrat de mariage. Êtes-vous contente, mon cher amour ?

La jeune femme, étouffée par l'émotion, ne put trouver un mot de réponse elle tomba dans les bras de son époux et pleura ; mais ses larmes étaient des larmes de bonheur.

Le lendemain, en effet, la cérémonie eut lieu, dans la principale église catholique de Londres : le cardinal archevêque de Strasbourg officiait pontificalement. Parmi les prêtres et desservants qui assistaient le vénérable prélat, Andrée reconnut avec joie le jeune kloarek, Tancrède, venu exprès pour la cérémonie en compagnie d'Alain Kergras.

Toute la noblesse française réfugiée à Londres emplissait l'église ; malgré les opinions républicaines du jeune général, ces fiers gentilshommes avaient voulu témoigner ainsi de leur sympathie et de leur respect pour les grandes et vaillantes qualités de son cœur.

Les princes de la famille royale fixés à Londres avaient eux-mêmes tenu à honneur d'assister à la cérémonie ; peut-être tous espéraient-ils, dans le secret de leur pensée, qu'un jour ce noble caractère se rallierait à leur cause.

— Oh ! maintenant, dit avec tendresse Andrée à l'oreille de son mari, en sortant de l'église, je suis bien réellement ton épouse devant Dieu. Que pourrai-je faire pour te récompenser de l'immense bonheur que tu me donnes ?

— Tu resteras bonne comme tu l'es et tu m'aimeras toujours ainsi, mon amour, répondit-il en souriant et en lui pressant doucement le bras.

— Oh ! toujours ! murmura-t-elle la joie au cœur et le front radieux.

Un repas somptueux, auquel assistèrent une cinquantaine de personnes, termina cette heureuse journée. L'heure de se retirer venue, le général, au nom de sa femme et au sien, remercia avec effusion ses convives, puis, après avoir pris congé d'eux, il sortit, les laissant libres de demeurer à table autant que cela leur plairait.

Cependant, le temps s'écoulait rapidement; le congé du général était sur le point de finir; il songea à retourner à son poste.

Il avait l'intention de laisser la marquise à Londres, mais aux premiers mots qu'il essaya de lui dire à ce sujet, la jeune femme refusa si énergiquement de se séparer de lui qu'il ne se sentit pas le courage d'insister davantage et qu'il l'embrassa tendrement; alors tout fut dit.

Du reste, c'était toujours de cette façon que se terminaient leurs discussions.

Le général fréta, moyennant une assez forte somme, un de ces hardis smugglers, légers bâtiments contrebandiers qui seuls réussissaient à atterrir sur les côtes françaises, à la condition d'être débarqué dans un petit port de la Bretagne, assez rapproché de Brest.

La veille du départ, il avertit son frère Tancrède ainsi que son frère de lait Alain de faire leurs préparatifs et de se trouver chez lui le lendemain au lever du soleil.

Alain était sorti lorsque le messager du comte se présenta chez lui, mais le soldat qui le servait répondit en son nom que c'était bien et que son maître serait prêt à l'heure dite et exact au rendez-vous assigné.

Quant à Tancrède, ce fut lui qui se chargea de répondre personnellement, et à quatre heures de l'après-dîner il arriva chez son frère : mais la réponse qu'il lui fit était loin d'être telle que celui-ci l'espérait.

— Pourquoi retournerais-je en France? dit-il avec mélancolie. Qu'y ferais-je, mon cher Lucien? notre sublime religion, méconnue et méprisée, y est un objet de scandale et de dérision pour tous, le culte divin est tourné en ridicule, les églises profanées; les saintes reliques de nos pieux martyrs ont été brûlées et leurs cendres jetées au vent : toutes nos croyances ont sombré dans une effroyable tempête; l'incrédulité et l'orgueil ont remplacé la foi naïve de nos pères; quelles luttes puis-je soutenir, moi, pauvre enfant, faible, ignorant et isolé, contre le débordement général des mauvaises passions qui inonde en ce moment notre malheureux pays ?

— Il viendra des temps meilleurs, mon frère, dit doucement le général.

— Sans doute, cette folie furieuse se calmera; la religion reprendra ses droits, Dieu ne se laissera pas vaincre par Satan ; mais ce temps est loin encore, hélas! qui sait quand sonnera pour la France l'heure terrible de l'expiation! rien ne se dégage encore du chaos où nous sommes plongés, l'avenir s'assombrit de plus en plus. Non, mon frère, je ne retournerai pas en France; j'y mourrais de douleur au spectacle affligeant qui sans cesse blesserait mes regards.

— Mais enfin, mon frère, que veux-tu faire? veux-tu donc rester ici, à Londres?

— Non, mon frère, je quitterai Londres presque en même temps que toi, au contraire.

— Je ne te comprends pas, Tancrède.

— Écoute-moi, frère, et tu me comprendras. Et, se tournant vers Andrée qui assistait à cet entretien, la main dans la main de son mari, selon sa coutume: — C'est à vous surtout que je m'adresse, ma sœur, lui dit-il avec un

Une estafette de police entra dans la cour de l'hôtel.

angélique sourire; à vous qui êtes douée de toutes les délicatesses du cœur, et qui, j'en ai l'intime conviction, approuverez la résolution que j'ai prise.

— Parlez, mon frère, je sais d'avance que, quelle que soit cette résolution, elle est digne de vous.

Tancrède s'inclina et reprit :

— Mon frère et vous, ma sœur, vous savez, n'est-ce pas ? que, si dévoués que soient les prêtres au salut de leurs frères en Dieu, tous les efforts qu'ils tenteraient aujourd'hui pour lutter contre les odieux sophismes de Voltaire et des autres philosophes qui ont tourné toutes les têtes vides et tous les cerveaux creux des masses hargneuses et inintelligentes de nos campagnes et des classes viciées, des basses classes de nos villes, seraient impuissants ; tous sont incrédules de parti pris, par entêtement stupide et par haine de la société qu'ils veulent détruire. La foi est morte dans leurs cœurs ; la superstition seule est restée debout. Ils ne croient pas en Dieu peut-être, car je pense que cette négation n'est que l'expression de leur immense orgueil, mais ils tremblent devant le chiffre treize, le sel renversé les fait pâlir, le cri de l'orfraie ou du hibou leur donne le frisson ; ils créent dans la nuit des fantômes qui les épouvantent ; ces démolisseurs qui nient tout parce qu'ils sont sortis de rien, ces féroces républicains qui ne comprennent pas même le mot République, qui signifie fraternité, n'ont qu'un but, un désir, renverser tout ce qui existe, et ils y travaillent activement, pour édifier sur les ruines du passé, si rempli de touchants souvenirs, une monstrueuse société, faite à leur image, dans laquelle l'égoïsme et l'hypocrisie régneront en maîtres, dont ils seront chefs, une civilisation abâtardie dès son principe, dont le dernier mot sera l'abaissement du niveau moral, parce que, pourvu que les apparences soient à peu près belles, peu leur importeront les défaillances secrètes et les turpitudes cachées sur lesquelles cette civilisation, toute composée d'intérêts personnels, s'appuiera pour tuer dans leur germe tous les nobles instincts qui auront persisté dans quelques cœurs généreux. Bientôt, cette société dégénérée penchera vers l'abîme ; elle se verra, avec épouvante, rouler au gouffre ; alors la pensée de Dieu lui reviendra ; elle reconnaîtra avec terreur qu'elle est perdue, et implorera son Créateur dont, pendant si longtemps, elle s'était obstinée à nier l'existence et la puissance : notre rôle commencera alors, et Dieu, dont la clémence est infinie, permettra peut-être que nous la sauvions en la régénérant ; mais jusque-là, nous devons nous abstenir ; nous serions méconnus, honnis, conspués, sans obtenir, malgré nos efforts, une seule conversion.

Tancrède s'arrêta un instant pour essuyer les larmes qu'il ne pouvait retenir et qui coulaient sur son visage.

Ses deux auditeurs demeuraient silencieux et tristes.

Il reprit, au bout d'un instant :

— Plaignons, dit-il, ces prétendus régénérateurs qui ne sont en réalité que les coryphées d'une décadence fatale, et, puisque nous ne pouvons l'empêcher, laissons-les accomplir leur terrible tâche. Dieu les jugera. Le Christ a dit à ses apôtres : « Allez par toute la terre, et glorifiez le nom de mon père « et le mien. » Cette parole sortie de la bouche du divin Maître, tout enfant je l'entendais résonner à mes oreilles avec des mélodies étranges, lorsque simple kloarek, j'errais dans les grands bois de notre chère Bretagne, en lisant les Pères de l'Église. Le susurrement des insectes cachés dans l'herbe, le froissement de la bise à travers les branches, le murmure mystérieux de l'eau fuyant sur les galets, au milieu des glaïeuls, tout semblait prendre une voix qui, pour moi seul, était distincte et me répétait sans cesse : Il est une autre terre, où les hommes, encore à l'état de nature, vivent dans l'ignorance de leur Créateur et attendent avec anxiété l'annonce de la bonne nouvelle : Va ! Tancrède ! sois pour ces pauvres sauvages ce que les apôtres ont été pour tes ancêtres ; relève-les de l'abjection morale dans laquelle ils croupissent, sauve-les ! Mon devoir est tracé par Dieu lui-même, mon frère ; cette sainte mission, non seulement je l'accepte, mais je l'implore avec ferveur ; le Seigneur qui m'a conduit ici a voulu combler enfin mes vœux secrets ; plusieurs de nos révérends pères jésuites, chez lesquels j'ai été élevé à Rennes, réfugiés depuis quelques années à Londres, ont fondé des missions en Amérique ; je me suis présenté à eux ; ils ont reconnu que j'ai la foi qui peut tout, et ils ont daigné accepter mon faible concours ; j'ai reçu les ordres, je suis prêtre ! dans dix jours je pars en compagnie de trois autres jeunes prêtres, résolus et croyant comme moi, pour l'Amérique du Nord ; là nous nous séparerons et chacun de nous s'enfonçant d'un côté différent dans les déserts et les impénétrables forêts de ces régions inexplorées, ira porter la parole divine à ces malheureux sauvages. Reçois donc mes adieux, mon frère bien-aimé, ainsi que vous, ma sœur, car notre voie n'est pas la même, et peut-être, hélas ! nous embrassons nous aujourd'hui pour la dernière fois.

Un si grand enthousiasme rayonnait sur le front de son frère, une telle ferveur brillait dans son regard, que le général fut contraint de reconnaître en soupirant que tous ses efforts seraient inutiles pour faire renoncer le jeune homme à cette résolution.

Il courba la tête et demeura pensif pendant quelques minutes.

— Tancrède, répondit-il au bout d'un instant, tu l'as dit, notre vie n'est pas la même ; tu es prêtre, je suis soldat ; chacun de nous a de nobles et rigoureux devoirs à remplir ; je ne chercherai donc pas à te dissuader d'accomplir la glorieuse tâche que tu t'imposes ; suivons chacun notre route ; notre but est le même, la glorification de Dieu et l'application de ses principes sacrés : la fraternité et la liberté. Quant à l'adieu que tu m'adresses et que tu crois éternel, détrompe-toi, frère, il ne peut l'être : nous nous reverrons, ne serait-ce qu'à l'heure de la mort. A présent, laisse-moi te révéler un secret que, jusqu'à présent, j'ai conservé dans les replis les plus profonds de mon cœur, que l'ange dont j'ai fait ma compagne ignore elle-même, mais qu'elle va apprendre enfin, car je ne veux plus avoir rien de caché pour elle maintenant ; elle m'aidera, je l'espère, ainsi que toi, mon frère, à accomplir un serment sacré et à remplir la tâche que, moi aussi, je me suis donnée. Écoutez-moi donc tous les deux.

Le général se recueillit un instant, puis, la rougeur au front mais la voix ferme et rendu fort par son innocence, il raconta dans tous ses détails à son frère et à sa femme qui l'écoutèrent avec une attention soutenue, sans l'interrompre une seule fois, l'affreuse histoire de l'infortunée Fanny de Tancarville et l'horrible vengeance dont un misérable l'avait rendue victime. Lorsque ce pénible récit fut enfin terminé, il rapporta les renseignements qu'il avait obtenus sur le malheureux enfant si cruellement enlevé à sa mère quelques jours à peine après sa naissance par un père abusé par une injuste jalousie ; ces renseignements étaient bien vagues et surtout bien incomplets. Ils se bornaient à ceci :

Le capitaine Raboisson, qui commandait le bâtiment sur lequel le comte de Tancarville s'était embarqué pour l'Amérique, retrouvé providentiellement à Londres même, quelques jours auparavant, par le général, l'avait assuré que le comte, lors de son départ, avait avec lui un enfant qu'une nourrice, grande et belle fille de la Basse-Normandie, allaitait.

Cette nourrice se nommait, autant que le capitaine pouvait se le rappeler, Justine, Catherine ou Victorine Cochin ; il était sûr du dernier nom ; quant aux autres, il ne pouvait rien affirmer ; autant qu'il s'en souvenait, cette jeune femme était grande, bien faite, blonde, un peu marquée de la petite vérole et âgée au plus de vingt-deux à vingt-trois ans, prenait grand soin de l'enfant qu'elle paraissait aimer beaucoup et dont le comte ne s'occupait jamais. Tous trois avaient débarqué à la Nouvelle-Orléans en excellente santé. Le jour même, le comte de Tancarville était parti pour la ville de Saint-Louis ; le capitaine ayant remis à la voile le lendemain même, ignorait si le comte était parti seul ou accompagné de la nourrice ; d'ailleurs, comme cette affaire ne le regardait pas, qu'elle n'avait pour lui aucun intérêt, la pensée ne lui était même pas venue de s'en informer ; depuis il était retourné plusieurs fois à la Nouvelle-Orléans, mais il n'avait jamais revu le comte et n'en avait plus entendu parler, pas plus que de la nourrice.

Voilà quels étaient les renseignements donnés par le capitaine au général ; mais si incomplets qu'ils fussent, si vagues même, ils avaient pour lui cela de précieux qu'ils donnaient une certitude : l'enfant était en Amérique. Où ? voilà ce qu'il s'agissait de savoir. Quant à être mort, le comte était trop jaloux de son honneur pour s'être souillé d'un si horrible crime ; si la pensée ne lui était pas venue de le tuer, lorsque la colère gonflait son cœur, il n'était pas admissible qu'elle lui vînt de sang-froid. Il s'était donc borné à le faire disparaître en le perdant ou en l'abandonnant, et, s'il avait succombé plus tard, ce ne pouvait être que par accident ou à la suite de maladie. La Nouvelle-Orléans marquait donc le premier point de départ des recherches qu'on tenterait ; Saint-Louis le second ; le reste était entre les mains de Dieu.

— Tu le vois, mon frère, ajouta le général en terminant, nous nous reverrons, car si, malgré tes efforts, tu ne réussis pas à trouver ce malheureux enfant, je suis résolu à me rendre moi-même en Amérique.

— Et je vous y accompagnerai, mon cher Lucien, dit aussitôt Andrée, je veux être de moitié dans votre bonne action et rendre, avec vous, cet enfant à sa malheureuse mère.

— Oh ! vous êtes bonne, Andrée, et je vous remercie, dit-il, en la pressant contre son cœur. J'oubliais de te dire, frère, que cet enfant est un garçon.

— Bien, ta confidence est là, dans mon cœur, dit Tancrède ; je pourrai donc, là-bas, me rattacher à toi par les recherches auxquelles je me livrerai. Dieu veuille que je réussisse.

— Ainsi soit-il ! murmura le général.

— Mais tu ne m'as rien dit du comte de Tancarville ?

— Parce que je ne sais rien, mon frère : est-il mort? est-il vivant? on l'ignore ; il a disparu sans laisser de traces.

— C'est étrange! dit le jeune homme. Qui sait? peut-être erre-t-il, en proie aux remords causés par son crime, au milieu des vastes solitudes américaines! Enfin, bon espoir! Dieu est avec nous ; il nous guidera, j'en ai la conviction, frère.

Les adieux furent pénibles entre ces trois personnes qui s'aimaient tendrement, entre ces deux frères, réunis depuis si peu de temps, et qui se quittaient maintenant, pour ne se revoir qu'après de longues années, et cela seulement si le général se rendait en Amérique.

Enfin, il fallut se séparer.

Le lendemain, au lever du soleil, le général, sa femme et Alain Kergras s'embarquèrent à Greenwich ; Tancrède voulut les accompagner jusqu'à bord du smuggler. Ce fut avec des larmes qu'on se quitta enfin.

Le léger bâtiment descendit la Tamise ; six jours plus tard, le général débarquait à une demi-lieue du petit port de Roscoff.

Les trois voyageurs se procurèrent facilement une voiture assez commode et qui leur suffit pour gagner Rennes, où le général Hoche avait de nouveau établi son quartier général.

Ainsi que Tancrède l'avait annoncé à son frère, dix jours après sa dernière entrevue avec lui, il était parti pour New-York sur un bâtiment anglais en compagnie de trois autres missionnaires à peu près de son âge.

Nous ne suivrons point le général de Bodégast pas à pas ; nous nous bornerons à constater qu'il ne quitta Hoche qu'à la mort trop promptement arrivée de ce grand homme ; qu'il fit avec lui l'expédition d'Irlande, que, lorsque Hoche eut succombé à la maladie inconnue qui l'enleva, il demanda et obtint un commandement dans l'armée dont Moreau était général en chef, et qu'il servit longtemps sous les ordres de ce grand général, ainsi qu'Alain Kergras, son frère de lait.

Par un hasard singulier et qui peut paraître étrange, jamais il ne fut placé sous les ordres du général Bonaparte, dont la réputation ne tarda pas à éclipser celle de tous les autres généraux de la République, et que, pendant longtemps il ne connut même pas personnellement.

Lucien de Bodégast appartenait à cette école des Hoche, des Marceau, des Championnet, des Kléber, phalange sacrée de héros nés au cri d'alarme poussé par la patrie en danger, auxquels la France confia des artisans indisciplinés, sans souliers, sans pain, ne sachant pas même déchirer la cartouche ni charger leurs fusils, mais pleins d'enthousiasme pour la liberté et dont ils firent ces soldats invincibles, ces phalanges granitiques, avec lesquelles ils rendirent à la France plus que les frontières de Louis XIV et qui plus tard devaient, sous la main d'un conquérant fou d'orgueil, devenir ces admirables machines à tuer qui, pendant quinze ans, firent trembler l'Europe tout entière.

C'est une erreur malheureusement trop partagée, celle qui attribue à Bonaparte devenu plus tard Napoléon, les magnifiques succès de la Révolution. Lorsque Bonaparte parut à la tête des armées, la France, grande et forte, avait, sous la conduite des généraux que nous avons cités plus haut, non seulement chassé l'ennemi qui avait tenté de l'envahir, mais encore elle avait poussé ses frontières jusqu'au Rhin et jusqu'à la Hollande. Il faut bien l'avouer, Napoléon, malgré ses gigantesques batailles et peut-être à cause d'elles, laissa, quand il tomba, la France ruinée d'hommes et d'argent, amoindrie de ses frontières naturelles que les jeunes généraux de la République lui avaient rendues, et dans un abaissement tel qu'aujourd'hui, après soixante ans passés, à peine commence-t-elle à se relever de sa chute profonde, et elle n'est même point parvenue à recouvrer ce que l'ambition effrénée du brillant conquérant lui a fait si misérablement perdre.

Mais tous ces héros de la première et sublime épopée révolutionnaire, ces demi-dieux dignes des plus beaux temps de la Rome républicaine, devaient tous tomber glorieusement, leur œuvre grandiose accomplie.

Dieu leur donnait cette joie pour ne pas les rendre témoins de la ruine de leur rêve sublime de liberté et de gloire et ne pas les faire assister au despotisme, fondé sur d'innombrables hécatombes humaines, par un homme sorti comme eux de cette révolution dont il devait se faire un marchepied pour réaliser un instant cette brillante chimère, ce rêve gigantesque et impossible de nos jours qu'on nomme l'Empire de Charlemagne.

Comme tous les républicains sincères, Lucien de Bodégast, sans connaître personnellement Bonaparte, éprouvait une certaine antipathie pour lui. Il pressentait, il devinait presque, sous l'apparence du général républicain, le futur empereur. Il partageait sans s'en douter la répulsion de César pour les visages maigres et blêmes.

La première fois qu'il aperçut le jeune général et que le hasard le mit en rapport direct avec lui, il éprouva un frisson involontaire et s'éloigna avec crainte, presque avec terreur.

Lorsque enfin Bonaparte eut été presque complètement absorbé par Napoléon et que le Consulat à vie, ce dernier échelon avant d'atteindre la couronne impériale, eut été franchi ou plutôt audacieusement escamoté à la face de la France stupéfaite et atterrée, Lucien de Bodégast fut au nombre des quelques généraux réellement patriotes et dévoués aux institutions républicaines qui protestèrent contre la confiscation si lestement opérée de nos libertés chèrement achetées par dix ans de guerres contre l'Europe en armes; il donna sa démission.

Le futur souverain l'appela auprès de lui, et, malgré les séduisantes caresses qu'il lui prodigua, câlineries italiennes dont il possédait si bien le secret, le général fut inflexible dans sa détermination.

— La noblesse de ma famille se perd dans les temps carlovingiens, dit-il; j'ai combattu pour détruire des privilèges odieux et non pour reconstituer une aristocratie de hasard à la place de celle de Robert le Fort et reconquérir des titres menteurs que de mon plein gré j'ai abandonnés avec joie.

Le premier consul se tourna alors vers Alain Kergras qui lui aussi avait donné sa démission et qui assistait à cet entretien.

— Et vous, général, vous êtes sorti du peuple?

— Oui, général, répondit nettement Alain, je suis paysan et fils de paysan. J'ai combattu pour abattre les nobles qui nous opprimaient depuis tant de siècles et non pour prendre leur place et devenir oppresseur à mon tour.

— Têtes bretonnes ! têtes de fer ! s'écria Bonaparte en les congédiant.

Il les suivit du regard pendant un instant, murmurant à part lui :

— J'aurai des séides, peut-être, mais jamais de véritables sujets ! Ni les rois, ni la noblesse, ni le peuple ne me pardonneront mon élévation, et pourtant je ne suis pas un usurpateur. La place est libre, j'ai le droit de la prendre.

Il se trompait, le grand ambitieux, il se trompait sciemment. C'était en vain qu'il essayait de donner le change à son esprit. Il usurpait et il le savait bien, car depuis longtemps, avec un patience féline, il avait froidement préparé le coup d'État qui devait mettre le pouvoir souverain entre ses mains ; il usurpait, dis-je, la place que la liberté avait si noblement conquise, et ainsi qu'il le prévoyait, cette usurpation devait être la pierre d'achoppement contre laquelle son immense pouvoir viendrait un jour trébucher pour s'écrouler au milieu du tonnerre et des éclairs.

Les deux frères de lait sortirent presque joyeux des Tuileries et ils secouèrent leurs pieds sur le seuil de ce palais qui, depuis sa fondation, a été fatal à tous ceux qui l'habitèrent.

— Nous voici libres, dit le général en s'asseyant dans sa voiture auprès de son frère de lait. Nous avons grandement payé notre dette à la patrie, nous avons le droit maintenant de songer à nous et de nous occuper de nos affaires.

— Oui, dit Alain, tu as un fils, mon filleul, dont l'éducation réclame tous tes soins. Tu as une autre tâche encore à accomplir, tâche que nous avons trop négligée jusqu'à ce jour. Je dis nous, tu me le permets, n'est-ce pas ?

— Est-ce que moi ce n'est pas toi ? Est-ce que tout n'est pas commun entre nous dans l'avenir, ainsi qu'il en a été dans le passé frère ? s'écria-t-il en tendant la main à son frère de lait.

— C'est ainsi que je l'ai compris, répondit simplement Alain.

— Allons annoncer à Andrée que nous sommes libres, elle attend avec impatience notre retour. Nous nous concerterons ensemble.

— Oui, et tout d'abord, je crois que nous ferons bien de nous hâter de quitter Paris de notre plein gré, si nous ne voulons pas qu'on nous y invite.

— Qui te fait supposer cela ?

— Rien. Un pressentiment.

— J'aime à croire pour la gloire du premier consul que tu te trompes.

— Cet homme a l'œil bien profond, frère, c'est une volonté de fer ; il brise tout ce qui lui résiste ; de plus il est Corse. Il nous garde rancune d'avoir si nettement décliné ses offres brillantes ; ainsi, crois-moi, ne demeurons pas plus longtemps ici.

— Tu as peut-être raison.

Après avoir embrassé son fils, blond chérubin de neuf ou dix ans qui accourut joyeusement à sa rencontre aussitôt qu'il l'aperçut, et donné à Andrée, alors dans toute la plénitude de sa beauté, les détails de son entrevue avec le premier consul, le général ordonna à ses gens de faire les préparatifs d'un départ qu'il voulait effectuer le jour même.

En effet, à sept heures du soir, deux berlines étaient attelées de chevaux de poste et attendaient dans la cour de l'hôtel du général.

Au moment où il se préparait à prendre place dans la première voiture avec sa femme et son frère de lait, la seconde étant destinée à son fils et à son gouverneur, une estafette du ministre de la police entra dans la cour de l'hôtel.

— Que t'avais-je dit? murmura Alain à l'oreille de son frère de lait.

— C'est impossible!

— Attends; tu vas voir.

Au bout d'un instant, un valet remit sur un plateau deux larges missives cachetées, l'une au général de Bodégast, l'autre au général Alain Kergras.

Ces missives, signées Fouché, contenaient l'ordre de quitter Paris dans les vingt-quatre heures avec défense d'y rentrer sans l'autorisation du premier consul. Aucune résidence n'était assignée aux généraux disgraciés; ils étaient libres de se retirer où bon leur semblerait pourvu que ce fût à trente lieues au moins de la capitale.

— Très bien, dit le général en donnant un louis à l'estafette; dites ce que vous avez vu, mon ami, c'est-à-dire que devant vous nous sommes partis. Et montant dans la berline : — Route de Bretagne, postillon! cria-t-il.

Les postillons firent claquer leur fouet, enlevèrent leurs porteurs et les deux voitures s'éloignèrent à fond de train.

Quelques jours plus tard, les deux frères de lait arrivèrent à Nantes où ils s'installèrent dans un magnifique hôtel appartenant au général de Bodégast et situé rue Gresset, près de la Fosse.

Depuis son départ pour l'Amérique, Tancrède n'avait écrit que deux fois à son frère, ou du moins, le général n'avait reçu que deux fois des nouvelles de son frère; car, de la façon dont ces lettres étaient conçues il était facile de comprendre que plusieurs autres avaient dû être écrites; mais elles n'étaient pas parvenues au général.

La seconde lettre avait plus d'un an de date : les détails que Tancrède donnait sur lui-même et sur le lieu de sa résidence étaient très vagues; tout ce qu'en pouvait conclure le général, c'est que son frère se trouvait au milieu d'un vaste triangle formé par le Missouri, l'Arkansas et le Nebraska, c'est-à-dire qu'il errait sur un territoire de plus de douze cents lieues carrées.

Le général connaissait à peine ces contrées et ces rivières de nom; il ignorait complètement leur position géographique. Lors de son séjour en Amérique, il ne s'était jamais éloigné des côtes de plus d'une trentaine de lieues; mais, grâce au séjour prolongé qu'il y avait fait à l'époque de la guerre de l'Indépendance, le général avait une certaine connaissance du pays et savait de quelle façon on y voyageait, ce qui était beaucoup. D'après ce que disait Tancrède dans ses lettres, toutes ses recherches pour découvrir l'enfant avaient été infructueuses.

Il désespérait presque d'y réussir jamais.

— Je le retrouverai, moi, dit le général.

— Pardieu! appuya Alain qui relisait les lettres en même temps que lui.

Le général organisa immédiatement son expédition.

— Alain, tu vois ce canot? lui dit-il.

Avec de l'argent on obtient tout.

Il acheta un trois-mâts de douze cents tonneaux, neuf, solide, bon marcheur et calant assez peu d'eau pour pouvoir entrer dans tous les ports de la côte nord-américaine.

Il confia le commandement de ce navire à un capitaine, vieux routier de l'Océan, ancien corsaire, véritable loup de mer breton, qui jouissait de la meilleure réputation sur la place de Nantes, et il le laissa libre de se choisir un équipage de cent cinquante hommes résolus et bons matelots, soin dont le capitaine Kalbris, ainsi se nommait le digne homme, s'acquitta à la satisfaction générale.

Comme la France était en guerre avec l'Angleterre, le général mit dix pièces de canon de seize sur le pont de son navire et il y joignit deux légères pièces de campagne qu'il se proposait d'utiliser plus tard d'une autre façon.

On passa ensuite à l'aménagement intérieur des cabines.

Le général se réserva tout l'arrière pour lui, sa femme, son fils, son frère de lait et les serviteurs les plus anciens de sa suite, excepté une petite cabine sur le pont, qui fut mise à la disposition du capitaine.

Puis on procéda au chargement.

Ce chargement se composait de vêtements, d'armes, de munitions de guerre, de wagons démontés pièce par pièce, construits sur des dessins faits par le général, de vivres en abondance, etc., etc., etc...

Tous ces préparatifs d'un long voyage durèrent près de six mois ; le général de Bodégast ne se fiait à personne du soin de surveiller le chargement ; il ne voulait rien oublier.

Un jour, Alain Kergras, qui était absent depuis environ trois semaines, revint à Nantes, accompagné de son père, le vieux Hervé, et de trente solides gaillards, tous anciens contre-chouans, dévoués au brave Cœur-d'Acier et à la tête desquels se trouvait notre ami Tête-de-Plume, le solide et redoutable géant.

Ces trente hommes furent immédiatement embarqués sur la *Jeune-Adèle*, tel était le nom pastoral du trois-mâts.

Enfin, tout étant en ordre, le navire descendit la Loire et alla mouiller à Saint-Nazaire, qui n'était alors qu'un misérable village de pêcheurs.

Là, les derniers arrangements furent pris, les derniers ballots entassés dans la cale ; le général s'embarqua ainsi que sa famille, Alain Kergras et Hervé, et, par une nuit orageuse et sans lune, la *Jeune-Adèle* appareilla et força intrépidement la ligne de blocus en passant au milieu de la croisière anglaise qu'elle couvrit de mitraille.

Le lendemain, au lever du soleil, les côtes de France n'apparaissaient plus que comme un nuage grisâtre à l'horizon.

Deux mois et demi plus tard, après une traversée constamment belle, la *Jeune-Adèle* jetait l'ancre devant la Nouvelle-Orléans et livrait au vent les plis du drapeau tricolore, devant cette ville qui, ainsi que toute la Louisiane et les Florides, venait, depuis quelque temps, — un an à peine, — d'être cédée par le gouvernement français à la république des États-Unis d'Amérique.

DEUXIÈME PARTIE

LE DÉSERT

I

COMMENT LE GÉNÉRAL DE BODÉGAST RENCONTRA UNE ANCIENNE CONNAISSANCE, ET CE QUI EN ADVINT

L'arrivée du trois-mâts français *La Jeune-Adèle* fut un événement à la Nouvelle-Orléans.

A peine le navire avait-il laissé tomber son ancre et cargué ses voiles, qu'une embarcation se détacha du quai et se dirigea vers lui.

Cette embarcation, armée de vingt-quatre matelots, et portant à l'arrière le pavillon étoilé des Etats-Unis, s'approchait rapidement.

Quatre officiers, en grand uniforme, se tenaient assis sur les bancs de la chambre ; bientôt elle riva gracieusement sur elle-même, décrivit un large cercle et accosta le trois-mâts droit par la coupée de tribord.

Les officiers montèrent sur le pont, où ils furent reçus par les généraux de Bodégast et Kergras.

L'un de ces officiers, qui n'était rien moins que le gouverneur de la Nouvelle-Orléans, après les premiers compliments échangés, annonça au général de Bodégast qu'il venait se mettre à ses ordres.

Voici ce qui s'était passé :

Le général, avant de quitter la France, s'était fait ouvrir par ses banquiers de Paris, de Londres et d'Amsterdam, des crédits illimités sur les premières maisons des principales villes de l'Union, telles que New-York, Boston, Charlestown, la Nouvelle-Orléans, etc. ; à cette époque, l'arrivée en Amérique d'un millionnaire européen n'était pas chose commune, et la curiosité fut vivement excitée.

Mais, lorsqu'on sut que ce millionnaire était un ancien compagnon de LaFayette, que, pendant plusieurs années, il avait combattu et versé son sang pour l'indépendance américaine ; que, de plus, il était décoré de l'ordre de Cincinnatus, créé par le congrès, la curiosité avait fait aussitôt place à l'intérêt et à l'enthousiasme ; et les autorités fédérales de la Nouvelle-Orléans avaient attendu, avec la plus vive impatience, l'arrivée d'un homme qu'elles regardaient presque comme un compatriote et qu'elles voulaient recevoir, au nom de l'Amérique libre, avec tous les égards auxquels il avait droit.

Mais l'enthousiasme fut porté à son comble, lorsqu'au lieu d'un seul personnage qu'ils attendaient, ils virent qu'ils étaient venus deux.

La surprise et la joie du gouverneur furent extrêmes, lorsque, après avoir adressé les premiers compliments au général, celui-ci, sur le pont même, et avant toute chose, lui tendit la main en lui disant avec un charmant sourire :

— Croyez, mon cher Dayton, que je suis très sensible à votre visite ; je n'ai pas oublié que, moi aussi, je suis citoyen américain ; c'est pour moi un véritable bonheur, à mon arrivée à la Nouvelle-Orléans, non seulement d'être reçu ainsi que je le suis, mais encore de presser la main d'un ancien ami.

Le gouverneur de la Nouvelle-Orléans n'était autre que le général Williams Dayton, frère aîné de la comtesse de Tancarville.

Lucien conduisit les officiers dans la grande chambre du navire dont il leur fit splendidement les honneurs, et il leur présenta sa femme, la marquise Andrée de Bodégast, ainsi que son fils et tous ses amis.

Par une singularité inexplicable, les Américains du Nord, bien que démocrates convaincus et partisans, avant tout, de l'égalité, professent un respect profond pour les titres et les distinctions nobiliaires. Comprenne qui pourra cette étrange anomalie qui est un fait indiscutable, et dont tout Européen qui a voyagé en Amérique a été maintes fois à même de faire l'épreuve. Le général connaissait cette faiblesse, et, bien que sincèrement indifférent à son titre, il ne vit aucun inconvénient à en profiter.

D'ailleurs, les projets qui l'amenaient en Amérique exigeaient qu'il essayât de se concilier, non seulement la bienveillance des autorités de ce pays, mais encore celle des habitants avec lesquels le hasard le mettrait en rapport plus tard, afin que les mesures qu'il jugerait prudent ou nécessaire de prendre, ne fussent entravées par aucun mauvais vouloir.

Son début était des plus heureux ; il s'en félicita sincèrement.

Comme le général était obligé de faire un assez long séjour à la Nouvelle-Orléans, il accepta avec joie l'offre que lui fit le gouverneur, d'occuper avec toute sa suite une charmante habitation qu'il possédait, à dix minutes tout au plus de la ville, dans une situation délicieuse, sur le bord même du Mississipi ou *Mes-chah-sé-bé*, ainsi que le nomment les Indiens, et cela pendant tout le temps qu'il lui plairait de demeurer au port.

La vie est douce à la Nouvelle-Orléans, le climat magnifique.

Les habitants, surtout à cette époque, étaient presque tous Français, ou tout au moins d'origine française ; en effet, il y avait quarante-deux ans à peine que, pour la première fois, la Louisiane avait cessé d'être française, à la suite du traité de Versailles, signé par Louis XV en 1763, et par lequel une partie de cette contrée avait été cédée à l'Angleterre et l'autre à l'Espagne.

La langue et les mœurs de la mère patrie avaient continué à régir ce beau pays, seulement les mœurs, adoucies par les charmantes mignardises créoles, étaient devenues plus libres et plus attrayantes ; mais au fond il était toujours demeuré français.

Aujourd'hui encore, après plus d'un siècle, et malgré les nombreux et inévitables changements qui sont survenus dans cette contrée, surtout depuis ces dernières années, les Louisianais sont fiers de leur origine; la langue française continue à être parlée par la plus grande partie de la population, surtout à la Nouvelle-Orléans.

Lorsque le général fut confortablement installé à terre, sous les ordres du capitaine Kalbris et la surveillance immédiate de Cœur-d'Acier, un monde d'ouvriers du port se mit en devoir de décharger le navire, tandis que des ouvriers, choisis avec soin, surveillaient tout, remontaient les wagons, faisaient des plates-formes et des affûts de campagne pour les deux légers canons que le général voulait emmener avec lui dans son expédition, installaient les palanquins, etc.

Libre de tous soins, M. de Bodégast réfléchit que le gouverneur, dont la complaisance pour lui était inépuisable, désirait cependant, sans doute, lui demander des nouvelles de sa sœur que, depuis près de vingt ans, il n'avait pas vue, et qu'il n'était probablement retenu que par la crainte de paraître importun.

Le général consulta Andrée, sans l'assentiment de laquelle il ne prenait jamais une décision importante, — les deux époux s'aimaient toujours comme aux premiers temps de leur union, — et son frère de lait, dont il avait, en maintes circonstances, éprouvé le jugement solide.

Les avis de ces deux conseillers improvisés furent les mêmes : aller bravement au-devant des interrogations de M. Williams Dayton; lui dire avec la plus entière franchise ce qui s'était passé entre le comte de Tancarville et la comtesse; lui faire part de la résolution que lui, le général, avait prise de se mettre à la recherche de l'enfant enlevé à la malheureuse et innocente femme, et de le lui rendre, si Dieu le permettait.

— M. Dayton est un homme de cœur, ajouta Alain, il te sera évidemment reconnaissant de ta généreuse détermination, et il t'aidera de tout son pouvoir à exécuter le projet que tu as conçu.

— De plus, dit la marquise, M. Dayton, ainsi que vous-même me l'avez dit, mon ami, aime beaucoup sa sœur; croyez-moi, n'hésitez pas à tout lui révéler. Votre silence doit lui causer intérieurement une vive inquiétude; je comprends combien sa douleur sera grande en apprenant cette affreuse histoire, mais il vous remerciera, je n'en doute pas, de ne lui avoir rien caché; si fort que soit un chagrin, il s'amoindrit cependant, lorsqu'on en peut mesurer toute l'étendue, parce que l'espoir entre au cœur et lui rend le courage de souffrir.

— Vous avez raison tous deux, répondit le général, je n'ai que trop tardé déjà ; je me rends à l'instant même près du gouverneur.

— Nous vous accompagnerons, Alain et moi, mon ami; notre présence adoucira peut-être la force du coup que vous allez, bien malgré vous, porter à ce noble gentleman.

— Je suis obligé de vous répéter toujours la même chose, mon amour; vous êtes femme de pied en cap, et vous avez toutes les délicatesses du cœur, ajouta-t-il en l'embrassant tendrement.

— Non, mon ami, répondit-elle avec émotion; seulement j'aime et je comprends ce que ceux qui aiment souffrent en certaines circonstances.

Ils montèrent tous trois à cheval, et partirent pour la résidence du gouverneur.

Deux domestiques nègres, appartenant à M. Dayton, et qu'il avait attachés, ainsi qu'une vingtaine d'autres, à leur service, les suivaient à une courte distance.

Ce que la marquise avait prévu arriva.

Williams Dayton était une âme d'élite, un cœur loyal ; malgré la douleur immense qu'il éprouva au récit des malheurs immérités de sa sœur qu'il adorait, il se sentit saisi d'une admiration profonde, d'un respect sincère pour cet homme, qui, jeune, heureux, possesseur d'un grand nom et d'une incalculable fortune, sacrifiait, sans hésiter, tout, bonheur, nom, réputation, fortune, sans y être obligé autrement que par le serment qu'il s'était fait à soi-même de réhabiliter une femme indignement calomniée, et de lui rendre l'enfant qui lui avait été ravi.

Cette conduite était grande, belle, généreuse ; elle devait trouver de l'écho dans le noble cœur de l'Américain ; ce fut ainsi ; dès ce moment, les deux hommes ne furent plus amis seulement, ils furent frères. Williams Dayton remercia avec effusion le général, et il mit à sa disposition les immenses ressources dont sa position de gouverneur de la Louisiane lui permettait d'user.

Non content de cela, sans en rien dire à son ami, il écrivit à Thomas Jefferson, qui, pour la seconde fois, venait d'être élu président de la République ; sans entrer dans des détails trop intimes, il lui fit assez comprendre le but que le général se proposait, pour que le président, que les services antérieurs rendus par M. de Bodégast à la cause de la liberté américaine disposaient déjà à lui être agréable en tout ce qui dépendrait de lui, n'hésitât pas à lui expédier, presque poste pour poste, une lettre autographe par laquelle il l'autorisait à requérir, sur tout le territoire de l'Union, les secours en hommes, animaux, vivres et argent dont il pourrait avoir besoin et à en disposer à sa guise, sans être contraint d'en justifier l'emploi à qui que ce fût ; sous peine, pour les fonctionnaires qui refuseraient d'obéir à cet ordre émané du président lui-même, d'une révocation immédiate et de la privation pendant dix ans de leurs droits civils, comme coupables de rébellion, au premier chef, envers le porteur de cet acte, officier supérieur de l'armée américaine.

Aussitôt que Williams Dayton eut reçu cette lettre du président de la République, il la fit viser à la chancellerie du gouvernement de la Louisiane, y ajouta un ordre à toutes les autorités des villes et villages du territoire d'avoir à se conformer à son contenu, y apposa le sceau de l'État et la remit au général de Bodégast.

— Tenez, mon ami, lui dit-il après la lui avoir lue, vous voyez que les Américains ne sont pas ingrats ; qu'ils se souviennent de ceux qui ont versé leur sang pour la défense de leur liberté. Prenez cette lettre, elle vous évitera bien des ennuis et de regrettables pertes de temps dans une expédition comme la vôtre. Je n'ai pas besoin d'ajouter, n'est-ce pas, que je me considère comme votre associé en cette affaire où il s'agit du bonheur de ma sœur et de celui de mon neveu, et que vous pouvez compter sur moi comme sur vous-même?

Le général lui serra affectueusement la main et renferma soigneusement dans son portefeuille ce papier si important pour lui.

Cependant le débarquement de la *Jeune-Adèle* s'opérait, mais avec une lenteur impérieusement exigée par le montage des wagons et des palanquins, travaux qui devaient être exécutés avec le plus grand soin et une solidité à toute épreuve.

L'inaction pesait au général; il résolut de profiter du temps qu'il avait ainsi forcément devant lui, pour aller à Saint-Louis prendre des informations.

Après avoir confié la marquise et son fils à Williams Dayton, il monta à cheval et partit accompagné de son frère de lait et de quatre Bretons bien armés.

Le voyage de la Nouvelle-Orléans à Saint-Louis n'est rien aujourd'hui : grâce aux chemins de fer et à la vapeur, le trajet est des plus courts; à l'époque dont nous parlons, il n'en était pas ainsi : la Louisiane était encore parcourue par de nombreuses tribus indiennes, hostiles aux blancs; les voies de communication étaient rares, mal entretenues; le voyage d'une ville à une autre était non seulement long et difficile, mais souvent très dangereux.

Par les soins de Williams Dayton, une embarcation solide et armée par vingt rameurs avait été préparée à Bâton-Rouge, qui n'était encore qu'un village.

Le général et ses compagnons s'embarquèrent; ils purent ainsi faire commodément le trajet, tout en jouissant du spectacle enchanteur des rives pittoresques et accidentées du Mississipi.

Ce trajet fut assez long; les voyageurs faisaient de fréquentes haltes.

Au bout de quelques jours, ils atteignirent Concordia, charmante petite ville, alors dans l'enfance, dont la situation séduisit tellement le général qu'il résolut de s'y arrêter pendant un jour ou deux afin de laisser reposer ses rameurs.

Mais la réception qui lui fut faite fut si amicale, si hospitalière, que, malgré lui, il se laissa aller à y prolonger son séjour plus longtemps qu'il ne se l'était d'abord proposé.

Un soir que le général assistait à une fête que le gouverneur donnait en son honneur, et que, retiré dans un angle éloigné du salon, il causait au milieu d'un groupe de magistrats et de riches négociants, tout à coup, il tressaillit; un nom, prononcé auprès de lui, avait subitement frappé son oreille et lui avait causé une émotion étrange.

— Monsieur, demanda-t-il au gouverneur de la ville, qui se trouvait près de lui, quelle est donc cette personne qui vient à l'instant d'entrer dans le salon, et qui se tient là, tenez, auprès des dames avec lesquelles elle cause?

— Cette personne, répondit le gouverneur en suivant du regard la direction que lui indiquait le général et arrêtant les yeux sur un homme d'environ quarante-cinq ans, de haute mine et de manières exquises, eh! pardieu! général, c'est un de nos plus riches planteurs; il est même votre compatriote; c'est un Français, fort homme du monde, grand seigneur même, qui, chassé de France par la révolution, s'est réfugié ici, où plusieurs parents de sa famille habitaient depuis fort longtemps et où il s'est fixé lui-même.

— Ah! fit le général en serrant les dents, cet homme jouit d'une bonne réputation dans ce pays?

— Il est fort riche, répondit évasivement le gouverneur; il s'est marié, il y a deux ans, avec une des plus riches héritières de la Louisiane : mes renseignements s'arrêtent là; nous sommes trop nouveaux encore dans cette contrée, nous autres Yankees, ainsi qu'on nous appelle, comme vous savez, pour que nous soyons bien au courant des affaires des habitants, qui nous voient d'assez mauvais œil, et qui regrettent la France, ajouta-t-il en souriant.

— C'est juste, dit le général; comment nommez-vous ce gentleman, s'il vous plaît ?

— Le comte de Bellegarde : désirez-vous, mon cher général, que je vous le présente?

— Nullement, je vous remercie, répondit sérieusement le général, mais j'ai un autre service à vous demander.

— Lequel, général? vous savez que je suis tout disposé à vous être agréable.

— C'est ce que nous allons voir, cher monsieur, reprit le général avec un accent singulier qui frappa le gouverneur.

— Parlez, dit-il, que désirez-vous?

— Aussitôt que le comte de Bellegarde, puisque c'est ainsi qu'il plaît à cet homme de se nommer à présent, sortira de votre hôtel, vous le ferez arrêter.

— Arrêter! lui, le comte de Bellegarde! se récria le gouverneur; y pensez-vous, général?... et sous quel prétexte?

— Sous celui que vous voudrez, peu importe.

— Mais vous n'y songez pas! Je n'ai rien à lui reprocher de positif, bien qu'il coure d'assez mauvais bruits sur son compte; c'est une chose sérieuse, en Amérique, que d'arrêter un homme quel qu'il soit ; je ne puis prendre sur moi un acte aussi important.

— Je ne vous dis point de le prendre sur vous, cher monsieur.

— Mais il me semble, général?...

— Il vous semble mal; voyons, que vous faudrait-il pour mettre votre responsabilité à couvert? un ordre, n'est-ce pas?

— Un ordre, oui, général.

— Eh bien, rien de plus simple, cet ordre, je vous le donne, moi.

— Vous, général? Excusez-moi; vous parlez sérieusement, n'est-ce pas?

— Très sérieusement, oui, monsieur.

— Je suis alors forcé de vous faire observer, à mon grand regret, que vous n'avez pas qualité...

— Vous vous trompez, monsieur : veuillez, je vous prie, jeter les yeux sur ce papier.

Et le général tira de son portefeuille un papier qu'il mit tout ouvert devant les yeux du gouverneur.

— Aoh! s'écria celui-ci avec une extrême surprise.

La marquise, en proie à une terreur folle se mit à parcourir le jardin en poussant des cris d'alarme.

— Êtes-vous convaincu? dit le général d'un ton légèrement ironique, en replaçant froidement le papier dans son portefeuille.
— Complètement, général.
— Et vous obéirez?
— Ordonnez!
— Ainsi que je vous l'ai dit, aussitôt que cet homme quittera votre hôtel,

vous le ferez arrêter, sans scandale, si c'est possible ; prenez toutes les mesures que vous jugerez nécessaires, mais souvenez-vous bien de ceci : il faut, vous m'entendez ? il faut que cet homme arrive à la Nouvelle-Orléans, sans qu'il sache ni pourquoi, ni par ordre de qui il a été arrêté ; et qu'il soit aussitôt mis à la disposition de M. Williams Dayton, le gouverneur de cette ville ; d'ailleurs, j'arriverai, moi, avant le prisonnier.

— Vous nous quittez, général ?

— A l'instant même.

— Mais quel est donc cet homme ?

— Un espion espagnol fort dangereux, lui glissa le général à l'oreille.

— Aoh ! il serait possible ?

Le général fit un geste affirmatif ?

— Bon ! Soyez tranquille, général, il sera surveillé de près.

— J'y compte.

— Daignerez-vous me pardonner ?...

— Quoi ? interrompit le général en lui serrant la main, d'avoir fait votre devoir ? Je n'ai au contraire que des félicitations à vous adresser ; rapportez-vous-en à moi pour cela, je rendrai bon compte de votre conduite à qui de droit.

— Et moi, général, j'aurai soin de votre prisonnier.

— Mille grâces ! au revoir ! peut-être, avant peu, reviendrai-je ici.

— J'en serai charmé, général.

M. de Bodégast fit à Alain un signe que celui-ci comprit ; tous deux parvinrent à quitter le salon sans être remarqués.

— Alerte ! dit le général dès qu'il se trouva dans la rue : réveillons nos hommes ; il faut que dans une demi-heure nous soyons partis.

— Que se passe-t-il donc de nouveau ? je te vois tout ému.

— Je te dirai tout, mais hâtons-nous ! hâtons-nous ! Il nous faut partir au plus vite, je te le répète.

Alain n'insista pas : il connaissait trop son frère de lait pour ne pas supposer que quelque chose de grave venait de lui arriver.

Il prit les devants, et, pendant que le général descendait directement au Mississipi, il alla réveiller les rameurs, avertir les quatre Bretons, et régler les comptes de l'hôtel.

Une demi-heure plus tard, l'embarcation, emportée par le courant, descendait rapidement le fleuve.

Il était environ minuit.

Au lever du soleil, le général qui, pendant toute la nuit, avait gardé obstinément le silence, explora le fleuve du regard ; à deux portées de fusil en arrière, il aperçut un point noir qui grossissait rapidement, et qui, arrivé à une certaine distance, assez éloignée, prit les formes élancées d'une grande pirogue, et se maintint dans les eaux de l'embarcation, ralentissant exprès sa marche pour ne pas trop s'en rapprocher, tout en restant cependant dans ses eaux.

Le général montra la pirogue du doigt à son frère de lait.

— Alain, tu vois ce canot ? lui dit-il.

— Certes, il faudrait être aveugle pour ne pas le voir, répondit celui-ci ; je t'avoue même que ses manœuvres me semblent extraordinaires ; il lui aurait été facile, s'il l'eût voulu, de nous dépasser ; au contraire, on croirait qu'il fait tout ce qu'il peut pour se maintenir assez loin derrière nous.

— C'est en effet cela, frère, tu as deviné, dit le général, en se frottant les mains.

— Ah !

— Tu es curieux, n'est-ce pas, de connaître le fond de ce mystère ?

— Il y a donc un mystère ?

— A peu près, mais pas pour toi.

— Qu'est-ce donc que cette embarcation, alors ?

— C'est une prison flottante, mon ami.

— Une prison flottante ?

— Oui, hier, pendant notre soirée chez le gouverneur, un planteur français s'est fait annoncer.

— Je m'en souviens ; un certain comte de Bellegarde. J'ai même échangé quelques mots avec lui.

— Ainsi, le cas échéant, tu le reconnaîtrais ?

— Pardieu ! Je ne sais pourquoi, bien qu'il ait des manières exquises, qu'il soit même fort bel homme, cet individu, lorsqu'il s'approcha de moi, m'inspira une invincible répulsion. Malgré moi, je me mis à l'examiner avec la plus sérieuse attention. Cet homme a dans le regard quelque chose de faux et de louche qui vous fait froid au cœur. Son sourire ressemble à une grimace : on dirait qu'il grince des dents ; ma foi ! je ne suis pas fâché que nous ayons quitté Concordia.

— Pourquoi donc ?

— Parce que j'aurais pu me rencontrer de nouveau avec ce comte de Bellegarde, et que je t'avoue franchement que je ne me sens nullement disposé à devenir son ami.

— Parce que tu as le pressentiment qu'il sera ton ennemi, cher ami.

— Comment cela ?

— Regarde cette embarcation, frère : il y a dedans le comte de Bellegarde, garrotté, bâillonné, et que l'on conduit prisonnier à la Nouvelle-Orléans.

— Bah ! il a donc commis un crime ?

— Un crime horrible, frère !

— Eh bien ! franchement, cela ne m'étonne pas. Tu le savais donc, toi ?

— Je le savais, oui.

— Ah ! diable, et par ordre de qui a-t-il été arrêté ?

— Par mon ordre.

— Par ton ordre ! s'écria Alain, en proie à la plus vive surprise.

— Oui, frère ; bientôt tu connaîtras les motifs de cette arrestation ; je ne te demande qu'un peu de patience, jusqu'à la Nouvelle-Orléans. Là, tu apprendras tout ; sache seulement que pour tenir cet homme en mon pouvoir, grâce que Dieu m'a faite pour rien, j'aurais avec joie donné un million.

Pendant les jours qui suivirent, la pirogue continua à se tenir en arrière, et à exécuter toutes les manœuvres de l'embarcation ; cependant, lorsque l'on eut passé Bâton-Rouge, elle ralentit encore sa marche, et finit bientôt par se confondre et disparaître complètement au milieu des nombreux canots qui sillonnaient le fleuve dans tous les sens.

Aussitôt que le général eut posé le pied sur le quai de la Nouvelle-Orléans, il fit signe à Alain de le suivre, et il se dirigea à grands pas vers l'hôtel du gouvernement. Williams Dayton fut surpris de le voir; il ne s'attendait pas à un aussi prompt retour; mais sa surprise se changea en stupéfaction, et un éclair de haine brilla dans son regard, lorsque le général lui eut dit quelques mots à voix basse.

Les deux hommes parurent se concerter entre eux; puis, accompagnés d'Alain qui assistait tout effaré à cette scène, à laquelle il ne comprenait absolument rien, mais cependant à demi rassuré par un sourire amical de son frère de lait, tous trois se rendirent dans un salon assez obscur, où ils s'assirent de façon à ce que leurs traits demeurassent dans l'ombre.

A peine étaient-ils assis qu'un huissier se présenta et annonça à Williams Dayton qu'un prisonnier, amené par l'ordre du gouverneur de Concordia, attendait la permission d'être amené devant lui.

— Introduisez cet homme, après lui avoir enlevé ses liens; mais que son escorte demeure dans l'antichambre, à portée de voix, ordonna le gouverneur.

Dix minutes s'écoulèrent; puis la porte s'ouvrit avec fracas, et le comte de Bellegarde parut; il était furieux, avait les vêtements en désordre et semblait avoir soutenu une lutte. Le visage livide, les sourcils froncés, le regard étincelant, il s'avança jusqu'à trois ou quatre pas de l'endroit où étaient assis, froids, calmes et sévères, les trois hommes.

— Pardieu! monsieur, s'écria-t-il d'une voix que la colère rendait sifflante et saccadée, vous me rendrez raison de l'affront inqualifiable qui m'a été fait, et de l'horrible guet-apens dans lequel je suis tombé. Sommes-nous dans un pays libre, ou dans un État despotique, soumis au bon vouloir d'un gouvernement inique? Justice me sera rendue, je le jure!

— Justice vous sera rendue, oui, monsieur, répondit le gouverneur d'une voix calme: c'est pour cela que j'ai ordonné que l'on vous conduisit en ma présence; mais vous oubliez que vous n'êtes pas ici pour menacer, mais pour vous défendre, monsieur le marquis de Chenesvailles!

— Hein? s'écria-t-il en se reculant involontairement, quel nom me donnez-vous? Je suis le comte de Bellegarde, monsieur!

— Vous en avez menti! monsieur le marquis de Chenesvailles, dit froidement le général en se levant et faisant un pas vers lui.

— Le comte de Bodégast! s'écria le prisonnier en se reculant encore et portant avec épouvante les mains en avant, comme s'il voulait conjurer un fantôme, le comte de Bodégast! lui! lui!

— Ah! vous me reconnaissez, marquis, reprit le général avec amertume; oui, je suis, non pas le comte, mais le marquis de Bodégast. Je suis la vengeance aussi! souvenez-vous de la comtesse de Tancarville, du crime odieux que vous avez commis, de l'accusation que vous avez portée contre moi, et vous comprendrez pourquoi je suis ici.

Le marquis de Chenesvailles n'était pas un scélérat ordinaire; la première émotion causée par la surprise, surmontée, il était, en quelques secondes, redevenu maître de lui-même.

— Monsieur, répondit-il froidement et avec un accent de profond dédain, je ne comprends rien aux sottes accusations que vous portez contre moi. Que m'importent ces vieilles histoires! D'ailleurs, les faits auxquels sans doute vous faites allusion, seraient-ils vrais, qu'ils ne me rendent aucunement passible des tribunaux américains. Si vous croyez avoir à vous plaindre de moi, je suis prêt à vous donner toute satisfaction que vous désirerez et comme il est de coutume entre gentilshommes.

— Misérable! s'écria le général.

— Tout beau monsieur! A quoi bon ces insultes! Avez-vous besoin de vous exciter vous-même pour avoir du courage? reprit-il avec un écrasant mépris.

— Assez, monsieur! taisez-vous! s'écria le gouverneur en se levant : Je suis Williams Dayton, le frère de la malheureuse femme que vous avez lâchement déshonorée; moi aussi, je veux me venger et je me venge! Comte de Bellegarde, vous êtes complice du colonel Burr; vous voulez démembrer la Confédération en livrant la Floride et la Louisiane aux Espagnols dont vous êtes l'espion. Nous ne sommes pas ici soumis aux lois des États de la République. La Louisiane est un territoire régi par des lois exceptionnelles. Comte de Bellegarde, deux heures vous sont accordées, pour faire, si cela vous est possible, votre paix avec le ciel : au coucher du soleil, vous serez pendu!

— Pendu! s'écria-t-il avec un tressaillement de terreur, pendu, moi! un gentilhomme français!

— Vous n'êtes ni Français, ni gentilhomme : vous êtes un misérable et un traître! Justice doit être faite, elle le sera; rien ne peut vous sauver.

Le gouverneur frappa sur un gong; la porte s'ouvrit; l'huissier se présenta :

— Que cet homme soit conduit à la prison! dit Williams Dayton.

— Un instant! s'écria le marquis.

— Que voulez-vous? demanda le gouverneur.

— Vous faire une proposition.

— Une proposition, à moi? Vous êtes fou!

— Je ne vous demande pas la vie; je sais que je n'ai aucune grâce à attendre de vous; tuez-moi, puisque vous le voulez, mais ne me déshonorez pas. Changez mon genre de mort; faites-moi fusiller.

— Vous serez pendu au coucher du soleil, reprit d'un ton glacial le gouverneur.

Le comte devint livide; ses traits se décomposèrent, ses yeux s'injectèrent de sang, un frisson convulsif agita tout son corps: si un meuble sur lequel il s'appuya machinalement, ne se fût pas trouvé à sa portée, il serait tombé à la renverse.

Le général échangea un rapide regard avec le gouverneur; celui-ci fit un geste, l'huissier sortit et la porte se referma.

— J'ai pitié de vous, monsieur, si coupable et si criminel que vous soyez, dit le général d'une voix profonde; je me souviens que, comme moi, vous êtes gentilhomme; que vous avez eu de nobles ancêtres que votre mort infâme déshonorerait dans leurs tombes. Je puis, moi, vous faire échapper à cette mort; je puis plus encore, je puis vous donner une chance de vous soustraire au sort qui vous attend.

Le comte le regarda d'un air hagard; il ne comprenait pas.

— Oui, reprit le général, je vous offre, moi marquis de Bodégast, dont l'honneur ne peut être mis en doute, les chances d'un combat loyal; en un mot, je consens à croiser le fer avec vous, ici même, dans le salon où nous sommes.

— Ah! vous feriez cela! s'écria le marquis dont l'œil étincela et qui lui lança un regard de tigre aux abois.

— Je le ferai, mais à une condition, une seule.

— Quelle est cette condition?

— Réfléchissez bien avant que de me répondre, car, sur ma parole, là est votre seule chance de salut.

— Parlez!

— Soit : vous allez ici même, à l'instant, écrire une confession pleine, entière, franche et sans détour ni faux-fuyants, du crime horrible que vous avez commis contre une femme innocente, et des moyens que vous avez employés pour la perdre. Cette confession, écrite par vous, signée par vous, sera lue devant dix personnes les plus qualifiées de la ville, qui signeront elles aussi comme témoins; à cette condition seule vous échapperez au châtiment infâme qui vous attend.

— Et vous vous battrez avec moi?

— Je vous le jure.

— A l'épée?

— J'y consens.

Le comte baissa la tête et parut, pendant quelques secondes, absorbé par ses pensées.

— J'accepte! dit-il enfin d'une voix sourde. Du papier?

— Mettez-vous à cette table; toi, Alain, mon frère, place-toi en face de cet homme. Vous dicterez, marquis; il faut que cette confession soit écrite en double.

— Peu m'importe, pourvu que vous vous battiez.

— Je vous ai donné ma parole, monsieur.

Le comte courba le front; sans répondre il alla s'asseoir à la place qui lui avait été désignée.

Le gouverneur et le général se retirèrent dans un angle éloigné du salon.

— Qu'avez-vous fait, mon ami? dit Williams Dayton avec douleur.

— Mon devoir, mon ami; il faut que la justification de votre sœur soit éclatante; que son honneur lui soit rendu pur de toute souillure.

— Mais si cet homme vous tue?

Le général sourit doucement.

— Le ciel est avec moi, dit-il; ceci n'est pas un duel, c'est le jugement de Dieu.

Pendant trois heures sans s'arrêter une seconde, le comte dicta et écrivit son horrible confession; il avait pris son parti; résolu à tuer ou à être tué, il s'acquitta loyalement et franchement de son engagement, n'atténua et ne déguisa aucun fait, et s'appliqua au contraire à établir, de la façon la plus lucide, les plus légères circonstances.

Il savait que de cette manière seulement, il obtiendrait la grâce à laquelle il tenait plus qu'à la vie, mourir sans être déshonoré par un supplice odieux; et puis, somme toute, il était gentilhomme et avait de l'honneur à sa façon; il avait donné sa parole, quelles qu'en dussent être pour lui les conséquences, il était résolu à la tenir.

Lorsqu'il eut terminé cette confession, sur l'ordre du gouverneur, l'huissier, prévenu depuis une heure déjà, introduisit dix habitants des principales familles de la ville.

La lecture fut faite au milieu d'un profond silence par le gouverneur lui-même; il eut le soin de passer les noms pour ne pas compromettre la personne qu'il voulait réhabiliter; cette lecture terminée, les témoins signèrent les deux doubles et se retirèrent.

— Maintenant, signez! dit le général au comte; nous avons voulu vous éviter la honte de dévoiler votre nom.

— Merci, répondit-il d'une voix rauque.

Il prit la plume et signa d'une main fébrile.

— Et maintenant, s'écria-t-il en se redressant, aux épées!

Et il jeta la plume loin de lui.

Alain s'empara aussitôt des papiers, qu'il plia et serra dans son porte-feuille.

Le gouverneur s'approcha d'une panoplie et décrocha deux fleurets dont il brisa le bout.

— En garde! s'écria le comte.

M. de Chenesvailles possédait une rare habileté aux armes; probablement, il avait compté, intérieurement, sur son adresse de spadassin, lorsqu'il avait accepté la proposition du général; mais, si tel avait été son calcul, il se trompa.

Le général avait dit vrai : Dieu était avec lui; calme, froid, maître de lui-même, il laissa son adversaire s'épuiser en vains efforts, puis, tout à coup, il fit un double fouetté, se fendit à fond, et son fleuret s'enfonça jusqu'à la garde dans la poitrine de son ennemi.

Le comte tomba comme une masse, sans jeter un cri, sans pousser une plainte.

— Voilà un pauvre diable bien accommodé, murmura Alain en essuyant la sueur froide que le danger de son frère de lait avait fait perler sur son front.

— Vous savez, ami, que si cet homme ne meurt pas, il sera libre, dit le général; il n'est plus à redouter pour nous maintenant.

— Peut-être! répondit Williams Dayton, mais, soyez tranquille, je prendrai de telles précautions qu'il ne pourra plus nous nuire.

II

COMMENT LA CARAVANE QUITTA ARKAPOLIS OU LITTLE-ROOCK

La blessure du marquis de Chenesvailles était horrible : le fleuret l'avait traversé de part en part; la pointe était ressortie au-dessous de l'omoplate gauche, en déchirant affreusement tous les tissus.

Les médecins appelés en toute hâte pour donner les premiers soins au blessé, ne comprenaient pas comment cet homme avait résisté à une pareille blessure et n'était point mort sur le coup.

Williams Dayton fit transporter le marquis dans un appartement éloigné; conformément à ce qu'il avait promis au général, il ordonna qu'il fût traité avec les plus grands égards et les soins les plus assidus.

Le marquis demeura trois jours entiers sans connaissance.

Pendant plus de deux mois, les médecins désespérèrent de sa vie.

Cependant, le blessé ne s'abandonnait pas; il semblait, pour ainsi dire, se cramponner à l'existence avec un entêtement de bête fauve; il aidait ainsi aux efforts des médecins.

Enfin, après deux mois de souffrances atroces, d'espoirs déçus et renouvelés, un mieux sensible se déclara dans l'état du blessé; les médecins, à moins d'un cas extraordinaire et impossible à prévoir, crurent pouvoir répondre de sa vie.

Plus de quatre mois étaient écoulés, le marquis de Chenesvailles, presque entièrement guéri de sa blessure, mais dont les forces n'étaient pas encore complètement revenues, se promenait avec agitation dans sa chambre, autour de laquelle il tournait comme un tigre en quête.

Une fois, il avait voulu sortir, mais une sentinelle, placée au dehors, lui avait impitoyablement refusé le passage.

Il était donc prisonnier? Le général avait failli à sa parole? Quel danger nouveau le menaçait? Que voulait-on faire de lui? Comment échapper à ce danger inconnu?

Le marquis en était là de ses réflexions, lorsque la porte s'ouvrit, et le gouverneur parut.

Derrière lui la porte se referma.

Le gouverneur salua froidement le marquis, lui indiqua un siège et en prit un lui-même.

M. de Chenesvailles, intérieurement inquiet de cette visite, la première que lui faisait le gouverneur, attendait avec une secrète anxiété qu'il lui plût de s'expliquer.

— Monsieur, lui dit presque aussitôt Williams Dayton, vous êtes guéri; vous devez avoir hâte d'être libre.

A cet exorde auquel il était loin de s'attendre, le visage du marquis s'éclaira subitement.

Les deux hommes franchirent rapidement ce pont, suivis par le brave Milord.

— En effet, monsieur, répondit-il; je suis même étonné de ne pas l'être déjà.

— Patience, monsieur: je suis allé moi-même trouver le président de la République, afin de vous faire obtenir cette liberté à laquelle vous aspirez.

— Le président de la République? s'écria-t-il avec surprise; eh! qu'a-t-il donc à voir dans tout cela, dites, monsieur, s'il vous plaît?

— Plus que vous ne le supposez, monsieur, répondit le gouverneur avec une froide ironie ; vous oubliez que vous êtes accusé de crime de haute trahison, comme complice du colonel Burr ?

— C'est faux, monsieur ! s'écria le marquis avec un violent geste de dénégation.

— Je le sais parfaitement, monsieur, répondit le gouverneur de plus en plus glacial; mais vous oubliez toujours que je me nomme Williams Dayton.

Le marquis baissa la tête en fronçant les sourcils avec rage.

Le gouverneur continua :

— N'importe comment je me les suis procurées, monsieur, j'ai entre les mains les preuves de votre complicité; nous sommes ici sur un territoire nouvellement acquis, régi par des lois exceptionnelles ; le président, auquel j'ai parlé avec la plus entière franchise, qui m'aime beaucoup, a consenti, à cause de cette amitié et de la considération qu'il a pour le général de Bodégast, à modifier en votre faveur la sévérité de ces lois.

— Ah ! fit le marquis d'une voix sourde, on a daigné me pardonner un crime imaginaire !

— En vous punissant d'un crime malheureusement trop réel, oui, monsieur: vous avez été supposé en fuite; votre jugement a été instruit et vous avez été condamné à mort comme contumace; si vous êtes rencontré sur le territoire des États-Unis, à quelque époque que ce soit, ce jugement sera immédiatement mis à exécution, et vous serez pendu, sans autre forme de procès. Les ordres ont été, devant moi, expédiés à tous les dépositaires de l'autorité sur toute l'étendue du territoire de la République.

— Ainsi, telle est la grâce que j'ai obtenue ? dit-il avec amertume.

— Oui, monsieur.

— La libre Amérique ne craint pas de servir des vengeances particulières.

— Vous vous trompez, monsieur; les scélérats aussi redoutables que vous l'êtes sont au ban de tous les pays; s'en défaire comme on se défait des serpents, des tigres et des autres animaux nuisibles, cela est, non pas servir des vengeances particulières, mais veiller à la sûreté de tous les honnêtes gens.

— Passons, monsieur, je n'ai que faire de vos sermons !

— Soit ! monsieur, demain le trois-mâts *la Jeune-Adèle* mettra sous voiles, vous serez conduit à bord.

— Mais, monsieur, je ne puis partir ainsi ?

— Pourquoi donc, monsieur?

— J'ai de graves intérêts à régler, une femme, un enfant, des plantations !

— Je le sais, monsieur; vos plantations ont été vendues par autorité de justice. Tous frais payés, il vous revient un million trois cent soixante-dix-sept mille dollars; ce qui, dans tous les pays du monde, constitue une fort belle fortune. Dites-moi dans quel pays vous désirez vous retirer; je vous donnerai un crédit de pareille somme sur le chargé d'affaires de la République en ce pays; votre argent vous sera immédiatement compté.

— Mais ma femme? mon enfant?

— Depuis hier, ils se trouvent à bord de la *Jeune-Adèle*, où ils vous attendent.

— Ah ! je vois que vous avez tout prévu ! s'écria-t-il avec rage.
— Tout, oui, monsieur, répondit froidement le gouverneur. Vous plaît-il, maintenant, de me faire connaître le pays que vous choisissez ?
— Suis-je libre de le faire ?
— Parfaitement, monsieur ; un seul pays vous est interdit : la République américaine.
— Soit, monsieur ; puisqu'il en est ainsi, je choisis le Mexique.
— Très bien ! Où désirez-vous être conduit ?
— A la Vera-Cruz.
Le gouverneur se leva.
— Demain, monsieur, je vous remettrai votre lettre de crédit ; vous serez immédiatement conduit à bord de la *Jeune-Adèle*.
— Oh ! je me vengerai ! Prenez garde ! s'écria-t-il avec rage.
— Peut-être, monsieur ; mais souvenez-vous que ce sera à vos risques et périls ; que, cette fois, il ne vous sera fait aucune grâce ; qu'on vous tuera sans pitié, comme une bête féroce.

Et il sortit froidement, après avoir salué le marquis, qui demeura seul, presque fou de fureur en face de son impuissance.

Le lendemain, ainsi que le gouverneur l'avait annoncé à son prisonnier, celui-ci fut conduit à bord de la *Jeune-Adèle*, qui mit aussitôt à la voile.

Or, comme le capitaine Kalbris, commandant de ce trois-mâts, était tout dévoué au général, il n'était pas probable que le marquis réussît à s'échapper avant l'arrivée du bâtiment à la Vera-Cruz.

Les quatre mois qui venaient de s'écouler n'avaient pas été perdus pour les projets du général ; chaque minute, au contraire, en avait été activement employée ; tout était prêt enfin pour la grande expédition à travers le désert.

Le général avait un double but : d'abord, rejoindre son frère, dont les relations avec les tribus indiennes pouvaient, à un moment donné, lui être très utiles ; ensuite, au moyen des Peaux-Rouges, des chasseurs et des trappeurs disséminés dans la savane, recueillir, s'il était possible, des renseignements sur l'enfant qu'il cherchait et qui, s'il existait encore, devait maintenant être un homme, puisqu'il avait environ vingt et un ans.

Les recherches les plus minutieuses, opérées à Saint-Louis, par ordre du gouverneur de la Nouvelle-Orléans, n'avaient obtenu aucun résultat ; personne ne se rappelait le comte de Tancarville ; ce nom n'éveillait aucun souvenir.

Il était évident que le comte n'était pas venu à Saint-Louis, ou que, s'il y était venu, il avait pris un nom supposé, afin de déjouer les recherches que, plus tard, on pourrait faire.

Il était donc inutile que le général se rendît à Saint-Louis.

Il consulta alors Williams Dayton, pour savoir quel endroit conviendrait le mieux pour se munir d'hommes, de chevaux et de bêtes de somme, avant que de se lancer définitivement dans le désert.

Le gouverneur lui conseilla de se rendre à Arkapolis ou Little-Roock, car elle porte ces deux noms, petite ville fondée en 1790 sur la rive droite de la rivière Arkansas, espèce de poste militaire destiné à contenir les Indiens et à trafiquer avec eux.

Ce poste militaire, ou plutôt cette ville, car les négociants et les industriels commençaient à y affluer, faisait un commerce assez étendu avec les Peaux-Rouges.

A une certaine époque de l'année, elle servait de rendez-vous, non seulement à la plupart des tribus éparses sur ce vaste territoire, nommé l'Arkansas, qui s'y réunissaient pour trafiquer avec les Européens, mais encore aux chasseurs et aux trappeurs blancs ou métis du désert, qui venaient là vendre leurs fourrures et renouveler leurs provisions, leurs habits et leurs munitions de guerre.

Arkapolis avait de plus l'avantage de n'être éloigné que de cent et quelques lieues de la Nouvelle-Orléans, et de se trouver isolé presque au milieu du désert.

Le général se munit de lettres de crédit pour la maison Groslow, Wilson and C°, que Williams Dayton lui désigna comme étant la plus riche de la ville, et, trois semaines environ après le départ de la *Jeune-Adèle* pour la Vera-Cruz, il résolut de se mettre en route pour Arkapolis.

Le général était accompagné du gouverneur, qui avait tenu à le conduire jusque-là, de la marquise, de son fils et d'Alain Kergras, son frère de lait, qui jamais ne se séparait de lui.

Ils devaient faire le trajet par eau : la caravane, sous les ordres d'Hervé Kergras et conduite par un guide choisi par le gouverneur lui-même, suivrait par terre, c'est-à-dire en longeant les bords du fleuve.

Tous ces arrangements pris, un matin, un peu après le lever du soleil, on quitta la Nouvelle-Orléans.

Le voyage fut assez long, car il fallait remonter le fleuve, mais il ne présenta aucun incident digne de remarque; les voyageurs, douze jours après leur départ de la Nouvelle-Orléans, arrivèrent enfin à Arkapolis, très fatigués à la vérité de leur longue navigation, mais en excellente santé.

La caravane, de son côté, avait fait diligence : elle arriva quatre jours plus tard, en parfait état.

De sorte que tous nos voyageurs se trouvèrent réunis.

Le général, présenté aux autorités et aux commerçants notables de la ville par Williams Dayton, avait reçu le meilleur accueil : M. Groslow, chef principal de la maison Groslow, Wilson and C°, s'était mis avec empressement à sa disposition pour tout ce qu'il désirerait. Il avait commencé par l'installer dans une charmante habitation, bâtie sur le bord de la rivière et des fenêtres de laquelle on jouissait du coup d'œil le plus pittoresque et le plus animé.

C'était à peu près l'époque où les Indiens et les chasseurs avaient l'habitude de se rendre à Arkapolis pour trafiquer.

Déjà quelques camps indiens étaient disséminés çà et là dans la plaine, autour de la ville; les chasseurs commençaient à arriver et à se presser aux environs du fort, mêlés aux chefs indiens.

Arkapolis présentait en ce moment un aspect des plus singuliers et des plus étranges.

Cette ville, aujourd'hui capitale de l'État de l'Arkansas, dont le commerce s'étend au loin dans les deux mondes, où fument continuellement les hautes cheminées des grandes usines, et qui est entourée de villes commerçantes comme elle, où se presse une population industrieuse de plus de deux cent mille individus, n'était alors qu'une espèce de forteresse au milieu du désert et dont les seuls voisins étaient les pauvres Indiens, aujourd'hui presque disparus et refoulés au loin par la civilisation des blancs qui les pousse sans cesse.

Le général, avec l'aide de Williams Dayton, du commandant du fort et de M. Groslow, le banquier, se mit, sans perdre un instant, en mesure de former sa troupe et de s'approvisionner de tout ce qui manquait pour son expédition.

La marquise, forcément un peu négligée, au milieu de tout ce tracas d'affaires nécessité par les immenses préparatifs du général, passait la plus grande partie des journées, seule, chez elle, rêvant dans sa chambre à coucher, ou se promenant mélancoliquement dans le petit jardin attenant à la maison qu'elle habitait.

Malgré elle, elle se sentait peu à peu envahir par une tristesse que rien ne parvenait à dissiper. Le danger couru par son mari dans son duel avec le marquis, duel dont elle avait réussi à surprendre le secret; le pays nouveau dans lequel elle se trouvait, pays aux aspects sombres, grandioses, imposants; ces Indiens, aux costumes singuliers, aux manières étranges, aux visages farouches, qu'elle voyait pour la première fois; ces chasseurs blancs, aux vêtements extraordinaires, aux traits durs et à la voix rauque, qui, à chaque instant, passaient sombres et silencieux devant elle; ces événements sinistres, ces hommes singuliers au milieu desquels il lui fallait vivre, lui inspiraient une secrète terreur.

Elle qui, jeune fille, avait si bravement suivi son père au milieu des terribles péripéties de cette guerre de géants qu'on nommait l'insurrection vendéenne, qui, plus tard, avait accompagné son mari dans toutes les campagnes de la République, sur le Rhin et en Italie; elle, la femme forte, courageuse, aimante entre toutes, elle tremblait maintenant, au milieu de ces hommes inconnus qui lui inspiraient une invincible répulsion; elle serrait, en fondant en larmes, son fils entre ses bras, et elle le couvrait de baisers, en murmurant machinalement des paroles qui s'échappaient de son cœur gonflé d'un chagrin dont la cause lui était inconnue, mais que, par cette espèce d'intuition que Dieu semble avoir donnée à toutes les mères, elle pressentait être suspendu sur la tête de son enfant et sur la sienne.

Était-ce hallucination, suite de l'état nerveux dans lequel elle se trouvait? elle n'aurait pu l'expliquer; les meilleurs raisonnements n'y auraient rien fait; son esprit frappé lui représentait cette expédition comme devant lui être fatale.

La marquise renfermait avec soin ses appréhensions dans son cœur; elle essayait de sourire, dès que son mari paraissait devant elle; mais ce n'était plus ce gai et franc sourire d'autrefois : il y avait dans sa gaieté quelque chose de forcé, qui, parfois, préoccupait le général sans qu'il osât, dans la crainte de la chagriner, s'en expliquer avec sa femme.

Ce n'était pas tout encore; un autre sentiment était entré dans le cœur de la marquise : elle était jalouse! Pourquoi? elle n'aurait su le dire. Son mari l'adorait ; il n'avait jamais aimé qu'elle ; elle était le but de toutes ses pensées, même les plus secrètes ; pourtant, elle était jalouse, sans oser presque se l'avouer à elle-même, jalouse d'une femme malheureuse entre toutes, disparue depuis près de six ans, peut-être morte, que son mari, elle le savait, n'avait jamais aimée que comme une sœur. Tout cela, elle se le redisait sans cesse, mais inutilement ; la jalousie seulement persistait, mais augmentait de jour en jour ; là était la plus grande douleur de la marquise, la cause de toutes ses alarmes ; certes, si quelqu'un lui eût dit qu'elle nourrissait au fond de son cœur ce sentiment affreux, elle eût souri de pitié, haussé les épaules avec dédain, car elle ne s'en doutait pas. Elle croyait tout au plus éprouver une antipathie, peut-être un peu trop forte, contre cette malheureuse dont elle se faisait une rivale ; mais de la jalousie ? non pas.

Un matin, il y avait une dizaine de jours que le général était arrivé Arkapolis, les échanges étaient commencés ; les Indiens affluaient dans la ville ; la marquise faisait sa promenade habituelle dans le jardin, tandis que son fils sautait et gambadait devant elle, et courait après les papillons ; au bout d'une demi-heure environ, se sentant un peu fatiguée, la marquise s'assit sous un épais buisson de plantes tropicales, qui absorbaient complètement les rayons déjà ardents du soleil, et ouvrit un livre, laissant l'enfant libre de se livrer à ses ébats.

Elle lisait depuis environ trois quarts d'heure, lorsque les cris joyeux de l'enfant cessèrent tout à coup.

La marquise, inquiète de ce silence subit, se leva et sortit du bosquet en toute hâte, en appelant son fils.

L'enfant avait disparu.

Ce fut en vain qu'elle redoubla ses appels, tous demeurèrent sans réponse.

La marquise, en proie à une terreur folle, se mit à parcourir le jardin dans tous les sens, en poussant des cris d'alarme.

Le général et son frère de lait, qui n'étaient pas encore sortis, accoururent à ses cris, suivis de plusieurs domestiques.

Ils aperçurent alors la marquise qui s'élançait en courant par une porte ouverte donnant sur la rivière, et qui se trouvait presque à l'extrémité du jardin. La marquise s'était arrêtée un instant pour leur faire un appel désespéré.

Bien qu'ils ne comprissent rien à ce qui se passait, le général et Alain n'hésitèrent pas à se précipiter sur ses traces.

Bientôt, ils atteignirent la porte du jardin ; mais là, ils s'arrêtèrent comme si leurs pieds avaient subitement pris racine dans le sol, et demeurèrent épouvantés, sans voix et en proie à une horrible angoisse : ils étaient sans armes.

A une vingtaine de pas d'eux, sur la plage, la marquise agenouillée, les yeux au ciel et les mains jointes, poussait des cris déchirants.

Sur la rivière, un Indien hideux, monté sur une pirogue, pagayait avec une vigueur extraordinaire pour s'éloigner de la rive. Le fils du général était renversé sur ses genoux, immobile, les bras roidis et la tête pendante, comme s'il eût été mort.

En ce moment, deux hommes apparurent, courant avec une vélocité extrême, deux jeunes gens, beaux et bien faits : le premier était un chasseur blanc, le second un Peau-Rouge.

Arrivés en face de l'embarcation, ils échangèrent rapidement quelques paroles; puis l'Indien se jeta résolument dans le fleuve, tandis que le chasseur épaulait son fusil.

La vitesse était grande, l'Indien nageait avec une vigueur extraordinaire ; le chasseur lâcha la détente; la pagaie que tenait l'Indien de la pirogue tomba à l'eau, brisée par la balle; la pirogue tourna sur elle-même; le sauvage poussa un hurlement de défi, en brandissant sa seconde pagaie au-dessus de sa tête, puis il se plaça à l'arrière de sa pirogue, se mit à *godiller*, et la pirogue, un instant hésitante, reprit sa marche rapide.

Mais le chasseur avait eu le temps de recharger son arme : il épaula, le coup partit presque aussitôt, et le bras de l'Indien retomba inerte à son côté, en lâchant la pagaie qui s'en alla au fil de l'eau, mais presque aussitôt saisie par le nageur qui n'était plus qu'à quelques brasses de la pirogue.

Le chasseur rechargea vivement son arme et, cette fois, il coucha le ravisseur en joue.

Celui-ci essaya de se dissimuler au fond de la pirogue, mais au même instant, le jeune Peau-Rouge s'accrocha au plat-bord, fit pencher la légère embarcation, et sauta dedans avec un cri de triomphe. D'un coup de pagaie il étourdit l'Indien, puis, prenant la direction de la pirogue, il la fit virer de bord, et revint vers la terre.

Tout ce que nous venons de rapporter s'était passé en moins de dix minutes.

La marquise s'était levée, et, presque aussi folle de joie qu'un instant auparavant elle l'était de douleur, elle s'était élancée vers la rive, sans voir ses amis qui se pressaient derrière elle.

Chose étrange ! Cet événement qui aurait dû, selon toute probabilité, augmenter son antipathie pour les Indiens, et la terreur qu'ils lui inspiraient un instant auparavant, avait complètement effacé ces deux sentiments de son esprit; elle comprenait maintenant que ces êtres étranges étaient des hommes comme les autres, avec les mêmes passions, les mêmes vices et les mêmes vertus.

Le jeune chasseur s'était mis à l'eau pour atteindre plus vite la pirogue : il prit l'enfant dans ses bras et le présenta à sa mère.

— Voilà votre fils, madame, dit-il respectueusement; ne vous effrayez pas; l'émotion l'a fait évanouir; il ne court aucun danger.

— Merci, oh! merci! monsieur, s'écria-t-elle en fondant en larmes.

Pendant ce temps, le jeune Peau-Rouge avait abordé; dès que la pirogue avait touché le sable, il s'était baissé, avait saisi le ravisseur par le milieu du corps, et, avec une force athlétique, il l'avait lancé, et cela si adroitement, que le misérable, couvert de sang et le bras brisé, avait roulé jusqu'aux pieds de la marquise.

Mais presque aussitôt il se releva, et, bondissant comme un jaguar, il essaya de fuir.

Le jeune Peau-Rouge surveillait tous ses mouvements; il le saisit à son premier bond et, le ramenant de force auprès de la marquise :

— A genoux, chien Apache! lui dit-il rudement en français.

— Grâce! cria le misérable en se tordant avec terreur sous l'étreinte puissante qui paralysait ses mouvements; mon frère est un chef; qu'il ait pitié!

— L'Éclair est un chef Comanche, reprit le jeune homme, mais il n'est pas le frère d'un chien Apache. A genoux devant la femme pâle à laquelle tu as voulu ravir son enfant!

L'Indien obéit machinalement; aussitôt le tomawhawk du chef brilla dans sa main et s'abattit avec la rapidité de la foudre sur la tête du coupable qui tomba, le crâne fracassé, sans pousser une plainte : il était mort.

Le jeune chef le poussa dédaigneusement du pied, et s'inclinant avec une majesté suprême devant la marquise :

— Ma sœur est vengée, dit-il. L'Éclair est un chef; les Comanches sont bons.

La marquise souriait. Son fils, sous ses caresses et ses baisers, avait rouvert les yeux.

— Chef, dit-elle, en lui tendant la main, vous m'avez rendu mon enfant, soyez béni! Vous êtes bon et je vous aime.

L'Indien s'inclina sur la main qui lui était tendue, et y posa respectueusement ses lèvres.

— Ma sœur le Lis-Rosé est l'amie du chef; c'est bon, l'Éclair se souviendra! dit-il.

La marquise retira alors un bracelet qu'elle portait et sur lequel était enchâssé son portrait, une mignonne miniature d'une ressemblance frappante.

— Lorsque l'Éclair regardera ce portrait, il se souviendra de sa sœur, répondit-elle avec émotion.

Le général intervint alors.

— Merci, chef, dit-il, serrez ma main, c'est celle d'un ami. Veuillez, ainsi que votre compagnon, accepter pour une heure l'hospitalité dans ma maison, afin que nous fassions plus amplement connaissance.

Les deux hommes s'inclinèrent respectueusement et suivirent le général.

L'enfant, complètement remis, marchait entre le chef et le chasseur, en riant et jouant avec eux. Ceux-ci souriaient doucement et le regardaient avec complaisance.

Quant à la marquise, elle était heureuse.

Le général conduisit ses hôtes dans la salle à manger, et se mit à table avec eux, ainsi que la marquise et Alain.

Au moment où le déjeuner allait commencer, le major Keller, gouverneur de la ville, entra en compagnie de Williams Dayton.

En apercevant les deux hommes, il s'approcha vivement d'eux et leur serra la main avec effusion.

— Vous connaissez ces deux hommes? demanda le général.

— Certes, général, répondit le major en souriant, et je m'en félicite; ce sont les deux hommes les plus honnêtes de la Prairie.

Le général raconta alors la scène qui venait de se passer.

L'Éclair, chef des Comanches.

— Vous le voyez, dit-il en terminant, je ne les connais que depuis quelques minutes seulement et déjà je suis leur obligé.
— C'est ainsi qu'ils ont l'habitude de faire connaissance, répondit en souriant le major.
Lorsque le repas fut terminé, le chef se leva, et, retirant un wampum qu'il portait au cou, il le présenta au général.

— L'Éclair est un chef puissant dans sa nation, les Comanches sont les maîtres du désert; mon frère le chef pâle va entrer dans la Prairie; qu'il conserve ce wampum; il lui rappellera un ami; peut-être un jour lui sera-t-il utile; ma sœur le Lis-Rosé a un frère parmi les Peaux-Rouges, qu'elle ne l'oublie pas, ajouta-t-il en se tournant vers la marquise; lui, il se souviendra, et il montra le bracelet.

Puis il embrassa l'enfant qui lui rendit ses caresses, serra la main à tous les convives et reprit :

— Les enfants de l'Éclair réclament leur père; il quitte ses amis pâles; que le Wacondah veille sur eux!

Et, s'inclinant avec grâce, il sortit.

Le chasseur voulut le suivre.

— Un instant, lui dit le général, nous avons un compte à régler ensemble.

— Vous ne me devez rien, monsieur, répondit le chasseur en rougissant légèrement; je n'ai fait que mon devoir : le plaisir que j'éprouve me paie amplement du service que je vous ai rendu.

— Tout au moins vous accepterez ma main?

— Oh! cela, de grand cœur, général.

— Comptez-vous demeurer quelque temps parmi nous, Balle-Franche? lui demanda le major.

— Un jour ou deux, tout au plus, major, répondit-il en souriant; le temps de renouveler mes munitions.

— Quel malheur que vous n'ayez pas Balle-Franche avec vous, pendant votre voyage dans la prairie, général! reprit le major. Voilà l'homme qu'il vous faudrait dans une expédition dangereuse comme celle que vous entreprenez. Balle-Franche connaît mieux que personne le désert, et chacun l'aime et le respecte.

— Vous êtes bien nommé, mon ami, dit le général, votre adresse est réellement merveilleuse!

— Quand on ne sait qu'une chose, répondit en souriant le chasseur, encore faut-il la bien savoir, général.

— Refuserez-vous d'être le chef de mes chasseurs?

— Peut-être oui, peut-être non, général; je suis franc de nom et de caractère; je ne veux pas engager ma parole à la légère, parce qu'une fois donnée, rien ne pourrait m'y faire manquer. Je vous demanderai donc loyalement le but de votre voyage; jamais je ne consentirai à servir de guide, soit à un chercheur d'or, soit à un trafiquant qui échange avec ces pauvres Indiens que j'aime, ces liqueurs fermentées qui les rendent fous furieux et les tuent.

— Vous n'aurez rien de semblable à redouter avec moi, mon ami; je ne suis ni un marchand, ni un aventurier, je me propose un but plus noble et plus digne de moi.

— J'écoute, mon général.

M. de Bodégast lui expliqua alors en quelques mots le but de son voyage. Balle-Franche l'écouta avec la plus sérieuse attention.

— Eh bien? lui demanda le général lorsqu'il eut terminé.

— Eh bien! général, ce que vous faites est noble et grand; si minime que soit ma part dans l'accomplissement de cette bonne action, je suis fier de m'y trouver associé. Vous pouvez compter sur moi; dès ce moment, je suis votre homme, je vous appartiens; je ne me séparerai de vous que lorsque vous me direz : C'est assez, Balle-Franche, je n'ai plus besoin de vous.

— Voilà qui est parlé en homme, Balle-Franche; maintenant, faites vos conditions, quelles qu'elles soient, elles sont acceptées d'avance.

— Mes conditions sont les vôtres, mon général, ne vous ai-je pas dit que je vous appartiens?

— Soit! mon ami, reprit le général avec émotion en lui serrant la main. C'est entendu! vous ne vous repentirez pas de vous être confié à moi.

— Et moi, Balle-Franche, dit la marquise avec un charmant sourire, je vous remercie sincèrement d'avoir consenti à nous accompagner pendant notre voyage, et je vous en suis reconnaissante.

Ce fut ainsi que le Canadien entra au service du général de Bodégast.

Celui-ci apprit bientôt à le connaître et à l'apprécier à sa juste valeur; aussi bientôt sa confiance en lui fut-elle sans bornes; convaincu de son expérience du désert, il le laissa libre d'agir à sa guise et de prendre telle mesure qui lui paraissait urgente, sans jamais lui adresser d'observations.

Il eut une seule discussion avec lui au sujet des quelques chasseurs que, pour ne pas froisser l'amour-propre des Américains, il exigea qu'il choisît parmi des hommes de cette nation.

— Vous avez tort, mon général, lui dit Balle-Franche: les Yankees sont de bons soldats, d'excellents chercheurs d'or, des trafiquants remarquables, mais ce sont de piètres coureurs des bois et de mauvais chasseurs; vous ne connaissez pas le désert, vous verrez bientôt que j'ai raison, mais alors il sera trop tard.

— Je ne vous dis pas non, Balle-Franche, mon ami; mais que voulez-vous? je me vois obligé d'agir ainsi. Le major Keller et M. Dayton lui-même m'ont déjà adressé des observations détournées à ce sujet : je suis contraint de leur donner cette satisfaction.

— Tant pis, reprit Balle-Franche, en haussant les épaules, le major Keller et M. Dayton sont des personnes dont je respecte infiniment le savoir pour tout ce qui regarde les villes, mais ils ne savent pas un mot des choses du désert; je vous le répète, ils ont tort.

— Que voulez-vous, Balle-Franche? j'ai promis.

— S'il en est ainsi, il n'y a pas à hésiter, mon général; je ne vous demande plus qu'une seule chose.

— Laquelle, mon ami?

— C'est de faire, moi-même, l'engagement de ces dix hommes.

— Oh! quant à cela, je vous laisse liberté entière.

— C'est moi seul qui leur imposerai les conditions et qui ferai rédiger le traité, sans que vous vous en mêliez en quoi que ce soit.

— C'est entendu.

— Vous m'en donnez votre parole, mon général?

— Je vous la donne, Balle-Franche.

— Alors, peut-être, tout ne tournera-t-il pas aussi mal que je le craignais d'abord.

— Que voulez-vous dire Balle-Franche ?

— Rien, rien, mon général ; plus tard, vous me comprendrez.

— Soit, je n'insiste pas.

Nous avons vu plus haut combien le chasseur avait eu raison d'exiger que le général le laissât libre de faire et rédiger ce traité à sa guise.

Enfin, au bout d'un mois à peu près, tous les préparatifs furent terminés : les chasseurs engagés, les chevaux et les mulets achetés, et la caravane prête à se mettre en route.

Pendant ce laps de temps, le général n'avait revu qu'une seule fois l'Éclair, et cela par hasard, chez le major Keller ; il n'avait fait qu'échanger quelques mots avec le jeune chef qui était venu prendre congé du gouverneur ; sa tribu avait terminé ses échanges ; le soir même elle retournait au désert.

Cependant le jeune chef avait renouvelé ses assurances d'amitié au général, et il lui avait répété que si le hasard les remettait en présence, n'importe dans quelle circonstance, il trouverait toujours en lui un allié et un frère.

La veille du jour fixé pour son départ, le général réunit tous ses amis dans un repas d'adieu qui se prolongea fort tard et fut des plus gais.

Le lendemain, un peu avant le lever du soleil, la caravane se mit en route et quitta Arkapolis.

Une heure plus tard, elle était dans le désert.

Le général, quelques jours auparavant, avait fait les plus grands efforts auprès de la marquise, dont la santé commençait à lui donner de sérieuses inquiétudes, pour l'engager à retourner, ainsi que son enfant, à la Nouvelle-Orléans, en compagnie de M. Williams Dayton, et d'attendre là son retour.

Mais la marquise était demeurée sourde à toutes ses prières ; elle s'était bornée à répondre qu'elle n'était pas venue si loin pour ne pas aller jusqu'au bout ; que son mari se trompait, que sa santé était excellente ; que, d'ailleurs, elle n'avait que lui au monde ; que jamais elle ne s'était séparée de lui, qu'elle ne s'en séparerait jamais ; que partout elle serait heureuse, pourvu qu'elle fût près de lui ; qu'il était inutile qu'il insistât davantage, parce que sa résolution était prise et qu'elle ne changerait pas.

Que répondre à de telles raisons ? Rien, absolument. Ce fut ce que fit le général.

En arrivant le soir à la première halte, le major Keller et M. Dayton, qui n'avaient pas voulu jusque-là se séparer de leurs amis, furent enfin forcés de prendre congé d'eux. Ils leur firent les meilleurs souhaits pour le succès de leur expédition, puis ils les quittèrent et regagnèrent la ville au galop.

Du reste, le trajet qu'ils avaient à faire n'était que de quatre ou cinq lieues ; c'était, pour leurs excellents chevaux, l'affaire d'une heure et demie tout au plus.

Le voyage continua sans incidents dignes d'être notés, tant les précautions avaient été judicieusement prises, pendant près de trois mois, c'est-à-dire jusqu'au jour où la caravane campa près du Brûlis de la Longue-Corne où nous l'avons rencontrée.

Maintenant que nous avons raconté au lecteur, peut-être un peu longuement, l'histoire de nos personnages et les motifs qui les avaient amenés en Amérique, nous fermerons notre parenthèse et nous reprendrons notre récit juste au point où nous l'avons interrompu, afin de donner ces explications indispensables pour l'intelligence des faits qui vont suivre.

III

DE QUELLE MANIÈRE L'ÉCLAIR RACONTE A SON AMI LA LÉGENDE DE LA MISSION
DE SAINTE-MARIE

Lorsque le Canadien s'éveilla, au lever du soleil, il aperçut son ami, le chef comanche, qui, après avoir pansé les chevaux, et leur avoir donné la provende, s'occupait activement à préparer le repas du matin.

Le chasseur se leva, étira ses membres vigoureux pour rétablir la circulation du sang, et s'approcha de l'Indien, auquel il tendit la main.

— Mon frère a bien dormi? lui demanda le chef, en souriant.

— Assez bien, oui, chef, quoique j'aie été éveillé au meilleur de mon sommeil, répondit-il, tout en bourrant sa pipe.

— Mon frère a été éveillé cette nuit? fit l'Éclair avec un geste interrogateur.

— Ma foi! oui, chef; nous avons eu des visiteurs près de nous, cette nuit, pendant que vous dormiez.

— Och! Que veut dire mon frère?

Le Canadien raconta alors, dans tous ses détails, la scène étrange à laquelle, bien qu'invisible, il avait assisté.

Le Peau-Rouge l'écouta avec la plus sérieuse attention, sans l'interrompre une seule fois, puis, quand il eut terminé :

— Pourquoi ne pas m'avoir éveillé? dit-il en hochant la tête d'un air pensif.

— Cela n'était pas nécessaire, et puis, vous dormiez si bien, chef, que je ne m'en suis pas senti le courage.

— Ce qui est fait est fait; il n'y a pas à y revenir; mangeons; le soleil est haut déjà; après notre repas, nous nous mettrons en route.

— Mangeons, soit! d'autant plus que j'ai grand appétit; mais où irons-nous?

— Mon frère le sait, je le lui ai dit; nous irons rejoindre mes jeunes hommes, et faire autre chose encore, ajouta-t-il avec un accent singulier.

Le chasseur ne répondit pas; il s'assit auprès de l'Indien, et tous deux commencèrent à manger.

— Mon frère ne veut donc pas venir en aide aux gens de la caravane? demanda le chasseur au bout d'un instant.

— L'Éclair a-t-il dit cela? fit le chef.

— Non, certes, mais vous n'avez pas dit non plus que vous le feriez.

— L'Éclair est un chef, mais il n'est pas seul dans sa nation; de grands braves l'accompagnent; il doit les consulter dans un conseil-médecine.

— C'est juste, chef : c'est votre devoir en effet. Mais le Moqueur?

— Le Moqueur est l'ennemi des Comanches; sa chevelure sera arrachée; elle séchera dans la hutte de l'Éclair, reprit le chef avec ressentiment. Que mon frère n'accuse pas son ami avant de savoir, il s'en repentirait dans la suite.

— La sagesse parle par votre bouche, chef : je n'ai jamais eu l'intention de vous accuser; mais mon cœur est triste, en songeant à ces pauvres gens, contre lesquels des misérables ourdissent traîtreusement dans l'ombre un odieux complot.

— L'Éclair avisera; ce qu'il fera sera bien; mon frère l'Aigle-Rouge assistera au grand conseil-médecine des chefs comanches; en défendant les visages pâles, les guerriers rouges vengeront leurs propres injures : le Vautour-Fauve et le Gypaète sont des chiens pillards plus à craindre encore que les fils de la vieille Louve qui, hier, ont été brûlés dans le *calli* du bois des Mezquites; les Comanches leur feront chanter le chant de mort au poteau de torture; avant que le deuxième soleil ait éclairé la terre, bien des événements, enveloppés encore dans les nuages de l'avenir, auront eu lieu sans doute; mais des guerriers sages et expérimentés ne doivent agir qu'avec une extrême prudence, lorsqu'ils ont à combattre des ennemis rusés; mon frère doit attendre avec patience.

— J'attendrai, maintenant, autant de temps qu'il vous plaira, chef, puisque je sais que vous n'abandonnerez pas les hommes de ma couleur qui sont en péril.

— Voilà ma main, reprit l'Indien avec noblesse; l'Éclair n'a pas la langue fourchue : les paroles que souffle sa poitrine viennent de son cœur : ce qu'il dit, il le fait.

Les deux hommes se serrèrent cordialement la main.

Tout à coup le chasseur fit un mouvement de surprise.

— Quel est donc ce portrait? demanda-t-il, en remarquant pour la première fois, depuis leur rencontre, le magnifique bracelet que le Comanche portait à son poignet droit.

L'Indien sourit doucement.

— Ce bracelet, dit-il en le regardant avec complaisance, a été donné à l'Éclair par sa sœur le Lis-Rosé, dont il avait sauvé l'enfant, là-bas, vers l'Ouest, dans le grand village en pierre des visages pâles.

— Le Lis-Rosé? fit le Canadien avec étonnement.

— Ehaah! mon frère est curieux : le Lis-Rosé est une femme blanche; le chef l'aime comme une sœur.

— Bon! s'écria joyeusement le Canadien; je comprends tout, maintenant; le chef est bien réellement l'ami des visages pâles.

— L'Éclair est l'ami des bons, quelle que soit leur couleur; l'ennemi des méchants, quand même ils seraient de sa propre famille, reprit le chef, de cet accent singulier qu'il affectait en certaines circonstances. L'Aigle-Rouge ne connaît pas encore celui auquel il donne le nom de frère. Qu'il attende ! bientôt il saura tout.

Ils terminèrent leur repas. ce qui ne fut pas long, puis ils montèrent à cheval et traversèrent la rivière, suivis par Milord, qui les accompagnait gaillardement à la nage.

Les chevaux *lacés* le soir précédent par le chef étaient des animaux vigoureux, pleins de feu, et d'une grande douceur; on voyait, à la facilité et à la docilité avec lesquels ils obéissaient et se laissaient conduire qu'ils avaient été montés; c'était probablement, ainsi que cela se pratique souvent dans ces contrées, des animaux fatigués, abandonnés par quelque caravane, et qui, par un séjour plus ou moins long en pleine liberté, dans la prairie, avaient recouvré toute leur ardeur et leur force premières.

Vers sept heures du matin, à un endroit où la route que suivaient les deux aventuriers faisait un coude brusque, auprès d'une roche assez élevée, le chef qui, depuis quelques instants, donnait des marques, non pas d'inquiétude, mais d'attention, et semblait examiner attentivement le sol et les arbres qui se rencontraient sur son chemin, fouetta tout à coup vigoureusement son cheval, et s'éloigna ventre à terre, en faisant signe de la main à son compagnon de ne pas imiter ce mouvement.

Le chasseur continua donc à cheminer paisiblement au pas, sans presser en aucune façon sa monture.

Nous avons dit que le chef fouetta son cheval ; en effet, nous ferons remarquer, à ce propos, que les Indiens indépendants, qui passent pour si féroces, n'usent jamais de l'éperon, qu'ils considèrent comme un usage barbare ; ils ne se servent que du fouet, et nous sommes forcés de constater que l'homme et l'animal ne s'en trouvent pas plus mal ; nous devons faire observer aussi que les éperons dont se servent les Hispano-Américains ont des molettes plus grandes que des soucoupes ordinaires, armées de pointes de plus de quatre pouces de long, acérées comme des stylets.

Ce ne sont donc plus des éperons, mais de véritables poignards; peu de chevaux sont en état de résister à un tel supplice, et tombent souvent littéralement éventrés.

La surprise du chasseur fut grande, lorsque, après avoir franchi le pas dont nous avons parlé, il aperçut à deux cents mètres en avant son ami, arrêté sous un bouquet d'*ahuéhuelts*, en compagnie d'une dizaine de Peaux-Rouges armés en guerre, accroupi avec eux devant un feu, et fumant son calumet, tandis qu'à une dizaine de pas en arrière les chevaux des Indiens inconnus, attachés à des piquets, broutaient les jeunes pousses des arbres.

La réception faite au chasseur fut des plus cordiales; les Indiens le saluèrent gravement, sans prononcer une parole; il mit pied à terre et s'assit auprès de ses nouveaux amis.

Il pouvait leur donner ce nom. Ces Indiens étaient des guerriers de la tribu de l'Éclair.

Les Peaux-Rouges, lorsqu'ils sont sur un territoire de chasse commun à plusieurs nations, et que, par conséquent, ils redoutent de se trouver tout à coup en face d'ennemis, ont la coutume de se fractionner en détachements, dont les moindres sont de cinq ou six hommes, et les plus nombreux ne dépassent jamais une vingtaine; qui, tous, rayonnent autour d'un centre commun dont ils ne s'éloignent pas au delà de sept à huit lieues, de façon à pouvoir se rallier au premier signal, et, le cas l'exigeant, former une masse compacte capable d'en imposer à leurs adversaires.

Cette tactique, qui ne pourrait être employée avec avantage en Europe, tient à deux motifs très sérieux et complètement dans le caractère indien.

Les Peaux-Rouges, quoique très braves et toujours prêts à faire vaillamment face à leur ennemi, quel que soit celui-ci, n'envisagent point le courage au même point de vue que nous.

La guerre est pour eux une question trop importante pour qu'ils se fassent sottement tuer pour un ridicule point d'honneur; ils ne voient aucune honte à fuir, lorsque leurs ennemis sont trop nombreux ou retranchés dans une position formidable, quittes à revenir plus tard et à recommencer le combat dans des conditions meilleures.

A moins que d'y être contraint et de n'avoir aucune chance de fuite, un Indien ne luttera pas contre des forces supérieures par lesquelles il est certain d'être accablé.

Aussi procède-t-il toujours, dans ses expéditions, avec une extrême prudence, et essaye-t-il tout d'abord d'assurer sa retraite en cas d'échec probable.

Le second motif découle tout naturellement du premier.

Les Indiens ne font pas la guerre *pour moissonner des lauriers;* leur but, hautement avoué, est de conquérir du butin surtout, puis d'enlever des esclaves, des femmes, des enfants et enfin de scalper leurs ennemis pour se faire des trophées de leurs chevelures.

Leur guerre est donc toute de ruse, d'embuscade et de surprises; elle ne consiste que dans des coups de main adroitement combinés et exécutés avec la rapidité de la foudre.

Pour eux, la première condition est, en essayant de ne pas se faire tuer ou prendre, de tuer ou de prendre le plus possible à l'ennemi.

Cette tactique est de la plus grande simplicité; mais, pour la mettre en pratique, des corps nombreux, de gros détachements seraient nuisibles; d'abord, ils ne vivraient que difficilement sur le territoire ennemi; ensuite, malgré toutes leurs précautions, il leur serait impossible de ne pas laisser de traces de leur passage; et la première condition de succès pour un détachement indien est de rendre sa piste invisible ou de l'embrouiller si bien que l'ennemi le plus fin ne la puisse reconnaître.

Donc, dès qu'une tribu est arrivée sur le territoire de l'ennemi contre lequel elle veut opérer, son premier soin est de se fractionner en un nombre considérable de petits détachements qui, se dispersant de tous les côtés, opèrent chacun pour son compte personnel, enveloppent l'ennemi, fondent sur lui à l'improviste; mais, s'ils sont dépistés, que leur coup de main manque et qu'ils soient obligés de se mettre en retraite, ils se dirigent en toute hâte vers leur quartier général, où ils sont certains de trouver des renforts et peut-être de reprendre avec avantage l'offensive contre l'ennemi qui es poursuit, mais qui, trop rusé, lui aussi, pour se laisser entraîner follement

Le Lis-Rosé, sœur du chef des Commanches.

dans une embuscade adroitement tendue, n'hésite pas à tourner bride à la moindre apparence suspecte qu'il croit apercevoir devant ou autour de lui.

Telle est la façon dont les Indiens se font la guerre dans toutes les prairies : cette manière, primitive sans doute, mais qui ne laisse pas cependant d'être assez avantageuse malgré son originalité, ne nous semble pas plus mauvaise que la nôtre, et dans certains cas, nous n'hésitons pas à la trouver supérieure

Depuis environ une quinzaine de jours, l'Éclair était arrivé sur le territoire de chasse où nous l'avons rencontré, avec une troupe de guerriers d'élite, composée de deux cent cinquante hommes, les plus grands braves de sa tribu.

Son premier soin avait été de fondre son détachement en une multitude de petites troupes qu'il avait éparpillées de tous côtés, après leur avoir donné pour chefs des guerriers expérimentés.

Le jeune sachem venait-il dans cette prairie seulement pour chasser?

Non.

Si tel avait été son but, une cinquantaine d'hommes tout au plus lui auraient suffi et au delà.

Ce qu'il voulait surtout, c'était détruire son ennemi le plus détesté, le Moqueur, le grand sachem Sioux; ses espions lui avaient appris que la tribu du Moqueur devait, à la saison d'automne, chasser le bison dans ces mêmes parages.

Il avait d'autres motifs encore, mais ceux-là étaient secrets et connus seulement de deux ou trois autres chefs, ses confidents les plus intimes.

L'Opossum, le chef du détachement que nos voyageurs avaient rencontré, grand et beau jeune homme de vingt-huit à trente ans, était en mesure de donner à l'Éclair tous les renseignements les plus détaillés sur ce qui se passait en ce moment dans la prairie.

Après avoir fumé son calumet, le jeune chef se leva, fit un signe à l'Opossum; tous deux s'écartèrent à quelques pas et eurent ensemble un entretien assez long à voix basse.

Puis l'Éclair revint près du feu : il avait l'air pensif.

— Mon frère le chasseur pâle veut-il me suivre? dit-il au Canadien, ou préfère-t-il m'attendre ici? D'ailleurs mon absence ne sera pas longue.

— Peu importe, chef, répondit vivement le jeune homme; il est convenu entre nous que nous voyagerons de compagnie pendant un certain temps; à moins que vous ne me disiez nettement que ma présence vous gêne, je ne vous quitterai point.

— Je remercie mon frère, il ne regrettera pas de m'avoir accompagné là où je vais; mon frère est un grand brave, je ne suis pas fâché de l'avoir près de moi pendant ce court trajet.

— Alors tout est bien, chef, reprit le Canadien en se levant et prenant sa monture par la bride. Me voici à vos ordres, ajouta-t-il.

— Laissez votre cheval ici, notre course se fera à pied.

— Nous allons donc bien près d'ici?

— Non, pas positivement; mais les sentes que nous serons contraints de suivre sont si difficiles que c'est à peine si nous autres, hommes, nous pourrons y passer.

— Oh! oh! faut-il laisser aussi Milord? Je vous avoue, chef, que cela me contrarierait fort de me séparer de lui, ne serait-ce que pendant une heure, la pauvre bête!

— Non pas, que mon frère le chasseur emmène au contraire le chien, dit-il en souriant : ce chien est un animal plus intelligent que certains hommes, ainsi que j'ai été à même de m'en apercevoir déjà ; qui sait ? peut-être nous sera-t-il utile ?

Le chef fit alors un signe d'adieu aux Indiens : l'Aigle-Rouge appela Milord, et les deux hommes et le chien s'enfoncèrent résolument sous le couvert.

Ce que le Canadien avait cru, de loin, être un bois, prit bientôt les proportions grandioses d'une forêt très touffue, et surtout fort étendue, selon toute apparence.

Les deux hommes marchaient silencieusement, à grands pas, l'un derrière l'autre, à la mode indienne ; du reste, il aurait été complètement impossible de faire autrement ; la sente qu'ils suivaient, véritable sente de bête fauve, à peine tracée dans l'humus qui couvrait le sol, faisait des détours en apparence inextricables, dans des fourrés si épais, qu'avec une hache, à peine eût-on réussi à s'ouvrir passage au milieu d'eux.

L'Éclair marchait sans hésiter une seconde, sans ralentir sa marche, en homme certain d'être dans la bonne voie et qui ne craint pas de se perdre.

Cependant, plus ils avançaient, plus le chemin devenait difficile ; ils étaient parfois contraints de se baisser ou de s'accrocher à une liane et de sauter en avant ; quelquefois même il leur fallait, pendant dix ou douze pas, ramper comme des reptiles, sous des amas de détritus de toutes sortes qui peut-être servaient de retraite à des serpents ou à certains autres habitants, non moins désagréables, de cet immense océan de verdure, sous lequel régnait une obscurité presque complète et un froid assez vif, comparé à la température de la prairie.

Ils atteignirent ainsi, après une heure et demie de marche à peu près, une lagune, dont les eaux, couleur d'émeraude, étaient stagnantes, couvertes par place d'une mousse jaunâtre et de longues herbes à demi flétries, et dans laquelle nageaient de hideux alligators ; d'autres, sur le bord fangeux de cette lagune, se vautraient avec délice, dans la boue, au milieu de laquelle, malgré leur taille gigantesque, ils disparaissaient presque entièrement.

Plusieurs arbres immenses, renversés par la vieillesse, ou frappés par la foudre, étaient tombés en travers de cette lagune et formaient ainsi un pont naturel sur lequel plusieurs personnes auraient pu facilement passer de front.

Les deux hommes franchirent rapidement ce pont, précédés par le brave Milord, que le voisinage des alligators semblait considérablement inquiéter.

La forêt, cependant, devenait de plus en plus épaisse ; mais les herbes avaient presque complètement disparu ; il n'y avait plus que des arbres énormes, enveloppés de lianes formant des paraboles bizarres, et les branches garnies de cette mousse qui tombe en guirlandes et à laquelle on a donné le nom singulier de *Barbe d'Espagnol*.

La marche était devenue comparativement plus facile ; les deux hommes continuèrent à s'avancer rapidement ; bientôt ils se trouvèrent sur les bords d'une charmante rivière, dont les eaux coulaient silencieuses et claires comme le cristal, sur un lit de sable fin, et fuyaient avec de mystérieux murmures, sous les hautes herbes de ses rives.

Une pirogue était cachée dans le tronc d'un arbre ; le chef la découvrit et la mit à l'eau : les deux hommes et Milord lui-même montèrent dedans ; puis le Comanche, se contentant de maintenir la pirogue droite dans le courant, la laissa descendre au fil de l'eau.

Après une demi-heure environ de cette navigation bizarre, nos navigateurs improvisés abordèrent sur une large plage unie et sablonneuse.

Le chasseur se frotta les yeux avec surprise : la forêt semblait s'être subitement retirée de près d'une demi-lieue de chaque côté de la rivière.

Sur le bord même où la pirogue s'était échouée, commençait la pente assez escarpée d'une montagne de près de sept cents mètres de haut, sur le large plateau de laquelle était assis un village complètement entouré de fortifications en terre à la mode indienne, garnies d'une clôture de pieux retenus entre eux par des crampons de fer; un fossé régnait en dehors de cette clôture.

Ce village paraissait assez considérable, et, grâce aux agrestes fortifications qui l'entouraient, se trouvait parfaitement à l'abri d'une attaque.

Une particularité singulière frappa surtout le chasseur; toutes les pentes de la montagne, complètement déboisées, étaient cultivées avec un soin qui dénotait des connaissances avancées en agriculture.

Dans les prairies artificielles, fermées de haies vives en cactus-cierges, paissaient des vaches, des moutons, des chevaux et même des chèvres.

Mais ce qui porta réellement au comble la surprise du digne chasseur, au fur et à mesure qu'il s'approchait de cet étrange village, ce fut la vue des huttes, qui, bien que grossièrement construites en troncs d'arbres, étaient toutes couvertes en vacois, avaient des portes et des fenêtres, dont beaucoup étaient vitrées, et affectaient des formes qui ne rappelaient en rien les *callis* et les wigwams indiens, mais se rapprochaient au contraire beaucoup des chaumières des villages canadiens des environs de Québec.

L'Aigle-Rouge se frottait les yeux à se faire pleurer et murmurait continuellement entre ses dents :

— Pour sûr, c'est un rêve! où diable ai-je la tête ? il est certain que je dors; un semblable village ne peut exister au milieu d'une forêt vierge, à deux cents lieues de tout établissement civilisé, au centre même des tribus indiennes les plus farouches et les plus féroces.

Il se tâtait, se pinçait, regardait autour de lui, et n'en était pas plus avancé ; ce qu'il prenait naïvement pour une illusion ou un mirage ne disparaissait pas.

Il voyait toujours l'espèce de petit quai en pierres sèches, où il avait abordé au milieu d'une quarantaine de pirogues sur lesquelles séchaient des filets de pêche; à droite et à gauche du sentier bien entretenu qu'il suivait il apercevait toujours les prairies et les troupeaux; bientôt même, il distingua au loin deux ou trois laboureurs, placés derrière leurs charrues, attelées de forts chevaux, et traçant leur sillon.

Puis, au-dessus de sa tête, le village, dont la silhouette d'abord confuse se dessinait de plus en plus; il ne savait plus à quoi s'en tenir.

Le chef, tout en marchant auprès de lui, le regardait en souriant et jouissait de sa surprise.

— Où sommes-nous donc ici? s'écria enfin le chasseur en s'arrêtant et en regardant son compagnon d'un air effaré.

— Mon frère, répondit sérieusement le chef, nous sommes dans un village fondé par un chef de la prière des visages pâles.

— Une mission ! s'écria le chasseur en tressaillant de joie.

— Oui, je crois que c'est le nom qu'on lui donne, mais il en a un autre encore.

— Quel est-il ? le savez-vous, chef ?

— Je le sais, oui, mais j'ignore ce qu'il veut dire.

— C'est égal, chef, dites-le-moi toujours, je vous prie.

— Je le veux bien, peut-être mon frère le comprendra-t-il, ce village ou cette mission, si le chasseur le préfère, se nomme Sainte-Marie.

— Si je comprends ce nom ! s'écria le Canadien avec explosion, Sainte-Marie, la mère du Sauveur du monde !

Le Comanche ne répondait pas, il rêvait.

Le chasseur continua :

— Pardon, chef, je voudrais vous adresser une question.

— J'écoute mon frère.

— Quelle est la nation qui habite ce village ?

— Aucune.

— Comment, aucune ? les habitants sont donc des visages pâles ?

— Il n'y a qu'un visage pâle dans le village, et les habitants sont au nombre de près de trois mille, hommes, femmes et enfants, et chaque jour ce chiffre augmente.

— Voilà ce que je ne comprends pas. Quels sont donc ces habitants ?

— Des Indiens appartenant à toutes les nations, à toutes les tribus, qui, séduits et entraînés par la parole de cet homme bon et simple qui a fondé le village, viennent volontairement se placer sous sa direction, et sont heureux de lui obéir. Oh ! ce chef de la prière est un grand médecin de l'âme ; il a des paroles qui font tressaillir le cœur dans la poitrine de l'homme le plus fort, et verser des larmes au guerrier le plus farouche. Sa voix est suave et mélodieuse comme un chant d'oiseau ; il sait, d'un mot, consoler les plus grandes douleurs et rendre l'espoir aux plus infortunés. Deux fois seulement, il m'a été permis de voir et d'entendre cet homme ; chaque fois, en le quittant, il m'a semblé que je devenais meilleur.

— Combien y-a-t-il de temps qu'il s'est fixé dans cette contrée ?

— Voici la septième année qui commence ; c'était à l'époque des grandes chasses de la fin de l'automne ; il parut un soir, au campement de nuit d'un détachement assiniboin ; il était à pied, faible, mourant, marchant appuyé sur un bâton et se traînant à peine ; deux pauvres Indiens, presque aussi misérables que lui, le suivaient, portant son maigre bagage. Il voulut s'asseoir au feu du campement ; les guerriers, dont la raison était troublée par l'eau de feu, le chassèrent avec mépris. Il ne se plaignit pas, s'éloigna en chancelant, et alla, ainsi que ses deux compagnons, se placer sous un arbre à quelque distance. Là, tous trois s'agenouillèrent sur la terre nue, joignirent les mains, et, les yeux levés vers le ciel, ils commencèrent à chanter, dans une langue inconnue, des paroles qui avaient une mélodie étrange et saisissante. Les guerriers rirent. Ils entonnent leur chant de mort ! dirent-ils en raillant. Ils se levèrent et se rapprochèrent d'eux en ricanant et les insultant. Les trois hommes continuaient à chanter comme s'ils n'entendaient pas. Les guerriers, voyant qu'ils ne s'occupaient pas d'eux, pensèrent qu'ils les méprisaient, et la colère entra dans leur cœur.

— Il faut que ces chiens nous demandent pardon ou qu'ils meurent! s'écrièrent-ils en brandissant leurs armes.

— Ce sont des sorciers des visages pâles, dit l'un d'entre eux; ils font une médecine pour que le gibier abandonne la prairie.

— Que faites-vous là? demanda un des sachems en frappant le chef de la prière du bois de sa lance, si rudement que le pauvre homme tomba à terre, ce qui fit beaucoup rire les guerriers.

Mais le visage pâle se releva sur les genoux, et, tournant avec un doux sourire son visage vers celui qui l'avait frappé :

— Je prie le Seigneur mon Dieu et le vôtre, celui qui nous a créés, dit-il de sa voix mélodieuse, pour qu'il vous voie d'un œil favorable et vous accorde sa divine protection.

— Que dit ce chien menteur? s'écria le guerrier avec colère ; de quel Dieu parle-t-il? ne connaît-il pas le Wacondah, le maître de la vie? il insulte le Grand-Esprit! il faut qu'il meure!

— Oui! oui! s'écrièrent tous les guerriers; il a insulté le Grand-Esprit; il mourra!

— Comment puis-je insulter le Grand-Esprit, reprit le chef de la prière avec douceur, puisque c'est en son nom que je viens vers vous? Le Grand-Esprit a créé le ciel, la terre, les arbres, les animaux, les poissons : il a fait l'homme à son image et lui a mis au fond du cœur le germe de toutes les vertus, afin qu'il puisse faire la différence du bien et du mal. Mon Dieu est et a toujours été : il est l'expression la plus complète de la suprême bonté et de la suprême puissance; voilà le Grand-Esprit que j'adore, parce que, seul, il sonde les cœurs et rend meilleurs ceux qui le prient.

— Cet homme est fou! il ne sait ce qu'il dit! s'écrièrent les guerriers; qu'il retourne vers les traîtres visages pâles! Qu'avons-nous besoin de lui? Que vient-il faire ici?

— Je viens vous sauver, reprit-il avec son inaltérable douceur, en vous enseignant à connaître ce Dieu que vous blasphémez.

Les Assiniboins ne voulurent point l'écouter davantage ; ils se précipitèrent sur lui et sur ses compagnons, les battirent et les foulèrent aux pieds avec mépris.

Et pendant qu'ils le faisaient ainsi souffrir, le chef de la prière répétait toujours :

— Seigneur, ayez pitié d'eux! Seigneur, prenez-les dans votre miséricorde infinie, car ce sont de pauvres aveugles; ils ne savent ce qu'ils font; Seigneur, pardonnez-leur!

Fatigués enfin de frapper et de fouler aux pieds ces trois malheureux hommes qui ne se défendaient pas, et répondaient continuellement à leurs coups et à leurs injures par de douces et bienveillantes paroles, ils les relevèrent et les garrottèrent chacun debout contre un arbre, résolus à les mettre le lendemain au poteau, et à les faire mourir dans la torture.

Puis ils continuèrent à boire, et finirent par s'endormir complètement ivres.

Vers le milieu de la nuit le sachem qui s'était montré le plus féroce envers le chef de la prière, sentit, au plus fort de son sommeil, qu'on lui touchait légèrement l'épaule; il ouvrit les yeux et reconnut avec étonnement celui-là même qu'il avait frappé et qu'il avait juré de faire périr le lendemain au poteau de torture.

— Mon frère, dit le chef de la prière, dont le visage, à la pâle lueur des étoiles, semblait transfiguré, hâtez-vous de vous lever et d'éveiller vos compagnons, fuyez au plus vite, sinon vous êtes perdus et vous mourrez tous!

— Que voulez-vous dire? s'écria le chef avec une crainte secrète.

— Regardez, reprit-il, en étendant le bras vers le fleuve.

Le chef se leva d'un bond, en jetant un tel cri d'épouvante que ses compagnons s'éveillèrent.

Le Missouri, débordé, roulait ses vagues jaunâtres qui accouraient à travers la plaine avec la rapidité d'une troupe de cavales effrayées, et étaient hautes déjà comme des montagnes.

Le sachem se tourna vers le chef de la prière qui se tenait calme et résigné auprès de lui, les bras croisés sur la poitrine.

— C'est toi, s'écria-t-il avec fureur, c'est toi qui as fait une médecine et qui as appelé le mauvais esprit à ton aide pour nous perdre! Et il le frappa au visage.

Le chef de la prière essuya son visage sur lequel le sang ruisselait, et répondit avec douceur :

— Le démon n'a pas de prise sur moi. Je sers un Dieu qui m'ordonne de rendre le bien pour le mal. J'ai vu le péril dans lequel tu te trouves; le Seigneur m'a donné le pouvoir de rompre les liens qui me retenaient; je suis venu, par l'ordre de mon Dieu, te dire : Sauve-toi!

Cependant la plus grande partie de la plaine était inondée; l'eau montait sans cesse avec de sourds rugissements, brisant et renversant tout sur son passage : encore quelques minutes, et la vague attteignait l'endroit où campaient les guerriers; ceux-ci, affolés par la terreur, couraient dans toutes les directions en poussant des cris lamentables et en invoquant le Wacondah.

— Invoquez Dieu! s'écria le chef de la prière avec enthousiasme, invoquez-le, et il vous sauvera.

— Ton Dieu est-il donc assez puissant pour nous sauver? s'écrièrent les guerriers avec angoisse.

— Oui, si vous avez la foi.

— Qu'il nous sauve donc! reprirent tumultueusement les guerriers; qu'il nous montre sa grande médecine; nous croirons en lui.

— Soyez hommes, et sauvez-vous vous-mêmes! s'écria-t-il avec un accent de majesté tel que tous courbèrent machinalement la tête devant lui, qu'ils méprisaient si fort un instant auparavant.

— Parle! parle! que faut-il faire? s'écrièrent-ils en pleurant.

— Réunir vos chevaux et votre gibier, et me suivre. Hâtez-vous! il ne nous reste que quelques minutes.

Cet homme avait subitement pris un tel ascendant sur eux, qu'ils lui obéirent comme des enfants.

Alors, lui sourit doucement; avec une force et une vigueur que l'on n'aurait pu supposer dans un corps aussi chétif et en apparence aussi épuisé par la misère, il se mit à leur tête et les guida vers une colline qui se trouvait à une courte distance de l'endroit où ils campaient, et à laquelle, dans leur terreur, ils n'avaient pas songé.

Ils gravissaient encore, d'un pas précipité par l'épouvante, les pentes escarpées de la colline, que déjà la vague furieuse qui les poursuivait, en battait le pied avec une rage impuissante.

Lorsqu'ils furent enfin parvenus au sommet de la colline, ils s'arrêtèrent et regardèrent autour d'eux avec frayeur.

En ce moment, le soleil se leva radieux à l'horizon et éclaira cette scène désolée et remplie d'une inexprimable horreur; les Assiniboins commencèrent à pleurer et à se lamenter; tout était inondé autour d'eux, le sommet seul de la colline sur laquelle ils s'étaient réfugiés tremblants et effarés, serrés les uns contre les autres, surgissait du milieu des eaux, et déjà la vague qui toujours montait n'était plus qu'à une vingtaine de pieds de la plate-forme.

La plaine, jusqu'aux extrêmes limites de l'horizon, était changée en un torrent fougueux, qui emportait au milieu de ses flots en furie, avec un bruit plus terrible que celui du tonnerre, des arbres, des animaux et des débris de toute espèce.

— A genoux, mes frères! dit alors le grand médecin des visages pâles, à genoux; remerciez avec moi le Seigneur dont la protection divine a daigné s'étendre sur vous et vous a sauvés.

— Regarde, père, s'écrièrent les guerriers avec une terreur toujours croissante, regarde, l'eau monte toujours.

— A genoux, malheureux insensés! reprit le chef de la prière des visages pâles avec reproche, doutez-vous déjà de la puissance de Dieu? Vous êtes sauvés, vous dis-je.

Les guerriers, vaincus par le sublime ascendant que cet homme, semblable à un bon génie, avait pris sur eux, obéirent et s'agenouillèrent humblement.

— Nous ne savons pas, comme toi, prier, père, dit le sachem qui précédemment s'était montré si méchant pour le malheureux visage pâle; prononce toi-même les paroles d'une prière; ces paroles, nous les répéterons après toi avec notre cœur.

Alors, il s'agenouilla entre ses deux pauvres Indiens, joignit les mains, leva les yeux au ciel, et tous trois, avec un accent d'ineffable douceur, prononcèrent une prière qui commençait par ces mots, les seuls que j'aie retenus : Notre père, qui êtes aux cieux...

— Oh! je la sais, moi! dit le chasseur avec émotion.

— Je l'ai entendue deux fois, reprit le Comanche; jamais paroles d'une sublimité plus simple et plus grande à la fois, n'ont frappé mon oreille; il doit être bien bon et bien puissant, le Dieu qui inspire de tels sentiments à ceux qui l'adorent. Les Assiniboins répétaient avec une docilité extrême les paroles de cette prière, au fur et à mesure que le visage pâle les prononçait;

Les guerriers, vaincus par le sublime ascendant de cet homme, s'agenouillèrent humblement.

lorsqu'il eut terminé, le chef de la prière se fit un signe avec la main droite sur le visage et la poitrine, signe que firent tous les guerriers après lui.

— Ainsi, n'est-ce pas? dit le Canadien en se signant.

— Oui, c'est ainsi en effet; mais j'ignore ce que ce signe veut dire; mon frère le connaît?

— C'est le signe de notre rédemption, répondit pieusement le chasseur.

— Je ne comprends pas, murmura le chef avec tristesse.

— Ce n'est pas à un pauvre malheureux comme moi qu'il appartient de vous expliquer ces sublimes mystères, que mon esprit grossier a peine à comprendre, répondit humblement le Canadien.

— C'est juste! reprit le Comanche, je le demanderai au chef de la prière lui-même, car je veux le connaître, ce Dieu puissant devant lequel tous les autres ne sont que des blocs inertes et méprisables de bois ou de pierre.

— Bien parlé, chef! vous êtes un cœur droit. Dieu vous donnera la sagesse après laquelle vous aspirez ; mais finissez votre intéressant récit, je vous prie.

— Lorsque la prière fut terminée, le visage pâle se leva ; ses traits rayonnaient ; il étendit le bras, et, s'adressant aux guerriers encore agenouillés :

— Dieu a pénétré dans vos cœurs, dit-il, il vous a exaucés! regardez, mes frères !

Les guerriers poussèrent un cri de surprise, d'admiration et de reconnaissance envers cet homme divin.

Pendant qu'ils priaient, les eaux avaient descendu de près de dix pieds ; depuis cet instant, elles ne s'arrêtèrent plus et continuèrent à décroître ; au coucher du soleil, le fleuve était presque rentré dans son lit.

Les dégâts causés par l'inondation étaient immenses.

Les Assiniboins, par les conseils de celui qu'ils ne nommaient plus que leur père révéré, demeurèrent quatre jours entiers sur la colline, écoutant docilement les instructions qu'il leur donnait de sa voix si douce et si insinuante en attendant que la terre se fût suffisamment raffermie.

Le quatrième jour arrivé, ils ne voulurent plus se séparer de celui qui les avait si miraculeusement sauvés ; ils étaient quatre-vingts guerriers sous les ordres de quatre chefs.

Le père consentit à ce qu'ils restassent avec lui, il choisit alors cette même montagne que nous gravissons en ce moment pour s'y fixer avec eux.

Les guerriers envoyèrent quelques-uns d'entre eux à leurs villages, pour ramener leurs femmes et leurs enfants.

Depuis, ils n'ont plus quitté le chef de la prière ; ils ont continué à suivre docilement ses leçons et ils sont heureux.

Lorsque le village de Sainte-Marie fut fondé, comme le bruit de ce qui s'était passé en cet endroit avait eu un grand retentissement dans la Prairie, d'autres Indiens, appartenant à diverses tribus, accoururent en foule pour se joindre aux premiers ; comme le chef dont je vous ai parlé déjà, à cause de sa méchanceté passée, et qui maintenant est devenu peut-être plus dévoué que tous les autres au père, disait à celui-ci en voyant tous ces hommes :

— Père, pourquoi les prendre avec nous, ils ne sont pas de notre nation ; vois, ceux-ci sont Sioux, ceux-là Kenh'as, ceux-ci Comanches, nous autres, nous sommes Assiniboins.

— Tu te trompes, mon fils, répondit le père, désormais, nous n'appartenons plus à aucune nation en particulier, nous sommes tous les fils dévoués de la grande famille humaine. Nous nous nommons chrétiens, c'est-à-dire frères ; laisse donc venir à nous, quels qu'ils soient, ceux qui désirent connaître notre Dieu, qui est le seul véritable, et dont le premier précepte, tu le sais, mon fils, est celui-ci : Aimez-vous les uns les autres!

— Pardonne-moi, mon père, répondit humblement le Taureau-Blanc, car tel est le nom de ce chef; j'ai commis le péché de présomption, mais avec l'aide de Dieu, je me corrigerai.

Ce fut ainsi que ce village, aujourd'hui si prospère que les visages pâles, c'est-à-dire les grands-couteaux de l'Ouest, en sont presque jaloux, s'est peuplé, grâce à l'influence d'un seul homme, que son Dieu a envoyé sur la terre indienne pour le bonheur des Peaux-Rouges.

Mais nous voici arrivés à l'entrée de la misson, ainsi que mon frère la nomme; il est inutile que j'en dise davantage; la vue seule de l'homme divin auprès duquel nous nous rendons, et les choses extraordinaires qu'il a faites ici, en apprendront plus à mon frère le chasseur pâle, que tout ce que je pourrais lui mal raconter encore.

IV

CE QUE C'ÉTAIT QUE LA MISSION DE SAINTE-MARIE

En effet, en ce moment, les deux voyageurs avaient fini de gravir la montagne; ils se trouvaient sur le bord même du fossé, devant un pont volant appuyé sur des tréteaux et livrant un libre passage à la circulation.

Le chef Comanche et le chasseur traversèrent le pont et pénétrèrent dans la mission.

A peine avaient-ils fait quelques pas dans le village que les surprises du Canadien commencèrent.

Il remarqua d'abord, avec satisfaction, l'absence de cette odeur infecte, nauséabonde, qui saisit désagréablement l'odorat, dès qu'on approche d'un *atepelt* — village indien — et qui provient des émanations cadavériques des morts, placés en nombre souvent considérable au dehors de ces villages, sur des échafaudages, et qu'on laisse ainsi se putréfier en plein air; puis, les rues, assez droites et assez larges, étaient pavées d'un fin cailloutis rond, entièrement dépouillées d'immondices, et complètement libres de ces chiens errants, efflanqués, d'apparence famélique, aux yeux sanglants et aux crocs aigus, qui pullulent dans les tribus indiennes, et sont souvent un embarras, même un danger sérieux non seulement pour les étrangers, mais encore pour les gens de la tribu eux-mêmes. Les huttes, car, malgré leur forme presque européenne, ce n'était pas autre chose, étaient propres, saines, aérées, et garnies en général de meubles grossiers mais suffisants et au delà pour les besoins d'un peuple primitif.

Au-dessus de toutes les portes était gravée une croix, entourée de feuilles de ce magnifique palmier auquel on a donné le nom de figuier du paradis terrestre.

Douce et naïve croyance qui mettait ainsi sous la protection de la croix les habitants de chaque demeure.

On ne voyait pas errer par les rues de ces êtres dégradés, abrutis par l'ivresse et la fainéantise ; chacun semblait activement occupé.

Aussitôt que les voyageurs eurent pénétré dans le village, un homme au maintien sévère, aux traits accentués, que ne déshonorait aucune peinture, et enveloppé dans une peau de bison dont, à cause de la saison déjà avancée, le poil était en dedans, s'avança vers eux d'un pas majestueux et modeste à la fois, et après les avoir salués avec cordialité :

— Mes frères sont les bienvenus à Sainte-Marie, dit-il d'une voix affectueuse, que la bénédiction du Seigneur soit sur eux !

— Je remercie mon frère le Taureau-Blanc, répondit le chef sur le même ton.

En effet, ce personnage d'apparence si calme et si douce, n'était autre que le féroce chef Assiniboin devenu aujourd'hui un des plus fervents néophytes du missionnaire.

— J'avais cru que l'Éclair viendrait seul, reprit le Taureau-Blanc ; mais quel que soit son ami, sa présence au milieu de nous ne saurait que nous être agréable.

— Je n'ai pas supposé manquer à nos conditions, en amenant avec moi ce chasseur pâle, reprit le chef.

— Je répète à mon frère qu'il est le bienvenu, dit l'Assiniboin avec intention.

— Je vous remercie sincèrement pour mon compte, chef, dit vivement le Canadien. J'aurais été, je l'avoue, désespéré de déplaire en quoi que ce fût au saint personnage qui vous dirige, et pour lequel, sans le connaître, j'éprouve déjà une profonde vénération.

— Mon frère le chasseur le verra bientôt, reprit-il en souriant, car il attend l'Éclair, le grand sachem Comanche.

— J'ai peut-être un peu tardé, mais j'ai reçu son message avec respect ; je m'empresse de condescendre au désir qu'il me témoigne de me voir.

— Mon frère est un grand brave, un sage au feu du conseil, le sachem le plus renommé de sa nation, malgré le petit nombre d'hivers qui ont neigé sur lui jusqu'à ce jour ; il a préféré venir par la forêt ; le chemin est plus long, il est vrai, les quelques sentiers qui existent sont impraticables ; mais un guerrier comme mon frère est accoutumé à se jouer des obstacles les plus grands et qui, pour tout autre que lui, seraient insurmontables ; voilà la seule cause du retard de mon frère.

— Que veut dire le Taureau-Blanc ? s'écria le sachem avec ressentiment, soupçonnerait-il une trahison de ma part ?

— Dieu m'en garde ! répondit vivement l'Assiniboin. Le Seigneur voit le fond de mon cœur ; il sait que telle n'est pas ma pensée, bien loin de là.

— Quelle est donc la pensée de mon frère, alors ?

Le Taureau-Blanc sourit avec bonhomie.

— Si nous sommes aussi bien informés des mouvements d'un homme qui nous aime, et contre lequel nous ne nourrissons aucune défiance, combien, à plus forte raison, connaîtrons-nous ceux des chefs qui se prétendent nos ennemis ; que l'Éclair se rassure donc ; ses amis veillent ; sa pensée était bonne, mais il a dû se convaincre par lui-même, en suivant cette route, presque impossible pour deux hommes isolés, qu'un détachement de guerre ne pourrait tenter une surprise de ce côté, et que nous sommes complètement à l'abri de la trahison qu'il redoute; d'ailleurs, nous n'avons rien à craindre : le Seigneur combattra pour nous quand sonnera l'heure de la bataille.

— Je remercie mon frère d'avoir compris la pureté de mes intentions, lorsque j'ai voulu venir par la forêt ; quoique j'ignore par quel moyen il a été informé de la route que j'ai prise.

L'Assiniboin sourit avec finesse.

— Mon frère le sachem consent-il à m'accompagner auprès du père de la prière? demanda-t-il, sans répondre à la question qui lui était adressée.

— Que mon frère marche devant, je le suivrai, répondit avec courtoisie le sachem.

Ils continuèrent alors leur route et arrivèrent bientôt à une place assez grande formant un carré parfait.

Deux des côtés de ce carré étaient occupés par de grands corps de bâtiments : le premier, destiné aux hommes et divisé en plusieurs parties, contenait des ateliers de forgerons, de tourneurs, de tisserands, de menuisiers, etc., etc.; le second, destiné aux femmes, était divisé lui aussi en plusieurs ateliers; dans les uns, on filait la laine ou le chanvre, on taillait et coupait des vêtements, on raccommodait et on lavait des étoffes ; tous ces divers ateliers d'hommes et de femmes étaient en pleine activité, sous la direction de contremaîtres indiens qui surveillaient attentivement les travaux.

Le troisième côté de la place était occupé, au milieu, par l'église, simple, mais coquette, toute construite en bois de cèdre, travaillé avec un goût parfait ; c'était l'œuvre des Indiens eux-mêmes.

Nous ferons remarquer en passant que le missionnaire, tout en ouvrant à deux battants aux Peaux-Rouges les portes de sa mission, les fermait impitoyablement à ces blancs qui pullulent dans le désert, misérables aventuriers qui spéculent sur les vices des Peaux-Rouges, et dont l'intérêt est de les pousser continuellement au mal ; pour qu'un blanc fût admis dans l'intérieur du village, il fallait qu'il présentât des répondants sérieux, que sa moralité fût bien établie, et encore n'était-il admis que comme malade ou visiteur.

Dans le premier cas, il partait aussitôt sa guérison accomplie ; dans le second, il ne pouvait demeurer plus d'une semaine ; le missionnaire l'avait voulu ainsi pour que son troupeau fût, autant que possible, à l'abri de pernicieux conseils, qui auraient pu détruire son œuvre, si soigneusement élaborée, et suivie avec tant de soin et d'amour.

L'église était surmontée d'un clocher peu élevé, contenant deux cloches de moyenne grosseur. Au-dessus de la porte principale de la maison du Seigneur, ces mots étaient écrits en lettres d'un métal brillant et découpées au marteau par le missionnaire lui-même, sans doute :

Laissez venir à moi les petits enfants!

Derrière l'église, s'étendait le modeste cimetière du village, dans lequel on apercevait déjà bien des croix, à demi cachées sous l'ombre des arbres, ou surgissant au milieu de buissons et de fleurs aux doux parfums.

A droite de l'église, il y avait une hutte, servant d'hôpital pour les malades ; à gauche, de grands magasins, renfermant une quantité considérable de sacs de grains, et des amas de viandes séchées ; provisions précieuses, rassemblées en prévision d'une disette.

La dernière face de la place enfin, contenait au milieu, précisément en face de l'église, le presbytère ; cette hutte était peut-être la plus simple et la moins ornée du village.

A droite et à gauche se trouvaient des écoles pour les filles et pour les garçons ; de jeunes Indiens des deux sexes servaient de moniteurs à leurs compagnons et compagnes moins âgés.

L'angle droit de cette façade était occupé par une hutte, servant de Hutte du Conseil pour les anciens du village, sous la présidence du missionnaire ; un magasin attenant à cette hutte servait d'arsenal et renfermait les armes et les munitions de la communauté, au cas où le village serait attaqué et contraint de se défendre.

L'angle gauche était occupé par une grande boulangerie, dans laquelle une dizaine d'Indiens étaient en train de pétrir de la pâte, de la mettre dans le moule et d'enfourner le pain.

Partout, dans ce vaste village, régnaient l'ordre et le calme le plus parfait.

Et ce travail gigantesque, cette œuvre immense, devant laquelle un gouvernement fort eût peut-être reculé, dans la conviction de son impuissance, avait été accomplie au fond d'un désert, parcouru sans cesse par les tribus les plus farouches de l'Amérique, en moins de sept ans, par un pauvre prêtre de la Société de Jésus ; seul, sans secours, entièrement livré à ses propres ressources, mais excité par cette foi qui transporte les montagnes, et poussé par un immense amour de Dieu.

Cela tenait du prodige.

Telles étaient les réflexions que faisait à part lui le chasseur canadien, lorsque, en compagnie des deux sachems, il pénétra sur la place.

Assis sur un banc ombragé par deux magnifiques catalpas, devant la porte du presbytère, le missionnaire était entouré de jeunes femmes accroupies en rond et de bambins à peine sevrés ; il tenait, lui, sur ses genoux, un de ces enfants de quatre à cinq ans, et lui prodiguait des caresses que le marmot lui rendait de son mieux, et il faisait une pieuse exhortation à son auditoire féminin, qui semblait écouter ses paroles avec une vive émotion.

Rien n'était frais et touchant comme ce tableau si simple, qui rappelait d'une manière saisissante cette époque où les peuples, encore croyants, écoutaient avec une piété si remplie de ferveur, les ministres du Seigneur qui les instruisaient ainsi, sous la voûte azurée du ciel, à l'ombre des grands arbres.

En apercevant les trois hommes qui traversaient la place pour venir à lui, le missionnaire posa ses lèvres sur le front de l'enfant, le rendit à sa mère, congédia son auditoire, se leva et s'avança avec un bienveillant sourire au-devant de ses visiteurs.

Ce missionnaire, dont les traits étaient fort beaux et d'une grande distinction, avait une de ces physionomies douces, calmes et énergiques à la fois, dont il est impossible de rendre l'expression touchante et sympathique ; ses grands yeux, pleins d'une lueur magnétique, respiraient la foi la plus pure ; son front vaste, dégarni aux tempes, sa longue chevelure blonde, qui tombait sur ses épaules, son nez droit, aux ailes mobiles et transparentes, sa bouche, aux lèvres un peu épaisses et toujours souriantes, son menton accentué, lui donnaient une vague ressemblance avec ces têtes de saint Jean, si heureusement retrouvées par le pinceau divin des Carrache.

Bien que les souffrances et les fatigues incessantes de son dur apostolat eussent déjà dégarni son front chauve, rêveur, et creusé des rides profondes sur son visage d'une pâleur ascétique, et le fissent paraître plus âgé qu'il ne l'était en réalité, après quelques secondes d'examen, on reconnaissait qu'il ne devait pas avoir plus de trente-trois à trente-quatre ans.

Sa taille était haute, bien prise, élégante ; sa tête, comme celle de tous les penseurs, penchait un peu sur son épaule gauche ; sa démarche était majestueuse, ses gestes simples et remplis d'une extrême noblesse ; sa voix, au timbre sonore, avait des notes d'une mélodie si harmonieuse qu'elle ressemblait, disaient les Indiens naïvement, à un chant d'oiseau ; ses phrases étaient ordinairement courtes, mais nettes et précises.

— Soyez les bienvenus à Sainte-Marie, mes frères, dit-il en saluant gravement les arrivants ; je vous attendais avec impatience, chef ; vous savez combien j'ai de plaisir à vous voir. Vous êtes un homme bon et qui marchez dans les voies du Seigneur, quoique malheureusement vos yeux soient encore fermés par l'erreur. Quel est le voyageur qui vous accompagne ?

— Un honnête homme, père, répondit le Comanche en s'inclinant, un ami de deux jours, qui déjà m'a sauvé la vie, un parent de Balle-Franche, enfin.

— Les homme comme Balle-Franche sont trop rares dans le désert, reprit le missionnaire en hochant la tête avec tristesse ; soyez aussi le bienvenu parmi nous, chasseur ; que le Seigneur vous bénisse comme je le fais. Joseph, ajouta-t-il en s'adressant au Taureau-Blanc, qui avait reçu ce nom au baptême, conduisez à votre hutte ce chasseur et ne le laissez manquer de rien.

— Je vous remercie, mon père, dit le Canadien avec émotion.

Il se préparait à suivre le Taureau-Blanc, mais le sachem l'arrêta d'un geste, et, s'adressant au missionnaire :

— Père, lui dit-il, ce chasseur est venu avec moi ici parce que je l'en ai prié ; je désire qu'il ne me quitte pas.

— Que votre volonté soit faite, chef ! que ce brave chasseur nous suive donc ; veuillez, je vous prie, m'accompagner.

Le missionnaire fit un signe d'intelligence au Taureau-Blanc, qui s'inclina et se retira aussitôt.

Les deux hommes entrèrent dans le presbytère à la suite du missionnaire ; il leur indiqua des sièges, sur lesquels ils s'assirent, puis il ouvrit une armoire, en retira une serviette d'une blancheur éclatante, deux petits pains ronds, à la croûte dorée, du beurre sur lequel le lait perlait encore, une cruche remplie d'eau de smilax, et deux gobelets.

Il plaça le tout devant les voyageurs et s'assit auprès d'eux en leur disant :

— Vous êtes mes hôtes, mes frères, réparez vos forces épuisées.

Mais le chef Comanche éloigna son siège de la table, mouvement que, bien qu'avec surprise, le chasseur imita.

— Je remercie mon père, dit le sachem, mais l'Éclair ne boira ni ne mangera dans sa hutte.

— Mon frère, répondit le missionnaire qui rougit légèrement, pourquoi agir ainsi avec moi? Quel reproche avez-vous à m'adresser? Êtes-vous donc mon ennemi?

— Je ne suis pas l'ennemi de mon père, reprit le sachem avec une émotion contenue, j'ai pour lui un grand respect; je ne lui adresse pas de reproches; ce qu'il a fait, il a cru devoir le faire : c'est un homme sage : son Dieu l'aura sans doute inspiré; j'attends que mon père s'explique.

— Mon frère est sévère pour son ami; il dit que je suis sage : hélas! tout homme est sujet à l'erreur, et celui-là est fou, bien souvent qui se croit sage. Je n'ai rien fait que le chef puisse m'imputer à blâme; si j'avais craint ses reproches, je ne l'aurais pas engagé à me venir visiter ici.

— Mon père pense beaucoup; sa tête est remplie, alors il perd la mémoire, reprit le chef avec amertume.

— Oh! hommes, serez-vous donc toujours les mêmes, dit tristement le missionnaire, comme s'il se fût parlé à lui-même, et le soupçon, comme un dard empoisonné, entrera-t-il donc toujours dans votre cœur, avant que la réflexion vous ait fait comprendre votre erreur?

— Je ne devine pas le sens des paroles de mon père.

— Bientôt vous les comprendrez, chef, et vous regretterez ce que vous m'avez dit, reprit-il doucement.

Il frappa des mains, la porte s'ouvrit; le Taureau-Blanc parut.

— Est-elle là? demanda le prêtre.

— Oui, mon père, répondit l'Assiniboin.

— Qu'elle vienne!

Le Taureau-Blanc s'effaça, une jeune femme entra, l'Assiniboin referma la porte derrière elle et demeura au dehors.

Cette jeune femme, ou plutôt cette jeune fille, car elle avait à peine quatorze ans, était grande, svelte, élancée, d'une beauté remarquable, et vêtue d'une robe blanche serrée à la taille, qui la rendait plus séduisante encore.

Elle s'approcha du sachem dont les sourcils s'étaient froncés à se joindre, mais qui demeurait calme et impassible en apparence, et, fixant sur lui ses beaux yeux de gazelle effarouchée :

— Pourquoi le sachem est-il en colère contre le chef de la prière? dit-elle de sa voix mélodieuse, la Brise-du-Matin est seule coupable.

— Que dit la Brise-du-Matin pour le prouver? répondit sèchement le chef.

— La Brise-du-Matin aime le chef; il est et sera toujours son seul amour; mais la Brise-du-Matin est chrétienne; elle porte le doux nom de Marie : lorsque l'époque fixée pour son union avec le chef a été sur le point de sonner, la Brise-du-Matin a eu peur que le sachem la contraignît à abandonner sa

— Ah! s'écria le bandit avec un rugissement de rage, c'est ce que nous allons voir.

religion; elle a prié sa mère qui est chrétienne aussi; elle a prié son père avec des larmes; tous deux ont consenti à céder à ses instances, et l'ont conduite au chef de la prière.

— Oui, c'est bien ainsi que les choses se sont passées, dit lentement le chef, dont le regard n'avait rien perdu de sa sévérité, et sans doute le chef de la prière était instruit de tout; c'est lui qui a engagé la jeune fille à fuir et à se réfugier auprès de lui; du moins, on me l'a rapporté ainsi.

— Celui qui a dit cela a la langue fourchue, il a menti; le père ignorait la fuite de la jeune fille; lorsqu'elle se présenta à lui, accompagnée de ses parents, il refusa d'abord de la recevoir, en lui disant : la Brise-du-Matin a péché devant le Seigneur; elle devait prévenir le sachem qu'elle était chrétienne, et lui demander l'autorisation de suivre sa religion; elle a brisé le cœur d'un vaillant guerrier, d'un homme qui l'aime; je n'ai pas le droit de délier ce que Dieu lui-même a lié sur la terre; l'Éclair est un chef sage; il est, sans le savoir lui-même, un des instruments dont le Seigneur veut se servir pour régénérer sa race. Dieu a dit : Tu abandonneras ton père, ta mère, et la demeure de tes parents pour suivre ton époux; la Brise-du-Matin était, depuis longtemps, fiancée à l'Éclair; elle a fui, sans l'avertir qu'elle renonçait à lui : elle est coupable. Je ne la recevrai dans la mission qu'à la condition que je préviendrai le chef qu'il ait à se rendre ici; qu'il sera le maître de reprendre celle qui doit être sa femme, et que la Brise-du-Matin consentira à le suivre dans sa tribu.

La jeune fille s'agenouilla alors devant le sachem, et continua d'une voix étranglée par l'émotion :

— La Brise-du-Matin ouvrit les yeux à ces paroles; elle comprit la faute qu'elle avait commise; le repentir entra dans son cœur; elle accepta avec joie la condition que lui posait le chef de la prière. La Brise-du-Matin ne demande au sachem que son pardon; elle est jeune, elle aime l'Éclair; cette faute sera la dernière; elle sera une femme dévouée et soumise; elle est prête à suivre le sachem, non seulement dans sa tribu, mais partout où il lui plaira de la conduire.

Il y eut un instant de silence.

Enfin, le chef se leva, tendit la main à la jeune femme dont le visage était inondé de larmes, la fit asseoir sur un siège, puis il s'inclina avec un respect profond devant le missionnaire, et d'une voix douce et triste, que l'émotion faisait trembler :

— Que mon père me pardonne, dit-il; le serpent de la jalousie rongeait mon cœur, mes oreilles s'étaient ouvertes à de perfides conseils; mon père est sage; il excusera la folie d'un pauvre et ignorant Indien. La seule femme que j'aie aimée et dont je voulais faire la compagne de ma vie a manqué de confiance envers moi; elle a fui ma présence; son amour était un mensonge, je le reconnais maintenant...

— Arrêtez, sachem, dit le missionnaire avec autorité. Ne vous laissez pas emporter par le démon de l'orgueil; ne jouez pas ainsi avec votre cœur et celui de cette malheureuse jeune fille; vous vous prépareriez, pour l'avenir, de grandes douleurs à tous deux; elle a humblement avoué sa faute; elle se repent et elle vous aime: soyez sage; ne luttez pas contre vous-même; accordez-lui un généreux pardon. Ma religion, que vous trouvez si belle, recommande surtout l'oubli des injures.

Et, prenant la main du chef qui se laissait faire machinalement, en même temps qu'il saisissait celle de la jeune fille qui sanglotait tout bas, il les réunit toutes deux, et, leur imposant les mains, tandis que d'un mouvement, pour ainsi dire instinctif, ils tombaient à genoux devant lui :

— Enfants, dit-il, je vous bénis au nom du Seigneur tout-puissant, créateur du ciel et de la terre. Que sa divine protection descende sur vous ; vous êtes bons, vos cœurs sont droits, vous serez heureux, et, un jour, vous professerez, je vous le prédis, la même religion.

Puis, les relevant doucement :

— Donnez-vous le baiser de paix, ajouta-t-il d'une voix émue.

Les deux jeunes gens tombèrent en sanglotant dans les bras l'un de l'autre.

Lorsque leur émotion fut un peu calmée, il les fit asseoir à table, où il se plaça en face d'eux.

— Père, dit le sachem, vous êtes le grand médecin des âmes ; votre bonté est infinie ; que la Brise-du-Matin demeure ici, auprès de vous ; moi aussi, je veux comprendre les sublimes mystères que vous enseignez si bien ; je viendrai me faire instruire par vous ; lorsque vous me jugerez digne de faire partie de votre grande et heureuse famille, c'est de votre main que je recevrai celle que j'aime.

Le missionnaire sourit avec une ineffable bonté, mélangée d'une inexprimable finesse.

— Marie, ou, si vous le préférez, la Brise-du-Matin, est le meilleur maître que vous puissiez prendre, dit-il avec une expression de raillerie charmante ; quant à vous, il importe que les guerriers et les chefs de votre nation sachent que je n'ai pas retenu votre fiancée contre votre volonté ; je la ferai moi-même reconduire avec ses parents dans votre village, où vous l'épouserez selon les rites ordonnés par vos coutumes ; il est bon, pour le maintien de votre autorité même, qu'il en soit ainsi ; puis vous reviendrez tous deux, et, comme alors vous serez chrétiens, je vous unirai, moi, au nom du Seigneur mon Dieu, après vous avoir régénérés par les eaux du baptême.

— Mon père, répondit le sachem avec un certain embarras qu'il ne put réussir à cacher, vous avez toutes les délicatesses du cœur ; vous devinez les sentiments de l'homme, même ceux qu'il veut tenir les plus secrets ; pardonnez-moi donc d'avoir voulu tendre un piège à votre loyauté ; cette faute sera la dernière ; le calme est maintenant rentré dans mon cœur ; c'est sérieusement et avec conviction que je vous dis à présent ce que tout à l'heure je vous disais en raillant et en essayant de vous tromper ; il sera fait ainsi que vous l'ordonnez ; au nom de Celui que vous priez et que je ne connais pas encore, mais que je veux connaître bientôt, je viendrai vous demander le baptême.

— Votre serment est enregistré dans le ciel, mon frère, reprit le prêtre ; que le Seigneur qui vous éclaire ainsi, vous protège.

Après ces paroles, les quatre personnes goûtèrent aux mets simples qui avaient été placés sur la table.

Puis, cette légère collation terminée, la Brise-du-Matin se leva, salua à la ronde et sortit, heureuse et légère comme une gazelle, après qu'il fut convenu que deux ou trois jours plus tard elle retournerait avec son père et sa mère dans la tribu, sous l'escorte d'une vingtaine de guerriers choisis par le missionnaire.

Le sachem, selon la coutume indienne, alluma son calumet, et, après avoir encore remercié avec effusion le missionnaire, il lui demanda pour quel autre motif il l'avait prié de se rendre à la mission.

— Mon frère, répondit le prêtre, il y a quelques jours, un des premiers chefs de la nation des Sioux, dont la puissante tribu chasse en ce moment dans ces parages, s'est présenté à la mission et m'a demandé une entrevue; lorsque j'eus accédé à son désir, voici ce qu'il m'a dit :

— Père, voici que mes jeunes hommes ont tué suffisamment de gibier ; nous allons reprendre, d'ici à la cinquième lune, le sentier qui conduit à nos villages d'hiver. Mais, avant de quitter la savane, je voudrais me réconcilier avec mon ennemi le plus implacable; il y a eu bien du sang versé entre nous, notre haine doit être satisfaite ; l'heure n'est-elle pas venue d'enterrer la hache si profondément que ni l'une ni l'autre de nos deux nations ne la puisse retrouver jamais?

« J'applaudis aux bons sentiments que cet homme manifestait, puis je lui demandai quel était le chef dont il était l'ennemi, et à quelle nation il appartenait.

« — Ce chef, me répondit-il, se nomme l'Éclair. C'est un des chasseurs les plus habiles, c'est un des sachems les plus renommés et un des plus grands braves de la puissante nation des Comanches des Lacs. Je sais que vous le connaissez, que vous l'aimez, et que lui professe pour vous un grand respect; voilà pourquoi je suis venu vous trouver, père, pour que vous vous interposiez entre nous, et que cette réconciliation solennelle ait lieu en votre présence, afin qu'elle soit durable à cause de vous. »

« Je lui répondis que je verrais avec satifaction cette réconciliation entre deux grands sachems et que j'emploierais toute l'influence que je crois avoir sur vous pour vous y faire consentir.

« Alors il se retira, après m'avoir chaleureusement remercié.

— Vous avez oublié, père, de me dire le nom de ce chef, répondit froidement le sachem.

— Il se nomme le Moqueur, répondit le missionnaire.

L'Éclair sourit avec amertume.

— Cet homme vous a trompé, père, dit-il ; il ne veut pas se réconcilier avec moi; notre haine ne finira, il le sait, que par sa mort ou par la mienne. Connaissant l'amitié dont vous m'honorez, le respect que j'ai pour vous, désespérant de me vaincre loyalement en face, il a essayé de me tendre un piège et de me faire tomber dans un guet-apens.

— Serait-il possible? s'écria le prêtre avec une douloureuse surprise.

— Vous allez en juger, père; sachant que je me rendrais sans hésiter, seul, à votre appel, il a dressé une embuscade à une heure de marche de ce village, au défilé de l'Antilope, où il a caché vingt guerriers des plus redoutables de sa tribu; mais j'ai été prévenu par mes coureurs; je me suis mis sur mes gardes; quarante de mes guerriers doivent en ce moment avoir cerné le défilé; ils n'attendent que ma présence pour commencer l'attaque contre les traîtres qui voulaient lâchement me tuer.

« Voilà pourquoi, au lieu de prendre la route directe, je suis venu ici à travers la forêt, au risque de me perdre au milieu de ces inextricables fourrés ; mais je vous avais donné ma parole de venir et je voulais la tenir.

— Ce que vous m'apprenez est affreux, chef ; une telle duplicité de la part, de cet homme m'épouvante ; ainsi, il voulait faire de moi son complice involontaire ?

— Oui, père, car cet homme est un misérable, sans honneur, un voleur et un assassin qui ne craint pas de s'allier avec des misérables comme le Vautour-Fauve, le Gypaète et d'autres bandits sang-mêlés ou blancs de la Prairie, pour attaquer les caravanes, les piller, et assassiner les voyageurs qui les composent.

— Cette nuit, dit le Canadien, qui avait jusque-là gardé le silence, le hasard, je me trompe, la Providence, m'a permis d'assister, invisible, à un de leurs conciliabules et d'entendre tous les détails d'un complot qu'ils forment contre une grande caravane de blancs, campés à quelques lieues d'ici, au Brûlis de la Longue-Corne.

— C'est horrible ! s'écria le missionnaire, il faut prévenir ces pauvres gens le plus tôt possible.

— C'est ce que j'aurais déjà fait, père, si je n'avais été contraint de me rendre à votre invitation.

— Mon Dieu ! pourvu qu'il ne soit pas trop tard !

— Non, ils ne seront pas en mesure de tenter l'attaque contre la caravane avant deux ou trois jours.

— Dieu soit loué ! je les préviendrai, ce soin me regarde.

— Vous, père ?

— Pourquoi non, chef ? Ces hommes ne sont-ils pas mes frères ? Demain, au plus tard, je les aurai moi-même prévenus. Mais vous, que comptez-vous faire ?

— Défendre la caravane, si elle est attaquée.

— Je vous remercie de cette généreuse résolution, chef ; je n'attendais pas moins de vous ; mais c'est de votre ennemi que je vous parle.

— Oh ! quant à lui, répondit l'Eclair avec une expression terrible, ma détermination est prise ; en quittant le village, je me rendrai au défilé de l'Antilope, et le maître de la vie jugera entre mon ennemi et moi.

— Promettez-moi une chose, chef ?

— Parlez, père : vous savez que je ne puis rien vous refuser ; d'ailleurs, je sais que vous ne me demanderez rien contre mon honneur.

— Dieu m'en garde ! mon frère ; je vous demande seulement ceci : promettez-moi, si votre ennemi ne vous attaque pas, de ne pas commencer l'attaque.

— Aoah ! qu'exigez-vous de moi, père ?

— Hélas ! mon frère, j'essaie d'ouvrir à cet homme la voie du repentir ; qui sait si le regret du crime affreux qu'il veut commettre n'entrera pas dans son âme, en voyant l'insuccès de son embuscade ?

— Vous parlez, selon votre cœur, d'un assassin dont vous ne connaissez pas la perversité, père.

C'est possible, chef ; mais dussé-je me tromper, je vous en prie encore une fois, accordez-moi ma demande.

— Puisque vous l'exigez, père, je ferai ce que vous désirez de moi.

— Soyez béni, mon fils ! Cette promesse me remet la joie au cœur.

Le sachem hocha la tête sans répondre.

Quelques instants plus tard, il prit respectueusement congé du missionnaire, ainsi que le chasseur; tous deux quittèrent le village, suivis de Milord, et ils se dirigèrent en ligne directe vers le défilé de l'Antilope.

V

COMMENT JOÉ SMIT ET SON COMPAGNON FURENT RENCONTRÉS PAR UN RICHE MEXICAIN, ET CE QUI S'ENSUIVIT

Au point du jour Hervé de Kergras sortit de sa tente et déchargea son fusil en l'air.

Aussitôt tout fut en rumeur au camp du Brûlis de la Longue-Corne; cette fourmilière humaine, calme et silencieuse quelques minutes auparavant, commença à reprendre sa vie ordinaire.

Tous deux furent debout en un instant, et s'occupèrent attentivement, sous la direction du vieux Cœur-d'Acier, chacun de la tâche qu'il devait accomplir.

Les uns coupaient du bois sec pour renouveler les feux à demi éteints; d'autres puisaient de l'eau, découpaient la venaison, ou faisaient les parts de viande conservée ou de légumes secs, qu'ils distribuaient ensuite à chaque escouade de chasseurs; d'autres pansaient les chevaux, les conduisaient à l'abreuvoir et leur donnaient la provende; les derniers enfin faisaient le nettoyage du camp.

Le général et son frère de lait, debout tous deux au signal donné par le vieux contre-chouan, respiraient le frais en se promenant de long en large, et suivaient du coin de l'œil les travaux des chasseurs tout en causant à voix contenue. A cinq heures du matin, tout était en ordre dans le camp.

Les hommes prirent le thé ou le café brûlant, selon leur goût, mangèrent un biscuit et burent une large rasade d'eau-de-vie.

Les repas étaient ainsi réglés : le matin à cinq heures, thé ou café, biscuit, eau-de-vie. A midi : soupe, viande, légumes, biscuit, thé ou vin; à quatre heures : biscuit et mesure d'eau-de-vie; le soir enfin, après le campement, viande ou venaison, légumes, thé, vin, eau-de-vie, café et biscuit. Cet ordinaire, plus que suffisant, était parfois augmenté encore par le poisson et le gibier à poil ou à plumes que l'on tuait pendant la route, et les fruits cueillis au passage.

Les chefs, c'est-à-dire la famille du général de Bodégast, et nous entendons par ce mot lui, la marquise, son fils, son frère de lait et Hervé Kergras, avaient des conserves et des pâtes sucrées, réservées pour leur table particulière et dont la desserte appartenait de droit aux domestiques, au nombre de six : deux servantes, un cuisinier et son aide, le valet de chambre du général de Bodégast et celui du général Alain Kergras : ces six domestiques étaient d'anciens serviteurs qui n'avaient pas voulu se séparer de leurs maîtres, et que ceux-ci avaient amenés de France.

La famille du général ne faisait que deux repas : elle déjeunait à onze heures, lorsque la caravane s'arrêtait pour laisser passer la forte chaleur du jour ; et elle dînait vers sept heures du soir, après le campement.

Lorsque le déjeuner fut terminé, un détachement de dix chasseurs, sous les ordres du général Alain Kergras, partit en chasse, et une escouade de cinq ou six hommes prit des lignes, des filets, et alla à la pêche.

Puis, les sentinelles placées, les hommes qui n'étaient point de service occupèrent leurs loisirs comme cela leur plut, soit à dormir, soit à raccommoder leurs vêtements, à nettoyer leurs armes ou à fondre des balles.

M. de Bodégast s'assit devant l'entrée de la tente ; après s'être informé auprès d'une camériste de la santé de la marquise, il embrassa son fils et lui donna une leçon qui dura une heure environ, puis il le confia à Balle-Franche et à Hervé Kergras, chargés tous deux de faire faire à l'enfant des exercices de force, de lui apprendre le maniement des armes, l'équitation, enfin, tout ce qui se rapporte au développement physique de l'enfant dont on veut faire un homme.

Le général avait voulu présider lui-même à l'éducation de son fils, se chargeant de lui enseigner tout ce qui avait rapport aux sciences ; il avait confié la partie morale et religieuse de son instruction à la marquise, dont c'était le plus doux et le plus agréable passe-temps.

La leçon terminée, le général appela Loïck Morven, son valet de chambre, vieux soldat de la guerre de l'indépendance américaine, qui l'avait suivi pendant toutes ses campagnes, et il lui donna l'ordre de dire aux dix chasseurs américains de venir lui parler.

Ceux-ci, rassemblés en un seul groupe à l'écart des autres chasseurs et assis entre deux wagons, causaient vivement entre eux, à voix basse.

Le général fit un signe à Balle-Franche.

Celui-ci s'approcha sans affectation.

— Eh bien ? lui demanda-t-il, et notre homme ?

— Parti hier soir, mon général, avec recommandation expresse de faire diligence, et surtout de ne pas se laisser prendre la lettre dont il est porteur ; il est loin maintenant.

— Bon ! vous êtes sûr de lui ?

— Comme de moi-même, mon général.

— Alors tout va bien ; merci, mon ami ; allez.

Balle-Franche s'éloigna, et le général ouvrit le livre qu'il avait pris par contenance.

Au bout d'un instant, les Anglo-Américains arrivèrent : c'étaient tous de grands gaillards, solides, bien découplés, mais dont la mine n'était que très médiocrement rassurante.

L'un d'eux surtout, nommé Joé Smith, un grand diable de Kentukien, d'une force extraordinaire, adroit comme un singe, leste comme un opossum et méchant comme un âne rouge, avait toute l'apparence d'un bandit des mieux réussis.

Ces hommes semblaient assez embarrassés de leur contenance ; la vérité était que, se sentant intérieurement coupables, sinon de fait, du moin d'intention, ils avaient reçu avec une certaine inquiétude, l'ordre de comparaître tous ensemble devant le chef, qu'ils complotaient de trahir à la première occasion, et n'étaient nullement rassuré sur les suites de la conversation qu'il voulait avoir avec eux.

Le visage du général était souriant, mais c'était un trop brave et surtout un trop loyal soldat pour les laisser longtemps dans le doute sur ses intentions.

Lorsqu'ils se furent arrêtés devant lui, il ferma son livre, se leva, et, après les avoir salués :

— Messieurs, leur dit-il, depuis deux mois, presque trois, que vous êtes engagés à mon service, je n'ai eu qu'à me louer de vous et à me féliciter de votre conduite.

Les chasseurs s'inclinèrent en signe de remerciement.

— Mais, continua le général, depuis quelques jours, j'ai cru m'apercevoir, non pas d'un changement dans votre conduite, elle est toujours la même, grâce à Dieu, mais d'une modification dans votre manière de voir; vous discutez l'expédition dans laquelle vous êtes entrés de votre plein gré; vous émettez des opinions, bonnes peut-être à votre point de vue particulier, mais qui me semblent à moi erronées et qui, si elles se propageaient parmi vos compagnons, pourraient devenir dangereuses, mettre en péril notre sûreté commune, et renverser complètement les projets que j'ai formés. Je n'ai pas, croyez-le bien, dépensé, ainsi que je l'ai fait, des sommes considérables, et passé près de deux ans à organiser une expédition, pour la voir misérablement échouer par la faute de quelques cerveaux brûlés, pour ne pas dire plus.

— Je calcule, répondit Joé Smith, au nom de ses camarades, que vous supposez, général, que nous n'agissons pas comme nous devrions le faire.

— Je ne suppose rien, répondit le général, je suis sûr de ce que j'avance.

— Alors, mes compagnons et moi, nous attendons de votre loyauté, général, que vous nous expliquiez...

— Rien ! interrompit-il nettement : je ne veux pas d'explications oiseuses; vous savez, aussi bien que moi, ce dont il s'agit; je n'admets pas de discussions avec vous. Lorsque je vous ai pris à mon service, à Arkapolis, je me suis réservé, par une clause particulière, le droit de vous congédier quand bon me semblerait.

— En nous payant une indemnité ?

— De cinquante dollars par homme, je le sais. Eh bien, votre service, pour une raison ou pour une autre que je n'ai pas besoin de vous faire connaître, ne me convient plus; je vous paye votre indemnité et je vous congédie. Qu'avez-vous à réclamer ?

— Rien, au point de vue de l'argent, général ; tout, au point de vue de l'honneur.

— Quelle sottise me débitez-vous là ? dit-il en haussant les épaules.

— Ce n'est pas une sottise, mais une vérité, général. Quelle opinion aura-t-on de nous, lorsqu'on saura que vous nous avez congédiés ainsi, en cours d'expédition, sans motifs ?

— Sans motifs, vous êtes sûrs ? reprit-il avec ironie.

— On n'agit pas ainsi ! s'écria Joé Smith en s'animant; nous voulons...

Les buissons s'écartèrent et un cavalier de haute mine sortit de la forêt.

— Vous voulez? dit le général, en scandant ces deux mots et en les accentuant d'une façon tellement menaçante que le chasseur se troubla et s'arrêta tout net.

M. de Bodégast marcha résolument sur lui, et, le regardant fixement :

— Écoutez, maître Joé Smith, lui dit-il d'une voix ferme, vous êtes un mauvais drôle, je vous ai démasqué ; suivez le conseil que je vous donne, ne criez pas et retirez-vous paisiblement, ou, vive Dieu ! je vous fais à l'instant fusiller comme un chien galeux que vous êtes.

— Ah ! s'écria le bandit avec un rugissement de rage, c'est ce que nous allons voir.

Et dégaînant le long couteau qu'il portait à sa ceinture, il se précipita à corps perdu sur le général, en criant à ses compagnons :

— A moi ! sus ! sus ! Tuons-les, ces chiens de Français !

Mais le général était sur ses gardes; il ne perdait pas de vue le bandit; par un mouvement rapide comme la pensée, il lui saisit le bras, le désarma et le renversa sur le sol.

Ses compagnons essayèrent vainement de le défendre. Saisis à l'improviste par les Bretons et les Canadiens qui s'étaient doucement approchés derrière eux, ils furent désarmés en un clin d'œil.

Le général repoussa dédaigneusement Joé Smith du pied.

— Relevez-vous, drôle lui dit-il avec mépris.

— Vous ferez bien de me faire fusiller, s'écria celui-ci, avec une rage furieuse, en bondissant sur ses pieds comme un tigre aux abois, car si je vous échappe, je me vengerai !

— Vous êtes un misérable, aussi lâche que scélérat, répondit le général en haussant les épaules ; je méprise vos menaces, faites ce que vous voudrez, je ne vous crains pas. Garrottez ces drôles, ajouta-t-il.

En moins de dix minutes les chasseurs furent garrottés de façon à ne pouvoir faire un mouvement, puis on les étendit sur le sol, de chaque côté de la tente.

Le général se rassit, rouvrit son livre et reprit sa lecture.

Cependant Joé Smith et ses compagnons, furieux de se voir ainsi réduits à l'impuissance, vomissaient les plus affreuses menaces.

Le général releva la tête.

— Bâillonnez ces bêtes venimeuses ! dit-il.

Cet ordre fut immédiatement exécuté.

Vers dix heures et demie, les chasseurs et les pêcheurs rentrèrent au camp, chargés de gibier et de poisson.

Une sentinelle fut placée auprès des prisonniers et on déjeuna.

Le déjeuner terminé, le général prit son frère de lait à part, causa avec lui en particulier, pendant quelques minutes, puis il s'approcha des dix Américains :

— Vous allez partir, leur dit-il; le général Kergras vous conduira hors du camp; cette lettre vous sera remise par lui; elle est adressée à mon banquier d'Arkapolis où je vous ai engagés; il vous soldera intégralement vos appointements, il vous comptera même l'indemnité de cinquante dollars que vous réclamez : je ne veux pas que des drôles de votre espèce puissent mettre une apparence de droit de leur côté; seulement, faites bien attention au contenu de cette lettre, que j'ai laissée exprès décachetée. Vous ne serez payés que tous ensemble; si un seul d'entre vous est absent, vous ne toucherez rien; vous avez dix jours, à compter d'aujourd'hui, pour vous rendre à Arkapolis; passé ce délai, vos appointements ne vous seront pas soldés. Vous m'avez entendu ? Souvenez-vous de mes paroles ; je dois aussi vous prévenir que j'ai expédié hier un courrier à Arkapolis, et que toutes mes mesures sont prises ; si, plus tard, il vous plaît de revenir, vous me trouverez prêt à vous infliger le châtiment que vous aurez mérité.

Puis il leur tourna le dos et rentra dans sa tente.

Cependant, Alain avait fait monter vingt-cinq hommes résolus et bien armés à cheval.

Deux mules avaient de plus été chargées de ballots.

— Enlevez les bâillons à ces hommes! dit le général Kergras.

On obéit.

— Vous engagez-vous à ne faire aucune résistance et à vous laisser conduire docilement là où je veux vous mener ? reprit-il ; à cette condition on vous détachera ; autrement, vous serez jetés, garrottés, sur vos chevaux.

— Il le faut bien, répondit Joé Smith, les dents serrées, nous devons nous soumettre, puisque vous êtes les plus forts, mais nous aurons notre tour.

— Il ne s'agit pas de cela, répliqua Alain dédaigneusement; promettez-vous ? oui ou non ?

— Oui, dirent-ils d'une voix sourde.

— Détachez-les!

On enleva leurs liens.

— A cheval!

— Mais des vivres, des armes, qu'allons-nous devenir, si vous nous abandonnez ainsi ?

— A cheval! reprit le général avec impatience.

Ils se résignèrent et obéirent.

Les chasseurs les enveloppèrent, et sur un signe d'Alain, la troupe s'ébranla et quitta le camp au galop.

La course fut longue et silencieuse; elle dura près de deux heures, sans se ralentir un seul instant.

Vainement, à plusieurs reprises, les Américains avaient essayé de nouer conversation avec leurs gardiens, ou de les interroger; tous leurs efforts avaient été infructueux ; ils n'avaient reçu aucune réponse.

Enfin Alain fit un signe.

La troupe s'arrêta.

On se trouvait dans une vaste plaine, presque à la lisière d'une immense forêt, sur le bord même du fleuve.

— Pied à terre! dit le général aux Américains.

Ceux-ci obéirent avec empressement.

— Voici la lettre, dit-il à Joé Smith en la lui donnant; maintenant, écoutez : dans ces quatre ballots se trouvent des vivres pour deux jours, de la poudre, des balles, ainsi que vos fusils, vos couteaux et tout ce qui vous appartient. Prenez garde de ne plus retomber sous ma main, cette fois il vous en cuirait. Coupe les cordes, Judikaël!

Le Breton obéit et les ballots roulèrent sur le sol.

— En route! cria le général.

La troupe repartit ventre à terre.

Les Américains se ruèrent sur les ballots, qu'ils éventrèrent en un instant, et s'emparèrent des armes.

Mais ils les laissèrent retomber avec rage.

Les canons et les batteries des fusils étaient démontés.

Il entendirent alors, avec une indicible fureur, un formidable cri de mépris poussé par leurs ennemis.

Les Français avaient tout prévu ; la vengeance leur échappait, pour cette fois du moins, les Américains étaient vaincus.

Leur premier soin fut de remonter leurs fusils ; mais ce travail fut long et difficile ; les chasseurs avaient, comme à plaisir, mêlé les vis, les canons et les batteries, si bien que les Américains employèrent plus de trois heures à tout débrouiller, et à remettre leurs armes en état.

Puis ils se partagèrent les vivres et les munitions.

Leurs vivres se composaient de biscuits ; ils en avaient pour deux jours, mais cela ne les inquiétait pas.

Après avoir attaché leurs chevaux, ils s'assirent à l'ombre, car la chaleur était étouffante, et ils tinrent conseil.

— Qu'allons-nous faire maintenant? demanda un des Américains, nommé Brown.

— By God ! ce n'est pas difficile à deviner, cela, nous rendre au plus vite à Arkapolis ; je ne me soucie point de perdre mon argent.

— Ni moi !

— Ni moi ! répétèrent plusieurs autres.

— Que le diable torde le cou à ce damné Joé pour nous avoir fourrés dans cette maudite position, dit un autre.

— Toi, Joshua, mon homme, répondit Joé Smith, d'un air menaçant, si tu veux te faire rompre les os, tu n'as qu'à continuer ainsi ; je ne suis pas d'humeur à me laisser insulter.

— Tu ne rompras les os à personne, dit un nommé Tyrrel, c'est toi qui as tort ; sans ta sottise, tout cela ne serait pas arrivé.

— C'est vrai ! murmurèrent les autres.

— Joé n'a pas eu tort, reprit Brown ; si nous l'avions écouté, nous aurions fait notre coup cette nuit ; tout serait fini à présent ; c'est vous autres qui avez eu peur : je le voulais, moi.

— Oui, tu es toujours brave lorsqu'il n'y a pas de danger, dit Tyrrel en ricanant.

— C'est possible, mais, dans tous les cas, ce n'est pas encore toi qui me feras reculer.

— Approche donc un peu ici !

— Allons ! la paix ! dit une espèce de colosse, nommé Jonathan, en s'interposant. Allez-vous vous battre comme des brutes, à présent ? Nous avons tous eu tort ; ce qui nous arrive est de notre faute.

— C'est vrai ! appuya Joé Smith ; nous avons tous été aussi bêtes les uns que les autres ; nous n'avons pas de reproches à nous adresser.

— Quelqu'un doit nous avoir trahis, dit Jonathan.

— By God! je sais qui, moi, s'écria Joshua, c'est ce chien de Canadien, ce sournois de Balle-Franche.

— Je le jurerais ; ce Bois-Brûlé maudit, qui n'est ni blanc, ni rouge, ni chair, ni poisson, rôdait toujours autour de nous.

— Il faut le tuer.

— Il faut le tuer est bientôt dit, s'écria Joé Smith avec ressentiment ; mais du fait à la parole, il y a un gouffre. Est-il donc si facile à atteindre ? D'ailleurs, ce n'est pas lui le plus coupable ; tous ces Français maudits doivent mourir.

— Bon! mais comment ? puisque toi-même tu reconnais la difficulté de cette affaire.

— Oui, elle est difficile, c'est vrai ; mais elle n'est pas impossible. J'ai juré de me venger, je me vengerai, quand je devrais y laisser ma peau : ce chien de Français m'a foulé sous ses pieds ; il m'a traité de misérable et de chien galeux : ces insultes veulent du sang !

— Oui, mais ce n'est pas à nous dix que nous viendrons à bout d'une centaine d'hommes.

— Si dix ne suffisent pas, nous nous mettrons cent, deux cents même, dit Jonathan : il ne manque pas de francs compagnons dans la prairie qui ne demanderont pas mieux que de se joindre à nous.

— D'autant plus que, si nous réussissons, leur part sera belle !

— Pourquoi ne réussirions-nous pas ?

— Je ne dis pas cela, mais il y aura du tirage : nous n'avons pas affaire à des gaillards timides.

— Nous ne le sommes guère non plus, il me semble, dit Joé Smith.

Ces mots furent accueillis par un rire approbateur.

— Ces gens-là regorgent d'or et d'argent, dit Tyrrel.

— Tant mieux pour nous ! fit Joé Smith.

— Tout cela est bel est bon, reprit Brown, vengeons-nous, je ne demande pas mieux ; emparons-nous de leurs richesses, cela me sourit beaucoup ; mais ce n'est pas en ce moment, et réduits à nos propres forces, que nous pouvons tenter une aussi difficile entreprise.

— C'est juste ! dirent les autres.

— Alors, j'en reviens à ma première proposition : Que faisons-nous ? Il est, avant tout, important de bien nous entendre, et de prendre une résolution, n'importe laquelle.

— Tu parles comme un livre, dit Jonathan ; donc, j'appuie ta motion.

— Notre conduite est toute tracée, reprit Joé Smith, nous ne pouvons nous en écarter d'une ligne, sous peine de perdre tout le fruit de notre travail.

— C'est-à-dire ? demanda Jonathan.

— C'est-à-dire qu'il faut nous rendre le plus vite possible à Arkapolis, nous présenter tous ensemble à Groslow, Wilson and Cº et toucher notre argent.

— D'autant plus que la somme est ronde et mérite qu'on ne la laisse pas perdre ; elle monte à près de mille dollars, dit Tyrrel.

— J'ai la lettre, montons à cheval et partons !

— Un instant ! dit Jonathan.

— Quoi encore ? demanda Joé Smith.

— Une toute petite observation seulement.
— Laquelle?
— Celle-ci : le général nous a dit lui-même qu'il avait, hier soir, expédié un courrier; en effet, je me rappelle maintenant qu'un Canadien a quitté le camp vers neuf heures du soir et qu'il n'est pas rentré.
— Eh bien? après?
— Comment, après? Ah çà! est-ce que tu ne me comprends pas? Ou bien le fais-tu exprès?
— Je ne te comprends pas, sérieusement.
— Alors, je m'explique : Un courrier a été expédié, hier, à neuf heures du soir; ce courrier est porteur d'une lettre; savons-nous ce qu'elle contient, cette lettre? Qui nous dit qu'elle ne renferme pas l'ordre de nous arrêter aussitôt que nous nous présenterons bêtement à Arkapolis, et que nous voudrons toucher ce qui nous est dû; ceci mérite qu'on y réfléchisse mûrement, il me semble.
— By God! la chose en vaut la peine, fit Brown.
— Hum! Le général a le bras long, il se pourrait fort bien qu'il en fût ainsi, ajouta Tyrrel.
— Et qu'on nous mit la main au collet, ajouta Joshua.
— Nous serions pendus sans rémission, ajouta Andrew.
— Ce qui ne serait pas gai et n'avancerait nullement nos affaires, conclut un autre.
— Vous êtes des niais et des peureux, reprit Joé Smith; de plus, vous ne connaissez pas le général de Bodégast; il n'est pas homme à commettre une trahison semblable et à confier à d'autres ce qu'il peut faire lui-même. Qui l'empêchait de nous fusiller comme il nous en a menacé, s'il l'avait voulu?
— Personne en effet, dit Andrew.
— Il faut rendre justice même à ses ennemis, dit Joé Smith. C'est en étudiant leur caractère et en ne se trompant pas sur leur compte, que l'on parvient plus facilement à les atteindre; la haine ne doit pas nous rendre aveugles. Le général de Bodégast nous a insultés; il nous a traités de la façon la plus odieuse tout cela est vrai; mais n'était-il pas en droit de faire plus encore, si cela lui eût convenu? Surtout ayant la force en mains et sachant que nous méditions de le trahir.

« Nous devons êtres francs entre nous. Il a dédaigné de le faire, il nous a fait conduire ici, nous a rendu nos bagages, nos armes, nos chevaux; il nous a, de plus, donné des munitions et des vivres; s'il n'avait pas voulu nous tuer ou nous faire tuer dans son camp, il lui était facile de nous abandonner, garrottés, dans la prairie, où nous serions crevés comme des chiens enragés, sans qu'il nous arrivât du secours. Je le répète, le général de Bodégast est mon ennemi, je l'éventrerai, si je le puis, ou lui me tuera, mais c'est un honnête homme, un loyal soldat, et il est incapable d'une trahison ou seulement d'une lâcheté.

— Je l'admets, après tout, c'est possible; mais explique-nous alors ce que signifient ce courrier et cette lettre dont il est porteur, reprit Jonathan avec insistance.

— C'est bien simple pourtant, dit Joé Smith en haussant les épaules, et je m'étonne que toi qui passes pour être intelligent tu ne l'aies pas deviné. Le général prévient son banquier qu'il nous a congédiés parce qu'il n'est pas complètement satisfait de notre service: il l'avertit de l'obligation qu'il nous a imposée de nous présenter ensemble chez lui, dans un délai de dix jours; précaution qu'il a cru devoir prendre pour nous faire perdre sa piste et se débarrasser de nous, pendant un temps plus ou moins long, au cas où nous aurions l'intention de lui jouer quelque mauvais tour. Voilà tout.

— En effet, ce doit être cela; tu as raison, Joé, dit Jonathan d'un air pensif; le général n'est pas un redresseur de torts ; il ne veut pas se poser comme tel dans un pays qui n'est pas le sien; de plus, il est convaincu, sans doute, que dès que nous aurons touché l'argent qui nous est dû, nous tirerons chacun de notre côté, et que nos projets, si nous en avons formé, s'en iront en fumée.

— C'est cela même : cette fois, tu as touché juste, mon vieux Jonathan, dit Joé Smith en riant, mais il se trompe.

— Peut-être! murmura Brown à demi-voix; je ne lui en veux pas autrement, moi; s'il me paye, ma foi, je le tiendrai quitte du reste.

— Que marmottes-tu là tout seul? lui demanda Joé Smith, en lui lançant un regard de travers.

— Moi! rien du tout, je réfléchis; je reviens à ma première question : que faisons-nous enfin?

— Nous partons.

— Pour Arkapolis?

— Oui.

— A la bonne heure! Quand cela?

— Tout de suite.

— Alors, en route!

Et il se leva; ses camarades l'imitèrent.

— Un instant! cria une voix rude, d'un ton de commandement.

Les chasseurs saisirent leurs armes et regardèrent avec surprise du côté où ces deux mots s'étaient fait entendre.

Au même instant les buissons s'écartèrent, et un cavalier de haute mine, aux traits caractérisés et au regard d'aigle, vêtu d'un riche costume de campesino mexicain, sortit du bois, ou plutôt de la forêt : derrière lui il en parut un second, puis un troisième, puis un autre encore; en tout cinq.

Ces hommes avaient l'air résolu, étaient armés jusqu'aux dents et montaient de puissants mustangs, presque indomptés, qu'ils maniaient avec une adresse et une force remarquables.

Ils s'approchèrent des chasseurs qui demeuraient toujours sur la défensive, et les saluèrent avec courtoisie.

— Qui êtes-vous? amis ou ennemis? et que nous voulez-vous? demanda Joé Smith derrière lequel ses compagnons s'étaient rangés, le doigt sur la détente, et prêts à faire feu au premier signal.

— Veuillez d'abord, caballeros, répondit celui qui semblait être le chef des inconnus, remarquer que nos intentions sont des plus pacifiques, tandis que vous êtes au contraire dans une position des plus menaçantes ; soyez donc assez bons pour relever vos armes, dirigées contre nous; puis je me ferai un véritable plaisir de répondre aux questions qu'il vous plaira de m'adresser.

— Qui m'asure que vous n'avez pas de mauvaises intentions ?

— Eh! señor, reprit en riant le Mexicain, rien ne nous aurait été plus facile que de vous tuer en détail, si cela nous avait convenu; nous étions ici, couchés à quelques pas dans le fourré, bien avant votre arrivée.

— La crosse en terre! ordonna Joé Smith, aux chasseurs.

Ceux-ci obéirent.

— Maintenant, señor, qui êtes-vous, et que nous voulez-vous ? reprit l'Américain.

— Maître Joé Smith, vous voyez que j'ai retenu votre nom, dit le Mexicain, d'un ton de bonne humeur, je désire avoir une conversation assez longue avec vous; cette conversation peut devenir très intéressante pour vous et pour vos compagnons; ne croyez-vous pas que nous serions beaucoup mieux pour causer, assis près les uns des autres, sur ce moelleux gazon, au lieu de rester ainsi plantés, nous, à cheval comme des statues équestres, et vous, le corps penché en avant comme des duellistes en contre-garde ?

— Allons, dit gaiement Joé Smith, mettez pied à terre, señor, et agissez à votre guise, vous êtes nos hôtes; je crois que je me suis trompé sur votre compte.

— Je le crois aussi, répondit le Mexicain, avec un sourire railleur.

Il mit aussitôt pied à terre, ainsi que ses compagnons, et les chevaux furent attachés auprès de ceux des chasseurs.

Puis, Mexicains et Américains s'assirent en rond sur l'herbe.

— Señores, reprit le Mexicain, je me nomme don Pedro Torribio de Las Campanas; je suis un des plus puissants haciendéros de l'État de Chihuahua, de plus je suis riche comme une mine d'or; les personnes qui m'accompagnent sont, à part le señor don Pablo de Gorillas, que je vous présente, — ajouta-t-il en désignant un grand gaillard sec comme un clou et à mine patibulaire, — et qui est mon ami, sont, dis-je, quatre chasseurs mexicains que j'ai engagés pour faire une expédition dont j'aurai l'honneur de vous dire quelques mots tout à l'heure.

— Nous sommes heureux, señor don Pedro Torribio de Las Campanas, du hasard qui nous procure l'honneur de votre connaissance, répondit poliment Joé Smith, quoique nous ne voyions pas l'avantage que nous pouvons en retirer.

— Patience! répondit don Pedro Torribio avec son sourire narquois, tout en tordant une fine cigarette de paille de maïs qu'il alluma; patience, j'y arriverai bientôt, soyez tranquilles. Je ne vous demande pas qui vous êtes ; votre intéressante conversation, que j'ai eu l'avantage d'entendre d'un bout à l'autre, m'a parfaitement édifié à cet égard; vous avez souvent répété, pendant votre entretien, si je ne me trompe, le nom du général de Bodégast, dont, à ce qu'il paraît, vous avez passablement à vous plaindre.

— En effet, señor, est-ce que vous connaissez le général ?

— Je serai franc avec vous, maître Joé Smith; non seulement je connais

Les chasseurs, groupés autour des feux, s'entretenaient gaiement des événements de la journée.

le général, mais encore nous sommes ennemis mortels; je ne suis ici que dans l'intention de tirer de lui une vengeance éclatante; vous voyez que je vais droit au but.

— Très droit, en effet, señor don Pedro, mais permettez-moi de vous dire que vous vous êtes imposé là une rude tâche, et qu'il est probable que vous ne réussirez pas.

— Bah! pourquoi donc cela? reprit-il négligemment.

— Parce qu'il commande une troupe nombreuse d'hommes résolus, aguerris et surtout dévoués; que de plus c'est un homme qui entend la vie du désert comme s'il n'avait fait que cela, et que son existence tout entière se fût écoulée dans les prairies.

— Eh bien, nous aurons une troupe du double de la sienne, s'il le faut, tout aussi dévouée et aguerrie que celle qu'il commande.

— Ce ne sera pas facile, señor.

— Peut-être, mais c'est possible; avec de l'argent, et j'en ai à foison, on fait bien des choses.

— C'est vrai.

— Mais vous-mêmes, señores, ne désirez-vous point vous venger des mauvais traitements qu'il vous a infligés et des épithètes malsonnantes qu'il vous a presque crachées à la figure?

— Oui, certes! s'cria Joé Smith avec ressentiment, je l'ai juré.

— Oui, mais plus tard, ajouta Jonathan.

— Comment plus tard? demanda le Mexicain.

— Oui, certaines affaires à terminer...

— Ah! je comprends; une misérable somme à toucher à Arkapolis.

— Comme vous y allez, vous señor, dit Jonathan avec surprise; une misérable somme, mille dollars!

— En effet, je comprends que ce soit beaucoup pour vous·

— La vengeance se mange froide, répondit Joé Smith.

Le Mexicain alluma une seconde cigarette.

— Señores, dit-il, j'ai une proposition à vous faire, moi.

— Voyons la proposition, fit Joé Smith.

— Vous ne quittez pas la Prairie pour un autre motif que celui que vous avez dit?

— Pour toucher de l'argent qui nous est dû, oui.

— Et la somme se monte à combien?

— Neuf cent cinquante dollars environ.

— Et, après avoir touché cette somme...

— Nous reviendrons.

— Bien véritablement?

— Oui.

— Ainsi, vous êtes résolus à essayer de vous venger du général?

— Résolus.

— Il nous a insultés, il mourra, ajouta Joshua.

— Ou nous mourrons, grommela Brown entre ses dents; au diable le guêpier dans lequel je me suis fourré! ajouta-t-il, à part lui, selon son habitude.

— Eh bien! si vous le voulez, señores, ajouta nonchalamment le Mexicain, je puis, moi, vous éviter un voyage assez long, et qui semble ne vous plaire que médiocrement.

— Il ne nous plaît pas du tout, répondit Joé Smith; mais je ne vois guère comment vous pourrez nous empêcher de le faire.

— En vous payant, caraï !
— Hein ?
— J'ai dit : en vous payant.
— J'avais entendu ; mais cela me semblait si extraordinaire !
— Pourquoi donc cela ?
— Dame ! neuf cent cinquante dollars, c'est une somme !
— Aussi n'est-ce pas neuf cent cinquante dollars que je vous donnerai.
— Que ferez-vous alors ?
— Vous allez voir.
— Prétendriez-vous vous moquer de nous, señor ? Ce serait un jeu dangereux, je vous en avertis.
— Je n'en ai nullement l'intention, señores ; vous êtes dix, n'est-ce pas ?
— Oui.
— Hólas ! murmura Brown.
— Je vous ai dit que je suis riche comme une mine d'or.
— En effet.
— Je vous prends tous les dix à mon service pour trois mois, à raison de cinq cents dollars par mois.
— Cinq cents dollars par mois ! s'écrièrent les Américains, avec une surprise joyeuse.
— C'est très beau, cinq cents dollars par mois, c'est trop beau, même ! dit Jonathan avec une certaine froideur.
— Cela fait quinze cents dollars chacun, pour trois mois.
— Juste ! mais comment payez-vous ?
— Tout de suite, d'avance.
— Hum ! vous nous donnerez à chacun quinze cents dollars ?
— Je vous en donnerai deux mille.
— Ah ! ah ! fit Jonathan avec incrédulité, où sont-ils donc, ces deux mille dollars ?
— Vous êtes d'honnêtes chasseurs, je me fie à votre parole ; les voici.

Il ouvrit alors sa chemise de fine batiste et prit un sac en cuir parfumé qui pendait sur sa poitrine.

— Vous connaissez-vous en diamants ? demanda-t-il.
— Je m'y connais, moi, s'écria Andrew.
— Et moi aussi, ajouta Joé Smith.
— Je m'y connais aussi, dit Brown, et il ajouta à part : Je suis perdu ; cet homme est un démon tentateur.

Le Mexicain ouvrit alors le sac et fit tomber une certaine quantité de diamants dans sa main droite.

— Voyez et estimez ! dit-il.

Le sac paraissait plein au moins aux deux tiers.

Les chasseurs se passèrent les diamants qu'ils examinèrent avec une sérieuse attention ; puis, au bout d'un instant, ils les rendirent à leur propriétaire sans qu'il en manquât un seul.

Singulière anomalie ! contraste étrange ! ces hommes, qui n'auraient pas hésité à attaquer une caravane, à massacrer ses défenseurs et à la piller, n'auraient, sous aucun prétexte, commis un vol vulgaire. C'étaient des brigands audacieux et féroces, mais non des filous.

— Eh bien? demanda le Mexicain.

— Ils sont bons, señor, répondit Joé Smith.

— Acceptez-vous ma proposition?

Les chasseurs se consultèrent un instant.

— Nous acceptons, répondit enfin Joé Smith au nom de tous ; pendant trois mois, à compter de ce jour et de cette heure, nous sommes à votre service.

— C'est convenu ; si je suis satisfait, ne craignez rien, vous serez généreusement récompensés ; maintenant, voici ce que je vous dois.

— Hélas! murmura Brown, en serrant précieusement son diamant, quel malheur que nous ayons rencontré ce démon sur notre route !

Et il soupira, tout en souriant d'un air moitié gai, moitié triste, comme un singe qui mord dans une noix verte.

VI

DE QUELLE FAÇON L'ÉCLAIR ET L'AIGLE-ROUGE SE PRÉSENTÈRENT A LEURS AMIS, EN COMPAGNIE DE MILORD

Lucien de Bodégast, dans la vie militaire, était un homme froid, calme, circonspect, que nul événement imprévu ou non, si grave qu'il fût, ne parvenait jamais à émouvoir ; cette fois, poussé à bout par la duplicité des misérables auxquels il avait affaire, s'il s'était oublié presque jusqu'à discuter avec eux, il s'en voulait de s'être laissé emporter par la colère ; ce fut avec un certain mécontentement contre lui-même, qu'après avoir donné l'ordre d'expulser les Américains rebelles, il rentra dans sa tente.

Les circonstances dans lesquelles il se trouvait étaient graves, sa situation fort difficile ; isolé ainsi au milieu d'une contrée barbare, à la tête d'une poignée d'hommes sur lesquels, à la vérité, il croyait, jusqu'à un certain point, pouvoir se fier ; mais n'ayant à compter sur aucun secours étranger, et réduit à ses propres forces pour faire face aux péripéties plus ou moins sérieuses que les événements, même les plus futiles, pouvaient d'un moment à l'autre faire surgir.

Maintenant qu'il avait atteint le terrain sur lequel il devait opérer, il ne se dissimulait en aucune façon, les difficultés de la tâche que, par point d'honneur, il s'était imposée, peut-être à la légère.

Les gens qu'il cherchait, après plus de vingt ans écoulés, et que, par conséquent, il était impossible de reconnaître, pouvaient fort bien passer à ses côtés, entrer même en relations avec lui, sans que, pour cela, il pût s'assurer de leur identité.

Peut-être le comte de Tancarville était mort ; en somme, rien ne prouvait qu'il se fût retiré dans les grands déserts américains pour y terminer sa vie comme dans une thébaïde.

Le fils du comte, âgé de plus de vingt ans à présent; la nourrice dont le général de Bodégast ne savait même pas positivement le nom, qu'étaient-ils devenus? Parcouraient-ils les savanes, en supposant qu'ils existassent encore? Cela n'était pas probable, bien que ce fût possible.

Fanny Dayton, l'infortunée comtesse de Tancarville, disparue si brusquement depuis six ans, pouvait-on raisonnablement supposer que, sans but précis ni motifs plausibles, elle eût quitté la France et fût passée en Amérique ; et cela, sans même avertir l'homme qui s'était si généreusement dévoué à lui rendre le bonheur?

Mystère partout; mystère qui s'épaississait de plus en plus autour du chef de cette chevaleresque expédition, au fur et à mesure qu'elle prenait de plus grands développements.

Le général sentait sa volonté faiblir, le découragement entrer dans son cœur.

Il ne conservait qu'un seul et bien fugitif espoir, celui de retrouver son frère.

Mais, nous le répétons, cet espoir était bien faible.

Le seul homme que le général ne cherchait pas, qu'il n'avait même jamais songé à chercher, le marquis de Chenesvailles, le hasard l'avait, comme par une de ces railleries cruelles auxquelles il se plaît, jeté à l'improviste sur son passage; et, malgré ce qui s'était passé entre eux, ou, peut-être, à cause de cela même, il avait la conviction intime qu'une autre fois encore ils se retrouveraient en présence.

En ce moment où il se sentait triste et mécontent, tout lui revenait à l'esprit et lui apparaissait sous de sombres couleurs.

La marquise elle-même, son Andrée bien-aimée, qu'il adorait comme aux premiers jours de son union, depuis quelque temps déjà n'était plus la même ; ses belles et fraîches couleurs s'étaient effacées pour faire place à une pâleur mate ; elle était triste, nerveuse, maladive, et semblait s'affaisser sur elle-même, comme une belle fleur à laquelle manquent l'air et le soleil, et qui se penche, à demi flétrie, sur sa tige.

Andrée souffrait sans se plaindre ; elle pleurait en secret, ainsi que le laissaient voir ses yeux rougis et entourés d'un cercle de bistre, mais son mari n'osait l'interroger, craignant d'empirer son état; devant elle, il feignait de ne s'apercevoir de rien.

Cependant cette situation ne pouvait durer ainsi; bientôt elle ne serait plus tenable pour personne, il fallait en finir; mais comment?

Voilà la question que le général s'adressait en marchant avec agitation dans sa tente, et à laquelle il ne pouvait ou peut-être il n'osait pas se répondre.

Enfin, M. de Bodégast sembla prendre une résolution ; traversant plusieurs compartiments de la tente, il parvint à celui qui servait d'habitation à la marquise.

Là, il s'arrêta un instant, et, machinalement, il prêta l'oreille.

La marquise causait avec son fils.

L'enfant, avec la vivacité et l'étourderie de son âge, racontait à sa mère, d'une façon plus ou moins confuse, la scène qui s'était passée le matin même et dont le général n'avait rien voulu dire à sa femme, pour ne pas l'inquiéter inutilement; comment les chasseurs américains avaient voulu pousser leurs camarades à la révolte; comment son père, qui s'était aperçu de leurs mauvaises intentions, les avait mandés en sa présence; comment Joé Smith avait tenté de poignarder son père, et tout le reste avec les enjolivements que comporte un tel sujet dans la bouche d'un enfant.

Le général pensa qu'il était bon d'intervenir; il fit du bruit pour annoncer sa présence et entra.

La marquise était pâle, agitée; son visage était inondé de larmes; en apercevant son mari, elle se leva vivement, courut à sa rencontre et se jeta à demi évanouie dans ses bras.

Le général pressa tendrement sa femme sur sa poitrine, lui mit un baiser au front et la porta, plutôt qu'il ne la conduisit, à un sopha sur lequel il la posa presque étendue; puis, se tournant vers son fils :

— Sortez, Alain, lui dit-il sévèrement, vous êtes un méchant enfant, qui prenez plaisir à faire de la peine à votre mère; sortez, monsieur.

Le pauvre enfant ne comprit rien à cette sévère semonce, les larmes lui vinrent aux yeux, et il sortit tout honteux et tout penaud.

— Pourquoi gronder ainsi Alain, mon ami? dit tendrement la marquise; ce qu'il me racontait est donc vrai?

— A peu près, ma chère Andrée; mais si je l'ai grondé, c'est à cause de sa désobéissance; je lui avais recommandé de ne rien vous dire.

— Oh! mon Dieu! mon ami, vous avez donc couru réellement un grand danger? reprit-elle avec un mouvement d'effroi.

— Non, ma chérie, rassurez-vous, reprit-il en lui baisant les mains; j'ai eu une discussion avec certains mauvais drôles; un d'eux, à la vérité, égaré par la colère, a dégainé son couteau contre moi, mais il a été désarmé aussitôt, voilà tout.

— Et ces hommes voulaient faire révolter leurs camarades?

— Je n'ai pas de certitude à cet égard, ma chère, mais tout me porte à le supposer.

— Mon Dieu! qu'allons-nous devenir, Lucien, au milieu de tels misérables?

— Rassurez-vous, chère enfant, le danger est passé maintenant.

— Comment cela? dites-moi tout, mon cher Lucien, je vous en prie; je veux tout savoir.

— Vous saurez tout, ma mignonne; mais, je vous en supplie à mon tour, ne vous effrayez pas ainsi.

— Je ne m'effraye pas, Lucien, je vous jure; seulement j'ai... j'ai...

— Vous avez peur, n'est-ce pas? dit-il en souriant.

— Eh bien, oui, mon ami, dit-elle en cachant sa tête sur la poitrine de son mari, j'ai peur, je ne sais pourquoi; pardonnez-moi, mais c'est plus fort que ma volonté; je tremble pour vous, pour mon fils, pour moi, que sais-je? je vous l'avoue.

— Comment, Andrée, vous, fille et femme de soldats, vous qui avez constamment accompagné votre père et votre mari pendant leurs plus rudes campagnes, vous avez peur, vous l'avouez... Oh! que veut donc dire cela?

— Je ne sais pas à quoi attribuer ce changement qui s'est fait en moi, mon ami; mais cela est exact. Peut-être est-ce nerveux? je l'ignore; mais je tremble sans cesse.

— Vous êtes une enfant, Andrée; vous mériteriez, vous aussi, d'être grondée.

— Grondez-moi bien fort, mon bon et cher Lucien; mais promettez-moi de ne plus vous exposer ainsi à des dangers terribles.

— Terribles?

— Hélas! oui, mon ami; nous ne sommes pas ici dans un pays comme les autres, vous le savez mieux que moi; ce n'est pas la mort seule qui nous menace, mais d'horribles tortures, des outrages mille fois plus affreux que la mort elle-même. Les hommes que nous avons en face de nous ici sont des sauvages féroces ou des bandits sans foi ni loi, plus cruels encore que ces sauvages. Voilà pourquoi j'ai peur, pourquoi je tremble sans cesse.

Le général laissa tomber sa tête sur sa poitrine avec accablement.

— Je suis bien coupable, Andrée, dit-il avec tristesse; pardonnez-moi.

— Vous coupable, Lucien! Oh! mon ami, pourquoi me dire de telles choses?

— Oui, Andrée, je suis coupable, car malgré mon amour puissant, malgré le chagrin que j'eusse éprouvé à me séparer de vous pendant quelque temps, je n'aurais pas dû être assez faible pour céder à vos prières et à vos larmes, et consentir à vous exposer à ces angoisses continuelles qui ruinent votre santé et qui vous tueront, si je n'y apporte pas un prompt remède.

— Que voulez-vous dire, mon ami?

— Je veux dire, chère Andrée, que demain nous nous remettrons en route, pour retourner aux établissements.

— Vous ne ferez pas cela, Lucien! s'écria-t-elle vivement.

— Et pourquoi ne le ferais-je pas, mon amie?

— Parce que ce serait mal, parce que vous manqueriez à un serment solennel, librement juré, parce qu'enfin, mon ami, votre honneur est engagé.

— Oui, mais mon bonheur est détruit sans retour, si je persiste.

— Attendez au moins quelques jours.

— Pas une heure, pas une minute, ma chérie; je ne veux pas mettre plus longtemps en péril votre vie, qui est mon bien le plus précieux.

— Ah! que vous êtes bon, et que je vous aime, Lucien!

— Et moi, Andrée! s'il vous était donné de lire dans mon cœur, vous verriez tout ce qu'il renferme d'affection pour vous.

— Je sais, Lucien, je sais combien votre amour pour moi est immense; faites-moi une promesse, mon ami?

— Parlez, Andrée, et, quelle que soit la chose que vous me demandiez...

— Bien vrai? dit-elle d'une voix câline.

— Je vous le jure, ma chérie.

— Eh bien! promettez-moi de ne pas quitter la savane avant d'avoir retrouvé votre frère, ce cher Trancède qui nous aime tant, et pour lequel nous avons une si profonde affection.

— Andrée, que me demandez-vous?

— Vous avez juré, monsieur.

— Soit! il sera fait ainsi que vous le désirez.

— Merci, mon ami, et tenez, maintenant je n'ai plus peur; me voilà tranquille; êtes-vous content?

— Pouvez-vous en douter?

— A présent, dites-moi, mon ami, ce que vous avez fait à ces hommes?

— Quels hommes, ma chère enfant?

— N'essayez pas de me donner le change, monsieur, ou je me fâche; je vous en avertis.

— Mais je ne sais réellement...

— Oui, faites l'ignorant, je vous parle de ces révoltés de ce matin.

— Ah! très bien, ma chère Andrée, vous n'aurez plus rien à craindre d'eux.

— Comment cela, mon ami?

— Ne voulant pas sévir contre eux, parce que j'aurais été contraint de leur infliger un châtiment terrible qui eût servi d'exemple aux autres, j'ai préféré me débarrasser d'eux.

— Je ne vous comprends pas, Lucien.

— Je les ai expulsés du camp; mon frère Alain s'est chargé de les conduire à quelques lieues d'ici, où il les abandonnera avec des vivres et des armes; je ne veux pas les exposer à mourir de faim, ou à être dévorés par les bêtes sauvages.

— Toujours bon, mon ami; ce que vous avez fait est bien; c'est d'un homme de cœur.

— Peut-être! mais j'augmente ainsi le nombre des ennemis qui rôdent autour de nous.

— Que nous importe, mon ami! Si l'on nous attaque, eh bien, nous nous défendrons, nous sommes en état de le faire, il me semble.

— A la bonne heure, Andrée, voilà qui est parler; je vous reconnais enfin, ma chérie; oubliez vos folles terreurs et tout ira bien, je vous le promets.

— J'essayerai, mon ami; vous voyez que déjà il y a du progrès.

— Beaucoup, dit-il en riant, vous êtes une véritable amazone.

En ce moment, un bruit assez fort se fit entendre dans le camp.

— Qu'est cela? demanda la marquise.

— Je l'ignore, mon amie, mais je cours m'informer.

— Non, c'est inutile, j'entends marcher, quelqu'un s'approche, et, tenez! je reconnais le pas de votre frère.

— Déjà de retour? dit le général.

— Oui, mon ami, répondit Alain en soulevant le rideau et montrant son visage souriant.

— Entrez, entrez, mon frère, dit gaiement la marquise; faites-nous votre rapport, n'est-ce pas, Lucien?

— Pardieu! parle, Alain, puisque ma femme le désire.

Le général Kergras entra, puis, après avoir salué la marquise :

Le chien sauta aux naseaux du cheval de l'un des chefs du parti adverse.

— Puisque ma sœur le désire et que tu me l'ordonnes, frère, j'obéis, dit-il ; j'ai rondement conduit ces drôles à huit lieues d'ici ; pas un mot n'a été échangé pendant la route qui s'est faite au galop ; je les ai abandonnés sur la lisière d'une forêt, et je suis parti avec mes hommes ; lorsqu'ils nous ont vus nous éloigner, ils se sont précipités sur leurs armes, sans doute dans la charitable intention de nous saluer d'un feu de peloton.

— Eh bien ? dit vivement le général.

— Eh bien, mon ami, comme je me méfiais de ces drôles, et que je me doutais du tour qu'ils voulaient nous jouer, j'avais eu la précaution, quelques instants avant le départ du camp, de faire démonter les canons et les batteries des fusils, de sorte que, lorsqu'ils ont voulu s'en servir, ils sont restés tout penauds, je te le jure.

— C'est charmant ! s'écria la marquise.

— N'est-ce pas ? reprit Alain en souriant, d'autant plus qu'ils auront eu passablement de mal à remonter leurs armes, tant j'avais eu soin de faire brouiller toutes les pièces.

— C'est de bonne guerre, mon ami ; tu as eu là une heureuse inspiration, dit le général ; sans cela, il est de toute évidence que ces misérables auraient fait feu sur vous.

— Oh ! quant à cela, tu peux l'affirmer sans crainte, frère ; ils en avaient parfaitement l'intention ; mais heureusement j'y avais mis ordre. A propos, Balle-Franche m'a arrêté à l'entrée de la tente : le brave garçon désire te parler ; il m'a semblé assez préoccupé.

— Je vais le trouver.

— Oui, allez, messieurs, dit la marquise, mais revenez-moi vite, si vous tenez à m'être agréables.

— Je le crois bien que j'y tiens, pour ma part, ma bonne sœur, dit Alain en lui baisant la main, tandis que le général mettait, lui, un baiser sur le front de sa femme.

— Je vais vous envoyer votre fils, Andrée, dit le général en sortant, morigénez-le un peu.

— Du tout, monsieur, je l'embrasserai.

— C'est ce que je voulais dire, fit-il en souriant.

Les deux hommes sortirent et furent, un instant après, remplacés par l'enfant qui vint, tout pleurant, se jeter dans les bras de sa mère, en lui demandant pardon de lui avoir fait du chagrin.

Mais, maintenant que son mari l'avait quittée, la marquise était retombée dans une tristesse plus grande encore peut-être que celle qu'elle éprouvait auparavant ; tristesse causée par la contrainte qu'elle avait été obligée de s'imposer, afin de donner le change à la personne qu'elle aimait le plus au monde.

Aussi, malgré toutes les agaceries câlines et mignardes de son fils, ne fût-ce que d'un air distrait et presque ennuyé qu'elle répondit à ses caresses ; nuance qui n'échappa point à l'enfant, car on voit et on observe tout, sans paraître y prendre garde, à cet âge.

Il était environ sept heures du soir ; les chasseurs groupée autour des feux soupaient en s'entretenant gaiement des événements de la journée.

Les chevaux broyaient leur provende à pleine bouche.

Le soleil, sans rayons et sans chaleur, allait disparaître.

Les sentinelles, appuyées sur leurs fusils, s'occupaient plus en ce moment de ce qui se passait auprès des feux, où fumait le souper dont certaines émanations appétissantes, repandue dans l'air, venaient délicieusements chatouiller leur odorat, que de surveiller la plaine.

Balle-Franche, seul, se promenait pensif le long des retranchements; s'arrêtant presque à chaque pas, pour jeter un regard inquiet sur les grandes masses de verdure que la brume du soir commençait déjà à escompter.

Le général et son frère de lait s'approchèrent du chasseur qui, en les apercevant, se tourna vers eux et demeura immobile.

— Eh bien! Balle-Franche, me voici, mon ami; vous désirez me parler, m'a-t-on dit, fit le général, du ton amical avec lequel il avait coutume de s'adresser au chasseur.

— Oui, mon général, répondit-il.

— Je vous écoute, mon ami; qu'avez-vous à me dire?

— Je vous avoue, mon général, que je ne suis pas tranquille.

— Que se passe-t-il donc?

— Je ne sais pas; mais certainement il y a quelque chose.

— Hum! je ne vous comprends pas bien, mon ami.

— C'est à peine si je comprends moi-même, mon général.

— Alors, ce doit être sérieux?

— Très sérieux, je le crains.

— Bon, allez!

— Voilà la chose en deux mots, mon général : à plusieurs reprises il m'a semblé voir des mouvements singuliers dans les herbes et les fourrés que vous pouvez apercevoir d'ici, général: là, tenez, un peu sur la droite, ajouta-t-il en étendant les bras dans la direction qu'il indiquait.

— Je les vois.

— Je ne remarque rien de particulier, dit Alain.

— Faites excuse, général, il n'y a pas d'effets sans causes dans la prairie.

— Ni ailleurs, mon ami; sans vous en douter, vous parlez comme un profond philosophe.

— Vous plaisantez, monsieur Alain, mais ce que j'en dis n'en est pas moins vrai, et j'ai raison : des fourrés et des taillis ne se remuent pas en sens contraire, surtout lorsqu'il n'y a pas de vent, sans une cause quelconque : or, cette cause, je sais à quoi l'attribuer; j'ai ne supposé un instant que quelques animaux s'étaient réfugiés là, puis j'ai reconnu mon erreur; le mouvement s'étendait sur un trop grand espace à la fois pour qu'il pût être attribué à des animaux : il doit être produit par des hommes.

— Des hommes! ceci serait grave! s'écria le général : serait-ce donc une embuscade?

— Voilà ce que j'ai pensé.

— Qui nous empêche, dit Alain, de démasquer une de nos pièces et de lancer une volée de mitraille au milieu de ces fourrés?

— Ce n'est pas bien sûr, reprit le chasseur en secouant la tête, et puis, ce serait imprudent d'agir ainsi, cruel même, avant de savoir si nous avons affaire à des ennemis ou à des amis.

— Ce doute que vous émettez me paraît assez singulier, dit le général.

— Vous avez probablement une raison sérieuse pour parler ainsi, ajouta Alain.

— Oui, et cette raison, la voici, messieurs : du côté opposé à celui que je vous indiquais tout à l'heure, j'ai cru apercevoir un mouvement insolite et assez prononcé, il y a un instant; ce qu'il y a de particulier, c'est que, dès que le mouvement a commencé au côté gauche, celui du côté droit a immédiatement cessé, et ne s'est plus renouvelé depuis.

— Que concluez-vous de cela? demandèrent à la fois les deux hommes dont la curiosité s'éveillait.

— Je ne saurais trop vous dire; cependant, je pense que la troupe de droite, en supposant que ce soient des hommes qui soient cachés là, s'est embusquée peut-être pour tenter quelque coup de main contre nous, mais que l'apparition de la troupe de gauche a dérangé ses combinaisons; que maintenant les deux partis s'étant devinés sans cependant se voir, s'observent et se méfient l'un de l'autre.

— Cette supposition pourait fort bien être juste, mon ami, dit Alain. Qu'en penses-tu, Lucien?

— Je suis de ton avis, seulement je me demande ce que nous devons faire et s'il serait prudent à nous de nous mêler au conflit qui, sans doute, ne tardera pas à éclater entre les deux parties.

— Peut-être vaudrait-il mieux garder la neutralité.

— Rien ne me serait plus facile, reprit Balle-Franche, si vous me le permettiez, mon général, que de me glisser hors du camp, sans être aperçu, et d'aller à la découverte.

— Pour cela, non, mon ami, s'écria vivement le général; sous aucun prétexte, je ne vous laisserai quitter le camp; je ne consentirai pas à vous voir donner ainsi tête baissée dans un piège.

— Cependant, mon général...

— Non, vous dis-je; n'insistez pas, Balle-Franche, c'est inutile! Votre vie nous est trop précieuse à tous pour que je vous permette de la risquer ainsi follement.

— Peut-être pourtant serait-il bon, mon général...

— De prendre des précautions, soit! j'y consens : faites prendre les armes à une vingtaine d'hommes, dites à Cœur-d'Acier de doubler les sentinelles; que la plaine soit attentivement surveillée; mais, sous aucun prétexte, je ne veux que personne quitte le camp, et vous, moins que tout autre; vous m'entendez, n'est-ce pas, Balle-Franche, vous surtout!

— Je vous obéirai, mon général, répondit-il d'un air dépité ; mais, la première fois, je sais bien ce que je ferai.

— Que ferez-vous, mauvaise tête?

— Je ne vous dirai rien, mon général, qu'après avoir fait ce que j'aurai jugé convenable de faire pour la sûreté de la caravane; de sorte que, si vous m'adressez ensuite des reproches, ce sera trop tard!

Les deux officiers ne purent s'empêcher de rire à cette singulière boutade du chasseur.

Pendant que les trois hommes, penchés sur les retranchements, discutaient ainsi entre eux, un grand mouvement se fit tout à coup dans les masses de verdure qui s'assombrissaient de plus en plus : un coup de fusil éclata, suivi instantanément d'une dizaine d'autres; des cris effroyables s'élevèrent du milieu des halliers, puis, sans transition, tout se tut; un silence profond régna de nouveau.

N'eût été la fumée qui planait en nuages bizarres au-dessus des taillis, cet étrange incident eût facilement pu passer une hallucination, un rêve.

Les chasseurs avaient sauté sur leurs armes et étaient accourus aux retranchements, supposant une attaque. Mais rien ne paraissait; tout continuait à être silencieux et calme dans la plaine.

— Qu'est-ce que cela signifie? s'écria le général avec inquiétude.

— Pardieu! dit Alain, je veux en avoir le cœur net; à moi, une vingtaine d'hommes de bonne volonté!

Une quarantaine de chasseurs se présentèrent aussitôt.

— Que voulez-vous faire? demanda Balle-Franche.

— Allez voir ce qui se passe là-bas.

— Voilà bien le courage des blancs! murmura le chasseur avec dépit; et, haussant la voix : Gardez-vous-en bien, dit-il; qui sait si ce n'est pas un piège pour nous attirer hors de nos retranchements? Nous ignorons combien d'ennemis sont embusqués derrière ces broussailles : notre position est bonne, conservons-la.

— Balle-Franche a raison, frère, dit le général; il ne s'agit pas ici de faire des prouesses, soyons prudents, au contraire.

— D'ailleurs, ajouta le chasseur, si je ne me trompe, avant dix minutes nous aurons le mot de l'énigme.

En effet, on apercevait distinctement des ombres qui se glissaient autour des arbres, ou rampaient cauteleusement dans les hautes herbes et les buissons.

— Par ma foi! dit gaiement le général, nous prenons une leçon de stratégie indienne.

— Leçon qui plus tard pourra vous être utile, fit en souriant le chasseur.

— Voilà comme nous faisions la guerre, là-bas, en Vendée, murmura Cœur-d'Acier. Hélas! c'était le bon temps, on allait à la chasse aux Blancs.

— Ici, mon vieux camarade, répondit amicalement le général, on va à la chasse aux rouges, voilà toute la différence.

— Oui, oui, seulement c'est moins agréable.

Des cris effroyables interrompirent soudain la conversation; les deux partis, après avoir fait une nouvelle décharge à distance, s'étaient rués l'un sur l'autre et en étaient venus bravement aux mains, à l'arme blanche.

Une lutte réellement épique s'était engagée entre eux; ils combattaient avec un acharnement et une rage inouïs.

Un des deux partis, beaucoup plus nombreux que l'autre, était presque entièrement composé de guerriers à pied; deux ou trois chefs seulement avaient des chevaux; l'autre parti, le plus faible numériquement, n'avait que huit ou dix fantassins, tandis qu'il comptait plus du double de cavaliers.

Deux de ces cavaliers surtout étaient admirables à voir; ils combattaient avec une vigueur et une adresse incroyables : un instant ils se trouvèrent enveloppés de toutes parts, alors ils firent des prodiges pour se dégager.

L'un d'eux, vêtu comme les chasseurs blancs de la Prairie, abattait littéralement un homme à chaque coup qu'il portait, bondissant comme un tigre au milieu des ennemis qui l'enveloppaient; guidant son cheval avec ses genoux, il le faisait cabrer, ruer et exécuter des courbettes avec une adresse et une dextérité extraordinaires.

Son compagnon, moins vigoureux, mais tout aussi alerte, luttait lui aussi avec un sang-froid et une adresse admirables; près d'eux, un chien d'une taille colossale se ruait avec des bonds de panthère au plus épais de la mêlée, et faisait à lui seul plus de besogne que quatre hommes résolus.

Les chasseurs étaient saisis d'admiration.

Tout à coup, le chien sauta aux naseaux du cheval de l'un des chefs du parti adverse qui, aidé de quelques-uns des siens, pressait le chef indien dont nous avons parlé, le compagnon du cavalier blanc, et commençait à le serrer de très près; le blanc, très occupé de son côté à résister à cinq ou six adversaires, ne pouvait lui venir en aide: la situation du chef devenait critique.

Mais le brave chien s'était cramponné au poitrail du cheval de son ennemi, et lui mordait les naseaux avec une force telle que l'animal, affolé par la douleur, se dressa sur les pieds de derrière en battant l'air de ses pieds de devant et, secouant la tête avec force, sans parvenir à faire lâcher prise à son ennemi, il se renversa sur son cavalier.

Celui-ci, prévoyant ce qui allait arriver, s'était lestement jeté à terre; mais le chien, rapide comme la foudre, abandonnant le cheval, sauta à la gorge de l'indien.

Le désordre se mit alors parmi les guerriers de ce chef; la boucherie devint effroyable, on ne vit plus qu'un pêle-mêle affreux, une masse compacte qui oscillait dans tous les sens avec un acharnement indescriptible.

— A moi! cria tout à coup Balle-Franche, en avant! achevons-les!

A peine avait-il dit ces mots, qu'une cinquantaine de chasseurs, à la tête desquels se trouvait Alain et Cœur-d'Acier, roulaient à sa suite comme une avalanche sur les flancs de la colline.

Le général allait, lui aussi, s'élancer en avant; mais, au moment où il franchissait les retranchements, Balle-Franche l'avait repoussé d'une main ferme :

— Restez, lui avait-il dit; si vous venez, qui gardera le camp?

— C'est vrai! avait répondu le général, comprenant la justesse de ces paroles.

Il était donc demeuré au camp, mais prêt, si besoin était, à venir en aide à ses amis, en faisant une sortie à la tête des trente ou quarante chasseurs qui lui restaient.

Mais cela ne fut pas nécessaire; la vigoureuse sortie, exécutée par Balle-Franche, avait décidé la victoire en faveur du parti le plus faible.

En apercevant les chasseurs, l'autre parti, démoralisé déjà par la rude résistance que ses adversaires lui avaient opposée, et par la mort d'un de leurs chefs, impitoyablement étranglé par le chien, s'était mis vivement en retraite, comprenant que la bataille était perdue pour lui, et sans avoir le temps de songer à enlever ses morts.

Les vainqueurs ne poursuivirent leurs ennemis que jusqu'à la lisière de la forêt, ne se souciant pas, sans doute, de s'engager, pendant les ténèbres, au milieu de fourrés inextricables qui pouvaient recéler des pièges dont ils ne se sortiraient peut-être pas facilement, et ils revinrent à l'endroit où l'action avait eu lieu.

Alors, avec cette logique implacable qui fait le fond de toutes les guerres indiennes, ils se mirent froidement à achever les blessés et à les scalper ainsi que les morts.

Tout à coup, Balle-Franche poussa un cri de joie et se jeta dans les bras du vaillant chasseur qui, pendant la bataille, avait fait une si rude besogne.

Il avait reconnu son gigantesque cousin, Charles Meunier, l'Aigle-Rouge.

De son côté, le général Kergras avait, lui aussi, avec une vive satisfaction, reconnu son ami *Net-Nokwa,* l'Éclair, le jeune et vaillant chef commanche.

L'Indien était littéralement hideux à voir en ce moment.

Les vêtements en désordre, tachés du sang de ses ennemis et du sien propre, car il avait reçu deux ou trois blessures, légères, heureusement, sa ceinture garnie de chevelures, ruisselante de sang, il ressemblait bien plus à un démon qu'à un homme.

Cependant, Alain n'hésita pas à lui serrer chaleureusement la main; c'était un puissant auxiliaire pour l'expédition, que le valeureux sachem.

Mais le temps pressait: les compliments furent courts.

Les cadavres ennemis furent abandonnés en pâture aux bêtes fauves, et les Commanches, après s'être chargés de leurs morts et de leurs blessés, reprirent, en compagnie des chasseurs, le chemin du camp.

Si le secours des blancs avait tardé un quart d'heure, tous les Commanches auraient inévitablement succombé.

Ils avaient commis la grave imprudence de ne pas s'assurer du nombre exact de leurs ennemis, et, bien que n'étant tout au plus qu'une vingtaine d'hommes, ils en avaient follement attaqué plus de soixante; malgré les prodiges de valeur qu'ils avaient accomplis, ils avaient failli payer cher leur témérité.

Il avaient perdu huit hommes; tous les autres étaient plus ou moins blessés.

Milord, lui aussi, avait reconnu son vieil ami Balle-Franche; il y avait eu entre eux un grand échange de caresses.

Du reste, le brave chien, que chacun flattait, se montrait tout fier de ses prouesses et il marchait joyeusement entre les deux cousins, en tête de la colonne.

La rentrée au camp fut un véritable triomphe.

Le général ne comprenait pas trop d'abord que son frère de lait eût si facilement consenti à ce que les Peaux-Rouges le suivissent, mais, en apercevant l'Eclair, toutes ses appréhensions cessèrent, et ce fut avec les témoignages de la joie la plus vive qu'il s'avança au-devant du sachem.

— Je remercie le chef pâle, dit l'Eclair avec dignité; sa conduite a été celle d'un homme de cœur qui se souvient; sans les guerriers des visages pâles, mes enfants, les guerriers commanches seraient morts; ils n'oublieront pas.

— L'Eclair est mon frère, répondit le général en rougissant légèrement, un peu honteux de ce compliment à brûle-pourpoint qu'il savait ne pas mériter puisque la première pensée de la sortie était venue, non à lui, mais à Balle-Franche seul ; je ne suis pas encore quitte envers le chef pour ce qu'il a fait à Arkapolis.

— Le chef à la blonde chevelure paye noblement ses dettes, reprit le sachem, l'Eclair le savait.

— Vous restez quelque temps avec nous, n'est-ce pas, chef !

— Je suis venu pour conférer avec mon frère.

Cœur-d'Acier avait fait déposer les blessés sur des lits de feuilles aromatiques, sous une tente dressée à la hâte ; et le vieux partisan, qui possédait quelques notions en médecine, aidé par Loïck, le serviteur du général, assez versé, lui, dans cette science, s'était empressé de leur donner les premiers soins que réclamaient les affreuses blessures qu'ils avaient reçues.

Les morts avaient été placés dans un wagon et recouverts d'une toile ; le lendemain seulement, on devait procéder à leur inhumation.

Le sachem, sans dire un mot, sans faire une observation, avait suivi du coin de l'œil les diverses manœuvres de Cœur-d'Acier.

Il prit la main du général, la serra fortement et lui dit avec une émotion qu'il n'essaya pas de cacher, ce seul mot :

— Merci !

Puis il s'éloigna et alla parler bas à Balle-Franche.

Le général, demeuré seul, se hâta de tout faire préparer pour que les Commanches fussent reçus de la façon la plus amicale par ses chasseurs, et il donna les ordres les plus sévères pour la sûreté du camp.

Les événements qui venaient de se passer lui prouvaient que, s'il avait des amis dans la savane, il y comptait aussi un grand nombre d'ennemis ; il comprenait combien la prudence était nécessaire dans sa position.

Au bout de dix minutes, le chef reparut.

Il n'était plus reconnaissable ; toute souillure, toute trace de sang avait disparu de son corps ; Balle-Franche le suivait, en compagnie de l'Aigle-Rouge, sur les talons duquel marchait Milord.

Balle-Franche voulut présenter son cousin au général, mais celui-ci l'interrompit gracieusement.

— Votre cousin se présente trop bien lui-même, dit-il, pour avoir auprès de moi besoin d'autre recommandation, même de la vôtre, mon ami.

Et il serra la main du chasseur qui, honteux d'un tel éloge, ne savait plus quelle contenance tenir, et caressa Milord qui se frotta joyeusement contre lui en poussant de petits cris de joie.

— Chef! dit-il au sachem, les Sioux sont arrivés...

VII

OU NOTRE AMI BALLE-FRANCHE SE DESSINE

Voici ce qui s'était passé, et comment il se faisait que l'Eclair et l'Aigle-Rouge que nous avons quittés vers deux heures de l'après-dîner, sortant de la mission de Sainte-Marie, se trouvaient, le soir même, à plus de quatre lieues de là, embusqués avec quelques guerriers commanches, en face des Sioux qu'ils ne s'attendaient à rencontrer qu'au défilé de l'Antilope.

L'Eclair était résolu à tenir la promesse qu'il avait faite au missionnaire, et à ne pas attaquer son ennemi, si celui-ci ne l'attaquait pas d'abord.

Certain que ses ennemis étaient en face de lui, au lieu de descendre à découvert les flancs de la montagne et de révéler ainsi sa présence aux Sioux, ce qui les exciterait à tenter le coup de main que probablement ils méditaient contre lui, il voulut, s'il était possible, éviter au contraire toute occasion de conflit.

En conséquence, après s'être entendu en quelques mots avec l'Aigle-Rouge, tous deux se dissimulèrent le long des haies, rampèrent comme des serpents dans les hautes herbes et atteignirent la plaine sans s'être laissé apercevoir pendant même le court espace d'une seconde.

Dès qu'ils eurent posé le pied dans la plaine, la situation devenait moins difficile pour eux; la rivière était bordée de hautes falaises boisées, sur la pente desquelles ils savaient que leurs amis étaient embusqués et qu'il leur était facile d'atteindre, sans courir le risque d'être dépistés.

Ce fut en effet ce qui arriva.

Les Commanches, sous les ordres de l'Opossum, étaient à leur poste; seulement, au lieu de commander, ainsi que le supposait l'Eclair, soixante ou quatre-vingts guerriers, ce chef en avait tout au plus vingt-cinq sous ses ordres.

Les autres détachements s'étaient sans doute laissé entraîner trop loin à la poursuite du gibier, de sorte qu'ils n'avaient pu être rejoints par les émissaires envoyés près d'eux; ou que, si ceux-ci les avaient rencontrés, cela avait été à une distance trop éloignée pour qu'il leur fût possible de rejoindre à l'heure convenue leurs compagnons à l'endroit désigné.

L'Opossum n'en avait pas moins exécuté bravement l'ordre que son chef lui avait donné, et à la tête du faible détachement dont il disposait, il était venu s'embusquer au défilé de l'Antilope, prêt, quoi qu'il pût arriver, à assaillir les ennemis au premier mot que lui dirait le sachem.

L'Eclair reconnut intérieurement combien il avait eu raison de tenir loyalement la parole qu'il avait donnée au missionnaire, et à quel désastre il se serait exposé s'il s'était laissé voir par ses ennemis dont le nombre était quadruple de celui de sa troupe.

Il avait aussitôt réuni ses guerriers et il s'était rapidement éloigné sans que les Sioux eussent soupçonné la présence auprès d'eux de leurs ennemis.

Dès qu'il avait été assez loin pour ne plus craindre de poursuite, l'Eclair, ne conservant qu'une vingtaine d'hommes avec lui, avait expédié de nouveaux émissaires à ses divers détachements pour les arrêter dans leur marche sur le défilé de l'Antilope et leur assigner un nouveau rendez-vous.

Le sachem commanche se proposait de passer la nuit là où il se trouvait, et le lendemain, au lever du soleil, de se mettre en marche pour le Brûlis de la Longue-Corne, de façon à escorter le missionnaire, tout en se tenant hors de sa présence.

Déjà le campement était installé, lorsqu'un guerrier qui avait été laissé en arrière pour surveiller les mouvements de l'ennemi, accourut en toute hâte.

Les Sioux, grâce à leurs espions, avaient découvert que l'ennemi qu'ils voulaient surprendre avait été prévenu du piège qui lui était tendu et qu'il s'était échappé.

Il était inutile de demeurer plus longtemps à attendre un ennemi qui déjà sans doute était loin. Le Moqueur avait aussitôt abandonné son embuscade, avait tenu un conseil ; puis, à la tête de son nombreux détachement, il s'était dirigé du côté où la caravane des blancs s'était arrêtée la veille.

A cette nouvelle, la résolution du sachem fut prise en une seconde ; presque tous ses guerriers étaient à cheval, il fit monter les piétons en croupe, et, certain de gagner facilement l'avance sur les Sioux, qui, eux, étaient pour la plupart à pied, et qui par conséquent ne pouvaient marcher aussi vite que lui, il se dirigea en toute hâte sur le Brûlis de la Longue-Corne.

Son projet était simple : trop faible pour attaquer ses ennemis, il s'embusquerait dans les taillis et les broussailles et se contenterait de surveiller leurs mouvements jusqu'à l'arrivée de ses détachements, qui le rejoindraient pendant la nuit ou, au plus tard, au lever du soleil ; alors, certain d'être soutenu par les chasseurs blancs, il attaquerait les Sioux à l'improviste, à la tête des cent ou cent cinquante guerriers qu'il aurait réunis.

Comme on le voit, c'était entre les deux partis une lutte d'adresse et de ruses, une véritable guerre indienne, en un mot.

Ainsi qu'il l'avait calculé, le sachem avait précédé, grâce à la diligence qu'il avait faite, ses ennemis sur le nouveau terrain qu'il avait choisi ; et il avait eu tout le temps nécessaire pour dresser son embuscade et complètement dissimuler en présence.

Mais, si les Commanches étaient passés maîtres en finesse, les Sioux ne leur cédaient en rien ; leurs mouvements avaient été combinés de telle sorte et exécutés avec une si grande habileté qu'ils étaient parvenus à atteindre le but qu'ils s'étaient proposé, sans donner l'éveil à leurs ennemis, et que les deux troupes se trouvaient embusquées à moins de cent pas l'une de l'autre, sans que, mutuellement, elles soupçonnassent leur présence.

Cet état de choses aurait pu durer longtemps ainsi si Milord ne se fût trouvé avec les Commanches : si fins et si rusés que soient les Indiens, si grande que soit la perfection de leurs sens, les animaux possèdent un instinct infaillible et leurs sens sont beaucoup plus développés encore.

Depuis quelques instants, le molosse semblait donner des marques d'inquiétude ; il aspirait l'air dans la direction du vent et se glissait, le nez en terre, à travers les buissons, hérissant son poil et respirant avec force.

L'Aigle-Rouge suivait avec intérêt le manège de son chien ; enfin, celui-ci s'approcha de lui, fixa ses yeux au regard presque humain sur son maître, et poussa deux ou trois grondements rauques et inarticulés.

Il n'en fallait pas davantage au chasseur : le maître et l'animal s'entendaient à demi-mot.

L'Aigle-Rouge avait compris.

— Chef ! dit-il au sachem, les Sioux sont arrivés !

— Arrivés! dit celui-ci, c'est impossible! nous n'avons rien entendu ; pas une feuille n'a remué.

— Je ne vous dis pas le contraire, chef ; mais je vous le répète : les Sioux sont arrivés.

— Comment mon frère le sait-il? qui lui fait supposer cela?

— Je ne suppose pas, chef; je suis certain de ce que je vous annonce.

— Mais, reprit le sachem, je demande à mon frère comment il le sait.

— Milord me l'a dit, répondit gravement le chasseur, en flattant la bonne bête qui remuait la queue et poussait de petits cris comme pour appuyer les paroles de son maître.

Un Européen, civilisé et savant, aurait souri et haussé les épaules avec dédain, puis il aurait, sans façon, tourné le dos au Canadien qui lui aurait dit de telles absurdités ; mais l'Eclair était un sauvage ; il professait une profonde estime pour Milord, dont il appréciait le merveilleux instinct et l'intelligence; de plus, habitué à se guider par l'ouïe, la vue et l'odorat, il savait quel développement immense les sens prennent chez les animaux qui, sous ce rapport, seront toujours supérieurs aux hommes ; il ne sourit pas ; au contraire, sa gravité augmenta.

— Où Milord a-t-il dit à mon frère que les lapins sioux s'étaient terrés? demanda-t-il.

— Tenez, chef, là! dans ces fourrés, dit le chasseur en étendant le bras dans la direction où effectivement les Sioux se tenaient embusqués.

— Je remercie mon frère! répondit le sachem.

Il caressa le chien et fit un signe à l'Opossum.

Le chef accourut aussitôt.

L'Eclair lui dit quelques mots à voix basse.

L'Opossum fit, de la tête, un signe affirmatif et disparut dans les fourrés.

Son absence se prolongea pendant près d'une demi-heure, puis il revint du côté opposé à celui par lequel il s'était éloigné.

— Eh bien? demanda le sachem.

— Milord a raison, répondit l'Opossum.

— Pardieu! fit le chasseur.

— Ces lapins voleurs sont terrés juste dans la direction indiquée par le chien, reprit le chef.

— Est-il possible de nous approcher d'eux davantage?

— Oui, en agissant avec prudence, nous pouvons même les tourner sur la gauche.

— Essayons!

Ce fut alors que s'exécutèrent les différents mouvements qui avaient tant intrigué les chasseurs.

Les Commanches s'étaient insensiblement rapprochés des Sioux ; et, sans être aperçus d'eux, ils avaient réussi presque à opérer leur manœuvre tournante, lorsqu'un mouvement insolite dans les broussailles, produit par un faux pas de l'un des guerriers, avait tout à coup révélé leur présence à leurs ennemis.

Ceux-ci se tenaient sur leurs gardes : ils voulurent se rendre compte de ce qui se passait.

Tout à coup le sachem aperçut le Moqueur.

A la vue de cet ennemi exécré, toutes les résolutions prudentes de l'Éclair s'évanouirent en fumée; il épaula vivement son fusil et lâcha la détente; mais le coup, tiré trop précipitamment, n'atteignit pas celui contre qui il était dirigé.

Une dizaine de coups de fusil partirent au hasard et firent plus de bruit que de mal.

Le sachem regretta, mais trop tard, l'imprudence qu'il avait commise; le mal était fait; il fallait maintenant en subir les conséquences.

Il recula de quelques pas, fit monter ses guerriers à cheval et attendit l'attaque de ses ennemis.

Ceux-ci, certains de leur supériorité numérique, n'hésitèrent pas.

Dès que leurs dispositions furent prises, ils poussèrent leur cri de guerre et s'élancèrent contre leurs ennemis.

Les Commanches répondirent bravement.

La fusillade s'engagea, puis on en vint aux mains corps à corps.

On sait le reste.

Malgré la valeur héroïque déployée par les Commanches dans cette lutte gigantesque où chacun d'eux avait au moins quatre ennemis à combattre, ils auraient inévitablement succombé, si Balle-Franche, reconnaissant enfin son ami, le chef commanche, ne s'était résolument lancé à son secours à la tête d'une cinquantaine de chasseurs.

Ce récit, que nous avons analysé le plus brièvement possible, avait été fait par le sachem, pendant le dîner, au général de Bodégast et à ses amis.

Le général félicitait chaleureusement le chef de son courage et le remerciait de s'être si loyalement mis à sa recherche, lorsque Balle-Franche, qui, ainsi que son cousin, avait dîné à la table du général et avait un instant quitté la tente, rentra d'un air assez préoccupé.

— Que se passe-t-il de nouveau, Balle-Franche? demanda le général.

— Mon général, répondit le Canadien, il y a là un chef sioux qui demande à être introduit dans le camp.

— Que veut cet homme? Le connaissez-vous?

— C'est un chef renommé dans sa nation, mon général; l'Éclair le connaît bien, ajouta-t-il en souriant.

— C'est le Moqueur, dit froidement le sachem.

— Mon Dieu! s'écria la marquise, que peut vouloir ce misérable?

— Il faut le tuer comme un chien, dit Cœur-d'Acier qui, selon sa coutume, était toujours pour les moyens expéditifs.

— Rassurez-vous, Andrée, dit doucement le général, cet homme ne peut rien contre vous.

— Il me fait peur, murmura-t-elle en frissonnant.

— Enfant! reprit-il avec tendresse, n'êtes-vous pas au milieu de vos amis?

— Tuons-le! reprit Cœur-d'Acier.

— Tais-toi, Hervé, tu es insupportable. Que demande ce chef? Balle-Franche?

— Mon général, il désire avoir une conférence avec vous.
— Soit! qu'on l'introduise d'une façon honorable. Hervé, tu le conduiras sous ta tente où je me rendrai.
— Pardon, mon général, nous avons affaire à un puissant chef peau-rouge, agissons avec lui à l'indienne.
— Je ne demande pas mieux, Balle-Franche, mais alors que faut-il faire? Je ne connais que fort peu les coutumes des Peaux-Rouges.
— Asseyez-vous avec vos principaux officiers autour de l'un des feux du camp. C'est autour du feu du conseil que, dans les tribus, se traitent les affaires importantes.
— Vous avez raison, mon ami, cela sera en effet mieux ainsi.
— Permettez-moi de servir d'introducteur au sachem sioux : je sais comment il faut agir en pareil cas.

Le général se leva.

— Venez, messieurs, dit-il; et, s'adressant à l'Eclair et à l'Aigle-Rouge : Quant à vous, chef, et vous, mon brave camarade, ajouta-t-il, demeurez ici, ainsi que notre ami Milord; je me doute à peu près de ce que vient demander cet homme ; mieux vaut qu'il ne vous voie pas. Bien qu'il sache votre arrivée ici, votre intervention dans ce qui va se passer pourrait aggraver les choses, à cause de l'inimitié qui existe entre vous.

— Oui, chef, restez près de moi, ainsi que ce brave chasseur, dit la marquise en souriant ; si je demeurais seule, je crois que je mourrais de peur.

— L'Éclair restera près du Lys-Rosé, dit le chef avec courtoisie, la jeune femme blanche est sa sœur.

Le général serra la main des deux hommes et sortit accompagné d'Alain et d'Hervé.

Balle-Franche avait déjà depuis un instant quitté la tente.

Le chasseur avait fait, sans bruit, prendre les armes aux Canadiens et aux Bretons, en leur recommandant de demeurer à l'écart, tout en se tenant prêts à intervenir au premier signal, et, après avoir ordonné la plus grande vigilance aux sentinelles, il s'avança vers l'entrée du camp.

Le chef sioux, sans armes apparentes, enveloppé dans sa robe de bison, se tenait, fier et hautain, les bras croisés sur la poitrine au pied des retranchements.

— Vous avez fait un signal de paix; en vous a laissé approcher. Que désirez-vous, Peau-Rouge? demanda Balle-Franche.

— Le Moqueur est un sachem; il désire parler au capitaine des faces pâles, répondit froidement le Sioux.

— Qu'avez-vous à lui dire?

— Les paroles d'un sachem ne peuvent être entendues qu'en conseil, devant d'autres chefs: Balle-Franche ne le sait-il pas?

— Ah! mon frère m'a reconnu, tant mieux.

— La mémoire des guerriers sioux est longue, lorsqu'il s'agit de leurs ennemis.

— A votre aise, Peau-Rouge! nous nous sommes vus souvent face à face ; vous êtes un grand brave, je le déclare; mais vous savez que je ne vous crains pas.

— Balle-Franche est un guerrier renommé dans la prairie : sa chevelure ornera le cailli d'un chef.
— Tous les Sioux sont de vieilles femmes bavardes; je croyais le Moqueur plus sage, reprit le chasseur avec mépris.
— Mon frère a raison, le Moqueur a mal parlé; mais Balle-Franche l'excusera.
— Vous pouvez me dire ce qu'il vous plaira, chef; cela m'est parfaitement égal. Entrez, le général vous attend. Si j'ai un conseil à vous donner, faites attention à votre langue quand vous serez devant lui, car il ne souffre pas patiemment les injures.
— Le Moqueur sait que la Chevelure-Blonde est un chef redoutable; il remercie Balle-Franche et se souviendra.

Le chasseur déplaça alors une pierre ou deux qui avaient été disposées de façon à servir de porte, et le chef pénétra dans le camp.
— Venez! lui dit Balle-Franche.

Le sachem s'inclina sans répondre et suivit son guide, non pas sans jeter autour de lui des regards scrutateurs.

A quelques pas de la tente, plusieurs sièges avaient été disposés devant le feu, dont la flamme brillante montait en larges langues d'un rouge vif vers le ciel.

Sur ces sièges étaient assis le général, Alain et Cœur-d'Acier dont la physionomie renfrognée n'avait rien d'aimable.

Le général était au milieu.

Debout derrière ces trois personnes se tenaient une douzaine de chasseurs appuyés sur leurs fusils.

Un siège avait été préparé pour le chef, en face du général.

Lorsque Balle-Franche eut conduit le Moqueur auprès du feu, il s'écarta de quelques pas.

Le sachem sioux salua l'assistance avec une courtoisie hautaine, puis il croisa les bras, rejeta fièrement la tête en arrière et, fixant son regard d'aigle sur le général, il attendit silencieux et calme.

— Soyez le bienvenu dans mon camp, sachem, dit le général avec bienveillance; que désirez-vous de moi?

— Le Moqueur est un des premiers sachems de sa nation, répondit froidement le Sioux; les chefs se sont réunis autour du feu du conseil, et, après avoir délibéré, ils l'ont envoyé vers le chef à la blonde chevelure.

— Veuillez vous asseoir et m'expliquer les raisons qui ont amené cette entrevue.

— Le Moqueur restera debout.

— A votre aise, chef; seulement expliquez-vous, je vous prie sans plus tergiverser.

— Que dit le Wacondah, le maître de la vie ? Mes enfants rouges couvrent la terre; je leur ai donné la montagne et la plaine, la forêt et la savane, le lacet la rivière, dit le sachem avec emphase, pour chasser en liberté les animaux de toute sorte, les oiseaux dans l'air, les daims, les bisons et les ours sur la terre, les poissons dans l'eau. Mais la justice doit être égal, pour tous. Pourquoi les visages pâles envahissent-ils, comme des tigres altérés de sang, les territoires que le Grand-Esprit a donnés aux Peaux-Rouges? Pourquoi les chassent-ils comme des bêtes fauves, et abusant de leur force et de la supériorité de leurs armes, les massacrent-ils sans pitié, partout où ils les rencontrent, sans insultes et sans provocation de leur part? Le sang des Peaux-Rouges n'est-il pas aussi pur que le leur? De même que les visages pâles, ne sont-ils pas les enfants bien-aimés du Wacondah? Une peau s'est étendue sur mon cœur, les paroles que souffle ma poitrine déchirent ma gorge et brûlent mes lèvres au passage. Pourquoi cela? Parce que la douleur s'est emparée de mon esprit, que je suis triste en voyant l'injustice et la méchanceté des blancs, et le mal qu'ils semblent prendre plaisir à faire à mes frères et à moi. La Chevelure-Blonde est, je le sais, un chef renommé dans sa nation, le Wacondah de ses pères l'aime et le protège. Le chef des visages pâles est entré dans le désert à la tête de nombreux et redoutables guerriers de sa nation. Les Peaux-Rouges, au lieu de s'opposer à son passage, se sont, au contraire, respectueusement écartés devant lui; depuis trois lunes qu'il parcourt la prairie dans tous les sens, ils l'ont laissé paisiblement tuer le gibier qu'il lui convenait d'abattre, sans jamais lui dire : Pourquoi tuer ce gibier qui est notre propriété? Aucune injure, aucune insulte ne lui ont été faites par les Peaux-Rouges, et pourtant aujourd'hui, au coucher du soleil, qu'a fait le chef à la blonde chevelure? Deux tribus des Peaux-Rouges en étaient venues aux mains à une courte distance de son camp. Ces tribus, ennemies depuis longtemps, s'étaient fortuitement rencontrées sur un terrain neutre, et vidaient, les armes à la main, leur querelle. Le chef à la blonde chevelure, ainsi que l'exigeaient l'honneur, le droit, la justice, aurait dû demeurer étranger à ce combat, qui ne le regardait pas, entre deux chefs puissants qui tous deux lui sont inconnus. Au lieu de cela, sans avoir été prévenu, sans avoir été provoqué d'aucune manière, il a lancé traîtreusement ses guerriers blancs sur les jeunes hommes du Moqueur, en leur disant : Allez! tuez les Peaux-Rouges! Soyez sans pitié pour eux! Voilà ce qui s'est passé, il y a deux heures à peine. Les cadavres mutilés des guerriers sioux sont encore étendus sur l'herbe de la savane, exposés à être dévorés par les bêtes fauves, moins cruelles que les visages pâles. Non content d'avoir donné et fait exécuter cet ordre dans toute sa rigueur, le chef pâle à la blonde chevelure a reçu dans son camp le chef et les guerriers ennemis du Moqueur; il les traite comme s'ils étaient ses frères. Pourquoi le chef blanc a-t-il agi ainsi? Pourquoi a-t-il traité en ennemis des hommes qu'il ne connaissait pas et contre lesquels il n'avait aucun motif de haine? Le grand sachem des Sioux attend la réponse que lui fera le chef des visages pâles. J'ai dit!

 Le Moqueur s'inclina, puis il redressa la tête et attendit fièrement.

 La réponse ne se fit pas attendre.

 Le général sourit d'un air ironique, et s'adressant au Moqueur :

 — Votre discours est très adroit et très habile, chef, dit-il; il n'a pour moi qu'un seul défaut, mais ce défaut est capital; toutes les paroles que vous avez prononcées, depuis la première jusqu'à la dernière, sont un tissu de mensonges et de faussetés; le désert n'appartient à personne. Dieu, ou le

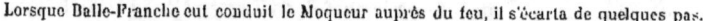

Lorsque Balle-Franche eut conduit le Moqueur auprès du feu, il s'écarta de quelques pas.

Wacondah, ainsi que vous le nommez, ne l'a pas voulu donner plus aux Peaux-Rouges qu'aux faces pâles; en le parcourant, j'use d'un droit incontestable; si je suis accompagné d'hommes armés, c'est parce que si j'étais assez fou pour y venir seul, avant une heure je serais traîtreusement assassiné par vous et les vôtres. Vous prétendez que vous vous êtes écartés de mon passage et que jamais vous n'avez cherché à me nuire; en parlant ainsi vous mentez sciemment, parce que vous êtes convaincu que j'ignore vos intrigues et vos complots contre moi. Je sais tout ce que vous avez fait depuis deux jours, et même la nuit passée, le guet-apens que vous avez tramé avec le Vautour-Fauve, le Gypaète et d'autres misérables qui sont vos complices, donc vous ne m'abusez pas. Quant à la mission que vous êtes censé remplir en ce moment, c'est un audacieux stratagème pour vous introduire dans mon camp et juger par vous-même des forces dont je dispose. Soit! regardez à votre aise! Ces forces sont assez considérables pour que je puisse, si vous osez vous attaquer à moi, vous infliger un châtiment terrible et dont vous conserverez un éternel souvenir. Sachez que je ne vous crains pas, et la preuve, c'est que, connaissant vos complots, je dédaigne, maintenant que je vous tiens en mon pouvoir, de me venger de vous et des vôtres; mais, je vous le répète, n'y revenez pas, car cette fois je serais sans pitié! Vous m'accusez de vous avoir attaqué, vous, plutôt que vos ennemis, que, dites-vous, je ne vous connais pas. Ceci est aussi faux que le reste. L'Éclair est mon frère, mon allié; je le connais depuis longtemps, avant même mon entrée dans le désert. Lui et ses guerriers sont dans mon camp, c'est vrai! Il est vrai encore qu'ils sont traités avec tous les égards que méritent des amis éprouvés et des alliés fidèles. Je vous ai répondu. Avez-vous autre chose à me dire. Parlez, mais parlez vite, je n'ai pas de temps à perdre en vains discours. Si vous êtes sage, vous voyant démasqué par moi, sachant que je connais vos honteuses manœuvres, vous vous retirerez paisiblement et vous n'essayerez plus de me nuire; de mon côté, je vous promets de ne rien tenter contre vous; si vous êtes fou, vous vous laisserez guider par la haine qui vous aveugle et vous entraînerez, vous et votre tribu, dans des malheurs irréparables; car, si vous m'obligez malgré mon désir de demeurer étranger à vos querelles, à venger une insulte que vous m'aurez faite, cette vengeance, je vous le répète pour la dernière fois, sera terrible, et le sang versé retombera sur vous. J'ai dit. Que voulez-vous encore?

— Rien, répondit froidement le chef qui, pendant tout ce discours, était demeuré impassible sans qu'un seul des muscles de son visage tressaillît.

— Alors, adieu, chef! et que la prudence, qui est bonne conseillère, ne vous abandonne pas!

— Au revoir! répondit-il avec une expression de rage contenue à laquelle il était impossible de se tromper.

Le général haussa les épaules.

— Reconduisez cet homme hors du camp! dit-il.

Balle-Franche fit un signe au Moqueur qui le suivit aussitôt, sans manifester aucune émotion.

— Je vous avais averti, chef, lui dit le chasseur, lorsqu'ils furent au pied des retranchements.

— Les Visages-Pâles sont des chiens, répondit le sachem; les Sioux leur crachent au visage.

— Vous êtes tous des vieilles femmes bavardes, dit en riant le chasseur.

Le Moqueur sortit.

— Vous êtes des chiens, des lapins et des voleurs ! cria-t-il d'une voix que la colère étranglait.

Il retira un paquet assez volumineux de dessous sa robe, le jeta derrière lui dans le camp et s'élança en courant, sur la pente assez roide de la colline.

— Au revoir, ma vieille mère ! lui cria le chasseur en ricanant, et il referma froidement le passage.

Il s'appuya sur le retranchement et suivit un instant du regard la fuite précipitée de l'Indien, le long des flancs escarpés de la colline.

— Race perverse, lâche et ingrate ! murmura-t-il, et il retourna, à petits pas, vers le feu où le général l'attendait.

Tout en marchant il regardait attentivement autour de lui, comme s'il eût cherché quelque chose.

Enfin il se baissa et ramassa une espèce de paquet, celui-là même que le sachem sioux avait jeté derrière lui, comme une menace en quittant le camp.

— J'en étais sûr ! dit-il, après avoir pendant un instant examiné ce qu'il avait ramassé.

— Notre homme est parti ? demanda le général.

— Oui, mon général, répondit-il.

— Il ne vous a rien dit en vous quittant, Balle-Franche?

— Peuh ! hâbleries de Peaux-Rouges, qu'il est inutile de vous répéter, mon général, mais s'il n'a rien dit, ou à peu près, en revanche il a laissé quelque chose derrière lui.

— Quoi donc?

— Ceci.

Et il montra un paquet d'une douzaine de flèches barbelées, dont les pointes étaient tachées de sang et qui étaient liées solidement ensemble par une peau de *vivora ciega* (vipère aveugle). C'était le paquet que, quelques minutes auparavant, il avait ramassé.

— Qu'est-ce que c'est que cela, mon ami?

— Vous le voyez, mon général, c'est un paquet de douze flèches.

— Ce n'est pas cela que je vous demande, Balle-Franche, mais la signification de ce cadeau symbolique.

— Cette signification est facile à comprendre, mon général, c'est tout simplement une déclaration de guerre !

— Une déclaration de guerre?

— Oui, mon général; le sang qui tache les pointes des flèches veut dire la guerre; le nombre de douze signifie que cette guerre durera un an, et la peau de *vivora ciega* qui sert de lien, veut dire que cette guerre sera à outrance, c'est-à-dire que les Sioux tueront sans pitié les prisonniers qui tomberont entre leurs mains.

— Bon ! n'avais-je pas raison de vouloir qu'on fusillât ce drôle? s'écria Cœur-d'Acier avec colère.

— Tais-toi, Hervé, dit en souriant le général, tu radotes.

— C'est égal ! grommela-t-il, j'avais raison !

— Et, à votre avis, Balle-Franche, que devons-nous faire?

— Mon général, il n'y a pas deux partis à prendre : il faut accepter la position qui nous est faite. Les Sioux voulaient un prétexte pour commencer les hostilités; ce prétexte, nous le leur avons offert; ils l'ont saisi avec empressement. Quoi qu'il arrive maintenant, ils ne reculeront pas, avant que vous leur ayez infligé une sanglante défaite. Le Moqueur désirait la guerre, d'abord par avarice et dans l'espoir de piller vos richesses; ensuite, parce qu'il est jeune, que beaucoup de chefs de sa nation voient avec jalousie la haute position qu'il a conquise, et essayent sourdement de le renverser et de détruire son influence dans la tribu. L'échec qu'il a subi aujourd'hui, et dont vous êtes la principale cause, l'a rendu d'autant plus furieux qu'on l'imputera à son imprudence; il ne peut se relever aux yeux des siens que par un coup d'éclat, et, par tous les moyens, il essayera de l'obtenir. Il n'y a donc aucune façon de lui faire entendre raison : il resterait sourd à toutes les propositions d'arrangement, si avantageuses qu'elles fussent pour lui; il faut le battre.

— Nous essayerons : d'ailleurs, nous sommes nombreux; l'Éclair ne nous abandonnera pas, et, avec l'aide de Dieu, je crois que nous sommes en mesure de lutter contre cet homme avec avantage, si puissant qu'il soit.

— Notre situation n'est pas mauvaise, mon général, loin de là; cependant cette affaire est beaucoup plus sérieuse que vous ne le supposez peut-être. Avant deux jours, le Moqueur aura rallié autour de lui tous les mauvais drôles qui rôdent dans le désert, et Dieu sait qu'ils y pullulent; cependant, en prenant bien nos mesures, nous pourrons, je le crois, en venir à bout.

— Qu'appelez-vous prendre bien nos mesures?

— Avant dix ou douze jours, dix chasseurs canadiens nous arriveront d'Arkapolis, ce qui élèvera notre nombre à cent douze ou cent quinze, à peu près. L'Éclair commande environ deux cents guerriers d'élite qui, dans moins d'un mois, peuvent être doublés. Pour ma part, j'ai de nombreux amis dans la prairie, et je me fais fort de réunir trente ou quarante chasseurs ou trappeurs blancs, honnêtes et braves; tout cela réuni nous formera un effectif très raisonnable, avec lequel nous pourrons opérer sur plusieurs points à la fois, au lieu de demeurer sur la défensive, ce qui est toujours une mauvaise tactique quand on a affaire aux Peaux-Rouges.

— Bien, Balle-Franche, vous envisagez sainement la question, mon ami; c'est bien ainsi que nous devons agir. Vous avez une expérience profonde de la façon dont la guerre doit être conduite contre les ennemis auxquels nous avons affaire et vous avez parfaitement détaillé les ressources en hommes que nous possédons ou, au besoin, nous pourrons posséder. La situation est grave. Est-ce que vous nous abandonnerez dans ce moment critique où nous avons besoin non seulement de votre courage, mais encore de votre fidélité à toute épreuve, et de votre expérience?

La marquise, l'Éclair et l'Aigle-Rouge s'étaient joints à la réunion et semblaient attendre tous, avec une vive anxiété, la réponse du chasseur, excepté probablement Alain, le fils du général, qui se roulait joyeusement sur l'herbe avec Milord.

L'enfant et le chien s'étaient pris l'un pour l'autre d'une vive affection et ne voulaient plus se quitter.

— Excusez-moi, mon général, répondit Balle-Franche avec émotion, mais je ne comprends pas bien ce que vous me faites l'honneur de me dire. Est-ce que j'aurais été assez malheureux pour vous déplaire?

— Je vois, en effet, que vous ne comprenez pas, mon ami, reprit en souriant le général. Votre cousin, Charles Meunier, ou si vous le préférez l'Aigle-Rouge, n'est-il pas venu ici, chargé d'une mission importante de la part de votre famille ?

— En effet, mon général, mon brave cousin est chargé, ou plutôt, pour être vrai, s'est chargé, par bonté et par amitié pour moi, d'une mission dont je le remercie sincèrement; mon père et mon grand-père surtout, vieillard presque centenaire dont je suis séparé depuis plusieurs années, réclament ma présence. Mon grand-père veut une dernière fois me bénir avant que de s'endormir du sommeil du juste dans le sein de l'Eternel.

— Oui, Balle-Franche, et les prières d'un vieillard sont des ordres. Aussi, je vous avoue que devant cette obligation dans laquelle vous vous trouvez d'obéir à votre père et surtout à votre grand-père, je crains que vous soyez contraint de nous abandonner dans la situation, je ne dirai pas critique, mais périlleuse où nous nous trouvons et de nous priver ainsi de votre concours et de vos conseils.

Le jeune homme avait écouté avec la plus sérieuse attention les paroles du général; lorsque celui-ci se tut, il redressa sa haute taille en arrière, releva la tête, et l'œil étincelant, les traits empreints d'une majesté suprême :

— Mon général, répondit-il, mon père et mon grand-père sont des soldats des grandes guerres de Montcalm; ils sont toujours demeurés Français de cœur; ils ont préféré se retirer parmi les Hurons, ces fidèles alliés de la France, plutôt que de renier leur nationalité, manquer aux serments qu'ils avaient faits à leur patrie, et courber le front sous le joug pesant d'une domination étrangère; ils m'ont élevé dans les mêmes idées qu'eux, c'est-à-dire le courage, l'honnêteté et la fidélité à ma parole; ils me répétaient sans cesse ces paroles, qui sont la devise d'une famille noble, à laquelle la mienne, en France comme en Amérique, a toujours été inféodée par le cœur et par le dévouement. Ces paroles, les voici : Fais ce que dois, arrive ce qu'il plaira à Dieu. Ces paroles sont restées gravées au fond de mon cœur : je suis un homme simple, ignorant des choses des villes et du monde; mais je suis un homme au cœur droit et dont les instincts sont bons. Si aujourd'hui que vous êtes en danger et que vous avez besoin de moi pour vous aider à conjurer le péril qui vous menace, je vous quittais pour retourner auprès de mon père et de mon grand-père, savez-vous ce qu'ils me répondraient, lorsque, près de franchir le seuil de leur hutte, je leur dirais de quelle façon je vous ai quitté pour les revoir, et leur demanderais leur bénédiction ? Le savez-vous, général ? Eh bien ! je vais vous le dire. Ils me répondraient : Louis Berger, c'est mon nom, général, vous avez manqué à la parole que vous aviez donnée; vous avez lâchement abandonné dans le péril des hommes qui s'étaient fiés à votre honneur; nous ne vous connaissons plus; non! vous n'êtes pas notre fils; cette bénédiction que vous réclamez, vous ne méritez pas de la recevoir : retirez-vous ! vous ne franchirez pas le seuil de cette chaumière, parce que vous avez déshonoré à jamais le nom que nous vous avions légué pur et sans tache comme un symbole d'honneur et de loyauté!

— C'est vrai ! dit L'Aigle-Rouge avec conviction en se levant, ils diraient cela et ils auraient raison de le dire.

— Vous entendez, général, reprit simplement le chasseur : je ne veux pas que cela soit ; je resterai à mon poste jusqu'à ce que tout danger soit passé. Dieu qui lit dans mon cœur et qui connaît la pureté de mes sentiments me fera la grâce de retrouver à mon retour, mon absence dût-elle se prolonger un an encore, mon vieux grand-père vivant, et d'être béni par lui, car je n'aurai pas démérité de l'honnêteté antique de notre famille.

En prononçant ces paroles, sans geste, sans éclat, doucement et avec une conviction fervente, le jeune et brave chasseur semblait transfiguré ; tous les assistants se sentaient émus en voyant tant de grandeur unie à tant de simplicité.

Le général se leva, et, tendant les bras au Canadien :

— Balle-Franche, lui dit-il, vous êtes la plus loyale et la plus honnête nature qui existe. J'accepte votre dévouement ; embrassez-moi, mon ami !

— Merci, mon général, répondit le chasseur. Voici une récompense qui pourrait bien équivaloir pour moi à une condamnation à mort, car je suis maintenant obligé de me faire tuer pour vous !

Et il se jeta, rayonnant de joie et de bonheur, dans les bras ouverts du général.

VIII

OU CERTAINS DE NOS PERSONNAGES ÉPROUVENT UN INSTANT DE BONHEUR

Le lendemain, ainsi qu'il l'avait promis à l'Éclair en le quittant, le missionnaire se mit en mesure de se rendre au camp des Blancs, afin de les avertir du danger qui les menaçait.

Naturellement, il n'avait aucune nouvelle de ce qui s'était passé le soir précédent au Brûlis de la Longue-Corne, et ignorait le combat que s'étaient livré les deux partis comanche et sioux.

Au lever du soleil, après avoir dit une messe à laquelle assistèrent tous les habitants du village, le missionnaire se mit en route, accompagné jusqu'au bas de la montagne par ses pauvres Indiens, qui le suppliaient en pleurant de bien prendre soin de lui, de ne pas demeurer longtemps éloigné de la mission, et de prier pour eux le Grand-Esprit.

Le missionnaire les consola, leur promit d'être bientôt de retour et leur donna sa bénédiction, et ne consentit à s'éloigner que lorsqu'il les eut vus reprendre définitivement le chemin du village, ce qui fut assez long, car ces pauvres gens, qui l'aimaient réellement comme un père, ne pouvaient se résoudre à se séparer de lui. A chaque instant ils s'arrêtaient sur leurs pas, et recommençaient leurs affectueuses recommandations.

La manière dont voyageait le digne et saint prêtre était à la fois simple et touchante.

Si long que fût le trajet qu'il avait à faire, toujours il cheminait à pied, un long bâton à la main, au milieu des guerriers qui lui faisaient cortège, et qui, pour la plupart, imitaient son exemple, et comme lui marchaient à pied.

Cette fois, à cause de la saison des grandes chasses, époque à laquelle toutes les nations disséminées dans le désert se réunissent, surtout de crainte des rôdeurs et des maraudeurs qui infestaient la Prairie, cinquante guerriers d'élite, tous bien montés et bien armés, avaient absolument voulu servir d'escorte au missionnaire.

Outre cette troupe respectable, vingt Indiens, armés aussi, mais plus intimement liés à sa personne, l'entouraient et marchaient avec lui, causant et écoutant ses exhortations toujours douces, touchantes et empreintes de cet esprit de charité qui charmait et séduisait ces natures naïves et primitives, faciles à émouvoir et à intéresser.

Un peu en arrière venaient deux mules : La première portait une belle planche de cèdre, longue de quatre pieds, avec des tréteaux pour la soutenir des perches, une tente en coutil et un dais. La seconde était chargée d'étoffes de soie, d'une natte de jonc teinte et d'un beau travail, et de tous les objets nécessaires au culte.

Jamais, dans aucune circonstance, le missionnaire, depuis qu'il était fixé à Sainte-Marie, n'avait fait un voyage, long ou court, sans emporter avec lui tout ce dont il pouvait avoir besoin pour célébrer le saint sacrifice de la messe.

Pendant certains voyages qu'il avait faits, chaque soir, dès qu'il arrivait à l'endroit où il devait passer la nuit, les Indiens, avant tout autre soin, commençaient par planter des perches d'espace en espace, formaient une chapelle, l'entouraient avec la tente de coutil en ne lui laissant qu'une seule entrée par devant, ce qui était le travail de moins d'une demi-heure ; puis on dressait l'autel, on plaçait le dais au-dessus ; le dedans de la chapelle était orné d'étoffes de soie ; la natte servait de tapis, et on disait aussitôt la prière en commun.

Ce devoir accompli, le campement se faisait seulement alors ; on préparait le souper et on s'installait pour la nuit ; le matin, avant le départ, le missionnaire offrait le saint sacrifice de la messe ; puis la chapelle était défaite, pour être, le soir, réédifiée à quelques lieues plus loin, et tous les jours il en était ainsi, pendant tout le temps que durait le voyage.

Cette fois, comme toujours, la chapelle ou du moins les pièces qui la composaient, avaient été emportées, parce que le missionnaire comptait célébrer, avec une certaine pompe, la messe dans le camp des blancs ; c'était avec une joie naïve que le saint homme qui, depuis tant de longues années, vivait au milieu des Indiens sans aucun rapport direct avec les hommes de sa couleur, se promettait de célébrer ce grand acte.

Le missionnaire n'avait tout au plus que quatre lieues à faire pour se rendre au campement ; n'eût été le motif grave que nécessitait cette expédition, il eût considéré cette course, bien plus comme une partie de plaisir que comme un voyage.

La petite troupe marchait lentement; d'abord, parce que le missionnaire ne cheminait qu'avec une difficulté extrême à travers les sentes des bêtes fauves, à peine tracées dans les hautes herbes; ensuite, parce que le Taureau-Blanc prenait des précautions minutieuses pour que nul incident désagréable ne vînt troubler la tranquillité du voyage.

Partis vers cinq heures du matin de la mission, le père ordonna de faire halte vers onze heures, pour que chacun pût se reposer, prendre un peu de nourriture; et parce que la chaleur devenant intolérable, il était important de laisser aux rayons brûlants du soleil le temps d'amortir leurs feux.

On s'arrêta dans une vaste clairière ombragée par de grands arbres aux larges et puissantes ramures, traversée par un étroit ruisseau dont l'eau, claire et limpide, fuyait avec de doux murmures sur un lit de sable fin et jaune, bordé de glaïeuls et d'herbes hautes et vertes.

Les mules furent déchargées, les chevaux attachés aux piquets, puis on prépara le déjeuner.

Le missionnaire s'assit sur le gazon touffu, au milieu des Indiens, prononça le *benedicite* que chacun répéta après lui, puis le repas commença.

Les grâces dites, le père se retira un peu à l'écart, ouvrit son bréviaire et lut, pendant que les Indiens, réunis en plusieurs groupes, causaient, fumaient ou dormaient.

Comme on ne devait pas repartir avant quatre heures de relevée, c'est-à-dire lorsque la chaleur serait complètement tombée, car on n'était plus qu'à une lieue à peine du camp, et rien ne pressait, le Taureau-Blanc avait placé des sentinelles tout autour de la clairière; mais, non content de ces précautions, le chef choisit quatre guerriers des plus résolus et s'éloigna avec eux, dans le but de pousser une reconnaissance aux environs.

Nous ferons remarquer, à ce sujet, que le pouvoir immense et sans contrôle exercé par le missionnaire sur les Indiens, était tout volontaire de leur part, nullement imposé, et surtout essentiellement moral; il leur enseignait ce qui était bien, ce qui était bon; leur donnait des conseils sur la façon dont ils devaient se conduire; les éclairait sur les fautes qu'ils pouvaient commettre, mais il ne s'immisçait jamais dans les choses qui regardaient principalement leurs coutumes particulières et leur façon de se gouverner; à moins qu'il ne remarquât, dans ces coutumes, des faits contraires aux bonnes mœurs, ou en opposition directe avec la religion qu'il leur enseignait.

Il est vrai d'ajouter que les Indiens, qui se trouvaient toujours bien des conseils que leur donnait le missionnaire, ne faisaient jamais rien sans le consulter et sans avoir son assentiment; mais c'était librement, et sans y être excités par lui qu'ils agissaient ainsi, car il affectait, au contraire, de demeurer complètement en dehors de leur administration et de leur gouvernement; politique d'une haute sagesse qui, en augmentant son prestige, doublait son pouvoir.

Le Taureau-Blanc était le personnage qui jouissait de la plus haute considération dans la mission, après le Père.

Cet Indien, doué d'une assez belle intelligence, dont le cœur était foncièrement bon, avait été, ainsi que nous l'avons rapporté, séduit par l'homme qu'il avait d'abord, dans un moment d'ivresse, si cruellement persécuté.

Il tomba, haletant, aux genoux du jeune prêtre.

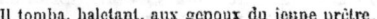

Instruit dans la religion, et baptisé par le Père, il était devenu non seulement un chrétien fervent, mais un adepte dévoué entièrement aux idées de régénération de celui qui l'avait converti, et il s'était fait son séide, son bras droit; nommé premier sachem de la petite tribu de fidèles groupés autour du missionnaire, il l'aidait de tout son pouvoir dans l'accomplissement de son œuvre ardue, et cela avec une intelligence et une ardeur vraiment remarquables.

Depuis une demi-heure environ, le Taureau-Blanc et ses guerriers marchaient, selon l'expression espagnole, la barbe sur l'épaule, sans avoir rien découvert de suspect ou d'inquiétant, et ils se préparaient à retourner près du missionnaire, lorsqu'un bruit assez fort, dans les halliers, à quelques pas de l'endroit où ils se trouvaient, les arrêta net.

Au même instant, une voix rude se fit entendre, disant d'un ton amical, avec un accent de joyeuse surprise :

— Eh! là, chef, ne craignez pas! nous sommes des amis. Si nous nous attendions à rencontrer quelqu'un par ici, ce n'était pas vous!

— Bon-Affût! s'écria le chef, qui reconnut aussitôt la voix, et qui s'avança du côté d'où elle partait.

Presque aussitôt les buissons s'écartèrent, et l'homme dont le nom venait d'être prononcé, parut, suivi de deux ou trois autres.

— Je vous salue au nom de Dieu! chef, reprit le chasseur.

— Et moi de même, sachem; que faites-vous par ici?

— J'allais vous adresser la même question, j'accompagne notre Père, avec quelques guerriers, jusqu'au brûlis de la Longue-Corne où campe, en ce moment, une très nombreuse caravane de visages pâles.

— Ah! ah! elle existe donc cette caravane dont, depuis plus d'un mois, on parle tant?

— Och! si elle existe! Il le faut bien puisque nous nous rendons à l'endroit où elle est campée.

— Ceci est une raison, mais n'est pas une preuve, chef, dit en riant le chasseur.

— Il paraît que certains rôdeurs des Prairies ont formé le projet d'attaquer cette caravane; notre Père l'a appris hier au soir; ce matin, il s'est mis en route; il a voulu lui-même la prévenir de se tenir sur ses gardes.

— Digne et saint homme! je le reconnais bien là! Est-ce qu'il est près d'ici?

— Certes! je fais une reconnaissance pour que, hommes ou fauves, il ne soit troublé dans son repos par personne.

— Vous avez raison de veiller attentivement sur lui, chef, car c'est le père des malheureux; que de bien n'a-t-il pas fait dans la contrée depuis qu'il s'y est fixé; et si ces plats coquins d'Américains ne l'avaient pas tracassé méchamment de toutes façons, il en aurait fait bien plus encore.

Les chasseurs et les Peaux-Rouges s'étaient assis à l'ombre afin de causer plus à leur aise.

— Ce que vous dites là n'est malheureusement que trop vrai, Bon-Affût! reprit le chef, en hochant la tête, les Grands-Couteaux de l'Ouest se conduisent mal avec lui!

— Comme avec tout le monde dans la Prairie, dit brusquement le chasseur, mais, par Dieu! il ne sera pas dit que mes camarades et moi nous aurons passé aussi près du saint homme sans le saluer et lui demander sa bénédiction.

— C'est notre devoir, ajouta un des chasseurs.

— N'oublions pas que nous sommes pressés, dit un autre.

— Patience! le Charmeur! le retard ne sera pas grand, et puis, tu le sais, cela porte bonheur de rencontrer le Père sur son chemin.

— C'est vrai! dirent les chasseurs d'une seule voix avec un accent de conviction profonde.

— Mais, reprit le Taureau-Blanc, vous avez oublié de me dire par quel hasard je vous ai rencontré par ici, si loin de vos trappes.

— Mes trappes, répondit-il d'un ton de mauvaise humeur, elles m'ont été volées; depuis quelque temps, la Prairie fourmille de bandits de toutes couleurs qui semblent s'être donné le mot et s'être associés pour piller et assassiner tous les honnêtes chasseurs. Mais, vive Dieu! nous verrons, je vous le jure, le plus clair de leur sang.

— Pour commencer, dit le Charmeur, il y a deux ou trois jours, nous avons lynché une demi-douzaine de ces gaillards et nous les avons enfumés dans leur tanière comme des bêtes puantes.

— Oui, reprit Bon-Affût, c'est l'Étincelle que voilà, qui les a dépistés; nous les suivions depuis quatre jours.

— Eh! à propos, fit l'Étincelle, grand et solide gaillard aux traits accentués, nous avons rendu un fier service à une de vos connaissances dans cette circonstance.

— A qui donc, l'Étincelle?

— A l'Éclair, le chef comanche, dit Bon-Affût; il se trouvait je ne sais comment dans cette hutte, en compagnie d'un chasseur blanc, une espèce de Goliath, et tous deux se débattaient comme des lions pris au piège, au moment où nous sommes arrivés. Il était temps.

— Vous oubliez le chien.

— C'est vrai! fit Bon-Affût, un fier animal; figurez-vous un magnifique...

— Je le connais; je l'ai vu, ainsi que son maître et l'Éclair, interrompit le Taureau-Blanc; ils sont venus tous trois à la mission, c'est même l'Éclair qui a appris au père l'attaque projetée par le Moqueur et le Vautour-Fauve contre la caravane.

— Ah! le louveteau en est aussi? reprit le chasseur avec ressentiment. Voyez-vous, Taureau-Blanc, aussi vrai que vous êtes un bon et honnête chrétien, un brave et sage guerrier, tous nos camarades, les chasseurs et trappeurs blancs de la Prairie, nous sommes résolus à en finir une fois pour toutes avec ces bandits de toutes couleurs qui pullulent dans le désert, qui nous volent et nous assassinent et qui, si nous les laissons faire plus longtemps, finiront par nous imposer leurs lois.

— Je ne puis que vous approuver, Bon-Affût; cependant, je suis forcé de vous dire que l'affaire est épineuse; ils sont bien nombreux.

— Je le sais mieux que personne; mais n'importe! cela ne saurait durer davantage, il n'y a plus de sécurité pour d'honnêtes chasseurs comme nous avec ces misérables; nous sommes résolus à nous liguer contre eux, à nous recruter des alliés partout, blancs ou rouges, peu importe, pourvu qu'ils soient honnêtes, et, en ce moment, savez-vous où nous allons?

— Mais non, Bon-Affût, puisque je vous le demande depuis une demi-heure.

— C'est juste, chef! Eh bien! nous sommes envoyés par nos amis en députation auprès du squatter de la Fosse-aux-Jaguars, pour le prier de se mettre à notre tête. C'est un rude homme, celui-là.

— Oui, répondit le chef en hochant la tête ; mais c'est un être mystérieux qui vit seul, retiré, avec une femme qui paraît être son esclave. On raconte bien des choses sur cet homme.

— Des mensonges ! S'il lui plaît de vivre seul, personne n'a rien à y voir ; il n'aime pas la compagnie, c'est son droit ! il a probablement des raisons pour cela ; mais, depuis plus de quinze ans qu'il est retiré dans le Morne-aux-Spectres et campé dans la Fosse-aux Jaguars, quelqu'un a-t-il eu à se plaindre de lui ?

— Personne ! je dois lui rendre cette justice ; du moins, je ne l'ai jamais entendu dire.

— Tandis, au contraire, que beaucoup de gens lui ont des obligations ; moi, tout le premier.

— Et moi ! et moi ! ajoutèrent les autres chasseurs.

— Vous voyez bien, chef ; il est sombre, morose, bourru même, je vous l'accorde ; mais en revanche c'est un brave homme, et, de plus, il est serviable.

— C'est égal, Bon-Affût, si j'étais que de vous, j'y réfléchirais à deux fois avant que de tenter une pareille démarche. Et, tenez, puisque vous êtes ici, pourquoi ne parlez-vous de cette affaire au Père ? Vous savez qu'il est de bon conseil.

— De plus, il connaît l'homme dont il s'agit ; vous avez raison, chef ! Eh bien ! je ne demande pas mieux que de consulter le Père, et, ma foi ! ce qu'il me dira de faire, je le ferai ; d'ailleurs, on n'a jamais tort d'être prudent, nous partirons quand vous voudrez, chef !

— Tout de suite, alors.

Chasseurs et Peaux-Rouges se levèrent et se remirent en marche de compagnie.

Le missionnaire reçut le chasseur de la façon la plus affectueuse ; il connaissait Bon-Affût et ses compagnons depuis longtemps, et il les estimait à cause de leur honnêteté.

Il écouta attentivement ce que lui dit le chasseur, puis, lorsque celui-ci eut bien expliqué les motifs qui l'engageaient à s'adresser au Solitaire, ainsi qu'on nommait l'homme de la Fosse-aux-Jaguars :

— Mon ami, lui répondit-il doucement, je ne vois aucun inconvénient à ce que vous tentiez cette démarche. L'homme dont vous parlez est malheureux, sans doute, car j'ignore son histoire à peu près autant que vous ; mais j'ai la conviction intime qu'il est loyal et qu'il mérite la sympathie de tous les honnêtes gens. Pourtant, je doute fort que vous réussissiez dans votre mission.

— Pourquoi donc cela, mon Père ?

— Cet homme n'est pas ce qu'il paraît ; ses manières, son langage ne sont pas d'un homme du commun, je veux dire sans éducation. A une autre époque, très éloignée sans doute, peut-être a-t-il occupé dans la société, qu'il fuit maintenant, une position élevée. Remarquez que je ne fais que des conjectures, car, je vous le répète, je n'en sais pas plus que vous sur son compte. Qui sait si ce n'est pas à la suite d'une grande douleur que la pensée lui est venue de fuir le monde et de vivre seul? Aigri par le chagrin, assombri par la solitude, la vue de ses semblables l'affecte péniblement. Il fait le bien parce qu'il est bon, mais pour ainsi dire malgré lui et à contre-cœur, pour se débarrasser des importunités des malheureux. Il n'est pas probable que, dans ces conditions, il consente à abandonner la vie qu'il mène depuis si longtemps, pour se poser en défenseur d'hommes auxquels il s'intéresse fort peu et venger des injures qu'il n'a pas reçues, lui qui, peut-être, a dédaigné de venger les siennes, et qui s'est réfugié dans le désert pour fuir les occasions de le faire. Me comprenez-vous bien, mon fils?

— Parfaitement, mon Père, tout ce que vous me dites est fort juste; je n'avais songé à rien de tout cela, lorsque j'ai résolu de l'aller trouver et de lui exposer nos griefs : je ne me suis souvenu que des nombreux services qu'il nous a rendus et des obligations que, la plupart d'entre nous, nous avons contractées envers lui.

— Et voilà pourquoi, dit en souriant le missionnaire, vous voulez l'obliger à vous servir encore?

— Dame! mon Père, répondit naïvement le chasseur, un service engage autant celui qui le rend que celui qui le reçoit.

— Vous avez raison, mon fils, eh bien! laissez-moi le soin de cette affaire; je le verrai, moi, ce misanthrope si bourru et si bienfaisant; je causerai avec lui, et, si je ne réussis pas à le convaincre, je crois que vous aurez, vous, encore plus de peine à y parvenir, qu'en pensez-vous?

— Je pense, mon Père, que vous êtes un véritable homme de Dieu, que votre bonté est inépuisable et que c'est un grand bonheur que vous soyez au milieu de nous!

— Vous êtes un flatteur, Bon-Affût.

— Ma foi, non, mon Père; je dis ce que je pense, voilà tout; et, en parlant ainsi, je me fais tout simplement l'écho des autres habitants de la Prairie.

— Savez-vous ce que vous devriez faire?

— Non, mon Père, mais dites, et je le ferai, parce que cela ne peut être que bien.

— Je me rends, comme vous le savez, au brûlis de la Longue-Corne où est campée une nombreuse caravane de gens de notre couleur.

— Oui, mon Père, je le sais.

— Il y a là une centaine de chasseurs canadiens et autres.

— Tant que cela, mon Père?

— C'est l'Éclair, le sachem comanche, qui me l'a dit.

— Oh! alors, cela doit être.

— Vous cherchez des alliés, eux aussi; je le suppose du moins, puisque, comme vous, ils sont menacés par les mêmes hommes. Que ne vous adressez-vous franchement à eux?

— Hum! fit Bon-Affût, en se grattant la tête d'un air embarrassé, ce n'est pas l'intention qui me manque, allez, mon Père.

— Qu'est-ce donc, alors, mon fils?

— Ce que c'est?

— Oui.

— Eh bien, dame ! puisque vous voulez que je vous le dise, mon père, je vous avoue que je me trouve un bien mince compagnon, pour m'adresser ainsi, moi, pauvre chasseur, aux chefs de cette caravane qui sont sans doute des Yankees riches et orgueilleux et qui se moqueront de moi, et me tourneront le dos en ricanant.

— Je crois que ces chefs sont Français : je ne vous l'assurerais pas, mon fils, mais il me semble que l'Éclair, qui s'intéresse fort à eux, me l'a dit.

— Ah ! s'ils sont Français ! s'écria le chasseur avec un mouvement de joie, c'est autre chose !

— N'est-ce pas ?

— Eh bien ! non ! reprit-il au bout d'un instant, je n'oserai pas davantage.

— Ah ! par exemple ! est-ce aussi pour les mêmes motifs ?

— Vous ne le supposez pas, mon Père, mais je suis Canadien, moi, c'est-à-dire Français d'Amérique, et je professe un si profond respect pour les Français de là-bas, de l'autre côté de l'eau, que jamais je n'oserai leur parler.

— Mais vous me parlez bien à moi, mon fils, et je suis Français aussi !

— Oh ! non, mon Père.

— Comment, non ? fit-il en riant.

— Vous êtes un saint, vous, mon Père, et les saints n'ont pas de patrie ; c'est comme cela ; ils sont de tous les pays, puisqu'ils sont les pères de tous ceux qui souffrent, à quelque nation qu'ils appartiennent.

— Bon-Affût, dit-il en le menaçant du doigt, je vous répète que vous êtes un détestable flatteur.

— Ah ! bien, si l'on ne peut plus dire la vérité, à présent...

— Voyons, parlons sérieusement, grand enfant : vous et vos compagnons, vous allez m'accompagner jusqu'au camp, et cette fois encore, je me charge de vous servir d'intermédiaire, cela vous convient-il ainsi ?

— Il faudrait que je fusse un fier imbécile, par exemple, pour ne pas accepter les yeux fermés, mon Père.

— Eh bien ! c'est convenu, vous viendrez avec moi.

— Je ne demande pas mieux.

Bon-Affût se hâta d'annoncer cette bonne nouvelle à ses compagnons qui remercièrent chaleureusement le missionnaire de son inépuisable bonté.

A quatre heures du soir, on se remit en marche.

Le matin même l'Éclair avait eu une longue et sérieuse conversation avec le général et il lui avait annoncé l'arrivée prochaine du missionnaire.

Cette nouvelle avait fait grand plaisir à M. de Bodégast ; il espérait, ce qui était d'ailleurs dans les probabilités, obtenir par ce missionnaire des renseignements sur son frère Tancrède.

Souvent, pendant son séjour à Arkapolis, le général avait entendu parler par les autorités américaines de ce missionnaire, et toujours avec les plus grands éloges : il fallait que sa réputation de sainteté fût bien établie pour que ces farouches protestants consentissent à la reconnaître.

Ainsi que l'avait annoncé l'Éclair, les divers détachements de sa tribu étaient arrivés les uns après les autres pendant la nuit ; ils formaient maintenant un effectif de plus de deux cents hommes. Le sachem, pour éviter l'encombrement, les avait fait camper au pied de la colline, de façon que les deux camps demeurassent en communication l'un avec l'autre.

Les cadavres des Sioux avaient été jetés à l'eau par les Comanches, qui jamais n'auraient consenti à leur donner la sépulture.

L'Opossum, dont les blessures étaient légères, était monté à cheval, vers les dix heures du matin, et, à la tête d'une vingtaine de guerriers, il avait fait une battue aux environs.

Les ennemis avaient disparu sans laisser de traces.

Il était évident qu'ils réunissaient leurs forces et prenaient leurs mesures pour tenter un coup de main contre la caravane.

Vers quatre heures du soir, l'Éclair, accompagné de Cœur-d'Acier, d'une dizaine de Bretons et d'autant de guerriers comanches, quitta le camp pour se rendre à la rencontre du missionnaire, qui ne devait pas, sans doute, tarder à arriver.

Le général avait envoyé Hervé et les Bretons avec le chef, afin de faire honneur au protecteur si aimé des Indiens.

Les deux petites troupes, confondues en une seule, traversèrent rapidement la prairie et s'engagèrent dans un bois-taillis assez touffu, ressemblant aux maquis de la Corse; bois d'une grande longueur, mais d'une largeur médiocre, qu'il ne leur fallut pas plus de dix minutes pour franchir.

Alors, ils aperçurent, à une centaine de pas en avant, la troupe du missionnaire qui s'avançait lentement et en bon ordre; ils s'élancèrent à fond de train, afin de le rejoindre vite.

Les éclaireurs du Taureau-Blanc avaient reconnu les arrivants, de sorte qu'ils continuèrent leur marche.

Bientôt les deux troupes se trouvèrent en présence.

Alors, Cœur-d'Acier, d'après les ordres qu'il avait reçus du général, mit pied à terre et s'avança vers le missionnaire qu'il salua respectueusement.

— Mon Père, dit-il...

Mais tout à coup le vieillard s'arrêta, devint rouge comme un *floripondio*, ouvrit des yeux démesurés, et commença à trembler de tous ses membres.

— Ah! s'écria-t-il enfin, avec une expression de joie et de surprise indicible, notre jeune monsieur!...

— Hervé Kergras! s'écria de son côté le missionnaire, que l'émotion, la joie et l'étonnement clouaient à sa place.

— Ah! monsieur l'abbé! monsieur l'abbé! reprit le digne Breton, qui ne savait plus ce qu'il disait.

Et il tomba, haletant, aux genoux du jeune prêtre, qui, aussi ému que lui, se baissa vivement pour le relever et l'attira dans ses bras, où il le tint longtemps embrassé.

— Soyez béni! mon Dieu! dit-il en levant vers le ciel ses yeux pleins de larmes, soyez béni, pour m'avoir réservé cette joie immense, après de si longs labeurs.

Les Indiens et les chasseurs, émus de cette scène touchante à laquelle ils ne comprenaient rien, se regardaient avec surprise.

— Hervé, où est mon frère? demanda l'abbé Gabriel avec inquiétude.

— Ici, notre monsieur, ici, avec Mme la marquise, et moi, et le jeune monsieur, et tout le monde!

Le vieux serviteur divaguait : il riait, pleurait et dansait à la fois.

L'abbé Gabriel demeura un instant immobile, pâle, respirant à peine, les deux mains appuyées fortement sur sa poitrine.

— Mon Dieu! murmura-t-il après un instant, en poussant un profond soupir, j'ai cru que j'allais mourir! Mon Dieu! n'avez-vous donc fait l'homme fort que pour la souffrance?

Puis un léger incarnat revint à ses joues et il sourit.

— Mes frères, mes enfants, dit-il à ceux qui l'entouraient, d'une voix tremblante, le Seigneur, dans sa toute-puissante bonté, a daigné m'accorder une joie et un bonheur immenses. Mon frère, ma sœur, mes amis, sont ici à quelques pas. Dans un instant, je vais les revoir, les serrer dans mes bras; mes frères, laissez-moi remercier Dieu!

Il s'agenouilla.

Tous l'imitèrent.

Les Comanches eux-mêmes, entraînés par l'exemple, descendirent de leurs chevaux et s'agenouillèrent respectueusement.

Alors, la voix pure et mélodieuse de l'abbé Gabriel s'éleva calme et grave au milieu du silence.

Tous les chrétiens répétaient après lui avec ferveur les paroles touchantes de cet hymne de grâce et de reconnaissance.

Rien ne saurait rendre l'expression saisissante et grandiose de cette scène, d'une simplicité sublime, au milieu de ces déserts aux aspects sombres et majestueux, de cette nature puissante et abrupte à la fois!

Cette prière, murmurée par ces hommes primitifs, aux traits caractérisés, aux costumes étranges et dont les accents se mêlaient aux frémissements mystérieux de la brise du soir, et au murmure continu de l'eau du fleuve, fuyant à travers les roseaux de la rive!

Le véritable temple du Créateur n'est-il pas ce désert, aux profondeurs insondables, où son nom est écrit à chaque pas en caractères indélébiles! Sous ces immenses arceaux de verdure, au milieu de cette nature luxuriante, où les oiseaux, blottis sous la feuillée, chantent éternellement au Créateur leurs hymnes mélodieux!

Lorsque la prière fut terminée, l'abbé Gabriel se leva :

— Marchons, mes frères! dit-il.

On repartit.

Cœur-d'Acier bondit sur son cheval, et, sans prononcer un mot, sans faire un geste d'adieu, il enfonça les éperons aux flancs de son coursier qui hennit de douleur, se cabra de colère, et partit avec la rapidité de la foudre, laissant ses Bretons au sachem comanche.

L'abbé Gabriel comprit la cause du départ précipité d'Hervé Kergras; il sourit et murmura à part lui :

— Bon Hervé! toujours le même!

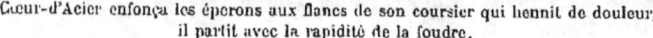

Cœur-d'Acier enfonça les éperons aux flancs de son coursier qui hennit de douleur,
il partit avec la rapidité de la foudre.

Cependant, le Breton dévorait l'espace; bientôt les sentinelles placées aux retranchements l'aperçurent, galopant à travers la plaine et agitant son chapeau au-dessus de sa tête.

L'alarme fut aussitôt donnée.

Personne ne comprenait rien à cette course désordonnée, à ces gestes furibonds.

Le général, Alain, Balle-Franche, se hâtaient de faire prendre les armes; les plus sinistres pressentiments leur serraient le cœur.

Hervé revenait seul, lui, la bravoure incarnée! Que s'était-il passé?

Qu'étaient devenus l'Eclair, ses guerriers, les Bretons?

Cœur-d'Acier galopait toujours en continuant ses gestes.

Il approchait avec une rapidité vertigineuse.

Bientôt il gravit la colline, sans ralentir l'allure fantastique de sa monture, au risque de rouler, lui et son cheval, dans les précipices.

Puis, tout à coup, au moment où les spectateurs épouvantés de cette course affolée, tremblaient de le voir se briser contre les retranchements, sans ralentir son élan, il enleva son cheval, et tomba comme une bombe au milieu du camp, où le cheval demeura un instant immobile, hébété sur ses jarrets tremblants.

— Hervé! es-tu fou? s'écria le général en se précipitant vers lui.

— Père, père! au nom du ciel! que t'est-il arrivé? dit son fils en le soutenant dans ses bras.

Cœur-d'Acier les regarda en riant, et agitant son chapeau au-dessus de sa tête :

— Vive la France! s'écria-t-il d'une voix tonnante, le voilà! le voilà!

— Que se passe-t-il, mon Dieu? demanda la marquise, qui arrivait, éperdue.

— Je vous dis que le voilà! c'est lui! répéta Hervé.

— Mais qui, lui? s'écrièrent à la fois tous les assistants.

— Lui! eh bien! c'est lui, notre jeune monsieur!

— Tancrède? s'écria la marquise.

— Oui, monsieur Tancrède! le voilà! Il vient!

— Mon Dieu! dit le général avec joie, tu ne te trompes pas, Hervé? C'est bien lui?

— Voyons, père, réponds comme un homme! dit Alain.

— Parlez! parlez! reprit la marquise.

— Je vous dis que je l'ai vu, qu'il m'a parlé, qu'il m'a embrassé, et qu'il vient là, là-bas, regardez dans la plaine!

Chacun courut au retranchement et regarda.

La petite troupe commençait à émerger du *chaparra*.

Alain enleva son père dans ses bras puissants, et le posa à terre; le cheval, délivré enfin de son cavalier, se coucha aussitôt et commença à se rouler avec fureur.

— Allons au-devant de lui! dit résolument la marquise.

— Allons! allons! répétèrent les autres.

— Je veux y aller aussi, moi, dit Hervé.

— Non, mon père, répondit Alain avec autorité, votre place est ici! Qui garderait le camp en notre absence?

Le vieux soldat baissa la tête et ne répondit pas; son fils l'embrassa : le sourire reparut alors sur ses lèvres.

Le général, la marquise, tenant son fils par la main, Alain, Balle-Franche et l'Aigle-Rouge, toujours suivi de Milord, quittèrent alors le camp, sous l'escorte d'une vingtaine de chasseurs, et descendirent rapidement la colline.

En posant le pied dans la plaine, ils joignirent la troupe du missionnaire.

Nous renonçons à dépeindre la scène de reconnaissance qui eut lieu entre les deux frères qui se revoyaient enfin, après tant d'années de séparation.

Il y a de ces joies tellement fortes, tellement pures, qui plongent le cœur dans de si immenses délices, que la plume est incapable de les décrire.

Le bonheur se sent, il ne s'explique pas.

IX

OU LE GÉNÉRAL DE BODÉGAST TIENT UN GRAND CONSEIL-MÉDECINE

L'abbé Gabriel s'était abandonné avec une foi naïve et touchante à la joie que sa présence causait à tous ses amis et qu'il ressentait avec une force peut-être plus grande qu'eux-mêmes.

Cette immense faveur que lui accordait enfin le ciel, après tant de cruelles traverses et une si longue et si pénible séparation, mettait le comble à sa reconnaissance pour ce maître divin qu'il servait avec une abnégation si complète et si sincère.

Il sentait redoubler son courage pour l'achèvement de son œuvre de régénération qu'il avait si laborieusement entreprise.

Cette rencontre providentielle que les sceptiques n'auraient attribuée qu'au hasard, ce grand cheval de bataille de ceux que leur incommensurable orgueil fait ostensiblement incrédules, il y voyait, lui, le doigt puissant de Dieu, visiblement empreint.

C'était lui qui, à travers les mystérieuses péripéties cachées dans les replis insondables de l'avenir, avait dirigé les événements de façon à mettre, de la manière la plus naturelle et dans l'instant le plus opportun, les deux frères enfin en présence.

Cette douce et charmante croyance était partagée par les Bretons et les Canadiens réunis en ce moment au Brûlis de la Longue-Corne, races ferventes comme toutes celles que la nature imposante au milieu de laquelle elles ont toujours vécu a rendues religieuses.

Ces hommes admiraient sans essayer de les comprendre les moyens dont la Providence s'était servie pour amener cet événement si heureux pour eux tous.

Malgré son vif désir de ne pas se séparer de son frère, le missionnaire ne pouvait malheureusement lui consacrer qu'un temps fort court, quelques jours; d'impérieux besoins et d'impérieux devoirs exigeaient sa présence à la mission, et le contraignaient à revenir le plus tôt possible au milieu de son troupeau qui réclamait à grands cris son retour.

Le général, lui aussi, désirait ardemment sinon conserver son frère auprès de lui, il sentait combien cela était impossible, mais au moins arranger les choses de telle sorte, que, chaque fois qu'il aurait besoin de s'entretenir avec lui pour lui demander conseil, ou pour tout autre motif, cela pût facilement s'exécuter, et que leurs communications fussent assurées d'une manière à la fois rapide et certaine.

Mais le moyen était difficile à trouver, et il désespérait presque d'y réussir.

Plus de quinze jours s'étaient écoulés, assez paisiblement, malgré la guerre si fièrement déclarée aux Français par le chef sioux, le Moqueur; aucun acte d'hostilité n'avait été commis; le Moqueur et ses guerriers avaient disparu sans laisser de traces; ils semblaient avoir renoncé à leurs projets, ou du moins les avoir ajournés.

Mais le général ne se laissait point tromper par ce calme factice qui, il le comprenait, devait cacher une tempête terrible; il redoublait au contraire de prudence, et augmentait autant que possible ses moyens de défense, cependant déjà si redoutables.

L'Éclair et Bon-Affût avaient quitté le camp : le chef comanche avait laissé sa tribu sous les ordres de l'Opossum et de deux autres chefs dans lesquels il avait une entière confiance; suivi seulement de quelques-uns de ses guerriers, il était parti pour les villages de sa nation afin de convoquer les Grands-Braves et de les ramener avec lui; quant à Bon-Affût, après une absence de dix jours, il était revenu au camp accompagné d'une soixantaine de chasseurs et trappeurs canadiens et américains : tous hommes d'élite, honnêtes et dévoués, en qui on pouvait avoir toute confiance à cause de la haine qu'ils professaient pour les Apaches, les Sioux et les pirates sur lesquels chacun d'eux avait plus d'une injure à venger.

Pendant ces quinze jours, l'abbé Gabriel avait fait plusieurs voyages à la mission, accompagné, soit par le général, soit par Alain, soit par Cœur-d'Acier.

Le Taureau-Blanc avait été renvoyé à Sainte-Marie avec ses guerriers, afin de veiller sur la mission et la mettre à l'abri d'un coup de main.

Pendant une de ces courses faites par l'abbé Gabriel, Alain, qui cette fois-là l'escortait avec Balle-Franche et quelques chasseurs, avait, en regagnant le camp, attentivement exploré les environs de Sainte-Marie.

Il remarqua que rien n'était plus facile que d'occuper les abords de la mission; de la rendre presque imprenable, et d'en faire le centre d'une ligne de défense redoutable; en occupant solidement trois points principaux dont les feux se croiseraient presque; de sorte que Sainte-Marie deviendrait une forteresse, et, de plus, le quartier général de l'expédition.

Ces trois points étaient : le défilé de l'Antilope que nous connaissons déjà; une île boisée et formant un cône tronqué qui s'élevait en face même de Sainte-Marie et une colline, espèce de rocher presque à pic, dont le sommet était couronné de ruines informes d'une origine inconnue et qui remontaient sans doute aux époques des grandes migrations des Chichimèques.

Du centre de ces ruines au sommet même de la colline, par une singularité remarquable fort précieuse en cette circonstance, une source abondante sortait d'un fouillis de rochers; traversait la plate-forme en une large nappe et tombait en cascade dans la plaine pour aller, après maints détours, se perdre dans le Nebraska.

Un seul côté, celui occupé par la forêt, mais dominé sur tous les points, pouvait être négligé, parce que cette forêt, semblait presque infranchissable et que de l'île et de la colline rien n'était plus facile que de rendre inefficace toute tentative faite par l'ennemi, en supposant qu'il parvînt à surmonter les obstacles presque invincibles que présentait cette forêt, même à des hommes isolés.

A son arrivée au camp, Alain se hâta de communiquer ses observations à son frère de lait; celui-ci l'écouta avec la plus sérieuse attention, parut attacher une grande importance à ce qu'il entendait; et, finalement, il proposa à Alain d'aller avec lui visiter les lieux, afin de se rendre bien compte des avantages que pouvaient offrir ces différentes positions.

Le lendemain même, au lever du soleil, les deux frères, suivis par une quinzaine d'hommes bien armés, tentèrent leur excursion.

Cette reconnaissance fut faite avec le soin le plus minutieux.

Le général revint enchanté de ce qu'il avait vu.

La seule modification qu'il apporta dans le plan conçu par son frère de lait, ce fut que les abords de la forêt seraient rendus impraticables par de grands abatis d'arbres, que l'on enchevêtrerait les uns dans les autres; qui barreraient toute la largeur de la rivière, assez étroite, du reste, en cet endroit; et qu'un poste avancé, d'une dizaine d'hommes au plus, abrités par des barricades, qui se relieraient d'un côté au camp de la colline et de l'autre à une portée de fusil de la forêt, avec ordre de se replier en arrière, aussitôt après avoir donné l'alarme, au premier mouvement suspect qui serait aperçu dans ces impénétrables fouillis de verdure.

De plus, d'après le plan arrêté entre les deux officiers, si bien au fait des choses de la guerre, un système de signaux serait établi entre les différents camps, de manière que l'on pût se porter facilement au secours du point qui serait menacé.

Mais le général ne voulut rien faire avant de s'être assuré de l'assentiment de son frère, qui, seul, à ses yeux, avait le droit commander en maître dans cette contrée sauvage où, le premier, il avait pénétré, et dans laquelle il avait tant fait déjà pour la civilisation.

Le général savait que l'abbé Gabriel devait, deux ou trois jours plus tard, lui faire une nouvelle visite; il résolut donc d'attendre son arrivée.

Le missionnaire, lors du premier entretien qu'il avait eu avec sa belle-sœur, avait remarqué l'état de prostration et de surexcitation nerveuse où elle était plongée; il avait été profondément affecté de cette découverte et avait cherché la cause de cette maladie morale qui tarissait en elle les sources de la vie, et, avec ce dévouement qui ne l'abandonnait dans aucune circonstance, ce pieux médecin des âmes s'était promis de guérir la jeune femme.

Alors, avec ce tact délicat et cette patience angélique, qu'il possédait à un si haut degré, il entreprit cette cure qui, pour tout autre que lui, aurait été impossible.

Sans toucher aux fibres secrètes de ce cœur malade, il était parvenu par de douces exhortations à conquérir en peu de temps la confiance de la marquise; et, sans qu'elle-même s'en doutât, il lut bientôt dans son cœur comme dans un livre ouvert pour lui seul et devina le secret poignant qu'elle se cachait à elle-même.

La cause du mal découverte, l'abbé Gabriel l'avait résolument attaquée et combattue; grâce à lui, cette guérison faisait des progrès rapides, mais il fallait des soins incessants à cette malade chez laquelle le moral influait si gravement sur le physique.

L'abbé Gabriel le savait.

Constamment il lui fallait relever ce courage qui défaillait, rendre l'espoir à ce cœur blessé; aussi ses visites au camp étaient-elles fréquentes; malheureusement, dès que la marquise était livrée à elle-même, elle s'affaissait de nouveau, et il fallait reprendre par le commencement cette cure pénible.

Plusieurs fois, sans lui en dire positivement le motif, le missionnaire avait témoigné à son frère le désir que la marquise demeurât pendant quelque temps auprès de lui; le général ne demandait pas mieux que de satisfaire son frère, mais Andrée ne voulait, sous aucun prétexte, se séparer de son mari ; les ouvertures faites près d'elle à ce sujet avaient été si péremptoirement refusées que ni l'abbé Gabriel, ni le général, de crainte d'affliger la jeune femme, n'avaient osé lui en reparler.

D'autant plus que le général ne se dissimulait pas que la mission de Sainte-Marie, abandonnée à elle-même, n'était pas en état d'opposer une sérieuse résistance à une attaque bien conduite par des pirates et des rôdeurs de prairies, et il tremblait à la seule pensée de laisser sa femme, pour laquelle il professait un amour si profond, exposée à des dangers dont l'idée seule le faisait frémir.

Il fallait chercher un biais qui conciliât tout : c'était son biais que le général et son frère de lait, Alain Kergras, croyaient avoir enfin trouvé.

Deux ou trois jours après la reconnaissance faite par les deux officiers, un matin, l'abbé Gabriel arriva au camp avec son escorte ordinaire de Peaux-Rouges, en annonçant à son frère, d'un air joyeux, qu'il comptait lui donner jusqu'à la fin de la semaine, nouvelle qui fut accueillie avec joie par tous les chasseurs.

Ces rudes aventuriers s'étaient passionnés pour ce missionnaire, si simple, si bon, et qui pratiquait avec une ingénuité si réelle la charité évangélique.

La première visite de l'abbé Gabriel fut pour la marquise, avec laquelle il eut un long entretien, comme toujours; puis il alla rejoindre son frère qui, en compagnie d'Alain, se promenait d'un air pensif sur l'esplanade, devant sa tente.

Le général n'eut garde de laisser échapper l'occasion que lui offrait si fortuitement le hasard; il s'empara aussitôt de son frère et, séance tenante, il lui exposa son projet; mais, comme l'abbé Gabriel était surtout et avant tout un homme de paix, que tout ce qui, directement ou indirectement, ressemblerait à la guerre, l'aurait immédiatement effrayé, le général eut soin d'envelopper la proposition qu'il faisait à son frère de tant de détours, il lui fit valoir avec tant d'à-propos les avantages de ce voisinage, pour l'un comme pour l'autre, combien il serait facile que la marquise, comme il le désirait, résidât à la mission, sans être, pour cela, séparée de son mari , et quelle sécurité la proximité de la caravane donnerait à la mission, que l'abbé Gabriel, séduit par les arguments plus ou moins spécieux que le général faisait miroiter à ses yeux, complètement rassuré d'ailleurs sur les intentions pacifiques de son frère qui lui avait juré qu'il ne voulait en aucune façon engager les hostilités avec les Peaux-Rouges, mais qu'il se bornait seulement à garder la défensive et à repousser la force par la force, l'abbé Gabriel, disons-nous, se laissa convaincre, et accepta avec joie la proposition de son frère, proposition à laquelle il donna son adhésion la plus entière.

La marquise elle-même, lorsque son mari lui fit part de son intention d'aller camper auprès de la mission afin de pouvoir communiquer plus facilement avec son frère, accepta sans difficulté cette proposition qu'elle considérait comme très avantageuse pour tout le monde.

Donc, de ce côté, tout marchait à merveille; et lorsque, à la fin de la semaine, l'abbé Gabriel prit congé de son frère, il ne manqua pas de lui dire en le quittant :

— A bientôt !

Parole à laquelle le général répondit :

— Avant deux jours, nous serons près l'un de l'autre.

Dès que le missionnaire fut parti, le général, après s'être entendu avec Balle-Franche et l'Aigle-Rouge, plus au courant que lui des coutumes de la Prairie, annonça pour le jour même un grand conseil-médecine.

Dans les déserts du Far-West, les chasseurs blancs ou métis ont adopté tous les usages des tribus indiennes avec lesquelles ils sont continuellement en contact.

Le général jugea donc prudent de se conformer à ces usages pour communiquer à ses alliés la résolution qu'il avait prise et s'assurer de leur concours.

En conséquence, le jour même, vers huit heures du soir, dans une grande hutte construite exprès pour cette cérémonie, tous les chefs se réunirent autour d'un énorme feu, sous la présidence du général de Bodégast, chef de l'expédition.

Les chefs présents étaient le général Alain Kergras, Cœur-d'Acier, Balle-Franche, Bon-Affût, un autre chasseur nommé ou surnommé plutôt Bois-Brûlé, l'Aigle-Rouge, l'Opossum et deux autres chefs comanches, le Renard et l'Alligator.

En tout, dix personnes.

La marquise, bien qu'elle ne pût avoir voix délibérative dans le conseil, y assistait d'une façon indirecte, assise sur un pliant placé dans un angle éloigné de la hutte; elle regardait curieusement cette scène qui ne manquait pas d'un certain effet pittoresque, tout en causant à voix basse avec ses deux cameristes.

Ces deux femmes, dont nous n'avons point parlé encore, étaient deux charmantes jeunes filles de dix-huit à dix-neuf ans; nées sur les terres de la marquise, et élevées pour ainsi dire par sa famille, elles n'avaient jamais quitté le château et étaient dévouées à leur maîtresse qu'elles aimaient comme une mère; leur présence dans ce désert le prouvait suffisamment.

Elles étaient sœurs et se nommaient Yvonne et Jeanne; l'aînée, Jeanne, grande, svelte et solidement charpentée, était une fraîche et robuste paysanne aux cheveux et aux yeux noirs, à la peau blanche, aux dents de perles et aux lèvres de corail, gaie, rieuse et peut-être un peu décidée, bien que le contact de la marquise eût adouci ce que son caractère avait de trop résolu; sa sœur Yvonne formait avec elle un contraste frappant: elle était blonde, avec de grands yeux bleus, rêveurs et un peu effarouchés, une peau de satin, une physionomie douce et l'air timide et craintif; elle était petite, mignonne et admirablement faite.

De la place qu'il occupait devant le feu du conseil, les regards de Balle-Franche se dirigeaient souvent à la dérobée vers Jeanne qui alors baissait la tête et rougissait jusqu'à la racine des cheveux.

D'après le conseil de Balle-Franche, le marquis de Bodégast et son frère de lait, avaient, pour la circonstance, revêtu leur grand uniforme d'officiers supérieurs, ce qui, ainsi que l'avait prévu le chasseur, produisit un excellent effet sur les trappeurs de Bon-Affût et surtout sur les chefs comanches.

Les Français, à l'époque où ils étaient maîtres du Canada, avaient la coutume, lorsqu'ils réunissaient un grand conseil-médecine auquel assistaient les chefs influents, de faire précéder le conseil d'une distribution de café noir, de liqueurs et de cadeaux destinés à être partagés entre les principaux guerriers, c'est-à-dire les grands braves de la nation dont les chefs étaient présents au conseil.

Le général eut soin de se conformer à cet usage dont la tradition était encore vivante parmi les Peaux-Rouges et les chasseurs canadiens.

Aussitôt que les membres du conseil furent réunis devant le feu, dans la hutte-médecine, Loïck et trois autres serviteurs du général parurent, chargés de plateaux et de liqueurs.

Le café fut versé, les liqueurs offertes et acceptées par tous, moins les chefs comanches qui jamais ne boivent autre chose que de l'eau; puis, tandis que les chasseurs et les Indiens dégustaient le café, des ballots furent apportés et ouverts, et la distribution des cadeaux commença.

Le général fit remettre à l'Opossum, pour les guerriers de sa tribu, cent couvertures de laine, cent couteaux à scalper et cent haches ou tomahawks; les trois chefs reçurent en outre, pour eux personnellement, chacun un beau fusil et quatre livres de poudre et de balles.

Les chasseurs reçurent aussi des couvertures en nombre égal à leur effectif, des blouses, des guêtres, des chaussures et de la poudre.

Enfin, blancs et rouges, chacun eut une livre de tabac.

Le général se montrait généreux, il faisait magnifiquement les choses.

Malgré leur impassibilité de commande, ces hommes primitifs avaient une peine extrême à ne pas laisser éclater au dehors la joie qui gonflait leurs cœurs.

La distribution des cadeaux terminée, l'Opossum se leva et présenta au général un grand calumet bourré de *morrichée* ou tabac sacré; il prit, au moyen d'une baguette un charbon ardent, et le posa sur le foyer du calumet, puis, après avoir salué le général, il regagna sa place.

L'Opossum venait, lui, un des premiers chefs de sa tribu, de faire au

Le marquis avait revêtu son grand uniforme.

général le plus grand honneur que ces guerriers orgueilleux puissent consentir à faire à l'homme pour lequel ils ont la plus profonde estime.

Le général remercia le chef avec courtoisie, porta l'extrémité du tuyau à ses lèvres, et, après avoir aspiré deux ou trois bouffées de fumée, il passa le calumet à Alain, qui l'imita gravement et le remit ensuite à son père, le calumet fit ainsi plusieurs fois le tour du cercle, puis enfin, lorsque tout le tabac fut consumé, le général jeta les cendres dans le feu et rendit le calumet à l'Opossum.

Toutes les cérémonies préliminaires des conseils-médecine entre blancs et Indiens étaient accomplies.

Le général se leva alors, et, après avoir salué gravement ses auditeurs, il prit la parole.

— Sachems de la vaillante et redoutable nation des Comanches, dit-il, cette nation, à si juste titre nommée la reine des Prairies, et dont les immenses territoires de chasse couvrent plus de la moitié de la terre du levant au couchant; et vous, chasseurs et trappeurs blancs, mes frères, mes alliés et mes amis, vous êtes des hommes sages : mieux que moi vous connaissez les raisons pour lesquelles une alliance a été conclue entre nous; je ne vous rappellerai donc pas les griefs nombreux que vous avez contre nos ennemis communs; les vols et les assassinats dont ils se sont rendus coupables; ce serait inutile. Ce souvenir est toujours présent à votre mémoire, et votre plus vif désir est de venger vos injures; je me suis engagé à vous y aider de tout mon pouvoir, et ce serment, avec l'aide de Dieu, sans lequel on ne peut rien, je le tiendrai !

« Mais, continua le général, pour que nous triomphions de la duplicité de nos misérables ennemis; pour que nous réussissions à leur infliger un châtiment terrible dont le souvenir se conserve longtemps parmi eux et leur inspire une terreur salutaire, il est important que la meilleure entente et l'union la plus complète continuent à régner parmi nous. Je suis résolu, si vous consentez à m'accorder franchement et loyalement votre concours, à prendre des mesures qui, je n'en doute pas, nous permettront de délivrer la Prairie, pour un temps au moins assez long, des pillards et des assassins sans foi ni loi; misérable ramassis d'aventuriers appartenant à toutes les nations, et que toutes les nations rejettent avec mépris; qui déshonorent cette contrée, massacrent, torturent et volent, soit les chasseurs, soit les guerriers isolés, soit les voyageurs étrangers qui se hasardent dans le désert; contre lesquels ils s'embusquent et qu'ils attaquent lâchement à l'improviste. Veuillez donc, mes amis et dignes alliés, prêter, je vous prie, une oreille attentive à ce que je vais avoir l'honneur de vous dire. Voici quel est le projet que j'ai formé.

L'attention des membres de l'assemblée redoubla à ces paroles; un silence profond, un calme majestueux planaient sur le camp; seule la voix du général s'élevait sonore, puissante et sympathique et faisait tressaillir d'émotion ces hommes au cœur de lion qui l'entouraient et dont les regards ardents étaient fixés sur lui avec une expression étrange.

Le général expliqua alors dans les plus minutieux détails, et sous un jour naturellement tout différent de celui qu'il avait montré à son frère, le projet dont nous avons déjà entretenu le lecteur; il fit ressortir aux yeux des membres du conseil les avantages du plan qu'il avait conçu et les résultats glorieux qu'ils obtiendraient en agissant de cette manière, tout en ne faisant, en apparence, qu'une guerre défensive; mais, en réalité, en contraignant leurs ennemis à scinder leurs forces et à diminuer ainsi, par conséquent, les chances de succès qu'ils pourraient avoir; tandis qu'eux, au contraire, grâce à ces habiles dispositions, leur seraient, dans toutes les rencontres, supérieurs en nombre.

Puis, ce long discours terminé, M. de Bodégast salua l'assemblée et se rassit au milieu du silence général, troublé seulement par un murmure d'assentiment qui circula comme un souffle mystérieux parmi les membres de l'assemblée, murmure qui lui fit bien augurer pour la réussite de ses projets.

L'Opossum se leva alors.

— Les paroles prononcées par mon père, dit-il, sont celles d'un homme sage; son cœur est grand, son âme généreuse; il veut le bien! les Comanches l'aiment, ils l'aideront dans l'accomplissement de ses projets, et ils protégeront le chef de la prière contre les persécutions de ses ennemis. Les Sioux sont des voleurs, lâches et infâmes; ils ont mérité la mort; les Comanches les attaqueront et les attacheront au poteau de torture. Les ordres que donnera mon père blanc, ses fils rouges les exécuteront sans hésiter. Que mon père ait confiance en ses enfants; ils sont à lui, j'ai dit.

L'Opossum salua l'assistance, puis il se rassit.

Ce fut au tour de Bon-Affût à prendre la parole :

— Mon général, dit-il après s'être levé, je ne suis qu'un pauvre homme ignorant, un brave et honnête chasseur; je ne sais pas parler, mais grâce à Dieu, je sais distinguer le bien du mal, le bon du mauvais, et donner, s'il le faut, ma vie pour le soutien d'une cause juste. Mes compagnons, les chasseurs et trappeurs de la Prairie, et moi nous ne demandons que la liberté de vivre honorablement de notre travail, sans nuire en aucune manière à ceux qui font comme nous, et en les aidant, au contraire, chaque fois que cela nous est possible. Une tourbe de coquins, la lie des villes, échappés des prisons anglaises, américaines et espagnoles, se sont ligués avec les Sioux, les Ken'has, les Corbeaux, et autres démons pillards de cette espèce, pour nous ruiner et nous tuer lâchement chaque fois que l'occasion leur en est offerte. Les gouvernements civilisés sont impuissants, malgré leur vif désir de le faire, à nous protéger contre ces vexations et ces injures continuelles.

« Venu dans les prairies, continua Bon-Affût, pour des motifs qui vous sont personnels et qui ne nous regarderont que si vous nous jugez dignes de votre confiance, vous avez daigné prêter une oreille bienveillante à nos doléances, nous accorder votre protection et le concours des forces dont vous disposez, pour nous aider à tirer de nos ennemis une vengeance terrible qui sera, nous l'espérons, un salutaire avertissement pour les misérables qui nous rançonnent; nous vous remercions sincèrement de votre bonté, et nous nous mettons complètement à vos ordres; disposez de nous comme bon vous semblera, nous vous obéirons sur un mot, sur un signe, sur un geste; mais il est une chose que nous réclamons de votre obligeance, cette chose, la voici : la Prairie a des coutumes exceptionnelles : là où la loi est impuissante, la force prend sa place. Nous disons, au désert, œil pour œil, dent pour dent, et nous exécutons dans toute sa rigueur cette loi du talion, à laquelle nous avons donné, nous, le nom de la loi de Lynch.

« Ne vous opposez pas à cette loi; laissez-nous l'exécuter dans toute sa rigueur ; elle est terrible, je le sais, mais cette justice sommaire et implacable a seule le pouvoir d'épouvanter les scélérats. Dans les villes, où la loi est forte et protège d'une manière efficace les citoyens honnêtes contre les coquins, la clémence est de rigueur ; c'est presque un devoir d'adoucir les peines, de punir les malfaiteurs, en leur laissant le temps du repentir, qui malheureusement, pour la plupart d'entre eux, n'arrive jamais : au désert, c'est autre chose, la société si attentivement protectrice des individus n'existe plus ; les individus sont contraints de se protéger eux-mêmes. Tout acte de clémence est considéré comme une faiblesse, tourné en dérision, et excite les bandits à commettre de nouveaux et plus horribles forfaits ; ces misérables ne sont plus des hommes, mais des bêtes féroces enragées, qu'il faut tuer sans pitié, si l'on ne veut être tué par elles ; on n'existe qu'à la condition terrible d'être impitoyable. Promettez-nous donc, général, de suivre sans y rien changer les usages de la Prairie, et de ne pas essayer, par une clémence qui ne serait pas comprise, de ramener des hommes que la terreur seule peut dompter ; cette concession de votre part à nos idées, idées qui sont justes, car nous avons une expérience du désert que vous ne possédez pas, doublera notre courage, et, s'il est possible, notre dévouement à votre personne, et, de plus, je vous le répète, assurera d'une manière efficace la tranquillité de la Prairie. Je vous ai parlé franchement, au nom de mes compagnons et au mien : nous attendons maintenant respectueusement votre réponse, mon général.

Bon-Affût reprit alors sa place.

— Pardieu ! s'écria Cœur-d'Acier, voilà un gaillard qui parle bien et qui a raison, qui plus est ; c'est ainsi que l'on doit faire avec de pareils drôles ; la clémence n'est bonne qu'à les encourager. Il faut agir contre eux avec rigueur ; morte la bête, mort le venin !

Le général imposa d'un geste silence à l'impitoyable Cœur-d'Acier, et il se leva.

— Cette réponse que vous me demandez, mon cher Bon-Affût, dit-il, je vais vous la faire brève et claire. Je suis soldat, et je connais toutes les exigences pénibles de la guerre. Avec tout autre ennemi que celui que nous avons en face de nous, j'insisterais pour que nous usions de douceur et de clémence ; mais les hommes qui nous menacent ne connaissent que le meurtre et le pillage ; ils ne respectent pas le droit des gens, et, ainsi que vous l'avez dit, ce sont des bêtes féroces enragées que l'odeur du sang enivre et qui ne font qu'une guerre, la guerre des barbares, celle d'extermination, massacrant et martyrisant non seulement les prisonniers que le sort des armes met en leur pouvoir, mais encore les femmes, les enfants et les vieillards, brûlant et dévastant tout sur leur passage et ne laissant derrière eux que du sang, des cendres et des ruines ; en un mot, ce sont des bandits hors de la loi commune, auxquels nous ne faisons pas la guerre, mais que nous pourchassons comme des fauves. Les lois doivent être suspendues avec de tels adversaires ; la douceur serait, non pas une faiblesse, ainsi que vous l'avez dit, mais un crime impardonnable. Ne craignez donc pas, mes amis, que j'essaye d'adoucir ce que les lois de la Prairie ont de sommaire et de terrible et que je veuille vous empêcher d'exercer, dans toute sa rigueur, votre terrible loi de Lynch. Voyageur, et par conséquent étranger dans cette contrée, je ne me reconnais pas le droit d'en modifier les usages par une philanthropie mal entendue; l'heure de sévir arrivée, je serai le premier, je vous le promets, à donner l'exemple de la sévérité et de mon respect pour des usages dont, si cruels qu'ils soient, je reconnais cependant l'absolue nécessité.

— Je vous remercie, mon général, répondit Bon-Affût, nous n'attendions pas moins de votre impartialité et de votre justice; vous pouvez, je vous le répète, compter sur notre dévouement.

— Puisque ce point est entièrement réglé, reprit le général, voici ce que je vous propose maintenant: nos camps prendront les dénominations suivantes: la Colline, l'Ile, le Défilé, et le poste sera nommé l'Embuscade. Chaque camp comprendra des Européens, des chasseurs et des Comanches. L'Embuscade seule n'aura que des chasseurs. Le quartier général sera placé à Sainte-Marie où je me tiendrai avec l'Eclair, Balle-Franche, quatre chasseurs, quatre Européens et quatre Comanches; le camp de l'Ile sera commandé par le général Kergras et l'Aigle-Rouge; le camp du Défilé, par Cœur-d'Acier et le Pecari; le camp de l'Ile, par Bois-Brûlé et l'Opossum, et l'Embuscade, par Bon-Affût, avec vingt de ses chasseurs qu'il choisira lui-même est-ce bien compris?

— Parfaitement, répondirent d'une seule voix les membres du conseil.

— Toute détermination sera prise dans chaque camp par les deux chefs; en cas peu probable de discussion, le débat sera jugé par moi, et ma décision aura force de loi.

— Nous le promettons!

— Cette nuit même, les hommes seront choisis et désignés par moi avec l'aide des autres chefs, parce que demain, une heure avant le lever du soleil, nous abandonnerons le campement où nous sommes pour aller immédiatement occuper nos positions respectives. Les quatre troupes marcheront de conserve, chacune sous les ordres de son chef, jusqu'en vue de la mission, où on fera halte pour partager les vivres et les munitions de guerre; puis on se sépara; il faut que les quatre positions désignées soient solidement occupées avant le coucher du soleil. A combien de lieues sommes-nous de la mission?

— Quatre lieues et demie tout au plus, mon général, répondit Balle-Franche.

— C'est bien! la lune est dans son plein; elle luit presque pendant toute la nuit. A une heure du matin, Balle-Franche, vous quitterez le camp avec tous les bagages; vous emmènerez trente hommes avec vous. L'Opossum fera éclairer votre route par dix de ses guerriers. Nous ne partirons d'ici, nous autres, qu'à cinq heures et demie ou six heures, de façon à ce que vous ayez pris une avance assez considérable sur nous pour que nos mouvements ne soient pas ralentis par les fourgons. Ah! j'oubliais: l'Alligator et dix Comanches partiront en même temps que vous; ils vous laisseront en arrière et iront s'emparer des pirogues de la mission, en avertissant le Père

Gabriel que c'est par mon ordre. Ces pirogues serviront à transporter les troupes dans l'Ile. Vvez-vous quelques observations à faire à ces dispositions ?

— Aucune, mon général, répondirent les chasseurs.

Les Comanches baissèrent affirmativement la tête.

— Alors, mes amis, dit gaiement le général, puisque tout est entendu, une dernière rasade de bonne eau-de-vie de France, et puis après, à l'œuvre, et vivement ! nous n'avons pas de temps à perdre. Verse, Loïck, ajouta-t-il en tendant son verre.

Loïck versa à la ronde.

Les Comanches ne boivent jamais ni vin ni liqueurs; ils se firent servir du café.

— Maintenant, reprit le général, mes amis, je bois à la réussite de nos projets.

Et il choqua son verre contre ceux des membres du conseil.

En ce moment, un vigoureux : « Qui vive ? » se fit entendre, suivi presque immédiatement du cri : « Aux armes ! » poussé par une sentinelle.

— Qu'est-ce cela ? s'écria le général.

— Des amis, probablement, répondit Balle-Franche ; sans cela, les Comanches campés au bas de la colline, ne les auraient pas laissés passer.

— C'est possible ; mais cependant allons nous en assurer !

Chacun courut aux retranchements.

Une troupe nombreuse de cavaliers occupait toute la pente de la colline.

A vingt pas en avant un cavalier se tenait droit et immobile.

— Qui vive? cria pour la seconde fois la sentinelle.

— Œil-Gris ! répondit une voix ferme.

— C'est mon messager qui revient d'Arkapolis ! dit Balle-Franche, je reconnais sa voix.

— Mais comment se fait-il qu'il soit accompagné d'une troupe si nombreuse ? demanda le général avec inquiétude.

— C'est ce que nous saurons bientôt, mon général. Je vous réponds sur ma tête de la loyauté de cet homme. Me permettez-vous de me rendre auprès de lui?

— Allez, mon ami !

Balle-Franche sortit du camp.

Le général attendit avec anxiété son retour.

Dix minutes — un siècle en pareille circonstance — s'écoulèrent ; puis Balle-Franche cria :

— Ouvrez passage, ce sont des amis !

— Que faire? demanda Cœur-d'Acier.

— Obéir ! répondit froidement le général.

Les pieux furent enlevés et une large brèche faite dans les retranchements.

X

DE LA LETTRE QUE WILLIAM'S DAYTON ADRESSA A SON AMI LE GÉNÉRAL DE BODÉGAST, ET CE QUI S'EN SUIVIT

Lorsque l'entrée fut complètement dégagée, sur un signe de Balle-Franche, les cavaliers pénétrèrent dans le camp.

Ils défilaient, sombres et silencieux, comme une nuée de fantômes entre deux lignes de chasseurs qui les regardaient passer l'arme au pied.

Au fur et à mesure qu'ils passaient devant lui, le marquis les comptait; ils étaient au nombre de soixante et un, en comprenant leur chef, et ils menaient avec eux trois wagons attelés chacun de huit mules.

Lorsque tous les étrangers furent enfin dans le camp, ils mirent pied à terre; alors commença une scène de reconnaissance entre eux et les autres chasseurs trop longue à rapporter, mais qui enleva au général toute inquiétude sur leur loyauté et augmenta considérablement sa curiosité.

En ce moment Balle-Franche s'approcha de lui.

— L'Œil-Gris demande à vous rendre compte de sa mission, mon général, lui dit-il.

— Soit! répondit le marquis, amenez-le dans ma tente! A propos, Balle-Franche, s'est-on occupé du campement de ces braves gens?

— Oui, mon général, Cœur-d'Acier est en train de tout organiser pour la nuit.

— C'est bien!

Il rentra dans la tente où Alain l'attendait.

— Eh bien! lui dit celui-ci.

— Nous allons tout savoir dans un instant.

En effet, cinq minutes s'étaient à peine écoulées lorsque Balle-Franche parut; l'Œil-Gris le suivait.

Celui-ci était un grand vieillard, d'une taille presque gigantesque, d'une maigreur extraordinaire, et dont les traits caractérisés avaient une singulière expression d'audace, de bonté et d'intelligence.

Il semblait avoir depuis bien longtemps déjà dépassé la soixantaine, et cependant sa vigueur était encore remarquable. Son costume, à peu près semblable, quant à la coupe, à celui des autres chasseurs, était en cuir de daim tanné.

Il salua le général avec aisance et attendit que celui-ci lui adressât la parole.

Après l'avoir examiné d'un coup d'œil rapide, le général lui indiqua un siège.

— Vous devez être fatigué? Asseyez-vous, lui dit-il.

— Je vous remercie, mon général, répondit-il en s'asseyant; le fait est que je suis moulu.

— Vous avez fait diligence, à ce qu'il paraît?

— J'avais ordre de ne pas perdre une seconde; j'ai strictement obéi; aussi, nous sommes littéralement sur les dents, hommes et bêtes.

— D'où venez-vous?

— D'Arkapolis, où mon ami Balle-Franche m'avait expédié en votre nom avec une lettre, mon général.

— C'est juste!... Et nos dix Américains?

— Pas un seul n'est encore retourné là-bas.

— Leur argent est perdu, alors?

— Je crois qu'ils s'en soucient fort peu.

Le général le regarda avec étonnement.

— Vous aurez bientôt l'explication de mes paroles, ajouta le chasseur.

— Soit! procédons par ordre.

— Oui, mon général.

— Vous étiez chargé d'engager dix hommes.

— C'est la première chose dont je me suis occupé, mon général; je les ai choisis un à un, avec un soin extrême, et je vous réponds d'eux comme de moi-même : ce sont tous des gaillards solides, résolus, honnêtes et dévoués.

— Fort bien, mais vous nous êtes arrivé ce soir avec une armée et trois wagons, si je ne me trompe?

— Cinquante hommes en sus et trois wagons, le compte est exact, mon général.

— Que sont ces hommes?

— Des chasseurs américains, pour la plupart, mais avec ceux-là, vous n'aurez pas de trahison à redouter; ce sont de braves gens dans toute l'étendue du mot.

— Très bien, mais pourquoi sont-ils avec vous?

— Parce que l'on m'a chargé de vous les conduire ainsi que les wagons.

— Qui cela?

— Vous le saurez bientôt, mon général.

— En combien de temps êtes-vous allé d'ici à Arkapolis?

— En sept jours, mon général.

— C'est prodigieux! et vous êtes demeuré là-bas?

— Huit jours, mon général.

— Et vous n'avez mis que vingt-quatre jours pour aller et revenir ici? C'est incroyable!

— Mais bien facile à expliquer, mon général.

— Je serais curieux d'entendre cette explication.

— A votre aise, mon général; je ne demande pas mieux que de vous la donner. J'ai quitté Arkapolis avec double relais de chevaux et triple relais de mules; nous ne nous arrêtions pendant tout le voyage que quatre heures par vingt-quatre heures; chevaux et mules, à travers tous les chemins étaient toujours au moins au grand trot; il fallait arriver vite; les hommes ont vaillamment résisté. Ce sont tous de vieux coureurs des bois auxquels la fatigue est inconnue. Les mules et les chevaux sont morts à la tâche; un jour de plus, nous restions en route.

L'OEil-Gris était un grand vieillard d'une taille presque gigantesque.

— Il se passe donc des événements graves?
— Très graves, à ce qu'il paraît, mon général; moi, je ne sais rien, mais cette lettre vous instruira, ajouta-t-il en retirant un pli large cacheté de la poche de sa blouse de chasse et le lui présentant.
— De qui est cette lettre, le savez-vous?
— Certes, mon général! elle est de M. William's Dayton.

— Le gouverneur de la Louisiane?
— Lui-même.
Il y eut un instant de silence.
— L'Œil-Gris, je suis content de vous: vous êtes un de ces hommes comme je les aime, et je remercie votre ami Balle-Franche de vous avoir engagé à mon service.
— Mon général, vous me rendez confus.
— Puis-je faire quelque chose pour vous?
— Oui, mon général, une chose qui me rendra bien fier.
— Laquelle? parlez.
— Donnez-moi votre main.
— Oh! de grand cœur, mon ami, s'écria-t-il avec élan, la voilà!
Et il la lui donna.
Le chasseur la serra respectueusement dans les siennes.
— Et à présent?
— Que puis-je désirer de plus, mon général? répondit le Canadien avec émotion; vous m'avez appelé votre ami et vous m'avez serré la main, c'est moi maintenant qui suis votre débiteur.
— Soit, mon ami, je n'insiste pas, mais nous reparlerons de tout ceci plus tard. Maintenant retirez-vous : le sommeil vous accable; allez prendre quelques heures de repos!
— Je vous obéis, mon général.
Il se leva, salua respectueusement les deux officiers et quitta la tente d'un pas ferme et dégagé.
— Quel homme étrange! murmura le général en le suivant des yeux : y a-t-il longtemps que vous le connaissez, Balle-Franche?
— Depuis ma naissance, mon général; c'est un grand ami de mon père et de mon grand-père; mais j'ai toujours ignoré son nom véritable; il paraît qu'un jour il est arrivé à l'improviste dans notre village, sans que personne sût d'où il venait; aussitôt qu'on l'eut connu, tout le monde l'aima; plusieurs années s'écoulèrent ainsi : il chassait, trappait et faisait la guerre avec nous; un jour, au retour d'une expédition que mon père commandait, celui-ci s'aperçut de l'absence de l'Œil-Gris; quelques jours se passèrent : il ne reparut pas; on s'inquiéta; on le chercha partout, il fut introuvable; la douleur fut vive dans le village; on le crut mort, tout le monde le pleura. Son absence dura près de quinze ans. Il y a un an, il arriva au village comme si rien d'extraordinaire ne s'était passé, et reprit sa vie d'autrefois : il ne donna aucune explication sur sa longue absence, personne n'osa lui en demander. Parmi nous, chacun est libre de vivre à sa guise, sans avoir à craindre des questions parfois indiscrètes et souvent désagréables. Ayant appris que je chassais sur les frontières du Mexique, il se mit à ma recherche, j'avais à peine quatorze ou quinze ans, lorsqu'il nous avait quittés; cependant, lorsque le hasard me fit le rencontrer à Arkapolis, je le reconnus à l'instant; il n'avait pas changé. C'était toujours le même homme, maigre et anguleux; de plus, il portait le même costume. Depuis nous ne nous sommes plus quittés; il est le premier chasseur que j'ai engagé à votre service, mon général.

— Et c'est pour nous une précieuse acquisition. Vous ne savez rien de plus sur le compte de cet homme?

— Rien absolument, mon général.

— Hum! murmura-t-il d'un air pensif, ce n'est pas beaucoup; il doit y avoir un mystère dans la vie de cet homme.

— C'est probable, mon général, mais beaucoup d'entre nous se trouvent dans la même situation, de sorte que nous nous abstenons, comme par un accord tacite, de pénétrer malgré eux dans la vie de nos compagnons et de les interroger sur leur passé, pourvu que leur présent soit pur et exempt de reproches.

— Et vous avez raison, Balle-Franche; c'est le fait d'hommes de cœur, cela; maintenant, veuillez, je vous prie, veiller à ce que les nouveaux venus ne manquent de rien et ensuite vous occuper de nos préparatifs de départ; rien n'est changé dans les déterminations arrêtées par le conseil. Je vous serai obligé de ne pas vous endormir sans revenir ici; j'aurai peut-être quelques ordres à vous donner.

— Très bien, mon général, vous serez obéi.

Et il sortit.

— Quelle singulière société que celle où nous nous trouvons! dit en souriant le général à son frère de lait, dès qu'ils furent seuls.

— Singulière, en effet, mon frère, répondit Alain sur le même ton, mais à moi elle me paraît parfaitement d'accord avec la nature puissante et accidentée au milieu de laquelle elle vit et elle meurt : il y a une harmonie frappante entre elles.

— Ce que tu dis en plaisantant est vrai en principe : le désert influe étrangement sur ces organisations énergiques et primesautières, si faciles à réfléchir les impressions qu'elles reçoivent, et chez lesquelles, sous certains rapports, l'intelligence n'est pour ainsi dire qu'un instinct, à peine supérieur à celui des fauves qu'elles chassent. Ces hommes subissent les exigences de la vie essentiellement matérielle à laquelle ils sont condamnés, tout en sentant malgré eux leur âme s'agrandir au spectacle imposant de la nature majestueuse et puissante qui les entoure; mais, ajouta-t-il, en changeant de conversation, ne trouves-tu pas, comme moi, l'arrivée imprévue de ce renfort extraordinaire?

— Pour ma part, je t'avoue franchement que je n'y comprends rien.

— Dans tous les cas, je trouve le procédé de M. William's Dayton très délicat; sa position de gouverneur de la Louisiane le met à même de savoir bien des choses que nous devons forcément ignorer à cause de notre isolement; et je suis forcé de convenir que ce renfort nous est très précieux, surtout dans les circonstances difficiles où nous nous trouvons.

— C'est juste! sans compter ce que renferment les trois fourgons qui accompagnent les chasseurs.

— C'est vrai, je les oubliais.

— Ils m'intriguent beaucoup, moi; mais si, au lieu de bavarder ainsi que nous le faisons, nous lisions la lettre que t'adresse M. William's Dayton, peut-être aurions-nous la clef de tous ces mystères.

— En effet, elle doit contenir des nouvelles ou des renseignements de la plus haute importance pour nous.

— Alors, lisons-la !

— C'est juste, voyons cette lettre ; je ne suis pas moins curieux que toi de connaître son contenu.

Le général prit alors le pli sur la table où il l'avait placé, le décacheta, et il en commença aussitôt la lecture d'une voix presque basse, de manière à ne pouvoir être entendu par d'autres personnes que son frère de lait.

Cette lettre était ainsi conçue :

« New-Orléans, le 15 novembre 1806.

« Mon cher général, six semaines environ après votre départ du fort d'Arkapolis des bruits de la nature la plus sinistre et la plus inquiétante, ont commencé à circuler sur les contrées de l'Arkansas que vous visitez en ce moment. Malgré les forces dont vous disposez et l'organisation solide que vous avez donnée à votre expédition, ces bruits ont pris un caractère tel que j'ai cru devoir, dans votre intérêt, remonter à leur source.

« Voici les renseignements que je suis parvenu à obtenir et dont je vous garantis l'authenticité : la plupart des tribus qui sillonnent ces déserts qui ne sont qu'un immense territoire de chasse commun à toutes les nations indiennes qui fréquentent ces parages, se sont unies entre elles dans le but de détruire une mission catholique fondée, à ce qu'il paraît, il y a quelques années, par un saint missionnaire appartenant à la compagnie de Jésus et auquel les Indiens donnent le nom de père Gabriel. Ce nom est-il le vrai ? je l'ignore. Peut-être, dans vos courses, arriverez-vous à cette mission qui, dit-on, est en voie de progrès et prend une extension rapide, grâce aux nombreuses conversions opérées par ce saint homme. Je n'ai pas besoin, n'est-ce pas, mon cher général, de vous prier, le cas échéant, d'accorder votre protection à cette mission. et de la défendre de tout votre pouvoir. »

— Voici qui nous donne un bill d'indemnité, dit en riant Alain Kergras.

— En effet, cette prière est pour nous non seulement une autorisation, mais encore un ordre qui, au besoin, pourra nous être très utile et dont je remercie William's Dayton...

— Qui ne se doute guère que nous avons déjà prévenu ses désirs.

— C'est probable. Je continue :

Et il reprit sa lecture :

« Les Indiens voient naturellement avec colère et jalousie la fondation de cette mission, au centre de leur territoire ; ils la considèrent comme une usurpation des blancs et prévoient que, dans un temps très rapproché, elle servira de poste avancé à la civilisation ; que les pionniers et les squatters suivront cette route, tracée par le digne missionnaire, et refouleront la barbarie devant eux. La haine des Peaux-Rouges pour tout ce qui est civilisation et tout ce qui leur vient des blancs est instinctive, voilà pourquoi ils veulent détruire cette mission et chasser de ces contrées les blancs, et les considèrent comme des usurpateurs; de son côté, le gouvernement des États-Unis a le plus grand intérêt à voir la population blanche s'étendre dans ces contrées, défricher la terre et fonder des établissements qui, plus tard, deviendront des villes importantes et donneront un nouvel essor à son commerce en augmentant ses richesses. Il est donc résolu à protéger efficacement toute tentative faite pour civiliser ces contrées, quel que soit le mobile qui détermine les explorateurs à agir, que ce soit la religion ou la recherche des mines qui, dit-on, abondent dans ces régions ; d'autant plus que le gouvernement des États-Unis n'étant basé sur aucun principe religieux, toutes les religions ont un droit égal à sa protection.

« Il paraît en outre qu'un certain Don Pedro Torribio de las Campanas, retenez bien ce nom, mon cher général, un Mexicain sans doute, colossalement riche, dit-on, s'est jeté dans le désert à la tête d'une troupe de bandits, qu'il rallie autour de lui tous les outlaws et les pirates blancs, métis et sang-mêlés, épars dans la Prairie, et qu'il fait cause commune avec les Peaux-Rouges. Quel est cet homme ? Quel but se propose-t-il ? On l'ignore.

« Bref, il ressort de cet ensemble de faits, mon cher général, qu'il y a une levée de boucliers menaçante dans les savanes de l'Arkansas, contre les blancs, et que, si vous n'y prenez garde, votre position peut, d'un moment à l'autre, devenir excessivement difficile et précaire.

« En tout état de choses, le moment est grave ; le gouvernement est décidé à agir vigoureusement et à ne pas vous abandonner quoi qu'il arrive ; vous trouverez sous ce pli un acte émanant du congrès et qui est signé du Président de la République. Cet acte vous investit du commandement de toutes les frontières qui bordent le Texas, et vous autorise à exiger l'assistance de toutes les troupes républicaines disséminées dans les forts et les comptoirs de traite, de ce côté de nos établissements. »

Le général tourna la page et trouva effectivement l'acte dont parlait William's Dayton, placé entre le pli de la feuille.

Cet acte, parfaitement en règle et revêtu de toutes les signatures nécessaires, mettait à la disposition du général de Bodégast un pouvoir fort étendu.

— Voilà un acte excellent pour nous, dit Alain, il nous donne une liberté d'action très grande ; il nous permet d'agir avec vigueur et de mener rondement la guerre.

— Oui, répondit le général, et si le gouvernement tient seulement la moitié de ses promesses, j'espère que nous réussirons, avec l'aide de Dieu, à lui assurer à tout jamais la possession de ces belles contrées, en refoulant les Indiens dans les Montagnes-Rocheuses, la Californie et l'Orégon.

— De quelles promesses parles-tu ? Jusqu'à présent, il ne nous en a fait aucune, il me semble.

— Tu vas voir : mais si nous parvenons à rejeter toute cette tourbe dans le Mexique et à délivrer ces parages, ce sera un beau résultat obtenu.

— Et un pas immense pour la civilisation, mais continue, je t'en prie.

— M'y voici.

Et il reprit :

« Ordre est donné de rassembler un corps de milices fort de cinq cents hommes de cavalerie, bien montés, et de deux cent cinquante fantassins; ces troupes seront réunies à Arkapolis, et, de là, partiront sous mon commandement pour opérer leur jonction avec vous dans le plus bref délai possible, afin de manœuvrer de concert contre les rebelles, sans désemparer : c'est moi qui l'ai désiré ainsi. Le gouvernement est convaincu que cette redoutable levée de boucliers se rapporte à l'affaire du colonel Burr, et il veut en finir une fois pour toutes avec les tentatives de cet homme. Malheureusement, malgré tous les efforts du gouvernement, les choses ne peuvent marcher aussi vite qu'il le désire et vous serez pendant quelque temps encore, mon cher général, livré à vous-même. Je me hâte pourtant d'engager une cinquantaine de chasseurs résolus, avec quelques wagons de munitions que je compte vous expédier d'Arkapolis, où je vais me rendre incessamment, afin de mieux surveiller les préparatifs qui se font, et hâter le départ des troupes. »

— La lettre est interrompue ici, dit le général, elle reprend sous la date d'Arkapolis, quelques jours plus tard.

— Voyons! voyons!

M. de Bodégast reprit :

« Arkapolis, le 6 décembre 1806. »

« Mon cher général,

« Par un hasard singulier, et qui a quelque chose de providentiel, le jour même où j'entrais à Arkapolis, votre émissaire y arrivait d'un autre côté. Cet homme, qui paraît très intelligent et surtout très dévoué, m'a rapporté, dans les plus grands détails, les diverses péripéties de votre voyage à travers le désert, l'indigne trahison dont vous avez failli être victime, et les mesures que vous avez cru devoir prendre pour la prévenir. Votre émissaire m'a donné le signalement et les noms des brigands dont vous vous êtes débarrassé, mais ils se sont biens gardés de revenir aux établissements; du reste, s'ils y reparaissent, leur compte sera bientôt réglé. Demain, l'Œil-Gris, votre émissaire, repart pour retourner auprès de vous, je lui confie le détachement et les munitions que vous apprécierez sans doute; je lui donne l'ordre et les moyens de faire la plus grande diligence; quant à moi, mon cher général, je le suivrai avec mes troupes aussitôt que cela me sera possible, et j'espère que cela ne tardera pas. Je suis presque prêt à entrer en campagne, vous voyez que je n'ai pas perdu mon temps, je vous donnerai sur vos affaires personnelles certaines nouvelles qui, je le crois, vous seront agréables; je ne veux pas vous en parler ici, ignorant quel sort peut être réservé à cette lettre et par qui elle sera lue, avant que de vous parvenir; il faut tout prévoir.

« Mettez-moi, je vous prie, mon cher général, aux pieds de Mme la marquise de Bodégast, et veuillez me rappeler au souvenir de votre frère, le brave général Kergras, à qui toutes mes sympathies sont depuis longtemps acquises, vous le savez.

« Quant à vous, mon cher général, je vous serre bien affectueusement la main.

« A vous de cœur et à bientôt,

« Général WILLIAM'S DAYTON.

« *P. S.* — J'apprends au dernier moment, par un exprès envoyé par le capitaine de votre navire *La Jeune-Adèle*, qui est de retour à la Nouvelle-Orléans, que le marquis de Chenesvailles, à peine débarqué à la Vera-Cruz, s'est, le jour même, avec toute sa famille, après toutefois avoir touché à la chancellerie les sommes qui lui étaient dues, embarqué sur une polacre portant pavillon danois, et qui a fait voile aussitôt pour une destination inconnue. Cela doit cacher quelque nouvelle machination de cet homme; vous voilà prévenu; c'est à vous maintenant à prendre vos précautions, au cas où, ce qui pourrait bien se faire, vous le rencontreriez à l'improviste dans le désert.

« Au revoir encore une fois, mon cher général,

« Et tout à vous,

« W. DAYTON,

« Gouverneur de la Louisiane, commandant
du corps expéditionnaire de l'Arkansas. »

— *In cauda venenum*, dit Alain en souriant.

— C'est vrai! répondit le général, ce *post-scriptum* m'inquiète plus que tout le reste de la lettre.

— Bah! que nous importe, après tout, la rage impuissante de ce misérable et sa haine, il ne saurait nous atteindre. Déjà nous avons tenu sa vie entre nos mains! S'il se risque une seconde fois à nous attaquer, nous l'écraserons comme une chenille et tout sera dit.

— C'est un homme d'une vaste intelligence et d'une duplicité sans égale; avant que nous réussissions à lui mettre le pied sur la poitrine, il peut nous faire bien du mal.

— Je le sais, frère, mais la chose est sans remède; il nous faut en prendre notre parti, suivre le conseil que nous donne William's Dayton, et redoubler de prudence. Un charmant gentleman que ce William's Dayton, et pour lequel j'éprouve une réelle sympathie.

— Charmant, en effet! Quelles peuvent être ces nouvelles dont il me dit deux mots dans sa lettre?

— Pour cela, cher ami, nous en sommes réduits aux conjectures, lui seul peut nous renseigner; d'ailleurs, elles n'ont rien de bien inquiétant, puisqu'il prend soin de nous annoncer qu'elles sont agréables.

— C'est juste! revenons au marquis.

— C'est inutile quant à présent, cher ami; nous ne savons où le prendre; lui ignore sans doute encore où nous sommes, donc rien ne presse; nous ne pouvons faire qu'une seule chose, veiller; lorsqu'il se sera, d'une manière ou d'une autre, révélé à nous, que nous serons certains de sa présence dans ces parages, alors ce sera différent, et il sera temps de prendre nos mesures; jusque-là, nous devons nous abstenir de faire aucune démonstration, qui n'abou-

tirait à rien, et nous contenter de nous tenir sur le qui-vive. Nous sommes prévenus, voilà l'important; quoi qu'il fasse, il ne nous prendra pas en défaut.

— Tu as raison toujours, frère.

— C'est bien simple! je raisonne froidement, comme un homme que toutes les choses n'intéressent qu'indirectement, à cause de mon amitié pour toi; par conséquent, je ne me laisse emporter par aucun sentiment et je vois juste.

— C'est parfaitement vrai : que faisons-nous?

— Je suis d'avis que, sans tarder, tu donnes communication à nos hommes de la lettre, ou du moins d'une partie de la lettre que tu as reçue de William's Dayton, ainsi que du commandement qui t'est confié par le congrès.

— A quoi bon cela, mon ami?

— A ceci : d'abord à apprendre à nos chasseurs, qui tous ne te connaissent pas, que tu n'es pas un simple particulier, tentant à ses risques et périls une expédition plus ou moins hasardeuse, mais un officier général de la République des États-Unis, chargé, par son gouvernement, d'une mission d'une haute importance, et qui, à un moment donné, qui arrivera prochainement, est assuré d'être vigoureusement appuyé; il résultera de tout cela que tes ordres, quels qu'ils soient, seront mieux et plus vivement exécutés, que nos hommes auront pour toi un respect plus grand, et que si le courage de quelques-uns d'entre eux était sur le point de défaillir, ce qui arrive, tu le sais, souvent même aux soldats les plus braves et les plus résolus, lorsqu'ils se croient abandonnés à eux-mêmes, la certitude d'être promptement secourus et protégés par un corps de troupes régulières, leur rendra leur énergie première et les empêchera ainsi de se laisser aller à certaines pensées tristes qui désorganisent et font échouer les expéditions les mieux combinées et les plus prudemment conduites.

— Il y a beaucoup de vrai dans ce que tu dis là, Alain, et cette fois encore je dois convenir que, selon ton expression, tu vois juste; en conséquence, je suivrai ton conseil, et dès que Balle-Franche arrivera...

— Me voici, mon général, interrompit le chasseur en soulevant le rideau de la tente et en paraissant sur le seuil.

— Soyez le bienvenu, mon ami! tout marche-t-il à souhait?

— Parfaitement, mon général; les éclaireurs comanches sont partis déjà, les bagages se mettront, selon vos ordres, en marche dans une heure.

— Est-il donc déjà si tard?

— Mais oui, mon général; tout le monde est éveillé, excepté, bien entendu, les chasseurs arrivés ce soir et que Cœur-d'Acier a ordonné de laisser dormir.

— Il a bien fait; ils étaient rendus de fatigue.

— Hommes et bêtes ne tenaient debout que par miracle.

— Où sont les chefs comanches?

— Il y a dix minutes qu'ils sont partis pour retourner à leur camp; désirez vous qu'ils reviennent, mon général?

— Non, c'est inutile; faites-moi le plaisir de prévenir Cœur-d'Acier, Bon-Affût, l'Aigle-Rouge, Bois-Brûlé et l'Œil-Gris que je les attends ici : j'ai une importante communication à leur faire; vous reviendrez avec eux.

— Oui, mon général.

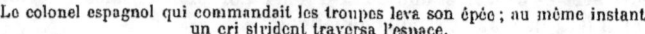

Le colonel espagnol qui commandait les troupes leva son épée ; au même instant un cri strident traversa l'espace.

— A propos, j'y songe ; laissez dormir l'Œil Gris, il est fatigué ; il a besoin de se reposer.

Balle-Franche se mit à rire.

— Vous ne connaissez pas l'Œil-Gris, mon général ; il a un corps de fer, sur lequel la fatigue n'a pas prise ; il a dormi trois heures, c'est plus qu'il ne lui en faut ; depuis une heure il est debout, frais et solide comme le plus dispos d'entre nous.

— C'est prodigieux! dit le général; alors qu'il vienne avec les autres; allez! je vous attends.

— Je n'ai pas voulu que les chefs comanches fussent présents à cette réunion, dit alors le général, parce que l'expédition américaine étant particulièrement dirigée contre les Peaux-Rouges, il est douteux que, malgré l'amitié de l'Éclair pour nous, il eût consenti à demeurer plus longtemps notre allié, s'il se fût douté de ce qui se trame contre les hommes de sa couleur.

— Je ne crois pas qu'il aurait pris parti contre nous; il est trop loyal pour agir ainsi, et sa haine pour le Moqueur est trop forte, mais il est certain qu'il se fût immédiatement retiré et nous eût ainsi privés d'un allié fidèle et puissant. Tu as donc parfaitement agi en ne faisant pas prévenir ses lieutenants.

En ce moment, les chasseurs, que Balle-Franche avait prévenus par l'ordre du général, entrèrent tous ensemble sous la tente.

— Asseyez-vous, messieurs, dit le général; j'ai à vous faire certaines communications de la plus haute importance.

Les chasseurs s'inclinèrent respectueusement et s'assirent.

— Messieurs, reprit alors le général, je dois avant tout vous avertir que nous sommes réunis ici en conseil de guerre et que tout ce qui se passe dans un conseil de guerre doit demeurer secret, du moins dans de certaines limites.

— Nous le savons, mon général, répondit Bon-Affût.

— Ainsi, dans la circonstance présente, dit le général, bien que notre confiance dans nos alliés les Comanches soit entière, cependant il est très important qu'ils ignorent, non pas que nous nous sommes réunis, mais ce qui aura été dit dans le conseil. Les Peaux-Rouges sont en général méfiants et portés à soupçonner les actions, souvent les plus innocentes, des hommes de notre couleur, car, bien que nous n'ayons en aucune façon l'intention de leur nuire, pourtant, ainsi que vous le reconnaîtrez bientôt, il suffirait que nos paroles fussent mal comprises par eux, pour amener des complications très désagréables et surtout très nuisibles pour la continuation de l'alliance que nous avons contractée avec leur nation.

— Ce n'est que trop vrai, mon général, dit Balle-Franche; les Peaux-Rouges ont malheureusement si souvent été trompés par les blancs, qu'il faut toujours agir envers eux avec une extrême prudence. Il suffit d'une parole mal interprétée pour leur faire craindre une trahison, et alors il est impossible de les faire revenir de la fâcheuse opinion qu'ils ont conçue.

— Vous jugerez, messieurs, par ce que vous aurez entendu, de la conduite qu'il convient de tenir; veuillez, je vous prie, me prêter toute votre attention.

Le général prit alors la lettre, la déplia et en commença la lecture.

Les chasseurs écoutèrent avec l'attention la plus soutenue, sans donner aucune marque d'approbation ou d'improbation et sans interrompre une seule fois cette lecture.

Le général lut ensuite le brevet que William's Dayton lui avait envoyé.

Puis il replia les deux lettres, et s'adressant à ses auditeurs:

— Eh bien! messieurs, dit-il, que pensez-vous de ce que vous venez d'entendre, et quel est votre avis?

— Nous pensons, mon général, que vous avez fait très bien de ne pas convoquer les chefs peaux-rouges à ce conseil de guerre, répondit Bon-Affût au nom de tous ; il est évident, reprit-il avec une légère teinte d'ironie, qu'ils se seraient complètement mépris aux intentions paternelles du gouvernement des États-Unis et auraient, cette fois encore, soupçonné les blancs de manquer de bonne foi et de vouloir les trahir. Quant à nous, c'est autre chose ; nous sommes heureux de la protection que nous accorde le gouvernement, et cela avec d'autant plus de raison que les mesures qu'il prend ne peuvent que nous être avantageuses ; de plus, puisque vous désirez connaître complètement notre avis, mon général, je crois qu'il serait bon, sans leur en laisser totalement connaître les motifs secrets, d'avertir nos compagnons les chasseurs et trappeurs que nous sommes assurés de la protection des troupes américaines dans la rude guerre que nous allons avoir à soutenir contre les Peaux-Rouges et les Outlaws de la Prairie ; cette certitude leur donnera du courage et les engagera certainement, non pas à montrer plus de dévouement, ce sont tous des hommes sûrs, mais à faire leur devoir avec plus d'entrain et de liberté.

— Est-ce bien réellement votre avis, messieurs?

— Oui, mon général, répondirent les assistants d'une seule voix.

— Et puis, ajouta Balle-Franche, vous sachant investi d'un grand pouvoir, ils se sentiront plus forts.

— Eh bien, messieurs, puisqu'il en est ainsi, je vous laisse complètement libres d'avertir vos compagnons, comme vous le jugerez à propos ; j'ai en vous la confiance la plus complète.

— Nous saurons nous rendre dignes de cette confiance, mon général, répondit Bon-Affût.

— Avez-vous jeté un coup d'œil sur les trois nouveaux wagons, Balle-Franche ?

— Je les ai visités avec lui, dit Cœur-d'Acier.

— Ah ! et que contiennent-ils ?

— Le premier est chargé de fusils, de couteaux, de haches et de sabres ; le second de poudre, de balles, de boulets et de mitraille ; le troisième enfin renferme quatre pièces de montagne, en tout semblables aux deux que nous possédons déjà, avec des affûts de siège et des affûts de campagne en double, démontés et étiquetés avec soin, et qui peuvent être montés en moins de deux heures.

— Allons, allons ! dit gaiement le général en se frottant les mains, nous voilà armés d'une manière formidable ; nos ennemis trouveront à qui parler.

— Oui, dit en riant Bon-Affût, et je doute fort que la conversation leur plaise.

— Voici l'heure du départ, mon général, dit Balle-Franche.

— Venez, messieurs, nous allons lever le camp, dit le général.

A ces mots, ils quittèrent la tente.

A l'extrême limite de l'horizon, le ciel commençait à se rayer de ces légères bandes d'opale qui précèdent le lever du jour.

XI

DE QUELLE FAÇON LE COLONEL DON JUAN DE REGLA SE PUNIT DE S'ÊTRE LAISSÉ
CONDUIRE DANS UN PIÈGE

Nous profiterons maintenant de la liberté accordée aux romanciers pour changer le lieu de la scène, et le placer à environ trois cents milles du Brûlis de la Longue-Corne, à quinze milles à peu près de la ligne de présidios et de fortins, reliés solidement les uns aux autres, et destinés à défendre les frontières espagnoles et à les protéger contre les incursions de leurs féroces et farouches voisins les Peaux-Rouges.

A cette époque, bien que la désaffection commençât sourdement à agiter leurs colonies et que tout permît de prévoir une éruption prochaine et terrible du volcan révolutionnaire, cependant, les Espagnols n'avaient encore rien perdu de leur puissance en Amérique, et ils continuaient à faire bonne garde sur les frontières de leurs colonies, afin de n'y laisser pénétrer, à l'instar de l'empire chinois, ni un homme, ni un livre.

Or, tout étranger surpris sur le territoire hispano-américain, était pris, garrotté, bâillonné, mis en chapelle et fusillé dans les vingt-quatre heures, sans autre forme de procès, sous prétexte qu'il ne pouvait être qu'un espion.

Cependant, si active que fût la surveillance exercée par les chefs des postes de la frontière, cette vigilance était souvent mise en défaut. Depuis quelques années, bien des gens avaient trompé la vigilance des Espagnols, s'étaient introduits dans leurs colonies, ou en étaient sortis sans qu'il fût possible de s'emparer d'eux.

Beaucoup, à la vérité, avaient été surpris et impitoyablement massacrés, mais ceux-là étaient l'infime minorité; pour un qui succombait, cent parvenaient à traverser, comme en se jouant, la barrière en apparence infranchissable qui leur était opposée: puis ils parcouraient impunément toute l'étendue des colonies, en répandant à profusion, sur leur passage, les semences révolutionnaires qui, tombant sur un terrain préparé de longue date à les recevoir, germaient avec une rapidité foudroyante, et devaient amener enfin ces sanglantes représailles qui, après une lutte longue et acharnée, aboutirent à ce résultat prévu mais terrible pour l'Espagne que, de tout le Nouveau-Monde, qu'elle avait un instant caressé l'espoir de posséder, seule, tout entier, il ne lui resta plus un pouce de terre sur lequel elle pût appuyer le pied.

Mais à cette époque, tous ces événements étaient encore cachés dans les plis mystérieux de l'avenir ; les Espagnols croyaient à une révolte, peut-être, mais leur orgueil ne leur aurait laissé supposer une révolution possible.

Un observateur qui, quelques jours après les événements que nous avons rapportés dans notre précédent chapitre, se serait trouvé, par hasard, placé vers sept heures du matin, une lunette à la main, au sommet d'un monticule assez élevé, situé non loin du rio Sabina, aurait à la fois admiré un splendide paysage et assisté à un spectacle des plus pittoresques.

Mais que les temps sont changés aujourd'hui ! A cette époque le rio Sabina formait l'extrême frontière de la vice-royauté du Mexique, et la séparait des États-Unis.

Cette immense colonie, si riche et si florissante, qui, sous la domination espagnole, embrassait les deux Océans et la mer de Cortez et s'étendait depuis l'isthme de Panama jusqu'à la Louisiane et l'Orégon, déchiquetée par lambeaux, ruinée par les révolutions, n'est plus que l'ombre d'elle-même.

Les Florides ont été vendues aux États-Unis par les Espagnols eux-mêmes quelques années avant d'être chassés du Nouveau-Monde.

L'ancienne capitainerie de Guatémala se sépara brusquement, et forme aujourd'hui les Républiques du Centre-Amérique.

Enfin, d'un seul coup de filet, les États-Unis, par le traité du Guadalupe-Hidalgo, englobèrent, à la fois, les Californies, le Nouveau-Mexique et le Texas, au moins dix mille lieues carrées, c'est-à-dire plus de la moitié du territoire de la Confédération mexicaine.

Mais revenons au rio Sabina.

Cette rivière, qui a cent et quelques lieues de long, a un cours des plus sinueux et des plus accidentés, bordé en certains endroits de magnifiques forêts auxquelles succèdent de vastes plaines marécageuses qui s'élèvent peu à peu et finissent par former de hauts plateaux.

Le jour dont nous parlons, cinq camps indiens, assez considérables, étaient dressés, soit sur le sommet de collines avoisinantes, soit à l'extrémité de verdoyants abords du fleuve ; mais tous ces camps étaient hors de portée les uns des autres, et bien que parfaitement en vue des postes espagnols, assez éloignés d'eux cependant pour n'avoir rien à en redouter.

Une troupe nombreuse de cavaliers peaux-rouges, peints et armés en guerre, traversait un gué et allait prendre pied sur le territoire des États-Unis.

En ce moment, les postes espagnols échelonnés sur la rive droite de la rivière, inquiets sans doute de ce grand déploiement de forces indiennes sur leurs frontières, et redoutant une attaque qui paraissait imminente, échangèrent quelques signaux rapides ; puis, plusieurs escadrons de dragons revêtus de cet uniforme jaune qui, plus tard, les fit surnommer les Tamarindos par les insurgés, et qui, accoutumés aux luttes continuelles des frontières, étaient d'une cruauté qui ne le cédait en rien à celle des Peaux-Rouges, quittèrent leurs retranchements et se mirent en devoir de traverser la rivière sous la protection de leurs batteries, dont les artilleurs se tenaient immobiles à chaque pièce, et prêts à intervenir au premier signal.

Pendant ce temps, de chacun des camps indiens, des guerriers se glissaient rapidement le long des pentes abruptes des collines, rampaient inaperçus au milieu des hautes herbes et se rapprochaient de la plaine où cent cinquante guerriers, disséminés sur un espace assez large, et montés sur des mustangs aussi indomptés qu'eux-mêmes, semblaient prendre le divertissement des joutes de vitesse, mais en appuyant insensiblement du côté de la plage.

Une lutte paraissait devoir bientôt s'engager entre les blancs et les rouges, ces implacables ennemis, dont chaque rencontre était un massacre.

Il était environ sept heures du matin ; les rayons du soleil commençaient à prendre une certaine force, un brouillard transparent flottait au-dessus des eaux de la Sabine ; le ciel était d'un bleu profond ; une brise rafraîchissante courait à travers les branches des arbres et les hautes herbes de la prairie.

Les oiseaux chanteurs gazouillaient à plein gosier sous la feuillée ; les hideux iguanes se vautraient avec délices dans les fanges de la rive ; les grands et sinistres oiseaux de proie tournoyaient en cercles immenses au plus haut des airs, en jetant, par intervalles, leurs notes aiguës et stridentes dans l'espace.

Bien loin, à une courbe de la rivière, on apercevait comme des points noirs se balançant sur les flots, une flottille, composée d'une vingtaine de pirogues d'écorce qui, aidées par le courant, pagayaient avec vigueur et se rapprochaient rapidement.

Tel était le spectacle singulier auquel eût assisté le spectateur dont nous avons parlé précédemment si, ainsi que nous l'avons dit, il eût occupé une position élevée, au centre de cette plaine.

Cependant, les cavaliers indiens avaient franchi le gué et, sans paraître s'inquiéter des dragons qui venaient à peine à portée de pistolet derrière eux, ils continuèrent à s'avancer dans la plaine en colonne serrée, sans presser ni ralentir le pas, et, arrivés à la base d'une colline, au sommet de laquelle il y avait un camp, ils firent volte-face, se rangèrent en bataille et demeurèrent immobiles, comme s'ils avaient été changés soudain en statues de bronze.

Les dragons, excités par leurs officiers, eurent bientôt, eux aussi, traversé la rivière ; ils firent quelques pas en avant, et s'arrêtèrent pour laisser le temps aux pelotons partis de forts différents, de se joindre à eux. Ceux-ci arrivèrent les uns après les autres, suivant la distance qui les séparait du corps principal, et bientôt ils formèrent une masse compacte d'environ deux cent cinquante cavaliers.

L'officier commandant, dont l'uniforme, chargé de broderies d'or qui étincelaient au soleil, montrait qu'il était d'un grade élevé, poussa son cheval, en faisant signe à ses soldats de demeurer immobiles, et, suivi d'une dizaine de cavaliers, il s'avança, après avoir attaché son mouchoir à la pointe de son épée.

Pendant ce temps, les cavaliers, qui galopaient à travers la plaine, se trouvèrent par hasard, ou, plus probablement, avec intention, derrière les dragons, qui eurent ainsi la retraite coupée, sans le soupçonner, à cause de l'imprudence qu'ils avaient commise de quitter le bord de la rivière.

Le colonel, — l'officier espagnol qui commandait les troupes était colonel, — leva son épée. Au même instant un cri strident traversa l'espace.

Il y eut un tumulte effroyable parmi les dragons, puis on aperçut le colonel, ses principaux officiers et une soixantaine de dragons à terre, désarmés et prisonniers de leurs propres soldats.

Les Peaux-Rouges n'avaient pas bougé.

— Que signifie cela, señores ? s'écria le colonel se débattant avec rage aux mains de ceux qui le maintenaient, mais sans pouvoir parvenir à leur faire lâcher prise.

— Cela signifie, colonel, répondit un individu qui, le premier, avait mis la main sur lui, que la trahison appelle la trahison, voilà tout.

— Je ne vous comprends pas, don Pablo de Gorillas.

— Je ne demande pas mieux que de m'expliquer.

— J'attends, fit-il en frappant du pied avec rage ; vous, capitaine des armées royales, commettre une telle lâcheté, c'est indigne !

— Je ne suis pas capitaine des armées royales.

— Qui êtes-vous donc, alors ?

— Je suis le serviteur et l'ami du seigneur don Pedro Torribio de las Campanas, dont vous vous êtes traîtreusement emparé, il y a trois jours, et que vous prétendez fusiller demain au lever du soleil, ainsi que les quelques amis qui l'accompagnaient, sur les glacis du fort San-José.

— Ce don Torribio est un gringo, un franc-maçon, il mourra !

— Soit ! répondit don Pablo avec un ricanement sinistre ; nous tuerons chacun nos prisonniers ; cela sera drôle !

— Que voulez-vous dire ? s'écria le colonel en pâlissant.

— Regardez autour de vous, colonel de Regla ; il vous reste à peine soixante hommes ; tous vos autres soldats sont à moi. Ah ! vous êtes bien réellement perdu, allez ! Vous voulez fusiller don Torribio et mes autres amis, à votre aise, don Juan de Regla ! Vous et les quelques hommes qui vous sont restés fidèles, vous ne serez pas fusillés, non, je vous le promets : je vous réserve mieux que cela.

— Mieux que cela ! murmura machinalement le colonel.

— Oui, beaucoup mieux ! reprit-il, de sa voix sèche et railleuse. Vous avez donné dans le piège que je vous ai tendu, tant pis pour vous ! Colonel, regardez vos artilleurs : ils ont vu ce qui s'est passé, mais ils sont réduits à l'impuissance : s'ils mettaient le feu à leurs pièces, leurs boulets couvriraient votre colonne ; nous n'avons donc rien à redouter ni d'eux ni de vous ; ces Peaux-Rouges, que vous apercevez, font cause commune avec nous. Ils n'attendent qu'un signe de moi pour accourir à la curée. Que je lève la main, et ils s'élanceront sur vous et sur les quelques hommes qui vous restent encore ; et vous savez, une fois entre leurs mains, quel supplice vous attend.

Le colonel don Juan de Regla était brave ; cent fois il l'avait prouvé : mais il était jeune, riche, bien en cour, aimé peut-être, et puis, ceci est plus vrai qu'on ne le suppose généralement, la bravoure n'est pas de toutes les heures ; tel qui se montre courageux et même téméraire un jour, le lendemain est timide et poltron ; la bravoure est avant tout une question de nerfs.

Le colonel frissonna.

— Que prétendez-vous donc ? demanda-t-il d'une voix étranglée.

— Lâchez le prisonnier, s'écria don Pablo, je réponds de lui, dit-il à ceux qui le maintenaient ; relevez-vous, et causons, colonel.

— Causons ! murmura-t-il en jetant un regard effaré autour de lui.

— Oui, colonel, seulement je vous préviens qu'à la première tentative que vous ferez pour me fausser compagnie et vous échapper, je vous brûle la cervelle, reprit-il en retirant un pistolet de sa ceinture et l'armant froidement.

— Je vous donne ma parole d'honneur de ne pas essayer de fuir.

— C'est quelque chose, mais deux précautions valent mieux qu'une et je m'en tiens à ce que j'ai dit, reprit-il avec son sinistre ricanement, tout en faisant jouer les batteries de son arme.

Le colonel rougit, mais il ne répondit pas.

— Êtes-vous disposé à m'écouter, maintenant? reprit don Pablo au bout d'un instant.

— Que me voulez-vous?

— Vous proposer un marché.

— Un marché, à moi? fit-il avec surprise.

— Pourquoi non? dit-il avec ironie; je suis bon diable, moi, après tout, et je ne veux pas la mort du pécheur.

— Voyons ce marché?

— Je vous annonce, tout d'abord, qu'il est très avantageux pour vous; vous êtes libre de l'accepter ou de le refuser, seulement, je vous conseille de réfléchir mûrement avant de me répondre oui ou non.

— Ce marché?

— Hum! vous êtes impatient! C'est bon signe! je crois que nous finirons par nous entendre.

— Vous moquez-vous de moi? reprit le colonel que toutes ces paroles mettaient au supplice.

— Ah! señor don Juan, pour qui me prenez-vous? je n'aurais pas cette témérité.

Le colonel frappa du pied avec colère.

Un mauvais sourire plissa les lèvres de don Pablo; il reprit:

— Voici ce dont il s'agit : vous vous êtes emparé traîtreusement, je maintiens le mot, de mon ami don Pablo de las Campanas, et de vingt-deux de ses serviteurs, et vous avez l'intention de les fusiller demain, au lever du soleil.

— Ce sont des gringos et des francs-maçons.

— C'est possible, cela ne me regarde pas; mais là n'est pas la question.

— Comment? des hommes qui prêchent la révolte contre Sa Majesté catholique, des hérétiques, des révolutionnaires.

— Oui, je sais que tout cela est terrible; mais que voulez-vous que j'y fasse. Donc, vous voulez les fusiller, c'est entendu?

— Ce n'est pas moi, c'est la loi!

— Je ne connais pas la loi, reprit-il sèchement.

— Je dois lui obéir.

— C'est votre affaire et non la mienne. Vous êtes ici, vous, quatre capitaines et douze lieutenants, soixante soldats et bas officiers entre nos mains total : soixante-dix-sept braves serviteurs du roi, prisonniers des Peaux-Rouges, car moi, je ne suis que le fondé de pouvoir des Indiens, mes alliés, condamnés à être brûlés vifs, après avoir été dûment torturés pendant plusieurs heures, et scalpés : la perspective est triste; vous savez combien les Peaux-Rouges sont ingénieux pour inventer des tortures; il y a d'abord la...

— Faites-moi grâce de ces détails, interrompit vivement le colonel avec un frisson de terreur.

Un Indien d'une taille colossale monta sur le toit de la hutte.

— Comme il vous plaira! C'était pour vous remettre au courant, pas autre chose. Cela vous contrarie, n'en parlons plus!
— Où voulez-vous en venir?
— A ceci : Par respect pour Sa Majesté le roi d'Espagne, dont j'ai l'honneur d'être le sujet, et surtout par considération pour vous, colonel, je consens à vous laisser libres, vous et tous vos soldats.

— Vous feriez cela ? s'écria-t-il avec un mouvement de joie.
— Certes, je le ferais, puisque je le dis, mais à une condition.
— Ah ! il y a une condition ?
— Il y a toujours une condition au moins ; plaignez-vous, je pourrais vous en imposer plusieurs et je ne le fais pas.
— C'est juste ! voyons cette condition ?
— La voici, elle est bien simple, vous remettrez immédiatement en liberté don Torribio et ses amis.
— Jamais ! s'écria-t-il vivement.
— C'est votre dernier mot.
— Oui !
— Alors, vous mourrez !
— Soit, je mourrai.
— Ainsi que vos officiers et soldats.
— Ils mourront !
— Ah ! permettez...
— Quoi, encore ? dit-il avec hauteur.
— Votre vie vous appartient ; vous être libre d'en disposer à votre guise, rien de mieux, nul n'a rien à voir là-dedans ; mais quant à la vie des autres, c'est autre chose.
— Ils sont soldats !
— Très bien ! il est convenu que vous préférez mourir ; je n'ai plus à m'occuper de vous ; maintenant, je vais voir si vos officiers et vos soldats seront de meilleure composition.
— Que prétendez-vous faire ?
— Caraï ! c'est bien simple ! Leur faire les mêmes propositions que vous refusez.

Le colonel sembla réfléchir un instant.
— Attendez ! dit-il.
— Que voulez-vous ?
— Je suis le chef de ces hommes ; c'est à moi qu'il appartient de leur communiquer ces propositions.
— Je crois que vous avez raison, dit-il avec un sourire ironique, cela sera plus convenable ainsi.

Il fit un signe.
Plusieurs individus accoururent.
— Amenez les prisonniers, dit-il, et se tournant vers le colonel : Vous voyez comme ils obéissent, ajouta-t-il d'un air narquois.

Le colonel soupira, mais il ne répondit pas.
Au bout d'un instant, les officiers et les soldats arrivèrent, conduits par un fort parti de révoltés ; ils étaient pâles, soucieux. On leur avait enlevé leurs armes.
— Messieurs, leur dit don Pablo en ricanant, votre brave colonel désire vous faire une importante communication ; et se tournant vers son prisonnier : Parlez, colonel, ajouta-t-il, ces dignes soldats sont prêts à vous entendre.

Le colonel fit alors un pas en avant, et, d'une voix ferme, il rapporta franchement la proposition qui lui était faite par don Pablo ; puis il continua :

— Quant à moi, mais en mon nom seul, j'ai nettement refusé cette honteuse condition ; je préfère la mort au déshonneur : cependant, comme je suis seul coupable de ce qui vous arrive, puisque c'est surtout par ma faute que vous êtes tombés dans ce piège infâme, je ne me reconnais pas le droit d'influencer en quoi que ce soit votre détermination. Ainsi, señores, voyez, réfléchissez ! je me conformerai à la résolution à laquelle vous vous arrêterez.

Les officiers se réunirent en groupe.

Ils échangèrent quelques brèves paroles à voix basse et semblèrent un instant se consulter du regard.

Puis un capitaine prit la parole au nom de tous.

— Mon colonel, dit-il respectueusement, nous serions seuls avec vous que notre choix ne serait pas douteux : comme vous, nous choisirions la mort ; mais pouvons-nous, pour un point d'honneur peut-être exagéré, consentir à laisser traîner à la mort nos pauvres soldats ? Est-ce bien réellement agir en gens de cœur comme nous sommes, que de condamner ces malheureux à d'infâmes tortures ? Nous ne le croyons pas : en conséquence, nous sommes convaincu qu'il est de votre devoir d'accepter, si honteuse qu'elle soit, la condition que cet homme vous impose.

Les officiers firent un geste de respectueux assentiment.

— C'est bien, señores, répondit le colonel avec abattement, il sera donc fait ainsi.

Il se tourna vers don Pablo qui avait assisté à cette scène le sourire sur les lèvres.

— Nous consentons, señor ! lui dit-il froidement.

— Puisqu'il en est ainsi, colonel, répondit celui-ci, veuillez donner les ordres nécessaires à un de vos officiers, qui se rendra aussitôt au fort San-Jose ; dès que nos amis seront en sûreté au milieu de nous, vous serez libres.

— Qui m'assure que vous ne me trompez pas, señor ?

— La parole de don Pablo de Gorillas, colonel, répondit-il avec hauteur ; cette parole à laquelle il n'a jamais failli.

Le colonel baissa la tête ; cependant, il fut contraint de se soumettre.

Dix minutes plus tard, un capitaine auquel on avait rendu son cheval et ses armes, traversait le gué.

Près d'une heure s'écoula : pendant tout ce temps, pas une parole ne fut échangée entre les prisonniers et leurs gardiens.

Les Peaux-Rouges ne firent pas un mouvement.

Le colonel se promenait, pensif, la tête penchée sur la poitrine : par intervalles il s'arrêtait, jetait un regard furtif sur la rivière, puis il reprenait sa marche.

Enfin plusieurs cavaliers apparurent sur la plage, de l'autre côté de la rivière.

Malgré la distance, don Pablo reconnut son ami, don Torribio qui s'avançait à leur tête.

Don Pablo compta les cavaliers; ils étaient vingt-quatre, y compris le capitaine de dragons.

C'était le compte.

Les cavaliers entrèrent dans la rivière.

Seul, le capitaine de dragons, sur un geste de don Torribio, resta sur la plage.

En quelques minutes le gué fut franchi et les ex-prisonniers se retrouvèrent au milieu de leurs amis.

— Chose convenue, chose due, fit don Pablo de son air moitié figue, moitié raisin; señores, vous êtes libres.

— Reprenez vos chevaux et vos armes, ajouta don Torribio, nous ne voulons pas désarmer de braves soldats.

— Je vous remercie, caballero, répondit le colonel.

— Allez, senores, mais n'y revenez plus! Vous voyez ce qu'il en coûte pour traverser cette rivière, dit don Pablo en riant.

Les prisonniers ne répondirent pas à ce sarcasme : ils se mirent en selle, et, sur l'ordre de leur chef, ils se dirigèrent lentement et en bon ordre vers le gué.

Les officiers tenaient la tête de la colonne, diminuée des deux tiers par la défection de leurs camarades passés à l'ennemi : seul, le colonel marchait à quelques pas en arrière de sa troupe.

Les dragons entrèrent dans la Sabina.

Le colonel s'arrêta sur la plage. :

Il considéra pendant quelques instants, avec une indicible tristesse, ses soldats qui s'éloignaient lentement et comme à regret.

— Il le faut! murmura-t-il à plusieurs reprises.

Il soupira, prit un pistolet dans ses fontes et l'arma.

— J'ai, autant que cela dépendait de moi, réparé la faute que j'avais commise, dit-il d'une voix haute et ferme. Mes compagnons sont libres et en sûreté; quant à moi, j'ai dit que je préférais la mort au déshonneur!... je suis déshonoré, je meurs; mon Dieu, pardonnez-moi!

Il appuya froidement le pistolet sur son front et se fit sauter la cervelle.

Cet événement s'était passé si rapidement, que nul n'avait pu s'y opposer.

Don Torribio s'élança, et reçut dans ses bras le corps palpitant du malheureux officier.

— Cet homme était un brave! dit-il en fronçant les sourcils.

Au bruit du coup de feu, les dragons s'étaient arrêtés.

Une certaine agitation sembla tout à coup régner parmi eux; ils croyaient à une nouvelle trahison. Mais bientôt tout s'éclaircit, et ils reconnurent que la mort de leur chef était volontaire.

Le cheval du colonel s'était échappé; un chef indien s'élança, réussit à l'arrêter et le ramena sur le bord de la rivière.

Don Torribio fit signe aux dragons d'envoyer quelques-uns des leurs.

Deux officiers et deux soldats n'hésitèrent pas à retourner en arrière.

Le colonel avait été relevé et attaché sur le cheval.

— Reprenez le corps de votre brave colonel, dit don Torribio, en présentant la bride du cheval à un des officiers ; il mérite d'être honorablement inhumé.

L'officier salua silencieusement, prit la bride en main et s'éloigna, suivi de ses compagnons.

Un quart d'heure plus tard, les dragons disparaissaient derrière les fortifications qui bordaient la rivière, et une pluie de mitraille, tombant à l'improviste au milieu des transfuges, sema la mort parmi eux et les contraignit à chercher promptement un abri derrière les rochers ; mais avant qu'ils fussent parvenus à se mettre en sûreté, une seconde salve de mitraille les remplit d'épouvante.

En un instant la plage fut déserte.

Chacun s'était éloigné au plus vite.

Les Espagnols avaient voulu, par une trahison, se venger du guet-apens dans lequel ils étaient tombés.

La vengeance était terrible : sans compter les blessés, plus de trente cadavres jonchaient la terre.

— Bien joué ! dit don Torribio à don Pablo. Fiez-vous donc à l'honneur castillan !

Don Pablo se secouait comme un chien mouillé : un biscaïen lui avait cassé le bras gauche.

— Brigands ! Gachupines ! s'écriait-il en grinçant des dents ; si jamais je vous rattrape !

— Bah ! bah ! lui dit don Torribio pour le consoler, ils se garderont bien de nous faire une seconde visite ; la première leur a trop mal réussi.

— Et moi, qui ai été si bon pour eux ! infâmes coquins !

— Oui, c'est la bonté qui vous perd, senor don Pablo.

— Dieu me pardonne ! je crois que vous vous moquez de moi, don Torribio, dit-il en fronçant le sourcil.

— Pardieu, reprit l'autre, en haussant les épaules, qui ne se moquerait pas de vous, en vous voyant crier ainsi, comme un brûlé ? et cela devant les Peaux-Rouges ; quelle opinion voulez-vous qu'ils prennent de nous ?

— Je me moque pas mal de l'opinion de ces païens, grommela-t-il entre ses dents.

Cependant, malgré ces paroles, l'observation de son ami parut produire un certain effet sur lui et il se tut, bien qu'en enrageant.

Les Espagnols, satisfaits sans doute de la vengeance qu'ils avaient tirée de leurs ennemis, avaient cessé leur feu.

La plage se peupla de nouveau, et sur l'ordre des chefs, l'on procéda à l'enlèvement des morts et des blessés.

En ce moment, les pirogues, qui n'avaient cessé de pagayer vigoureusement et qui, en entendant les coups de canon, avaient redoublé d'efforts, abordèrent, et une cinquantaine d'hommes sautèrent à terre, le fusil à la main.

Ces hommes étaient des métis et des sang-mêlés.

Il était facile, au premier coup d'œil, de les reconnaître pour des Outlaws.

Parmi eux se trouvaient deux de nos anciennes connaissances, le Gypaëte et le Vautour-Fauve.

Don Torribio de las Campanas, après avoir engagé les chasseurs congédiés par le général de Bodégast, s'était abouché avec plusieurs tribus indiennes, puis il avait audacieusement franchi la frontière espagnole et s'était enfoncé dans les provinces mexicaines dans le but de recruter de nouveaux compagnons, ce qui, au milieu de l'effervescence qui commençait à régner parmi les Hispano-Américains, lui avait été facile.

Lorsqu'il avait eu réuni un certain nombre de partisans, il leur avait fait endosser l'uniforme jaune des dragons de la reine, avait fabriqué un faux ordre du chef militaire de la colonie et, sous le commandement de don Pablo, il les avait expédiés au colonel don Juan de Regla qui avait la garde de cette partie de la frontière.

Son but était simple.

Don Pablo et ses hommes devaient débaucher les soldats de la garnison du fort San-José, et les déterminer à se joindre à lui.

Ces mesures prises, don Torribio, après avoir embauché encore quelques mauvais sujets prêts à tout faire, avait audacieusement marché sur la frontière, dans le but de forcer le passage.

Mais il avait été trahi par un espion : le colonel avait été averti de son arrivée et s'était emparé de lui par surprise.

Don Torribio portait avec lui assez de preuves de ce qu'il était ; aussi son affaire ne traîna-t-elle pas en longueur ; arrêté le soir, jugé le lendemain, il devait, le surlendemain, être fusillé avec tous ses complices.

Heureusement pour lui, malheureusement pour le colonel, don Torribio avait donné rendez-vous, sur la frontière même, aux tribus avec lesquelles il devait contracter une alliance offensive et défensive.

Les guerriers peaux-rouges étaient fidèlement arrivés au rendez-vous qui leur avait été assigné.

La présence d'une foule si considérable d'Indiens, sous le feu de ses fortins, avait, avec raison, vivement inquiété le colonel.

Cette inquiétude, habilement exploitée par don Pablo qui voulait, à tous risques, sauver son chef du sort qui le menaçait, avait encore été augmentée par l'apparition, d'une part, de la flottille de pirogues sur la Sabina, de l'autre, par la nombreuse tribu qui avait eu l'audace de traverser la rivière sous ses yeux.

Don Pablo, dont toutes les précautions étaient prises à l'avance et qui avait réussi à prévenir les Indiens de ce qui se passait dans le fort, engagea vivement le colonel à envoyer une colonne en reconnaissance ; la violation du territoire des États-Unis étant complètement justifiée par le péril que cette réunion de tribus hostiles faisait courir aux frontières mexicaines.

Le colonel se laissa convaincre et résolut d'aller lui-même demander aux Peaux-Rouges pourquoi ils venaient, en si grand nombre, camper sous le feu de ses fortins et de ses retranchements.

C'était tout ce que désirait le rusé Outlaw.

Nous avons vu quel parti il avait su tirer de l'imprudence du colonel, et dans quelle situation critique il l'avait mis.

Malheureusement, les deux volées de mitraille, en jetant une trentaine de cadavres sur le sol, avaient non seulement vengé les Espagnols, mais encore fait perdre à don Torribio et à son digne lieutenant le profit de toutes leurs ruses, et réduit leur troupe de bandits de près de moitié, ce qui était un échec sérieux pour les mystérieux projets que nourrissait don Torribio de Las Campanas.

XII

COMMENT DON TORRIBIO ET LE CŒUR-BOUILLANT ÉCOUTÈRENT LA CONVERSATION DE DEUX INCONNUS CAMPÉS SOUS DES TULIPIERS

Le soir du même jour, à la nuit close, une grande agitation régnait dans les camps indiens établis sur les bords de Rio Sabina.

Des feux couronnaient toutes les collines, sur une étendue de deux ou trois lieues, et, aux reflets rougeâtres de ces feux dont les flammes tourmentées par le vent montaient en tourbillonnant vers le ciel, on voyait s'agiter des ombres dans des poses et des attitudes singulières qui prenaient, dans la nuit, les formes et les apparences les plus fantastiques.

Parfois des cris étranges, emportés par la bise nocturne, traversaient subitement l'espace et allaient réveiller avec des grondements sinistres les échos de la rive.

La lune laissait tomber sur ce spectacle extraordinaire ses froids et pâles rayons, qui allongeaient démesurément les ombres des arbres et donnaient au paysage un cachet d'horreur, grandiose, indicible.

Il n'aurait pas fallu de grands efforts d'imagination pour se figurer assister à un sabbat de sorcières et prendre les Indiens qui se démenaient autour de feux de veille pour autant de démons dansant dans les clairières.

Les Espagnols, blottis derrière leurs retranchements, assistaient, en frissonnant de terreur, à ces scènes étranges, et se signaient en tremblant, chaque fois que des cris ou des sons bizarres de la musique indienne venaient frapper leurs oreilles.

Les diverses nations indiennes réunies en ce lieu, ou du moins représentées par leurs principales tribus placées, en conséquence, sous les ordres de leurs plus renommés sachems, étaient : les Sioux, les Apaches, les Ken'has ou Indiens de sang, les Pauwnées-Loups, les Arrapahoes et les Sacks.

Les hommes de ces nations, rassemblés en ce moment dans ces camps, complétaient un effectif d'environ neuf cents *braves* d'élite, dont la plus grande partie était armée de fusils.

Ces guerriers formaient une masse redoutable, et nullement à dédaigner si l'on y joint cent vingt aventuriers blancs ou soi-disant tels, tous gens de sac et de corde, recrutés au Mexique par don Torribio de las Campanas, et environ soixante-dix Outlaws ou pirates des savanes, sang-mêlés et métis pour la plupart, et plus cruels que les Indiens eux-mêmes, on aura un effectif d'environ onze cents bandits, pillards et assassins de la pire espèce, dont l'association devait causer une juste inquiétude aux colons paisibles et aux honnêtes chasseurs disséminés sur ce vaste territoire.

Pirates et Peaux-Rouges avaient été convoqués en ce lieu, ainsi que nous l'avons dit, par don Torribio, avec l'intention de former avec eux une alliance offensive ou défensive, dont la base était en apparence le meurtre, le pillage et l'incendie; mais dont les motifs réels et mystérieux n'étaient connus que de lui seul.

Une grande case-médecine avait été construite pour la réunion de tous les chefs de ces différentes nations qui, accoutumées à se faire continuellement la guerre entre elles, se voyaient avec surprise et presque avec crainte, paisiblement campées auprès les unes des autres.

Il n'y avait avec les Peaux-Rouges, ni enfants, ni vieillards, et surtout pas un chien, ce compagnon ordinairement inséparable des Indiens.

Ceci était la preuve que les guerriers étaient sur le sentier de la guerre.

Vers huit heures du soir, un Indien, d'une taille colossale, monta sur le toit de la hutte, et, d'une voix de stentor, il invita les chefs à se rendre au grand-conseil.

Cet Indien était un *hachesto* ou crieur public.

Près de lui étaient rangés une vingtaine de jeunes Indiens qui, armés de chichikoués et d'autres instruments de musique, accompagnaient chaque proclamation du hachesto du vacarme effroyable de leurs instruments entremêlé de grandes clameurs.

A dix pas à peu près devant la hutte se trouvait une espèce de grand baril défoncé, planté debout en terre jusqu'au quart de sa hauteur, et garni d'offrandes de toutes sortes. Ce baril représentait l'arche du premier homme.

A droite de l'entrée de la hutte, sur deux longs piquets plantés en terre et dont l'extrémité se terminait en forme de fourche, était posée une pipe, dont le fourneau, en terre rouge, était enjolivé d'hiéroglyphes de toutes sortes; le tuyau en bois de cerisier, long de près de six pieds, était garni, dans toute sa longueur, de plumes rares et de couleurs différentes.

Cette pipe était le grand calumet sacré qui ne sert que dans les grands conseils-médecine, et ne doit jamais toucher la terre.

A gauche de l'entrée, ou porte de la hutte, six longues lances étaient plantées, droites et ornées à la pointe de touffes de plumes.

De plus ces lances, armées chacune d'un fer long d'un pied, en forme de harpon, portaient une large banderole en cuir de bison tanné, sur laquelle était peint, en couleur rouge, un animal quelconque, plus ou moins ressemblant : un bison, un cheval, un ours, un vautour, un alligator et un serpent. C'étaient les *totems*, c'est-à-dire les armoiries de chacune des troupes présentes, le signe distinctif, l'emblème, si on le préfère, de leur nation.

Une profusion d'autres lances étaient plantées, sans ordre, autour de la hutte, mais celles-là, au lieu de fer, avaient à leur extrémité toutes sortes d'oiseaux ou d'animaux empaillés.

Vis-à-vis de l'arche du premier homme et lui faisant face, se trouvait un mahogany, de huit ou dix ans au plus, qui avait été planté là pour la circonstance, et que l'on avait garni de banderoles, d'oiseaux empaillés et de scalps.

— Que mon frère regarde! répondit l'Apache en étendant le bras du côté du levant...

Au centre de la hutte, on avait creusé une fosse ronde, de vingt pieds de tour environ, peu profonde, dans laquelle on avait installé un foyer avec des pierres plates, et qu'on avait ensuite remplie de bois odorant.

Un cercle de crânes de bisons et de blocs de pierre, destinés à servir de sièges, entourait ce foyer.

Un trou avait été ménagé dans le toit de la hutte, afin de laisser une ssue à la fumée.

Après avoir terminé sa proclamation, le hachesto entra dans la hutte et alluma le feu qui ne tarda pas, au milieu des flots de fumée qui s'engouffrèrent en noirs tourbillons dans l'ouverture du toit, à dégager une flamme claire et brillante, d'un rouge de sang, couleur qu'elle devait sans doute au bois dont on se servait.

Ce foyer était le feu du conseil.

Peu à peu les chefs se groupèrent à l'entrée de la hutte, se saluant gravement, au fur et à mesure qu'ils arrivaient; mais sans échanger une parole.

Don Torribio, don Pablo, le Vautour-Fauve, Joë Smith et le Gypaëte parurent à leur tour.

Lorsque tous les chefs furent réunis, ils mirent pied à terre, confièrent leurs chevaux aux jeunes Indiens qui avaient abandonné leurs instruments de musique, et pénétrèrent d'un pas lent et solennel dans la hutte.

Lorsqu'ils furent tous entrés, le hachesto plaça un cordon de sentinelles tout autour de la hutte, à une distance moyenne de six pas, afin d'assurer le secret de la délibération.

Les membres du conseil étaient au nombre de vingt-cinq.

Ils prirent place autour du feu et demeurèrent immobiles et silencieux.

Au bout de quelques instants, le hachesto entra.

Deux jeunes Indiens le suivaient, portant le calumet.

Le hachesto bourra l'énorme pipe avec du *morrichée*, espèce de tabac sacré, lavé dans une teinture d'opium, et mêlé d'aromates; il posa, au moyen d'une baguette médecine, un charbon ardent sur le tabac, puis il présenta l'extrémité du tuyau au chef le plus âgé, en ayant soin de conserver le foyer dans sa main.

Ce chef était un vieillard de haute taille, aux traits farouches, qui semblait ne rien avoir perdu de sa vigueur; il se leva, aspira la fumée à quatre reprises, en se tournant chaque fois vers un des points cardinaux, et murmurant d'une voix gutturale :

— Que le Wacondah et les esprits sous ses ordres nous soient favorables, et qu'ils daignent donner la sagesse aux grands braves réunis autour du feu de cette hutte! Ceci est un grand conseil-médecine.

Puis il se rassit, passa le tuyau à son plus proche voisin et se croisa les bras sur la poitrine.

Le calumet fit ainsi deux fois le tour de l'assemblée, chaque chef aspirant à son tour une ou deux bouffées de tabac, mais sans prononcer une parole.

Le hachesto reprit ensuite le calumet et en secoua les cendres dans le feu.

— Le Wacondah veille sur les chefs, dit-il; les mauvais esprits sont écartés; frères, les sachems peuvent maintenant délibérer sans crainte.

Et il se retira, suivi des deux jeunes Indiens auxquels il avait remis le calumet.

Un assez long silence régna de nouveau dans la hutte.

Enfin le chef le plus âgé releva la tête et s'adressant à don Torribio après l'avoir salué :

— Mon frère le visage pâle a convoqué ses fils les guerriers rouges des six puissantes nations, près de la rivière aux eaux limoneuses qui fuient vers le grand Lac-Salé. Que désire la Panthère-Noire de ses frères rouges? les voici prêts à l'entendre; leurs oreilles sont ouvertes; ils l'aiment, ils l'écouteront avec déférence.

Don Torribio, auquel le vieux chef venait de donner ce nom significatif, se leva alors; il salua les assistants, et il prit aussitôt la parole.

— Mes yeux ont vu des amis que j'aime et mon cœur a tressailli de joie en les apercevant, dit-il; depuis longtemps je désirais voir réunis autour de moi ces chefs valeureux. Maintenant, les voici à mes côtés: la peau qui enveloppait mon cœur a disparu; mon sang coule plus pur et plus rouge dans mes veines, et les paroles que souffle ma poitrine, expriment plus facilement mes pensées. Que disait mon père à ses enfants rouges, lorsqu'ils étaient maîtres du Mes-Cha-Chébé? J'ai acheté à mes enfants les bords de la mer pour y demeurer; les guerriers de ma nation vivront en paix avec mes enfants : le désert appartient aux Peaux-Rouges; ils y trouvent le gibier nécessaire à leur nourriture; ils conserveront le désert et je leur achèterai les peaux des bisons et des autres animaux qu'ils auront tués; de plus, je leur donnerai des haches, des couteaux, de l'eau-de-feu et du tabac, parce que j'aime mes enfants indiens; et les guerriers de mon père et les guerriers Peaux-Rouges vivaient en paix sans que la hache fût jamais déterrée. Les visages pâles et les Indiens l'avaient jetée si loin derrière eux, sans regarder où elle était tombée, que jamais ils ne la retrouvèrent pour s'en servir les uns contre les autres. Mais voilà que maintenant les Grands-Couteaux de l'Ouest ont marché hors de leur pays et à force de ruse ont remplacé les guerriers de mon père; au lieu de s'asseoir au foyer des Indiens et de fumer avec eux paisiblement, dès le premier pas qu'ils ont fait dans le désert, ils ont retrouvé la hache brillante depuis si longtemps perdue, et ils l'ont aussitôt tachée du sang de mes enfants, en disant : Que font les Peaux-Rouges dans le désert? De quel droit y sont-ils? Pourquoi osent-ils tuer les bisons et les ours? Le désert est à moi; le gibier m'appartient; les Peaux-Rouges sont des chiens, des lapins et des voleurs; je les chasserai comme des animaux nuisibles; je serai sans pitié pour eux et je les tuerai.

Un murmure de colère circula dans l'assemblée; des regards étincelants se fixèrent avec une expression étrange sur l'orateur, mais personne ne l'interrompit.

Il continua :

— Voilà ce que dit le chef des Grands-Couteaux de l'Ouest, reprit-il d'une voix calme et ferme, et voilà ce que répètent les guerriers de cette nation, et ils font ce qu'ils disent. Ils s'avancent pas à pas dans le désert, tuant et chassant devant eux mes enfants qui bientôt n'auront plus de terre pour les nourrir, et donc la charrue des blancs, en traçant son sillon dans la prairie, écrasera avec mépris les os des guerriers, morts depuis longtemps. A cette vue, mon cœur a tressailli, mon âme est devenue triste, et je me suis souvenu de l'amitié que les hommes de ma nation avaient toujours eue pour mes enfants. Je suis alors allé vers eux et je leur ai dit : Guerriers sioux, pawnees, apaches, sacks, arrapahoes, ken'has, à quoi bon lever ainsi la hache les uns contre les autres ? N'êtes-vous pas les enfants d'un même père ? Cessez d'exciter contre vous la colère du maître de la vie par la vue continuelle de vos guerres fratricides : vous êtes des guerriers sages et justes. Comment se fait-il que vous ne compreniez pas que les Grands-Couteaux de l'Ouest profitent de vos haines particulières pour vous dépouiller impunément et vous expulser, comme des chiens craintifs, de vos territoires de chasse ? Ne voyez-vous donc pas comme ils se sont rapprochés déjà ? et à quelle courte distance ils se trouvent de vos villages ? Les voici qui s'avancent comme des loups, et, si vous n'y prenez garde, bientôt il sera trop tard, et toute résistance deviendra impossible. Un de leurs chefs de la prière s'est introduit dans le désert; les Indiens sont bons, ils sont faciles à induire en erreur; ce chef de la prière a trompé beaucoup de vos frères par ses paroles mielleuses; il les a détachés de vous, en a fait nos ennemis, et il s'est établi au centre même de votre territoire. Cela est-il vrai ? Mais ce n'est pas tout : une nombreuse caravane, chargée d'armes et de richesses, se dirige maintenant vers le village du chef de la prière de sa nation, dans le but de construire un fort redoutable qui vous obligera à vous éloigner sans retour de vos territoires de chasse, si beaux et si giboyeux; et, que mes enfants ne s'y trompent pas, cette caravane sera bientôt suivie d'autres plus nombreuses encore; mes enfants ont appris déjà à connaître les Grands-Couteaux de l'Ouest. Que les guerriers rouges cessent donc leurs querelles; qu'ils se réunissent contre leurs implacables ennemis; aujourd'hui, ils peuvent encore espérer les vaincre, demain, il serait trop tard; pour moi, dont les pères ont toujours été les amis et les frères des Peaux-Rouges, je suis venu ici tout exprès pour me joindre à eux, avec mes jeunes hommes, en cela poussé seulement par mon amitié pour eux; renonçant d'avance à toutes les richesses qui tomberont entre nos mains, à la suite des succès que mes enfants ne manqueront pas d'obtenir, s'ils suivent le conseil désintéressé que je leur donne. J'ai dit.

L'orateur s'assit alors, au milieu d'un murmure flatteur qui chatouilla agréablement son oreille.

Le discours insidieux et perfide qu'il avait prononcé et qui, bien qu'en apparence dirigé contre les Américains, ne l'était en réalité que contre les ennemis qu'il voulait atteindre, avait fortement frappé les Indiens; la politique envahissante des États-Unis, dont ils avaient déjà éprouvé si rudement les terribles effets, les effrayait à juste titre; ils comprenaient que, placés presque sous le feu des établissements américains, ceux-ci ne tarderaient pas à se sentir mal à l'aise et trop à l'étroit dans leurs remparts; qu'ils sauteraient par-dessus, et que, comme une volée de vautours âpres à la curée, ils s'éparpilleraient dans toutes les directions, chassant les Indiens devant eux et les dépouillant impitoyablement du désert qui, depuis si longtemps, leur servait de refuge, pour les contraindre à se retirer dans une autre contrée dont plus tard ils les chasseraient encore; jusqu'à ce qu'enfin, acculés à la mer et ne pouvant plus reculer, ils les précipiteraient positivement dans l'océan.

La situation était grave, critique même; tous les assistants le sentaient; leur haine contre les blancs s'augmentait encore des nouveaux griefs qu'ils croyaient avoir contre eux.

Cependant, malgré la manière flatteuse dont ils avaient accueilli le discours prononcé par don Torribio, aucun chef ne se hâta de prendre la parole, et un silence profond régna dans l'assemblée.

Enfin un sachem se leva : c'était un homme dans la force de l'âge, d'une taille gigantesque et de formes athlétiques ; ses traits farouches respiraient l'intelligence et la cruauté ; ses yeux pétillaient d'astuce ; des *coups* nombreux étaient peints sur sa poitrine ; de longues queues de loup, attachées à ses talons, montraient qu'il était un des grands braves de sa tribu ; un *ikkichata* ou sifflet de guerre, fait d'un tibia humain et qui pendait sur sa poitrine, le désignait comme un des premiers chefs de sa nation.

Il se nommait le Cœur-Bouillant ; il était Apache, et sa renommée était grande, même parmi les blancs de la Prairie et des établissements frontières auxquels il avait livré des combats terribles dont toujours il était sorti vainqueur.

— Vous, la Panthère-Noire, l'ami des Peaux-Rouges, malgré votre couleur blanche, et vous, les sachems puissants des six nations, le Cœur-Bouillant vous salue, dit-il ; les guerriers peaux-rouges ont entendu les paroles qui ont été prononcées par vous ; ces paroles sont justes ; elles sont dures, elles sont vraies. Les Grands-Couteaux de l'Ouest, loin d'imiter la conduite généreuse que tenaient envers nous nos grands-pères du Canada, lorsqu'ils possédaient le pays, n'ont qu'un but qu'ils poursuivent avec un acharnement implacable : dépouiller les Peaux-Rouges des terres qu'ils possèdent, et anéantir leur race qu'ils ont proscrite. Avant l'arrivée des blancs, chacune des nations dont les principaux chefs sont ici, était maîtresse d'immenses territoires qui s'étendaient de l'un à l'autre Lac Salé. Le nombre de leurs guerriers était incalculable. A-t-on essayé de compter les grains de sable du désert ? plus nombreux étaient les Peaux-Rouges. Que sont-ils aujourd'hui ? La plupart de leurs tribus sont anéanties, on les a dépouillées des terres que le Grand-Esprit leur avait données ; ils errent en fugitifs et sont contraints de se cacher dans les contrées qui leur appartenaient autrefois. Qui a fait cela ? Les blancs. Qui a donné aux Indiens ignorants l'eau de feu qui les rend fous ? Les blancs encore. Qui leur a inoculé les maladies qui les déciment ? Les blancs. Les blancs, partout, toujours ! Les Peaux-Rouges sont-ils des enfants sans courage et sans vigueur ? Sont-ils des vieilles femmes bavardes, incapables de venger une injure ? Non ! Ce sont des hommes braves, des guerriers redoutés ; ce sont des hommes qui n'acceptent pas d'insultes.

— La patience de mes frères est à bout, continua le Cœur-Bouillant ; il faut qu'ils se vengent de leurs cruels et implacables ennemis. Que les Peaux-Rouges soient unis entre eux, ils seront forts contre les Visages-Pâles ! Trop longtemps les Grands-Couteaux de l'Ouest ont profité de nos dissensions pour nous humilier et nous dépouiller impunément. Ils trembleront en nous voyant unis, car la vengeance marquera chacun de nos pas. Pour moi, je ne vois que des frères ; ici, je n'y connais plus d'ennemis ; mon cœur se réjouit au milieu d'eux, et la preuve, c'est que ma hache ne frappera plus jamais un Peau-Rouge ; j'en prends à témoin le Wacondah et le totem de ma nation : Regardez, j'ai dit !

A ces mots, il retira sa hache de sa ceinture, et, après l'avoir fait tournoyer au-dessus de sa tête, il la lança au milieu du foyer incandescent, où elle disparut à l'instant.

Cette action, si bien dans les mœurs américaines, produisit un choc électrique parmi les membres de l'assemblée : tous se levèrent à la fois et jetèrent résolûment leurs haches dans le foyer qui les consuma en pétillant.

— Plus de haine, plus de guerre entre nous! s'écria le vieux chef d'une voix stridente : soyons unis! mort aux féroces visages pâles! mort aux Grands-Couteaux!

Ce cri fut répété avec enthousiasme par tous les assistants; puis, sur un signe du vieux chef, le silence se rétablit, et chacun reprit sa place.

Alors le Moqueur se leva :

— Sachems des six nations, et vous, visages pâles, nos frères et nos amis, dit-il, cette guerre dont vous menacez les blancs, je l'ai, moi, déclarée en personne il y a un mois déjà, dans son propre camp, au chef des visages pâles de la caravane des Grands-Couteaux de l'Ouest. Je n'ai voulu tenter aucune expédition, aucune attaque sans votre concours, et j'ai patiemment attendu le résultat du grand conseil-médecine qui devait se tenir aujourd'hui ; voilà ce que j'ai fait, j'ai dit :

— Mon frère a bien agi, répondit le vieux chef; l'Oiseau-Moqueur est un guerrier aussi sage qu'il est prudent. Nos jeunes hommes frapperont cette nuit même le poteau de la guerre, et demain, sans plus tarder, au lever du soleil, les guerriers peaux-rouges se mettront sur la piste de leurs ennemis.

— Avant de commencer la guerre, dit alors don Torribio, peut-être serait-il bon, maintenant que la concorde règne heureusement entre vous, de prendre certaines mesures.

— Sachons d'abord où se trouve l'ennemi, quel est son nombre et la position qu'il occupe, puis le conseil des chefs décidera ce qu'il convient de faire, répondit le vieux sachem.

— Soit! reprit don Torribio, cela en effet vaudra peut-être mieux; mais il serait important, il me semble, de nommer avant tout un chef qui commandât seul les guerriers.

— Mon père la Panthère-Noire ignore que les sachems les plus âgés sont chargés, lorsque les guerriers sont sur la piste de guerre, de diriger leurs opérations. Quant à lui, il dirigera ses guerriers pâles de la façon qui lui semblera la plus avantageuse.

— Non pas! répondit vivement don Torribio, je ne me considère que comme un chef semblable aux autres, et je ne ferai rien sans l'autorisation du conseil. Il est important, surtout dans une expédition comme celle-ci, que les pouvoirs ne soient pas divisés et qu'une action commune nous donne la force dont nous avons besoin pour que nos efforts obtiennent le résultat que nous désirons.

Cette déclaration, faite spontanément et avec le ton de la plus entière franchise, produisit une excellente impression sur l'esprit des chefs qui, tous, étaient fort jaloux de leur pouvoir.

Don Torribio fut immédiatement entouré et félicité par les sachems qui lui témoignèrent la plus entière cordialité.

Le rusé Mexicain s'attendait parfaitement à cela; voilà pourquoi il s'était hâté de parler, afin de dissiper, avant qu'elle eût eu le temps de prendre une certaine consistance, la mauvaise impression qu'auraient pu causer sur l'esprit ombrageux des chefs les paroles du vieux sachem.

En ce moment, un guerrier pawnee, le plus jeune des chefs qui assistaient au conseil, quitta la hutte.

Le jeune chef allait dépouiller le mahogany planté devant la hutte et préparer le poteau de la guerre.

Les Indiens sont excessivement formalistes et amis de l'étiquette. Tous les rites usités lors des déclarations de guerre, la danse du scalp, etc., furent strictement exécutés.

Nous ne les décrirons pas ici, ayant eu l'occasion de le faire déjà dans quelques-uns de nos précédents ouvrages.

Nous nous bornerons à dire que l'eau de feu circula abondamment parmi les guerriers, et que les chants ou plutôt les hurlements et la danse durèrent pendant la nuit presque tout entière.

Ce ne fut que lorsque le souffle et les forces leur manquèrent enfin, que les Indiens se laissèrent tomber pêle-mêle et s'endormirent de ce lourd et fatigant sommeil que donne l'ivresse.

Les Espagnols avaient été les spectateurs effarés de ces scènes terribles dont ils n'avaient perdu aucun détail. Ils furent convaincus plus que jamais que les païens préparaient une attaque contre eux, et ils se mirent en devoir de la repousser vigoureusement.

Mais ils étaient dans l'erreur. Les Peaux-Rouges ne songeaient nullement à eux, leur but était tout autre.

Une heure avant le lever du soleil, les Hachestos réveillèrent les dormeurs dans chaque camp.

Lorsque, par les soins du vieux sachem, nommé Be-Gwa-Is, c'est-à-dire le Vieux-Chêne, des espions eurent été expédiés en avant, l'ordre du départ fut donné; les détachements prirent la colonne de marche et s'éloignèrent au galop.

Le rendez-vous général avait été assigné au Brûlis de la Longue-Corne, où les confédérés supposaient que les blancs se trouvaient encore.

Au lever du soleil, grande fut la surprise des Espagnols, lorsqu'ils reconnurent que leurs ennemis avaient levé le camp et qu'ils étaient partis sans laisser de traces.

Lorsqu'ils sont sur le sentier de la guerre, les Indiens marchent avec une prudence infinie; nulle précaution n'est négligée, aucun stratagème omis pour donner le change à leurs ennemis sur la route qu'ils suivent, pouvoir s'approcher d'eux et les assaillir à l'improviste.

Nous l'avons dit déjà : la guerre indienne est toute de surprises, de stratagèmes, de ruses. Jamais, à moins qu'il soit impossible de faire autrement, on ne marche à découvert contre l'ennemi qu'on veut attaquer.

Dix jours après leur départ du Rio Sabina, au coucher du soleil, les confédérés, bien que venus par des chemins différents, atteignirent tous à la fois le Brûlis de la Longue-Corne.

Le Vieux-Chêne donna l'ordre de faire halte ; on se trouvait alors dans une épaisse forêt, et ce rusé sauvage ne voulait pas pousser plus avant sans avoir entendu le rapport de ses espions.

Du reste, les confédérés n'étaient, tout au plus, qu'à une lieue du Brûlis ; chacun campa à l'endroit où il se trouvait ; mais, comme on se supposait en face de l'ennemi, les feux de veille ne furent pas allumés.

Dès que les camps furent installés et les sentinelles posées, le chefs se réunirent en conseil dans le centre d'une vaste clairière.

On fit comparaître des espions, ou plutôt les batteurs d'estrade.

Ils étaient six, chaque détachement ayant voulu avoir le sien.

C'étaient des guerriers d'élite, braves et expérimentés.

Les nouvelles qu'ils donnèrent étaient mauvaises.

Les blancs avaient quitté leur campement de la colline, probablement depuis longtemps déjà, à en juger par l'aspect des lieux.

Leur départ s'était opéré avec tant de soin, de prudence et d'adresse, rapportaient les éclaireurs, que, bien qu'ils menassent de lourds wagons avec eux, cependant ils avaient à peine laissé quelques traces de leur passage.

Toutefois les éclaireurs étaient parvenus à découvrir trois pistes.

Mais ces pistes, enchevêtrées comme à plaisir, revenaient sans cesse sur elles-mêmes, s'embrouillaient les unes dans les autres, et aboutissaient après des détours infinis, la première à une forêt de chênes vivaces (*quercus vivens*) et de chênes blancs et noirs, mais entrecoupée de profondes lagunes et de marécages qui la rendent presque infranchissable, et dans laquelle il était impossible que la caravane eût osé se hasarder avec ses bagages.

La seconde et la troisième piste se dirigeaient vers l'établissement du chef de la prière ; une de ces deux pistes aboutissait à la rivière, en face d'une île boisée, en forme de cône, qui tenait le milieu du Nebraska et se trouvait à environ cent mètres du rivage : cette île, de forme longue, était entourée d'épais buissons et de ronciers, qui empêchaient de rien distinguer dans l'intérieur.

Elle semblait déserte ; cependant les espions n'osaient l'affirmer, bien qu'on les eût laissé paisiblement opérer leur reconnaissance et entrer dans la rivière pour chercher un gué qu'ils n'avaient pu cependant découvrir, car ils n'avaient pas voulu éveiller les soupçons, au cas où ils eussent été secrètement observés ; et ils avaient affecté les manières paisibles des pêcheurs de l'établissement du chef de la prière. La troisième piste enfin aboutissait au défilé de l'Antilope, à quelques pas duquel elle obliquait légèrement, et cessait tout à coup à l'entrée d'un marécage infranchissable.

Les éclaireurs s'étaient enfoncés assez avant dans le défilé, où ils n'avaient rien observé de suspect ; ils n'avaient point osé pousser jusqu'à son extrémité, parce que, à droite et à gauche, les flancs de la montagne étant presque à pic, il leur était impossible de se cacher et d'échapper à la poursuite de ceux qui les auraient surpris.

Mais nulle part, ils insistaient sur ce point, ils n'avaient remarqué ni

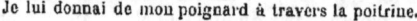
Je lui donnai de mon poignard à travers la poitrine.

traces de wagons, ni traces de pas de chevaux ou de mules : de plus, ce qui leur semblait extraordinaire et qu'ils ne pouvaient expliquer, toutes les traces étaient celles de mocksens indiens, de facture comanche; pas un seul pied chaussé de souliers ou de bottes.

Après avoir attentiuement étudié les traces des mocksens, ils avaient reconnu, à l'écartement du pouce et à la façon dont les pieds étaient posés sur le sol, qu'il était impossible qu'elles eussent été laissées par d'autres que par des Indiens.

— En résumé, conclut le plus ancien et le plus expérimenté des éclaireurs, nous n'avons rien découvert qui puisse nous renseigner ou nous mettre sur la piste de nos ennemis; cependant, ajouta-t-il en fronçant les sourcils et ouvrant les narines comme s'il éventait quelque émanation suspecte, je sens nos ennemis autour de nous : ils sont là, embusqués, ils nous guettent : tout est trop calme; le désert est trop tranquille, le silence est trop profond; je l'entends, il nous menace.

Le Vieux-Chêne hocha la tête et congédia les éclaireurs.

— Nous avons affaire à des Visages-Pâles auxquels toutes les ruses du désert sont connues, dit-il; ils ont avec eux Balle-Franche, Bon-Affût, l'Œil-Gris et tous les meilleurs trappeurs de la savane : ces blancs sont remplis d'astuce; ils sèment les pièges sous nos pas; il faut que mes jeunes hommes redoublent de prudence.

— Les Visages-Pâles sont-ils des oiseaux pour traverser les airs, des poissons pour nager au fond des eaux? Non! ce sont des hommes! dit alors le Cœur-Bouillant; si prudents qu'ils soient, ils doivent avoir laissé des traces de leur passage. Nos guerriers étaient fatigués; ils craignaient de se laisser découvrir; ils n'ont rien vu; ils ont été trop prudents. Si mon père le permet, un chef ira; le Cœur-Bouillant verra les traces et découvrira la piste invisible.

— Mon fils est un chef renommé, répondit le Vieux-Chêne; les sachems attendront son retour.

Le chef se leva et se prépara à se retirer; don Torribio l'arrêta.

— Si le sachem Apache y consent, dit-il, son ami le Visage-Pâle l'accompagnera.

— Les sentiers de la forêt sont assez larges pour deux amis, répondit courtoisement le chef.

Ils s'éloignèrent de compagnie.

Ils étaient à pied.

L'Apache marchait de ce pas léger et rapide particulier aux Indiens, pas qui ressemble beaucoup au pas gymnastique de nos chasseurs de Vincennes; bien que Torribio fût excellent marcheur, dans les premiers moments, il eut peine à le suivre, mais bientôt il s'accoutuma à cette allure et ne ressentit plus aucune fatigue.

Les deux éclaireurs marchaient déjà depuis plus d'une heure et demie; ils avaient quitté la forêt, franchi le Brûlis, et s'étaient engagés dans le chaparral, lorsque tout à coup l'Indien poussa une exclamation étouffée et s'arrêta en posant la main sur le bras du Mexicain.

— Qu'y a-t-il? demanda celui-ci à voix basse.

— Que mon frère regarde! répondit l'Apache, de bouche à oreille, en étendant le bras du côté du levant.

Don Torribio aperçut alors deux hommes assis auprès d'un feu, sous un bouquet de tulipiers gigantesques.

Ces hommes portaient le costume des chasseurs blancs du désert; ils avaient le teint basané, la barbe et les cheveux noirs.

Ils causaient entre eux, le fusil appuyé sur la cuisse, tout en dévorant de fort bon appétit un quartier de venaison, qu'ils venaient de retirer du feu.

Deux chevaux sellés et harnachés, mais le mors sur le cou, étaient attachés près d'eux et broyaient gaiement leur provende.

— Que mon frère me suive, dit laconiquement l'Apache, et qu'il soit prêt au premier signal, ajouta-t-il en posant avec un regard farouche la main sur la hache attachée à sa ceinture.

Les deux éclaireurs se couchèrent alors sur le sol, et, s'aidant des coudes et des genoux, ils commencèrent à ramper comme des serpents dans la direction des deux chasseurs, sans produire le plus léger bruit, le moindre froissement dans les feuilles.

Après un quart d'heure de cette marche difficile, si l'on peut donner ce nom à l'exercice auquel se livraient les deux hommes, ils se trouvèrent à cinq ou six pas au plus des inconnus; alors ils se dressèrent silencieusement et se tinrent immobiles derrière les tulipiers.

Les chevaux les avaient sentis cependant, car ils donnèrent quelques signes d'inquiétude; mais les inconnus ne remarquèrent ou ne parurent pas remarquer les mouvements de leurs chevaux et continuèrent tranquillement une conversation qui semblait beaucoup les intéresser.

De la place qu'ils occupaient, les deux éclaireurs les entendaient parfaitement; ils parlaient espagnol, langue que les deux espions comprenaient, le premier, puisqu'il était Mexicain; le second, à cause de ses rapports fréquents avec les Espagnols.

— Non, disait le plus grand des deux chasseurs en engloutissant d'une seule bouchée une énorme portion de venaison, par San Antonio, je ne regrette pas le parti que nous avons pris. Vous avez beau dire, Pécari, ce n'était pas notre affaire.

— A qui le dites-vous, l'Aigle-Rouge? reprit l'autre, caraï! il y a une différence assez grande entre ce général maudit et Tom Mitchell, avec lequel nous avons si gaiement vécu pendant six mois.

— Oui, c'était le bon temps! Tom Mitchell est un homme, lui! il y a toujours quelque chose à gagner à son service, au lieu que ce démon de Français! Valga me Dios! ajouta-t-il en frappant du poing avec colère, chasser un homme comme un chien! le châtier avec sa cravache, parce qu'il a bu un peu trop d'aguardiente et qu'il a voulu embrasser une jolie fille!

— Eh! eh! c'est de votre faute aussi! il fallait prendre vos précautions; moi, il m'a chassé aussi, c'est vrai! mais je ne suis pas parti les mains vides.

— Que voulez-vous dire?

— Regardez!

Et il retira de sa poche une longue bourse en soie, à travers les mailles de laquelle on voyait briller de l'or.

— Caraï! s'écria en riant l'Aigle-Rouge, part à deux, compagnon! Vous êtes un homme d'ordre et vous n'oubliez rien.

— Je me souviens de Tom Mitchell.

— Ah! si jamais je le retrouve! reprit l'autre avec un soupir de regret. Mais il ne s'agit pas de cela quant à présent, ajouta-t-il en changeant de ton.

Vous êtes mon ami et mon vieux camarade; voulez-vous me rendre un service?

— Je vous vois venir, l'Aigle-Rouge. Les coups de cravache que vous avez reçus vous cuisent, n'est-ce pas?

— Oui, reprit-il avec ressentiment, je veux me venger.

— Je ne demande pas mieux que de vous aider, compagnon, mais comment faire?

En ce moment, un certain bruit se fit dans le feuillage, et une voix railleuse cria :

— Je vais vous le dire, moi!

XIII

OU LES LOUPS ET LES RENARDS LUTTENT DE RUSE

Les deux chasseurs échangèrent à la dérobée un regard d'une expression singulière.

En moins d'une seconde, ils furent debout, le fusil à la main, prêts à l'attaque comme à la défense, et l'Aigle-Rouge cria d'une voix forte et menaçante à la fois :

— Qui vive?... Répondez ou vous êtes mort!

— Ami! répondit la voix.

— Hum! ami? fit le chasseur en ricanant, c'est bien vague!... enfin! Combien êtes-vous?

— Deux!

— Alors, avancez sans crainte; mais placez votre fusil sous le bras, sinon je fais feu.

— Il faut de la prudence, caraï! s'écria le Pécari, nous sommes de vieux coureurs des bois, nous autres.

Les deux éclaireurs parurent alors.

— Soyez les bienvenus à mon foyer, dit l'Aigle-Rouge avec une cordialité brusque; si vous avez faim, mangez; si vous avez froid, chauffez-vous.

— Nous mangerons, dit don Torribio en s'asseyant sans plus de cérémonie.

— Eh! mais, dit le Pécari, avec un ton d'agréable surprise, nous voici en pays de connaissance. Caraï! la rencontre est charmante.

Les deux éclaireurs se regardèrent avec surprise.

— Allons! continua le Pécari en riant, je vois que vous ne me reconnaissez pas, chef! je croyais que le Cœur-Bouillant avait plus de mémoire.

Le chef apache tressaillit, examina pendant quelques instants son interlocuteur, puis il hocha la tête.

— Je ne vous reconnais pas, dit-il.

— Après tout, c'est possible! reprit l'autre avec insouciance, quoique cependant je vous aie rendu un fameux service.

— Vous m'avez rendu un service, vous, chasseur? dit le chef avec étonnement.

— Je vous ai sauvé la vie, tout bonnement.
— Vous?...
— Parfaitement!... Après cela, nous nous sommes vus si peu de temps que vous pouvez avoir oublié ma figure, bien qu'en me quittant vous m'ayez serré la main, en me disant : « Visage-Pâle, je suis votre frère; si quelque jour vous avez besoin d'un ami, souvenez-vous du Cœur-Bouillant. »
— Je vous ai dit cela, moi?
— Textuellement.
— J'attends que mon frère s'explique.
— C'est cela, Pécari; racontez, mon camarade, dit en riant l'Aigle-Rouge, il n'y a rien de tel qu'une bonne histoire pour faire digérer un mauvais repas.
— Je ne demande pas mieux, si le chef le désire.
— Je le désire.
— Seulement, je vous ferai observer que ce que j'en fais, c'est seulement pour ne point passer à vos yeux pour un imposteur. Caraï! je n'ai point l'habitude de faire payer les services que je rends.
— Mes oreilles sont ouvertes.
— M'y voici, dit le chasseur en allumant une cigarette. Vous connaissez Tom Mitchell?
— Je le connais : c'est le frère et l'ami du Cœur-Bouillant.
— Très bien : donc, il y a sept mois environ, Tom Mitchell était campé avec ses braves compagnons aux environs de Santa-Fé, sur les bords du Rio Bravo del Norte, lorsqu'un soir, à la tombée de la nuit, un guerrier apache se présenta dans son camp; ce guerrier paraissait harassé de fatigue; il avait reçu plusieurs blessures et chancelait sur son cheval qui, blessé lui-même, ne se tenait qu'avec peine. Il était évident que ce cavalier, dont le sang coulait avec abondance, avait échappé par miracle à un combat acharné, et qu'il venait de faire une longue course.
— Comment se nommait ce guerrier dont parle mon frère? demanda le chef que ce récit semblait tout à coup intéresser très vivement.
— Le Chat-Sauvage! Il est mort, dix jours après, de ses blessures.
— C'est vrai! que mon frère continue!
— Comment, c'est vrai! s'écria le chasseur d'un ton de mauvaise humeur; supposez-vous que je mente par hasard, chef?
— Je constate, au contraire, que mon frère dit la vérité! répondit l'Indien d'un ton plus cordial; je le prie de continuer.
— Soit; le Chat-Sauvage s'approcha de Tom Mitchell. « Le Cœur-Bouillant, dit-il, a été surpris par les Yorris, pendant qu'il attaquait une caravane; il n'avait que quinze guerriers avec lui : les Cachupines étaient cinquante; ses jeunes hommes sont morts; il a été, malgré sa résistance désespérée, *lassé* traîtreusement par les Espagnols et conduit prisonnier dans le grand village en pierres à six lieues d'ici. Tom Mitchell ne fera-t-il rien pour son frère? » Après avoir prononcé ces mots d'une voix haletante, le Chat-Sauvage ferma les yeux et se renversa sur son cheval. Si je ne l'avais pas reçu dans mes bras, il aurait roulé sur le sol. Tom Mitchell donna l'ordre de secourir le guerrier apache, puis, s'adressant à ses compagnons : « Le Cœur-Bouillant est

mon frère, je veux le sauver, dit-il. J'ai besoin de trois hommes résolus; si personne ne veut m'accompagner, j'irai seul. » Tous se présentèrent, Tom Mitchell choisit Camote, Versencore et moi. Une demi-heure plus tard, nous quittions tous les quatre le camp, et nous nous dirigions ventre à terre vers Santa-Fé.

— Oui, oui, c'est bien cela, mon frère a raison, dit le chef dont les traits s'adoucissaient de plus en plus.

— Caraï! je le crois bien que j'ai raison!

— J'attends que mon frère continue.

— C'est très intéressant, ponctua don Torribio.

— Très intéressant! fit l'Aigle-Rouge comme un écho.

— Oui, Tom Mitchell est un rude homme; il n'abandonne pas ses amis; après avoir traversé le Rio-Bravo à gué, un peu au-dessus de Santa-Fé, rien ne nous fut plus facile que de nous introduire dans la ville. Versencore fut laissé à la garde des chevaux, car nous en avions amené un pour le chef, et, tout doucement, en causant et fumant notre cigarette, nous fîmes notre entrée dans les rues de la ville, après avoir salué le soldat de faction à la *Guarita*, qui nous rendit poliment notre salut. Il était onze heures du soir; le chef devait être fusillé le lendemain, sur les glacis du fort, au lever du soleil; les Espagnols vont vite en besogne : ils ne laissent pas leurs prisonniers moisir dans les cachots. C'est tout bénéfice pour tout le monde. Tom Mitchell nous laissa, Camote et moi, dans une pulqueria, et il alla rôder autour de la prison. Tom Mitchell est un homme prudent. Comme on ne sait jamais dans quelles circonstances on peut se trouver, il a des amis à peu près partout, dans les prisons surtout. Le geôlier de la prison de Santa-Fé était son ami. Ils se furent bientôt entendus tous les deux; une bourse pleine d'or passa de la poche de Tom Mitchell dans celle du geôlier, et tout fut dit. Vers une heure du matin, notre chef vint nous trouver; la ville dormait; il n'y avait personne dans les rues; nous nous promenions en causant, Camote et moi, sur la place, en face de la prison, lorsque notre chef nous rejoignit. Il nous expliqua en deux mots ce qu'il voulait faire. Comme le chef était blessé et qu'il n'était pas probable qu'on essayât de le délivrer, les autorité espagnoles avaient jugé inutile de prendre des précautions extraordinaires. Nous n'avions que deux ou trois sentinelles à expédier : c'était la moindre des choses. Celle placée devant la porte dormait dans sa guérite; on l'y cloua, et elle passa de vie à trépas sans même s'en apercevoir. Nous allions entrer dans la prison, dont le geôlier tenait la porte entr'ouverte, lorsqu'un imbécile de sereno s'avisa, pour son malheur, de faire son apparition sur la Plaza-Mayor, en braillant à tue-tête :

« Ave Maria purissima, la una y media de la mañana han dado y serenos!... Viva España!... »

« Ce cri de : Viva España! m'agaça les nerfs, et je plantai mon poignard si dru dans la gorge du pauvre diable, que je le tuai net; je l'envoyai tenir compagnie au factionnaire dans la guérite, puis j'entrai à la suite de Camote dans la prison.

« — Vous savez que ce n'est pas par ici que vous devez sortir, dit le geôlier, en verrouillant la porte derrière lui et derrière nous.

« — C'est entendu! répondit Tom Mitchell; où est le cachot du chef?

« — Suivez-moi! seulement prenez garde! il y a deux factionnaires dans le corridor, et un dans le cachot même.

« — Attention, vous autres! nous dit Tom Mitchell à voix basse.

« Le geôlier demeura en arrière, sans doute pour ne pas être compromis, après avoir remis à Tom Mitchell sa lanterne et son trousseau de clefs.

« A peine avions-nous fait quelques pas qu'une sentinelle se dressa devant nous à l'improviste et nous cria :

« — Qui vive?

« Camote sauta dessus; mais il y eut lutte; le soldat se débattit et eut le temps de crier : « Aux armes ! » avant de tomber.

« — Au diable! l'imbécile! cria Tom Mitchell avec colère.

« En ce moment trois soldats arrivèrent : ce fut une magnifique tuerie; bientôt ils tombèrent les uns sur les autres et ne remuèrent plus.

« Le cachot du chef était ouvert : le factionnaire l'avait quitté pour courir au secours de ses camarades.

« Après avoir ouvert le cadenas qui retenait les chaînes du chef, Tom Mitchell, sans lui laisser le temps de le remercier, lui dit de nous suivre.

« Le geôlier accourut vers nous, pâle et égaré :

« — Que de sang! criait-il, que de sang!

« — Caraï! lui dis-je, avec cela qu'ils sont aimables, vos soldats, regardez!

« J'avais reçu un coup de baïonnette à travers le bras, peu dangereux à la vérité, mais qui me brûlait comme un fer rouge. Vous comprenez que je n'étais pas de bonne humeur.

« Le geôlier se tut, il nous conduisit dans sa chambre et nous montra une fenêtre ouverte.

« — Voilà votre chemin, dit-il : dix pieds à sauter.

« Ce n'était rien.

« Le chef sauta, puis le capitaine.

« — Eh bien! cria le geôlier, vous oubliez de m'attacher.

« — C'est vrai, dit Camote, attache-le et viens !

« Et il sauta.

« J'étais pressé, je n'avais pas de temps à perdre; je m'approchai du geôlier en grommelant :

« — L'attacher, pourquoi faire?

« Et je lui donnai de mon poignard à travers la poitrine.

« Après l'avoir fouillé et m'être emparé de la bourse que le capitaine lui avait donnée, je sautai à mon tour ; il était temps ; mes compagnons commençaient à détaler bon train ; je les rejoignis. La sentinelle de la Guarita dormait, ce qui nous épargna la peine de lui faire un mauvais parti. Une heure après, nous avions traversé le Rio Bravo, et nous nous trouvions chez nous, dans le désert. Le chef apache prit congé de nous : ce fut alors qu'il me dit la phrase que tout à l'heure je lui ai répétée. Voilà l'histoire : maintenant, qu'il me reconnaisse ou ne me reconnaisse pas, peu m'importe !

— Les hommes sont oublieux, dit le chef avec dignité; je n'avais fait qu'entrevoir mon frère; maintenant le Cœur-Bouillant se souvient; il remercie le Pécari, et lui dit de nouveau : Le Cœur-Bouillant est son frère.

— Merci, chef! je n'attendais pas moins de votre loyauté : je vous ai rendu un service que, dans les mêmes circonstances, vous n'auriez pas hésité à me rendre. Voici ma main et ne parlons plus de cette affaire, je vous prie; j'aurais l'air de réclamer de vous une récompense, ce qui n'entre pas dans mon caractère.

Les deux hommes se serrèrent la main.

— Le Cœur-Bouillant n'oubliera pas, dit le chef apache avec émotion.

— Plus un mot à ce sujet!

— Et le geôlier? demanda l'Aigle-Rouge. Ce pauvre diable m'intéresse. Est-il mort de ton coup de poignard?

— Pas du tout! reprit Pécari, et voilà le plus amusant de l'affaire, c'est que ce fut mon coup de poignard qui lui sauva la vie.

— Comment cela?

— Caraï! de la façon la plus simple : le coup avait été porté à toute volée, de franc jeu; la blessure était fort grave; pendant un mois il demeura entre la vie et la mort, jamais les Espagnols ne supposèrent qu'il pût être de connivence avec nous; aussi, non seulement il conserva sa place, mais encore on lui paya une forte indemnité lorsqu'il fut guéri; et, ce qu'il y a de singulier, continua-t-il avec un regard significatif à son ami, c'est que ce fut lui-même qui, trois mois plus tard, me raconta la chose dans une pulqueria, sans me connaître, bien entendu! Il paraît que cette nuit-là, ajouta-t-il en riant, je devais être méconnaissable pour tout le monde.

Cette étrange histoire, reconnue d'une vérité scupuleuse par le chef apache, avait rompu la glace entre les quatre aventuriers; ils se traitaient maintenant comme de vieilles connaissances; ils riaient et plaisantaient entre eux sans la plus légère arrière-pensée, du côté du moins des deux éclaireurs. Quant aux chasseurs, nous n'oserions en répondre.

— Ainsi, demanda don Torribio, vous étiez engagés au service du général de Bodégast?

— Oui, pour notre malheur, répondit l'Aigle-Rouge; mais comment savez-vous cela, et de plus le nom du général?

— Mon compagnon et moi nous avons entendu presque toute votre conversation.

— Alors, c'est différent! mais je ne croyais pas avoir prononcé son nom...

— Je connais le général.

— Vous?... cela m'étonne.

— Pourquoi cela?

— Dame! parce que vous êtes Mexicain.

— C'est possible! mais le général est un de ces hommes dont la réputation s'étend fort loin, et qui, par conséquent, est connu de beaucoup de monde.

— Alors, vous êtes son ami?

— Moi? Pourquoi cette question?

— Caraï! tout simplement pour vous dire que si vous êtes son ami, vous ne serez jamais le mien.

Les deux chasseurs mirent pied à terre.

— Oh! oh! vous le haïssez donc?
— Moi!... il m'a donné des coups de cravache à travers le visage : comprenez-vous?
— A peu près. Vous êtes son ennemi?
— Je voudrais le tuer.

Don Torribioriva son regard sur celui du chasseur avec une fixité étrange;

mais celui-ci le supporta sans baisser les yeux. Satisfait sans doute de cette épreuve, le Mexicain reprit, au bout d'un instant :

— Eh bien ! compagnon, apprenez que si vous haïssez le général, je le hais, moi, encore plus que vous.

— Bien vrai ? s'écria le chasseur, avec un mouvement de joie à l'expression duquel il était impossible de se méprendre.

— Je vous le jure !

— Et ainsi que vous l'avez promis, vous pouvez m'aider à me venger ?

— Peut-être ; cela dépend de vous. !

— Oh ! si cela dépend de moi, Seigneurie, vous pouvez être tranquille, c'est une chose faite.

— Où comptez-vous vous rendre en ce moment ?

— Mon camarade et moi, nous avons servi déjà sous les ordres de Tom Mitchell, le partisan outlaw, — hors la loi.

— Je le sais.

— On nous a assuré qu'il rôde en ce moment aux environs du Rio Gila, avec sa troupe ; nous avons l'intention de nous mettre à sa recherche et de rentrer dans sa bande ; il nous connaît et il ne sera pas fâché de nous revoir.

— C'est possible ! mais c'est un bien long voyage.

— C'est vrai ! mais qu'y faire ?

Don Torribio sembla réfléchir un instant, puis il dit quelques mots à voix basse au Cœur-Bouillant qui lui répondit par un geste d'assentiment.

— Éprouveriez-vous de la répugnance, reprit le Mexicain, à contracter un autre engagement ?

— C'est selon ce que serait cet engagement.

— Si vous le voulez, je vous prends, votre ami et vous, à mon service.

— Écoutez, dit le chasseur, ceci demande reflexion.

— Comment, réflexion ?

— Certes ! j'aime, moi, à jouer cartes sur table, comme nous disons, nous autres Mexicains, et savoir avant tout à quoi je m'engage et avec qui ; je vous demande pardon, Seigneurie, de vous parler si franchement, mais puisque nous sommes pour faire un marché, il est important, à mon avis, que nous sachions tout d'abord à quoi nous en tenir l'un et l'autre, et quelles sont les conditions de ce marché.

— Je partage complètement votre opinion, mon brave camarade, et je crois que nous nous entendrons facilement.

— Je l'espère, Seigneurie, car vous me revenez tout à fait, et si vous tenez ce que vous m'avez promis....

— De vous venger du général ?

— Oui, je tiens surtout à cela.

— Je vous le promets encore.

— Voilà qui est bien ! C'est que, voyez-vous, une seule fois j'ai négligé de m'expliquer franchement, et vous voyez où cela m'a conduit. Si le général m'avait averti qu'il commandait une troupe d'imbéciles, j'aurais refusé d'en faire partie, et je n'en serais pas où j'en suis.

— C'est juste ! Voyons vos conditions.

— Me permettez-vous de vous interroger, Seigneurie?
— Faites!
— Vous commandez une troupe nombreuse?
— Cent quatre-vingts hommes environ.
— C'est joli! Et que faites-vous de ces gaillards-là?
— J'assure la liberté des routes, dit-il en riant.
— Très bien, je comprends. Vous n'avez que des blancs avec vous?
— Des blancs et des sang-mêlés : ce sont tous des chasseurs.
— Ou des écumeurs.
— Juste!
— Les appointements?
— Cent piastres par mois, plus les parts de prises.
— Ce n'est pas mal! et il y en a?
— Cela dépend des caravanes.
— C'est vrai! Eh bien, j'accepte!
— Moi aussi, dit le Pécari. Est-ce qu'il n'y a pas d'avances? Cela se fait ordinairement, ajouta-t-il d'une voix insinuante.
— Je donne un mois de gratification, répondit don Torribio, dont cette demande aurait enlevé tous les soupçons s'il en avait conservé.
— Ce n'est pas beaucoup, mais enfin, à la guerre comme à la guerre!
— Ainsi, c'est convenu?
— Et conclu.
— Entendons-nous, dit vivement l'Aigle-Rouge; pour trois mois, provisoirement : plus tard, nous verrons.
— Soit! pour trois mois.
— En ce moment, à qui en voulez-vous? demanda le Pécari.
— A la caravane du général, voilà pourquoi je vous ai promis de vous aider dans votre vengeance.
Les deux chasseurs haussèrent les épaules.
— Alors, dit l'Aigle-Rouge; le général a encore du temps à vivre.
— Oui, il peut être tranquille, ajouta le Pécari en riant.
— Que voulez-vous dire?
— Que vous n'aboutirez à rien.
— Qui vous le fait supposer?
— Caraï! c'est limpide! d'abord, il a trois cents hommes résolus et bien armés.
— Qu'importe cela?
— C'est quelque chose, il me semble.
— Peut-être.
— De plus, il a deux pièces de canon.
— Peuh!
— Et il occupe une position formidable.
— Vous la connaissez?
— Caraï! je crois bien! nous en sommes partis à deux heures de l'après-midi.
— Où est-il campé?

— A la mission de Sainte-Marie.
— Dans la mission même?
— Parfaitement.
— Et le prêtre n'a pas protesté?
— Est-ce qu'on proteste contre la force?
— Vous avez raison ; on se résigne.
— C'est cela. Vous voyez que cette affaire n'est pas pour vous.
— C'est ce qui vous trompe, compagnon.
— Je voudrais voir cela.
— Vous le verrez, et avant peu.
— J'en doute; vous avez trop peu de monde, vous serez écrasé.
— J'ai onze cents hommes,
— Hein?
— J'ai dit : onze cents hommes.
— J'ai parfaitement entendu ; mais que me disiez-vous donc tout à l'heure?
— La vérité.
— Alors, dit le Pécari, je ne comprends plus.
— Je ne parlais que de ma troupe.
— Il y en a donc d'autres?
— Six.
— Caraï! cela change la question.
— N'est-ce pas?
— Complètement! et quelles sont ces troupes?
— Ken'has, Sioux, Apaches, Pawnees et Arrapahœs.
— Les nations les plus belliqueuses de la Prairie.
— Oui.
— Et vous croyez pouvoir compter sur elles?
— Nous sommes liés par un traité.
— Caraï! c'est affaire à vous! mes compliments, Seigneurie
— Merci! Croyez-vous encore que j'échouerai?
— Vos chances augmentent; mais je ne réponds de rien.
— Pourquoi?
— A cause de la position, je le répète.
— Elle est donc bien forte?
— Presque imprenable; mais peut-être, attendez !
— Bon! quoi donc?
— Laissez-moi faire et réfléchir; il y a peut-être un moyen.
— Lequel?
— Je ne sais pas encore, je le cherche.
— Bon! cherchez, camarade, et quand vous l'aurez trouvé, vous me le direz.
— Caraï! je le crois bien!
Il y eut un silence de quelques minutes.
— Avez-vous trouvé? reprit don Torribio.
— Non, mais je trouverai, soyez tranquille, ou j'y perdrai mon nom.

— Ce serait dommage! dit l'Aigle-Rouge en ricanant, un si beau nom¹!
— Mauvais plaisant!
— Est-ce que vous comptez passer la nuit ici? demanda don Torribio.
— Où voulez-vous que nous la passions, Seigneurie? dit l'Aigle-Rouge.
— À mon camp, si vous le voulez.
— Je ne demande pas mieux, moi; est-ce loin?
— Deux lieues au plus.
— Ce n'est rien à faire : où sont vos chevaux?
— Nous sommes venus à pied, en batteurs d'estrade.
— C'est différent! Alors, comme sans doute vous êtes fatigués, vous prendrez nos chevaux et nous vous suivrons à pied, nous autres.
— C'est inutile, je vous remercie; nous retournerons comme nous sommes venus, n'est-ce pas, chef?
— Oui, dit le Cœur-Bouillant.
— Comme il vous plaira!
— Quand partons-nous?
— Tout de suite.
— A vos ordres!

Les chasseurs se levèrent, remirent le mors à leurs chevaux et furent prêts en quelques secondes.

Tout en cheminant, ils causaient.

— Comment se fait-il, demanda don Torribio, que la caravane ait réussi ainsi à nous donner le change?
— Que voulez-vous dire? répéta l'Aigle-Rouge, je ne vous comprends pas.
— Malgré toutes nos recherches, il nous a été impossible de retrouver les véritables pistes.

L'Aigle-Rouge et le Pécari se regardèrent en riant.

— Il ne peut y avoir de traces sur l'eau, dit enfin l'Aigle-Rouge.
— Sur l'eau?
— Oui, c'est Balle-Franche et Bon-Affût qui ont tout fait.
— Il faut avouer, ajouta le Pécari, que ces gaillards-là sont rusés comme des renards.
— Les Peaux-Rouges sont des loups; ils sont fins aussi, reprit sentencieusement le chef apache.
— Je ne dis pas le contraire; cependant, je crois les renards plus madrés, reprit l'Aigle-Rouge avec une légère pointe d'ironie; d'ailleurs, vous allez en juger.
— Voyons cela.
— Le général avait dans ses bagages six grandes chaloupes démontées. On les remonta, puis elles furent mises à l'eau; alors on démonta les wagons, comprenez-vous? Toutes les marchandises, les munitions, etc., furent arrimées dans les embarcations. En plusieurs voyages on transporta le tout en face de la mission; les Indiens attendaient : ils chargèrent sur leur dos ce que les chaloupes avaient apporté.

1. Le pécari est une espèce de porc, assez petit, mais d'une férocité remarquable.

— De cette façon, il n'était pas possible de voir des traces de roues ! fit don Torribio.

— D'autant plus qu'il n'y en avait pas, ajouta en riant le chasseur.

— Mais les chevaux ?

— Ceci, c'est plus simple que le reste ; Balle-Franche et Bon-Affût, accompagnés d'une cinquantaine de chasseurs, explorèrent pendant quatre jours le bas de la rivière ; ils réussirent enfin à découvrir un gué, à six lieues environ d'ici, près de l'îlot à l'Élan.

— Oui, il y a un gué en cet endroit, fit observer le chef.

— Ce fut là que toute la troupe traversa la rivière ; puis on remonta, de l'autre côté, pendant l'espace d'environ quinze lieues, jusqu'à un endroit nommé l'Homme-Blanc, où on la traversa de nouveau. Là, se trouvait un guide indien de la mission qui, par des sentiers détournés qu'il connaissait, conduisit le général et ses chasseurs jusqu'à Sainte-Marie.

— Allons ! c'est bien joué ! dit don Torribio, mais que signifient toutes ces pistes indiennes que nous avons vues ?

— Ce sont de fausses pistes.

— Nous nous en sommes doutés ; mais qui les a laissées ?

— Vous en avez reconnu trois, n'est-ce pas ?

-- Trois, en effet, oui !

— Sur l'ordre de Balle-Franche, les Indiens sont descendus en pirogue jusqu'au Brûlis de la Longue-Corne. Arrivés là, ils ont débarqué, ont porté leurs pirogues et sont revenus par terre à la mission, en ayant soin de laisser des pistes derrière eux et de les embrouiller le plus possible.

— Tout est clair, maintenant.

— Balle-Franche et Bon-Affût sont des guerriers habiles ! dit le chef avec admiration.

— Le général n'avait-il pas des Peaux-Rouges avec lui ?

— Une centaine de Comanches, oui, Seigneurie.

— Il les a encore, sans doute ?

— A peu près.

— Comment, à peu près ?

— Oui, l'Éclair est retourné dans ses villages, avec la moitié de sa troupe, pour chercher des secours ; le général attend son retour d'un moment à l'autre.

— Il n'est pas revenu encore ?

— Il n'est parti que depuis douze jours ; il paraît que sa nation se trouve en ce moment du côté du Rio Gila.

— Entre le Rio Gila et le Rio Puerco, appuya le Cœur-Bouillant. C'est une nation nombreuse et vaillante ; elle compte beaucoup de guerriers.

Hnm ! nous ferons bien de ne pas perdre de temps, alors ! Ont-ils des fusils ? dit don Torribio.

— Tous les Comanches sont armés de fusils, dit le chef.

— Raison de plus pour agir sans retard.

— D'autant plus qu'ils pourraient nous donner fort à faire.

— Comment est installé le camp du général ?

— Dans les meilleures conditions. Vous connaissez Sainte-Marie ?

— Non ! je n'y suis jamais entré.

— Tant pis ! Le village est entouré d'un large fossé derrière lequel se trouve un mur en terre sur lequel on a planté de forts piquets, hauts de six pieds, très rapprochés les uns des autres. Le général a braqué ses deux canons ou du moins a l'intention de les braquer, car un seul est en place encore, l'un du côté de la route qui vient du Brûlis ; le second du côté qui regarde le défilé.

— Hum ! et quel est le canon qui est en place ?

— Celui qui commande la route sur laquelle nous sommes en ce moment.

— Voilà un renseignement précieux.

— Et qui mérite une récompense, dit le chasseur avec convoitise.

— N'ayez peur ! Vous serez satisfait de moi si vous tenez ce que vous nous promettez.

— Je tiendrai beaucoup plus ! répondit-il de ce ton moitié figue et moitié raisin qu'il affectionnait, et qui semblait lui être naturel.

— Pourquoi le second canon n'est-il pas en place encore ?

— Par un motif bien simple : la plate-forme est brisée ; il a fallu en refaire une autre.

Il y eut quelques instants de silence.

Les quatre hommes avaient traversé le Brûlis ; ils pénétrèrent dans la forêt. Tout à coup l'Aigle-Rouge s'arrêta et se frappa le front.

— Qu'avez-vous ? lui demanda don Torribio.

— J'ai que j'ai gagné cinq cents piastres.

— Vous ?

— Oui cinq cents piastres que vous allez me donner.

— Tout de suite ? dit en riant le Mexicain.

— Non, en arrivant au camp.

— Et pourquoi vous ferais-je cadeau d'une si forte somme, s'il vous plaît, chasseur ?

— Parce que j'ai trouvé le moyen que je cherche depuis plus d'une heure.

— Quel moyen ? s'écria-t-il vivement.

— Celui de vous faire surprendre la mission.

— Vous en êtes sûr ?

— Vous en jugerez : je ne vous dis que cela.

— Écoutez ! chasseur, reprit sérieusement don Torribio, vos manières me plaisent ; vous me semblez franc et loyal ; le Cœur-Bouillant connaît votre compagnon, auquel il a de grandes obligations ; vous voulez vous venger du général ; j'ai donc pleine confiance en vous.

— Après ?

— Mais je dois ajouter que si vous essayez de me trahir...

L'Aigle-Rouge l'interrompit vivement.

— Écoutez à votre tour, Seigneurie, répondit-il avec une indignation contenue, ce n'est pas moi qui suis venu vous trouver ; je ne vous connaissais pas ; je ne vous ai fait aucune proposition, n'est-il pas vrai ? C'est vous, au contraire, qui m'avez offert de m'aider dans ma vengeance et qui m'avez demandé, ainsi qu'à mon camarade, d'entrer dans votre troupe ; nous sommes encore hors du camp; nous pouvons rompre notre marché; dites un mot, et nous tournons bride, il n'y aura rien de fait entre nous; vous irez de votre côté et nous du nôtre, voilà tout.

Pendant que le chasseur parlait, don Torribio l'examinait attentivement.

— Vous êtes vif! compagnon, lui dit-il en riant. Canarios! comme vous prenez la mouche ! Voyons, ne parlons plus de cela, et faisons la paix; il n'est pas défendu d'être prudent, que diable?

— La prudence est bonne, mais il ne faut pas la pousser trop loin, et la changer en une méfiance blessante.

— Vous me demandez cinq cents piastres, eh bien! si votre projet est bon et qu'il réussisse, ce n'est pas cinq cents, mais mille piastres que je vous donnerai : êtes-vous content?

— J'aimerais mieux cinq cents piastres tout de suite : vous connaissez le proverbe espagnol?

— Quel proverbe?

— Mas vale pajaro en mano que buitro volando [1].

Don Torribio se mit à rire.

— Allons! je vous donnerai deux cent cinquante piastres d'avance. Vous voyez que je fais bien les choses.

— Magnifiquement, Seigneurie. Aussi vous serez content de moi, répondit-il en se frottant joyeusement les mains.

Cinq minutes plus tard les quatre chasseurs entrèrent dans le camp.

Le conseil était encore réuni : les sachems attendaient le retour des éclaireurs.

FIN DE LA DEUXIÈME PARTIE

Il vaut mieux un petit oiseau dans la main qu'un vautour qui vole.

— Regarde! de ce côté, dit-il.

TROISIÈME PARTIE
LE VAUTOUR-FAUVE

I

CE QUE SIGNIFIE LE PROVERBE ESPAGNOL « ANDAR POR LANA Y VOLVER TRASQUILADO » ET COMMENT IL REÇOIT SON APPLICATION.

Don Torribio de las Campanas donna l'ordre aux deux chasseurs de l'at tendre à l'entrée de la clairière, puis il s'avança vers le feu du conseil, en compagnie du chef apache le Cœur-Bouillant.

Les deux chasseurs mirent pied à terre et attachèrent leurs chevaux à un arbre en jetant à la dérobée un regard autour d'eux.

Ils étaient seuls.

Quelques Indiens, étendus çà et là au pied des arbres, dormaient paisiblement, mais à une distance assez éloignée de l'endroit où les deux hommes étaient arrêtés.

— Je crois, dit le Pécari d'une voix faible comme un souffle et en se penchant pour plus de sûreté à l'oreille de son compagnon, que l'affaire est dans le sac.

— Chut ! répondit sentencieusement l'Aigle-Rouge, qui semblait affectionner les proverbes, ne vendons pas la peau de l'ours avant qu'il soit à terre.

— Il est bien bas en ce moment, fit l'autre en ricanant.

— Espérons qu'il le sera davantage bientôt.

— Oui, espérons-le.

— Ah çà ! où diable as-tu ramassé l'histoire que tu nous as racontée ?

— Tu ne l'as pas trouvée intéressante ?

— Au contraire,

— Cher ami, elle est vraie d'un bout à l'autre ; je me trouvais à Santa-Fé où j'étais venu vendre quelques peaux et acheter des munitions, lorsque cette aventure se passa ; elle fit un bruit du diable, les Espagnols étaient furieux.

— Je conçois cela ; tu connaissais donc le Cœur-Bouillant ?

— Moi ? pas le moins du monde, mais je l'avais vu lorsqu'il avait été amené prisonnier dans la ville, son nom avait été prononcé devant moi ; il paraît que c'est un chef célèbre.

— Oui, et surtout très redouté des blancs, qu'il déteste et auxquels il fait tout le mal qu'il peut.

— Quel excellent garçon ! Je ne regrette pas d'avoir été le visiter dans sa prison et de m'être si bien souvenu de lui.

— Ton histoire a fait merveille ; sans elle, nous risquions fort de ne pas réussir.

— Oui, il a été difficile à convaincre.

— Enfin tout est pour le mieux, taisons-nous, et n'oublions pas que nous sommes Mexicains.

— C'est juste.

Ce rapide colloque avait eu lieu en anglais.

Les chasseurs se turent ; ils s'étendirent sur le sol et fermèrent les yeux comme s'ils se préparaient à dormir.

Près d'une heure s'écoula.

— Eh ! chasseur, dit don Torribio en frappant sur l'épaule de l'Aigle-Rouge, vous dormez ?

— Excusez-moi, Seigneurie, répondit le chasseur en ouvrant les yeux, je crois, Dieu me pardonne, que je m'étais en effet endormi, et même je rêvais.

— Bah! fit en riant don Torribio; et ce rêve, peut-on le connaître?
— Parfaitement; figurez-vous, Seigneurie, que je rêvais que vous me donniez l'argent que vous m'avez promis.
— Et cela vous faisait plaisir?
— Beaucoup, Seigneurie.
— Vous aimez l'argent, à ce qu'il paraît.
— Je préfère l'or, mais à son défaut je n'ai pas de répugnance pour les piastres. L'argent n'est-il pas le bien suprême en ce monde? Avec de l'argent on peut tout obtenir.
— Peut-être; mais, dans tous les cas, je veux que votre rêve soit une réalité pour vous. Prenez cette bourse, il y a dedans en onces d'or cent piastres pour votre compagnon et trois cent cinquante pour vous.
— Merci, Seigneurie.
— Le señor vous parle, il me semble? dit le Pécari en se mettant sur son séant.
— Oui, oui, il me donne de l'argent pour vous et pour moi, répondit-il en faisant disparaître la bourse avec une rapidité qui amena un sourire sur les lèvres pâles de don Torribio.
— Ces hommes sont avares, ils ne pensent qu'à l'argent, murmura don Torribio à part lui, je les tiens; et il ajouta à voix haute : Maintenant nous sommes quittes.
— Provisoirement, oui, Seigneurie, répondit l'Aigle-Rouge, mais vous savez quelles sont nos conditions.
— Tenez les vôtres, je tiendrai les miennes.
— C'est chose convenue, Seigneurie, et chose convenue, chose due, n'est-ce pas, compadre?
— Oui, appuya le Pécari.
— Maintenant, que désirez-vous, Seigneurie? nous sommes à vos ordres.
— Les sachems indiens réunis autour du feu du conseil veulent vous entendre. Suivez-moi.
— Nous voici.

Ils se levèrent et marchèrent à la suite de leur nouveau chef.

Don Torribio et le Cœur-Bouillant avaient raconté aux membres du conseil de quelle façon ils avaient rencontré les chasseurs et ce qui s'était passé entre eux. L'histoire de Santa-Fé avait été écoutée avec un vif intérêt et avait disposé les sachems en faveur des deux hommes; aussi lorsqu'ils parurent, furent-ils reçus avec une distinction marquée, qui redoubla leur confiance.

Après l'échange des premiers compliments, le vieux chef les fit asseoir, leur fit donner à chacun un calumet et commença l'interrogatoire.

— Vous avez à vous plaindre du grand chef blanc de la caravane? demanda-t-il.
— Beaucoup, répondit l'Aigle-Rouge pour lui et son compagnon; un guerrier est-il un chien pour être battu avec une cravache?
— Celui qui bat ainsi un guerrier mérite la mort.
— C'est ma pensée.
— Vous voulez vous venger?

— Je le veux.

— Les guerriers peaux-rouges aiment mon frère ; ils le vengeront.

— Je veux me venger moi-même.

— C'est juste. Que fera mon frère pour cela ?

— Je fournirai aux chefs des six nations les moyens de s'emparer du camp du chef pâle et de le faire prisonnier.

— Le guerrier des Visages-Pâles fera-t-il cela ?

— Oui, mais à une condition.

— Quelle est cette condition ?

— Lorsque le camp du chef blanc sera tombé entre les mains de mes frères, et qu'ils tiendront mon ennemi en leur pouvoir, ils me le donneront afin que j'en fasse à ma volonté.

— Ooah ! le guerrier des Visages-Pâles ne demande pas autre chose ?

— Pas autre chose.

— Alors, il sera fait comme mon frère le désire ; il a la parole d'un sachem.

— Cette parole est bonne, elle me satisfait.

— Maintenant, comment fera le guerrier pâle pour nous rendre maîtres du camp ?

— Que les chefs écoutent.

— Nos oreilles sont ouvertes, parlez.

Le chasseur sembla se recueillir un instant, puis il reprit la parole.

— Le chef blanc s'est retranché solidement au grand village du chef de la prière des Visages-Pâles.

— Nous le savons.

— Le chef blanc n'a pas songé à s'emparer de la colline qui se trouve à la droite du village et qui le domine ; d'ailleurs il n'aurait pas eu assez de guerriers pour le faire. La nuit prochaine, dès que le soleil sera couché, les guerriers rouges se glisseront comme des serpents dans les hautes herbes ; ils s'empareront de la colline sans se laisser voir, puis, pendant que leurs ennemis seront plongés dans le sommeil, par un chemin que je connais, je conduirai mes frères jusqu'au pied des retranchements du grand village ; je ne puis faire plus.

— Pourquoi ne pas attaquer plutôt le grand village d'abord ?

— Parce que ce village est entouré d'un fossé large et profond, qui doit être comblé ; mes frères couperont sur la colline le bois qu'il leur serait impossible d'emporter d'ici, à cause du long trajet qu'ils auraient à faire ; et, le moment de l'attaque arrivé, ils se chargeront du bois et combleront le fossé ; ils n'auront que dix minutes de marche tout au plus.

— Ooah ! mon frère parle comme un chef, c'est un guerrier prudent. Mais pourquoi ne pas tenter l'attaque aujourd'hui même au lieu d'attendre la nuit prochaine ?

— Le chef pâle a de bons yeux, sa voix s'étend fort loin dans toutes les directions ; à moins que mes frères ne s'enfouissent dans la terre comme des taupes, il les apercevra, et avec son long fusil, il les tuera dans la plaine sans qu'ils puissent se défendre.

Cette observation sembla faire une grande impression sur les membres du conseil, par sa justesse d'abord et ensuite par l'accent de sincérité et de franchise avec lequel elle était faite.

— Mon frère a raison, reprit le Vieux-Chêne, il parle bien. Ce moyen est-il le seul qu'il ait à proposer au conseil?

— Il y en a un second que je crois meilleur, mais qui est plus dangereux.

— Les guerriers peaux-rouges méprisent le danger; que mon frère s'explique : il parle à des hommes.

Le chasseur s'inclina.

— Le second moyen, dit-il, n'est qu'une complication quoique très simple du premier; il s'agit de dédoubler l'attaque, c'est-à-dire au lieu d'une, en faire deux à la fois.

— Comment cela?

— Cette nuit même, quatre ou cinq cents guerriers avec lesquels ira mon frère le Pécari, redescendront le fleuve jusqu'à un gué qui se trouve à quelques lieues d'ici; ils passeront sur l'autre rive, remonteront le courant jusqu'au gué de l'Homme-Blanc, traverseront le Nebraska de nouveau et se dirigeront vers le défilé de la Licorne; ce défilé n'est pas gardé, mes frères peuvent s'en assurer.

— Nous le savons.

— Très bien. Arrivés à l'entrée du défilé, ils attendront le moment de l'attaque; puis, pendant que les guerriers de la colline conduits par moi donneront l'assaut au village par un côté, les guerriers du Pécari traverseront le défilé, graviront un sentier très étroit que leur indiquera mon ami et attaqueront le village d'un autre côté; le chef pâle sera surpris par les deux assauts, obligé de diviser ses forces pour résister aux guerriers rouges, et il tombera entre leurs mains sans pouvoir s'échapper par la fuite, parce que toute issue lui sera fermée.

— Ooah! dit le sachem sans même essayer de cacher la joie qu'il éprouvait. Cette fois, le guerrier pâle a réellement bien parlé; pourquoi mon frère n'a-t-il pas dit cela tout de suite?

— Parce qu'il était de mon devoir de vous faire connaître d'abord le premier plan, qui est beaucoup moins dangereux que le second.

— Oui, mais qui n'a pas autant de chances de réussite.

— C'est vrai, sachem, le succès de celui-ci est infaillible, mais il est périlleux.

— Qu'importe cela! dit-il avec dédain; les guerriers rouges ne sont pas des femmes timides.

— Ce sont des hommes braves, je le sais.

— Que pensent les sachems du plan que nous soumet ce chasseur ?

— Il est bon, répondit le Cœur-Bouillant.

— Il doit être exécuté, ajouta le Moqueur.

— Il le sera, dit le Vieux-Chêne.

Il leva alors la tête et regarda le ciel pendant quelques secondes.

— Dans trois heures il fera jour, reprit-il, il faut que le détachement qui doit passer par l'autre rive quitte la camp avant une demi-heure.

— Ce détachement aura la besogne la plus rude et sera le plus exposé, dit alors don Torribio ; mes chasseurs n'ont pas comme les guerriers peaux-rouges la facilité de se glisser inaperçus dans les hautes herbes ; je demande à en faire partie avec mes jeunes hommes, cette façon de combatre est celle dont nous avons l'habitude.

— Que la volonté de mon frère soit faite. En effet, cette expédition lui convient mieux ; le Moqueur, le grand sachem sioux, le suivra avec trois cents guerriers.

— Mon père sera obéi, répondit le Moqueur ; j'allais demander la faveur d'accompagner les chasseurs blancs.

— A quelle heure croyez-vous que l'attaque doive commencer, l'Aigle-Rouge ?

— La lune ne se lève pas avant minuit ; je crois qu'il faut profiter des ténèbres pour assurer le succès de la double surprise que nous tentons ; il ne nous faut pas deux heures pour atteindre le pied de la colline, vers dix heures nous l'aurons gravie ; il nous faut une demi-heure pour couper le bois nécessaire. Je suis d'avis que l'attaque commence à onze heures ; nous laissons ainsi une demi-heure pour les retards imprévus, causés par les difficultés d'une marche faite au milieu des ténèbres.

— Ce calcul est juste ; l'attaque commencera donc à onze heures précises.

Nous serons prêts, dit don Torribio.

— Vous n'avez pas de temps à perdre, dit l'Aigle-Rouge ; et s'adressant au Pécari : Vous vous tiendrez toujours à une certaine distance du Nebraska et vous aurez soin de marcher continuellement sous le couvert, afin de ne pas risquer d'être aperçus par les pêcheurs de la mission.

— Rapportez-vous-en à moi pour diriger judicieusement la marche ; je ne me soucie pas que la surprise manque par ma faute. Au revoir, compagnon.

— Adieu et bonne chance, répondit l'Aigle-Rouge.

Les deux hommes se serrèrent la main.

Puis le Pécari, après avoir salué les membres du conseil, s'éloigna en compagnie de don Torribio et du Moqueur.

— Avez-vous encore besoin de moi, chef ? demanda l'Aigle-Rouge.

— Non, répondit gracieusement le Vieux-Chêne, nous remercions notre frère le chasseur pâle ; il peut dormir jusqu'au jour.

— C'est ce que je vais faire avec votre permission, car je tombe de sommeil et de lassitude.

Il se retira alors, regagna la place où son cheval était attaché, lui enleva les harnais, lui donna la provende, puis il s'enveloppa dans une couverture, se coucha sur le sol, et cinq minutes plus tard le digne chasseur dormait de ce sommeil calme que donne la conscience d'un devoir accompli.

Pendant ce temps, don Torribio et le Moqueur, chacun de son côté, se hâtaient d'éveiller les hommes qui devaient faire partie de l'expédition ; chose qui ne fut pas très facile, les chasseurs et les Indiens s'étant couchés au hasard et dormant à poings fermés ; enfin ils réussirent à rassembler leurs guerriers à peine éveillés et ne comprenant rien encore à ce qui se passait.

Mais bientôt ils eurent secoué les dernières traces du sommeil et ils se trouvèrent à cheval et prêts à partir.

Don Torribio se plaça alors à la tête de la troupe entre le Moqueur et le Pécari, et il donna à voix basse le signal du départ.

Les cavaliers défilèrent alors sombres et silencieux dans la nuit, comme une légion de fantômes, et bientôt ils eurent disparu sous le couvert.

Au lever du soleil l'Aigle-Rouge s'éveilla frais, dispos et parfaitement reposé; après avoir dit sa prière, habitude à laquelle le digne chasseur ne manquait jamais chaque matin, il pansa son cheval, lui donna la provende et, après avoir fait ses ablutions, il commençait à allumer son feu pour préparer philosophiquement son maigre déjeuner, lorsque le hachesto s'approcha et le pria, au nom du Cœur-Bouillant et des autres chefs, de se rendre au jacal qu'on avait dressé pour le Vieux-Chêne en considération de son grand âge.

Le chasseur obéit, tout en se demandant à part soi ce que les chefs pouvaient avoir à lui dire, mais il fut agréablement surpris lorsque le Vieux-Chêne et les autres sachems l'engagèrent courtoisement à partager leur repas.

C'était du reste un véritable repas de chasseur, composé de *Peunehunn*, de venaison, de quelques fruits et amplement arrosé d'aguardiente, dont cependant, comme ils étaient sur le sentier de la guerre, ils ne firent qu'un usage très modéré, en ayant soin de couper la dangereuse liqueur avec de l'eau.

Lorsque le repas fut terminé, et il ne dura à peine qu'un quart d'heure, on alluma des calumets, et on se mit, selon la coutume indienne, à s'envoyer silencieusement des bouffées de tabac au visage.

Quelques minutes s'écoulèrent ainsi, puis le Vieux-Chêne secoua la cendre de son calumet sur son ongle, et après l'avoir repassé à sa ceinture :

— Mes jeunes hommes doivent être loin maintenant, dit-il, sans s'adresser directement à aucune des personnes présentes.

— A combien est le gué? demanda le Cœur-Bouillant.

— A six lieues au plus, dit l'Aigle-Rouge.

— Alors ils doivent avoir franchi le Nebraska.

— Oui, depuis longtemps, reprit le chasseur; dans une heure ils ne seront pas éloignés des Brûlis où sans doute ils camperont; nous les aurons ainsi presque en face de nous.

— Le gué de l'Homme-Blanc est-il bien éloigné? reprit le chef.

— Cinq lieues au plus; ils n'ont pas besoin de se presser; s'ils faisaient diligence, ils arriveraient de trop bonne heure, ce qui ne vaudrait rien.

Il y eut un nouveau silence.

— Mon père a-t-il expédié des espions? demanda le chasseur au bout d'un instant.

— A quoi bon? Ne vaut-il pas mieux nous cacher sous bois, répondit le Vieux-Chêne.

— Peut-être; je pense, quant à moi, qu'il serait important que nous ayons quelques renseignements, si cela est possible, sur les mouvements de l'ennemi; le chef blanc a près de lui des hommes très rusés.

— Si rusés qu'ils soient, reprit le vieux chef avec ironie, ces hommes peuvent-ils voir à travers les arbres?

— Non, certainement, mais ils se sentent menacés, ils se tiennent sur leurs gardes; ils peuvent prévoir l'approche de leurs ennemis et essayer de prendre certaines précautions.

— De quelles précautions parle mon frère?

— J'ignore ce qu'ils ont l'intention de faire, chef, mais je les connais trop bien pour supposer un instant qu'ils demeurent inactifs. Qui sait si depuis hier ils n'ont pas rempli les bois d'espions.

— Que faire à cela?

— Ce n'est point à moi à donner des conseils à un sachem aussi renommé que mon père le Vieux-Chêne.

— Que mon fils parle, ses idées sont bonnes souvent.

— Je vous remercie de ces gracieuses paroles, chef.

— Parlez donc, nos oreilles sont ouvertes.

— Que puis-je dire? nous autres Visages-Pâles, nous ne faisons pas la guerre de la même façon que les nations rouges; ainsi, par exemple, lorsque nos guerriers sont sur le sentier de la guerre, nous avons le soin de les faire toujours éclairer et protéger par des batteurs d'estrade lancés en avant, et qui les préviennent de l'approche de l'ennemi; les Peaux-Rouges agissent différemment : ils ne se gardent pas, aussi se laissent-ils souvent surprendre. Qui empêcherait en ce moment nos ennemis d'arriver jusqu'à l'endroit où nous sommes assis à causer paisiblement? Rien.

— Ainsi mon fils serait d'avis d'envoyer des espions?

— Oui.

Le vieux sachem réfléchit un instant, puis il fit un signe au hachesto qui s'approcha, et il lui parla bas pendant deux ou trois minutes; le hachesto se retira.

— Les espions sont envoyés, dit le sachem.

Le chasseur fit un geste d'assentiment.

A la nuit tombante, les éclaireurs revinrent.

Ils n'avaient rien remarqué d'important; les chasseurs semblaient se tenir renfermés dans la mission. Pas un ne paraissait; la campagne continuait à être déserte, ils n'avaient aperçu que quelques pêcheurs qui rôdaient autour de l'île, mais sans y aborder.

Ces nouvelles n'apprenaient pas grand'chose aux Peaux-Rouges, sinon que le chef blanc qu'ils se préparaient à attaquer se tenait sur ses gardes, et que probablement il avait eu connaissance de l'approche de ses ennemis.

Les sachems se réunirent une fois encore pour prendre les dernières mesures avant le combat; puis lorsque enfin tout eut été convenu, le vieux sachem se retira dans le jacal en compagnie d'une dizaine d'Indiens qui devaient veiller sur lui, et les Peaux-Rouges se mirent silencieusement en marche, précédés par l'Aigle-Rouge et leurs principaux chefs.

Ils étaient à pied et marchaient en trois files indiennes éloignées de vingt-cinq pas les unes des autres.

Les chevaux, inutiles pour une expédition comme celle-là, avaient été laissés au camp.

Il était environ dix heures du soir, lorsque les trois files débouchèrent dans la plaine presque en face de la colline que les guerriers se préparaient à escalader.

Aux rayons de la lune ils aperçurent...

La nuit était sombre et tiède; il n'y avait pas un souffle dans l'air; nul bruit ne troublait le silence.

Les Peaux-Rouges se glissaient en rampant à travers les hautes herbes, semblables à une légion de démons.

Sur un commandement qui passa comme un frisson rapide entre les rangs, les guerriers firent une dernière halte et ils se relevèrent.

A dix pas devant eux se dressait la silhouette noire et menaçante de la colline, dont les formes indécises se noyaient dans l'ombre.

En ce moment, le cri de l'orfraie se fit entendre, si près des Indiens que le lugubre oiseau de nuit semblait pour ainsi dire se trouver au milieu d'eux.

Les Peaux-Rouges frissonnèrent, ce cri sinistre leur fit l'effet d'une menace ; il glaça pour un instant le sang dans leurs veines.

Les Indiens sont très superstitieux, la nuit pour eux est peuplée de fantômes, ils redoutent les ténèbres ; aussi, à moins que d'y être contraints par la nécessité, jamais ils ne tentent une expédition après le coucher du soleil.

Le cri de l'orfraie se fit de nouveau entendre, mais cette fois plus éloigné, puis il fut répété plus loin, et une dernière fois plus loin encore.

En tout quatre fois.

— C'est un signal, nous sommes découverts, murmura le Cœur-Bouillant à l'oreille du chasseur qui en ce moment se tenait près de lui.

— Non, répondit celui-ci, ce ne peut être un signal, le cri s'est fait entendre dans trop de directions différentes et trop éloignées les unes des autres.

— Och ! reprit le chef, je ne sais pourquoi, mon cœur est triste, j'ai comme le pressentiment d'un malheur.

— Alors, dit le chasseur en ricanant, retournons dans la forêt, il en est temps encore, et quand le Vieux-Chêne nous demandera pourquoi nous sommes retournés sur nos pas et nous avons abandonné nos amis au lieu de nous joindre bravement à eux, nous répondrons que le cri d'une orfraie nous a effrayés.

— Ce n'est pas l'heure de plaisanter, chasseur, dit le chef avec colère, le Cœur-Bouillant n'est pas une femme timide qui s'épouvante pour un rien ; je vous répète que ce cri est un signal, et que nos ennemis nous ont dépistés.

Le chasseur tressaillit intérieurement, mais cependant il ne laissa rien paraître de l'émotion qu'il éprouvait, et il répondit d'une voix ferme :

— Le Cœur-Bouillant est un chef sage, il fait ce qu'il convient de faire ; mais le temps s'écoule, sa résolution doit être prompte : si nous retournons sur nos pas, qui préviendra nos amis ? nous ne pouvons les abandonner seuls au danger, et peut-être est-il trop tard déjà pour les prévenir.

— Cette fois le chasseur pâle a parlé comme un homme, reprit le chef apache, mais il n'est plus temps de reculer, le Cœur-Bouillant a reçu des ordres, il les exécutera quoi qu'il arrive.

— Si mon frère y consent, je marcherai le premier à quelques pas en avant des guerriers ; s'il survenait quelque événement grave, je préviendrais mes frères.

— Non, cela est inutile, reprit le chef d'un ton qui n'était pas exempt de menace ; mon frère demeurera près de moi.

— Soit, répondit le chasseur avec insouciance.

Le Cœur-Bouillant donna un ordre à voix basse, et les Peaux-Rouges commencèrent à gravir lentement les pentes abruptes de la colline.

Ils côtoyaient les bords de la cascade ; le grondement de l'eau qui bondissait de rochers en rochers couvrait le bruit léger de leur marche ; ils pouvaient même échanger quelques mots sans craindre d'être entendus.

Ils montaient ainsi depuis près d'un quart d'heure avec des difficultés extrêmes, car ils ne suivaient aucun sentier tracé et ils étaient contraints de s'accrocher aux buissons, aux broussailles et aux pointes de roches, au risque d'être précipités dans l'espace et broyés dans leur chute, lorsque tout à coup il se passa un fait étrange qui les glaça de terreur et les fit demeurer immobiles et tremblants à l'endroit qu'ils avaient atteint.

Une immense gerbe de feu s'élança du milieu de la mission, monta en sifflant dans les airs et retomba en millions d'étincelles.

Au même instant le sommet de la colline s'illumina, on entendit une voix stridente crier :

— Feu !

Une décharge effroyable éclata à dix pas à peine, et une volée de mitraille passa comme un vent de mort sur les Indiens effarés.

— En avant ! en avant ! cria le Cœur-Bouillant.

Les Indiens le suivirent avec des hurlements de rage.

La plaine tout entière semblait s'être changée en une immense fournaise

Partout la canonnade et la fusillade roulaient sans interruption, mêlées aux cris de rage ou de douleur des combattants.

Les Indiens étaient enveloppés par des murs de flamme.

Les balles et la mitraille pleuvaient sur eux drues et serrées comme la grêle.

La mort était partout.

Leur position devenait effroyable ; les ennemis qu'ils comptaient surprendre étaient non seulement prêts à les recevoir, mais encore ils ne les avaient laissés approcher que pour les massacrer plus facilement.

Les confédérés avaient été trahis, ils le reconnaissaient maintenant.

Les deux chasseurs qu'ils avaient recueillis et qui paraissaient si acharnés contre les blancs, avaient été envoyés près d'eux pour les faire tomber dans un piège horrible.

Le doute n'était plus possible.

Le Cœur-Bouillant, fou de colère, et qui voyait ses guerriers décimés par la mitraille succomber sans vengeance, se précipita à corps perdu sur l'Aigle-Rouge.

Mais celui-ci ne l'attendit pas : il lui asséna un furieux coup de crosse sur la tête, bondit par-dessus son corps et se perdit au milieu des ténèbres, après avoir tué presque à bout portant un Indien qui le serrait de trop près.

Pendant que les guerriers du Cœur-Bouillant étaient si chaudement reçus sur la colline, d'autres événements plus terribles encore se passaient dans le défilé.

Don Torribio de las Campanas, après avoir franchi le gué de l'Homme-Blanc, avait suivi doucement le rivage, puis il avait obliqué dans la direction du défilé qu'il avait atteint un peu avant l'heure convenue ; là, d'après le conseil du Pécari, les chasseurs et les Indiens avaient mis pied à terre, et ils avaient caché leurs chevaux dans un petit bois où ils les avaient laissés attachés sous la garde de quelques-uns des leurs ; en effet, aussitôt après avoir franchi le défilé, qui n'était lui-même que le lit desséché d'un torrent, le terrain commençait à monter par une pente de plus en plus rapide où les chevaux n'auraient avancé qu'avec une difficulté extrême. Mieux valait donc les laisser en arrière et les envoyer prendre aussitôt que l'expédition serait terminée.

Les choses ainsi arrangées, les blancs et les Indiens se formèrent en colonne serrée et à l'heure dite, c'est-à-dire à onze heures, ils pénétrèrent résolument dans le défilé.

A peine avaient-ils franchi le tiers de l'espace qu'ils avaient à parcourir, qu'ils aperçurent la lueur de la fusée lancée de la mission; presque aussitôt toutes les hauteurs s'éclairèrent comme par enchantement, et ils entendirent les grondements sourds de la canonnade de la colline.

Don Torribio se tourna vivement vers le Pécari pour lui demander ce que signifiaient ces événements étranges; mais ce fut en vain que le Mexicain chercha le chasseur: depuis quelques instants déjà, celui-ci avait disparu et toutes les recherches tentées pour le retrouver furent inutiles.

— Nous sommes trahis! s'écria don Torribio avec colère.

— Oui, répondit le Moqueur, nous nous sommes laissé mener tête baissée dans un piège.

— Peut-être est-il temps encore de nous sauver, reprit vivement le Mexicain; faites volte-face avec vos guerriers pour vous assurer l'entrée du défilé, moi je poursuivrai en avant avec mes hommes et je tâcherai de franchir ce passage maudit avant qu'il nous soit fermé. C'est notre seul moyen de salut.

— Hâtons-nous, répondit le Moqueur.

— Nous n'avons pas un instant à perdre; en avant!...

Les deux troupes se scindèrent aussitôt en deux parties; les Peaux-Rouges, leur chef à leur tête, s'élancèrent du côté par lequel ils avaient pénétré dans le défilé, tandis que don Torribio, au contraire, marchait au pas gymnastique vers la sortie.

Tout à coup les chasseurs virent se dresser devant eux une énorme barricade.

— En avant! crièrent-ils.

Mais presque aussitôt une détonation effroyable se fit entendre et ils furent couverts de mitraille.

Cependant ils n'arrêtèrent pas leur élan et, pressés les uns contre les autres, ils continuèrent à courir.

Une seconde détonation retentit et cette fois les arrêta net.

Ce fut en vain que don Torribio essaya de les ramener à l'assaut de la barricade, la terreur des chasseurs était si forte qu'ils ne reconnurent pas la voix de leur chef, et, après un instant d'hésitation, ils se débandèrent en poussant des cris d'épouvante.

Deux autres volées de mitraille furent encore tirées contre eux, puis la barricade s'ouvrit et Clair-de-Lune s'élança à la tête de ses Bretons et d'une centaine de Comanches criant:

— Tue! tue!

Les chasseurs ne songeaient pas à résister, ils se laissaient larder à coups de baïonnette sans se défendre, la terreur les annihilait.

Cependant les Indiens, conduits par le Moqueur, s'étaient élancés vers l'entrée du défilé, mais cette entrée était obstruée maintenant par des broussailles, et aussitôt qu'ils apparurent ils furent accueillis par une fusillade bien nourrie qui porta la mort au milieu d'eux.

Les Peaux-Rouges et les pirates étaient enfermés et pris entre deux feux.

Bientôt les sauvages furent pressés par derrière par les pirates qui accouraient affolés, poursuivis, la baïonnette dans les reins, par le détachement de Clair-de-Lune.

L'imminence du danger terrible qui les enveloppait ne leur rendit pas le courage, mais il leur donna la fureur folle et aveugle du taureau aux abois.

Ils se précipitèrent tête baissée contre la barricade qui vomissait continuellement la mort. Quatre fois repoussés, quatre fois ils revinrent à la charge.

Reculer ne leur était plus possible, il fallait se faire tuer ou s'ouvrir passage ; les derniers rangs pressés par les Bretons et les Comanches se serraient contre les premiers avec une force irrésistible.

Quelques-uns de ces malheureux essayaient de se cramponner aux parois presque à pic du défilé et de les escalader, mais bientôt ils retombaient brisés au milieu de leurs compagnons.

Combien de temps dura cette lutte horrible, cette boucherie sans nom dans la langue humaine ?

Qui pourrait le dire ?

Chaque minute est un siècle dans une situation aussi affreuse.

Enfin la masse sanglante des Indiens et des pirates reprit un nouvel élan et une dernière fois roula comme une avalanche humaine contre la barricade.

Le choc fut irrésistible.

La barricade fut franchie.

Les vaincus se précipitèrent dans la direction du gué avec des cris de désespoir.

Cette fuite était toute instinctive, ils allaient sans savoir où, comme des bêtes féroces aux abois ; à chaque pas, ils laissaient quelques-uns des leurs en arrière.

Combien restait-il d'hommes debout de ces cinq cents démons ? Deux cents peut-être ?

Ils atteignirent le gué.

Mais là ce fut réellement épouvantable.

Ils avaient oublié leurs chevaux, que faire ? Comment traverser la rivière ?

En ce moment une masse sombre qui se tenait menaçante au pied d'une falaise s'éclaira tout à coup et la muraille balaya de nouveau les fugitifs.

Puis une centaine de cavaliers s'élancèrent contre eux au galop.

Les bandits s'éparpillèrent alors dans toutes les directions, sans but, sans pensée, sans espoir même ; ils fuyaient, terrifiés, cette mort qui les poursuivait implacable sans relâche et sans trêve.

Les uns se jetèrent à l'eau ; ils furent les plus heureux, les moins blessés s'échappèrent.

D'autres se réfugièrent dans les bois, où leurs ennemis les poursuivirent et les massacrèrent sans pitié; d'autres enfin furent engloutis dans les marécages où ils trouvèrent une mort atroce.

Une trentaine d'hommes, acculés contre une falaise, se défendirent pendant près d'un quart d'heure avec un courage et une énergie remarquables.

Entourés de toutes parts, ils continuaient bravement la lutte en reculant peu à peu contre les parois de la falaise; ils parvinrent ainsi à atteindre le rivage, ils entrèrent dans l'eau sans cesser de combattre et de faire face à leurs ennemis.

Cependant l'eau montait, elle leur arrivait déjà plus haut que la ceinture.

Soudain, ils firent une dernière décharge, poussèrent un cri de défi, plongèrent tous à la fois et disparurent dans les eaux rougies par leur sang.

Le combat était fini de ce côté; les assaillants avaient été presque complètement exterminés et la lune en se levant éclaira de ses pâles rayons un champ de carnage jonché de morts et de mourants.

II

OU LE CŒUR-BOUILLANT PREND PRESQUE UNE REVANCHE.

Le Cœur-Bouillant, surpris par l'attaque de l'Aigle-Rouge, avait trébuché sur une pierre et était tombé, hasard qui lui avait sauvé la vie, car le coup de crosse du redoutable géant était si rudement appliqué que, sans cette chute bien heureuse pour lui, le chef apache aurait eu le crâne fracassé.

Le Sachem, en reconnaissant qu'il était tombé dans un piège, avait renoncé à tenter plus longtemps une attaque qui pouvait lui être funeste.

En conséquence, il avait ordonné la retraite en recommandant à ses guerriers de s'éparpiller le plus possible, de ne pas opposer de résistance, mais de fuir seulement le plus rapidement qu'ils pourraient par les chemins les plus impraticables et leur assignant un rendez-vous général sous le couvert de la forêt vierge, à la lagune des Alligators.

Ces instructions données nettement, rapidement et avec précision, en quelques minutes à peine, sous la mitraille qui continuait ses ravages, furent parfaitement comprises et la retraite commença.

Le Cœur-Bouillant, suivi seulement d'une dizaine de guerriers d'élite qui n'avaient pas voulu consentir à abandonner leur chef, se glissa silencieusement dans les broussailles et essaya de tourner la colline.

Cette tactique fut suivie presque par tous les autres guerriers. Quelques-uns seulement essayèrent de regagner la plaine par le même sentier qu'ils avaient suivi pour gravir la colline; ceux-là coururent les plus grands risques, mais ils assurèrent sans le savoir le salut de leurs compagnons.

Un fort détachement de blancs et de Comanches, commandé par le général Kergras et soutenu par Bon-Affût et ses chasseurs, s'était massé à peu de distance dans la plaine afin de couper la retraite aux confédérés.

En apercevant les fuyards, ils les chargèrent ; mais ceux-ci ne les attendirent pas ; conformément à leurs instructions, ils s'éparpillèrent, s'isolèrent les uns des autres et commencèrent à courir avec rapidité dans toutes les directions.

Le général comprit la folie qu'il commettait en donnant la chasse à de si légers coureurs, il se contenta de faire tirer sur eux.

Bon nombre d'Indiens furent arrêtés ainsi dans leur fuite et tombèrent morts ou blessés, mais la plus grande partie réussit à s'échapper.

Le marquis apercevant dans la plaine la lumière des coups de fusil, devina que ses ennemis avaient renoncé à l'attaque et s'étaient mis en retraite ; il fit cesser le feu et envoya un détachement accompagné d'hommes portant des torches dans le but de nettoyer les pentes de la colline.

Ce détachement était commandé par Balle-Franche et l'Eclair ; ces deux chefs avaient l'ordre, après s'être assurés que les ennemis étaient réellement en retraite, de joindre le général Kergras et de se mettre à ses ordres.

La colline était jonchée de cadavres, la mitraille avait fait des ravages horribles parmi les confédérés.

Mais on ne put s'emparer d'un seul Indien, tous avaient abandonné la place.

De ce côté, le résultat n'était pas aussi définitif que dans le défilé ; du reste, le marquis de Bodegast avait prévu qu'il en serait ainsi ; les Indiens ne s'acharnent jamais à une attaque lorsqu'ils reconnaissent que le succès est impossible ; et quand ils ont de l'espace devant eux, leur esprit est si fécond en ruses qu'il est très difficile de les atteindre.

Ce fut cette fois ce qui arriva ; les Indiens avaient disparu sans qu'il fût possible au milieu des ténèbres de deviner de quel côté ils avaient dirigé leur fuite.

Cependant les pertes qu'ils avaient éprouvées étaient graves, ils avaient laissé plus de deux cents cadavres étendus sur le sol de la plaine ou dans les pentes de la colline.

Balle-Franche, sa reconnaissance opérée, se rallia donc avec ses hommes à la troupe du général Alain Kergras, et ils se dirigèrent de compagnie vers le défilé.

Le combat durait encore, nous en avons rapporté plus haut les diverses péripéties.

Les Français et les Comanches étaient à pied, ils n'avançaient que lentement et avec des précautions extrêmes, car ils ignoraient ce qui se passait dans le défilé où le combat continuait toujours, et ils étaient contraints de surveiller attentivement les parages qu'ils traversaient, afin de ne pas donner à l'improviste dans une embuscade.

Alain Kergras avait divisé sa troupe en trois corps qui marchaient de front, à une assez courte distance pour pouvoir se porter mutuellement secours si besoin était.

Peu à peu, le bruit de la fusillade cessa, et un silence profond remplaça le crépitement sec des coups de feu.

Les Français avançaient toujours, ils étaient en proie à une vive inquiétude; leurs amis étaient peu nombreux, deux cents à peine, et ils avaient eu à combattre plus de cinq cents ennemis, parmi lesquels on comptait près de deux cents pirates blancs et sang-mêlés; malgré la forte position qu'ils occupaient et l'avantage que leur donnait la surprise qu'ils tentaient, la lutte avait dû être terrible et peut-être l'avantage ne leur était-il pas resté?

Par prudence, le général Kergras suivait le bord du Nebraska afin de prendre le défilé à revers.

Ce chemin était le plus long, le plus difficile, il obligeait à faire de nombreux détours, mais il était le plus sûr.

Lorsque les Français atteignirent enfin le champ de bataille où s'était livré le dernier et plus furieux combat, il était près de deux heures du matin, la lune éclairait comme en plein jour; un spectacle horrible s'offrit à leurs yeux, c'était un effroyable champ de carnage.

Partout des cadavres affreusement mutilés, des blessés râlant et que les Comanches scalpaient froidement sans même songer à les achever.

Clair-de-Lune, calme, impassible au milieu de cette effroyable hécatombe, s'occupait à faire creuser une fosse immense dans laquelle les cadavres devaient être jetés.

— Eh bien, père, lui dit Alain, vous avez fait une rude besogne, il me semble.

— Rude est le mot, garçon; mais je crois que nous avons écrasé presque toutes ces chenilles; j'ai déjà compté plus de quatre cents cadavres. A propos, combien étaient-ils d'hommes à peu près?

— Environ six cents.

— Tant que cela? Eh bien! voilà une bataille dont ils ne se vanteront pas dans leurs villages; quelle frottée, bon Dieu!

— Se sont-ils bien défendus?

— Comme des démons; ils m'ont tué une quinzaine d'hommes blancs et Indiens et m'en ont blessé le double.

— Tant que cela? hum!

— Dame! écoute donc, garçon, on ne peut pas faire d'omelette sans casser des œufs; après tout, ce n'est pas de trop.

— As-tu des prisonniers?

— Des prisonniers, reprit-il en ricanant, pourquoi faire! Des chenapans pareils! Il n'y a qu'une prison qui leur convienne : celle-ci, ajouta-t-il en montrant la fosse béante.

— Je me plais à croire que, le combat fini, tu as respecté la vie des malheureux tombés en ton pouvoir et que tu ne les as pas fait tuer?

— Non, je me suis gêné; regarde de ce côté.

Et il lui désigna un bouquet de tulipiers gigantesques aux branches desquels pendaient des grappes de cadavres.

— Qu'est-ce que c'est que cela?

— Des prisonniers que j'ai fait pendre, tout simplement, des pirates.

— Ah! quelle cruauté; après la bataille.

— De la cruauté? Tu plaisantes, garçon; regarde-les de plus près et tu reconnaîtras que ce sont des pirates; il n'y a pas un Indien parmi eux, les

— Retenez-le, dit la marquise apparaissant subitement à l'entrée d'un bosquet.

Peaux-Rouges suivent leur nature, ils nous haïssent et ils ont raison; je ne leur en veux pas de combattre contre nous; j'ai donné la clé des champs à une dizaine d'entre eux que j'avais pris; mais ces gredins-là, c'est une autre histoire: ils sont civilisés, presque aussi blancs que nous, ce sont des brigands et des assassins, qui trahissent les hommes de leur couleur. Pourquoi les aurais-je épargnés? Pour les présenter au général? Il aurait fait une singulière grimace en les recevant. Non, non, j'ai été impitoyable pour eux, c'était justice ; la sensiblerie n'est pas de saison ; dans ce pays, quand on tient son ennemi on le tue, sinon à la prochaine occasion il vous plantera une balle dans la tête, et il fera bien. Il n'y a qu'une loi ici, celle du talion, la loi de Lynch, ainsi que disent nos amis les chasseurs.

Un murmure d'approbation se fit entendre dans les rangs des coureurs des bois ; le général Kergras comprit que l'appel à la clémence ne serait pas entendu par ces natures implacables, il courba la tête et se résigna.

— A-t-on retrouvé quelques figures de connaissance parmi ces malheureux ? demanda le général.

— Ma foi non, excepté pourtant les coquins que nous avons congédiés, il y a deux mois.

— Ah ! ah ! Et où sont-ils ?

— Là, pendus ; il y en a neuf ; un seul a réussi à s'échapper et je le regrette, car c'est le plus coquin de tous ; mais j'espère remettre la main dessus un de ces jours.

— De qui parles-tu ?

— De Joë Smitt. Mais qu'il revienne à ma portée, son compte sera bon. Le brigand m'a glissé entre les doigts comme une anguille.

— Tu n'as pris aucun chef ?

— Un seul, un nommé don Pablo de Garillas, à ce que m'a dit le Pécari, l'âme damnée de ce démon de don Torribio ; j'ai pendu le don Pablo.

— Quant à celui-là, il n'y a pas grand mal.

— Ni pour les autres non plus. Les chefs nous ont échappé ; comment ? je l'ignore : Don Torribio de las Campanas, l'Oiseau-Moqueur, le Vautour-Fauve, le Gypaète, que sais-je encore ; mais nous les retrouverons, tout n'est pas fini.

— Tu crois qu'après ce qui s'est passé ils oseront revenir à la charge ?

— Pardieu ! ils voudront prendre leur revanche.

En ce moment de grands cris s'élevèrent du côté du bois et un ou deux coups de feu retentirent.

Puis trois hommes poursuivis par une vingtaine d'autres passèrent avec la rapidité de la flèche se dirigeant vers le Nebraska.

— Bon, encore des fugitifs que l'on vient de découvrir, dit en riant Clair-de-Lune, feu sur ces chiens, mes gars ! feu !

Les fugitifs passèrent littéralement sous une grêle de balles.

— Prenez-les ! Prenez-les ! Ne les tuez pas ! cria Alain en se lançant, lui aussi, à leur poursuite.

Les fugitifs avaient tenté un effort suprême pour s'échapper ; c'était véritablement un acte de désespoir qui ne pouvait réussir que par un miracle.

Ils avaient à peine quelques pas d'avance sur ceux qui les poursuivaient.

Tout à coup celui des fugitifs qui se trouvait en arrière se retourna, bondit comme un tigre sur un Comanche qui le serrait de près, lui fendit la tête d'un coup de hache, poussa un terrible cri de guerre et repartit comme le vent en brandissant une chevelure sanglante de la main gauche.

— Le Moqueur ! le Moqueur ! hurlèrent les Indiens en redoublant d'efforts pour l'atteindre.

Plusieurs coups de feu retentirent.

Un des fugitifs sauta en l'air, tourna sur lui-même et tomba; il était mort.

Les deux autres continuèrent leur course affolée.

En atteignant le rivage, le Moqueur se retourna une dernière fois, et après avoir poussé son cri de guerre, il lança sa hache avec force à un Indien qui la reçut en pleine poitrine et roula sur le sol. Le chef sioux poussa un éclat de rire strident et plongea dans la rivière.

Son compagnon voulut l'imiter, mais tout à coup il chancela et tomba sur un genou, le visage tourné vers ses ennemis.

— Épargnez-le, dit Alain qui accourait, épargnez-le, je vous l'ordonne.

Le fugitif, replié sur lui-même, le fusil en arrêt, le regard fixe et étincelant, ressemblait à un tigre aux abois.

— C'est le Vautour-Fauve! s'écria le Pécari.

— Assomme, garçon, assomme! cria Clair-de-Lune.

Le féroce chasseur leva son arme par le canon et la brandit au-dessus de sa tête.

Mais le Vautour-Fauve ne le perdait pas de vue. Au moment où l'arme s'abaissait sur lui, il fit un léger mouvement de côté et lâcha son coup de fusil en criant d'une voix railleuse :

— Tiens, chien, traître et voleur.

Le Pécari ouvrit les bras, soupira profondément et se laissa retomber en arrière, sans même essayer de se retenir.

— Chiens, canailles, voleurs, lâches, je vous méprise et vous crache au visage! dit le Vautour-Fauve avec un accent de haine inexprimable, tuez-moi maintenant, je suis vengé.

Et il se laissa aller sans force sur le sable qu'il rougissait de son sang.

— Tu mourras, lui dit le général, tu mourras, mais pas ainsi : tu seras exécuté comme un exécrable assassin que tu es. Que personne ne touche à cet homme, il m'appartient; justice sera faite.

Les chasseurs, convaincus que le général voulait faire un exemple, s'écartèrent respectueusement.

— Garrottez ce misérable et arrêtez son sang; il ne doit pas mourir ainsi, reprit le général.

— Quand on m'attachera au poteau de torture, dit le bandit avec un accent féroce bien que sa voix faiblît de plus en plus, vous entendrez le chant de mort du Vautour-Fauve; il vous fera compter vos cadavres, chiens que vous êtes. Ah! ah! ah!

Il fut pris d'une convulsion terrible et roula sur le sable où il demeura immobile; il avait perdu connaissance.

— Tu veux sauver ce serpenteau, dit Hervé à voix basse à son fils, à ton aise, Alain; mais souviens-toi de mes paroles, tu t'en repentiras.

Le général haussa les épaules sans répondre.

— Voyons, reprit l'ancien partisan avec un geste significatif, veux-tu que je t'en débarrasse, il est temps encore.

— Gardez-vous-en bien, fit-il sévèrement.

— Tu es fou; mais je m'en lave les mains, c'est ton affaire.

Après que le Vautour-Fauve eut été pansé tant bien que mal, on le garrotta solidement.

Le Pécari n'était pas mort; la blessure qu'il avait reçue était grave, mais elle ne mettait pas heureusement sa vie en danger; au bout de quelques instants il reprit connaissance et lorsqu'on eut posé un appareil sur la plaie, il put se tenir sur son séant.

— Quel gaillard! dit-il avec bonhomie, à ses camarades qui l'entouraient et lui faisaient espérer une terrible vengeance. Pourquoi me venger? Il était dans son droit; je ne voulais pas lui épousseter les mouches sur le dos, il me semble; il a pris l'avance, il a bien fait : à la guerre comme à la guerre; c'est au plus malin à se garer; quel gaillard! Ma foi non, je ne lui en veux pas du tout.

— Eh bien, mon pauvre Peccari, dit Clair-de-Lune, nous avons été un peu entamé, hein? Mais ce n'est pas encore pour cette fois, vous en reviendrez.

— Oui, oui, capitaine, la balle a glissé sur les côtes, elle n'a pas endommagé la place forte.

— A propos, Pécari, si cela ne vous fatigue pas trop, voulez-vous me dire quelle espèce de vermine nous avons là? ajouta-t-il en lui montrant le cadavre du troisième fugitif, que des chasseurs venaient de jeter auprès de lui.

— Ça, dit le chasseur en détournant la tête avec dégoût, vous avez fait bonne chasse, capitaine, c'est le Gypaète, la plus ignoble canaille de toutes les prairies.

— Vous êtes sûr de cela? reprit Clair-de-Lune en se frottant les mains.

— Parfaitement sûr; et c'est un bon débarras et un fier gredin de moins, je vous l'assure; je le reconnais, il n'y a pas le moindre doute à conserver sur son identité.

— Allons, reprit Clair-de-Lune, après tout, nous n'avons pas trop à nous plaindre; attendez, accrochez le Gypaète, puisque c'est son nom, à côté de ces autres coquins, il est juste que les gypaètes, ses frères, se régalent de son cuir et de sa chair.

Cet ordre fut immédiatement exécuté.

Puis l'on procéda à l'inhumation des autres cadavres, c'est-à-dire qu'ils furent jetés pêle-mêle dans l'énorme fosse qui avait été creusée, et qu'on les recouvrit de terre tant bien que mal.

Ce devoir accompli par à peu près, les blancs et les Indiens regagnèrent leurs camps respectifs.

Cependant le Cœur-Bouillant, après avoir tourné la colline, était parvenu, ainsi que les quelques guerriers qui l'accompagnaient, à gagner la plaine sans coup férir et bientôt il se trouva hors de danger.

Chemin faisant, il rallia à lui quelques guerriers qui avaient réussi à échapper aux chasseurs, de sorte que bientôt il fut à la tête d'une soixantaine de guerriers.

Lorsqu'il vit une force comparativement si considérable à sa disposition, le Cœur-Bouillant, au lieu de se rendre immédiatement au rendez-vous qu'il avait assigné à ses guerriers, ainsi que d'abord c'était son projet, songea aux chevaux qui avaient été laissés avec le Vieux-Chêne au camp de la forêt, sous la garde seulement de quelques hommes ; la pensée lui vint que peut-être les blancs tenteraient de s'en emparer. Il résolut de retourner au camp afin, si cela était possible, de s'opposer à cet enlèvement.

Au désert, un Indien démonté est presque réduit à l'impuissance, c'était donc une question de la plus haute importance pour le chef que la possession des chevaux.

Il fit part de ses intentions à ses guerriers qui, comprenant comme lui combien leurs mustangs leur devenaient précieux, surtout après la terrible défaite qu'ils venaient d'éprouver, déclarèrent tout d'une voix qu'ils étaient résolus à le suivre.

Le Cœur-Bouillant leur fit prendre la file indienne et ils s'élancèrent au pas gymnastique dans la direction du camp.

Cependant, si rapide que fût leur marche, ils ne négligèrent pourtant aucune des précautions en usage parmi les Indiens ; ils ne parlaient point, leurs pas étaient silencieux ; ils ne froissaient ni une feuille ni une branche, et marchaient courbés à travers les hautes herbes, de façon à n'être pas aperçus si par hasard l'ennemi était aux environs.

Ils atteignirent ainsi la plaine du brûlis de la Longue-Corne, et déjà ils supposaient qu'ils ne rencontreraient personne sur leur passage, lorsqu'aux rayons éclatants de la lune ils aperçurent, à une centaine de pas de la sente qu'ils suivaient eux-mêmes, les silhouettes noires d'une troupe assez considérable de cavaliers.

Ces cavaliers avançaient lentement et avec des précautions infinies ; évidemment ils étaient en expédition, et cette expédition ne pouvait être que celle dont le Cœur-Bouillant avait prévu la possibilité.

Le chef apache n'eut besoin que d'un coup d'œil pour être certain que ces cavaliers, au nombre d'une centaine au moins, étaient des Peaux-Rouges.

Mais étaient-ils amis ou ennemis ? Voilà ce dont il fallait s'assurer. Le chef n'hésita pas ; après avoir recommandé à ses guerriers de maintenir toujours à peu près la même distance entre eux et les cavaliers, il se glissa comme un serpent à travers les halliers, et bientôt il disparut au milieu des ténèbres.

Les Apaches continuaient leur marche, assez inquiets de l'absence prolongée de leur chef ; depuis près d'un quart d'heure il les avait quittés, lorsqu'au moment où ils s'y attendaient le moins, il reparut tout à coup devant eux et reprit son poste à la tête de la file en prononçant à voix basse ce seul mot :

— Comanches.

Les cavaliers venaient de disparaître sous le couvert ; les Apaches ne craignant plus alors d'être aperçus s'élancèrent en courant ; ils atteignirent bientôt la forêt, et alors ils commencèrent à s'avancer sur une seule ligne, tous de front, et se glissant d'arbre en arbre.

A peine se trouvaient-ils à dix pas de la clairière lorsque les Comanches y pénétrèrent.

Alors ils s'arrêtèrent et attendirent, la main sur leurs armes, l'ordre de leur chef.

Les trente ou quarante Peaux-Rouges laissés par les confédérés à la garde des chevaux ne s'attendaient en aucune façon à être attaqués; aussi, selon la coutume indienne, ne se gardaient-ils pas, et ils dormaient à poings fermés lorsque les cavaliers comanches apparurent à l'improviste dans la clairière; les chevaux étaient attachés à des piquets ou aux basses branches des arbres et de plus on les avait entravés pour qu'ils ne pussent s'écarter au cas où, ce qui arrive souvent, ils rompraient leurs longes.

Les Comanches avaient dirigé leur marche avec tant de prudence, elle avait été tellement silencieuse que les Indiens, qui ont cependant l'oreille si fine, n'avaient rien entendu et avaient continué à dormir.

L'Opossum, qui commandait l'expédition, ordonna à un certain nombre de cavaliers de mettre pied à terre pour détacher les chevaux, tandis que les autres surveilleraient les dormeurs.

Tout à coup, le cri du hibou se fit entendre; au même instant une fusillade éclata de l'intérieur de la forêt et jeta le désordre parmi les cavaliers.

Les Indiens, réveillés en sursaut, sautèrent sur leurs armes, se jetèrent derrière les arbres et ouvrirent immédiatement le feu contre leurs ennemis.

La situation des Comanches était grave : réunis au centre d'une clairière, fusillés par des ennemis invisibles qui tiraient à coup sûr et dont chaque coup portait, ils ne savaient comment se sortir du mauvais pas dans lequel ils se trouvaient; bientôt cette situation s'aggrava encore : les Apaches étaient montés sur les arbres et embusqués dans l'épaisseur des branches et des feuilles, ils redoublèrent leur fusillade.

L'Opossum, voyant tomber ses guerriers autour de lui sans qu'il lui fût possible de riposter avec avantage, résolut de sortir au plus vite de la clairière, et il donna l'ordre de la retraite.

Mais alors une légion de démons bondit des basses branches des arbres dans la clairière et les attaqua corps à corps.

Le combat prit bientôt les proportions d'une lutte acharnée, mortelle; au cri de guerre des Comanches répondait strident et aussi terrible celui des Apaches; ces ennemis implacables se ruaient les uns contre les autres avec une fureur inouïe, se souciant peu d'être tués pourvu que leurs ennemis succombassent avec eux.

Cependant les Comanches se défendaient vaillamment; le combat s'était rétabli, ils se rapprochaient de plus en plus du couvert où pour eux était le salut. Les Apaches le comprenaient et ils redoublaient d'efforts pour les forcer à revenir au centre de la clairière; mais les Comanches manœuvraient si habilement leurs montures qu'ils contraignaient leurs ennemis à s'écarter malgré eux.

Soudain il se passa un fait étrange, incroyable, dont ces démons seuls sont capables.

Le Cœur-Bouillant jeta un cri terrible et d'un élan de panthère il sauta en croupe de l'Opossum, mouvement que les guerriers imitèrent et que presque tous réussirent à opérer avec succès.

Le combat pour la seconde fois changea de face.

Chaque cheval portait alors deux cavaliers acharnés à se détruire et qui se poignardaient avec une rage indicible.

Les chevaux, affolés de terreur, galopaient à travers la clairière, emportant dans leur course insensée les deux lutteurs toujours fermes sur leur dos.

Mais bientôt le Cœur-Bouillant poussa un cri de triomphe, brandit au-dessus de sa tête la chevelure sanglante de l'Opossum et jeta sur le sol le cadavre pantelant de son ennemi. Les Apaches répondirent par un cri de joie et les Comanches par un cri de fureur; ils sentaient que la victoire leur échappait sans retour, plus de la moitié des leurs avaient succombé déjà, les autres, privés de leur chef, ne combattaient plus que dans l'espoir de parvenir à s'échapper.

Abandonnant leurs chevaux à ceux qui s'en étaient si audacieusement emparés, ils s'élancèrent à terre et essayèrent de se frayer un chemin jusqu'au couvert; mais tout à coup de nouveaux cris s'élevèrent de l'épaisseur de la forêt, une fusillade terrible éclata et une troupe nombreuse d'hommes, des blancs pour la plupart, se jetèrent résolument dans la mêlée.

Alors ce ne fut plus un combat : ce fut un véritable massacre, une boucherie sans nom.

Puis, après dix minutes d'une lutte indescriptible, les confédérés poussèrent tout à la fois un cri de triomphe et de rage satisfaite.

Les Comanches avaient vécu.

Des cent cavaliers qui avaient pénétré dans la clairière, cinq ou six à peine avaient réussi à s'échapper couverts de blessures; de plus, non seulement ils n'avaient pu s'emparer des chevaux, mais encore ils avaient été contraints d'abandonner les leurs.

Les Apaches avaient beaucoup souffert; vingt-cinq des leurs avaient succombé, les autres étaient blessés plus ou moins gravement pour la plupart.

Mais que leur importait! ils étaient vainqueurs, ils s'étaient vengés de ces ennemis qui leur avaient infligé une si terrible défaite à la Mission, ils rayonnaient.

Ils ne se dissimulaient pas cependant qu'ils devaient ce triomphe si chèrement acheté à l'intervention inespérée de leurs alliés, et ils les remercièrent chaleureusement du secours qu'ils leur avaient porté.

Parmi ces blancs, qui n'étaient tout au plus qu'une soixantaine, se trouvaient don Torribio de las Campanas et Joé Smitt; ces soixante hommes étaient tout ce qui restait vivant de la brillante troupe qui la veille avait quitté le camp.

Les Indiens étaient au nombre de vingt-cinq au plus.

Ainsi, de six cents hommes quatre-vingts environ avaient réussi seuls à échapper à cet immense désastre.

Le Vieux-Chêne était accablé de douleur, don Torribio roulait dans sa tête les plus horribles projets, malheureusement il sentait son impuissance à se venger et des larmes de désespoir tombaient de ses yeux brûlés de fièvre.

Lorsque les Comanches eurent été scalpés, le Vieux-Chêne réunit le conseil.

Il fallait aviser au plus vite à se mettre à l'abri des poursuite de l'ennemi, qui, en apprenant la défaite de son détachement, ne manquerait pas sans doute d'essayer d'en tirer une vengeance éclatante.

Le feu du conseil fut allumé et les chefs s'accroupirent autour. Combien peu ce conseil ressemblait à celui tenu quelques heures auparavant à cette place même! Alors les confédérés se croyaient certains de la victoire, ils étaient fiers, orgueilleux, pleins d'espoir; maintenant ils étaient vaincus, humiliés, anéantis, contraints de fuir.

En ce moment, un guerrier pénétra dans la clairière, la traversa d'un pas hâtif et léger et vint, sans prononcer une parole, s'asseoir au feu du conseil.

Ce guerrier était l'Oiseau-Moqueur.

Le chef sioux était en apparence froid et impassible, comme si rien d'extraordinaire ne s'était passé.

Toutes les mains se tendirent vers lui par un mouvement spontané, il les serra avec un sourire triste, et portant son sifflet de guerre à sa bouche, il en tira une note stridente : au même instant une vingtaine d'Indiens parurent dans la clairière et allèrent se mêler tristement à leurs compagnons.

Ces Indiens étaient des guerriers échappés par miracle au massacre du défilé, qui fuyaient affolés de terreur sans savoir où ils allaient.

Le Moqueur après être sorti de la rivière les avait rencontrés dans la plaine, il les avait ralliés et amenés avec lui; seulement, comme il ignorait les événements qui s'étaient passés dans la clairière, il les avait laissés cachés sous le couvert et était venu en avant pour s'assurer qu'aucun danger nouveau ne les menaçait.

Le Vieux-Chêne demanda des renseignements sur la double expédition qui avait si mal tourné.

Don Torribio raconta alors la trahison des deux chasseurs et la lutte terrible qui avait eu lieu dans le défilé, lutte qui avait causé la mort de plus de quatre cents braves guerriers tombés sans vengeance, puisque le misérable traître qui leur avait tendu ce piège infâme avait réussi à s'échapper.

— Il est mort, dit le chef sioux d'une voix ferme, le Moqueur l'a vu tomber, le Vautour-Fauve l'a tué avant que de succomber lui-même.

Alors le sachem raconta sa fuite merveilleuse avec ses deux compagnons à travers les ennemis qui tiraient sur eux comme à la cible; comment le Gypaète avait été tué et comment lui seul avait réussi à s'échapper après avoir vu le Vautour-Fauve, renversé à terre, à demi mort, tuer à bout portant le misérable Pécari.

Le chef croyait fermement que le chasseur était mort; du reste, après ce qu'il avait vu, il devait le supposer.

Les membres du conseil lui adresèrent de grands compliments sur la façon merveilleuse dont il avait réussi à se soustraire à la mort, et sur l'audace dont il avait fait preuve en cette circonstance terrible.

Cet exploit l'avait subitement grandi de dix coudées dans l'esprit de ses auditeurs.

Puis, sur l'invitation du Vieux-Chêne, le Cœur-Bouillant rapporta dans tous les détails le combat de la colline, et comment il avait réussi, bien qu'en essuyant des pertes sérieuses, à sauver cependant la plus grande partie des guerriers qui lui avaient été confiés.

Cette nouvelle fut accueillie avec joie; si maintenant les Peaux-Rouges ne

LA FORÊT VIERGE 385

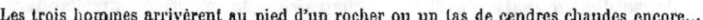
Les trois hommes arrivèrent au pied d'un rocher où un tas de cendres chaudes encore...

pouvaient plus avant un certain temps reprendre l'offensive, du moins il leur serait possible d'opérer honorablement leur retraite. On félicita le chef de l'intelligence et de la décision dont il avait fait preuve en cette circonstance et surtout de la présence d'esprit qu'il avait montrée en venant au camp dans le but de sauver les chevaux des confédérés.

Les chefs avaient recouvré tout leur sang-froid; la discussion s'engagea donc entre eux avec tout le décorum dont usent les Indiens dans leurs conseils, sur les mesures qu'il convenait de prendre afin d'échapper à leurs ennemis.

L'opinion qui réunit tous les suffrages fut celle émise par le Moqueur.

Il fallait sans tarder rassembler tous les guerriers au camp, la forêt vierge, très bonne pour s'y abriter dans un cas pressant, ne pouvant servir de refuge à une troupe nombreuse qui y périrait de faim; car rien ne serait plus facile à l'ennemi que de la cerner et d'empêcher ainsi les Peaux-Rouges d'en sortir; d'ailleurs les chevaux ne parviendraient point à franchir des obstacles que des hommes aguerris ne réussissaient qu'avec les plus grandes difficultés à surmonter.

Les chevaux n'étaient pas fatigués, c'étaient des coursiers de choix. Là était le seul refuge convenable : en moins de deux heures ils mettaient leurs cavaliers hors de toute atteinte; les Visages-Pâles étaient trop prudents pour abandonner les positions formidables qu'ils occupaient pour se lancer à leur poursuite à travers le désert.

Ce raisonnement était juste, il fut donc admis; en conséquence le Moqueur, qui n'avait pas pris part au dernier combat, s'offrit pour ramener les guerriers au camp.

Sa proposition fut acceptée : il monta immédiatement à cheval et partit ventre à terre.

Deux heures plus tard il était de retour, toute la troupe du Cœur-Bouillant le suivait, ils étaient quatre cents, le chef apache n'avait pas même perdu cent hommes dans son combat.

Les chevaux étaient harnachés tout prêts à être montés, chacun se mit aussitôt en selle, et les confédérés s'éloignèrent au galop dans l'intention de traverser le Nébraska le plus tôt possible et de se lancer dans le désert.

Bien en prit aux Indiens de ne pas perdre de temps, car une heure et demie après leur départ, c'est-à-dire vers sept heures du matin, une troupe nombreuse commandée par le général Kergras pénétra dans la clairière, mais il n'y avait plus que les cadavres des Comanches tués dans le combat et quelques chevaux abandonnés; quant aux confédérés, ils étaient loin déjà et le général n'eut même pas la pensée de les poursuivre; seulement il expédia deux coureurs expérimentés sur leurs traces afin de s'assurer qu'ils s'étaient définitivement éloignés; puis après avoir fait enterrer les cadavres, il quitta la forêt et regagna lentement la Mission, où il arriva une heure plus tard sans nouvel incident digne d'être rapporté.

III

COMMENT BALLE-FRANCHE FAILLIT TOMBER DE FIÈVRE EN CHAUD MAL

Le général de Bodégast était un de ces généraux audacieux comme l'armée française en possédait un si grand nombre à l'époque de notre première révolution, qui avaient pour système que la meilleure façon de se débarrasser d'un ennemi redoutable était de l'effrayer tout d'abord par un coup de main hardi qui, s'il réussissait, lui imposait pour l'avenir une prudence salutaire.

Dès que les camps retranchés avaient été solidement établis, il avait donc songé au meilleur moyen à employer pour infliger aux Peaux-Rouges une défaite sérieuse qui les fît réfléchir et les engageât à se tenir à distance respectueuse de ses cantonnements.

Le général ne jugea pas à propos de faire part à l'abbé Gabriel du projet qu'il méditait.

Il savait que le missionnaire s'y serait énergiquement opposé.

Lorsque l'abbé Gabriel avait vu de quelle manière son frère procédait à l'organisation de son formidable quadrilatère autour de la Mission de Sainte-Marie, il avait intérieurement regretté d'avoir si fortement engagé le général à venir camper auprès de lui; il prévit une catastrophe prochaine, son cœur se serra et il ne put s'empêcher de faire à ce sujet quelques observations à son frère.

Mais le général avait entre les mains les moyens de lui imposer silence. Il lui communiqua la lettre de Williams Dayton, le gouverneur de la Louisiane, et, après lui avoir ainsi donné la preuve des mauvaises intentions des Indiens contre la Mission, il lui montra les ordres qu'il avait reçus pour mettre Sainte-Marie à l'abri d'un coup de main de la part de ces ennemis irréconciliables des blancs, et il réussit facilement à le convaincre qu'il était bien préférable pour les intérêts de la Mission qu'il fût chargé d'accomplir ce devoir au lieu de laisser ce soin à un officier américain protestant, et par conséquent mal disposé en faveur des catholiques, qui n'hésiterait pas à lui faire une sourde opposition, à entraver son œuvre d'apostolat et peut-être à la détruire peu à peu sous différents prétextes, faciles à trouver.

Depuis son arrivée en Amérique, maintes fois l'abbé Gabriel avait pu juger par lui-même de la haine et de la jalousie que les protestants professent contre les catholiques, des vexations dont ils les abreuvent sans cesse et des moyens souvent peu avouables dont ils se servent pour leur nuire chaque fois que l'occasion leur en est offerte.

Cette déclaration du général lui donna beaucoup à réfléchir et il finit par se rendre d'assez bonne grâce à ses raisons, mais à la condition qu'il n'attaquerait pas les Peaux-Rouges et qu'il se contenterait de se tenir sur la défensive.

Le général lui promit naturellement tout ce qu'il voulut, bien résolu intérieurement à ne faire que ce qui lui plairait.

La paix ainsi conclue entre les deux frères, le général ne songea plus qu'à exécuter son projet le plus promptement possible.

Rendons-lui la justice de constater que ses intentions étaient excellentes. Que voulait-il en somme? Engager les Peaux-Rouges à tenter une surprise contre lui et leur infliger une correction si sévère qu'elle changerait leur audace première en une terreur salutaire et une prudence qui les engagerait à ne plus s'aventurer aux environs de la Mission et à ne pas tenter contre elle de nouvelles attaques; ce qui assurerait incontestablement sa tranquillité pour l'avenir et permettrait à l'abbé Gabriel de vaquer à ses saintes occupations sans être sans cesse obsédé par la crainte d'une irruption soudaine des féroces païens dans son paisible refuge.

Sur ces entrefaites, l'Éclair revint au camp; il conduisait environ trois cents guerriers d'élite et, de plus, contrairement aux coutumes des Indiens lorsqu'ils sont sur le sentier de la guerre, il avait amené avec lui sa femme, la charmante Brise-du-Matin, qu'il aimait trop pour consentir à s'en séparer.

La jeune femme était heureuse de revoir la Mission où elle avait reçu son instruction religieuse.

L'abbé Gabriel la présenta à la marquise, qui se prit tout de suite pour elle d'une profonde affection et en fit sa compagne; en effet, Brise-du-Matin ou plutôt Marie, ainsi qu'on la nommait plus généralement, était une enfant de quinze ans, douce, espiègle et câline, et avait une de ces organisations sympathiques qui plaisent au premier abord et savent se faire aimer.

Le sachem comanche était fier de l'amitié que la marquise de Bodégast témoignait à sa femme et des attentions qu'elle avait pour elle; son dévouement pour Andrée et pour son fils en augmentait.

L'Éclair donna au général des nouvelles très graves, venant à peu près des mêmes régions que les confédérés, c'est-à-dire des environs du rio Bravo del Norte; il avait presque assisté à tout ce qui s'était passé entre les six nations et le riche Mexicain don Torribio de las Campanas. Il avait appris le combat de la Sabina ou plutôt la trahison dont les Espagnols avaient été victimes.

Ses espions n'avaient cessé de rôder autour des confédérés; pendant plus de huit jours, il les avait suivis pour ainsi dire à la piste, il connaissait leur nombre tout aussi bien que s'il les eût comptés et il était complètement renseigné sur leurs intentions.

Il savait, à n'en pas douter, qu'après s'être divisés en plusieurs détachements ils s'étaient dirigés à marches forcées sur le brûlis de la Longue-Corne dans le but d'attaquer le général qu'ils y supposaient encore retranché.

Le général ordonna aussitôt de remplir les bois d'espions afin de surveiller attentivement tous les mouvements des Indiens, puis, sur la recommandation de Balle-Franche, il choisit l'Aigle-Rouge et le Pécari, auquel il fit la leçon et qu'il chargea de faire tomber les Indiens dans le piège qu'il leur tendait; la mission était délicate et surtout périlleuse, cependant les deux chasseurs l'acceptèrent avec joie et promirent de s'en tirer à leur honneur; puis, après qu'on les eut déguisés de façon à changer complètement leur physionomie et de blonds qu'ils étaient les faire du plus beau brun foncé, on les laissa partir en leur souhaitant bonne chance.

On a vu de quelle manière ils s'acquittèrent de la tâche difficile qui leur était confiée et comment ils réussirent, sous les apparences de la plus entière franchise, à tromper ces trompeurs émérites que l'on nomme les Peaux-Rouges.

Dès qu'il les eut vus s'éloigner, le général se rendit auprès de son frère et lui dit que ses prévisions se réalisaient, que ses espions l'avaient averti de l'approche des Indiens; que ceux-ci, dont le nombre était considérable, s'étaient alliés avec les bandits blancs ou sangs mêlés de la prairie et qu'ils avaient résolu de tenter prochainement une attaque contre la Mission, ainsi qu'il devait s'attendre à les voir paraître d'un instant à l'autre.

— Dieu m'est témoin, ajouta le général en forme de péroraison, que ce n'est pas moi qui les vais attaquer, je reste paisiblement derrière mes retranchements; mais, ajouta-t-il avec un sourire narquois, dont l'abbé Gabriel essaya vainement de comprendre la signification, s'ils osent monter à l'assaut de mes cantonnements, ils trouveront à qui parler et je leur infligerai un châtiment dont ils se souviendront pendant longtemps.

— Que la volonté du Seigneur soit faite, mon frère, répondit l'abbé Gabriel avec tristesse; nous ne pouvons laisser massacrer par les païens les femmes et les enfants dont nous avons reçu la garde: il est de notre devoir de les défendre de notre mieux; mais je t'en supplie, Lucien, mon bon et aimé frère, pas de cruautés inutiles après le combat.

— Quant à cela, je te le puis promettre, mon frère, je recommanderai à mes officiers de ne pas faire de prisonniers.

— Comment, que veux-tu dire, ne pas faire de prisonniers? Les malheureux qui imploreront ta pitié, les laisseras-tu donc tuer froidement?

— Nullement, tu ne me comprends pas, frère; je veux dire que pendant la bataille je serai impitoyable, mais que, le combat fini, je laisserai le champ libre aux fuyards et je donnerai l'ordre qu'ils ne soient point poursuivis; je ne puis te promettre davantage, la guerre est la guerre, tu le sais.

— Enfin, je connais ton cœur, Lucien, je sais que tu n'es pas cruel; que Dieu ait pitié de ces pauvres ignorants égarés; tandis que tu combattras, je prierai le Seigneur, dont la clémence est infinie, pour qu'il pardonne aux malheureux qui succomberont leurs crimes et leurs erreurs. Crois-moi, Lucien, les Peaux-Rouges ne sont pas aussi méchants que tu le supposes; ce sont les blancs qui les ont pervertis et leur ont inoculé des vices qu'ils ignoraient.

— Il y a du vrai dans ce que tu me dis, mon frère; malheureusement nous ne sommes pas ici, moi du moins, pour faire des théories philanthropiques, mais pour défendre toi et ceux que tu aimes contre d'injustes agressions; tu prieras, je me battrai, chacun de nous sera à son poste et fera son devoir.

L'abbé Gabriel soupira, mais il ne répondit pas; le général le quitta pour se rendre auprès de la marquise.

Dans l'antichambre il rencontra Balle-Franche en train de causer très vivement, à ce qu'il semblait, avec la gentille Jeannette. En apercevant le général, Balle-Franche rougit et se recula vivement; quant à l'espiègle camériste, elle sourit et s'envola comme un oiseau.

Le général feignit de ne pas s'apercevoir qu'il n'était rien moins qu'un trouble-fête et s'adressant à Balle-Franche :

— Que faites-vous donc par ici, mon ami? lui demanda-t-il.

— Je vous cherchais, mon général.

— Moi? Y a-t-il donc quelque chose de nouveau?

— Non, rien que je sache, mon général, mais je désirais vous demander s'il ne serait pas bon de prévenir le Taureau-Blanc de tenir sous les armes les guerriers de la Mission, au cas où les Peaux-Rouges tenteraient réellement une attaque ?

— Comment, tenteraient réellement ? dit le général avec surprise.

— Excusez-moi, mon général, mais je ne peux croire qu'ils osent le faire ; il faudrait qu'ils fussent fous ou aveugles pour cela.

— Vous vous trompez, Balle-Franche, ils ne sont ni fous ni aveugles et ils nous attaqueront avant quarante-huit heures, je vous le certifie.

— Du moment où mon général est certain...

— Tout ce qu'il y a de plus certain, mon ami. Vous ferez donc bien de prévenir au plus vite le **Taureau-Blanc**.

— C'est fait, mon général ; je ne vous attendais ici que pour vous le dire.

— Et cependant vous ignoriez que je viendrais.

Le chasseur rougit.

Le général se mit à rire et le prenant amicalement par le bras :

— Venez un peu par ici, Balle-Franche, j'ai à causer avec vous.

— Avec moi, mon général ? dit-il tout interloqué.

— Oui, avec vous, monsieur le mystérieux, reprit en souriant le général.

M. de Bodégast, tout en parlant, amena le chasseur jusque dans un jardin, petit mais fort touffu, planté d'orangers, de limoniers, de goyaviers, de magnolias de la grande espèce, de tulipiers et de cherimoyas ; très bien dessiné et fermé par une haie vive de cactus cierges gigantesques, il se terminait par un vaste potager bien entretenu où poussaient à miracle toutes les plantes potagères et les légumes d'Europe mêlés à celles produites par la température plus chaude de la contrée.

Ce jardin attenait au presbytère et à la hutte habitée en ce moment par la famille du général de Bodégast.

Il avait été entièrement défriché, dessiné et planté par l'abbé Gabriel, qui éprouvait un véritable bonheur à le soigner, à l'entretenir, et à s'y isoler à certaines heures pour lire son bréviaire ou se retirer loin du bruit avec ses pensées : c'était son refuge contre les ennuis, les dégoûts et même les fatigues et parfois les déceptions cruelles qu'il éprouvait dans la vie toute de luttes et de déboires continuels qu'il s'était imposée.

Il avait cédé provisoirement son jardin bien-aimé au général, qui certes, s'il eût deviné la privation que s'imposait volontairement ce cœur dévoué qui pensait toujours aux autres et jamais à lui-même, n'aurait pas consenti à accepter un tel sacrifice.

Lorsqu'ils se trouvèrent sous une large allée, bordée d'une vigne magnifique en pleine maturité formant berceau au-dessus de leurs têtes et dont les grappes dorées s'offraient de toutes parts à portée de la main, comme si elles invitaient les promeneurs à les cueillir, le général lâcha enfin le bras du chasseur qui ne comprenait rien à ce qui lui arrivait, et, après l'avoir pendant un instant regardé avec un sourire légèrement ironique :

— Ainsi c'est tout exprès pour me voir que vous étiez là ? lui dit-il.

— Mais dame, oui, mon général, répondit Balle-Franche sans trop savoir ce qu'il disait.

— Et un peu pour causer en m'attendant avec la jolie Jeannette, n'est-ce pas ?

— Mon général, je vous jure...
— Vous ne trouvez pas Jeannette jolie ? Vous êtes difficile, mon camarade.
— Je ne dis pas cela, mon général, reprit le chasseur de plus en plus interloqué et qui commençait à se sentir très mal à son aise.
— Que dites-vous donc alors ? Je ne vous comprends pas.
— Je ne... dis rien, mon général.
— Ah !... alors mettons que je me sois trompé et n'en parlons plus.
— De quoi, mon général ?
— De ce que je vous disais tout à l'heure, que Jeannette était une jolie fille, et, ce qui vaut mieux encore, une très honnête femme.
— Oh ! oui, murmura le chasseur en poussant un soupir capable de faire tourner les ailes d'un moulin.
— Bon, alors vous êtes de mon avis ?
— Entièrement, oui, mon général.
— Ainsi vous trouvez Jeannette jolie ?
— Trop jolie ! soupira Balle-Franche.
— Pourquoi trop jolie ? L'aimeriez-vous mieux laide ?
— Je... crois que oui, mon général.

Le marquis se mit à rire ; un autre rire frais, perlé et joyeux, répondit au sien.

— Il y a de l'écho ici, à ce qu'il paraît, dit-il.

Balle-Franche fit un mouvement pour se sauver, mais le général le retint.

— Un moment, mon ami, dit-il, on ne s'en va pas comme cela.
— Oui, oui, retenez-le, Lucien, dit gaiement la marquise en apparaissant subitement à l'entrée d'un bosquet.

En ce moment, si l'on avait laissé le choix au digne chasseur, il est évident qu'il aurait préféré de beaucoup se battre seul contre quatre Apaches ou même une demi-douzaine de ces féroces païens, ainsi qu'il les nommait, plutôt que de se trouver où il était ; malheureusement il n'avait pas le choix et, bon gré, mal gré, il lui fallait faire tête à l'orage qu'il prévoyait menacer sa tête coupable.

— Savez-vous bien que vous n'êtes pas galant, mon cher Balle-Franche ? reprit en souriant la marquise. Comment, vous aimeriez mieux que Jeannette ne fût pas aussi jolie ?
— Ma foi oui, madame la marquise, répondit-il en prenant son parti et se décidant à faire face à la tempête.
— Au moins il est franc, répondit le général.
— J'irai même plus loin, reprit résolument Balle-Franche, je voudrais qu'elle fût laide.
— Ah ! par exemple, c'est trop fort, dit le général en riant.
— C'est de la férocité, appuya la marquise sur le même ton.
— Pardonnez-moi, madame, dit respectueusement mais fermement le chasseur, vous me demandez mon avis ?
— Certes.
— Eh bien ! je vous le donne.
— Balle-Franche, cette pensée cruelle en cache une autre.

— C'est possible, madame.
— Je serais curieuse de la connaître.
— Et moi aussi, dit le général en lançant un regard à la marquise.

Balle-Franche se tortilla comme s'il se sentait pris de coliques de miserere, mais il ne répondit pas.

— Ecoutez-moi, Balle-Franche, dit la marquise sérieusement, Jeannette est ma filleule, je l'ai élevée, c'est une brave et honnête fille que j'aime beaucoup, je suis réellement peinée de voir la haine qu'elle vous inspire.

— Et qu'elle ne mérite pas, répondit le général.
— Comment?... quoi?... Madame la marquise, pardon.

Mais en somme le brave garçon ne savait plus du tout ce qu'il disait.

— Ne la détestez-vous pas?
— Moi!... s'écria-t-il en ouvrant des yeux énormes.
— Dame! c'est ce que vous nous laissez entendre, mon ami, et je vous avoue que cela me chagrine fort.
— Ah! par exemple! s'écria-t-il exaspéré, moi! détester Jeannette; mais je l'aime comme un fou, au contraire!

Et, effrayé de l'énormité qu'il venait de commettre, il baissa craintivement la tête.

— En voilà bien d'une autre à présent! dit la marquise. Vous aimez Jeannette!

— Je sais que j'ai tort, madame, et que je ne suis qu'un malheureux; mais pardonnez-moi, je vous en supplie; je l'aime à en perdre la tête, à en manquer un bison à quatre pas, moi qui avec mon fusil coupe la queue d'une orange à cinq cents pieds. Que voulez-vous, il ne faut pas m'en vouloir, madame, je suis déjà assez malheureux, allez! mais c'est plus fort que moi, je ne puis faire autrement. Imbécile que je suis, va! ajouta-t-il en frappant la crosse de son fusil contre terre avec désespoir.

— Puisque c'est plus fort que vous, mon ami, je vous plains, et je ne vous en veux pas.

— On a bien raison de dire que vous êtes un ange, madame.
— Qu'est-ce qui dit cela, Balle-Franche?
— Pardieu! tous ceux qui ont le bonheur de vous connaître, madame.
— Attrapez cela, Andrée; c'est bien fait pour vous : cela vous apprendra à être curieuse.

La marquise sourit.

— Voulez-vous que j'essaye de vous guérir, Balle-Franche? dit-elle.
— Oh! non, madame.
— Pourquoi donc?
— Parce que je ne sais pourquoi, bien que je souffre beaucoup, horriblement même parfois...
— Eh bien?
— Eh bien! madame, je souffre avec joie, avec bonheur; jamais depuis que je suis homme je n'ai été si heureux et si malheureux à la fois; c'est une singulière souffrance que celle-là; n'est-ce pas, madame la marquise, elle torture le cœur, eh bien! c'est égal, on est content.

Il examinait avec attention le visage de l'inconnu; il lui semblait retrouver sous ce masque des traits que jadis il avait vus.

Andrée et Lucien échangèrent un regard d'une expression que seuls ces deux cœurs si aimants pouvaient comprendre.
— Vous ne m'avez pas dit pourquoi vous voudriez que Jeannette fût laide, reprit la marquise pour faire durer la conversation.
— Vous voulez le savoir, madame?
— Oui, je vous l'avoue.

— C'est que moi, je ne suis pas beau; bien que le cœur soit honnête, je ne me fais pas illusion sur mon compte, et, si cette charmante fille était laide, j'aurais l'espoir que peut-être elle consentirait à m'aimer un jour ; au lieu que jolie comme elle est, c'est impossible.

— Qu'en savez-vous, mon ami, le lui avez-vous demandé?

— Moi... madame?... Par exemple, il n'aurait plus manqué que cela!... Jamais... D'abord, je n'ai pas osé.

— Alors qu'en savez-vous? Est-ce qu'elle vous reçoit mal?

— Elle, le pauvre petit cœur, elle est trop bonne pour moi, au contraire; chaque fois que nous causons, ce sont de mignonnes paroles à n'en pas finir.

— Qui vous arrête, s'il en est ainsi?

— Eh! madame, sa gentillesse même, je crains de la fâcher.

— Venez, dit la marquise.

— Où cela, madame?

— Là, dans ce bosquet.

— Pourquoi faire? demanda-t-il naïvement.

— Vous allez voir; allez donc, poltron ! dit en riant le général.

Balle-Franche pénétra dans le bosquet comme dans une redoute ennemie. Tout à coup il s'arrêta pâle et tremblant.

La marquise tenait Jeannette embrassée, la jeune fille cachait sa tête mutine dans le sein de sa maîtresse.

— La question que vous n'osez faire à cette charmante enfant, je vais la lui adresser, moi, dit la marquise toujours souriante.

— Madame, je vous en supplie!... dit Balle-Franche avec prière.

Mais la marquise ne tint pas compte de ces paroles, et se penchant à l'oreille de la fillette :

— Dis-moi, mignonne, fit-elle de sa voix si douce, aimes-tu ce brave chasseur?

— Oh! marraine..., murmura-t-elle faiblement.

— Bon, alors je me suis trompée, tu ne l'aimes pas?

— Je n'ai pas dit cela! s'écria-t-elle en redressant vivement la tête.

Mais soudain, elle rougit comme une fraise, cacha de nouveau son visage dans ses mains, elle fondit en larmes.

— Mon Dieu! et elle pleure! s'écria le chasseur en pâlissant.

— Oui, elle pleure de joie, dit la marquise.

— De joie!...

— Nigaud, lui dit en riant le général, ne voyez-vous pas qu'elle vous aime ?

— Bien sûr! fit-il tout effaré.

— Remerciez-la donc, reprit le général en haussant les épaules.

Balle-Franche n'y put tenir davantage, il s'élança vers la jeune fille, lui saisit une main qu'elle ne retira pas et la couvrit de baisers brûlants.

— Vous le voyez bien, dit le général.

La jeune fille releva doucement la tête et sourit à travers ses larmes.

— Mon général, et vous, madame la marquise, dit le chasseur en ôtant respectueusement son bonnet, je vous prie de m'accorder la main de mademoiselle.

— Puisqu'elle vous l'a laissé prendre si gentiment, dit la marquise, nous ne voulons pas vous empêcher de la garder; embrassez-vous, mes enfants, vous êtes fiancés.

Les deux amoureux ne se le firent pas répéter et au lieu d'un baiser, ils en échangèrent une demi-douzaine.

— Vous savez, Balle-Franche, que la dot de Jeannette regarde sa marraine, dit le général.

— Et que cette dot est de cinquante mille francs, ajouta la marquise.

— Sans compter ce que je donnerai, moi, au marié, reprit le général en souriant.

— Je vous remercie, madame la marquise, ainsi que vous, mon général, dit le chasseur avec une dignité qui frappa ses auditeurs. Je ne suis qu'un pauvre homme ignorant, auquel les expressions manquent pour rendre clairement la reconnaissance qu'il éprouve pour les bienfaits dont vous le comblez; en me donnant celle que j'aime, vous me rendez l'homme le plus heureux qui soit; je suis chasseur, j'ai mon fusil; mon père et mon grand-père possèdent quelques biens là-bas au village, nous sommes habitués à nous contenter de peu, nous autres; gardez votre argent, je vous en prie, il nous serait inutile, vous avez fait tout ce que vous pouviez faire pour notre bonheur.

— Bien parlé, mon ami, s'écria vivement la jeune fille.

La marquise l'attira vers elle.

— Aime-le bien, fillette, lui dit-elle tout bas.

— Je l'aime déjà, marraine, plus que tout au monde, répondit-elle en rougissant.

— C'est un homme de cœur; tu seras heureuse avec lui.

— Oh! je le sais bien, s'écria-t-elle joyeusement.

La marquise se sentait tout heureuse de ce naïf bonheur.

— Il y a longtemps que tu l'aimes? reprit-elle.

— Depuis le premier moment que je l'ai vu, marraine, et je me suis dit à part moi : Voilà mon mari.

— O sympathie! murmura la marquise, sympathie, lien des âmes, que votre attraction incompréhensible est bien réellement providentielle!

Et la marquise, prenant la fillette sur ses genoux, se mit littéralement à jouer avec elle comme un enfant.

Elles formaient ainsi toutes deux le groupe le plus ravissant qui se puisse imaginer.

— Mon cher Balle-Franche, reprit sérieusement le général, vous vous êtes mépris aux paroles de Mme la marquise; cette dot de cinquante mille francs n'est pas un cadeau qu'elle fait à sa filleule, cet argent lui appartient; il provient de son père, vieux serviteur de notre famille; nous avons fait valoir la somme qu'il a laissée, et il est juste qu'en se mariant sa fille rentre en sa possession; voilà toute l'affaire; il faut donc en prendre votre parti; quant aux cadeaux que la marquise et moi nous comptons vous faire, rassurez-vous, mon ami, nous vous connaissons et ils n'auront rien d'humiliant pour vous.

— Ce serait mal reconnaître les bontés de Mme la marquise et les vôtres, mon général, et faire preuve d'un orgueil mal placé que d'insister davantage sur ce sujet; je me conformerai donc à votre volonté.

— Bien, mon ami; et maintenant; à quand le mariage? Voulez-vous que je prévienne l'abbé Gabriel, mon frère?

La marquise et la jeune fille levèrent curieusement la tête.

— Mon général, répondit Balle-Franche, Dieu m'est témoin que je n'ai pas de plus cher désir que celui d'être le plus tôt possible uni à celle que j'aime...

— Eh bien! puisqu'il en est ainsi..., interrompit le général.

— Pardonnez-moi, mon général, interrompit Balle-Franche respectueusement à son tour, je n'ai pas terminé encore.

— Oui, mais je prévois la fin, mon camarade, dit le général gaiement.

— Je crois que vous trompez, mon général.

— Alors, je vous écoute, parlez, mon ami.

— Mon général, malgré la joie immense que j'éprouverais à contracter cette union, reprit Balle-Franche, permettez-moi de vous faire observer que le moment me semble mal choisi pour un mariage; de grands dangers vous menacent; d'un instant à l'autre vous pouvez être attaqué. Vous avez d'importantes affaires à terminer; ce mariage se ferait sous de tristes auspices, notre joie ne serait pas entière, nous pouvons attendre maintenant; nous jouissons d'un bonheur anticipé, puisque nous sommes certains d'être l'un à l'autre; attendons des jours plus calmes, que vos ennemis soient à tout jamais abattus et alors nous nous marierons, et nous serons heureux, car nous aurons accompli notre devoir en gens de cœur et qui vous sont dévoués.

— Bien parlé! s'écria Jeannette en s'élançant vers son fiancé et l'embrassant bravement sur les deux joues, voilà comme il faut dire. C'est drôle, marraine, ajouta-t-elle en courant auprès de la marquise, tout ce que je pense il le devine.

— Chère bonne petite! dit la marquise en l'embrassant tendrement.

Balle-Franche était demeuré tout interloqué, mais heureux et rayonnant de l'escapade de la fillette.

— Allons, mon ami, dit le général en lui serrant affectueusement la main, je vois que vous êtes de ces hommes que dans la joie ou dans la douleur on ne saurait jamais prendre en défaut; je vous remercie, vous avez raison d'agir ainsi que vous le faites; je suis heureux de vous avoir deviné, je ne serai pas ingrat, et je vous promets tout d'abord que dès que votre mariage sera conclu, la marquise et moi, quoi qu'il arrive, nous vous conduirons dans votre village; je veux connaître ces deux vieux soldats qui ont si loyalement servi la France, et leur serrer les mains.

Le chasseur, saisi d'une émotion qu'il essayait vainement de contenir, mais qui débordait malgré lui, ne trouva pas une parole à répondre et il fondit en larmes, probablement pour la première et la dernière fois de sa vie.

Quelques instants plus tard, les deux hommes quittèrent le jardin dans des dispositions tout autres que celles avec lesquelles ils y étaient entrés.

Balle-Franche était rayonnant de bonheur, et le général heureux de ce bonheur qui était son ouvrage.

Depuis longtemps il avait deviné l'amour du brave chasseur pour la gentille cameriste de la marquise, il en avait curieusement suivi les péripéties, puis lorsqu'enfin il avait acquis l'assurance que cet amour était partagé, il avait voulu brusquer un dénoûment qui sans lui se serait fait attendre bien longtemps encore, et récompenser ainsi un homme qu'il aimait et qui, depuis qu'il était à son service, lui avait donné des preuves de loyauté, d'intelligence et de dévouement.

Le lendemain, à onze heures du soir, ainsi que le général l'avait prévue, ou plutôt pour parler franchement ainsi qu'il l'avait si habilement préparée, la double attaque eut lieu contre le défilé et la colline.

Nous ne reviendrons pas sur ces deux affaires, dont le lecteur connaît tous les détails.

Vers huit heures du soir, le général prévint son frère que ses espions l'avaient averti qu'il allait être attaqué pendant la nuit.

— C'est bien, mon frère, répondit laconiquement l'abbé Gabriel, va à ton poste, moi je vais au mien.

— Que veux-tu faire?

— Préparer les ambulances.

Le général se frappa le front.

— Oublieux que je suis, dit-il avec colère, je n'y ai pas songé.

— Tranquillise-toi, Lucien, un autre y a pensé.

— Oui, Alain? car ce n'est pas Hervé, je le parie.

— Ce n'est ni l'un ni l'autre.

— Qui donc alors, Balle-Franche?

— Lui-même; il a mis à ma disposition ta pharmacie de campagne.

— J'aurais dû le deviner! ce Balle-Franche songe à tout, c'est notre bon génie.

— C'est un honnête homme que j'aime.

— Pardieu! moi aussi; mais il me le payera.

— Comment il te le payera?

— Certes, il ne devait pas agir sans mon ordre.

— Puisque tu ne le donnais pas?

— C'est égal; cette nuit je ne le laisserai pas se battre, voilà ce qu'il gagnera.

— Tu es cruel pour lui, dit en souriant l'abbé Gabriel.

— Je suis comme cela, il faut de la discipline.

En ce moment parut la marquise suivie de ses caméristes, de Brise-du-Matin et de la plupart des femmes de la Mission.

— Où allez-vous? demanda le général.

— Aux ambulances avec l'abbé Gabriel, mon ami, répondit doucement la marquise, le poste des femmes dans le combat n'est-il pas auprès des malheureux blessés?

— Vous avez raison, Andrée; et s'adressant à Jeannette qu'il menaça du doigt : Sois tranquille, fillette, j'aurai soin de ton fiancé, lui dit-il.

— Son poste est devant vous, général, répondit-elle avec émotion; il le sait et fera son devoir.

— Oui, oui, reprit-il en s'en allant demi-content demi-fâché, je le sais bien qu'il fera son devoir, trop même, si je le laisse faire ; mais j'aurai l'œil sur lui, il ne mettra pas un pied dehors.

Le Taureau-Blanc et tous les guerriers de la Mission se tenaient immobiles et en armes derrière les retranchements.

Le général serra cordialement la main du chef, puis il regarda sa montre. Il était onze heures.

Le général lança la fusée du signal ; quelques secondes plus tard, le canon et la fusillade grondaient.

Un peu après minuit, le cri de l'orfraie se fit entendre : on ouvrit une porte.

Un homme entra ; cet homme était l'Aigle-Rouge, il était couvert de sang, son fusil était brisé.

— Me voilà ! dit-il.
— Eh bien ? demanda le général.
— Cela marche, mon général, mais pas aussi bien que je l'aurais désiré.
— Comment cela ?
— Le chef auquel je servais de guide...
— Le Cœur-Bouillant ?
— Oui ; il a à demi éventé le piège, et il ne s'est pas acharné à la colline ; son détachement est en fuite.
— Nous avons des hommes dans la plaine ?
— Oui, mais il les évitera ; c'est un chef prudent et expérimenté, il ne perdra pas plus d'une centaine d'hommes.
— Et au défilé ?
— On les écrase ; là ils ne peuvent fuir. Maintenant, je retourne là-bas.
— Du tout, restez ici ; à chacun sa besogne, vous avez fait la vôtre, elle a été dure ; reposez-vous.

A une heure du matin, la fusillade cessa complètement ; un silence de mort plana alors sur le désert.

Puis, au bout d'un instant, quelques coups de feu furent tirés : ce fut tout.

La bataille cette fois était finie.

Une heure plus tard, les premiers blessés arrivèrent.

Le général fit alors descendre des civières.

L'abbé Gabriel voulut présider au transport.

Son frère fit prévenir Alain de la détermination du missionnaire afin qu'il veillât sur lui.

Les blessés étaient nombreux ; les pirates et les Indiens avaient à la vérité été écrasés au défilé, mais ils s'étaient défendus comme des démons et ils avaient fait payer cher la victoire à leurs vainqueurs.

Plus de cent cinquante blessés furent transportés dans la Mission ; toutes les blessures étaient graves.

L'abbé Gabriel força Clair-de-Lune, qui n'obéit que de mauvaise grâce, à faire décrocher ses pendus ; puis lorsque tous les morts eurent été enterrés, le missionnaire célébra une messe pour le repos de l'âme des défunts, sans distinction de couleur ou de parti, et planta solennellement une croix sur la butte immense qui recouvrait les cadavres.

Le général Kergras, rejoint par un des Comanches fugitifs échappés au massacre de la clairière, était parti ventre à terre avec ses cavaliers, après avoir fait avertir son frère de ce qui se passait au camp des confédérés.

Mais, si grande que fut la diligence qu'il mit à atteindre les Indiens, ceux-ci en mirent une plus grande encore à se sauver.

Il ne retrouva plus personne.

IV

D'UNE PISTE QUE SUIVIT LE GÉNÉRAL DE BODEGAST, ET OU ELLE LE CONDUISIT.

Plus d'un mois s'était écoulé.

Depuis la sanglante défaite que le général de Bodegast leur avait infligée, les confédérés outlaws et Peaux-Rouges n'avaient plus donné signe de vie.

Ils avaient fui sans laisser de traces.

L'Éclair, le sachem comanche, s'était mis à leur poursuite, à la tête d'une centaine de cavaliers d'élite, résolu à venger, sur son implacable ennemi le Moqueur, la mort de ses guerriers, si impitoyablement massacrés dans la clairière.

Depuis le départ du chef, départ qui remontait déjà à trois semaines, aucune nouvelle de lui n'était parvenue à la Mission.

Sa *ciuatl*, ou pour mieux dire sa femme, Brise-du-Matin, était en proie à une vive inquiétude ; elle voulait absolument aller à sa recherche ; les prières de ses amis ne parvenaient que difficilement à lui faire différer ce dangereux projet.

Une vingtaine des blessés les plus grièvement atteints, malgré les soins qui leur avaient été prodigués, étaient morts de leurs blessures ; les autres étaient guéris ou du moins en voie de prompte guérison.

De ce nombre se trouvaient le Pécari et le Vautour-Fauve.

Le Pécari, depuis quelques jours déjà, avait repris son service et s'était rendu au camp de l'île.

Le Vautour-Fauve était encore faible, languissant ; une tristesse profonde semblait le dévorer ; il ne se plaignait jamais, obéissait avec une docilité extrême aux paternelles injonctions de l'abbé Gabriel, pour lequel, en toutes circonstances, il témoignait une grande déférence et jusqu'à un certain point une respectueuse affection ; mais il était sombre, taciturne et souvent demeurait des heures entières les regards fixés opiniâtrément sur le désert immense qui déroulait autour de lui ses flots de verdure, sans prononcer une parole, mais avec une expression étrange dans les yeux.

Il était facile de reconnaître que la souffrance de cet enfant des forêts était toute morale, que dans son cœur il regrettait la prairie et ses courses vagabondes à travers la savane.

Et pourtant, bien qu'on lui laissât la faculté d'errer à sa guise dans la

Mission, jamais le jeune homme n'avait profité de cette facilité pour essayer de reconquérir sa liberté.

Il était doux, bienveillant avec ceux qui l'approchaient, souriait même parfois, mais rarement, avec une mélancolie résignée, aux attentions dont il était l'objet; en somme, il demeurait à l'état d'énigme pour tous ceux qui l'entouraient, et les plus accoutumés d'entre eux aux mœurs de ces errants du désert, qu'il personnifiait si bien, hochaient la tête d'un air de doute en le regardant.

— Ce n'est pas un lion au repos, mais bien un tigre qui guette, avait dit de lui Balle-Franche au général de Bodegast, qui lui avait demandé ce qu'il pensait de cet étrange jeune homme; bien que sa peau soit blanche, il a trop longtemps vécu avec les Indiens pour que ses instincts ne soient pas rouges; il médite une vengeance.

— Une vengeance! s'était écrié le général.

— Oui, avait repris le chasseur. Maintenant, quelle sera cette vengeance? Je l'ignore; mais si ce qu'on rapporte de lui malgré sa jeunesse est vrai, il doit rouler quelque projet terrible dans son cerveau; la tranquillité apparente, le calme complet de ce jeune homme, que j'ai vu si bouillant et si indomptable, m'effraient. Prenez garde à lui, mon général, cet enfant me fait peur.

Le général avait été frappé des paroles du chasseur, et il lui avait répondu:

— On ne le perdra pas de vue une seconde.

— Surtout, avait repris Balle-Franche, arrangez-vous de façon à ce qu'il ne soupçonne pas qu'on se défie de lui, tout serait perdu.

En conséquence, une surveillance active, mais occulte, avait été organisée autour du jeune homme avec une habileté qui défiait tous les soupçons, et bien qu'il lui fût impossible de faire même un geste sans que ce geste fût surpris aussitôt, le prisonnier, car telle était en réalité sa position dans la Mission, ne pouvait se douter de la méfiance qu'il inspirait, tant les précautions avaient été bien prises pour qu'il ne s'aperçût de rien.

Le Vautour-Fauve jouait-il réellement un rôle? méditait-il une vengeance?

Les soupçons du chasseur étaient-ils justes?

C'est ce que l'avenir nous apprendra, car rien dans la conduite du jeune homme ne semblait venir à l'appui des inquiétudes graves que Balle-Franche manifestait à son égard.

La discipline la plus sévère régnait dans la Mission et dans les cantonnements des chasseurs; le général, se considérant toujours comme étant en état de guerre avec les Indiens, ne négligeait aucune des précautions nécessitées par cet état normal dans lequel il se trouvait placé.

Cependant il ne perdait pas de vue le motif secret de son expédition; souvent, à la tête d'une cinquantaine et parfois d'une centaine d'hommes rompus à la vie du désert, il poussait dans toutes les directions de longues reconnaissances qui se prolongeaient quelquefois pendant deux, trois et même quatre jours.

C'est au milieu d'une de ces reconnaissances que notre récit commence.

Depuis deux jours le général de Bodegast avait quitté la mission dont il avait, pendant son absence, confié le commandement à Alain Kergras, à Clair-de-Lune et à Bon-Affût.

Le général ordonna à Balle-Franche d'éteindre la torche.

Cinquante chasseurs et dix Indiens Comanches l'accompagnaient ainsi que Balle-Franche, l'Aigle-Rouge et Milord, son inséparable compagnon.

Vers onze heures du matin la petite troupe s'était arrêtée sur les bords d'un mince filet d'eau, affluent perdu et sans nom du Nébraska, afin de préparer le second déjeuner et de laisser passer la plus grande chaleur du jour.

Le général était assez inquiet, plusieurs pistes avaient été découvertes : une piste qui semblait être celle d'une troupe indienne assez considérable ; une piste de bêtes fauves, chemin suivi probablement par ces hôtes redoutables du désert pour se rendre sur le bord de la rivière ; et enfin une troisième piste qui coupait les deux autres à angle droit et que les chasseurs ne savaient à qui attribuer.

Du reste, Indiens et chasseurs n'étaient pas d'accord davantage sur la piste indienne, que les uns prétendaient nouvelle, c'est-à-dire datant de quelques heures à peine, tandis que les autres soutenaient qu'elle avait au moins sept et huit jours ; de plus quelques-uns avançaient avec une apparence de raison que cette piste était tout simplement un sentier de chasse, tandis que plusieurs autres, avec des motifs non moins plausibles, assuraient que c'était une sente de guerre.

Il n'y avait unanimité que pour ce qui touchait à la piste des fauves, parfaitement reconnaissable du reste, et pour la troisième piste que tous avouaient franchement ne savoir à qui attribuer.

Seuls Balle-Franche et l'Aigle-Rouge s'étaient abstenus d'émettre une opinion quelconque et s'étaient renfermés dans un mutisme complet.

Le général avait remarqué le silence des deux coureurs des bois, mais il n'avait pas jugé à propos de faire d'observation à ce sujet.

Seulement lorsque les sentinelles eurent été posées, que les chasseurs se furent livrés au sommeil, le général, qui s'était assis un peu à l'écart, fit signe aux deux Canadiens de venir près de lui.

Ceux-ci obéirent aussitôt.

— Eh! eh! mes braves amis, dit le général en allumant un cigare, il me semble que vous n'avez pas envie de dormir, hein ?

— Ma foi non, général, répondit Balle-Franche avec un sourire.

— Pourquoi riez-vous, mon ami ?

— Parce qu'il me semble que vous avez quelque chose à nous dire.

— Eh bien, il vous semble juste, mon ami, j'ai en effet à causer avec vous.

— Parlez, mon général, nous voici prêts à vous répondre.

— Je ne vous cache pas que vous m'avez fort intrigué tous deux il y a un instant.

— A propos de quoi, s'il vous plaît, général ? demanda l'Aigle-Rouge.

— A propos des pistes, n'est-ce pas, mon général ? ajouta Balle-Franche.

— Je vous l'avoue, le silence que vous avez obstinément gardé m'a donné à réfléchir.

Les deux chasseurs échangèrent un regard d'intelligence.

— Y aurait-il indiscrétion à vous demander, général, de quelle sorte ont été vos réflexions ? reprit l'Aigle-Rouge.

— Pas la moindre, j'ai supposé que vous préfériez me donner votre avis à moi seul.

— Eh bien! sur ma foi, mon général, s'écria Balle-Franche, c'est cela même!

— Ainsi je ne me suis pas trompé ?

— En aucune façon.

— Tant mieux. Tout le monde dort, nous sommes seuls ou à peu près, expliquez-vous, je suis très curieux de connaître votre avis.

Balle-Franche regarda son cousin.

— Parle, dit celui-ci.

— Mon général, dit alors le chasseur, la chose la plus importante et en même temps la plus difficile à connaître dans notre métier de batteurs d'estrade est une piste.

— Je comprends cela, mais il me semble que vos compagnons et les Indiens qui nous accompagnent y sont assez experts.

Le chasseur hocha la tête.

— Ce n'est rien de voir une trace, dit-il, ce qu'il faut surtout savoir, c'est l'expliquer.

— Bon ; voilà que je ne vous comprends plus à présent.

— Je vais être clair, mon général ; ainsi, par exemple, la piste indienne qui a été découverte ce matin...

— Alors c'est bien réellement une trace de Peaux-Rouges? interrompit le général.

— Parfaitement, oui, mon général ; mais ce que personne n'a vu et ce que mon cousin et moi nous avons seuls aperçu, c'est que cette piste est double.

— Double? fit-il avec surprise.

— Je m'explique, mon général ; ainsi, il y a d'abord une piste un peu effacée, car elle est recouverte presque partout par une autre ; cette piste a été tracée par des Sioux et des Apaches.

— Des ennemis, alors?

— Oui, mon général, des ennemis ; mais ces Sioux et ces Apaches, bien que très nombreux, se sentaient suivis de près ; ils devinaient qu'un ennemi marchait presque dans leurs pas, les poursuivait sans relâche, ils n'ont pas eu le temps de mêler et de faire disparaître leurs traces ; alors est arrivé cet ennemi qui les a presque effacées lui, en passant par-dessus.

— Tout ce que vous me dites là est fort curieux, Balle-Franche. A combien évaluez-vous le nombre de ces Apaches et de ces Sioux dont vous parlez?

— Ce ne doit être qu'un détachement, mais je vous le répète, mon général, ce détachement est nombreux, deux cent cinquante hommes.

— Tant que cela?

— Pas un de moins, mon général. J'ajouterai même que le chef qui les commande n'est autre que le Moqueur.

— Oh! oh! l'homme aux flèches sanglantes.

— Lui-même, mon général, j'ai vu la marque de son pied.

— Et quels sont ces ennemis qui poursuivent ces Sioux et ces Apaches de si près?

— L'Éclair, mon général ; vous voyez que nos camarades avaient à la fois tort et raison, la piste est ancienne et nouvelle.

— C'est ma foi vrai ; ainsi voilà nos ennemis de retour?

— Malheureusement oui.

— Hum! cela devient grave. Que faire?

— Nous assurer d'abord de leur nombre, mon général.

— Oui, mais comment parvenir à cela ?

— Bien facilement, en établissant un cercle dont le centre sera cette première piste.

— Vous supposez donc qu'il y en a plusieurs ?

— Admettez-vous, mon général, que deux cent cinquante hommes oseraient nous attaquer ?

— Non certes ; ce serait une folie, dont, malgré leur jactance, je ne crois pas les Indiens capables.

— Donc il y a plusieurs autres détachements dont il faut constater le passage.

— D'autant plus, ajouta l'Aigle-Rouge, que nous n'avons pas encore découvert les traces des blancs qui se sont alliés avec eux.

— Avec votre permission, mon général, voici ce que nous ferons : nous nous placerons sur une seule ligne ; nous nous mettrons à un intervalle de quinze pas, de façon à pouvoir nous porter mutuellement secours en cas de besoin, et nous suivrons la piste ; je me trompe fort ou avant deux heures de marche nous aurons retrouvé les autres.

— Ce que vous dites là, Balle-Franche, est très judicieux ; je me range complètement à cette opinion ; mais il est une autre piste qui m'inquiète beaucoup aussi.

— Je sais ce que vous voulez dire, mon général.

— Eh bien ! que pensez-vous de cette piste ?

— Je suis très embarrassé pour vous répondre, mon général ; la trace est nette, ferme ; c'est le pas d'un seul homme, et d'un homme qui connaît le désert et a l'habitude de le parcourir, cependant ce n'est ni la piste d'un guerrier indien, ni celle d'un chasseur.

— Qui peut-être cet homme, alors ?

— Je ne sais, mon général, voilà pourquoi je suis inquiet.

— Quelque espion sans doute ?

— Je ne le crois pas ; ou alors il espionnerait pour son propre compte.

— Voilà qui est singulier !

— Rien ne nous presse de partir, n'est-ce pas, mon général ?

— Non, rien, pourquoi cela ?

— Parce que, si vous le permettez, mon général, mon cousin et moi nous irons à la découverte et avant deux heures, plus tôt peut-être, nous saurons à quoi nous en tenir.

— L'idée n'est pas mauvaise, en effet.

— Ainsi vous nous autorisez...

— Un instant, dit-il vivement, tout cela m'intéresse beaucoup, j'ai bien envie de vous accompagner...

— Pourquoi pas, mon général ?

— Eh bien ! c'est dit, je vais avec vous, je veux avoir le cœur net de cette affaire.

— Seulement, mon général, prévenez les sentinelles, afin que l'on ne soit pas inquiet de votre absence au cas où elle se prolongerait plus que nous ne le supposons.

— Il serait bon aussi, ajouta l'Aigle-Rouge, d'indiquer la direction que nous suivons.

— C'est juste, reprit le général, de cette façon si nous courrions un danger, nous serions certains d'être secourus.

— C'est cela même, mon général.

Les trois hommes se levèrent et pendant que M. de Bodegast expliquait à une sentinelle les motifs de l'absence qu'il allait faire et lui donnait tous les ordres nécessaires, l'Aigle-Rouge attachait au cou de Milord, qui se laissait faire avec une docilité charmante, une espèce de collier cuirasse en peau de crocodile garni d'énormes clous pointus comme des poignards et qui lui garantissait non seulement le cou, mais encore les épaules et même les reins; puis, sur un geste du général, les trois hommes et le chien prirent la piste suspecte.

Ils marchaient en file indienne ; Balle-Franche tenait la tête ayant derrière lui son cousin, le général venait le troisième et Milord assurait la retraite.

Bientôt les batteurs d'estrade eurent disparu sous le couvert. La piste était excessivement facile à suivre, elle était droite sans crochets d'aucune sorte.

C'était la trace d'un homme qui n'a rien à redouter et qui ne se donne pas la peine de dissimuler la route qu'il lui plaît de suivre.

Au bout d'une demi-heure, les trois hommes arrivèrent au pied d'un rocher ; un tas de cendres chaudes encore, quelques pelures de fruits, deux ou trois os de daim à moitié rongés, montraient clairement que l'inconnu dont ils suivaient les pas s'était arrêté là, qu'il y avait fait une halte assez longue et qu'il n'en était parti que depuis quelques instants à peine, peut-être un quart d'heure.

— Nous avons affaire à un fou ou à un homme qui se croit assuré d'être respecté, dit Balle-Franche à demi-voix.

— Pourquoi cela? demanda curieusement le général.

— Cette piste l'indique clairement ; ne savez-vous pas, mon général, qu'au désert l'ennemi le plus redoutable de l'homme est l'homme lui-même ; que la première et la plus urgente précaution à prendre est de ne pas révéler sa présence, si l'on ne veut servir aussitôt de but à une balle ou à une flèche.

— C'est vrai, murmura le général, la conduite de cet homme, quel qu'il soit, est incompréhensible.

— Reprenons la piste, dit Balle-Franche, nous ne tarderons pas à avoir de ses nouvelles.

On repartit.

Les chasseurs étaient en ce moment en pleine forêt, c'est-à-dire que toutes les plantes parasites avaient disparu ; leurs yeux plongeaient à une assez longue distance, sous d'immenses voûtes de verdure, qui au-dessus de leurs têtes interceptaient presque complètement les rayons du soleil ; ils marchaient dans une obscurité relative presque crépusculaire, la chaleur était suffocante ; à chaque instant ils étaient contraints d'éponger la sueur qui inondait leurs visages.

Cependant peu à peu, la sente qu'ils suivaient s'escarpa, les arbres s'éloignèrent à droite et à gauche, de profonds ravins se creusèrent et ils se trouvèrent à l'entrée d'un *cañon* profondément encaissé.

L'aspect de la forêt avait presque subitement changé. Ils étaient contraints de se frayer à grand'peine un passage à travers un chaos de roches immenses couvertes de lichens, qui semblaient à une époque déjà éloignée avoir été bouleversées ainsi à la suite d'un effroyable cataclysme.

Rien d'affreux et de désolé comme ce paysage abrupte et convulsionné; çà et là des bouquets d'arbres gigantesques s'élançaient dans les airs en affectant les paraboles les plus étranges; on entendait mugir au fond du ravin où le regard pouvait à peine pénétrer, des eaux invisibles; puis c'étaient d'énormes masses granitiques, qui se dressaient menaçantes, enlacées de lierres, de lianes et de plantes parasites de toutes sortes qui les étreignaient et les cerclaient jusqu'au faîte; une immense nappe d'eau tombait brusquement d'une hauteur considérable et s'engloutissait avec le bruit d'un parc d'artillerie dans un gouffre d'une profondeur insondable.

La piste serpentait au milieu de cet épouvantable désert, nette, bien dessinée et fortement empreinte dans l'humus produit par des générations d'arbres depuis des siècles réduits en poussière.

Les chasseurs ne comprenaient rien à cette trace étrange, ils se demandaient intérieurement quel pouvait être l'être singulier qui l'avait laissée derrière lui, et à quel précipice épouvantable cette piste allait enfin aboutir; il leur semblait impossible qu'une créature humaine, un homme comme eux, pût vivre au milieu d'un site aussi effroyable.

Cependant ils continuaient toujours à s'avancer, la curiosité plus forte que la crainte les poussait pour ainsi dire en avant malgré eux.

Ils suivaient en ce moment les pentes abruptes et s'escarpant toujours davantage d'une montagne dont le sol pierreux, noirâtre et couvert de scories attestait la présence d'un feu souterrain qui, probablement dans des temps relativement assez rapprochés, en s'ouvrant tout à coup un passage, avait causé l'horrible déchirement dont les traces subsistaient encore à peine recouvertes çà et là d'une végétation appauvrie, rare et étiolée.

Sur la lèvre même du précipice que les voyageurs côtoyaient péniblement, par une bizarrerie étrange de la nature poussaient en grande quantité et s'étageaient jusqu'à une certaine profondeur des chênes noirs gigantesque et des mahogany plus que deux et même trois fois centenaires; ces arbres pressés les uns contre les autres formaient un épais rideau au gouffre assez étroit du reste, mais d'une profondeur inouïe et dans lequel tombait du haut de la montagne, avec un fracas épouvantable en cascade échevelée, en bondissant écumante de roche en roche, une nappe d'eau d'une teinte jaunâtre qui, aux rayons du soleil, prenait des reflets dorés.

Bientôt ils parvinrent à un endroit où la piste s'arrêtait tout à coup, faisait un brusque crochet et s'engageait dans une sente étroite qui descendait en serpentant dans le gouffre.

Les trois hommes firent halte, d'abord pour reprendre haleine, ils étaient accablés de fatigue; et ensuite pour se consulter sur ce qu'il convenait de faire.

— Voilà un triste pays, dit le général, quelle peut être la créature humaine qui a eu le courage de s'y retirer?

— Je crois que si nous le voulons, il nous sera bientôt facile de savoir à quoi nous en tenir là-dessus, répondit Balle-Franche; ce sentier est frayé, ainsi que vous pouvez le voir, on y passe fréquemment, il doit aboutir à la demeure de l'étrange solitaire auquel il a plu de se réfugier ici loin des hommes.

— Est-il bien nécessaire de pousser jusque-là? dit l'Aigle-Rouge avec insouciance.

— Pourquoi non? répondit le général; puisque selon toute probabilité nous sommes parvenus presque au terme de notre exploration, il me semble que nous aurions tort de retourner au camp sans connaître le mot de cette énigme intéressante.

— Quant à moi, général, cela m'est parfaitement égal; je suis disposé à faire ce qu'il vous plaira, reprit en riant l'Aigle-Rouge, je vous suivrais même sans hésiter jusqu'en enfer, dont il me semble, d'après ce que nous voyons autour de nous, que nous ne devons pas être très éloignés.

— Le fait est que ce paysage est empreint d'un cachet d'horreur réellement sublime, dit le général sur le même ton.

— Seulement je me demande si le brave homme que nous sommes venus ainsi relancer jusque dans son dernier refuge, sera bien satisfait de notre visite; en somme, ajouta le chasseur, il est évident que si cet individu a choisi pour retraite ce lieu de plaisance, c'est que la société de ses semblables ne lui souriait que médiocrement.

— C'est possible; mais cet homme, au lieu d'être un misanthrope fatigué du monde, peut fort bien aussi être un scélérat, reprit le général, un bandit, en un mot un outlaw qui cache en ce lieu, comme dans un impénétrable repaire, le fruit de ses rapines; et alors notre devoir est de nous emparer de lui; qu'en pensez-vous, Balle-Franche?

— Pour vous dire vrai, mon général, je vous avoue que je me trouve assez embarrassé pour vous répondre; ce mystérieux personnage est-il un honnête homme, est-il un coquin? l'un me paraît aussi possible que l'autre; pourtant je me souviens d'avoir entendu parler vaguement d'un homme depuis longtemps retiré dans une retraite presque inabordable, où il vit seul, je crois, en compagnie d'une vieille femme qui le sert; que cet homme a rompu toutes relations avec ses semblables, comme si dans chaque individu qui s'offre à sa vue il redoutait de rencontrer un ennemi; du reste il est, dit-on, inoffensif et chacun respecte sa manie; on le suppose même un peu fou. Maintenant l'être étrange dont nous suivons depuis près de deux heures la trace, est-il le même que celui dont je parle? voilà ce que j'ignore; après tout, je ne vois pas d'inconvénient à nous en assurer.

En ce moment un horrible cri, suivi d'un rauquement affreux et presque aussitôt de deux coups de feu, tirés avec une rapidité extrême, monta de l'intérieur du gouffre.

— Voilà qui tranche la question, s'écria vivement le général, quel que soit cet homme, il court un danger, et nous devons voler à son secours.

— Allons, répondirent laconiquement les deux chasseurs.

Ils s'engagèrent alors résolument dans le sentier et descendirent la pente du précipice.

Bientôt le rideau d'arbres qui masquait la vue s'écarta et un spectacle terrible s'offrit à leurs yeux et les frappa de stupeur.

A trente-cinq pieds environ au-dessous d'eux, un arbre d'une grosseur énorme était jeté en travers sur le précipice et servait de pont pour passer d'un bord à l'autre ; sur la rive opposée l'extrémité de ce pont grossier aboutissait à une plate-forme d'une cinquantaine de pieds de tour placée devant l'entrée haute et large d'une caverne.

Sur cette plate-forme, une femme renversée se débattait avec toute l'énergie du désespoir contre un jaguar furieux, et perdait son sang par deux blessures, un homme de haute taille vêtu à peu près comme les chasseurs blancs de la prairie, son fusil fumant encore à la main, accourait désespérément au secours de la pauvre femme, tandis qu'un second jaguar, plus puissant encore que le premier, à demi caché par les brousailles, se pelotonnait sur lui-même et prenait son élan pour franchir d'un bond le précipice.

Les deux inconnus, l'homme et la femme, étaient perdus.

Il fallait tenter un effort suprême.

Les chasseurs n'hésitèrent pas.

— Allez ! cria l'Aigle-Rouge à son chien, sus ! Milord !...

L'énorme molosse bondit à travers les halliers et disparut.

Le général s'élança généreusement sur ses traces sans songer une seconde au danger terrible auquel il s'exposait.

Balle-Franche et l'Aigle-Rouge échangèrent un regard.

— Feu ! dit froidement Balle-Franche.

Les deux détonations se confondirent en une seule.

Le jaguar poussa un rauquement effroyable, bondit à travers l'espace, tout à coup il tourna sur lui-même et s'engloutit dans le précipice.

— En avant ! s'écria l'Aigle-Rouge.

Les deux chasseurs tout en rechargeant coururent vers le pont.

Tout ce que nous avons mis tant de temps à raconter eut lieu avec une rapidité vertigineuse, en moins de trois minutes.

Cependant sur la plate-forme il se passait une scène épouvantable.

Milord avait franchi le pont et s'était rué à corps perdu sur le jaguar, qu'il avait saisi au cou et sur les reins duquel il s'était cramponné avec rage.

Le fauve, furieux de cette attaque imprévue, avait jeté un miaulement sourd et après avoir un instant essayé de se débarrasser de son redoutable adversaire, il avait lâché sa victime et s'était presque relevé.

L'inconnu qui arrivait alors avait profité de cette circonstance pour lui asséner un coup de crosse terrible entre les deux yeux.

Mais le fusil s'était brisé entre ses mains et il demeurait désarmé face à face avec le terrible fauve.

Celui-ci, une seconde étourdi par le coup qu'il avait reçu, affaibli par le sang qu'il perdait et cruellement blessé par le molosse qui ne lâchait pas prise et qu'il essayait vainement d'atteindre, sembla hésiter un instant, mais presque aussitôt il poussa un rugissement épouvantable, se battit les flancs

Tous deux commencèrent alors à lui prodiguer des soins.

avec force de sa queue puissante, fit voler avec ses griffes le sable autour de lui, et se rasa pour s'élancer.

Quoique désarmé, l'inconnu demeurait ferme et calme devant lui.

Ni le général ni les chasseurs qui l'avaient rejoint n'osaient tirer.

Le jaguar et l'inconnu étaient placés de telle sorte, qu'en tirant le fauve, on risquait de tuer l'homme et on était certain d'abattre le molosse.

L'Aigle-Rouge n'hésita pas; il bondit en avant avec une légèreté extrême, se plaça devant l'inconnu et épaula son fusil en sifflant d'une façon particulière.

A ce sifflet, qui était pour lui un signal, le molosse se rejeta en arrière et se planta devant la femme toujours renversée.

Vingt pieds à peine séparaient les divers acteurs de cette scène; le fauve se tenait acculé presqu'à l'entrée de la caverne, sur le seuil de laquelle la malheureuse femme était étendue, Milord résolument campé devant elle.

L'inconnu, qui après avoir brisé son fusil s'était vivement rejeté en arrière, se trouvait à trois ou quatre pas au plus du pont où Balle-Franche et le général étaient embusqués le fusil à l'épaule.

L'Aigle-Rouge, droit et ferme comme un roi, fièrement placé devant l'inconnu, couchait froidement le jaguar en joue.

Soudain le fauve miaula sourdement, fit un puissant effort et s'élança.

Trois coups de feu éclatèrent.

Le jaguar poussa un rugissement terrible, et, passant par-dessus la tête de l'Aigle-Rouge, il tomba presque aussitôt comme une masse sur l'inconnu qui roula sur le sol avec lui. Mais le chien d'un bond terrible se précipita sur la bête féroce en même temps que les trois chasseurs accouraient.

Tout était fini, le fauve jeta un dernier rauquement d'agonie, se roidit dans une convulsion suprême et demeura immobile.

Il était mort.

Non pas des cinq blessures qu'il avait reçues, mais sous la dernière et terrible étreinte de Milord qui l'avait étranglé pendant qu'il se débattait dans les affres de l'agonie.

Le jaguar fut jeté dans le gouffre où il alla ainsi rejoindre son compagnon, et les chasseurs s'occupèrent activement à porter secours à l'inconnu et à la malheureuse femme.

La femme était morte; elle avait le crâne fracassé, son corps, en lambeaux, était horrible à voir. Balle-Franche et l'Aigle-Rouge portèrent son cadavre dans la grotte et l'étendirent sur un lit fait en forme de crèche et rempli d'herbes odorantes.

Cette grotte était claire, spacieuse, bien aérée, elle était divisée en plusieurs compartiments par des cloisons, meublée avec goût et presque avec luxe, chose extraordinaire en un tel lieu, si éloigné de toute habitation civilisée; plusieurs galeries s'ouvraient dans différentes directions et prouvaient que cette caverne s'étendait fort loin sous terre et sans doute avait plusieurs issues.

En ce moment les chasseurs avaient à songer à des choses plus importantes qu'à tenter une exploration de ces galeries, ils ressortirent.

L'inconnu était évanoui; le jaguar en tombant sur lui avait enfoncé ses griffes puissantes dans son épaule droite et lui avait fait une blessure grave.

C'était un homme d'une cinquantaine d'années, mais d'apparence très vigoureuse.

Ses cheveux complètement blancs tombaient en longues mèches sur ses épaules; ses traits fins, distingués, empreints d'une énergie extrême, avaient dû être fort beaux, avant que le malheur, le crime, peut-être le remords, eussent donné à sa physionomie une expression d'amertume railleuse et désespérée ; sa barbe longue et bien fournie était blanche comme ses cheveux ; ses yeux grands, mais fermés en ce moment, étaient couronnés de sourcils épais et froncés à se joindre ; son visage livide était labouré de rides profondes creusées non par l'âge, mais par la souffrance.

Le général lui imbibait les tempes, les poignets et l'épigastre avec de l'eau fraîche, tandis que Milord, gravement assis sur son train de derrière, léchait le visage du blessé, en poussant par intervalles ces gémissements doux, presque humains, et qui sont particuliers à sa race.

Les deux chasseurs enlevèrent délicatement le blessé entre leurs bras et le transportèrent dans la grotte.

Le général les suivit, l'air pensif et le front soucieux.

— C'est étrange, murmurait-il à demi-voix, non, je suis fou !...

Mais alors, qui peut être cet homme ?

V

OU MILORD JOUE UN ROLE TRÈS HONORABLE ET EST CHALEUREUSEMENT FÉLICITÉ

Lorsque l'inconnu fut transporté dans la caverne, le général se hâta de le faire déshabiller ; il voulut lui-même panser la blessure qu'il avait reçue à l'épaule ; puis on l'étendit sur son lit placé dans un compartiment assez éloigné de l'entrée de la grotte et dont l'ameublement ressemblait à s'y méprendre à celui d'une chambre d'officier à bord d'un bâtiment de guerre français.

A la tête du lit se trouvaient attachés à la cloison deux médaillons, recouverts d'une toile verte retenue avec des clous de manière qu'il était impossible, à moins de déchirer la toile, de voir ce que représentaient ces médaillons.

Au-dessous deux épées de combat croisées, plusieurs fusils, des pistolets, des poignards et des haches d'abordage étaient disposés en trophée surmonté de deux de ces épaulettes que l'on portait à la fin du règne de Louis XVI et auxquelles on donnait le nom de patte de chat.

Une lampe en argent tombait de la voûte, et comme le jour ne pénétrait que très faiblement dans cette cellule, car à vrai dire ce n'était pas autre chose, le général la fit allumer.

Le blessé avait repris un instant connaissance, mais presque aussitôt il était tombé dans un sommeil lourd et agité.

Le général ne savait trop quel parti prendre, la situation était difficile ; d'un côté, il ne voulait pas abandonner seul, dans l'état où il se trouvait, l'homme auquel il avait si miraculeusement sauvé la vie ; de l'autre, il ne pouvait rester plus longtemps éloigné de ses chasseurs que sa longue absence devait déjà commencer à inquiéter.

Transporter le blessé, à travers ces sentiers impraticables ; il n'y fallait pas songer, cela était impossible.

Le général prit un terme moyen et qui conciliait tout.

Il s'agissait de prévenir le détachement de le venir joindre, ce qui était d'autant plus facile que dans ses excursions, afin de pouvoir passer partout, le général et ses chasseurs marchaient toujours à pied.

— Qui de vous se charge d'aller chercher le détachement ? demanda-t-il aux chasseurs.

— Ni l'un ni l'autre, mon général, répondit l'Aigle-Rouge en souriant.

— Comment ni l'un ni l'autre !

— Non, mon général ; nous avons un courrier qui franchira la distance beaucoup plus rapidement que nous autres nous pourrions le faire et qui s'acquittera parfaitement de cette mission délicate.

— Plaisantez-vous ? dit le général avec impatience, de quel courrier parlez-vous ?

— De Milord, mon général ; vous pouvez vous fier à lui, il connaît son affaire.

Le général se mit à rire.

— Je ne plaisante pas, mon général, reprit l'Aigle-Rouge, Milord est intelligent et dévoué ; écrivez un mot sur une feuille blanche de votre calepin, confiez-lui la lettre, et à moins qu'il ne soit tué en chemin, ce qui n'est pas probable, je vous promets qu'elle arrivera à son adresse.

— Mais pourquoi votre cousin ou vous ne voulez pas vous charger de cette commission ?

— Parce que, mon général, répondit Balle-Franche, nous ne savons pas où nous sommes ; que nous ne connaissons pas cette caverne et que s'il survenait, ce dont Dieu nous préserve, un événement quelconque, trois hommes résolus sont une force.

— Vous êtes de braves cœurs et je vous remercie, répondit le général en leur tendant la main, et, ajouta-t-il gaiement, va pour Milord, il nous a donné trop de preuves d'intelligence et de dévouement pour que nous n'ayons pas confiance en lui.

Le général déchira alors une page blanche de son calepin et écrivit quelques mots au crayon.

— Voilà qui est fait, dit-il en pliant le papier, je dis à l'Œil-Gris de venir avec ses camarades nous joindre ici, en prenant Milord pour guide.

L'Aigle-Rouge renferma le papier dans un petit sachet de cuir, l'attacha au cou du chien, et après l'avoir caressé il lui montra l'entrée de la grotte en lui disant simplement :

— Milord, portez cela à l'Œil-Gris.

L'intelligent animal fit deux ou trois gambades, remua la queue, poussa quelques joyeux jappements, puis il partit comme un trait.

— Voilà le courrier en route, dit l'Aigle-Rouge, il sera bientôt arrivé.

— Vous n'avez pas besoin de nous, mon général ? demanda Balle-Franche.

— Non, pourquoi cela ?

— Parce que, avec votre permission, mon général, nous allons, mon cousin et moi, profiter du temps que nous avons devant nous pour pousser une reconnaissance dans toutes ces galeries ; il est bon que nous sachions à quoi nous en tenir sur cette mystérieuse retraite, et s'il ne serait pas possible qu'un ennemi quelconque tombât sur nous à l'improviste, au moment où nous y penserions le moins.

— Je crois cet excès de prudence inutile, mon ami.

— Pardonnez moi, mon général, de ne pas partager cette opinion ; j'admets, si cela vous plaît, que nul danger ne nous menace, ce que je crois ; mais je suis convaincu que l'entrée principale de la grotte n'est point celle par laquelle nous y avons pénétré ; celle-ci, par un sentier à peine tracé, ne conduit que dans un désert effroyable ; il doit y avoir d'autres issues plus faciles et surtout plus commodes, la disposition des lieux l'indique clairement. Il serait donc, je le crois, mon général, à propos de nous assurer de la réalité de cette supposition dans le cas où, par exemple, vous auriez l'intention de faire transporter le blessé à la Mission, ce qui de ce côté serait complètement impossible.

— Agissez à votre guise, Balle-Franche, je n'insisterai pas davantage sur ce sujet ; d'ailleurs vous pouvez avoir raison ; seulement ne commettez pas d'imprudence ; souvenez-vous que tel événement peut surgir d'un moment à l'autre qui nécessite votre présence ici.

— Rapportez-vous-en à nous, mon général, pour nous conduire comme il convient ; du reste vous avez votre cor et au premier *mot* que vous pousseriez, vous nous verriez aussitôt accourir.

Le général dans ses excursions portait toujours en bandoulière un cor en forme d'olifant, qui lui servait à rassembler ses chasseurs lorsque, pour une raison ou pour une autre, ils étaient dispersés, et à les appeler à lui.

— C'est juste, dit-il en souriant, je n'y songeais pas ; allez donc, mes amis, et bonne chance.

Les deux chasseurs saluèrent leur chef et sortirent aussitôt de la cellule.

Le général demeura donc seul en face du blessé.

Celui-ci dormait toujours, mais, ainsi que nous l'avons dit, son sommeil était lourd et agité ; parfois des mots sans suite, entrecoupés, s'échappaient de ses lèvres entr'ouvertes.

Ces mots étaient prononcés en français, mais ce fut vainement que le général prêta l'oreille, il n'y avait aucune liaison entre eux, il était impossible de leur donner un sens quelconque.

M. de Bodegast n'avait pas davantage insisté pour que les chasseurs demeurassent près de lui, parce que, sans pouvoir en pénétrer le motif, il éprouvait pour cet homme inconnu étendu sur ce lit de douleur, un intérêt étrange, une curiosité sans bornes ; non pas cette curiosité futile et indiscrète qui pousse certaines natures peu délicates à pénétrer des secrets qui ne sont pas les leurs et à s'immiscer sans raison dans des affaires qui ne les regardent en aucune façon et qui jamais ne sauraient les toucher.

Non, bien loin de là, cette curiosité était noble, dénuée de tout intérêt personnel, amicale, dévouée même, s'il est permis de s'exprimer ainsi.

S'il voulait trouver le mot de cette énigme, pénétrer le secret de cet homme, c'est qu'une espèce d'intuition pour ainsi dire magnétique, un pressentiment l'avertissait presque qu'il se trouvait placé par le hasard vis-à-vis d'une de ces situations exceptionnelles, extraordinaires, dont peut-être il pourrait faire le dénouement.

Plus il examinait avec attention le visage de l'inconnu, plus il lui semblait retrouver sous ce masque bouleversé des traits que jadis il avait vus, et que sa mémoire lui rappelait comme à travers le nuage devenu de plus en plus opaque qui séparait les événements présents de ceux de sa première jeunesse.

Parfois un nom venait sur ses lèvres, mais ce nom, sa bouche ne le prononçait pas.

Les deux médaillons voilés, pendus au-dessus de la tête du blessé, l'attiraient avec une force invincible, il s'approchait doucement de la cloison, ses regards se fixaient sur ce double voile, comme s'ils eussent voulu pénétrer à travers.

Sa main se levait machinalement pour les arracher, mais il se reculait aussitôt effrayé de l'énormité qu'il était sur le point de commettre.

De quel droit voulait-il sonder ce mystère, pénétrer dans le secret de cette existence? Que signifiait cette étrange hallucination qui s'emparait de lui?

Sa mémoire le trompait sans doute; l'ardent désir qu'il éprouvait de trouver ce qu'il cherchait depuis si longtemps en vain l'induisait probablement en erreur.

Cet homme lui était étranger, jamais il ne l'avait vu; il rêvait tout éveillé, se créait à plaisir des chimères.

Telles étaient les pensées qui se heurtaient dans le cerveau du général, tandis que ses regards demeuraient opiniâtrément fixés sur les traits livides du blessé.

Mais c'était en vain qu'il se débattait contre lui-même, la certitude pénétrait de plus en plus dans son esprit, la possibilité de la vérité se dégageait plus lucide; déjà il ne doutait plus, il ne croyait pas encore, mais il commençait à espérer.

Son front brûlait, il se leva, sortit sur la plate-forme et fit quelques pas de long en large afin de rendre un peu de calme à son esprit.

Un quart d'heure s'écoula ainsi; il n'y put tenir davantage; il rentra précipitamment dans la grotte et se dirigea vers la cellule.

Pendant son absence, rien n'avait changé, le blessé continuait toujours à dormir, mais son sommeil devenait de plus en plus agité et fiévreux.

Le général, inquiet de l'état dans lequel se trouvait le malade, ne savait quel moyen employer pour lui rendre un peu de calme, lorsque tout à coup il se passa un fait inouï, incroyable.

Le blessé ouvrit subitement les yeux, se dressa sur son séant par un mouvement automatique, étendit le bras gauche vers lui, et le fixant d'un regard affolé tandis que deux larmes coulaient lentement le long de ses joues :

— Lucien!... Lucien!... s'écria-t-il d'une voix étranglée avec l'accent d'une douleur poignante, pourquoi as-tu fait cela?

Le général à cette interpellation, à laquelle il était si loin de s'attendre, fut atterré.

Il demeura un instant immobile comme frappé de la foudre.

— C'est lui! s'écria-t-il enfin, et il s'élança vers le blessé.

Mais celui-ci éclata d'un rire strident et métallique, le menaça du doigt, puis il poussa un profond soupir, ses yeux se fermèrent et il retomba inanimé sur sa couche.

— C'est lui! reprit le général.

Il se pencha sur le blessé pour lui porter secours; mais ses soins n'étaient pas nécessaires, le blessé n'était pas évanoui ainsi qu'il le craignait, au contraire, il dormait d'un sommeil calme et reposé.

— Dieu soit loué! murmura le général.

Ses yeux se dirigèrent vers les médaillons.

— Il n'y a plus à hésiter, ajouta-t-il,

Et il étendit le bras, mais en ce moment des pas se firent entendre au dehors, son bras retomba et il se détourna avec précipitation, presque avec effroi.

Il vit alors paraître Balle-Franche et l'Aigle-Rouge.

— Eh bien! mes enfants, leur demanda-t-il pour cacher l'embarras qu'il éprouvait, quoi de nouveau? Est-ce que déjà vous avez terminé votre exploration?

— Déjà, mon général, répondit Balle-Franche en souriant, il paraît que le temps ne vous a pas semblé long, il y a plus d'une heure et demie que nous vous avons quitté.

— C'est possible; avez-vous découvert quelque chose?

— Nous avons découvert deux issues, mon général; il doit y en avoir d'autres probablement, mais comme les galeries qui sans doute y conduisent sont encombrées, nous ne nous en sommes pas occupés.

— Ah! ah! Et ces deux issues, comment sont-elles?

— Dans les meilleures conditions, mon général : l'une donne sur une rivière assez étroite et guéable, une pirogue est placée avec tous ses agrès près de l'entrée, ce qui prouve qu'on sort par là assez souvent; l'autre issue donne sur une plaine magnifique; dans une excavation de la grotte d'entrée, nous avons trouvé deux chevaux; il est bien heureux pour les pauvres bêtes que nous les ayons découverts, sans cela ils seraient morts de faim.

— C'est malheureusement vrai; qu'avez-vous fait de ces chevaux?

— Nous les avons laissés où ils étaient après toutefois leur avoir donné une bonne provision de fourrage dont ils semblaient avoir grand besoin, car leur râtelier était vide; j'ai pensé que ces chevaux pourraient vous être utiles au cas toujours, mon général, où vous voudriez faire transporter le blessé à la Mission.

— C'est en effet mon intention, mon ami; je vous remercie d'avoir songé à ces animaux qui nous seront très utiles.

— Oh! à la rigueur, mon général, nous aurions parfaitement pu nous en passer, mais puisque nous les avons, cela est encore préférable.

— Vous ne songez pas, mon ami, que nous avons une longue course à faire; nous sommes éloignés d'au moins dix lieues de Sainte-Marie.

— Eh bien! mon général, vous vous trompez; de l'issue dont je vous parle, on voit parfaitement la mission, nous n'en sommes qu'à cinq ou six lieues tout au plus.

— Voilà qui est singulier, nous avons donc fait bien du chemin à travers cette forêt?

— Non, mon général, seulement nous avons marché à peu près en ligne droite, ce que nous ne faisons pas dans les sentes de la prairie qui, pour la plupart, suivent le bord des rivières.

— Pardieu! mon cher Balle-Franche, les nouvelles que vous m'annoncez sont excellentes; j'ai hâte que nos compagnons arrivent.

— Ils ne tarderont pas, général, dit l'Aigle-Rouge.

— Je le crois; nous camperons ici, et demain au point du jour nous retournerons à la Mission.

— Un peu plus tôt même si vous y consentez, mon général, afin d'éviter la grande chaleur qui pourrait incommoder le blessé.

— Va-t-il mieux? demanda l'Aigle-Rouge.

— Son sommeil a été très longtemps agité, mais maintenant il est plus calme, et il semble reposer.

— C'est la fièvre qui le tourmentait. A propos, mon général, si pendant que nous n'avons rien à faire nous creusions une fosse pour enterrer la pauvre créature qui a été si cruellement déchirée par ce gredin de jaguar?

— Non, attendons encore, rien ne nous presse; peut-être d'ici à demain le blessé sera-t-il en état de parler; c'est lui seul qui a le droit de nous dire ce qu'il convient de faire.

— C'est juste, mon général, nous attendrons.

— Eh! mais, dit l'Aigle-Rouge en prêtant l'oreille, Dieu me pardonne, il me semble que j'entends Milord.

— C'est lui, dit laconiquement Balle-Franche.

— Comment, de retour déjà! s'écria le général.

— Oh! le gaillard a des jarrets solides, fit en riant le chasseur.

Ils sortirent sur l'esplanade.

Des aboiements lointains d'abord, mais qui se rapprochaient rapidement, résonnaient à travers les halliers.

Bientôt Milord apparut courant avec une vitesse extrême le long de la pente du précipice, il traversa le pont avec la rapidité d'une flèche, et une minute plus tard il sautait joyeusement autour de son maître sur les épaules duquel il finit par poser ses grosses pattes et dont il commença à lécher le visage en poussant de petits cris de joie.

— Voilà un vrai ami, dit l'Aigle-Rouge en rendant avec usure à l'intelligent animal les caresses qu'il en recevait; on peut en toute sûreté se fier à lui; à la bonne heure au moins, n'est-ce pas, Milord?

— Mon cher Balle-Franche, lorsque le détachement sera ici..., car vous êtes certain qu'il arrive?

— Certain, mon général, vous en doutez?

— Ma foi, je vous l'avoue, j'ai cédé par complaisance à ce que vous me demandiez, mais tout cela me semble si prodigieux que, ma foi, je ne puis y croire.

— Mon général, vous ne connaissez pas Milord; ce qu'il a fait aujourd'hui n'est rien; si plus tard nous avons besoin de lui pour quelque chose de sérieux, vous verrez ce dont il est capable.

Un sachem se levant, alla séance tenante frapper le poteau de guerre.

— Enfin, dit le général, du ton d'un homme qui n'est pas bien convaincu mais qui se risque, je le veux bien.

— Milord, dit l'Aigle-Rouge, vous voyez bien ce chêne noir là-bas, celui qui est presque enfoui sous la barbe d'espagnol, tout près de ce buisson de floripondios ? Allez vous placer là en sentinelle, mon garçon, et lorsque nos amis arriveront, vous nous avertirez; allez, mon bonhomme.

Le chien fixa sur son maître un regard presque humain, remua la queue, partit comme un trait, et au bout d'un instant, on l'aperçut gravement assis sur son train de derrière juste à l'endroit que son maître lui avait désigné.

— Maintenant, doutez-vous encore, mon général ? demanda l'Aigle-Rouge en se frottant les mains.

— Pour cette fois c'est trop fort, dit en riant le général, le doute n'est plus possible.

— Bah ! vous en verrez bien d'autres, mon général.

— Je vous disais donc, Balle-Franche, que lorsque le détachement arrivera vous le ferez camper dans la caverne qui donne issue sur la plaine ; notre blessé a besoin de reposer, il est bon que son sommeil ne soit pas troublé par les bruits d'un bivouac.

— Oui, mon général ; faudra-t-il poser des sentinelles au dehors ?

— Oui, quatre, deux Indiens et deux chasseurs ; mais, vous le savez, toujours selon notre habitude, placés de façon à voir tout ce qui se passe, sans pouvoir être aperçus eux-mêmes.

— Soyez tranquille, mon général.

— Ah çà ! mais avec tout cela nos hommes n'arrivent pas ; il me semble qu'ils sont bien longtemps en route.

— Mon général, vous ne vous rendez pas bien compte des difficultés du chemin ; avant dix minutes vous les verrez arriver.

— Attendons alors, dit-il, pendant qu'un sourire narquois se jouait sur ses lèvres ; nous avons le temps du reste.

A peine le général achevait-il de parler qu'un aboiement joyeux se fit entendre.

— Milord nous avertit, nos amis arrivent, dit l'Aigle-Rouge, bientôt vous allez les voir.

— Mon cher ami, dit en riant le général, si cela est, et je n'ose plus en douter d'après ce que j'ai vu déjà, vous avez un chien beaucoup plus intelligent que certains gens de ma connaissance ; je vous engage à ne pas vous en défaire ; il vaut son pesant d'or.

— Oh ! Milord et moi nous sommes inséparables, mon général.

— Et vous avez raison, mon brave géant, car vous vous complétez admirablement l'un par l'autre.

L'Aigle-Rouge se mit à rire ; au même instant, le molosse aboya nouveau, mais plus fort et plus longtemps que la première fois.

— Les voilà ! s'écria gaiement le chasseur ; regardez, mon général.

— C'est pardieu vrai ! allons, je ne m'en dédis pas, Milord est un sorcier !

Presque aussitôt on aperçut les chasseurs ; ils s'avançaient avec précaution et marchaient en file indienne.

L'Œil-Gris tenait la tête de la colonne ; son regard explora le précipice, et il répondit par un cri joyeux aux acclamations des trois chasseurs placés sur la plate-forme.

Milord, après avoir caressé l'Œil-Gris, supposant sans doute que sa faction était terminée, et il avait raison, descendit comme une avalanche la pente escarpée du précipice, et deux minutes plus tard il était de retour près de son maître.

Les chasseurs le suivaient de près, il arrivèrent presque aussitôt.

— Soyez les bienvenus, messieurs, dit le général; vous voici, et en bon état je l'espère, je vous attendais avec impatience. Il n'y a rien de nouveau ?

— Rien absolument, mon général, répondit l'Œil-Gris; nous commencions à nous inquiéter de votre longue absence, et nous ne savions trop à quoi nous résoudre : si nous devions vous attendre encore, ou s'il était plus convenable de nous mettre à votre recherche; nous allions prendre ce dernier parti, lorsque tout à coup Milord est arrivé au milieu de nous, bondissant comme un élan à travers les halliers. Nous l'aimons tous, le brave animal, nous supposions qu'il nous apportait des nouvelles, c'était à qui le caresserait ; mais c'était à moi particulièrement qu'il en voulait ; il se débarrassa gentiment à sa manière de ceux qui le serraient de trop près, il accourut vers moi, posa ses grosses pattes sur mes épaules et me lécha; j'aperçus alors le sachet qu'il portait au cou et je le pris; le chien poussa un aboiement joyeux, me quitta et se laissa caresser par nos camarades tant qu'ils voulurent. Je lus à haute voix le billet renfermé dans le sachet, je rassemblai mon monde et je dis à Milord qui était venu se replacer auprès de moi et me regardait comme s'il attendait que je lui adressasse la parole :

« — Allons, mon garçon, en route! nous allons retrouver ton maître l'Aigle-Rouge et le général, montre-nous le chemin.

« Milord remua la queue, jeta deux ou trois petits cris, se mit à notre tête et après s'être retourné une dernière fois comme pour s'assurer que nous le suivions, il partit, le nez sur la piste.

— Tout cela est incroyable, l'instinct de cet animal est merveilleux.

— Oh! nous connaissons le pèlerin, nous avons souvent eu des preuves de son intelligence extraordinaire; aussi nous étions tranquilles; il allait, nous suivions, sachant bien qu'il ne nous tromperait point; n'est-ce pas, Milord?

Le chien qui, les yeux brillants comme deux charbons ardents, regardait fixement le chasseur, paraissant deviner qu'on faisait son éloge, aboya gaiement en remuant la queue.

— Diable de chien, dit le général, en le caressant, il ne lui manque que la parole.

— Il n'en a pas besoin, dit gravement l'Aigle-Rouge.

— Au fait, c'est vrai, reprit le général en riant, il se fait parfaitement comprendre sans cela. Continuez votre récit, mon ami.

— Je n'ai pas grand'chose à ajouter, mon général, reprit l'Œil-Gris. Milord nous guida, sans hésiter jamais, sans s'arrêter une seconde, toujours à dix pas devant nous, ni plus ni moins; à un quart de lieue d'ici environ, en bas de la côte, jugeant sans doute que le chemin était assez visible pour que nous ne puissions plus nous tromper, il est revenu vers nous, nous a caressés, puis il est parti comme un trait : nous le voyions bondir à travers les halliers, par-dessus les scories et les quartiers de roche; à un certain endroit, il s'arrêta, aboya avec force à plusieurs reprises, puis il reprit sa course et disparut définitivement.

« — Très bien, dis-je à mes compagnons, nous arrivons, Milord va annoncer notre visite.

— C'était vrai, ne put s'empêcher de dire le général.

— Nous l'avions compris ainsi. Lorsque nous eûmes atteint l'endroit où il s'était arrêté, je reconnus qu'à cette place le sentier tournait et qu'il se dirigeait vers le précipice ; bientôt j'aperçus de nouveau Milord, il était assis sur son train de derrière, les regards dirigés vers nous ; en nous apercevant, il aboya mais sans bouger de place. La bonne bête était en faction ; elle ne voulait pas abandonner son poste ; je le compris ainsi, parce que, après nous avoir vus nous approcher de son côté, il donna une dernière fois de la voix et partit en avant ; voilà tout, mon général.

— On raconterait n'importe où un fait comme celui-là, on serait sinon accusé de mensonge, du moins taxé d'exagération, dit le général, et pourtant tout est dans ce récit de la plus rigoureuse exactitude.

— Oh ! tout cela n'est rien pour Milord, vous verrez plus tard, si l'occasion s'en présente, mon général.

— Je ne demande pas mieux que de cultiver la connaissance de cet intéressant animal, dit le général, tout en souhaitant que jamais nous ne soyons obligés de mettre ses talents à une plus rude épreuve. C'est assez nous occuper de Milord pour le moment, c'est un brave chien, mais il est temps de penser aux hommes. L'Œil-Gris, avez-vous le sac à la médecine ?

— Oui, mon général, le voici, répondit le chasseur en retirant une gibecière assez lourde qu'il portait en bandoulière et la posant sur le sol.

— Maintenant, ainsi que vos camarades, suivez l'Aigle-Rouge, il vous indiquera l'endroit où vous camperez pour la nuit.

Les chasseurs s'enfoncèrent alors dans la grotte sur les pas du géant canadien.

Le général demeura seul avec Balle-Franche.

— D'après la façon dont je vous ai vu traiter notre blessé, vous me semblez avoir quelques connaissances en médecine, mon cher Balle-Franche ? demanda le général au chasseur.

— En effet, mon général, cela fait partie de notre éducation de coureurs des bois : nous sommes contraints de nous soigner nous-mêmes, dans le désert.

— C'est parfait, venez avec moi. J'ai, moi aussi, certaines connaissances superficielles acquises pendant la guerre. J'espère qu'à nous deux nous parviendrons à faire un pansement sérieux à notre malade, maintenant que nous avons les médicaments nécessaires ; demain, en arrivant à la Mission, mon frère se chargera de mener la cure à bien.

Balle-Franche prit la gibecière laissée par l'Œil-Gris et entra dans la caverne à la suite du général.

Lorsque les deux hommes pénétrèrent dans la cellule, le blessé était éveillé, il semblait calme, il jeta un regard interrogateur au général.

— Je suis un de ceux qui vous ont sauvé des jaguars, monsieur, dit le général en anglais, langue qu'il parlait avec une grande pureté.

— Recevez tous mes remercîments, monsieur, répondit avec un sourire amer le blessé dans la même langue, quoique ce soit un bien mauvais service que vous m'ayez rendu.

— Peut-être, monsieur ; ce n'est pas à moi à discuter la valeur de cette action. D'ailleurs un homme est toujours maître de sa vie.

— Oui, lorsqu'il a le droit d'en disposer ; mais celui qui est coupable ne peut mourir qu'à la volonté de Dieu ; il faut qu'il expie.

— Je ne vous comprends pas, monsieur, et je ne veux pas chercher à vous comprendre ; innocent ou coupable, ceci est une question entre votre conscience et vous ; pour moi, vous êtes un homme qui souffre et que mon devoir est de secourir. Voulez-vous me permettre de visiter votre blessure ?

— Faites, monsieur, répondit-il en fixant sur son interlocuteur un regard d'une expression singulière.

Le général, aidé par Balle-Franche, enleva alors l'appareil provisoire qui avait été posé sur la blessure.

La plaie était rose, elle avait bonne apparence. Le général s'assura qu'elle était peu profonde, que les tissus seulement étaient déchirés, sans que les os fussent atteints. En somme, cette plaie était plus douloureuse que grave, et quelques jours suffiraient pour la guérir. Le jaguar avait perdu ses forces quand ses griffes redoutables s'étaient enfoncées dans la chair.

Lorsque le pansement fut terminé, le général communiqua au blessé le résultat de ses observations.

— Oui, murmura l'inconnu, ce n'est pas le physique qui chez moi est le plus malade.

Le général lui présenta une potion que Balle-Franche avait préparée.

— Qu'est-ce cela, monsieur ? demanda le blessé avant que de la prendre.

— Monsieur, répondit le général, c'est une potion composée de simples, qui doit vous donner un sommeil salutaire, afin que demain vos forces soient assez revenues pour que vous puissiez supporter sans trop de fatigues votre transport à la mission de Sainte-Marie, où je compte vous conduire.

— Bien, monsieur, je vous remercie, répondit le blessé dans l'œil duquel passa un éclair de joie ; je consens avec plaisir à ce transport. Mais, avant de prendre cette potion, me permettez-vous de vous adresser une question ?

— Faites, monsieur.

— Cette femme, cette malheureuse au secours de laquelle j'accourais, quand vous m'avez si miraculeusement sauvé, est-elle donc morte ?

— Hélas ! oui, monsieur.

— Cela devait être, murmura-t-il avec tristesse. Ainsi sont tour à tour tombés autour de moi tous les êtres qui m'étaient dévoués, et maintenant je reste seul... seul !...

Ses yeux se remplirent de larmes.

— Pauvre chère Catherine, reprit-il au bout d'un instant, créature simple et dévouée ; son sacrifice a été complet... elle m'a tout donné... tout..., même sa vie !... Mon Dieu ! mon Dieu ! s'écria-t-il avec un sanglot déchirant, n'aurez-vous donc jamais pitié de moi ?...

— La bonté de Dieu est infinie, monsieur, dit le général d'une voix profonde, espérez.

— Espérer, fit-il, oui. Ah! ce mot est sonore, mais il est creux et vide de sens.

— Vous vous trompez, monsieur, ce mot est beau, parce que derrière lui il y a la foi.

Le blessé le regarda avec surprise, et essuyant les larmes qui sillonnaient son visage :

— Qui donc êtes-vous, monsieur, vous que je vois aujourd'hui pour la première fois et qui me parlez ainsi?

— Qui sait si cette fois est la première que nous nous rencontrons, monsieur? Qui je suis? hélas! dit-il avec un sourire triste, un homme comme vous qui a beaucoup souffert, mais qui toujours a eu foi dans la bonté de Dieu et auquel jamais, dans les circonstances même les plus pénibles et les plus douloureuses, elle n'a failli ; voilà pourquoi je vous répète encore : espérez.

Il y eut un assez long silence.

— Monsieur, reprit le blessé avec hésitation, accordez-moi une grâce.

— Parlez, monsieur.

— Puisque demain nous nous rendons à la Mission, ne serait-il pas possible?...

— D'y transporter le corps de votre pauvre servante afin qu'elle soit inhumée dans un terrain consacré? interrompit le général; j'y ai songé, monsieur, cela sera fait.

— Allons, murmura-t-il avec un mouvement indescriptible, vous êtes bien réellement un homme; je vous remercie. Quelle heure est-il?

— Six heures, répondit avec étonnement le général en consultant sa montre.

— De combien d'heures de sommeil ai-je besoin?

— De sept à huit heures au moins.

— Promettez-moi de m'éveiller à une heure du matin, si je dormais encore.

— Je vous le promets.

Le blessé prit alors le vase contenant la potion et le vida d'un trait, puis il se laissa retomber en arrière.

Cinq minutes plus tard, il était plongé dans un sommeil calme et profond.

VI

A QUEL HOMME LE GÉNÉRAL AVAIT SAUVÉ LA VIE

Après avoir baissé la lumière de la lampe, afin que son éclat trop vif ne blessât pas les yeux du malade, et s'être assurés que tout était en ordre, le général et le chasseur quittèrent à pas de loup la cellule et en refermèrent doucement la porte derrière eux.

Le général avait hâte de rejoindre ses chasseurs et de juger par lui-même des conditions de sûreté que présentait le campement choisi par l'Aigle-Rouge et par Balle-Franche.

Lorsqu'il fut rentré dans le souterrain, le général remarqua sur l'esplanade un groupe de cinq chasseurs, assez confortablement installés autour d'un feu sur lequel grillait un cuissot de daim.

Le général s'approcha.

— Que faites-vous donc là? demanda-t-il à l'Œil-Gris qui se trouvait parmi ces chasseurs.

— Mon général, répondit respectueusement l'Œil-Gris en se levant, l'Aigle-Rouge nous a placés ici pour garder les derrières du campement et prévenir une surprise, au cas où un ennemi quelconque, homme ou bête, rôderait aux environs, et, sauf votre respect et votre approbation supérieure, je crois qu'il a bien fait.

— Et moi aussi, répondit en riant le général. Décidément l'homme et le chien, chacun dans son genre, sont impayables ; j'en viens à ne plus savoir lequel des deux j'aime le mieux.

Les chasseurs rirent franchement de cette boutade.

— Avez-vous tout ce qu'il vous faut pour votre nuit au moins ?

— A peu près, mon général. Au coucher du soleil nous rentrerons dans la grotte où des bottes de paille sont préparées, nous ne laisserons qu'une sentinelle à la tête du pont dans les buissons là-bas ; nous serons très bien, seulement...

— Bon, il y a un seulement, j'en étais sûr, interrompit le général.

— Bien peu de choses n'en ont pas dans la vie, mon général, répondit philosophiquement l'Œil-Gris.

— C'est juste, voyons le seulement.

— Oh ! il est court : nos gourdes sont vides.

— Eh bien ! mes enfants, voici la mienne, elle est pleine, usez-en comme il vous plaira.

— Merci, mon général, répondit en riant un chasseur en la prenant, demain elle sera légère.

— Tant mieux, et bonne guette ; d'ailleurs je reviendrai par ici.

— Oh ! nous savons que vous ne dormez jamais, mon général, aussi nous nous tenons sur nos gardes.

Le général sourit, leur souhaita encore une bonne nuit, et il s'éloigna avec Balle-Franche.

Les chasseurs avaient établi fort judicieusement leur campement dans un coude du souterrain, de façon à ce que leurs feux ne pussent être aperçus du dehors, et ils avaient placé à cinquante pas dans la plaine leurs sentinelles en demi-cercle, mais abritées soit derrière des quartiers de roche, soit par des troncs d'arbre.

Après avoir complimenté l'Aigle-Rouge sur les dispositions qu'il avait prises, le général mangea un morceau à la hâte ; puis, après avoir recommandé à Balle-Franche de l'éveiller à minuit et demi, il s'étendit sur une botte de paille, se roula dans son manteau et ferma les yeux. Il dormait ou semblait dormir.

Il conserva cette position jusqu'au moment où Balle-Franche se pencha sur lui et lui toucha légèrement l'épaule en lui disant à voix basse :

— Minuit et demi, mon général.

Il se leva aussitôt, fit ses ablutions, et après s'être assuré par un coup d'œil circulaire que tous les hommes, excepté les sentinelles dont on apercevait les longues silhouettes, étaient plongés dans un profond sommeil, il alluma un cigare et se tournant vers Balle-Franche :

— Vous n'avez sans doute pas dormi, mon ami? lui dit-il.

— Pardon, mon général, mon cousin que j'avais averti m'a éveillé un quart d'heure seulement avant vous.

— Où est-il, votre brave cousin? Il dort ?

— Non, mon général, lui et Milord font une ronde dans la plaine.

— Voilà un gaillard, que comme vous, mon cher Balle-Franche, on ne peut jamais prendre en défaut.

— Lui et moi, mon général, nous faisons notre devoir.

— Plus que votre devoir, mon ami, répondit affectueusement le général, et je vous en remercie; maintenant que nous sommes tranquilles et que, grâce à la vigilance de votre géant de cousin, nous ne craignons pas d'être troublés, nous pouvons songer à nos affaires. Hum! il fait froid, ajouta-t-il en s'enveloppant dans son manteau.

— Les nuits sont très fraîches en cette saison.

— On ne s'en aperçoit que de reste; prenez une torche, mon ami, et suivez-moi; nous allons voir notre blessé.

Balle-Franche alluma une torche à l'un des feux et ils s'enfoncèrent dans le souterrain.

Après avoir marché pendant environ dix minutes, le général ordonna à Balle-Franche d'éteindre la torche : on commençait à apercevoir sur les parois du souterrain les reflets blanchâtres des rayons de la lune; ils approchaient de la grotte.

Ils continuèrent alors à s'avancer presque à tâtons; mais le général avait son idée.

Dix autres minutes s'écoulèrent encore avant qu'ils ne parvinssent jusqu'à la grotte.

Il y régnait un profond silence; çà et là les chasseurs étaient couchés sur la paille et dormaient.

— Je crois, dit à voix basse le général à Balle-Franche, que, malgré leurs belles promesses, tous nos gaillards sont bel et bien endormis.

— Vous pourriez vous tromper, mon général, répondit aussitôt une voix ferme à deux pas de lui.

— Pardieu! s'écria le général en tressaillant, c'est vous, l'Œil-Gris?

— Oui, mon général, reprit le chasseur en sortant de l'angle obscur dans lequel il était blotti.

— Que faisiez-vous donc là, diable d'homme? Savez-vous que j'ai eu presque peur?

— Je m'en suis aperçu, mon général; je veille, vous le voyez. De la place où j'étais placé, j'apercevais parfaitement la tête du pont, c'est un excellent poste.

Le patient ne poussa pas un cri...

— Vous vous êtes donc mis vous-même en sentinelle ?
— Oui, mon général ; je dors très peu, deux heures me suffisent et au delà. J'ai fait faire les premières veilles par mes camarades ; à dix heures on m'a éveillé, et me voilà. Je resterai ici jusqu'au jour.
— Allons, allons, je vois que nous sommes bien gardés ; ma gourde est vide, n'est-ce pas ?

— Je le crains, mon général, dit l'Œil-Gris avec ce sourire froid qui lui était particulier.

— Eh bien! remplissez-la, mon camarade; la nuit est roide en diable, et on a besoin de stimulant.

Et il lui tendit une seconde gourde, dont l'Œil-Gris versa la plus grande partie du contenu dans la sienne.

— Voilà qui est fait, dit-il en la rebouchant et la rendant. Merci, mon général, c'est plaisir d'être engagé à un homme tel que vous; aussi chacun fait son devoir, je m'en flatte.

— Allons, bonne chance, l'Œil-Gris. Vous n'avez rien entendu dans la cellule du blessé?

— Non, mon général, pas le plus léger bruit; on le croirait mort.

— J'espère que non, mais je vais m'en assurer dans un instant; faites-moi le plaisir, avec Balle-Franche, d'ensevelir proprement cette malheureuse femme qui est là, dans une couverture quelconque.

— Oui, mon général. Faudra-t-il l'enterrer?

— Non pas, vous la ferez placer au campement, nous l'emporterons avec nous à la Mission, pour que la pauvre créature soit enterrée décemment et comme une digne chrétienne qu'elle était.

— C'est bien, mon général, vous serez obéi.

— Je compte sur vous; au revoir!

Et il s'éloigna dans la direction de la cellule, mais presque aussitôt il revint sur ses pas.

— Ah! dites-moi, faites attention à ce que personne ne me dérange. Vous seul, Balle-Franche, vous entrerez à quatre heures du matin dans la cellule, pour m'aider à panser le malade.

— Pardon, mon général, répondit Balle-Franche, mais à quelle heure partirons-nous donc?

— Probablement à quatre heures, après le pansement, mais au plus tard à cinq heures

— Il vaudrait mieux quatre, mon général.

— Nous tâcherons, d'autant plus que près de six lieues sous le soleil, c'est dur, cependant, s'il le faut, nous les ferons.

— C'est évident, murmura d'Œil-Gris d'un air tant soit peu goguenard.

Le général sourit, mais il ne releva pas la remarque.

— A propos, dit-il, j'oubliais, je ne sais vraiment où j'ai la tête, il faudra recommander à l'Aigle-Rouge de faire préparer un brancard commode pour le blessé.

— Je le lui ai dit, mon général. Je crois même que déjà il est fait.

— Cela ne pouvait pas manquer. Lorsque j'oublie, vous, mon ami, vous vous souvenez; merci. Maintenant allez à vos affaires, moi je vais aux miennes.

Il les laissa alors et pénétra dans la cellule dont il referma la porte derrière lui.

Le général raviva la clarté de la lampe, puis il s'approcha du blessé. Celui-ci ne dormait plus; ses regards étaient fixés sur le général, avec une expression singulière ; un sourire amer plissait les commissures de ses lèvres, et une légère rougeur colorait les pommettes saillantes de ses joues.

— Comment vous trouvez-vous ? lui demanda le général.

— Bien, répondit-il, beaucoup mieux même que je n'aurais osé l'espérer. Je ne sais ce que vous avez mis sur ma blessure, mais elle me fait à peine souffrir ; d'ailleurs je ne la crois pas grave.

— Non, répondit le général, les tissus seulement ont été déchirés ; les forces du fauve étaient épuisées lorsqu'il vous a enfoncé machinalement en tombant sur vous ses griffes dans l'épaule,

— C'est ce que j'ai supposé ; ce qui n'empêche pas, monsieur, que je vous dois la vie, je m'en souviendrai.

— A quoi bon revenir là-dessus, monsieur ? Je n'ai fait, en somme, que ce que vous-même, en semblable occasion, auriez fait pour moi.

— Qui sait, monsieur ? Les instincts de l'homme sont mauvais ; son premier mouvement ne vaut pas grand'chose, reprit-il avec ironie, il n'y a que la réflexion qui le rend meilleur.

— Soit, monsieur, fit le général en souriant. Eh bien ! vous auriez réfléchi, voilà tout.

— Hum ! après cela c'est possible. En somme, monsieur, je me sens fort, reposé, et, s'il le fallait, je crois que je pourrais marcher.

— Je suis heureux de vous trouver aussi bien. Puisqu'il en est ainsi, ma présence devient inutile et je vous demanderai la permission de me retirer.

— M'en voudriez-vous beaucoup si je vous refusais cette permission, monsieur ?

— Nullement, je vous jure. J'ai fait le sacrifice de ma nuit.

— Sacrifice est dur pour moi, monsieur.

— Mon Dieu ! monsieur, ne m'en veuillez pas. Le terme est impropre, j'en conviens, mais il m'est échappé...

— Sans que vous vous en soyez aperçu, interrompit le blessé ; quoi de plus simple ? Il y a ainsi des phrases toutes faites qui viennent naturellement sur les lèvres. Bref, monsieur, voulez-vous mettre le comble à vos bontés en m'accordant deux ou trois heures, je désire causer avec vous.

— Ne craignez-vous pas de vous fatiguer, monsieur ?

— Je suis un vieux soldat, doublé d'un vieux chasseur, monsieur ; cette blessure que j'ai reçue il y a quelques heures n'est rien comparée à celles dont il me serait facile de vous montrer les cicatrices.

— Je suis à vos ordres, monsieur.

— Veuillez, je vous prie, prendre un siège.

Le général approcha un meuble grossièrement établi qui tenait le milieu entre la chaise et le fauteuil, et il s'assit.

Il y eut alors un silence assez prolongé.

Enfin le blessé releva la tête, et, souriant avec mélancolie :

— Avant tout, monsieur, permettez-moi de vous parler français, cette langue est la mienne, je l'aime et j'ai si peu d'occasions de la parler que lorsqu'elles se présentent, je les saisis avec bonheur.

— Savez-vous donc si je parle cette langue, monsieur ?

— Ah! permettez, dit-il en riant, jouons cartes sur table, je vous prie; vous vous exprimez en anglais avec une grande pureté, j'en conviens, mais cependant j'ai la conviction que vous êtes Français; à quoi bon le nier?

— Pardon, monsieur, répondit sérieusement le général en changeant d'idiome; si j'avais l'honneur d'être connu de vous, vous sauriez que jamais, quoi qu'il puisse advenir, je ne nie rien; mon caractère est trop loyal, mon passé trop pur pour que j'aie besoin d'en cacher un fait, si grave qu'il soit.

— Monsieur, à quoi bon...

— A nous bien entendre tout d'abord, monsieur, interrompit vivement le général, et tenez, puisque nous causons et que probablement nous allons entamer le chapitre des confidences, laissez-moi vous en faire une.

— Monsieur, soyez convaincu que mes intentions...

— Je ne les discute pas, monsieur; elles peuvent être bonnes ou mauvaises, peu m'importe; je tiens, puisque le hasard nous a mis en présence, à me faire bien connaître à vous du premier coup, afin que plus tard il ne puisse exister entre nous aucun malentendu.

— Puisque vous l'exigez, parlez donc, monsieur, je vous écoute, dit le blessé dont les sourcils se froncèrent.

— Soit, monsieur, écoutez-moi, et surtout avec attention, je le désire. Je suis Français, monsieur, j'appartiens à une famille dont aujourd'hui je suis le chef et dont le nom inscrit sur le livre d'or de la noblesse bretonne a toujours été synonyme d'honneur et de loyauté. Ne vous impatientez pas, monsieur, je serai bref.

— Oh! monsieur...

— J'avais un ami, de mon âge à peu près. Il avait, je crois, trois ou quatre ans de plus que moi. Nous avions été élevés ensemble, nous avions vécu côte à côte; nous avions combattu près l'un de l'autre, et nous nous étions réciproquement sauvé la vie en diverses circonstances; nous nous aimions comme deux frères, que dis-je? plus que deux frères. Cet ami se maria, il épousa une femme charmante qu'il adorait et qui, sous tous les rapports, par sa pureté, sa chasteté, son dévouement, était digne de cet amour. Pardon, vous dites, monsieur?...

— Rien, je ne dis rien, monsieur, continuez, je vous prie, répondit-il d'une voix étranglée.

— Certaines affaires obligèrent mon ami à faire un voyage et à laisser pendant quelques mois sa femme seule à Versailles; mais, avant son départ, mon ami, bon et confiant, avait présenté à sa femme un certain marquis fort bien en cour, qu'il avait rencontré à l'Œil-de-Bœuf ou je ne sais où, et qui avait conservé toutes les traditions du règne de Louis XV; j'étais absent lors de cette présentation; retenu moi-même en Bretagne par quelques affaires, je n'avais pu suivre mon ami à Versailles; lorsque j'arrivai, mon ami était parti, je trouvai le marquis installé dans son hôtel dont, au désespoir de la comtesse, il ne sortait presque plus. Vous ai-je dit que mon ami était comte?

— Non, monsieur, répondit-il d'une voix sourde.

— Il était comte; je fis quelques visites à la comtesse, qui me reçut comme on reçoit un frère, et quelques jours plus tard je reçus à l'improviste l'ordre de partir; j'étais alors au service. Je m'éloignai, comptant avant deux ou trois mois revoir mon ami. Je me trompais; la Révolution éclata, la noblesse française fut emportée comme par un tourbillon, dispersée dans tous les pays, et moi-même, quittant mon titre, je m'engageai comme soldat. Dix ans s'écoulèrent. Un jour, en 1795, chargé d'une mission du général Hoche, je me rendis près du général Charette.

— A quoi bon ces détails, monsieur?

— Ils sont indispensables pour ceux que je veux vous dire.

— Soit, monsieur, continuez donc.

— J'étais accompagné de mon frère de lait, une belle et franche nature, celle-là : mon frère de lait était comme moi officier de la République ; le soir de notre arrivée au château de Fonteclose, où résidait le général Charette, après avoir dîné, on nous conduisit à notre appartement ; au moment où nous allions nous livrer au sommeil, une porte secrète s'ouvrit et une femme parut. Cette femme était la femme de mon ami que depuis dix ans je n'avais pas revue; je ne la reconnus pas d'abord, tant elle était changée. J'avais été placé près d'elle à table, et rien ne l'avait rappelée à mon souvenir : c'était un spectre, elle n'avait plus d'âge, elle ne vivait plus que par les yeux et par le cœur. Alors cette femme, écoutez bien ceci, monsieur...

— J'écoute, j'écoute, dit-il d'une voix frémissante.

— Alors cette femme, reprit le général en feignant de ne pas remarquer l'émotion croissante du blessé, cette femme nous raconta, à mon frère de lait et à moi, une histoire étrange, épouvantable, que nous aurions refusé de croire, si elle ne nous en avait pas donné les preuves. Le marquis avait osé lui faire de ces offres et lui dire de ces paroles qu'une honnête femme ne doit pas entendre; elle avait chassé comme un laquais cet homme de sa présence; lui, il jura de se venger; il y réussit, tous les moyens lui furent bons; il acheta les domestiques, il contrefit ma signature, supposa des lettres, bref il prouva au mari que sa femme le trompait et que moi, moi, son ami, son frère, je le trahissais. Mon ami était jaloux; il crut ce qu'on lui disait; les fausses lettres placés dans un coffret à l'insu de la comtesse furent trouvées par lui. C'est horrible, cela! n'est-ce pas, monsieur?

— Oh! oui, horrible! murmura le blessé d'une voix étouffée.

— Vous trouvez-vous mal, monsieur? désirez-vous que je m'arrête?

— Non, non, s'écria-t-il avec force, continuez, je vous en conjure.

— Le mari se vengea; sa vengeance fut plus horrible encore, s'il est possible, que la prétendue trahison dont il se croyait victime. La comtesse mit au monde un enfant; le jour même, le comte enleva cet enfant qui était bien le sien, et jetant à la pure et sainte créature son soi-disant déshonneur à la face, il partit pour ne jamais revenir; voilà ce que fit le mari; ne trouvez-vous pas que cette conduite est bien infâme, monsieur?

— Peut-être ne saviez-vous pas tout; peut-être étiez-vous trompé, vous aussi, monsieur? répondit-il d'une voix incisive.

— Ah! telle est votre croyance, monsieur?... Soit, je ne discute pas, je prouve. Je jurai sur l'honneur à cette infortunée de lui faire rendre la justice à laquelle elle avait droit, de lui ramener son enfant et de la venger des lâches dont elle était la victime.

— Les lâches !...

— J'ai dit les lâches, oui, monsieur, répondit-il froidement.

— Continuez ; puisque vous parlez ainsi, c'est que vous avez des preuves.

— J'en ai, oui, et de terribles. Après cette épouvantable confidence, la pauvre femme nous quitta. Qu'est-elle devenue ? je l'ignore, je ne l'ai pas revue.

— Mais que fîtes-vous, vous, monsieur ?

— Je tins le serment que j'avais fait, monsieur ; pendant longtemps la guerre m'empêcha de m'occuper comme je l'aurais voulu de cette douloureuse affaire ; la proclamation de l'Empire m'offrit le prétexte que je cherchais : je donnai ma démission, mon frère de lait m'imita, nous étions libres tous deux enfin ! Mais près de dix autres années s'étaient écoulées depuis mon entrevue avec la comtesse ; j'étais l'époux d'une femme que j'adorais, j'avais un fils ; rien ne m'arrêta ; mon honneur avait été compromis, je voulais laver la tache qu'on avait prétendu lui faire. Je frétai un bâtiment, je jetai l'or à pleines mains, je dépensai plus d'un million, et je partis pour l'Amérique ; je savais que le comte y était réfugié. Par un hasard providentiel, car Dieu est au fond de tout, monsieur, le frère de la comtesse est gouverneur de la Louisiane ; il se mit à ma disposition, et m'aida de tout son pouvoir dans les recherches que je commençai immédiatement. Un jour, dans une petite ville de la frontière, je me retrouvai face à face avec le marquis ; il était marié, père de trois enfants, s'était fait planteur et possédait une fortune colossale. Cet homme fut aussitôt arrêté et conduit à la Nouvelle-Orléans ; le gouverneur avait supposé je ne sais quelle conspiration ; bref, on le menaça d'être pendu dans les vingt-quatre heures. Cet homme eut peur, non pas de la mort, mais il est gentilhomme, la corde l'épouvanta ; j'intervins alors, je lui offris un duel avec moi, à la condition qu'il confesserait le crime qu'il avait commis envers la comtesse. Je vous l'ai dit, la corde le faisait trembler et puis il avait une femme, des enfants ; il accepta les chances du duel, consentit à écrire la confession franche, loyale, de son crime à la condition que s'il n'était pas tué il serait exilé hors du territoire américain. Pendant trois heures il écrivit et dicta à mon frère de lait cette confession ; puis il la relut ; elle était vraie de tous points ; il la signa, le gouverneur la fit contresigner par douze notables de la Nouvelle-Orléans...

— Et cet acte... cet acte, vous l'avez ? s'écria le blessé d'une voix haletante.

Le général le regarda un instant avec une expression indéfinissable, puis il prit son portefeuille, l'ouvrit, en retira un papier, et, le jetant sur le lit :

— Le voilà ! dit-il.

Et il sortit aussitôt de la cellule dont il repoussa la porte, mais sans la fermer.

Près d'une demi-heure s'écoula.

Le général, sombre, agité, se promenait d'un pas saccadé dans la grotte. Tout à coup un cri terrible retentit, et une voix défaillante s'écria :

— A moi, Lucien ! à moi ! je meurs !

Le général n'hésita plus, il se précipita dans la cellule; le blessé était étendu sans connaissance sur son lit; il tenait entre ses doigts crispés le papier fatal.

— Malheureux! murmura le général avec une ineffable tristesse, j'ai été cruel avec lui, j'aurais dû le ménager... mais je voulais ma vengeance, moi aussi! Oh! l'homme n'est qu'une bête féroce, s'écria-t-il en frappant du pied avec colère.

Cependant il était urgent de porter secours au blessé; le général s'élança vers la porte et appela Balle-Franche à grands cris.

Le chasseur se hâta d'accourir.

En quelques mots, sans lui dire ce qui s'était passé, le général expliqua au Canadien l'état dans lequel se trouvait l'inconnu.

Tous deux commencèrent alors à lui prodiguer des soins, mais la syncope se prolongeait; la face du blessé, d'abord rouge, prenait des teintes violacées inquiétantes.

— C'est un commencement d'apoplexie, murmura le général, le sang se porte avec violence au cœur; il n'y a pas à hésiter, il y aurait épanchement, et il serait perdu!

Il prit vivement une lancette et piqua le bras.

Le sang ne coula pas; cependant, au bout d'un instant qui sembla un siècle aux deux hommes, une gouttelette noire parut à la lèvre de la piqûre, puis une seconde, une troisième; le sang commença à venir plus abondant et moins noir, puis il coula avec force.

— Il est sauvé!... s'écria le général en passant la main sur son front inondé d'une sueur froide. Mon Dieu! je vous bénis, vous n'aurez pas permis que je tue mon ami le plus cher.

Le visage du blessé pâlissait; il poussa un profond soupir, fit un léger mouvement et ouvrit faiblement les yeux.

— Oh! j'ai cru mourir, murmura-t-il avec effort.

— Silence! pas un mot, dit le général.

Lorsque la saignée lui parut assez abondante, il l'arrêta, puis, après avoir épongé les tempes du blessé, il le souleva dans ses bras, et lui fit boire quelques gorgées de la potion placée sur la table.

Le blessé ferma les yeux, et bientôt sa respiration calme et régulière indiqua qu'il dormait paisiblement.

Tout danger avait disparu; mais la crise avait été terrible : deux minutes de plus, il était mort.

Le général retira doucement le papier d'entre les doigts qui le retenaient encore, il le plia et le posa sur la table.

— Voilà un chrétien qui peut se flatter d'avoir l'âme chevillée dans le corps, dit le Canadien avec admiration. Quelle secousse! tout autre à sa place y aurait laissé ses os.

— Oui, dit le général, mais maintenant il est sauvé.

— Grâce à vous, mon général.

— J'avais fait le mal, je devais le réparer.

Le Canadien ne comprit pas l'allusion, ou peut-être il ne l'entendit pas.

— C'est égal, il peut se flatter de vous devoir une rude chandelle, mon général, dit-il avec bonhomie.

— Pour une saignée?

— La saignée ce n'est rien, mais encore faut-il savoir la faire à temps; enfin tant mieux, pauvre homme!

— Oh! oui, tant mieux!

— Avec tout cela, mon général, à quelle heure partons-nous?

— Nous partirons à cinq heures au plus tard. La faiblesse seule le fait dormir en ce moment; quand il se réveillera, la nature aura accompli son œuvre, ses forces seront à peu près revenues.

— Vous croyez, mon général, après une si forte secousse!

— J'en suis sûr, cet homme est taillé en athlète.

— Si vous êtes sûr, c'est autre chose; après cela, c'est vrai qu'il paraît solide.

— D'ailleurs, s'il ne se réveille pas, nous en serons quittes pour l'emporter endormi.

— Voilà tout; ce ne sera pas difficile.

— Mais pourtant j'espère qu'avant une heure il sera éveillé; alors nous ferons un autre pansement à sa blessure.

— Vous m'appellerez, mon général.

— Oui, mon ami.

— Quelle heure est-il, sans vous commander?

— Deux heures un quart, répondit le général en regardant sa montre.

— Bon! nous avons le temps alors; si vous n'avez plus besoin de moi, mon général, avec votre permission je retourne à mes affaires.

— Allez, mon ami, je vous préviendrai.

— C'est cela, mon général.

Le chasseur salua et sortit.

Le général s'installa au chevet du malade.

Mais ses prévisions l'avaient trompé; le blessé ne s'éveilla pas; il dormait si bien, son visage respirait une telle béatitude, un si grand bien-être que le général ne se sentit pas le courage de l'éveiller : il craignait une rechute s'il le tirait brusquement de ce sommeil réparateur.

A l'heure dite, Balle-Franche revint, le général l'attira doucement hors de la cellule.

— J'ai réfléchi, lui dit-il, rien ne nous presse de rentrer ce matin à la mission; restons ici jusqu'à deux heures; à deux heures nous partirons, au lieu d'arriver de bonne heure, nous arriverons tard.

— Voilà tout; nous sommes restés plus longtemps que cela absents; ils sont bien gardés là-bas; nous pouvons perdre quelques heures, et puis ce pauvre homme paraît si heureux dans son sommeil que ce serait un crime de l'éveiller; vous avez raison, mon général.

— Allez prévenir vos camarades de ce contre-ordre, recommandez-leur surtout de ne pas faire de bruit de ce côté du souterrain.

— J'y vais, oui, mon général.

Balle-Franche se retira, et le général rentra plus tranquille dans la cellule.

Là, il rencontra son père, la tête penchée, se promenant d'un air préoccupé.

Ce retard de quelques heures fut cause d'une épouvantable catastrophe, que le retour du général aurait peut-être prévenue; mais Dieu avait sans doute voulu qu'il en fût ainsi.

Ce ne fut que vers onze heures du matin seulement que le blessé se réveilla.

Le général, qui l'avait laissé seul un instant pour aller manger quelques bouchées à la hâte, fut surpris à son retour de voir l'état dans lequel il se trouvait.

Ce n'était plus le même homme, les apparences de la santé étaient complètement revenues.

Il se tenait, tout habillé, assis sur son lit.

— Quelle imprudence! ne put s'empêcher de dire le général en l'apercevant.

— Ne me gronde pas, ami, répondit-il les yeux pleins de larmes; pardonne-moi, embrasse-moi et oublie, cela te sera facile, tu es si bon!... Si tu savais combien j'ai souffert!

Le général, sans lui répondre autrement, le tint un instant pressé contre sa poitrine; tous deux confondaient leurs larmes, mais larmes de joie et d'attendrissement, celles-là.

— Maintenant que tu m'as pardonné et que je sais que tu m'aimes toujours, achève ton récit, mon cher Lucien.

— Tu es bien faible, Roger, et je crains...

— Ne crains rien, te dis-je; j'ai d'ailleurs à me confesser à toi, moi aussi.

— Je n'ai que quelques mots à ajouter; je me battis avec le marquis, et je lui passai mon épée à travers le corps; pendant deux mois il fut entre la vie et la mort; mais il se sauva par un miracle; ainsi que cela avait été convenu, il fut exilé et partit pour le Mexique; maintenant je crois qu'il rôde dans la prairie, sans doute dans le but de se venger de moi.

— Bon! j'ai à me venger de lui, moi aussi; c'est à mon tour à présent, et sois tranquille, je le tuerai.

— Je l'espère; mais ce n'est pas de cela qu'il s'agit quant à présent.

— Je te comprends. Écoute, répondit le comte de Tancarville, que le lecteur a sans doute reconnu déjà et sur le visage duquel apparut l'expression d'une profonde douleur, j'étais résolu en quittant la comtesse à abandonner mon enfant; mais à peine avais-je fait vingt lieues que déjà le doute était entré dans mon âme, et, malgré les preuves que j'avais entre les mains et que je croyais bonnes, je me demandais s'il était possible que cette femme que j'avais toujours tant aimée, qui était si pure, si chaste, se fût en si peu de temps métamorphosée en une créature indigne, et si toi-même, mon ami, mon frère, le prototype de l'honneur chevaleresque, tu avais pu ainsi lâchement et de parti pris me trahir. Cependant je continuai ma route; la jalousie, plus forte que le raisonnement, me mordait au cœur, et malgré moi me poussait en avant. Je fis une marque au bras droit de mon fils, car c'était un fils, un F et un H près de l'épaule; un forçat pour quelque argent lui tatoua ces deux lettres; quelques jours plus tard je quittai la France pour me rendre à la Nouvelle-Orléans. En débarquant en Amérique, ma résolution était prise; j'aimais follement cet enfant, qui désormais était tout pour moi, et je ne voulais pas m'en séparer. Je partis pour l'intérieur avec lui; cette pauvre Catherine ne m'avait pas quitté, pauvre créature dévouée! Je me rendis à New-York, et j'acquis une concession sur la frontière indienne; puis, mes esclaves achetés à la Nouvelle-Orléans, où je retournai, mes préparatifs terminés, je me dirigeai vers ma nouvelle propriété; c'était une concession magnifique, en plein territoire indien. Je me mis aussitôt à l'œuvre; bientôt ma plantation fut réputée une des plus belles de la frontière. Plusieurs fois j'avais eu maille à partir avec les Indiens, mais toujours j'avais réussi à les repousser vigoureusement. Quatre ans s'étaient écoulés, mon fils, mon William's, grandissait, je ne vivais que pour lui; mes autres douleurs étaient engourdies, j'étais, oui, j'étais presque heureux.

Il s'arrêta et laissa tomber avec accablement sa tête sur la poitrine. Après un instant de silence, il reprit d'une voix étranglée :

— Une nuit, je fus éveillé en sursaut par des cris terribles et des lueurs rougeâtres qui brillaient comme de lugubres phares au milieu des ténèbres; je me hâtai de me lever : les Indiens nous avaient surpris, ils étaient presque maîtres déjà de l'habitation; il y eut un combat affreux, une boucherie effroyable, la moitié de mes serviteurs succombèrent; enfin, après plus de deux heures d'une lutte acharnée, les Indiens furent repoussés et finalement mis en fuite. Je ne sais pourquoi un sombre pressentiment me serrait le cœur; je courus dans la chambre où Catherine couchait ainsi que mon fils, qu'elle soignait avec une tendresse maternelle. Là aussi il y avait eu combat; un spectacle affreux s'offrit à ma vue : Catherine, à demi nue, gisait sur le sol avec une blessure à la tête et une autre à la poitrine; elle tenait encore dans ses mains crispées les pistolets avec lesquels elle s'était défendue et avait brûlé la cervelle à deux Peaux-Rouges, étendus près d'elle. Le berceau de mon fils était en désordre, bouleversé, l'enfant avait disparu.

A ces mots, un sanglot déchira sa poitrine, il fondit en larmes.

— Courage ! murmura doucement le général.

— Que te dirai-je de plus, ami? reprit-il d'une voix brisée. J'étais fou de douleur; pendant quatre mois, on désespéra de ma vie et de ma raison; sans le dévouement de Catherine, qui, blessée et désespérée de cette catastrophe, s'oublia elle-même pour ne songer qu'à moi, je serais mort. Je revins enfin à la vie. Cette plantation m'était devenue odieuse, je l'abandonnai; ce fut alors que je me fis passer pour mort. Je partis au hasard, toujours suivi par la pauvre fille qui jamais ne voulut consentir à se séparer de moi. Je n'avais qu'un but, une pensée : retrouver mon enfant. Les miracles d'audace, de finesse, de témérité et de ruse que j'accomplis, nul ne le saura jamais; je fis des choses impossibles; tout fut en vain : la main de Dieu était sur moi. Il y a quinze ans de cela; et jamais je n'ai pu obtenir la moindre nouvelle de mon enfant; j'ignore même s'il existe encore.

Après avoir prononcé ces mots presque à voix basse, il laissa tomber sa tête dans ses mains et garda le silence, mais des larmes brûlantes filtraient entre ses doigts et des sanglots déchiraient sa poitrine.

VII

OU LES LOUPS SONT SUR LA MÊME PISTE QUE LES RENARDS

Balle-Franche avait bien vu; son instinct de chasseur si fin et si subtil ne l'avait pas trompé : c'était la piste du Moqueur doublée par celle de l'Éclair qu'il avait reconnue.

Malheureusement il n'avait pu voir que celles-là; plusieurs autres existaient encore, beaucoup plus importantes, qui toutes convergeaient vers le même point.

Une de ces pistes appartenait à des hommes de race blanche et à des sang-mêlés.

Les confédérés revenaient à la charge, plus nombreux et plus confiants encore que la première fois dans le succès de leur entreprise.

Comment étaient-ils parvenus en si peu de temps à réparer leurs pertes? C'est ce que nous allons, en quelques mots, expliquer.

Les grands déserts américains, à cette époque surtout, car maintenant leur nombre est excessivement réduit, pullulaient de tribus indiennes farouches, belliqueuses et pillardes.

Les guerres intestines que se font continuellement les Peaux-Rouges, l'expansion prise par la colonisation blanche, les défrichements incessants, les guerres contre les Américains du Nord et les Mexicains, la découverte de l'or, les maladies et entre autres la petite vérole, en contraignant les Peaux-Rouges à se retirer dans des solitudes affreuses, et plus que tout, l'abus exagéré des liqueurs fortes, ont aujourd'hui réduit le nombre des sauvages, ainsi qu'on les nomme trop généralement, dans des proportions effrayantes; des nations entières sont disparues; aujourd'hui les Indiens, qui se chiffraient par dizaines de millions, ne se comptent plus que par centaines de mille, dans les contrées dont ils couvraient les immenses territoires qu'ils ne parcourent plus que par petites troupes. Plusieurs nations indiennes, telles que les Osages, les Seminoles, les Creecks et bien d'autres encore, se sont ralliées à la civilisation, ont fondé des villes, des villages, et, sauf la couleur, sont maintenant en tout semblables aux autres habitants des États-Unis, qui est bien la république la plus bariolée, comme teint, qui existe dans le monde entier.

A l'époque où se passe notre histoire, la grande République américaine, à peine émancipée et fort peu peuplée, en était réduite à se tenir sur la défensive avec les Indiens sans oser les attaquer : elle a bien pris sa revanche depuis.

Les colonies espagnoles, de leur côté, mal gardées, plus mal organisées, et travaillées sourdement par l'esprit révolutionnaire, laissaient ces terribles nomades se livrer en toute liberté à leurs déprédations.

Les Indiens ont pour les blancs une haine furieuse, implacable et instinctive, que rien ne peut modérer ; ils sont un peu payés pour avoir de tels sentiments, nous sommes bien contraints d'en convenir.

Ils n'ont pas besoin de prétextes, ils attaquent les blancs encore plus pour les massacrer que pour les piller.

Chaque année, pendant le même mois, ils franchissent les frontières des colonies espagnoles, mettent tout à feu et à sang et répandent la terreur à plus de vingt lieues devant eux : ils nomment cette invasion périodique la lune du Mexique ; ils en font autant sur les frontières américaines, où, il faut le dire, ils sont plus vigoureusement reçus.

Quant aux caravanes, sur dix qui traversent le désert, neuf disparaissent à tout jamais ; la dixième n'échappe, lorsqu'elle réussit à s'échapper, que par miracle, après avoir perdu la moitié de son monde et souvent ses marchandises.

Nous mettons ce qui précède au présent, parce que, à l'époque où se passe notre histoire, les choses étaient ainsi ; aujourd'hui, grâce à Dieu, il en est autrement.

A ces Indiens pillards, venaient souvent se joindre et faire cause commune avec eux, ces bandits de toutes couleurs, blancs, jaunes, noirs, qui, traqués par les polices de tous les pays, où ils ont été voués à l'exécration publique à cause de leurs crimes, n'ont plus d'autre refuge que le désert, d'autres ressources que le meurtre et le pillage. Dans un précédent ouvrage, nous avons expliqué l'organisation formidable de ces bandes, qui se faisaient redouter même par les gouvernements espagnol et américain, et les contraignaient parfois à traiter avec elles.

Jamais du reste, dans aucun pays du monde, le banditisme n'a été organisé sur des bases plus solides et plus redoutables qu'en Amérique.

Ce qui se passe encore aujourd'hui au Mexique, et dans le Far-West, le prouve de la façon la plus péremptoire.

Lorsqu'après la défaite qu'ils avaient éprouvée, les Indiens rentrèrent dans leurs atepelts ou villages, mornes, silencieux, la tête basse, au lieu de vociférer leurs chants de triomphe et de brandir avec orgueil les chevelures enlevées à leurs ennemis, la consternation fut générale.

Les femmes, les vieillards les accablèrent de reproches, et les raillèrent sans pitié.

La rage des guerriers fut portée à son comble.

Les devins furent consultés, on fit des cérémonies magiques, avec accompagnement de tambourin, de conques et de shichikoués et force fumigations et danses mystiques, et il fut reconnu que *Ouakan Chidja*, l'esprit du mal, auquel depuis longtemps on n'adressait plus que de rares sacrifices, avait pour se venger étendu une peau devant la raison des sachems et les avait fait tomber ainsi dans les pièges tendus par les blancs.

A cette révélation terrible, les lamentations redoublèrent, les devins furent priés d'intercéder auprès d'Ouakan Chidja et de l'apaiser.

Enfin, après bien des cérémonies, qui durèrent pendant plusieurs jours, l'esprit du mal consentit à se laisser fléchir, et il promit à ses enfants rouges qu'ils vaincraient leurs ennemis, à la condition d'offrir pour lui aux devins douze peaux de bisons, six peaux de renards, deux juments pleines, et quatre chevaux qui n'avaient pas encore été montés.

Cette nouvelle fut reçue avec les témoignages de la joie la plus vive, et les présents affluèrent aussitôt.

C'était tout ce que voulaient les devins ; peu leur importait que leur prophétie s'accomplît ou non : les prêtres, à quelque religion qu'ils appartiennent, sont partout les mêmes ; ceux-ci savaient que les prétextes ne leur manqueraient pas pour se justifier aux yeux de leurs crédules sectaires.

Les Indiens sont très superstitieux, ils ont une frayeur extrême des sorciers, qu'ils se figurent posséder chacun un méchant esprit à leurs ordres et pouvoir le faire, à leur caprice, entrer dans le corps de l'homme assez audacieux pour oser braver leur puissance.

Aussi, bien qu'ils adorent le Wacondah, ou maître de la vie, l'esprit bon par excellence, ne lui adressent-ils que rarement des prières ; ils préfèrent s'adresser aux mauvais génies.

La raison en est simple, le Wacondah est bon ; ils savent ou du moins ils supposent que jamais il ne leur fera aucun mal, ils le négligent ; mais ils redoutent les mauvais génies et les comblent de présents.

Voilà comment les Peaux-Rouges comprennent leur religion.

Les cérémonies magiques si heureusement terminées, les Indiens ne doutèrent plus que cette fois ils seraient vainqueurs et qu'ils prendraient une éclatante revanche de leurs ennemis ; en conséquence, sans perdre un instant, ils s'occupèrent avec une activité fébrile à réunir des guerriers. Leur appel fut généralement entendu : il s'agissait de combattre les blancs, la cause était sainte.

En moins de quinze jours, douze cents guerriers d'élite furent réunis dans le principal village des Sioux.

Deux jours plus tard, les confédérés se mirent en marche, accompagnés pendant plusieurs lieues par leurs parents et leurs amis, qui formaient des vœux pour le succès de leur entreprise et leur prompt retour.

Dix jours après, ainsi que cela avait été arrêté à l'avance, les Peaux-Rouges firent leur jonction avec don Torribio de las Campanas.

Le Mexicain, dont la troupe avait été écharpée lors de la première attaque, avait réussi à la reconstituer : il avait deux cents hommes sous ses ordres.

Le soir même un conseil des chefs fut réuni.

Cette fois, les chefs principaux n'étaient pas nombreux, il n'y en avait que trois :

L'Oiseau-Moqueur, le Cœur-Bouillant et don Torribio.

Il fut convenu que, afin de moins attirer l'attention, l'armée, car c'était une véritable armée, serait fractionnée par détachements de cent cinquante à deux cents hommes au plus, qui prendraient des directions différentes et se rendraient, chacun de leur côté, à un endroit nommé le *camp des Ancêtres*.

En ce lieu se voient encore des ruines considérables d'une ville immense, remontant, selon toutes probabilités, à l'époque des grandes migrations des Soltèques, des Chichimèques et des Aztèques, lorsque, sortis des montagnes

Rocheuses ils se dirigeaient sur le pays d'Anahuac, aujourd'hui le Mexique.

Il fallut quatorze jours aux confédérés pour atteindre le lieu du rendez-vous général.

Les détachements arrivèrent, les uns après les autres, à la nuit tombante, ainsi que cela avait été convenu; deux ne reparurent pas, un de deux cents hommes et un autre de cent cinquante; de plus un détachement de quarante hommes blancs envoyés en éclaireurs par don Torribio manqua, lui aussi, à l'appel général.

On attendit, un jour, deux jours, huit jours, rien; la consternation s'empara des confédérés. Que signifiait cette longue absence? Quelle menace cachait-elle?

Des espions furent expédiés dans toutes les directions.

Mais toutes les recherches furent vaines, les détachements absents ne rejoignirent point, pas plus que les chasseurs blancs.

La plupart des espions rentrèrent au camp après trois ou quatre jours d'absence, mais quelques-uns manquèrent aussi. Ce ne fut plus de la consternation dans le camp des Peaux-Rouges, ce fut de l'épouvante.

Sans avoir aperçu l'ennemi, déjà ils avaient perdu le quart de leurs forces.

Une terreur panique faillit s'emparer d'eux et les faire se disperser; les chefs eurent des difficultés extrêmes à les retenir; ils ne réussirent à les arrêter qu'en leur promettant une prompte vengeance et un butin considérable.

Ces deux considérations seules, qui flattaient à la fois leur haine et leur avarice, triomphèrent de leur terreur et leur rendirent un peu de courage.

Nous avons dit dans un précédent chapitre que le sachem comanche, l'Éclair, s'était lancé, à la tête d'une centaine d'hommes, à la poursuite des Apaches qui, dans la clairière, avaient massacré ses guerriers.

L'Éclair était trop prudent pour risquer les quelques braves dont il disposait contre les forces plus que quintuples de ses ennemis; il les suivit patiemment de loin, sans perdre un instant leur piste, et les accompagna ainsi jusqu'à leurs villages.

Certain qu'ils n'en sortiraient pas de quelque temps, il laissa des espions autour de ces villages, et il se rendit en toute hâte à la Casa de Mocktecusoma, entre le rio Gila et le rio Puerco, où sa nation était alors campée.

L'Éclair était aimé et respecté des siens; sa réputation de sagesse et de valeur était grande; il fut accueilli comme il méritait de l'être, par les sachems et les guerriers de sa nation.

Le soir même de son arrivée, il prit place au feu du conseil, et raconta franchement, sans rien cacher, ce qui s'était passé à la Mission, et comment l'Opossum et ses braves compagnons étaient tombés, après une héroïque résistance, sous les coups de leurs ennemis sioux et apaches.

Légalement l'Éclair n'était pas responsable de ce triste événement, puisque ce n'était pas lui qui avait donné l'ordre d'aller à la clairière et que l'Opossum seul commandait le détachement.

Les sachems et tous les membres du conseil reconnurent qu'il n'y avait aucune faute de sa part dans cette affaire, et lui surent gré de la résolution qu'il avait prise de venger ses amis.

Un sachem se leva, alla séance tenante frapper le poteau de guerre de son tomahawk, en dansant la danse du scalp et chantant des imprécations contre les meurtriers de ses frères; un quart d'heure plus tard, plus de deux cents guerriers avaient frappé le poteau, chantaient et dansaient avec lui.

Suivant les coutumes indiennes, tout guerrier qui frappe ainsi le poteau de la guerre, avec le fer de sa hache, s'engage par ce fait seul à faire partie de l'expédition que l'on prépare.

L'Éclair désirait obtenir deux cents guerriers; il s'en offrait deux cent cinquante, il ne se plaignit pas; grâce aux cent braves qu'il avait amenés, il se trouvait ainsi à la tête de forces respectables au moyen desquelles il pouvait, avec des chances de réussite, tenter les hardis coups de mains qu'il méditait.

Le lendemain, au lever du soleil, après avoir reposé pendant deux ou trois heures à peine, le sachem quitta le village, suivi de son détachement.

Il avait hâte de savoir ce que faisaient ses ennemis; surtout, il ne voulait pas qu'ils lui échappassent.

A la halte de onze heures du matin, il donna ses instructions à un chef nommé l'Ocelolt, à qui il confia le détachement; et, certain qu'elles seraient ponctuellement exécutées, il s'éloigna, suivi seulement de quelques guerriers, dans la direction des villages ennemis.

Les confédérés n'avaient point bougé encore, mais il leur arrivait à chaque instant un grand nombre de guerriers; tel fut le rapport des espions. L'Éclair sourit, recommanda la plus grande vigilance et attendit, avec cette patience qui caractérise les Peaux-Rouges, que ses ennemis se décidassent à se remettre en route.

Puis, lorsque enfin ils quittèrent le grand village qui leur servait de point de ralliement, il se mit résolument à leur suite.

Arrivés à un certain endroit, les confédérés firent halte et se scindèrent en plusieurs détachements qui prirent chacun des directions différentes. L'Éclair s'attacha à chacun de ces détachements; il fit surveiller la marche du premier par quelques guerriers, et il se mit à la poursuite du second.

Le soir du même jour, ce détachement campa sur la lisière d'une forêt.

L'Eclair laissa les Sioux — ces guerriers étaient sioux — établir tranquillement leur bivouac, boire, manger et fumer à leur fantaisie.

Les Sioux et les Apaches sont les Peaux-Rouges les plus ivrognes de toutes les nations indiennes; le sachem comanche comptait sur cette particularité; ses prévisions se trouvèrent justes.

Les guerriers sioux étaient très loin encore de la Mission où étaient renfermés les blancs qu'ils allaient combattre; ils ne se supposaient pas guettés par un ennemi implacable, ils ne songèrent pas à se garder.

Cette négligence leur fut fatale.

Après avoir mangé et fumé, les Indiens débondèrent deux petits barils d'eau-de-vie qu'ils portaient avec eux, et ils se mirent à boire avec si peu de mesure que bientôt ils furent complètement ivres; deux heures plus tard, ils dormaient à poings fermés.

Ils ne devaient plus s'éveiller.

Les Peaux-Rouges s'attelèrent au lasso, en quelques instants ils eurent remorqué la pirogue.

Les Comanches les égorgèrent froidement comme des veaux à l'abattoir, sans qu'un seul essayât la plus légère résistance.

Les cadavres furent scalpés, et, comme l'Éclair ne voulait pas laisser de traces de sa sanglante expédition, le chef fit ouvrir une large tranchée dans laquelle tous les corps furent jetés, puis on amoncela des pierres par-dessus, à cause des bêtes fauves, et on combla la fosse.

Au lever du soleil, toutes traces de cette horrible tragédie avaient disparu.
— Aux autres, maintenant! dit l'Éclair avec un rire d'hyène.
— Aux autres, lui répondit froidement l'Ocelolt.

Les Comanches étaient ravis ; déjà ils avaient plus que vengé la mort de leurs frères.

Ils reprirent aussitôt la piste, et, vers le soir, ils rejoignirent un de leurs espions, qui venait à leur rencontre.

Il en fut du deuxième détachement, deux jours plus tard, comme il en avait été du premier.

Ces actes atroces n'ont rien qui doive surprendre de la part des Peaux-Rouges ; cela fait partie de leur stratégie habituelle; nous l'avons dit, leur guerre est toute de ruses et d'embûches, tant pis pour ceux qui se laissent surprendre.

Les Comanches, fort satisfaits du résultat de leur double expédition, et surtout des pertes énormes que, sans coup férir, ils avaient fait subir à leurs terribles ennemis, jugèrent prudent de s'en tenir là.

D'ailleurs, les confédérés étaient très loin d'eux, et, dans une troisième tentative, le bonheur qui les avait accompagnés jusqu'alors pourrait leur manquer; mieux valait s'abstenir.

L'Éclair jugea convenable de laisser les confédérés s'arranger entre eux comme ils l'entendraient, et de se diriger vers la mission, afin d'avertir le général de Bodegast du retour de ses ennemis et de quelle façon il avait jugé à propos de les accompagner.

Il abandonna donc la piste des confédérés, et il prit, le long du Nebraska, une *sente* qui, en moins de trois jours, devait le conduire directement à la mission.

Mais il était écrit qu'avant de l'atteindre le sachem aurait encore une fois maille à partir avec ses ennemis.

Les Comanches marchaient depuis deux jours dans la nouvelle direction qu'ils avaient prise; le soleil se couchait, ils se préparaient à établir leur campement de nuit, lorsqu'un espion accourut en toute hâte et annonça à l'Éclair que, devant eux, à trois portées de flèche au plus, dans un bouquet de tulipiers et de magnolias, une quarantaine de pirates de la troupe de don Torribio étaient campés.

La nouvelle était bonne; l'Éclair la reçut ainsi, mais le cas était grave.

On n'avait plus affaire ici à des Sioux ou à des Apaches abrutis par l'ivresse et qui se laissaient égorger sans même s'en apercevoir.

Les hommes que les Comanches avaient devant eux étaient des bandits déterminés, qui se gardaient parfaitement, ne buvaient juste assez que pour être *raisonnablement* ivres, qui, loin de consentir à se laisser tuer paisiblement, protesteraient au contraire de toutes leurs forces, et, de plus, ils se servaient admirablement de leurs armes.

Tout malentendu était mortel avec eux ; il fallait donc bien réfléchir avant de risquer une attaque, et prendre ses précautions de façon à les surprendre à l'improviste.

Le sachem disposait de trois cent cinquante guerriers d'élite, bien armés, rompus à toutes les finesses et à toutes les ruses des coups de main à l'indienne ; c'était plus qu'il n'en fallait pour venir à bout de quarante hommes si résolus qu'ils fussent ; mais le chef ne voulait faire tuer son monde que le moins possible et seulement dans le cas d'absolue nécessité.

Il ordonna de camper, recommanda à ses guerriers de ne pas allumer de feu et de se tenir cois ; puis, après avoir recommandé à l'Ocelolt de veiller attentivement, il s'en alla à la découverte.

Son absence fut longue, elle dura plus de deux heures ; mais, lorsqu'il revint, il avait tout vu, tout étudié, calculé toutes les chances ; son plan était fait.

Il réunit les principaux *braves* autour de lui, et en quelques mots clairs, nets et bien accentués, il leur communiqua le résultat de ses réflexions.

Dix minutes plus tard, le détachement, divisé en deux troupes égales, quittait le campement ; la première, sous les ordres de l'Ocelolt, traversait la rivière à la nage, tandis que la seconde, commandée par le sachem, faisait un grand détour sous bois et tournait le campement des pirates.

Une heure et demie environ avant le lever du soleil, le pirate qui faisait sentinelle éveilla ses camarades, qui se levèrent en grommelant et commencèrent à panser et à seller leurs chevaux ; puis, après avoir bu une goutte d'eau-de-vie pour chasser le brouillard qui les prenait à la gorge, ils se mirent en selle et, encore à demi endormis, ils se dirigèrent vers le Nebraska, qui n'était qu'à deux ou trois cents pas de leur campement tout au plus.

La nuit était froide, une brume glacée s'élevait de la rivière et envahissait les deux rives, en augmentant l'obscurité déjà fort grande : les cavaliers avaient peine à se diriger dans ces ténèbres presque opaques.

— Faites attention, dit celui qui commandait le détachement, que le gué est profond et le courant rapide ; passez un à un et ne vous écartez pas de la ligne droite.

— Tu la vois, toi, la ligne droite, imbécile, grommela un des pirates ; je ne vois seulement pas le bout de mon nez, moi.

— C'est bon, reprit l'autre, je passerai devant, je connais le gué, vous me suivrez ; mais ne vous écartez pas, car, je vous le répète, le gué est très profond et surtout très étroit.

— Va au diable, animal, tu nous ennuies avec tes sottes recommandations.

Le commandant dédaigna de répondre ; il s'orienta un instant et fit entrer son cheval dans l'eau.

— Si seulement le bon Dieu avait allumé sa lanterne ! reprit en ricanant le pirate raisonneur.

Ils se mirent à l'eau, les uns à la suite des autres, et bientôt ils formèrent une longue ligne noire en travers du fleuve.

Ils n'avançaient que lentement, avec précaution ; ils avaient fort à faire pour maintenir leurs chevaux, dans l'eau presque jusqu'au ventre et qui ne résistaient que difficilement au courant.

— Chien de métier, reprit le pirate, voilà un bain agréable par une température comme celle-ci !

A peine achevait-il ces paroles, que le cri de l'épervier d'eau se fit entendre.

Une volée de longues flèches barbelées s'abattit sur les pirates.

— En avant! cria le chef, hâtons-nous !

Mais le désordre s'était mis dans la troupe; plusieurs cavaliers traversés de part en part avaient été jetés à bas de cheval ; d'autres avaient perdu le gué et s'épuisaient en vains efforts pour le reprendre.

Pas un coup de fusil n'était tiré, mais les flèches volaient sans relâche et blessaient indistinctement les hommes ou les chevaux, sans qu'il fût possible aux pauvres diables qui leur servaient si fatalement de cibles de deviner d'où elles venaient.

Ceux dont les chevaux allaient en dérive ne tardaient pas à se noyer.

Bref, ils étaient entrés quarante dans la rivière, onze seulement en sortirent : les autres étaient morts.

Les onze pirates qui survivaient avaient tous été blessés plus ou moins grièvement.

Mais à peine leurs chevaux posèrent-ils le pied sur le sable de la rive, que les cavaliers furent attaqués, à l'improviste, à coups de tomahawks, par une nuée de Comanches qui ne prononçaient pas un mot, mais les frappaient avec fureur.

Les pirates essayèrent vainement de résister, tous succombèrent.

Deux Indiens seulement avaient reçu des blessures légères. Cette attaque avait été conduite avec une intelligence et une adresse remarquables ; l'Éclair avait exigé que les guerriers ne se servissent pas de leurs armes à feu, qui auraient dénoncé leur position et auraient pu rendre le succès sinon douteux, du moins sanglant pour ses hommes, dont il aurait sans doute perdu plusieurs.

La rivière roula les cadavres des pirates et des chevaux dans ses eaux limoneuses, et tout fut dit.

Le soir de ce jour, les Comanches atteignirent la mission, où ils furent cordialement reçus.

Le général de Bodegast l'avait quittée le matin même. Ce contretemps chagrina, fort l'Éclair, qui tenait à l'avertir au plus vite des nouveaux dangers qui le menaçaient.

Après avoir embrassé sa femme, que son retour comblait de joie, le sachem se rendit auprès d'Alain Kergras, qui commandait la mission, et lui raconta tout ce qui s'était passé et tout ce qu'il avait fait depuis leur séparation.

Alain le félicita chaleureusement ; il comprenait combien il était important que le général fût averti, malheureusement cela semblait impossible.

Le sachem offrit de se charger de cette mission.

— Mais vous êtes rompu de fatigue, chef, lui fit observer le général.

— L'Éclair est un guerrier, répondit froidement le chef, il dormira quatre heures, puis il partira.

— Comme cela, j'y consens.

L'Éclair alla se livrer au repos, et, ainsi qu'il s'y était engagé, deux heures avant le lever du soleil, suivi seulement d'une cinquantaine de ses guerriers les plus fidèles et les plus braves, il quittait la mission et se mettait sur la piste du détachement du général.

Il était environ huit heures du soir ; le Moqueur, le Cœur-Bouillant et don Torribio, assis devant un feu clair dans le camp des Ancêtres, fumaient gravement tout en causant à voix basse avec une certaine animation.

Le campement était établi de façon à ce qu'une surprise fût à peu près impossible ; de distance en distance des sentinelles blanches et indiennes veillaient à la sécurité commune.

— Oui, disait le Moqueur, qui en ce moment avait la parole, c'est un horrible malheur ; mais ce qui est fait est fait, il est inutile de revenir sur ce sujet.

— Il faut venger ceux qui sont morts, dit le Cœur-Bouillant avec colère.

— Que mon frère s'en rapporte à moi ; j'ai moi-même relevé les empreintes qui croisent notre piste ; je connais l'homme qui a fait cela.

— Qui est-ce ?

— L'Éclair.

— Je m'en doutais, reprit le Cœur-Bouillant, c'est notre ennemi implacable.

— Patience, reprit le Moqueur.

— Avez-vous retrouvé quelques preuves de la mort de nos hommes ? demanda don Torribio. Qui sait, peut-être reviendront-ils ?

— Ils sont morts, j'en ai la certitude ; on a trouvé sur le bord de la rivière les corps percés de flèches comanches de plusieurs de vos hommes ; quelques-uns étaient scalpés.

— Il nous faut une vengeance terrible, s'écria le Cœur-Bouillant.

— Patience, vous dis-je, chef, reprit le Moqueur avec un mauvais sourire ; là où la force est impuissante, la ruse réussit. Avant deux jours vous tiendrez vos ennemis dans vos mains et vous les tortureriez à votre guise.

— Dites-vous vrai ? s'écria vivement don Torribio.

— Le Moqueur est un sachem, sa langue n'est point fourchue, la vérité seule sort de ses lèvres.

— Pardon, chef, je me suis mal expliqué sans doute, reprit le Mexicain, je voulais dire seulement que vous pouviez vous tromper.

— Non, le Moqueur ne se trompe pas, il est certain de ce qu'il dit.

— Mais enfin, chef, sur quoi basez-vous cette certitude ?

Le Moqueur sourit.

— Mon frère pâle désire le savoir ? dit-il.

— Vous comprenez, chef, que j'ai un intérêt fort grand à savoir à quoi m'en tenir à ce sujet.

— Laissez faire le Moqueur, dit le Cœur-Bouillant ; s'il dit cela, c'est qu'il le sait.

— Le Cœur-Bouillant est un sachem, il a confiance en son ami, c'est bien ; mais le chef pâle est comme tous ceux de sa race, curieux, soupçonneux et bavard ; bon, le chef pâle demande à savoir, le Moqueur parlera.

Il étendit le bras et indiqua un énorme chêne qui poussait au milieu des ruines et couvrait un large espace de son épais feuillage.

— Le chef pâle voit cet arbre, dit-il.

— Je le vois, oui, chef, mais je ne comprends pas.

— Les blancs sont impatients, comme des vieilles femmes, murmura-t-il avec dédain ; eh bien ! cet arbre a parlé au sachem, il lui a dit : « Un ami veille dans le grand village des blancs. »

Don Torribio regarda le chef d'un air effaré, ne devinant pas où il voulait en venir.

Le chef retira de sa poitrine un collier de wampum, et le présentant au Mexicain :

— Mon frère voit ce wampum ; il était caché dans les branches de l'arbre ; le chef l'a cherché et il l'a trouvé.

— Eh bien ?

— C'est un signal, le Moqueur l'attendait. Que le chef pâle regarde la médaille, elle est rayée en croix ; cela veut dire : J'ai réussi ; veillez. Mon frère comprend ?

— Oui, répondit machinalement le Mexicain.

La vérité était qu'il ne comprenait pas du tout.

Le Cœur-Bouillant dormait déjà, étendu les pieds au feu et roulé dans sa couverture.

Le Moqueur, fatigué sans doute d'avoir parlé si longtemps, imita son exemple.

Don Torribio demeura seul éveillé.

— Qu'a-t-il voulu dire ? murmura-t-il à part lui.

VIII

DE QUELLE FAÇON CLAIR-DE-LUNE JUGEA A PROPOS DE CHATIER LE VAUTOUR-FAUVE, ET CE QUI S'EN SUIVIT

Quelques jours auparavant, un fait singulier et qui avait causé une émotion générale s'était passé à la mission.

Le Vautour-Fauve, par les ordres du général de Bodegast et surtout grâce aux recommandations réitérées de l'abbé Gabriel, était traité non pas comme un prisonnier fait les armes à la main, mais presque comme un ami.

Nous avons dit que la plus grande liberté était laissée dans la mission à ce jeune garçon, que l'abbé Gabriel semblait avoir pris en affection, et que de son côté, le jeune sauvage, malgré sa taciturnité et son mutisme obstinés, se montrait docile aux remontrances du missionnaire, qu'il avait pour lui une grande déférence, et que jusqu'à un certain point, autant du moins que le permettait sa nature abrupte et irascible, il paraissait reconnaissant de ce qu'on faisait pour lui.

Il était ainsi parvenu, non pas à se faire aimer, mais à se faire supporter et même accepter dans les familles près desquelles le conduisait son caprice.

Du reste, il ne sortait pas d'un cercle de fréquentations très restreint; il se bornait à visiter le presbytère, où il était certain d'être toujours bien reçu par le missionnaire, qui souvent poussait la complaisance, malgré ce qu'on lui avait dit de la dissimulation et de l'astuce de ces demi-sauvages, à se faire accompagner par lui, lorsque parfois les devoirs de son ministère le contraignaient à se rendre, soit au bas de la colline, soit près de la rivière, soit encore dans une plaine peu éloignée où, depuis quelques jours, une douzaine de pauvres Indiens errants avaient dressé leurs huttes, et auxquels le bon père se plaisait à prodiguer tous les secours dont il pouvait disposer en leur faveur.

Ces excursions, dans des lieux très rapprochés et que protégeaient suffisamment les feux croisés des camps retranchés, n'avaient rien d'imprudent ni de dangereux; d'ailleurs, les prêtres comme les soldats méprisent le péril, par des motifs différents il est vrai : le soldat, parce que le danger est devenu pour ainsi dire son élément, et le prêtre, parce que, ministre d'un Dieu de bonté, fort de ses intentions pures et fraternelles, il se croit suffisamment protégé par le saint habit qu'il porte et dont il se fait une impénétrable armure.

Il y avait une autre maison encore pour laquelle le Vautour-Fauve semblait avoir une prédilection marquée : cette maison était celle habitée par le général de Bodegast et par sa famille.

Là, il avait été, dans les commencements, reçu avec plus de froideur; la marquise éprouvait pour ce sombre jeune homme une répulsion instinctive que rien ne pouvait vaincre; cependant, peu à peu cette répulsion avait fait place à la pitié d'abord, puis à une espèce d'intérêt. Le Vautour-Fauve s'était fait l'ami du jeune Alain de Bodegast, le fils de la marquise : avec lui seul, il se déridait et consentait à rire ; il lui fabriquait avec une adresse extraordinaire les jouets qui pouvaient le plus le flatter, lui apprenait à tirer de l'arc, à lancer le *lasso* et une foule d'autres choses encore auxquelles l'enfant prenait un plaisir extrême; aussi ne pouvait-il se passer de son ami le sauvage, ainsi qu'il nommait le Vautour-Fauve, et il l'avait pris en grande affection. La marquise, spectatrice de ce qui se passait, heureuse du plaisir de son fils, avait peu à peu cédé à sa volonté, et bientôt le jeune homme avait été considéré comme un hôte presque agréable dans la famille.

Du reste, la conduite du Vautour-Fauve ne se démentait pas; il ne s'écartait en aucune façon de la ligne de conduite qu'il semblait s'être tracée, et si ses manières s'étaient adoucies, étaient devenues moins brusques, sa réserve était toujours demeurée la même.

Un jour le Vautour-Fauve disparut, sans qu'il fût possible de découvrir comment il s'était échappé.

On le chercha, des chasseurs et des Indiens furent mis à sa poursuite, ce fut en vain.

Il avait fui sans laisser aucune trace qui pût aider les recherches.

On renonça à le poursuivre plus longtemps; seulement cette fuite incompréhensible inquiéta beaucoup le général, bien qu'il n'en dit rien pour ne pas effrayer la marquise et lui donner des craintes que lui-même éprouvait presque.

L'expédition tentée par le général avait même pour but caché de pousser les recherches plus loin qu'on ne l'avait fait encore et de découvrir le fugitif.

Le général avait, selon sa coutume en pareille circonstance, quitté la mission un peu avant le lever du soleil. Une heure à peu près après son départ, le Vautour-Fauve reparut à la mission ; Clair-de-Lune, en faisant une ronde autour des retranchements, trouva tout à coup le jeune homme étendu à terre près du presbytère, roulé dans une couverture et dormant ou feignant de dormir, ce qui était plus probable.

Le Taureau-Blanc, le chef assiniboin, accompagnait Clair-de-Lune ; le sachem n'avait jamais eu la moindre sympathie pour le jeune homme auquel, dans son langage énergique, il avait donné le nom significatif de reptile.

Le Vautour-Fauve fut réveillé à coups de crosse de fusil, emmené à l'écart par les deux hommes, et un interrogatoire en règle commença aussitôt.

Mais cet interrogatoire ne fut pas de longue durée.

Les deux interrogateurs parlaient seuls, le Vautour-Fauve s'obstinait à ne pas répondre.

De quelque façon que s'y prirent les deux hommes, ils ne purent vaincre l'obstination du jeune garçon, qui se renferma dans un mutisme complet.

Clair-de-Lune, l'homme aux moyens énergiques, exaspéré par ce parti pris de dédaigneux silence, résolut d'en finir.

— Prends garde, chien, dit-il au jeune homme, si tu ne veux pas parler, je te ferai administrer une correction dont tu te souviendras pendant le reste de tes jours, je te le jure.

Le Vautour-Fauve sourit avec dédain et haussa les épaules ; ce fut sa seule réponse.

— Bon, reprit le terrible Breton, puisque c'est ainsi, nous allons voir.

Le jeune homme fut garrotté solidement et enfermé dans une hutte.

— Que veut faire mon frère ? demanda le Taureau-Blanc à Clair-de-Lune, tandis que tous deux s'éloignaient de la prison provisoire de l'ex-fugitif.

— Je veux lui faire administrer cinquante coups de fouet tout simplement, répondit le Breton avec un ricanement de mauvais augure.

Que mon frère prenne garde, fit l'Indien en hochant la tête d'un air sombre.

— Prendre garde, et à quoi ?

— Mon frère ne connaît pas les Peaux-Rouges ?

— Pas beaucoup, je l'avoue, et le peu que j'en connais ne m'a pas engagé à fréquenter leur société.

— Le Taureau-Blanc est un chef, il connaît ses frères.

— Vous, vous êtes un brave homme, chef, et j'ai de l'amitié pour vous.

— Je remercie mon frère ; veut-il écouter le conseil de son ami ?

— Voyons le conseil, chef, s'il est bon je ne demande pas mieux que de le suivre, je ne suis pas entêté, moi.

L'Indien sourit, il connaissait son homme, et son entêtement proverbial.

— Mon frère ne fera pas fouetter le Vautour-Fauve.

— Pourquoi ne le ferais-je pas, chef ?

— Parce que les Peaux-Rouges sont braves ; les blessures qu'ils reçoivent

Les prisonniers furent portés jusqu'à l'entrée d'une caverne.

en combattant flattent leur orgueil et les font illustres aux yeux de leurs frères, mais les coups de fouet les déshonorent.

— Eh bien, après?

— Ils ne supportent pas le déshonneur; le fouet est un châtiment d'esclave; on fouette les chiens.

— Le Vautour-Fauve est un chien.

— Non, c'est un homme; que mon frère l'attache au poteau de torture, le Vautour-Fauve chantera avec joie son chant de mort, qu'il le fusille à la manière des blancs, mais qu'il ne le fouette pas.

— Je le voudrais bien, mais le général l'a défendu.

— Alors que mon frère attende le retour du général.

— Je ne le puis pas; il faut que ce drôle soit châtié sur l'heure.

— Le Vautour-Fauve se vengera cruellement, les Peaux-Rouges ne supportent pas l'ignominie.

— Mais ce jeune homme n'est pas un Indien, vous le savez bien, chef, il a la peau blanche.

— Oui, mais il a été élevé par les Indiens; si sa peau est demeurée blanche, son cœur est devenu rouge.

— Tant pis pour lui, je dois faire un exemple; il sera fouetté, pas plus tard que tout de suite.

— Mon frère a bien réfléchi?

— Certes.

— Il ne changera pas d'avis?

— Je ne reviens jamais sur une résolution prise.

— Alors, je le répète à mon frère : qu'il prenne garde.

— A la grâce de Dieu, il en sera ce qui pourra, je m'en lave les mains, mais cet homme sera châtié; écoutez, chef, il faut que cela soit.

— Pourquoi ce châtiment plus cruel que la mort?

— Justement parce que les Indiens le considèrent ainsi; la leçon sera plus forte et par conséquent plus profitable.

— Mon frère se trompe, la vengeance sera plus terrible.

— Bon, nous prendrons nos précautions.

— Toutes les précautions sont inutiles, avec un homme qui d'avance fait le sacrifice de sa vie pour ravir celle de son ennemi.

— Écoutez, chef, notre situation est critique; nous sommes seuls, isolés dans ce désert, où de tous les côtés nos ennemis nous entourent. Cet homme a découvert, pour sortir de la mission, un passage maintenant connu de lui seul; que bientôt, si déjà ce n'est fait, il indiquera à ses complices, et par lequel, au moment où nous nous y attendrons le moins, il les introduira dans le cœur de la place, et nous fera ainsi tous égorger pendant notre sommeil. Ne soupçonnez-vous pas, comme moi, que ce jeune obstiné cache au plus profond de son cœur une trahison horrible?

— Je partage entièrement l'avis de mon frère.

— Eh bien, je ne demande pas mieux que de tout arranger, moi, je ne suis pas cruel.

Cette seconde assertion était à peu près aussi vraie que la première, mais le chef indien la laissa passer sans sourciller.

— Réussissez où j'ai échoué, continua Clair-de-Lune; obtenez ce que moi je n'ai pu obtenir, c'est-à-dire que cet homme vous fasse des aveux et nous révèle les moyens qu'il a employés pour sortir et rentrer dans la place sans être aperçu, et je vous donne ma parole d'honneur qu'après ses aveux je ne lui ferai rien; est-ce convenu?

— Le Taureau-Blanc ne fera pas cela, reprit-il en hochant la tête.
— Pourquoi cela?
— Parce que le Vautour-Fauve ne parlera pas.
— Vous en êtes sûr?
— Oui.
— Vous voyez bien alors qu'il faut en revenir à mon moyen.
— Il ne parlera pas davantage.
— C'est ce que nous verrons.
— Mon frère verra.

La discussion s'arrêta là; d'ailleurs, elle était parfaitement inutile entre deux hommes qui s'obstinaient chacun à ne pas démordre d'une opinion bonne ou mauvaise.

Clair-de-Lune avisa quelques-uns de ses Bretons.

Ceux-ci se hâtèrent d'accourir à son appel.

— Mes enfants, leur dit-il, que quatre d'entre vous prennent les longes de leurs chevaux et viennent me retrouver ici vivement.

Cinq minutes plus tard, Tête-de-Plume, Judikaël, Jalaun et un autre le rejoignaient, leurs longes à la main.

Le vieux partisan s'arma d'un merlin et de forts pieux, et tous ensemble ils retournèrent à la hutte où le Vautour-Fauve était renfermé.

Celui-ci n'avait pas fait un mouvement.

Clair-de-Lune s'approcha de lui.

— Veux-tu parler? lui demanda-t-il.

Le prisonnier détourna la tête sans répondre.

— C'est bien, mon gars, reprit le partisan, à bientôt.

Et se tournant vers les quatre Bretons impassibles devant la porte :

— Venez ici, les gars; toi, Jalaun, prends ce merlin; toi, Judikaël, ces pieux; enfoncez-moi ces pieux, là, là, ici, et enfin là.

Tout en parlant, il indiquait les places où les pieux devaient être enfoncés.

Les deux hommes se mirent aussitôt à l'œuvre.

— Quant à vous, mes enfants, ajouta-t-il, en s'adressant aux deux autres, déliez ce coquin et enlevez-lui tous ses habits; surtout prenez garde qu'il ne s'échappe.

Les sinistres apprêts du terrible supplice furent terminés en un instant.

Le Vautour-Fauve n'avait pas fait un geste, seulement des lueurs étranges brillaient sous ses paupières demi closes.

On lui passa un nœud coulant à chaque poignet et à chaque cheville, et il fut solidement attaché, le ventre contre terre et les membres écartés, à chaque pieux.

— Là, voilà qui est fait, dit le partisan, d'un air de satisfaction; c'est très bien, mes enfants; maintenant, placez-vous, vos longes à la main, deux de chaque côté du prisonnier, et quand je vous en donnerai l'ordre, vous frapperez dur, en vrais Bretons, toujours à la même place, si c'est possible, et vous continuerez ainsi jusqu'à ce que je vous dise assez; est-ce compris?

— C'est compris, répondirent les quatre Bretons, d'une seule voix.

— Attention, alors.

— Nous sommes prêts.

— Eh bien, mon bel oiseau, êtes-vous décidé à parler, maintenant ? reprit-il, en s'adressant au Vautour-Fauve.

Celui-ci ne daigna même pas paraître avoir entendu.

— Ah ! ah ! c'est ainsi ; allez-y, mes gars.

Les quatre longes sifflèrent et retombèrent toutes à la fois, sur les épaules du jeune homme, avec une force terrible.

Les chairs palpitèrent, un mouvement convulsif agita tout le corps, mais le patient ne poussa pas un cri.

Le supplice continua.

Clair-de-Lune s'enivrait lui-même, à la vue de ce supplice ; il excitait ses Bretons à redoubler de vigueur, et les coups tombaient drus comme grêle sur les épaules frémissantes et ensanglantées du jeune homme.

Le Taureau-Blanc, lorsqu'il avait reconnu que ses observations étaient inutiles et que le féroce Breton ne démordrait pas de sa cruelle résolution, l'avait subitement quitté, comme si une pensée nouvelle avait traversé son cerveau.

Le Breton l'avait laissé s'éloigner sans rien dire, mais avec un léger haussement d'épaules.

Après dix minutes, le dos de la malheureuse victime n'était plus qu'une plaie.

Clair-de-Lune fit un geste.

Les bourreaux s'arrêtèrent.

— Eh bien, mon garçon, dit alors le vieux partisan, voulez-vous parler, maintenant ?

Un rugissement sourd lui répondit ; ce fut tout.

— Il a peut-être perdu connaissance ! fit observer Jalaün, qui, étant le plus jeune, se sentait pris de pitié.

— Ces animaux-là sont si vicieux, ajouta le géant Tête-de-Plume, qu'il est capable de s'être évanoui pour avoir un prétexte de ne pas répondre.

— Tant pis pour lui, dit froidement Clair-de-Lune ; allez, mes gars, et ne le ménagez pas.

Les longes en cuir tressé recommencèrent à tomber en cadence, avec un bruit sourd, sur les épaules du misérable, en faisant jaillir une pluie de sang autour d'elles.

Qui sait, de la façon dont s'y prenaient les bourreaux, jusqu'où serait allée cette cruelle exécution, si tout à coup la porte de la hutte ne s'était brusquement ouverte, et si l'abbé Gabriel n'avait pas paru à l'improviste.

A sa vue, les Bretons s'arrêtèrent instinctivement.

— Que faites-vous donc, vous autres ? s'écria Clair-de-Lune, qui tournait le dos à la porte ; allez donc, mille diables, il en a encore pour dix minutes.

— Arrêtez ! s'écria le missionnaire avec autorité en voyant l'hésitation des exécuteurs qui se préparaient à obéir à leur chef. Malheureux ! de quel droit assassinez-vous froidement cette pauvre créature ignorante ?

— Assassiner est dur, monsieur l'abbé, répondit le vieux Breton, en se retournant vivement, mais cependant avec un accent de respect.

— Quel nom voulez-vous que je donne à cette horrible exécution? reprit le missionnaire avec chaleur.

— Cet homme est un traître, il mérite un châtiment.

— Soit! mais mon frère seul a le droit d'infliger ce châtiment.

— Le général est absent, vous le savez bien, monsieur l'abbé.

— Oui, mais, en son absence, c'est moi qui commande ici; moi seul, entendez-vous?

Le Breton se mordit les lèvres et frappa du pied avec colère, mais il ne répondit rien.

— Détachez ce malheureux, coupez ses liens au plus vite, je vous l'ordonne.

Et prenant lui-même l'initiative de l'ordre qu'il donnait, il se mit en devoir de délivrer la malheureuse victime de la barbarie de Clair-de-Lune.

Mais les Bretons ne lui en laissèrent pas le temps; jetant au loin leurs longes dégouttantes de sang, ils s'empressèrent de rendre la liberté au Vautour-Fauve avec une rapidité qui témoignait de la satisfaction que leur faisait éprouver cet ordre.

Le jeune homme ne bougeait pas, son corps demeurait inerte sur le sol comme s'il eût été mort; il avait complètement perdu connaissance.

Son visage était livide, ses traits, affreusement contractés par la colère, la douleur et la rage impuissante, avaient une expression effrayante.

— Joseph, cria le missionnaire, aidez-moi à transporter cet infortuné au presbytère.

Le Taureau-Blanc entra dans la hutte.

— Ah! grommela le partisan entre ses dents, c'est cette femme de carême qui a vendu le pot aux roses. Je le repincerai.

— Que dites-vous? demanda l'abbé Gabriel.

— Rien, rien, monsieur l'abbé; seulement c'est malheureux que vous ne soyez pas arrivé dix minutes plus tard, voilà tout.

— Homme cruel, reprit tristement le missionnaire, ne voyez-vous point en quel état vous avez mis ce malheureux?

— Bah! ce n'est rien, monsieur l'abbé, avec quelques compresses il sera guéri.

L'abbé Gabriel dédaigna d'essayer plus longtemps de ramener le vieux partisan à des sentiments plus dignes de l'humanité: il fit un signe au Taureau-Blanc, tous deux se chargèrent du corps et l'emportèrent hors de la hutte.

— C'est égal, mes enfants, reprit Clair-de-Lune lorsqu'il se trouva seul avec les quatre Bretons, l'abbé Gabriel est un saint homme que nous aimons tous, mais il a tort de se mêler ainsi des affaires qui ne le regardent pas; dans tous les cas, si la correction n'est pas aussi complète que je l'aurais désiré, malgré cela le coquin a reçu un avertissement dont il gardera pour quelque temps du moins un cuisant souvenir; retournez à vos postes, mes enfants, et n'ayez crainte, vous avez accompli votre devoir comme des braves Bretons que vous êtes et vous n'avez pas de reproches à vous adresser.

Il les congédia ainsi, et lui-même s'éloigna en sifflotant entre ses dents, d'un air très satisfait de lui-même, cette ronde bretonne, si connue au pays de Cornouailles, nommée le *Page du roi Louis XI* et dont voici les premiers vers :

> Floc'higar roue zo bac'het
> Abalamour d'eunn tol neuz gret,
> Albalamour d'eunn tol hardiz,
> E ma er vac'h gri e Paris,
> Eno na Wel na noz na de :
> Eunn dornad blouz evid gwele [1] :

Et lorsque le digne Breton eut terminé cette complainte qui n'a pas moins d'une vingtaine de couplets, il était plus convaincu que jamais que l'abbé Gabriel avait eu tort d'interrompre l'exécution ; et que lui, il s'était montré d'une mansuétude extraordinaire, en ne tuant pas le fugitif comme un chien, ainsi que c'était son droit.

Mais nous devons ajouter qu'il se promettait de ne plus commettre à l'avenir une pareille faute et qu'il se jurait, si le Vautour-Fauve lui retombait jamais sous la griffe, de ne pas le manquer cette fois, et d'en faire bonne et prompte justice.

Pendant que le rancuneux Breton se retirait ainsi à petits pas, tout en roulant ces sinistres résolutions dans sa cervelle étroite, l'abbé Gabriel, aidé par son séide, le Taureau-Blanc, avait transporté le blessé dans le presbytère.

En quelques secondes, le missionnaire improvisa un lit sur lequel il étendit le blessé ; puis, aidé toujours par le Taureau-Blanc, il lui prodigua les soins les plus touchants.

Pendant un laps de temps assez considérable, ces soins ne produisirent aucun résultat.

— Pauvre enfant, murmura le prêtre ; quelle cruauté !

Et il redoublait d'efforts, sans se décourager.

Enfin, le jeune homme commença à donner quelques signes de vie.

Bientôt il rouvrit les yeux ; mais, ébloui par la lumière du jour, il les referma presque aussitôt.

L'abbé Gabriel se pencha vers lui.

— Vous sentez-vous mieux, mon enfant ? lui demanda-t-il avec la plus tendre pitié.

Un soupir profond souleva la poitrine du blessé ; il murmura avec un

---

[1]. Le petit page du roi est en prison, pour un coup qu'il a fait,
Pour un coup hardi, il est à Paris, dans une dure prison.
Là, il ne voit ni le jour ni la nuit, il a pour lit une poignée de paille.

Traduction de T. H. de la Villemarqué.
Chants populaires de la Bretagne.

accent de haine intraduisible, tandis que son visage prenait une expression de férocité extraordinaire :

— Frappe, misérable, frappe toujours ; tes coups, je te les rendrai au centuple ; ton sang, je le ferai couler comme de l'eau.

— Chassez ces pensées, mon fils, reprit le missionnaire ; je suis près de vous, vous n'avez plus rien à craindre.

— Je ne crains rien, reprit-il, comme s'il parlait dans un rêve, les yeux fermés et le corps immobile, je ne crains rien, sinon que ma vengeance ne soit pas assez complète. Oh! cet homme, quelle torture inventerai-je pour lui rendre ce qu'il m'a fait souffrir !

— Revenez à vous, mon fils, vous n'avez ici que des amis qui forment des vœux pour votre prompt retour à la vie ; des gens qui vous aiment et qui vous protégeront.

A ces mots, le jeune homme tressaillit comme s'il avait reçu une commotion électrique ; il ouvrit les yeux et promenant autour de lui un regard égaré, il murmura d'une voix sourde :

— Où est-il ?

— Qui ? demanda le prêtre.

— Lui, ce misérable, qui fouette les guerriers comme s'ils étaient des esclaves ou des chiens.

— Je l'ai chassé et je vous ai tiré de ses mains, pas aussi promptement que je l'aurais voulu, mon fils ; hélas! j'ignorais ce qui se passait, et sans cet homme qui est venu en toute hâte m'avertir, peut-être l'ignorerais-je encore, dit-il en désignant le Taureau-Blanc, qui se tenait immobile, appuyé contre la cloison ; mais je vous le répète, vous n'avez plus rien à redouter de lui.

Un sourire amer se dessina sur les lèvres pâles du jeune homme.

— Vous êtes bon, mon père, votre Dieu recommande, dit-on, la clémence, moi je ne le connais pas ; je l'ai connu, tout enfant, mais je l'ai oublié, hélas! ma tête brûle, mes idées m'échappent... oh! je souffre.

— Pauvre enfant, lui dit-il avec affection.

— Je souffre horriblement, j'ai du feu dans la poitrine. Pourquoi suis-je ici ? Qu'ai-je fait ?...

L'abbé Gabriel suivait avec anxiété les progrès de ce délire qui envahissait le cerveau du malheureux jeune homme.

Mais lui continuait toujours ; la raison s'abîmait de plus en plus dans les profondeurs insondables de son esprit ; les souvenirs de ses premières années revenaient en foule à sa mémoire, le présent n'existait plus pour lui.

— Oui, disait-il, de cette voix dolente et timbrée que donnent la fièvre et la surexcitation nerveuse, j'étais heureux, j'étais aimé, mon père m'embrassait, il pleurait en m'embrassant : « Pauvre enfant », me disait-il. Oh! oui, pauvre enfant, quel être au monde fut jamais plus malheureux que moi !... Ne suis-je pas une créature maudite dès ma naissance... Ma bonne nourrice !... elle me berçait dans ses bras, en me couvrant de baisers, et elle chantait doucement pour m'endormir.

Il se mit alors à chanter, sur un air doux et triste :

> Le Sauveur du genre humain
> En ces lieux vient de naître,
> Nos malheurs vont prendre fin,
> Tout nous le fait connaître;
> Nos malheurs vont prendre fin,
> Grâce à ce divin Maître!

— Non, ce n'est pas cela! ma tête!... je souffre.

> Ne savez-vous pas qu'en ces lieux
> Un ange est descendu des cieux,
> Qui nous a dit, d'un ton joyeux :
> « Écoutez-moi, troupe fidèle,
> J'apporte une bonne nouvelle. »
> . . . .

— Je ne me souviens plus; non..., du sang..., du sang partout.
Et se redressant sur le lit comme s'il répondait à une personne qui se fût trouvée près de lui :
— Je suis un guerrier, s'écria-t-il d'une voix stridente; je ne ferai pas honte aux grands braves de ma tribu; qui dit que je suis un blanc?... Il a menti... je suis un guerrier peau-rouge!... je hais les blancs!... ils fouettent les guerriers! je méprise les visages pâles, écoutez mon chant de mort.

Et il entonna avec une énergie farouche ce chant indien :

> Gumbgue naizitzo tzu retonar,
> Teranetzi nuguatzi nadunthi,
> Danvnigui tzaguelo naramtzivi,
> Natzi naracuay dije quidithegmi,
> Narandohi ditzira jahy,
> Nua tzirinvui nadu... ¹.
> . . . .

— Non, ce n'est pas cela, s'écria-t-il, tout à coup, en s'interrompant, ceci est le chant du mois de la folle avoine, quand on célèbre le retour de l'année nouvelle; je ne me souviens plus..., je ne me souviens plus..., oh! je souffre!... je souffre.

Il se laissa retomber sur son lit en poussant un profond soupir, il ferma les yeux et demeura immobile.

— J'ai soif, ma gorge brûle, murmura-t-il au bout d'un instant.

Le père Gabriel lui souleva doucement la tête et il lui fit avaler quelques gouttes d'une potion qu'il avait préparée.

---

1. Les pompes passagères de ce monde sont comme les saules verts qui, bien qu'ils arrivent à un âge avancé, finissent par être consumés par le feu, etc., etc.

Chant composé par le roi Netzahualcoyolt.

Il lança plusieurs petits détachements à travers la plaine afin d'essayer de retrouver les traces du fugitif.

Le jeune homme but avec avidité, murmura quelques mots sans suite, inintelligibles, et s'endormit profondément.

— Allez, mon frère, dit l'abbé Gabriel au Taureau-Blanc, je veillerai auprès de ce malheureux.

Le sachem s'inclina avec respect et sortit discrètement. Le missionnaire s'assit et ouvrit son bréviaire.

Mais son esprit travaillait; la scène étrange dont il venait si à l'improviste d'être spectateur l'avait profondément impressionné.

Ses yeux se levaient incessamment sur le blessé, il l'examinait avec une tendre sollicitude.

— Quel peut être ce jeune homme? murmurait-il à part lui. Comment se fait-il qu'il chante ainsi ces lambeaux de vieux noëls poitevins? Serait-il Français, ou bien a-t-il simplement eu pour nourrice une Vendéenne ou une Poitevine?... C'est extraordinaire. Ces souvenirs d'enfance ravivés par le délire et si profondément gravés dans sa mémoire, montrent qu'une partie de son enfance s'est passée, sinon en France, du moins avec des Français... S'il avait prononcé un nom..., un seul!... Mais non, rien... Si je l'interrogeais à son réveil, il ne me répondrait pas sans doute; ses souvenirs se seraient de nouveau effacés... Il faudra que je parle de cela à mon frère, à son retour. Pourquoi n'est-il pas ici? Ce qui s'est passé n'aurait pas eu lieu; il ne l'aurait pas souffert... Malheureux enfant, à peine remis de ses blessures, être traité d'une manière si cruelle!... S'il mourait! Oh! Dieu ne le permettra pas.

Quelques heures s'écoulèrent.

Lorsque la nuit fut venue, le Taureau-Blanc reparut. Il venait avertir le missionnaire que, à jeun depuis le matin, il était temps qu'il prît quelque nourriture.

Le père Gabriel ferma son bréviaire, se leva et passa dans une pièce voisine.

— Ce ne sera rien, grâce à Dieu, dit-il, en se parlant à lui-même; avant quelques jours, il n'y paraîtra plus et le pauvre enfant pourra se lever.

Le Taureau-Blanc, qui achevait de placer sur une table le frugal repas qu'il devait partager avec le missionnaire, hocha tristement la tête. L'abbé Gabriel remarqua ce mouvement.

— Qui vous inquiète, mon fils? lui demanda-t-il; je vous dis que ce malheureux jeune homme ne court aucun danger.

— Ce n'est pas pour lui que je m'inquiète, mon père.

— Pour qui donc, alors?

— Pour nous.

— Comment, pour nous?

— Mon père, j'ai insisté pour qu'il ne fût pas soumis à ce traitement indigne.

— Vous avez agi comme un chrétien, mon fils.

— Pardonnez-moi cet aveu, mon père, j'ai agi comme un homme qui, étant Indien lui-même, connaît les mœurs de ses compatriotes.

— Ce qui veut dire, mon fils?

— Ah! pourquoi n'a-t-on pas voulu m'écouter! Je voulais qu'on le fusillât.

— Êtes-vous fou! Joseph, s'écria le missionnaire en tressaillant et en demeurant la fourchette en l'air; est-ce vous qui avez parlé ainsi?

— Je l'avoue humblement, mon père, puisqu'on voulait le punir, il fallait le tuer et non le déshonorer.

L'abbé Gabriel baissa tristement la tête.

— Les Peaux-Rouges ne pardonnent pas une injure, surtout aussi grave que celle-là, il se vengera.

— Le pensez-vous ?

— J'en suis certain, mon père ; les coups de fouet ne sont rien comme blessures, dans deux jours il n'y pensera plus ; mais c'est au cœur qu'il souffre, il éprouve un ressentiment terrible de l'insulte qui lui a été faite ; il se vengera, vous dis-je, mon père ; et cette vengeance sera épouvantable. Dieu veuille que je me trompe ; mais je connais le Vautour-Fauve, c'est une nature indomptable.

— Hélas ! murmura le prêtre.

— Souvenez-vous, mon père, des premiers mots qu'il a prononcés ; ces mots étaient des menaces de vengeance.

— C'est vrai, mon fils, mais il n'avait pas sa raison, il délirait.

— Oui, mon père, il délirait ; mais supposez-vous que ce délire était causé par la douleur des coups qu'il avait reçus. Vous ne le croyez pas, parce que lorsqu'il a été conduit ici couvert de blessures profondes après la bataille, pendant que vous sondiez ses plaies, que vous posiez les appareils, il souriait, il était fier, presque heureux de ces blessures honorables reçues en combattant ; aujourd'hui il délire, non pas à cause de la douleur dont il se rit, mais à cause de la honte qu'il éprouve.

— Peut-être dites-vous vrai, mon fils, murmura le prêtre avec une profonde tristesse.

Le lendemain le blessé avait repris toute sa connaissance ; il remercia presque affectueusement le missionnaire des soins qu'il lui prodiguait, tendit en souriant la main au Taureau-Blanc, en un mot, il reprit ce caractère doux, timide et docile que depuis sa première arrivée à la mission il avait constamment affecté.

Loin de se réjouir de ce changement si heureux en apparence, le chef assiniboin s'en effraya.

— Prenons garde, mon père, dit-il en confidence à l'abbé Gabriel.

Celui-ci sourit, il ne croyait pas à la méchanceté dont tout le monde s'obstinait à gratifier le jeune homme.

Le troisième jour, lorsqu'il pénétra vers six heures du matin dans la chambre de son malade, l'abbé Gabriel la trouva vide.

Le Vautour-Fauve avait disparu.

Cette fois il ne devait plus revenir.

IX

COMMENT LES LOUPS PRIRENT LEUR REVANCHE

L'évasion du Vautour-Fauve causa une émotion extrême à la mission.

Les coureurs des bois et les Peaux-Rouges surtout se montrèrent excessivement inquiets des suites probables que cette fuite pourrait avoir ; mieux que personne ils étaient au fait des coutumes indiennes ; ils avaient hautement désapprouvé la conduite de Clair-de-Lune ; ils ne se gênaient point pour déclarer que cette punition déshonorante infligée à un homme brave, qui s'était vaillamment battu, était une tache que celui-ci essayerait par tous les moyens de laver dans des flots de sang, et qu'ils devaient s'attendre aux plus terribles malheurs, d'autant plus que le Vautour-Fauve comptait un grand nombre d'adhérents et de partisans dans la prairie, qui n'hésiteraient pas à se joindre à lui et à s'associer à ses projets de vengeance.

La nouvelle annoncée par le sachem comanche l'Éclair, du retour des confédérés, augmentait encore l'inquiétude et répandait un nuage de sombre tristesse non seulement sur la mission, mais encore sur les camps retranchés.

On attendait avec la plus vive anxiété le retour du général, afin de se préparer à une lutte que l'on prévoyait devoir être non seulement prochaine, mais désespérée et sans merci.

Le général Alain Kergras avait, en l'absence de son frère de lait, pris le commandement en chef des cantonnements ; après avoir, avec la modération que sa position exigeait, adressé à son père des reproches contenus, reproches que l'entêté Breton reçut en haussant les épaules et en ne voulant convenir que d'une seule chose, à savoir qu'il aurait dû fusiller séance tenante le fugitif au lieu de se contenter par *humanité* de le faire fouetter, le père et le fils se séparèrent fort mécontents l'un de l'autre, et le général Kergras passa une inspection sévère de tous les postes en recommandant la plus grande vigilance...

Puis il lança plusieurs petits détachements à travers la plaine, afin d'essayer de retrouver les traces du fugitif, et il expédia des batteurs d'estrade dans plusieurs directions pour avoir des nouvelles de l'ennemi, ainsi que de celles, beaucoup plus importantes encore pour les blancs, du général de Bodegast, qui était de fait l'âme de l'expédition.

Mais tout fut inutile : le Vautour-Fauve avait si adroitement exécuté sa fuite qu'il fut impossible d'obtenir le plus léger renseignement, d'abord sur la manière dont il avait quitté la mission et le point par lequel il avait passé pour en sortir, puis ensuite sur la direction qu'il avait suivie dès qu'il avait eu franchi les retranchements.

Quant au général, les batteurs d'estrade, malgré l'intérêt qu'ils avaient à le faire, ne poussèrent pas fort loin les reconnaissances dans la direction où ils supposaient pouvoir le rencontrer ; ils savaient que l'Éclair s'était mis à sa recherche, et que le sachem ne manquerait pas de le rejoindre ; ils s'occupèrent donc particulièrement et avec un soin extrême de rechercher la piste des ennemis, convaincus avec raison que, s'ils découvraient le campement des confédérés, ils trouveraient en même temps les traces du Vautour-Fauve, qui, selon toutes probabilités, devait s'être réfugié au milieu d'eux ; mais ils n'obtinrent aucun résultat et rentrèrent au camp les uns après les autres, harassés de fatigue et sans pouvoir donner aucune nouvelle rassurante.

La journée tout entière se passa ainsi.

La nuit s'écoula assez tranquille, sauf deux ou trois fausses alertes données à contretemps par des sentinelles qui, dans les ténèbres, trompées par leur imagination surexcitée par l'inquiétude qu'elles éprouvaient, crurent entendre des bruits qui sans doute n'existaient pas et voir glisser des ombres qui n'avaient rien de réel.

Vers cinq heures du matin, un Indien entra tout essoufflé à la mission et se dirigea presque en courant vers le presbytère.

Il venait annoncer au père Gabriel que sa femme, malade depuis quelques jours et qui depuis la veille semblait aller mieux, avait eu une rechute pendant la nuit et qu'elle implorait avec des larmes de désespoir les derniers sacrements.

Cette prière était une de celles que le missionnaire ne pouvait sous aucun prétexte refuser d'accueillir favorablement.

Cet Indien était un des premiers Peaux-Rouges que l'abbé Gabriel avait convertis à son arrivée dans la prairie, où maintenant il était fixé. Très honnête et surtout très ardent pour sa nouvelle religion, ce digne Indien était parvenu à obtenir de sa femme qu'elle se fit chrétienne ainsi que les trois enfants qu'il avait eus de son mariage.

Cette famille, paisible, religieuse et très aimée de tous les habitants de Sainte-Marie, gagnait péniblement sa vie à labourer un petit champ situé à deux portées de fusil de la mission et à pêcher du poisson qu'elle échangeait avec les néophytes de l'abbé Gabriel contre des objets de première nécessité.

Le mari, la femme et les trois enfants habitaient une misérable hutte adossée à un bois de jeune futaie, qui s'élevait entre leur champ et la rivière à moitié chemin de l'un comme de l'autre.

Tous les dimanches, les habitants de la cabane montaient à la mission pour entendre la messe et accomplir pieusement leurs devoirs religieux.

Le dimanche précédent, la femme, si grande envie qu'elle en eût, n'avait pu accomplir ce pieux pèlerinage; elle avait été saisie par une espèce de fièvre paludéenne assez commune dans cette contrée coupée de marécages qui la rendaient très malsaine; elle grelottait la fièvre, et sa faiblesse était si grande qu'il lui était impossible de se tenir debout.

L'abbé Gabriel s'était, aussitôt après la messe, rendu auprès d'elle; il l'avait consolée, lui avait donné et lui avait fait prendre les remèdes nécessaires; un mieux sensible s'était déclaré et il la croyait sauvée, lorsque, ainsi que nous l'avons dit, le soir même du jour où le Vautour-Fauve s'était échappé, elle avait eu une rechute terrible; les pauvres gens avaient passé une nuit affreuse; et aux premières lueurs du matin le mari, cédant aux supplications réitérées de sa femme, était accouru presque fou de douleur à la mission afin de réclamer pour elle, non pas des remèdes cette fois, il comprenait qu'ils seraient inutiles, mais les secours de la religion, pour sauver son âme à défaut du corps.

Le missionnaire n'hésita pas une seconde à accomplir le devoir que son ministère sacré lui imposait; ainsi qu'il en avait fait contracter l'habitude à ses néophytes, dès que le bruit se fut répandu que le viatique allait être porté à un malade, la plus grande partie des habitants accourut en foule sur la place afin d'accompagner son saint pasteur.

Alain Kergras, averti de ce qui se passait, se hâta de se rendre auprès de l'abbé Gabriel pour lui offrir une escorte qui pût le défendre au besoin.

Mais l'abbé Gabriel le conduisit aux retranchemnnts et de là lui montra la modeste cabane.

— Croyez-vous, lui dit-il en souriant, qu'un danger soit possible ?

Le général examina les lieux avec la plus scrupuleuse attention.

— Non, je ne le crois pas, dit-il au bout d'un instant : cependant, mon père, permettez-moi une observation.

— Parlez, mon cher général.

— Nous sommes, vous le savez, dans une situation assez difficile, compliquée par l'absence prolongée de mon frère de lait ; l'imprudence la plus légère pourrait avoir pour nous des conséquences incalculables et amener peut-être la ruine de l'expédition.

— Ne voyez-vous pas les choses un peu en noir, mon cher général ? Je vous trouve bien pessimiste, répondit doucement l'abbé Gabriel.

— Peut-être avez-vous raison, mon père, mais vous reconnaissez, n'est-ce pas, qu'une grave responsabilité pèse sur moi ?

— Sans doute ; cependant je n'entrevois pas encore le but vers lequel vous marchez.

— Ce but est celui-ci, mon père, vous prier de n'emmener avec vous que très peu de monde, en cas d'alerte ; et, je vous le répète, ce n'est que par mesure de précaution que je vous demande cela ; les femmes et les enfants s'effrayent crient, augmentent le tumulte, mettent partout le désordre, et un danger que l'on conjurerait facilement s'ils n'étaient point là devient souvent ainsi fort grave par le fait seul de leur présence.

Le missionnaire sembla réfléchir pendant un instant.

— Pour cette fois, monsieur Alain, répondit-il, je conviens franchement avec vous que vous avez raison, bien que nous n'ayons point à redouter l'ombre d'un danger ; cependant la fuite de ce malheureux a si fort effrayé notre petite colonie, l'imagination des habitants est tellement surexcitée, qu'il nous faut éviter tout ce qui pourrait être prétexte à désordre. Je ne prendrai avec moi que les personnes strictement nécessaires pour donner à l'acte imposant que je vais accomplir toute la solennité qu'il comporte ; vous le savez, nos Indiens ne sont en somme que de grands enfants, qui, avant de se prendre par le cœur, se laissent surtout prendre par les yeux. Dans l'intérêt même de la religion que je leur enseigne, je suis contraint, souvent à mon corps défendant, moi qui suis un homme simple, de déployer une certaine pompe qui leur impose un respect profond pour cette religion qu'ils ne connaissent encore, hélas ! que bien imparfaitement. Je vous promets donc de ne me faire accompagner que par une dizaine de personnes, c'est-à-dire le nombre strictement nécessaire.

Tout en causant ainsi, les deux hommes avaient quitté les retranchements et étaient retournés sur la place, où une foule nombreuse et recueillie attendait devant le presbytère le retour de son pasteur.

L'abbé Gabriel parla pendant quelques instants avec cette onction sympathique qui lui attachait tous les cœurs ; il fit sentir à ses paroissiens attentifs la nécessité de ne pas s'écarter de la mission dans les circonstances où on se trouvait ; et il les engagea à se réunir dans l'église, à élever leurs pensées vers Dieu et à se joindre ainsi par la prière à l'acte qu'il allait accomplir, leur expliquant combien cette pieuse ferveur serait agréable au Seigneur, et lui donnerait à lui de satisfaction, en lui enlevant une grande inquiétude à leur sujet, et lui permettrait ainsi de s'acquitter sans préoccupations de son triste devoir.

Les Indiens écoutèrent docilement leur pasteur et se résignèrent, bien qu'à regret, à lui obéir.

— Vous le voyez, dit l'abbé Gabriel au général, je tiens la promesse que je vous ai faite.

— Et je vous en remercie sincèrement, monsieur l'abbé ; je vous avoue que la sortie en masse de cette population de femmes et d'enfants m'inquiétait fort.

— Je le comprends et je vous sais gré de votre observation, mon cher général.

Ils entrèrent alors dans le presbytère.

Le général fut très surpris de rencontrer là plusieurs personnes, parmi lesquelles il ne remarqua pas sans surprise la marquise, son fils, ses deux cameristes, ainsi que Brise-du-Matin, la charmante femme du sachem comanche.

L'abbé Gabriel, après avoir fait un salut gracieux à l'assemblée, était passé dans une pièce voisine.

Alain Kergras salua la marquise.

— Par quel hasard ici d'aussi bonne heure ? lui demanda-t-il.

— Vous savez, mon cher Alain répondit-elle, que nous avons l'habitude, mon fils et moi, de suivre mon beau-frère lorsqu'il porte le viatique à un malade.

— C'est vrai ; mais, après ce qui s'est passé, j'espérais que pour cette fois, par prudence, vous renonceriez à cet acte de charité.

— Par prudence, mon frère, dit-elle en souriant; y aurait-il du danger ?

— Aucun, grâce à Dieu, j'en suis convaincu, mais pourtant...

— Vous voudriez me voir rester ici ? interrompit-elle.

— Voilà, fit-il en souriant.

— Eh bien, je vous avoue, reprit-elle en baissant la voix, que je ne demanderais pas mieux que de suivre votre conseil.

— Qui vous en empêche ?

— Cette abstention causerait une peine extrême à notre cher Gabriel ; je ne me sens pas le courage de lui donner ce chagrin.

— Vous êtes un ange, ma sœur, mais alors c'est à moi...

— Pas un mot, je vous prie, à ce sujet, reprit-elle avec vivacité, vous me déplairiez mortellement ; j'ai résolu d'accompagner mon frère, je l'accompagnerai ; d'ailleurs, j'ai fait mes preuves, je ne suis pas, vous le savez, une femme craintive, ajouta-t-elle avec un délicieux sourire.

— Cependant, ma sœur, réfléchissez.

— Mes réflexions sont faites, j'ai promis, je tiendrai ma promesse.

— Bon, puisqu'il en est ainsi, car vous êtes bien résolue, n'est-ce pas ?

— Résolue.

— Alors je sais ce qui me reste à faire.

— Que ferez-vous ?

— Eh! mais, je veillerai à votre sûreté.
— Oh! quant à cela, je ne vous en empêche pas, au contraire; je vous dis même : Veillez et vous me ferez plaisir.
— Allons, voilà une recommandation qui me raccommode un peu avec vous.
— Vous m'en vouliez donc? fit-elle en souriant.
— Horriblement.
— Oh! et maintenant?
— Maintenant je ne vous en veux plus; vous emmenez mon filleul?
— Certes, et Brise-du-Matin, et Jeannette, et Yvonne aussi, toute la maison enfin.
— Très bien; sans doute, avant de quitter la mission, l'abbé Gabriel dira sa messe comme il le fait chaque jour.
— Oh! il ne saurait y manquer.
— Parfait; alors j'ai le temps de prendre mes mesures; soyez tranquille, vous serez bien gardée.
— Je vous en remercie d'avance.
En ce moment l'abbé Gabriel rentra dans la salle.
— Mesdames, dit-il avec son charmant sourire, à l'église.
Et il sortit.
La marquise salua gracieusement Alain Kergras, prit la main de son fils et quitta le presbytère, suivie de ses caméristes et de Brise-du-Matin.
Le général demeura un instant pensif, puis il s'éloigna à grands pas dans la direction des retranchements.
Là, il rencontra son père, qui, sa courte pipe aux dents, les bras derrière le dos, la tête penchée sur la poitrine, se promenait de long en large d'un air préoccupé.
Le bruit des pas lui fit relever la tête; il s'arrêta.
— Que cherches-tu? demanda-t-il à son fils.
— Toi, répondit nettement celui-ci.
— Me voilà; parle, est-ce encore des reproches que tu veux m'adresser?
— Il ne s'agit pas de reproches. L'abbé Gabriel va d'ici à quelques minutes porter le viatique à une pauvre femme qui se meurt dans cette cabane que tu aperçois là-bas, tiens, près de ce petit bois.
— Je la vois; après?
— La marquise veut suivre avec son fils et les personnes de sa maison le Saint-Sacrement.
— La marquise est une femme pieuse et croyante.
— Je sais cela tout aussi bien que toi.
— C'est juste; après?
— Cette sortie m'inquiète, j'ai fait tout pour l'empêcher.
— Pourquoi cela?
— Parce que les Peaux-Rouges rôdent aux environs, et que je crains une surprise, une embuscade, que sais-je?
— Sous le feu de nos canons? C'est impossible.
— En fait de guerre, il n'y a que l'impossible qui soit à redouter; je voudrais faire fouiller le bois par quelques hommes résolus, qui s'assureraient

Les Pirates et les Sioux se défendaient en désespérés.

que rien de suspect ne s'y cache et qui y resteraient embusqués jusqu'à ce que l'abbé Gabriel fût remonté à la mission.

— Je n'ai rien à dire contre cela; c'est de la prudence.

— Fais-moi donc le plaisir de désigner quelques gars solides, mets à leur tête un homme sur lequel nous puissions compter toi et moi, et fais-les partir tout de suite, nous n'avons pas un instant à perdre.

— Dans dix minutes ils auront quitté la mission.
— Surtout n'oublie pas ma recommandation.
— A propos des hommes et du chef, n'est-ce pas?
— Oui.
— Sois tranquille, les hommes solides, tous nos Bretons le sont; le chef, ce sera moi.
— Mais...
— Est-ce que tu ne penses pas pouvoir compter sur moi?
— Je ne dis pas cela, bien au contraire, seulement cette mission est peu importante, et...
— Tu te trompes, interrompit vivement le vieux Breton, il est toujours pour moi de la plus haute importance de veiller au salut de la marquise de Bodegast; et, à moins que tu ne me donnes formellement l'ordre de rester à Sainte-Marie, c'est moi qui commanderai cette embuscade.
— Dieu me garde de vous donner un pareil ordre, mon père, je vous laisse au contraire carte blanche; agissez donc pour le mieux.
— Bien que je ne prévoie aucun danger, je ferai comme si la chose était sérieuse, tu peux t'en rapporter à moi, et, en cas de surprise, il faudra passer sur mon cadavre avant que d'atteindre la marquise.
— Va donc, père, et au revoir.
— Ta main, mon gars, dit-il avec émotion.
— La voici, mais qu'as-tu donc?
— Rien...; je ne sais pas; une idée qui me passe par l'esprit, je ne voudrais pas me séparer de toi, fâché.
— Ah! peux-tu supposer cela! s'écria-t-il en le serrant sur sa poitrine; ne sais-tu pas combien je t'aime!
— Oui, je le sais, mais je suis un Breton de la vieille roche, moi, entêté et bourru, et parfois tu es un peu sévère pour moi, fieu !
— Ah ! père ! que dis-tu là ?
— C'est vrai, je suis fou; embrasse-moi encore.
Ils se serrèrent une dernière fois dans les bras l'un de l'autre.
— Là, dit le vieux Breton, maintenant c'est fini; adieu, mon gars.
— Non pas adieu, père, mais au revoir.
— C'est juste, au revoir... Après cela, qui sait?...
Et il s'éloigna à grands pas.
— Qu'a donc mon père aujourd'hui, murmura tristement le jeune homme en le suivant des yeux; si nous étions en Écosse et que je fusse superstitieux, je croirais presque, Dieu me pardonne, qu'il est *fey*. Allons, je suis fou, moi aussi.
Il appela alors un chasseur, le chargea d'avertir Bon-Affût qui gardait les embuscades de la forêt, de redoubler de vigilance; et quand le coureur des bois fut parti, il regagna à pas lents le quartier général, afin de donner l'ordre d'une prise d'armes pour veiller aux retranchements, pendant l'absence de l'abbé Gabriel et de la marquise.
Et, après avoir ainsi sauvegardé autant que possible la sûreté de ceux qu'il aimait, il endossa sa tenue de combat, sella son cheval lui-même pour que tout fût prêt au premier signal, et attendit.

Cependant, malgré lui, une angoisse secrète et dont il ne pouvait se rendre compte lui serrait le cœur, et plus la matinée s'avançait, plus son inquiétude allait croissant.

Enfin, ne pouvant résister davantage aux sombres pressentiments qui l'agitaient, il retourna aux retranchements.

Le cortège descendait la colline.

Un jeune enfant marchait en avant portant un bénitier de la main gauche et de la main droite agitant une clochette.

Derrière était le Taureau-Blanc tenant une croix; immédiatement après, venait le père Gabriel portant avec les deux mains à la hauteur de la poitrine le saint ciboire contenant l'Eucharistie destinée à la malade; derrière le missionnaire, marchaient une quinzaine de femmes et de jeunes filles indiennes précédées par la marquise conduisant son fils par la main.

Ce cortège peu nombreux était terminé par quelques enfants qui marchaient pêle-mêle, et une dizaine d'Indiens et de chasseurs armés, chargés d'escorter le Saint-Sacrement et dont quelques-uns suivaient à droite et à gauche le bord du sentier.

Ce groupe, d'une quarantaine de personnes au plus, descendait lentement la colline, chantant à voix contenue les versets d'un psaume.

Rien ne saurait rendre l'effet saisissant de cette scène si simple en apparence au milieu de la nature puissante et grandiose de ce désert, où à chaque pas le doigt du Créateur était marqué.

En atteignant la plaine, le cortège fit une courte halte de quelques secondes à peine pour donner aux retardataires le temps de rejoindre le gros de la troupe, puis il reprit sa marche, tourna sur la gauche et disparut dans un chemin profondément encaissé.

Malgré l'éloignement, les chants sacrés montaient jusqu'à la mission avec des harmonies étranges qui faisaient une impression profonde sur les habitants rassemblés en foule aux retranchements et qui, agenouillés sur le sol, mêlaient leurs voix avec une pieuse ferveur à celles des personnes qui, plus heureuses qu'eux, avaient obtenu de suivre le Saint-Sacrement.

Au bout de dix minutes, le cortège reparut au loin dans la plaine serpentant à travers les hautes herbes, bientôt il s'arrêta au seuil de la chaumière dont la porte s'ouvrit.

Les quelques personnes qui ne purent pénétrer dans l'intérieur de la misérable hutte s'agenouillèrent au dehors.

Quinze ou vingt minutes s'écoulèrent; on entendait la clochette tinter faiblement; tout à coup elle cessa subitement de résonner.

On vit alors un tumulte extraordinaire, indescriptible; les femmes, les enfants s'étaient levés précipitamment et fuyaient affolés à travers la campagne en levant les bras au ciel et poussant des cris aigus.

Que se passait-il donc?

Alain Kergras, ainsi que nous l'avons dit, se tenait anxieux, penché sur les retranchements, les yeux opiniâtrément fixés sur la chaumière où l'abbé Gabriel avait pénétré, suivi de la plus grande partie du cortège.

Soudain, il se redressa, livide et les traits bouleversés.

— A cheval ! s'écria-t-il d'une voix tonnante.

Derrière lui, le pied à l'étrier, une soixantaine de chasseurs attendaient un mot, un geste.

En une seconde ils furent en selle.

— Passage ! cria Alain, passage, au nom de Dieu !

La foule se rejeta brusquement à droite et à gauche.

— En avant ! reprit le général.

Et il s'élança suivi de ses cavaliers, descendant la colline ventre à terre, volant comme une avalanche à travers les pentes, au risque de se briser mille fois dans les précipices qui bordaient le sentier.

Par quel miracle atteignirent-ils sains et saufs le bas de la colline ? Nul n'aurait su le dire !

Cependant ils ne ralentirent pas leur course effrayante, les coups de feu qui maintenant crépitaient sans interruption, les avertissaient de se presser.

Ils allaient avec une rapidité vertigineuse, coupant droit devant eux, muets, sinistres, effrayants.

Tout à coup quelques chasseurs et Indiens, repoussés sans doute, sortirent tumultueusement de la hutte, se reformèrent en dehors et recommencèrent à tirer.

Alain fit un geste.

Dix cavaliers se détachèrent et allèrent se joindre aux combattants, le reste de la troupe se scinda en deux, et, tournant les bois à droite et à gauche, y pénétra en pleine course.

Là, tout fut expliqué au général.

Une quarantaine de pirates et de Sioux, groupés en masse compacte, entouraient cinq ou six hommes, les Bretons de Clair-de-Lune, qui se défendaient en désespérés.

— En avant ! cria Alain d'une voix qui n'avait plus rien d'humain.

Les chasseurs se précipitèrent au galop sur les pirates et les Indiens ; ceux-ci étaient à pied.

Ils ne reculèrent pas d'une semelle ; le choc fut terrible, la mêlée épouvantable.

Le mur en torchis de la hutte avait été défoncé, quelques-uns essayèrent de se réfugier dans l'intérieur de la cabane auprès de ceux de leurs compagnons qui tenaient tête aux défenseurs du cortège déjà si décimés, mais ceux-ci avaient reçu le secours des dix chasseurs d'Alain Kergras, les bandits furent accueillis à coups de fusil et contraints de reculer.

Chaque singulière, ces hommes n'essayaient point de fuir ; on aurait dit que, de parti pris, ils se faisaient tuer afin de prolonger le combat le plus possible.

Cette tactique, si en dehors des mœurs de la prairie, inquiétait fort le général qui redoublait ses efforts déjà prodigieux pour avoir raison de ces misérables et les contraindre à mettre bas les armes.

Mais ceux-ci, toujours immobiles, se pressant incessamment les uns contre les autres, continuaient vaillamment le combat en hommes qui ont fait le sacrifice de leur vie.

Il est impossible de savoir pendant combien de temps encore aurait duré ce combat, si tout à coup Bon-Affût, à la tête d'une cinquantaine de chasseurs, n'avait fait irruption sur le champ de bataille en poussant des clameurs effrayantes.

Le brave Canadien lança aussitôt ses hommes à la charge.

Le carnage devint alors effroyable.

Les pirates, dont les trois quarts étaient déjà étendus sur le sol, tentèrent alors un effort désespéré pour se dégager.

Mais il était trop tard.

Toute retraite leur était coupée.

Quelques-uns implorèrent la pitié de leurs vainqueurs.

On leur répondit à coups de baïonnettes et à coups de crosses.

Alain, arrivé au paroxysme de la rage, criait incessamment, d'une voix qui dominait le bruit du combat lui-même :

— Tue ! tue les païens ! pas de grâce !

— Pas de grâce ! répétaient les chasseurs.

Et ils tuaient, ils tuaient toujours.

Bientôt les derniers combattants tombèrent à leur tour sur cette horrible hécatombe humaine que les chasseurs s'acharnaient à fouiller de leurs baïonnettes ou de la pointe de leurs sabres pour surprendre les dernières palpitations de l'agonie de leurs victimes.

Le général jeta alors un regard circulaire sur le champ de bataille ; un frisson d'horreur courut dans tous ses membres et glaça le sang dans ses veines.

Les bandits avaient succombé jusqu'au dernier ; leurs cadavres amoncelés formaient un immense et horrible charnier.

Clair-de-Lune avait emmené dix hommes avec lui, tous étaient morts ; des dix chasseurs d'escorte six avaient déjà rendu le dernier soupir, un autre râlait ; trois seulement survivaient plus ou moins blessés.

Le général avait perdu huit hommes de sa troupe, plusieurs autres étaient blessés, Alain lui-même avait reçu une légère estafilade dans la poitrine.

Quant à la troupe de Bon-Affût, arrivée au dernier moment pour décider le combat, elle avait peu souffert.

Mais qu'étaient devenus l'abbé Gabriel, la marquise, son fils et les autres personnes de sa suite ?

Qu'était devenu Clair-de-Lune lui-même ?

Les recherches commencèrent aussitôt.

La pauvre malade à laquelle le missionnaire était venu apporter l'extrême-onction avait été tuée, tuée par une balle qui, sans doute, ne lui était pas adressée.

Dans la hutte, sur une table se trouvait le saint-ciboire ; trois Indiens morts et un autre grièvement blessé avaient sans doute vaillamment combattu pour le défendre et étaient tombés en le protégeant.

L'Indien blessé était le Taureau-Blanc, le sang qu'il avait perdu lui avait occasionné une syncope, il n'y avait donc pas à l'interroger.

Soudain Alain poussa un cri de joie ; à quelques pas du champ de bataille, derrière un épais buisson, il avait aperçu plusieurs corps étendus au milieu desquels il avait reconnu son père.

Le vieux Breton seul était vivant, le sang coulait de plusieurs blessures qu'il avait reçues; appuyé contre un tulipier, un genou en terre, son sabre brisé devant lui, les pistolets à la main, il semblait un tigre aux abois, mais guettant une suprême vengeance. On apercevait gisant dans l'ombre derrière lui le corps d'une femme.

— Mon père! s'écria le général en s'élançant vers lui, Dieu soit loué!

— Alain! répondit le vieux partisan, je t'attendais, mon gars! Ah! pourquoi n'ai-je pas ajouté foi à tes paroles?

— Vous n'êtes que blessé?

— Oui, répondit-il d'une voix sinistre, blessé à mort; mais je me suis fait de belles funérailles, ajouta-t-il en jetant un regard d'orgueil sur les cadavres couchés devant lui.

— Mon père, vous ne mourrez pas!

— C'est mon dernier combat, mon fieu. Hélas! je ne reverrai plus nos bruyères bretonnes.

— Voyons, mon père, du courage!

— Du courage, est-ce que tu crois que j'en manque! Non, je sens la mort, voilà tout.

— Laissez-moi vous panser.

— Fais, mon enfant, répondit-il avec un doux sourire, qui, comme un rayon de soleil entre deux nuages, éclaira un instant ce farouche visage.

Le Breton avait reçu quatre blessures graves; le jeune homme se hâta d'arrêter le sang.

— Où est la marquise? demanda Alain tout en procédant avec une adresse de soldat à ce sinistre pansement.

— Elle est là, évanouie derrière moi, la pauvre charmante créature. Vivrais-je encore si je ne l'avais pas sauvée?

— C'est vrai, mon père, pardonnez-moi; mais Alain, mon filleul, l'abbé Gabriel?

— Alain a été enlevé; j'ai vainement essayé de m'y opposer, ils étaient cent, nous n'étions que dix.

— Hélas! murmura le jeune homme.

— L'abbé Gabriel a suivi librement les ravisseurs.

— Que dites-vous là, mon père?

— La vérité.

— Mon Dieu! je vous interroge et vous êtes blessé, faible.

— Va, mon gars, je ne suis pas aussi faible que tu le supposes; lorsque l'abbé Gabriel a vu qu'on enlevait son neveu, il m'a dit : Je le sauverai, et, bien qu'il lui eût été facile de s'échapper, il s'est fait prendre.

— Oh! c'est affreux! Que va dire Lucien?

— Je suis seul coupable, Alain, c'est moi seul qui mérite les reproches.

— Oh! ne parlez pas ainsi, mon père.

— Pourquoi, puisque c'est la vérité? Hâte-toi, je sens que je perds connaissance; plus tard, tu sauras tout... Pense à la... marquise... Ah!

Il poussa un soupir et retomba en arrière : il était évanoui.

Alain appela.

Des chasseurs accoururent.

On se hâta d'enlever les blessés sur des brancards improvisés.

Le général ne voulut céder à personne le soin de porter la marquise, qu'il posa sur son cheval devant lui.

Lorsque tous les blessés furent enlevés ; le général dit en deux mots à Bon-Affût ce qu'il savait de ces événements terribles et lui recommanda de se mettre immédiatement sur la piste des ravisseurs.

Puis, après avoir laissé quelques hommes pour enterrer les morts, il regagna tristement et à pas lents la mission, où les habitants l'accueillirent avec des larmes et des cris de douleur.

Ils connaissaient déjà la disparition de leur pasteur, leur père, ainsi qu'ils le nommaient.

X

COMMENT L'ABBÉ GABRIEL ET LES AUTRES PRISONNIERS ÉTAIENT TRAITÉS PAR LES PEAUX-ROUGES

Le camp des *Ancêtres* était situé au fond, ou plutôt au milieu d'une immense et impénétrable forêt vierge éloignée de cinq ou six lieues environ de la mission de Sainte-Marie, dont elle était séparée par un rideau de hautes collines boisées.

Cette forêt presque inaccessible, ainsi que nous l'avons dit, et sillonnée seulement par quelques rares sentes de bêtes fauves, renfermait les ruines ignorées d'une de ces villes fantastiques comme les Chichimèques en semaient à profusion sur leur route, lors de leur migration mystérieuse vers a terre d'Anahuac, où ils devaient s'établir enfin et fonder un empire qui plus tard fut le Mexique.

La ville qui nous occupe en ce moment, d'une construction cyclopéenne et dont l'architecture avait de très grands rapports avec celle des anciens Égyptiens, couvrait un emplacement de plus de quatre lieues et avait dû être fort importante. Elle devait remonter à une haute antiquité, car depuis son abandon trois forêts d'essences différentes étaient tour à tour sorties du sol sur son emplacement même ; cependant ces ruines imposantes, dont la forme massive semblait défier les efforts du temps, était encore très bien conservées : plusieurs de ses palais et de ses maisons étaient habitables avec certaines réparations de peu d'importance, car la plupart possédaient encore leurs poutres et leurs chevrons en bois de châtaignier, essence fort commune sans doute dans cette contrée, lors de la fondation de la ville et dont, à l'époque où se passe notre histoire, il aurait été de toute impossibilité de rencontrer un seul individu dans un périmètre de près de quatre-vingts lieues autour de la ville.

Une enceinte bastionnée, très bien entendue selon les règles de la castramétation, enveloppait entièrement la ville morte qui avait à peu près la forme d'une tortue de mer, et était partagée en deux parties presque égales par une rivière navigable pour les pirogues, bien entendu, et qui, après avoir tourné autour des collines dont nous avons parlé plus haut, allait se jeter dans le Nebraska un peu au-dessus de la mission de Sainte-Marie.

Les confédérés s'étaient établis dans l'intérieur des cours d'un palais, espèce de forteresse presque imprenable, et ils s'étaient contentés de placer quelques sentinelles derrière l'enceinte du côté qui regardait la mission.

Leur position était d'autant mieux choisie que même les plus anciens coureurs des bois de la prairie ignoraient l'existence de ces ruines, le secret de ce refuge ayant été gardé précieusement par les Indiens depuis l'apparition des premiers blancs dans le désert, et ou sait avec quelle ténacité et quelle adresse les Peaux-Rouges savent donner le change sur les choses qu'ils veulent conserver secrètes.

Depuis plusieurs jours déjà, les confédérés étaient établis au camp des Ancêtres; malgré les assurances répétées de l'Oiseau-Moqueur, ils commençaient à se décourager; une scission menaçait de se faire entre eux, scission qui eût inévitablement amené pour don Torribio la ruine des espérances secrètes qu'il nourrissait depuis si longtemps et pour le succès desquelles il avait dépensé à pleines mains et sans compter des sommes folles, lorsqu'un matin, vers dix heures, les sentinelles signalèrent une pirogue qui refoulait le courant.

Cette pirogue était montée par un seul homme; il paraissait accablé de fatigue, car il ne pagayait que faiblement et avec des difficultés extrêmes.

Les Indiens, dont les regards perçants s'étaient aussitôt fixés sur le voyageur singulier qui arrivait ainsi à l'improviste, n'eurent besoin que d'un coup d'œil pour le reconnaître.

Cet homme était le Vautour-Fauve.

Son arrivée au camp fut saluée par des cris de joie.

Le Moqueur accourut des premiers à sa rencontre.

Il lui lança un lasso que le jeune homme amarra à un des bancs de l'embarcation; les Peaux-Rouges s'attelèrent au lasso et en quelques minutes ils eurent remorqué la pirogue jusqu'à l'entrée du palais où campaient les confédérés. Le jeune homme descendit aussitôt à terre, mais à peine eut-il fait quelques pas que ses forces le trahirent et il tomba sur le sol.

Le Cœur-Bouillant le prit dans ses bras vigoureux et l'emporta aussi facilement qu'il eût fait d'un enfant jusque dans l'intérieur du palais, où il le déposa doucement sur un lit de feuilles sèches et odorantes.

Mais les sachems avaient eu le temps d'apercevoir les cicatrices violacées et à peine fermées qui sillonnaient les reins du jeune homme, et il avaient échangé entre eux un regard muet, mais d'une expression singulière.

Le Vautour-Fauve, que la douleur et la fatigue avaient fait évanouir, ne tarda pas à reprendre connaissance.

Il se redressa sur le lit où il était placé, et, regardant autour de lui avec attention, ses sourcils se froncèrent imperceptiblement.

Les bandits avaient succombé jusqu'au dernier, leurs cadavres formaient un immense et horrible charnier.

— Que désire mon frère? lui demanda le Moqueur.
— Je désire que le grand conseil médecine se réunisse, j'ai des choses importantes à lui dire, et des nouvelles très graves à lui annoncer, répondit-il.
— Peut-être vaudrait-il mieux que le Vautour-Fauve confiât d'abord ces choses aux chefs suprêmes de la confédération.
— Quels sont ces chefs?

— Le Visage-Pâle don Torribio, le sachem apache le Cœur-Bouillant, le sachem sioux l'Oiseau-Moqueur.
— Pas d'autres ?
— Non.
Le jeune homme réfléchit un instant.
— Soit, dit-il enfin, je parlerai, que mes frères s'approchent de ma couche ; ma voix est faible et il faut qu'ils entendent bien la proposition que je désire leur faire, afin qu'ils puissent me répondre,
Les trois hommes se rapprochèrent et s'accroupirent autour de lui.
— Mon frère a reçu de bien cruelles blessures, lui dit le Cœur-Bouillant d'une voix insinuante, qui les lui a faites ?
— Les Visages-Pâles. Ils m'ont attaché à quatre piquets comme un chien ou un esclave et m'ont fouetté ; ils m'auraient tué, dit-il d'une voix sourde, avec un accent de haine impossible à rendre, si le chef de la prière n'avait pas eu pitié de moi.
— Mon frère est bon, murmura le Moqueur avec une ironie mielleuse, il pardonnera à ses ennemis ; son cœur ne sait pas haïr, il est trop jeune encore.
L'œil du jeune homme lança un éclair sinistre.
— Serais-je ici si je ne voulais pas me venger ? dit-il en grinçant des dents.
— Les guerriers rouges aiment le Vautour-Fauve, reprit le Moqueur, il est leur frère, ils l'aideront dans sa vengeance.
— C'est ce que je désire.
— Que fera mon frère pour cela ?
— Attendez, je suis venu vous proposer un marché.
— Que mon frère parle.
— Nos oreilles sont ouvertes.
— Nous sommes prêts à vous entendre, ajouta don Torribio.
Ces trois invitations furent répétées presque simultanément.
Le Vautour-Fauve sourit.
Il ne s'était pas trompé en venant trouver ces démons, son pacte avec eux n'était pas rompu, il pouvait encore compter sur leur assistance.
— Je puis, reprit-il, non pas livrer à mes frères le camp des Visages-Pâles, cela est impossible, mais faire tomber entre leurs mains leurs principaux ennemis.
— L'Éclair ? s'écria le Moqueur.
— Le général ? fit don Torribio.
— L'Aigle-Rouge ? ajouta le Cœur-Bouillant.
— L'Éclair, l'Aigle-Rouge et le général ne sont pas au camp, répondit-il.
— Alors ?... murmurèrent les trois chefs déconcertés.
— Ceux que je ferai tomber entre vos mains valent mieux que ceux que vous me demandez, car ils les feront venir d'eux-mêmes, ceux-là, fit avec un sourire sinistre.
— Que mon frère s'explique.
— Nous attendons.
— Je puis faire descendre dans la plaine, à un endroit où il sera facile de

s'emparer d'eux, le chef de la prière qui est le frère du général, la Brise-du-Matin, la *Ciualt* de l'Éclair, le Lys-Rosé, la femme du général et son fils âgé de onze ans à peine. Mes frères les sachems ne pensent-ils pas comme moi que ces personnes valent mieux encore que celles qu'ils me demandent?

— Certes, s'écria don Torribio.

— Oui, elles valent mieux, dirent ensemble les deux chefs.

— Mon frère peut faire cela? ajouta le Moqueur.

— Je le puis, dit-il nettement.

— Quand cela?

— Demain.

— Demain!... s'écrièrent-ils avec admiration.

— Demain, je l'ai dit, mais à une condition.

— Il faudra qu'elle soit bien difficile, sinon impossible à accepter, pour que nous la refusions.

— Cette condition est très facile à remplir, au contraire.

— Bon, que mon frère parle.

— Je veux, vous entendez bien, je veux être maître du sort des prisonniers que je désignerai, sans que personne puisse s'opposer ni par la force, ni par la prière, à ce qu'il me plaira de faire d'eux, quel que soit ce que je leur réserve.

Les trois hommes échangèrent un regard, ils s'étaient compris; cette condition n'était rien pour eux : que leur importait ce que le Vautour-Fauve ferait de ces prisonniers, qui ne pouvaient être que ses prisonniers personnels?

— Soit, dirent-ils d'une seule voix, nous acceptons la condition du Vautour-Fauve.

— Mes frères en font le serment par le Wacondah et sur leur totem?

— Sur notre totem et par le Wacondah nous en faisons le serment! répondirent les deux sachems avec un inexprimable accent de majesté.

— Je remercie mes frères. Et vous, señor, demanda-t-il à don Torribio, êtes-vous prêt à me faire le serment que je désire?

— Quel serment exigez-vous de moi? Parlez, je le ferai.

— Promettez par votre foi de chrétien et sur votre honneur de gentilhomme, je sais que vous l'êtes, et de haute race.

— Hein! comment savez-vous?...

— Peu importe comment; jurez-vous?

— Je vous le jure par ma foi de chrétien et sur mon nom de gentilhomme.

— Je vous remercie, señor, et maintenant, écoutez tous.

Les trois hommes tendirent de plus en plus leur attention.

— L'entreprise que je vous propose est périlleuse, difficile; elle ne peut réussir qu'au prix de la mort d'au moins quarante des vôtres; êtes-vous prêt à faire ce sacrifice?

— Oui, si à ce prix nous sommes certains de réussir.

— A mon tour je m'engage et je vous garantis le succès.

— Ah! nos oreilles sont ouvertes.

— Ces quarante hommes devront se faire tuer jusqu'au dernier, sans hésiter, sans reculer d'un pouce, pour donner le temps à leurs compagnons d'enlever les prisonniers, et de faire disparaître les traces de leur passage, afin de rendre toute piste impossible, sinon votre camp serait bientôt découvert et vos prisonniers repris.

— Le camp des Ancêtres ne doit jamais être connu des Visages-Pâles, dit froidement le Moqueur.

— J'offre quarante hommes de ma troupe, dit résolument don Torribio ; mieux vaut laisser aux Peaux-Rouges le soin d'effacer leur piste, ils y réussiront plus complètement que mes chasseurs.

— Une autre troupe, composée d'une vingtaine de guerriers seulement, enlèvera les prisonniers.

— Bon, mais où placera-t-on l'embuscade ? demanda le Moqueur.

— Cette nuit, deux heures avant le chant de la hulotte bleue, les guerriers chargés de l'expédition s'embarqueront dans des pirogues ; ils descendront le courant jusqu'au Nebraska, entreront dans cette seconde rivière ; passeront derrière l'île qui de ce côté n'est que très peu gardée, aborderont à un endroit que je leur désignerai ; et presque aussitôt ils seront cachés et en sûreté dans l'intérieur d'un bois qui aboutit jusqu'à un *calli*, où les gens dont ils doivent s'emparer se rendront demain vers dix heures du matin. Quant au retour, comme il serait très difficile de remonter les deux rivières en plein jour, je me charge de conduire les guerriers par un chemin que seul je connais.

— Mon frère servira de guide à l'expédition ? demanda le Moqueur.

— Je lui servirai de guide.

— Mon frère est malade, blessé.

— Que signifie cela ?

— Ne craint-il pas que ses forces trahissent son courage ?

— Ma haine me soutiendra.

— Soit, mon frère est un grand brave.

— Préparez les pirogues, choisissez les hommes, n'oubliez pas que nous partirons cette nuit deux heures avant le chant de la hulotte, que nous avons du chemin à faire, et qu'il nous faut arriver avant *l'enditah*, — le lever du soleil.

— Tout sera prêt comme le désire notre frère et à l'heure dite ; que va faire le Vautour-Fauve maintenant ?

— Je vais prendre un peu de nourriture, car je tombe de besoin, puis je dormirai jusqu'à l'heure du départ.

— C'est bon, les sachems remercient le Vautour-Fauve ; la nourriture qu'il désire lui sera apportée par un chef.

En effet, quelques minutes plus tard, le Moqueur revint avec des vivres.

Le jeune homme mangea de grand appétit : la nature a des besoins impérieux qu'il faut absolument satisfaire. Puis, lorsque sa faim fut calmée, il s'étendit sur sa couche et ne tarda pas à s'endormir d'un sommeil calme et profond qui persista pendant la journée tout entière.

A l'heure dite, l'expédition partit, le Cœur-Bouillant commandait les Peaux-Rouges chargés de l'enlèvement ; Joë Smitt avait reçu le commandement des pirates.

Don Torribio commençait à éprouver certaines méfiances à l'égard de cet homme qui était parvenu à force d'adresse à découvrir plus des secrets du ténébreux Mexicain que celui-ci ne voulait lui en laisser connaître ; il avait résolu de s'en débarrasser à tout prix. Il lui fit la leçon, lui donna une forte somme et lui en promit une plus forte encore s'il parvenait à engager ses hommes de façon à leur faire soutenir la retraite, même au péril de leur vie ; Joë Smitt ne vit pas le piège qui lui était tendu ; il agit bravement, convaincu qu'il parviendrait facilement à se dégager ; mais lorsqu'il voulut fuir, il était trop tard ; alors il devina le guet-apens, mais, il n'y avait plus de remède, il avait si bien suivi les instructions qu'il avait reçues qu'il périt avec les siens.

Le coup de main fut conduit avec une habileté extrême. Clair-de-Lune, qui ne croyait pas au danger, eut ses hommes enlevés en un clin d'œil, lui-même ne parvint, non pas à se dégager, mais à résister et à sauver la marquise que par un miracle d'audace ; en somme, ce fut un immense coup de filet.

Le dévouement de Jeannette sauva la marquise, la courageuse créature se fit bravement prendre par les Indiens pour donner à sa maîtresse le temps de fuir.

Cependant, tandis que les pirates et les quelques Sioux, Pawnies et Apaches qui les accompagnaient se faisaient tuer ainsi qu'ils en avaient reçu l'ordre, le Cœur-Bouillant opérait sa retraite sous la direction du Vautour-Fauve.

Cette retraite avait été exécutée avec un grand bonheur, les Peaux-Rouges s'étaient jetés dans les pirogues, et s'étaient abandonnés au fil de l'eau ; le courant les avait emportés avec force et si rapidement *drossés*, qu'en moins de dix minutes ils furent hors de vue.

L'attention générale était concentrée sur le bois où se livrait un combat terrible ; personne n'aperçut les fuyards et ne se douta de la route qu'ils avaient suivie ; les habitants de Sainte-Marie et ceux de l'île, qui seuls auraient pu les découvrir, étaient trop préoccupés par ce qui se passait autour d'eux pour songer à diriger leurs regards sur la rivière.

Le Cœur-Bouillant débarqua à trois lieues environ de l'endroit où la surprise avait été exécutée.

Là, un nombreux détachement de confédérés commandé par le Moqueur en personne attendait le résultat de l'expédition.

Les confédérés étaient à cheval.

Les arrivants montèrent en croupe, les prisonniers furent attachés sur des chevaux, et toute la troupe fit une pointe ventre à terre dans une direction diamétralement opposée à celle qu'elle voulait suivre ; puis, après de nombreux détours, elle s'engagea dans une série de montagnes assez élevées sur les pentes desquelles elle s'éleva jusqu'à ce qu'elle atteignit un plateau dominé par un autre plus haut encore.

Arrivée là, une partie de la troupe mit pied à terre, le reste reprit sa course affolée à travers le désert et ne tarda pas à disparaître dans le lointain.

Ceux qui étaient ainsi demeurés en arrière étaient le Cœur-Bouillant, le Vautour-Fauve, les prisonniers et les Peaux-Rouges qui avaient exécuté l'enlèvement.

L'endroit où ils se trouvaient n'était qu'un chaos de rochers au milieu desquels toute piste était impossible à découvrir; cependant, par surcroît de précaution, les prisonniers furent portés, pendant un espace assez long, jusqu'à l'entrée d'une caverne qu'en moins de cinq minutes on débarrassa des pierres et des broussailles qui l'obstruaient, puis Indiens et prisonniers disparurent dans le souterrain.

L'entrée de la grotte fut alors rétabli dans son état primitif avec une si grande habileté par un Indien demeuré en dehors, que toutes recherches auraient été impossibles à moins de savoir que là existait une grotte et un souterrain.

Ce travail terminé, le Peau-Rouge escalada les rochers, courut comme un écureuil de branche en branche sur les arbres et bientôt il eut disparu.

Les Indiens, après avoir traversé plusieurs galeries qui s'enchevêtraient les unes dans les autres et formaient un labyrinthe inextricable, atteignirent enfin après une heure de marche une seconde caverne.

Cette caverne débouchait sur une rivière assez large qui coulait pittoresquement sous le dôme de verdure des arbres centenaires d'une forêt vierge.

Plusieurs pirogues étaient cachées dans la grotte; les Indiens en mirent deux à l'eau, s'embarquèrent, et commencèrent à pagayer avec vigueur pour aider le courant qui les emportait avec une rapidité extrême.

Nous avons oublié de dire que les Peaux-Rouges, lorsqu'ils s'étaient emparés de leurs prisonniers, avaient eu la précaution, non seulement de les garrotter solidement, mais encore de les rouler dans des couvertures de façon que ceux-ci ne pussent rien voir.

De sorte que les malheureux ignoraient complètement où ils étaient.

Cependant cette précaution de les aveugler ainsi les rassurait en leur prouvant que, pour le moment du moins, on n'en voulait pas à leur vie.

Les pirogues voguaient rapidement; cette course sur la rivière dura près de deux heures; puis tout à coup il y eut un choc; les pirogues enfoncèrent en grinçant leur avant dans le sable, et s'arrêtèrent.

On débarqua.

Le voyage était enfin terminé; le soleil était bas à l'horizon, presque au niveau des hautes herbes; les Indiens avaient atteint le camp des Ancêtres, où depuis longtemps déjà les compagnons dont ils s'étaient séparés quelques heures auparavant les avaient précédés.

Les prisonniers furent enlevés comme des ballots, portés dans l'intérieur du palais jusqu'à une vaste chambre, où on les laissa, après toutefois les avoir débarrassés des couvertures qui les aveuglaient et les étouffaient presque, et avoir détaché les liens qui les garrottaient.

Cette double opération fut exécutée silencieusement; puis les malheureux demeurèrent seuls.

Ils étaient au nombre de dix.

L'abbé Gabriel, le jeune Alain de Bodegast, Brise-du-Matin, Jeannette, Ivonne, le Pécari, Salaün, Judikaël, Tête-de-Plume et Kardeck, les quatre Bretons qui, sur l'ordre de Clair-de-Lune, avaient si cruellement fouetté le Vautour-Fauve.

Les prisonniers se laissèrent tomber plutôt qu'ils ne s'assirent sur des amas de feuilles sèches qui probablement avaient été à leur intention placés dans cette pièce.

Les deux jeunes Bretonnes pleuraient.

Brise-du-Matin était sombre, mais ferme.

Le Pécari et les quatre Bretons affichaient une indifférence stoïque.

L'abbé Gabriel était calme et souriant.

Son neveu Alain se tenait près de lui, le front pâle, les lèvres serrées, les sourcils froncés à se joindre; l'enfant souffrait de la fatigue et de la faim, mais il ne se plaignait pas, parfois même il essayait de sourire.

— Mes frères, dit l'abbé Gabriel après quelques minutes, venez près de moi.

Tous se levèrent et se hâtèrent de s'approcher.

— Voici le soir, continua l'abbé Gabriel, les hommes qui se sont emparés de nous sans doute nous laisseront une nuit tranquille; mes enfants, le Seigneur est notre seul guide et notre unique soutien dans la douleur; remercions-le de nous avoir sauvés jusqu'à cette heure, prions pour ceux qui ont succombé, et pour ceux qui nous sont chers et dont nous sommes séparés.

Les prisonniers s'agenouillèrent, baissèrent pieusement la tête et joignirent les mains; l'abbé Gabriel, debout au milieu d'eux, commença la prière, qui fut répétée à haute voix par les assistants.

La prière terminée, le missionnaire adressa à ses compagnons une exhortation, dans laquelle il s'appliqua à relever leur courage, à leur recommander la confiance la plus absolue en Dieu, sans la volonté duquel rien ne pouvait arriver. Cette exhortation simple, sensée, partant du cœur, fut religieusement écoutée par ces pauvres malheureux, auxquels elle rendit presque l'espoir et dont elle doubla le courage.

— Mes enfants, dit-il en finissant, souvenez-vous que, si vous êtes prisonniers, votre âme est libre, aucune puissance humaine ne saurait l'empêcher de s'élever vers son Créateur. Dieu vous voit, il vous entend, il vous aime; la douleur passagère qu'il vous impose en ce moment n'est qu'une épreuve qu'il vous fait subir, pour épurer vos sentiments et vous rendre dignes des grands desseins que sans nul doute il a sur vous; la souffrance est le creuset dans lequel le Seigneur se plaît, dans sa bonté infinie, à épurer de tout alliage le cœur de ses créatures de prédilection; bénissez son saint nom, remerciez-le d'avoir été jugés dignes de souffrir pour lui; abandonnez-vous en toute confiance à sa sublime bonté, elle ne vous faillira pas; de même qu'il a relevé Job de son abjection, qu'il a sauvé Daniel des morsures cruelles des bêtes féroces au milieu desquelles il avait été jeté, de même, lorsque le moment sera venu, il fera luire sur vous le rayon sacré et tout-puissant de sa grâce. Mes enfants, je vous bénis au nom du Seigneur.

Après avoir prononcé ces paroles de sa voix mélodieuse et dont les accents sympathiques allaient si profondément au cœur, l'abbé Gabriel se rassit en faisant signe à ses compagnons de l'imiter.

Près d'une demi-heure s'écoula, pendant laquelle les Bretons causaient entre eux à voix basse; les femmes demeuraient immobiles, la tête cachée dans les mains, l'enfant essayait de dormir et l'abbé Gabriel, aux dernières lartés du jour, lisait son bréviaire.

La claie, garnie d'une peau de bison qui servait de porte, fut dérangée et un homme entra brutalement suivi de plusieurs autres.

Par un mouvement électrique, tous les prisonniers furent debout au même instant.

Le Cœur-Bouillant, car c'était lui, fit un signe à ceux qui le suivaient.

Ceux-ci déposèrent à terre plusieurs paniers qu'ils portaient.

— Mangez, chiens, dit le chef, demain vous mourrez.

— Et toi, après-demain, dit le Pécari avec une ironie mordante.

Le chef se retourna comme si un serpent l'eût piqué.

— Ah! tu es ici, dit-il en apercevant le chasseur; jappe, chien poltron, demain tu chanteras au poteau de torture.

— Le poltron et le lâche est celui qui insulte un ennemi prisonnier, reprit le chasseur avec dédain; tu n'es pas un chef, tu n'es qu'une vieille femme bavarde.

Le Cœur-Bouillant s'élança sur le chasseur.

— Vil rebut des Visages-Pâles, s'écria-t-il en brandissant son tomahawk, oses-tu bien parler ainsi!

— Frappe donc, lâche! dit froidement le chasseur.

Le Cœur-Bouillant poussa un rugissement de rage.

C'en était fait du chasseur; mais celui-ci, dont l'œil ne perdait pas de vue son adversaire, se rua à l'improviste sur lui par un mouvement si brusque et si bien combiné qu'il lui enleva sa hache, le renversa sur le sol et lui appuya son genou sur la poitrine.

— Ah! ah! lui dit-il en ricanant, qui de nous deux est le plus près de la mort?

Cette attaque avait été si rapide, que les Indiens, frappés de stupéfaction, n'avaient fait aucun mouvement pour venir au secours de leur chef.

Le Cœur-Bouillant était perdu, il le sentit, et, avec cet héroïsme stoïque des Peaux-Rouges, il dédaigna d'essayer de se soustraire au sort qui le menaçait.

— Tue-moi, dit-il.

Le Pécari leva la hache dont le fer jeta une lueur sinistre; mais l'abbé Gabriel avait tout vu, il s'élança vers le chasseur et lui arrêtant le bras:

— Malheureux! s'écria-t-il, qu'allez-vous faire?

— Tuer cet homme; ne puis-je donc pas me venger?

— La vengeance m'appartient, a dit le Seigneur, ce meurtre vous sauvera-t-il? Soyez homme, mon frère; pardonnez à ce malheureux, indigne de votre colère. Hélas! il ne sait ce qu'il fait.

Le Pécari baissa la tête, ses sourcils se froncèrent, mais prenant aussitôt son parti:

— Je vous remercie et je vous prie de me pardonner, mon père, dit-il, j'ai eu tort.

Il se releva et tendant la main au Peau-Rouge, en même temps qu'il lui présentait sa hache:

— Relevez-vous et reprenez votre tomahawk, chef, lui dit-il, vous êtes sauf; mais une autre fois n'insultez pas les braves que la trahison et non le courage a fait tomber entre vos mains.

A quelques pas du champ de bataille il aperçut un corps étendu, il reconnut son père.

Le Cœur-Bouillant se releva en proie à une émotion étrange.
— Pourquoi le Visage-Pâle ne m'a-t-il pas tué, demanda-t-il, puisqu'il me tenait renversé sous son genou?
— Parce que, répondit gravement le Pécari, ma religion me défend de frapper un ennemi sans défense, et, ajouta-t-il en désignant l'abbé Gabriel, je remercie mon père de m'en avoir fait souvenir.

— Ooah ! s'écria l'Indien au comble de la surprise, le Grand-Esprit des blancs défend cela ?

Il demeura un instant plongé dans de profondes réflexions, puis relevant tout à coup la tête :

— Mais cependant le Visage-Pâle sait que demain il sera attaché au poteau de torture ?

— Je le sais.

— Et sachant cela le Visage-Pâle a renoncé à me tuer ?

— J'agirais encore de même maintenant.

— Le Visage Pâle est brave, son chant de mort sera beau au poteau de torture.

— Je ne suis pas un Indien, répondit le Pécari en hochant la tête, pour me glorifier de mes hauts faits en face de la mort ; je prierai mon Dieu de me donner la force de mourir en homme et en chrétien.

Le Cœur-Bouillant faisait d'incroyables efforts pour comprendre ces paroles et ces sentiments qui pour lui étaient une indéchiffrable énigme, mais il fut forcé d'y renoncer.

— Bon, fit-il, le Pécari est un guerrier, le Cœur-Bouillant le traitera comme tel.

— Merci, chef, je ne vous demande pas d'autre grâce.

L'Indien s'approcha alors du missionnaire et le saluant avec courtoisie, presque avec respect :

— Mon père est jeune d'années, lui dit-il, et pourtant il possède la sagesse de longs hivers ; il a sauvé la vie du Cœur-Bouillant, le sachem se souviendra.

Puis il fit signe aux Indiens qui l'avaient accompagné et qui se tenaient immobiles près de la porte prêts à le suivre, et il sortit en saluant de la main l'abbé Gabriel et le Pécari.

— Êtes-vous fâché de ce que vous avez fait, mon fils ? demanda le missionnaire au chasseur.

— Non, mon père, et encore une fois je vous remercie de votre généreuse intervention ; elle nous sera, je le crois, très utile, sinon à moi, ajouta-t-il avec un sourire de résignation, mais du moins à vous et à nos compagnons.

— Je ne vous comprends pas.

— Le Cœur-Bouillant est un brave guerrier, célèbre dans sa nation et honnête, quoique Peau-Rouge et Apache ; il vous doit la vie, il sauvera la vôtre.

— Ma vie est entre les mains de Dieu, mon fils, elle ne dépend pas de la volonté des hommes ; le plus misérable insecte ne meurt pas dans le désert sans que Dieu l'ait ordonné ainsi ; mais, ajouta-t-il doucement, à présent que tout danger est provisoirement écarté et que nous avons la presque certitude de vivre jusqu'à demain, partageons-nous ces vivres que nous devons à la pitié de nos ennemis.

L'abbé Gabriel procéda aussitôt au partage des provisions ; elles consistaient en quartiers de venaison grillés sur des charbons ardents et en patates douces, cuites sous la cendre ; trois calebasses pleines d'eau complétaient le menu de ce repas plus que frugal.

Le Pécari et les Bretons y firent honneur; quant aux femmes, excepté la jeune Indienne qui, en sa qualité de femme d'un chef, se croyait obligée d'être stoïque, et qui mangea pour la forme, elles ne burent que quelques gorgées d'eau.

L'abbé Gabriel partagea son repas avec son neveu; l'enfant, avec l'insouciance de son âge, mangea d'assez bon appétit.

Tout en mangeant, il causait.

— Mon oncle, demanda-t-il au missionnaire, est-ce que ces méchants Indiens nous tueront?

— J'espère, cher enfant, que votre âge trouvera grâce auprès d'eux, répondit le missionnaire qui savait parfaitement à quoi s'en tenir à cet égard, mais qui préférait par pitié laisser l'enfant dans une ignorance complète sur son sort probable.

— Pardon, monsieur l'abbé, vous vous trompez, dit froidement le Pécari, qui déjoua ainsi les plans du pieux missionnaire; des Indiens honnêtes comme les Comanches ou les Creecks, par exemple, peuvent parfois, lorsqu'ils ne sont pas trop en colère, faire grâce aux enfants et aux femmes, mais les Sioux, les Apaches, les Keuh'as et tous les autres bandits entre les mains desquels nous sommes tombés ne pardonnent pas plus aux enfants qu'aux femmes ou aux vieillards; ils éprouvent même un extrême plaisir à les torturer; vous ne les connaissez pas, mon père, ce sont les plus féroces brigands de tous les Peaux-Rouges qui sillonnent le désert.

— Pourquoi parler ainsi devant ce pauvre enfant? répondit le missionnaire d'un ton de reproche; ne valait-il pas mieux le laisser dans l'ignorance?

— Pardonnez-moi si j'ai eu tort, mon père, j'ai cru bien faire; cet enfant est le fils d'un soldat après tout, son père est brave, il doit l'être aussi et regarder courageusement la mort en face quand le moment sera venu pour lui de mourir.

— Vous avez bien fait de me dire cela, Pécari, et je vous remercie, dit vivement l'enfant: je suis trop jeune encore peut-être pour savoir si je suis brave, et ce que c'est que le courage, mais j'ai la conviction que, quoi qu'il arrive, je ne déshonorerai pas le nom de mon père. Oh! que je remercie Dieu du fond du cœur, s'écria-t-il avec élan, que Clair-de-Lune ait réussi à sauver ma bonne et chère mère!

L'abbé Gabriel l'embrassa avec attendrissement.

— Noble enfant! s'écria-t-il, et s'adressant à ses compagnons: Mes frères, ajouta le missionnaire, unissons-nous pour la prière du soir.

Quelques minutes plus tard, les prisonniers dormaient ou semblaient dormir; seul l'abbé Gabriel priait encore; mais bientôt la fatigue qui l'accablait fut plus forte que sa volonté, ses yeux se fermèrent et il s'endormit, lui aussi.

Vers cinq heures du matin, un peu avant le lever du soleil, la claie placée devant la porte fut poussée sans bruit, et un homme parut; cet homme, sur lequel se jouait en ce moment un rayon de lune, aurait été aussitôt reconnu par les prisonniers s'ils n'avaient pas été plongés dans un lourd et profond sommeil.

C'était Balle-Franche!...

Comment le chasseur était-il parvenu à s'introduire dans le camp et à découvrir l'endroit où ses amis étaient renfermés ?...

XI

OU L'ON VOIT MILORD PRENDRE L'EMPLOI DES GRANDS PREMIERS ROLES SEUL ET SANS PARTAGE

Trois heures à peine s'étaient écoulées depuis la rentrée d'Alain Kergras à la mission avec son lugubre cortège de morts et de blessés, au milieu des pleurs et des sanglots de la population à demi-folle de douleur.

Les blessés avaient été transportés à l'ambulance, les morts conduits au cimetière et enterrés.

Le général marchait de long en large dans le salon de la maison de son frère de lait, suivant d'un regard morne les habitants de Sainte-Marie qui vaguaient sans but à travers les rues et les places de la mission, en se tordant les bras, levant les yeux au ciel et poussant des cris de désespoir qui lui brisaient le cœur; Alain attendait avec anxiété des nouvelles de la marquise à laquelle on prodiguait vainement les secours les plus assidus et qui demeurait toujours sans connaissance.

Tout à coup un grand bruit se fit entendre au dehors. Alain interrogea un chasseur qui passait en courant devant lui.

Le général de Bodegast arrivait.

A cette nouvelle, le loyal Breton se sentit frappé au cœur comme par un fer brûlant; il fut sur le point de s'évanouir, le sol manqua sous ses pas tremblants, il se traîna jusqu'à un siège, s'affaissa sur lui-même en murmurant d'une voix étranglée :

— Mon Dieu! mon Dieu! Mon frère! mon pauvre frère!

Il laissa tomber sa tête sur sa poitrine, cacha son visage dans ses mains, et il pleura, comme peuvent pleurer ces cœurs de lions, dont l'âme a été trempée au feu de cent batailles, avec des sanglots ressemblant à des rugissements.

Décrire ou seulement essayer de rendre la douleur et le désespoir du général de Bodegast à la nouvelle de ce qui s'était passé pendant son absence est une tâche au-dessus de nos forces, nous y renonçons.

Cet homme, si fort, si bon, si vaillant, que rien ne pouvait plus émouvoir ni surprendre, fut littéralement foudroyé; pendant quelques instants, il n'eut plus la tête à lui, et, si Dieu ne lui avait pas envoyé des larmes, il serait devenu fou ou il serait mort.

Lui qui, après une excursion laborieuse, revenait presque heureux d'avoir retrouvé son ami le plus cher, qui sentait son cœur se rouvrir à l'espérance de réussir dans l'expédition presque impossible qu'il avait tentée dans ces impénétrables déserts, voir tout à coup ses projets renversés d'une façon si terrible et si inattendue, se sentir frappé d'un coup aussi affreux dans les êtres qui lui étaient les plus chers! Ce concours inouï de circonstances qui déjouaient toutes les combinaisons de la prudence humaine le frappait littéralement de stupeur, en lui prouvant le néant des projets les mieux conçus, et la folie de compter sur ce qui en apparence est le plus solidement établi.

Mais la réaction fut prompte, cette vaillante et énergique nature ne pouvait succomber ainsi; par un effort surhumain, le général, tel que le lutteur antique, contraignit la douleur à rentrer muette désormais au fond de son cœur; il redevint subitement maître de lui-même, et redressa fièrement la tête avec cette mélancolique mais inébranlable résignation du Titan foudroyé qui est résolu, sinon à vaincre, du moins à rentrer vaillamment dans la lice, et à succomber en s'ensevelissant invaincu sous un monceau de ruines.

Dès ce moment, tout changea; des ordres furent expédiés dans toutes les directions, le calme rétabli; la tranquillité commença à rentrer parmi les habitants de Sainte-Marie, auxquels le général, par sa conduite ferme, sut en quelques heures à peine inspirer une confiance sans bornes.

La marquise, à son exemple, avait non pas dompté, mais concentré sa douleur; froide et calme en apparence, elle apparaissait telle qu'elle avait été aux premiers jours de sa jeunesse.

— Mon fils? avait-elle dit à son mari.

— Nous le sauverons, avait répondu fièrement le général.

Seul Alain était inconsolable; il fallut que le général lui rendît le courage qui l'avait abandonné.

Vers cinq heures du soir, on convoqua le conseil; les éclaireurs étaient rentrés sans rien découvrir; il n'y avait pas un instant à perdre : il fallait aviser.

Les membres du conseil étaient le comte de Tancarville, résolu à tout tenter pour rendre à son ami le fils qui lui avait été enlevé, Bon-Affût, l'Éclair, Balle-Franche, l'Aigle-Rouge, l'Ocelolt, Alain et le général.

La marquise, bien que sans prendre part à la discussion, avait voulu assister au conseil.

Plusieurs avis furent émis et discutés tour à tour, mais aucun d'eux ne remplissait le but qu'on se proposait,

Le point de départ manquait, la piste perdue, qu'il fallait retrouver et retrouver promptement.

L'Aigle-Rouge, qui n'avait pas encore prononcé un mot, s'adressa alors à M. de Bodegast.

— Pardon, mon général, dit-il, je vois que nous pouvons discuter ainsi très longtemps sans aboutir à rien, et il importe de trouver le plus tôt possible la piste des Peaux-Rouges.

— C'est cela même, mon ami, répondit le général.

— Eh bien! moi, si vous y consentez, je me charge de retrouver non seulement cette piste, mais encore de vous conduire tout droit au repaire des bandits.

— Comment, si j'y consens? Mais tout de suite.

— Alors c'est entendu, général.

— Mais comment ferez-vous?

— Oh! c'est bien facile; je dirai à Milord de vous conduire et il vous conduira, soyez tranquille.

— C'est mal de plaisanter dans une circonstance pareille, mon ami.

— Dieu me garde de plaisanter avec votre douleur, mon général; vous êtes injuste pour Milord, la bonne bête vous a déjà donné cependant des preuves de son savoir-faire. Que voulez-vous, mon général, ajouta-t-il avec bonhomie, lorsque l'intelligence des hommes est en défaut, il peut être nécessaire d'avoir recours à l'instinct des animaux qui ne les trompe jamais, lui.

— Mon cousin a raison, général, dit Balle-Franche avec un sourire triste.

— J'ai foi en Milord, ajouta Bon-Affût.

— Le Grand-Esprit conduit lui-même ses créatures, murmura le sachem avec conviction.

Le général se taisait; un combat se livrait dans son esprit, il hésitait.

— C'est notre ressource suprême, dit doucement la marquise.

— Vous êtes tous de cet avis? demanda le général.

— Oui, général, répondirent d'une seule voix les membres du conseil.

— Eh bien! soit, nous suivrons Milord cette nuit même. Dans deux heures, nous tenterons la reconnaissance; si le chien nous met sur la bonne voie, nous agirons aussitôt.

— Si vous y consentez, général, mon cousin et moi nous ferons la reconnaissance, dit Balle-Franche.

— Écoutez, dit le général de ce ton de commandement qu'il savait si bien prendre dans les circonstances graves. Alain, tu prendras le commandement suprême de tous les cantonnements. Aussitôt notre départ, tu ne laisseras que les hommes strictement nécessaires pour la garde des retranchements, les autres seront massés dans la plaine avec deux pièces de canon attelées et placées sous les ordres du comte de Tancarville; l'Ocelot, de son côté, exécutera la même manœuvre avec ses guerriers; les troupes seront prêtes à marcher au premier signal. Vous, Bon-Affût, vous nous accompagnerez à portée de fusil en arrière avec vos chasseurs.

— Oui, mon général.

— Tu m'as bien compris, Alain?

— Pourquoi ne me laisses-tu pas t'accompagner, frère?

— Parce que j'ai ici besoin d'un homme sûr, d'un autre moi-même, et que toi seul peux me remplacer.

— Je t'obéirai, frère.

— Merci, lui dit le général avec une affectueuse poignée de main. Balle-Franche, l'Aigle-Rouge, l'Éclair et moi tenterons la reconnaissance, accompagnés de deux guerriers comanches qui, au besoin, nous serviront de courriers. Messieurs, préparez-vous, nous partons dans une heure.

— Et moi, Lucien? demanda la marquise.

— Vous, Andrée?

— Oui, resterai-je donc ici? Demeurerai-je ainsi plongée dans cette inquiétude mortelle qui me tue; ne serai-je donc pas la première à embrasser mon fils?

— Nous tentons une expédition désespérée, ma chère Andrée, expédition qui peut-être nous coûtera la vie ; vous ne pouvez nous suivre.

— Lucien, reprit la marquise en regardant son mari en face, je vous suivrai, je le veux.

Elle accentua ces trois mots avec une expression tellement étrange, sa physionomie rayonnait d'une résolution si ferme et si arrêtée, que le général fit un mouvement de surprise, presque d'épouvante.

C'était la première fois que la marquise disait : Je le veux ! elle la femme aimante, dévouée, qui jamais n'avait eu d'autre volonté que celle de son mari. Le général comprit tout ce qu'il devait y avoir d'angoisse et de douleur dans le cœur de cette mère pour qu'elle osât parler ainsi ; il inclina lentement la tête, et, avec un doux et mélancolique sourire :

— Soit, Andrée, lui dit-il, vous viendrez.

— Oh ! merci ! s'écria-t-elle en se jetant dans ses bras et en fondant en larmes.

A sept heures du soir, ainsi que l'ordre en avait été donné par le général, les personnes qui devaient faire partie de la reconnaissance étaient rassemblées à l'intérieur des retranchements ; seul Bon-Affût était absent, il avait été rejoindre ses chasseurs que les Comanches avaient relevés à leur embuscade, et à la tête de sa troupe il attendait au bas de la colline.

La marquise avait endossé son costume de voyage, costume presque masculin, beaucoup plus commode que des vêtements de femme pour l'expédition qu'elle tentait ; seulement on remarqua, mais sans cependant lui en faire l'observation, qu'elle avait passé dans la jupe de crêpe de Chine qui lui servait de ceinture, une paire de pistolets et un criss malais.

L'héroïne des guerres de la Vendée avait complètement reparu.

La nuit était belle, calme, sereine, le ciel sablé comme d'un semis de poussière de diamant de millions d'étoiles étincelantes, l'atmosphère d'une pureté telle qu'il était facile de distinguer les moindres objets à une distance considérable, bien que la lune ne fût pas encore levée. Des frissons mystérieux agitaient la cime feuillue des arbres qui bruissaient en doux et plaintifs murmures ; on voyait voleter dans l'éther des millions de folles lucioles qui produisaient de continuels rayonnements ; sous chaque brin d'herbe on sentait le travail incessant des infiniment petits qui jamais ne s'arrête ; dans les lointains bleuâtres de l'horizon résonnaient les glapissements saccadés des loups rouges en chasse et les miaulements plaintifs des jaguars à l'abreuvoir. C'était une de ces nuits pures remplies de mélodies saisissantes et indéfinies, inconnues dans nos froids et brumeux climats, où le cœur se repose, où l'on respire la vie à pleins poumons avec les âcres senteurs du désert, et où l'âme bercée par de fugitives et ravissantes rêveries, abandonne la terre pour s'élever vers Dieu.

On descendit lentement la colline.

Le général prit son frère de lait à part :

— Je ne veux pas te quitter sans te demander des nouvelles de ton père, lui dit-il avec émotion. Comment est-il ?

Alain hocha la tête.

— Il va mal, répondit-il, le moral est surtout chez lui bien affecté, il ne se pardonne pas ce qui s'est passé.

— Hélas! il est la seule cause de tout ce qui est arrivé.

— Il le comprend maintenant; cette certitude le tue bien plus sûrement que les blessures qu'il a reçues, si graves qu'elles soient.

— Pauvre Hervé! murmura le général, il a cru bien faire; je ne puis lui en vouloir, je n'ai pas voulu le voir, de peur d'empirer par ma présence l'état où il se trouve.

— Je te remercie; d'ailleurs, il ignore ton retour.

— Maintiens-le dans cette ignorance jusqu'à ce que tout danger ait disparu; et maintenant embrasse-moi, frère, et à la grâce de Dieu! lui seul peut nous faire réussir.

Les deux frères de lait s'embrassèrent silencieusement, puis Alain, après avoir échangé à voix basse quelques mots avec la marquise, regagna la mission.

— Sommes-nous prêts? demanda le général.

— A vos ordres, général, répondit l'Aigle-Rouge.

— Eh bien! allez.

Le Canadien prit des mains de Balle-Franche quelques vêtements que celui-ci avait emportés et il siffla doucement le chien qui accourut aussitôt, et sur un signe se plaça devant lui.

— Milord, lui dit alors le chasseur avec ce flegme dont il ne se départait jamais, faites bien attention à ce que je vais vous dire, mon garçon; un grand malheur est arrivé pendant notre absence, plusieurs personnes que tous nous aimons ont disparu; ces personnes, nous comptons sur vous pour les retrouver.

— A quoi bon tout cela? s'écria le général avec impatience.

— Comment, à quoi bon? se récria le chasseur avec son imperturbable sang-froid, mais, si vous ne lui dites pas ce dont il s'agit, comment voulez-vous qu'il sache ce qu'on attend de lui, cet animal?

Le général haussa les épaules; l'Aigle-Rouge reprit :

— Vous désirez sans doute connaître les personnes que vous devez retrouver; tenez, Milord, flairez bien ceci; c'est une soutane, comme vous voyez, elle a appartenu au digne père Gabriel, le bon missionnaire qui vous caressait et vous donnait des os de côtelette.

Le chien remua la queue et poussa un petit cri; rien d'extraordinaire comme cette conversation entre l'homme et le molosse; l'animal, assis gravement sur son train de derrière, ses yeux brillants fixés avec une expression quasi humaine sur son maître, ne perdait ni un mot, ni un geste. Pour les spectateurs les plus indifférents ou même les plus incrédules de cette scène, il était évident que le chien pressentait, devinait, ou, pour être plus franc, comprenait ce que lui disait le chasseur.

— A présent, Milord, cette casquette a appartenu à un enfant que vous aimez beaucoup; sentez-la.

Le chien obéit et poussa un gémissement doux et plaintif qui fit tressaillir les assistants.

Les Peaux-rouges s'étaient jetés dans les pirogues et s'étaient abandonnés au fil de l'eau.

— Croyez-vous qu'il comprenne? dit l'Aigle-Rouge avec un mouvement de légitime orgueil.
— Je l'admets, c'est possible, mais de là retrouver la piste...
— Patience, général; maintenant, Milord, nous attendons que vous nous conduisiez près des personnes qui ont disparu. Cherche, Milord, cherche, mon bellot, aoh! aoh! cherche!

Milord flaira de nouveau pendant assez longtemps les vêtements posés à terre, puis il sembla aspirer l'air un instant et partit comme un trait.

— Où va-t-il? s'écria le général.

— Attendez, reprit le chasseur.

Le chien se dirigea en ligne droite sur la cabane abandonnée; il y entra, pénétra dans le petit bois, qu'il parcourut dans tous les sens, le nez contre le sol; il sortit du bois, gagna le bord de la rivière; suivit pendant quelque temps le rivage; puis il revint sur ses pas; se mit à l'eau, plongea à plusieurs reprises et finalement il regagna la rive, se secoua, reprit sa course et rejoignit son maître, devant lequel il s'arrêta, la tête basse.

— Avez-vous compris ce qu'a fait le chien? demanda le chasseur.

— Parfaitement, reprit le général, mais cela vous prouve plus que jamais qu'il ne trouvera pas.

L'Aigle-Rouge sourit.

— Milord, vous entendez, dit-il, on croit que vous êtes dépisté. Prouvez le contraire, mon garçon ; ceux qui ont disparu sont partis par eau, vous avez suivi leurs traces dans la rivière, ce n'est donc pas leur piste qu'il faut chercher ; elle n'existe pas sur le sol, puisqu'ils ne l'ont pas foulé. Interrogez les senteurs de la savane, aspirez les émanations subtiles qui flottent dans l'air ; c'est ainsi seulement que vous parviendrez à prendre la voie.

— Pour le coup, c'est trop fort! cet homme est fou, s'écria le général avec impatience.

— Silence, dit nettement le chasseur.

— Au nom du ciel! murmura la marquise avec prière.

Le chien était revenu près des vêtements posés sur le sol. Cette fois il les foula avec ses pattes, les prit dans sa gueule, les jeta en l'air à plusieurs reprises en les secouant avec force, puis il les flaira de nouveau pendant assez longtemps.

Chacun suivait ce manège extraordinaire avec un intérêt extrême, comprenant vaguement le motif caché de ce remue-ménage sans but apparent.

Milord abandonna enfin les vêtements, releva la tête, aspira l'air avec force et commença à courir en rond le nez au vent en agrandissant immensément les cercles qu'il faisait

Bientôt il disparut.

Une demi-heure tout entière s'écoula.

Les assistants étaient en proie à une vive anxiété; cette absence prolongée et dont ils ne s'expliquaient pas les motifs les plongeait dans une inquiétude qui croissait à chaque minute; ils commençaient à se regarder entre eux avec une expression de doute et de tristesse.

Seul l'Aigle-Rouge était impassible, un sourire fugitif errait sur ses lèvres, il se frottait les mains en jetant autour de lui des regards sournois avec une expression presque narquoise.

Soudain deux ou trois cris d'appel se firent entendre, puis le chien reparut courant à toute vitesse ; arrivé près de son maître, il se dressa, posa les pattes de devant sur les épaules du chasseur et le lécha en poussant à deux ou trois reprises ces petits cris joyeux dont il avait l'habitude.

— Eh bien ? demanda vivement le général.

— Eh bien, répondit le chasseur, mon général, maintenant nous pouvons nous mettre en route, la piste est retrouvée.

— Vous croyez ?

— J'en suis convaincu, général, j'en réponds même ; n'est-ce pas, Milord ?

Le chien se livra à des gambades joyeuses.

— Vous voyez, ajouta le chasseur.

— Alors en route.

— Tu entends, Milord ? Mon ami, nous te suivons ; seulement, marche doucement afin que nous ne te perdions pas de vue.

Le chien parut parfaitement comprendre la portée de la recommandation qui lui était faite et il se plaça à la tête de la petite troupe.

— Que devons-nous faire ? demanda le général.

— Rien, que le suivre. Ne craignez rien, général, Milord est un vieux routier, il ne nous perdra pas ; seulement parlons le moins possible, et lorsque nous serons obligés de le faire, que ce soit à voix basse : on ne sait jamais par qui on est entendu dans la prairie.

On partit en file indienne pour plus de prudence.

Dix minutes plus tard on passa devant Bon-Affût, et sa troupe, composée d'une soixantaine d'hommes, tous vieux coureurs des bois, rompus depuis longtemps à toutes les exigences de la vie du désert et qui en connaissaient sur le bout du doigt les ruses et les stratagèmes.

Au passage, le général échangea quelques mots à voix basse avec Bon-Affût.

Lorsque les éclaireurs furent éloignés de deux cents pas environ, le chasseur se mit en marche à son tour avec sa troupe, en réglant ses pas de manière à toujours conserver la même distance.

Milord avait fait un brusque crochet sur la droite et il se dirigeait vers le cordon de collines qui masquaient l'horizon.

Les collines furent franchies sans trop de fatigue, puis la plaine recommença ; trois heures après leur départ de la mission, les batteurs d'estrade franchirent les derniers contreforts d'une forêt dont les masses sombres s'enfonçaient au loin sur la droite.

Milord coupa en biais ces derniers fourrés de la forêt et bientôt les chasseurs se trouvèrent sur les bords d'une rivière.

La marche du chien était extraordinaire, en ce sens qu'elle était calme, reposée ; il s'avançait toujours du même pas sans augmenter ni ralentir son allure, n'hésitant jamais et semblant parfaitement connaître où se trouvait le but qu'il se proposait d'atteindre.

Arrivé sur le bord même de la rivière, le chien tourna brusquement à droite et s'engagea résolument dans une fente où on le suivit immédiatement.

— Que pensez-vous de cela ? demanda le général à Balle-Franche en se conformant aux prescriptions de l'Aigle-Rouge ; croyez-vous que nous sommes sur la voie ?

— J'en répondrais sur ma tête, mon général, répondit nettement le chasseur.

— Qu'est-ce qui vous le fait supposer ?

— Tout, mon général, m'assure que le chien ne se trompe pas et qu'il a trouvé la piste véritable.

— Vous croyez que nos ennemis ont passé par ici ?

— Pour venir à la mission, certainement.

— Mais pour retourner à leur campement ?

— Une partie d'entre eux a suivi ce chemin, ceux-là étaient à cheval, leurs pas sont encore marqués sur le sol, voyez ; ils étaient même assez nombreux ; c'étaient des Indiens, mais ils n'ont pas pris la même route que nous, ils ont coupé à travers la forêt après avoir fait un long détour.

— Qui vous porte à supposer cela ?

— Je ne suppose pas, mon général, j'ai vu à un quart de lieue en arrière les fourrés foulés et brisés sur une largeur de vingt pieds environ ; c'est là qu'ils ont débouché, cela est d'autant plus certain que c'est là seulement que commencent les traces de pas de chevaux. Cette rivière, si vous en calculez bien la direction, est celle-là même qui se jette dans le Nebraska, à quelques milles de la mission ; de plus, j'ai entendu faire sur cette forêt dans laquelle nous sommes en ce moment des récits mystérieux qui me donnent à supposer que c'est au sein de ses profondeurs inexplorées que nos ennemis ont cherché un refuge.

— Que voulez-vous dire ?

— Je n'ose rien affirmer ; mais, d'après ce que j'ai pu comprendre, car les Indiens n'en parlent qu'avec répugnance et d'une façon détournée, cette forêt renfermerait certaines ruines qui... Mais pardon, mon général, voici que nos compagnons s'arrêtent, il doit se passer quelque chose d'intéressant.

Ils pressèrent alors le pas qu'ils avaient ralenti pendant cette causerie et rejoignirent leurs compagnons.

Ceux-ci étaient arrêtés au centre d'une espèce de clairière, le chien se tenait près d'eux.

— Qu'y a-t-il donc ? demanda vivement le général.

— Il y a que nous ne pouvons pas aller plus loin, général, répondit l'Aigle-Rouge.

— Comment cela ? Aurions-nous perdu la piste, ou bien celle que nous suivons serait-elle fausse ?

— Ni l'un ni l'autre, mon général, nous sommes arrivés, voilà tout.

— Comment arrivés ?

— Regardez à travers les arbres, mon général, seulement ne vous avancez pas trop, ce n'est qu'un rideau.

Le général se hâta de faire ce que lui disait le chasseur ; il poussa un cri de surprise.

Derrière les arbres s'étendait un espace libre d'environ une centaine de pas, terminé par des ruines imposantes qui s'allongeaient à perte de vue des deux côtés de la rivière ; juste en face de l'endroit où se tenaient les chasseurs. Aux rayons de la lune qui éclairait presque comme en plein jour, on voyait se profiler au sommet des ruines la silhouette sombre et menaçante d'une sentinelle indienne.

— C'est prodigieux ! murmura le général.

— Ne vous disais-je pas que Milord était un vieux routier et qu'il nous conduirait droit au but ? Hein, mon général, qu'en pensez-vous maintenant ?

— Cela me confond. L'instinct ou plutôt l'intelligence de ce noble animal passe toute croyance.

Et cette fois le général accabla franchement de caresses la bonne bête, qui se laissa faire avec sa bonhomie accoutumée.

— Nous ne pouvons demeurer ici, la place n'est pas sûre, dit Balle-Franche, les Peaux-Rouges sentent les blancs de très loin ; aux premiers rayons de soleil, ils nous découvriront.

— C'est juste, reprit le général, il faudrait chercher une position où nous pourrions, le cas échéant, résister à un coup de main.

— Attendez, dit le comte de Tancarville, j'habitais près d'ici dans cette forêt même, bien que dans une direction opposée ; les hasards de la chasse m'ont souvent conduit vers les ruines de cette ville morte. Si je ne me trompe, il doit y avoir ici un chaos de rochers au centre desquels se trouve une grotte dans laquelle il nous serait facile de nous abriter, mais où cette grotte ? Voilà ce que je ne saurais dire.

— Milord la trouvera, dit vivement le général.

— Il paraît que vous commencez à avoir confiance en lui, répondit l'Aigle-Rouge avec un sourire légèrement railleur.

— Moi ? Écoutez bien ceci, mon ami : maintenant, après ce que je lui ai vu faire, vous pouvez me raconter sur votre chien les histoires les plus fantastiques, je les croirai les yeux fermés, quand bien même vous me diriez que dans un moment de bonne humeur il a décroché la lune et vous l'a servie sur un plat d'argent. Ainsi vous voilà averti.

Cette boutade dérida tous les visages et amena le sourire sur toutes les lèvres.

— Allons, reprit en riant l'Aigle-Rouge, cette fois encore nous esayerons, Milord et moi, de vous satisfaire.

Il mena le chien à l'extrémité opposée de la clairière, du côté où la forêt était parallèle à la rivière, et étendant le bras :

— Cherche, Milord, lui dit-il.

L'animal partit ; cette fois son absence ne fut pas longue ; au bout de dix minutes, il était de retour.

Mais, comme s'il comprenait la nécessité du silence, contre son habitude, il ne donna aucun coup de gueule.

— Partons, dit alors l'Aigle-Rouge.

Après un quart d'heure de marche, ils se trouvèrent dans un endroit où la forêt changeait complètement d'aspect et semblait avoir été bouleversée par un cataclysme.

— Je me reconnais, dit le comte de Tancarville, nous sommes sur le revers de la montagne où j'avais fixé mon habitation ; la grotte est par ici.

— La voilà, dit le général en montrant Milord, qui disparaissait derrière un amas de rochers.

Le général ne s'était pas trompé, c'était une grotte, en effet, dans laquelle le chien était entré.

Cette grotte était vaste, haute, bien aérée; elle devait, selon toutes probabilités, servir d'issue à un souterrain ; ce qui semblait justifier cette conjecture, c'est qu'on reconnaissait parfaitement, bien que la date en fût très ancienne qu'elle avait été creusée à main d'hommes.

Les chasseurs s'y installèrent, et bientôt ils furent rejoints par Bon-Affût et sa troupe.

Balle-Franche, à la faveur des ténèbres, s'était enfoncé dans les profondeurs de la grotte, suivi par Milord qu'il avait appelé; nul, dans les premiers moments de l'installation, ne remarqua l'absence du chasseur; celui-ci avait disparu dans un enfoncement ou plutôt une fissure étroite et très habilement masquée.

La position était à la fois sûre et agréable, sûre parce que l'entrée de la caverne, dissimulée derrière des amas de rochers au milieu desquels il fallait traverser une espèce de labyrinthe avant que de l'apercevoir, était presque impossible à découvrir à moins que d'en connaître positivement la situation.

Agréable en ce sens qu'elle était divisée en trois vastes salles parfaitement distinctes dans lesquelles deux cents hommes au moins pouvaient camper à loisir.

Des provisions de bois mort et de feuilles sèches furent faites à la hâte; on coupa de longues branches de bois d'*ocote* pour faire des torches, si plus tard besoin était de visiter plus en détail ce lieu de plaisance; des lits furent préparés et des feux allumés dans la salle du milieu.

De l'extérieur il était impossible de rien apercevoir.

Par les soins de Bon-Affût, des sentinelles furent placées au dehors dans l'espèce de dédale qui conduisait à l'entrée de la grotte, puis l'Éclair et ses deux guerriers, sur l'ordre du général qui leur recommanda une extrême prudence, poussèrent une reconnaissance aux environs.

Au bout d'une demi-heure à peine, le sachem était de retour.

Les renseignements étaient excellents.

D'après les observations faites par l'Éclair, ni Visages-Pâles, ni Peaux-Rouges n'avaient depuis un temps fort éloigné fréquenté ces parages, complètement abandonnés aux bêtes fauves, dont les sentes sillonnaient en tous sens les environs; il n'y avait donc à redouter aucun danger, malgré la proximité de la ville, évidemment occupée par les Indiens.

Tout prouvait que, pour se rendre aux ruines, ils avaient dû venir par l'extrémité opposée de la forêt et suivre le haut de la rivière, car nulle trace n'existait de leur passage, ce qui, s'il en eût été autrement, n'aurait pas manqué d'arriver, une troupe aussi nombreuse étant dans l'impossibilité de cacher efficacement sa piste aux regards exercés des coureurs des bois ou des Indiens ennemis.

Ces renseignements satisfaisants causèrent une grande joie au général, en lui garantissant une sécurité relative pour l'exécution des plans qu'il méditait.

En ce moment, un léger bruit se fit entendre au dehors et un homme parut.

— L'Œil-Gris! s'écria le général en s'avançant vers lui avec une vive inquiétude. Mon Dieu! qu'y a-t-il encore?

— C'est moi, oui, général, répondit l'Œil-Gris avec son sourire froid, mais rassurez-vous, je suis un messager de bonnes nouvelles.

— Un messager de bonnes nouvelles !... répétèrent en chœur les assistants.

— Oui, général, j'ai quitté la mission une heure après vous, et me voilà : je n'ai pas perdu mon temps en route, n'est-ce pas?

— Certes; qu'est-il donc arrivé, mon brave camarade?

— Arrivé est le mot propre, mon général; ce chiffon de papier vous en dira plus que moi.

Et il retira de sa ceinture une feuille de papier pliée en quatre qu'il remit au général.

Bon-Affût alluma une torche d'ocote.

Le général ouvrit le papier d'une main fébrile, le parcourut des yeux et poussa un cri de joie.

— Qu'y a-t-il, mon ami? demanda la marquise avec anxiété.

— Écoutez, reprit le général.

Et il lut :

« Mon cher général,

» J'arrive à l'instant à Sainte-Marie, à la tête de quinze cents hommes
» d'infanterie, huit cents hommes de cavalerie et six pièces de campagne ;
» j'apprends le malheur imprévu qui vous accable. Je me tiens à votre
» disposition et n'agirai que d'après vos ordres. Quelles sont vos instructions ?
» J'attends.

» A vous de cœur,
» William's Dayton »

— Vive Dieu! voilà une triomphante nouvelle! s'écria Bon-Affût.

— Oh! mon Dieu, merci, murmura la marquise avec ferveur, mon fils me sera rendu!

Le général se tourna vers le comte de Tancarville, et lui donna la lettre :

— Lisez, Roger, lui dit-il, il y a un post-scriptum à votre adresse.

— Moi? murmura le comte, et il lut à voix basse : « Ma sœur m'accompagne. » Oh! s'écria-t-il.

L'émotion que ces quelques mots lui firent éprouver fut si forte, que, si le général ne l'avait pas reçu dans ses bras, il serait tombé à la renverse.

— La joie ne tue pas, dit le général avec un mélancolique sourire, et il porta son ami sur un lit de feuilles, laissant à la marquise le soin de lui donner des secours.

Ce n'est heureusement qu'une crise passagère ; presque aussitôt le comte reprit connaissance, mais il demeura étranger à ce qui se passait autour de lui et s'absorba dans ses pensées.

— N'avez-vous rien à ajouter, mon ami? reprit le général, en s'adressant à l'Œil-Gris.

— Pardonnez-moi, mon général; les postes des cantonnements ont été relevés par les Yankees les plus fatigués ; le général Kergras est descendu dans la plaine, et il s'est mis en marche à la tête de neuf cents hommes et deux pièces de canon ; il bivouaque à deux lieues d'ici, sur le bord même de la rivière, en attendant l'ordre de marcher en avant.

— Et le général Dayton ?

— Il est resté, lui, une lieue en arrière, afin de faire reposer ses troupes quelques heures ; mais vous savez que les Yankees sont des hommes ; au lever du soleil, ils seront prêts à marcher comme s'ils ne venaient pas de faire deux cents lieues sur la semelle de leurs souliers.

— Il faut attaquer au lever du soleil, dit vivement Bon-Affût ; le général Kergras peut être ici avant, en le prévenant tout de suite.

— Je le voudrais, répondit le général, mais, bien que nous ayons retrouvé la piste de nos ennemis, il serait important avant tout de nous assurer que mon frère, mon fils et les autres prisonniers qu'ils ont enlevés sont ici avec eux ; sans cela, notre impatience pourrait précipiter la catastrophe qu'au péril de ma vie je voudrais éviter.

— Donnez vos ordres sans crainte, mon général, dit Balle-Franche en paraissant au milieu du cercle, tous les prisonniers sont ici.

— Comment le savez-vous, mon ami ? demanda vivement le général.

— J'ai fait une reconnaissance, moi aussi, mon général. Milord et moi nous nous sommes introduits dans la ville, et les prisonniers...

— Parlez ! parlez ! s'écria la marquise avec anxiété.

— Je les ai vus, calmes, souriants, endormis !

— Oh ! s'écria la marquise en joignant les mains, vous me rendez la vie.

Le général, lui, serra silencieusement la main du chasseur.

XII

OÙ LES CONFÉDÉRÉS PEAUX-ROUGES ESSUIENT UN WATERLOO, DIX ANS JUSTE AVANT L'EMPEREUR NAPOLÉON

Vers six heures du matin, le Moqueur, suivi par une quinzaine de guerriers sioux, entra dans la chambre qui servait de prison aux blancs enlevés la veille dans l'embuscade de la cabane.

Les prisonniers agenouillés autour de l'abbé Gabriel faisaient la prière en commun.

En apercevant les Peaux-Rouges, le missionnaire, sans même les regarder, leur fit un geste si rempli de majesté et de grandeur que malgré eux ils s'arrêtèrent avec hésitation, et que le sachem lui-même demeura immobile auprès de la porte, saisi de respect par tant de calme et de résignation.

La prière s'acheva ainsi sans que nul osât l'interrompre ; lorsqu'elle fut terminée :

— Mes frères, dit le missionnaire d'une voix douce, l'heure est sonnée des grandes épreuves ; songez au Dieu qui, pour vous, est mort sur la croix ;

Le chien assis gravement, ses yeux brillants fixés avec une expression quasi humaine sur son maître, ne perdait ni un mot ni un geste.

comparez vos douleurs à son agonie divine et soyez dignes des bontés dont il vous comble en vous donnant l'occasion de mourir pour lui à votre tour, en glorifiant son nom. Mes frères, je vous bénis au nom du Seigneur.

Il prit alors dans sa main gauche la main de son jeune neveu, et se tournant vers le Moqueur, toujours immobile et sombre :

— Nous sommes prêts, lui dit-il doucement, que faut-il faire ?

— Que les visages pâles me suivent, répondit le sachem d'une voix sourde.

— Marchons.

Ils sortirent entourés par les guerriers.

Après avoir traversé plusieurs pièces suivies de nombreux corridors, il débouchèrent enfin dans une cour immense, où tous les Indiens se trouvaient rassemblés.

Le spectacle qui s'offrit soudain à leurs regards était si terrible et à la fois si imposant, que, malgré eux, plusieurs d'entre les prisonniers ne purent retenir un cri étouffé d'épouvante.

— Courage, mes frères, dit le missionnaire d'une voix calme, élevez vos cœurs vers Celui qui peut tout et qui en ce moment vous éprouve.

— Silence et marchez, dit brutalement le Moqueur.

— Priez, mes frères, continua le missionnaire sans tenir compte de l'avertissement, la prière fortifie.

— Silence, reprit le Moqueur.

Et il lui asséna sur les épaules un coup de manche de son tomahawk qui fit trébucher le prêtre.

— Pauvre malheureux, murmura l'abbé Gabriel, pardonnez-lui, Seigneur!

Ils continuèrent à marcher.

La cour regorgeait de monde; dix poteaux teints en rouge avaient été plantés en terre; près de chaque poteau se trouvaient d'énormes amas de bois sec.

Les guerriers indiens s'occupaient avec une ardeur fébrile à confectionner des instruments de torture.

Les uns aiguisaient leurs couteaux sur des grès; d'autres faisaient rougir la lame de leurs poignards; d'autres amincissaient des bûchettes destinées à être introduites sous les ongles; quelques-uns faisaient fondre du plomb dans des récipients de fer, ou préparaient les cordes de leur arc avec des morceaux de bois destinés à faire tourniquet et à scalper ainsi les victimes.

Tous enfin, soit d'une façon, soit d'une autre, s'appliquaient à inventer les engins les plus terribles que puisse créer l'imagination indienne pour faire subir aux malheureux prisonniers les plus horribles supplices.

Autour d'un grand feu, plusieurs sachems étaient groupés et fumaient gravement leurs calumets.

Parmi ces chefs, on remarquait le Vautour-Fauve, le Cœur-Bouillant et don Torribio.

Lorsque les prisonniers eurent été conduits devant le feu du conseil, le Moqueur prit place parmi les autres chefs.

L'arrivée des blancs avait été saluée par des clameurs effroyables, mais, sur un signe du Moqueur, le silence se rétablit instantanément.

La journée s'annonçait comme devant être magnifique. Le ciel, d'un bleu profond, n'avait pas un nuage; un air pur courait dans les branches des arbres, dont chaque feuille perlée de rosée était diamantée par les rayons éblouissants du soleil. Blottis frileusement sous le couvert, les oiseaux chantaient joyeusement leur hymne matinal au Seigneur.

Étrange et saisissant contraste, tout riait et rayonnait dans la nature, aux yeux de ces malheureux qu'une mort effroyable attendait.

Le plus âgé des chefs, un sachem d'aspect vénérable, releva la tête avec une expression indéfinissable, et, d'une voix gutturale :

— Les visages pâles sont-ils prêts à mourir ? dit-il.

— Nous sommes prêts, répondirent-ils d'une seule voix.

Les femmes pleuraient; seule, la Brise-du-Matin était impassible.

— C'est bien. Que disent mes fils? reprit le vieux chef en s'adressant aux sachems; tous ces visages pâles ont-ils mérité la mort?

— Tous, répondit le Moqueur, seulement quelques-uns d'entre eux peuvent l'éviter.

— Que mon fils s'explique.

— Bien des guerriers sioux sont morts pendant le cours de cette guerre, le calli de beaucoup d'autres est vide ; le Moqueur n'a personne dans sa hutte, c'est un grand chef dans sa nation; il pardonnera à la Brise-du-Matin, et la Brise-du-Matin sera la femme d'un sachem et préparera sa nourriture.

La Brise-du-Matin fit un pas en avant.

— Le cri de l'oiseau-moqueur a frappé mon oreille, dit-elle avec un sourire de mépris; la Brise-du-Matin est la femme d'un sachem de sa nation, jamais elle n'entrera dans le calli d'un Sioux lâche et voleur. J'ai dit.

— La Brise-du-Matin parle haut, soit, elle mourra, et, quand elle sera attachée au poteau, elle criera afin d'appeler à son secours les chiens comanches.

— Ce sont les Sioux qui sont des chiens et des vieilles femmes bavardes, répondit fièrement la courageuse jeune fille. Je méprise les Sioux et je crache sur leurs totems.

A cette insulte, un sourire terrible crispa les lèvres du chef et, par un mouvement de colère qu'il ne put réprimer, il lança son couteau contre la jeune fille, qui le regardait, calme et intrépide.

L'abbé Gabriel avait surpris le geste du chef, il se jeta résolument devant la jeune femme; le couteau, lancé avec force, vint se planter dans son bras, dont le sang sortit aussitôt en abondance.

Le missionnaire retira froidement le couteau, enveloppa son bras avec un mouchoir, et se tournant vers le chef en souriant doucement :

— Pourquoi vouloir tuer une femme faible et sans défense? dit-il; est-ce le fait d'un guerrier d'agir ainsi?

Le Moqueur se mordit les lèvres, mais il ne répondit pas.

Alain, en voyant ce qui s'était passé, sentit le rouge de l'indignation lui monter au visage.

— Misérables ! s'écria-t-il, les yeux pleins de larmes, lâches qui vous attaquez aux femmes et aux prêtres, soyez maudits ! lâches ! lâches ! lâches ! Vous triomphez en ce moment, mais tremblez, votre châtiment est proche, et bientôt vous serez tués comme des chiens que vous êtes!

— Alain, tais-toi! au nom du ciel! s'écria le missionnaire avec douleur.

Mais l'enfant ne se connaissait plus, tout le courage de la race vaillante dont il descendait lui était monté du cœur au cerveau.

— Tuez-moi donc aussi, s'écria-t-il impétueusement, je suis le fils de votre implacable ennemi ; tuez-moi, bêtes féroces, mais épargnez les femmes, épargnez les prêtres.

Il était réellement beau, cet enfant si jeune et si frêle en apparence, tandis qu'il parlait ainsi ; la noble ardeur qui l'animait l'avait grandi et transfiguré, les Indiens eux-mêmes se sentaient émus d'admiration, presque de pitié, en l'écoutant.

— Cet enfant l'a dit lui-même, fit don Torribio d'une voix sourde ; il est le fils de votre ennemi le plus implacable, il doit mourir.

— Qu'il meure ! répondirent les chefs d'une seule voix.

— Ah ! reprit l'enfant avec un accent de mépris écrasant, c'est un blanc, un bandit, un renégat de la civilisation, traître à Dieu et à ses frères, qui demande ma mort, cela devait être ainsi !...

— Mes frères, je vous en supplie, épargnez cet enfant, il ne sait ce qu'il dit, épargnez-le, Dieu vous voit, il vous juge, ayez pitié de sa jeunesse! s'écria l'abbé Gabriel.

— Qu'il meure ! répétèrent froidement les chefs.

Le vieux sachem fit un geste, l'enfant fut enlevé en une seconde, porté au poteau et attaché.

— Il ne mourra pas, s'écria l'abbé Gabriel.

D'un bond il s'élança vers le poteau, coupa avec le couteau qu'il avait conservé les liens qui retenaient l'enfant, qui, le premier moment de surexcitation passé, s'était évanoui, et se plaçant devant lui :

— Au nom du Seigneur, dit-il, je vous adjure d'épargner cet enfant.

Mais les Peaux-Rouges avaient senti l'odeur du sang, ce n'étaient plus des hommes, c'étaient des bêtes fauves !

— A mort ! à mort ! criaient-ils avec rage.

Le tumulte était horrible.

Les Indiens se ruaient en désordre sur le missionnaire, auquel ils tentaient d'enlever l'enfant.

Celui-ci, sans essayer de se défendre, se bornait à protéger avec son corps la pauvre petite créature ; déjà l'abbé Gabriel avait reçu plusieurs blessures ; ses mains étaient hachées de coups de couteau ; le sang ruisselait par tout son corps, il faiblissait malgré lui ; il avait des bourdonnements dans les oreilles, ses tempes battaient à se rompre, des frissons couraient dans tous ses membres, mais il résistait toujours.

— Tuez-moi, criait-il, tuez-moi, mais épargnez ces malheureux !

Car, poussés par l'instinct de la conservation, les prisonniers s'étaient groupés autour de lui, et le missionnaire courait incessamment de l'un à l'autre, leur formant un rempart de son corps et recevant laplupart des coups qui leur étaient destinés.

Deux des Bretons étaient morts.

Le Pécari et Tête-de-Plume, armés chacun d'une hache qu'ils avaient enlevée, se défendaient à outrance.

La Brise-du-Matin, la vaillante créature, luttait aussi, un couteau à la main, pour défendre sa vie.

La mêlée était affreuse.

Seul, l'abbé Gabriel, ne songeant qu'à éviter l'effusion du sang, continuait à se jeter résolument en avant pour protéger ses compagnons.

Tout à coup il se passa une chose étrange.

Une femme, renversant tout sur son passage, se jeta résolument au travers de la foule un pistolet de chaque main.

Cette femme, belle de colère et de douleur, était la marquise.

— Mon fils! s'écria-t-elle avec un rugissement de tigresse aux abois, mon fils, où est-il?

— Il est là, il est sauf! répondit le missionnaire d'une voix haletante.

— Ah! fit-elle avec un accent terrible, j'arrive à temps, grâce à Dieu!

Et elle se plaça devant l'enfant, qui essayait de se relever.

— Ma mère! s'écria-t-il.

— Ne bouge pas! reprit-elle d'une voix stridente, ne bouge pas, ils te tueraient.

— Toi d'abord, lui après, lui répondit une voix goguenarde, et don Torribio parut.

Le Mexicain était affreux à voir; ses traits, décomposés par la haine, avaient une expression de rage infernale.

— Te voilà donc, marquise de Bodegast! s'écria-t-il; tu vas mourir.

Et il leva son pistolet; mais, sans répondre, la marquise l'ajusta froidement, le coup partit et le Mexicain roula à ses pieds en poussant un rugissement de rage.

Au même instant de grands cris se firent entendre. Semblable aux flots de la mer que pendant la tempête le vent pousse dans tous les sens, la foule oscilla sur elle-même, plusieurs décharges éclatèrent; et les Indiens se ruèrent avec des rugissements de rage et d'épouvante sur les ennemis qui, tout à coup et par tous les côtés à la fois, envahissaient le palais.

Les Indiens étaient entourés, cernés de toutes parts, les issues fermées, la fuite impossible; il fallait bien réellement cette fois vaincre ou mourir.

Peaux-Rouges et pirates, par un accord tacite, se massèrent et se jetèrent désespérément sur leurs ennemis, résolus à se faire jour à tout prix.

Mais le flot des envahisseurs augmentait sans cesse, il débordait comme un torrent fougueux. Les canons portés à bras avaient été mis en position sur les terrasses et fouillaient les rangs des Indiens avec une grêle de mitraille; la fusillade se croisait sur les Peaux-Rouges avec des crépitements sinistres. Les confédérés essayaient en vain d'escalader les positions formidables occupées par leurs ennemis, ceux-ci les rejetaient à coups de baïonnette dans la cour.

— Tue! tue! pas de quartier! hurlaient les blancs.

Les Peaux-Rouges répondaient bravement par leur horrible cri de guerre.

Au pied du poteau de torture, l'abbé Gabriel gisait sans connaissance.

Les trois femmes, plus ou moins gravement blessées, étaient étendues près de lui; l'enfant priait avec ferveur. Le Pécari et Tête-de-Plume, ne pouvant plus se tenir debout, étaient tombés sur un genou, mais prêts à défendre le faible souffle de vie qui leur restait.

Seule, la marquise, droite, ferme, la tête haute et le regard étincelant, se tenait immobile à son poste, défiant ses ennemis, telle qu'une lionne aux abois défendant sa progéniture.

Tout à coup le Vautour-Fauve, rouge de sang, la rage au cœur, s'élança sur la marquise, un poignard à la main.

— Je te tuerai avant de mourir, s'écria-t-il en grinçant des dents.

— Mère! prends garde, s'écria l'enfant d'une voix déchirante.

La marquise fit un brusque mouvement et se retourna, mais pas assez vite pour éviter le poignard du bandit, qui s'enfonça dans son épaule.

— Misérable! s'écria-t-elle, et elle le renversa d'un coup de pistolet.

— Je suis vengé! hurla, avec un rire de démon, le Vautour-Fauve en tombant.

La marquise avait chancelé sous le coup, une sueur froide envahit son visage, elle jeta un regard désespéré autour d'elle, saisit son enfant, se cramponna à lui avec une énergie farouche et en s'affaissant à demi sur le sol, elle lui fit un dernier rempart de son corps; mais elle voulait lutter jusqu'au bout, elle s'appuya contre la base du poteau, une main en terre, et l'œil fixe, les dents serrées, elle guetta, au cas où, avant que ses forces l'eussent complètement abandonnée, un dernier ennemi osât se présenter.

Au même instant, des aboiements furieux se firent entendre, et Milord apparut, bondissant comme un tigre à travers la foule effarée qui s'écartait avec épouvante.

Derrière lui, trouant les poitrines à coups de baïonnette, fracassant les crânes avec la crosse des fusils, implacables dans leur vengeance, venaient Alain, le comte de Tancarville, Balle-Franche, l'Aigle-Rouge, Bon-Affût, l'OEil-Gris et une cinquantaine d'autres, sombres, farouches, couverts de sang, irrésistibles.

— Mon fils! mon fils! leur cria la marquise.

— Courage, Andrée! courage, ma sœur, nous voilà! répondit Alain.

En moins de cinq minutes l'abbé Gabriel, la marquise, l'enfant, les trois femmes et les deux chasseurs blessés furent enlevés et placés au milieu de la troupe qui alors commença fièrement et pas à pas sa retraite, en renversant les flots de Peaux-Rouges qui se ruaient contre eux avec des hurlements de rage et se brisaient sur leurs baïonnettes.

Don Torribio et le Vautour-Fauve avaient été enlevés aussi par les chasseurs, sur l'ordre d'Alain Kergras.

Justice exemplaire devait être faite de ces misérables.

Balle-Franche était désespéré; il s'était chargé de Jeanne, et comme la jeune fille était évanouie, pâle, sanglante, et qu'elle demeurait inerte dans ses bras, il se figurait qu'elle était morte.

Aussi, à peine fut-il sorti de la mêlée, qu'il déposa son charmant fardeau en lieu sûr, et oubliant tout pour ne songer qu'à sa fiancée, il s'occupa activement à la rappeler à la vie; grâce à Dieu il y réussit sans peine; la frayeur, plus que la blessure qu'elle avait reçue, et qui était légère, l'avait fait évanouir.

Bientôt, la jeune fille reprit l'usage de ses sens, et, remerciant son libérateur avec un doux sourire, elle courut auprès de sa maîtresse, à laquelle elle se mit incontinent à prodiguer des soins empressés. Le chasseur, complètement rassuré désormais, laissa un fort détachement autour de la maison où les blessés avaient été déposés, et se rejeta allègrement dans la mêlée.

La bataille continuait, plus acharnée que jamais.

Le Moqueur et le Cœur-Bouillant avaient réuni autour d'eux l'élite de leurs guerriers, et renonçant à une attaque de front contre les coureurs des bois et les chasseurs du général de Bodegast, qu'ils reconnaissaient l'impossibilité de rompre, ils s'étaient précipités sur les soldats américains de William's Dayton, moins habitués aux guerres indiennes, et que l'aspect farouche et les hurlements de leurs féroces ennemis intimidaient malgré eux.

Les Américains soutinrent bravement le choc; deux fois ils repoussèrent les sauvages, qui deux fois revinrent avec un élan plus grand.

Leur dernière attaque fut conduite avec une impétuosité telle que les Américains, trop vivement pressés, furent contraints de reculer.

Il n'en fallut pas davantage aux Indiens, qui redoublèrent d'efforts, mirent les soldats en désordre, les attaquèrent corps à corps et finirent par s'ouvrir à travers leurs rangs un sanglant passage.

Toute la foule des Peaux-Rouges se rua de ce côté, et bientôt la cour ne conserva plus que des monceaux de cadavres et de blessés; tous les Indiens encore en état de combattre avaient réussi à sortir.

Mais le général de Bodegast avait tout prévu; lorsque les Indiens débouchèrent au milieu des ruines de la ville, et que déjà ils respiraient avec plus de liberté, se croyant sauvés, ils furent à l'improviste attaqués de front et sur les flancs par des troupes fraîches embusquées à la sortie du palais et qui en gardaient toutes les issues.

Le combat recommença alors, plus terrible et plus acharné que jamais, contre ces ennemis qui semblaient se multiplier sous leurs pas, et que maintenant les Indiens désespéraient, non pas de vaincre, ils avaient la conviction qu'ils ne le pourraient pas, mais d'obliger à leur ouvrir passage.

Dans ce moment suprême, les deux sachems se conduisirent comme on devait l'attendre de héros si justement célèbres; tout ce que la ruse, le courage, l'astuce peuvent imaginer, ils le tentèrent tour à tour, avec une obstination et une témérité que rien ne saurait surpasser.

Leurs derniers auxiliaires blancs, c'est-à-dire les pirates, râlaient; de la troupe magnifique de don Torribio, dix hommes à peine, couverts de blessures, mourants, survivaient encore.

Les Indiens ne formaient plus qu'une poignée de guerriers, trois cents à peine; sept cents avaient succombé, fauchés par la mort, dans cette impitoyable hécatombe humaine.

Mais ces trois cents guerriers furent, en cette circonstance, tous des héros; chacun individuellement accomplit des prodiges de valeur; leur résistance, d'une opiniâtreté et d'une énergie surhumaines, faisait l'admiration de leurs ennemis eux-mêmes.

Ils gagnaient pas à pas du terrain, semant leur route de cadavres, tous frappés en face; autour d'eux s'amoncelaient les corps de leurs ennemis; ils marchaient toujours, muets maintenant, sombres, désolés, recevant et donnant la mort avec cette froideur de la résolution prise, et l'indifférence d'hommes qui ont bravement fait le sacrifice de leur vie.

Peut-être auraient-ils enfin réussi à échapper, non pas tous, mais quelques-uns d'entre eux, si un ennemi acharné ne s'était obstiné à leur barrer le passage.

Cet ennemi était l'Éclair.

Le sachem, contraint d'obéir aux ordres du général qui lui intimaient de garder les dehors du palais, avait jusqu'à ce moment été en proie à une surexcitation terrible que force lui avait été de renfermer dans son cœur. La pensée que son ennemi s'était emparé de Brise-du-Matin et la tenait en son pouvoir le rendait furieux ; aussi ce fut avec un mouvement de joie qui tournait presque à la folie, qu'il vit enfin le Moqueur apparaître à la tête de la colonne décimée des confédérés.

Pendant assez longtemps les hasards du combat empêchèrent de se joindre les deux ennemis qui se cherchaient pour vider enfin leur querelle.

Tout à coup ils se trouvèrent face à face, un rugissement de tigre s'échappa de ces deux poitrines et ils s'élancèrent l'un sur l'autre.

Le Moqueur et ses Indiens étaient remontés sur leurs chevaux. Les Comanches étaient à pied.

Le Moqueur fit bondir son cheval sur le sachem ; celui-ci se détourna rapidement et enfonça son poignard dans les flancs de l'animal, qui se dressa tout droit et se renversa en arrière.

Le Moqueur sauta légèrement sur le sol et, la hache haute, en poussant son cri de guerre, il se précipita sur l'Éclair.

Le chef comanche l'attendit sans reculer d'un pouce.

Les deux ennemis s'attaquèrent avec toute l'impétuosité que leur donnait leur haine mutuelle.

L'Éclair reçut la première blessure, la hache s'enfonça dans son bras gauche.

Le sachem, sans se préoccuper de sa blessure, redoubla ses coups ; tout à coup il fit une retraite de quelques pas, leva sa hache, la brandit au-dessus de sa tête et la lança contre son adversaire.

L'arme partit avec la force d'une catapulte, mais, par un mouvement subit, le Moqueur réussit à parer presque entièrement le coup terrible qui lui était porté.

Cependant le choc qu'il reçut fut tellement rude qu'il perdit l'équilibre et chancela.

Au même instant l'Éclair poussa un cri terrible, bondit sur son ennemi et lui plongea son couteau dans la gorge.

Le Moqueur tomba, mais presque aussitôt il se releva sur son genou et porta un coup de couteau dans la poitrine de son ennemi.

Celui-ci le rejeta sur le sol, le saisit par sa chevelure et le scalpa.

— Meurs, chien, lui cria-t-il en le souffletant avec sa chevelure sanglante.

Le chef sioux poussa un hurlement qui n'avait plus rien d'humain, et par un effort suprême il perça la cuisse de son ennemi.

— Je vous bénis au nom du Seigneur.

— Ah! serpent! s'écria l'Éclair, il faut donc que je t'écrase.

Et il lui fendit la tête avec son tomahawk.

Cette fois, le Moqueur demeura immobile, mais, ses yeux ouverts et glauques, le sourire railleur stéréotypé sur ses lèvres semblaient encore, après sa mort, défier son adversaire.

L'Éclair hurla son cri de guerre avec un accent de triomphe inexprimable en brandissant la chevelure de son ennemi, mais tout à coup il chancela, ses forces l'abandonnèrent, un rideau sembla s'étendre devant ses yeux, il perdait son sang par trois blessures, il battit l'air de ses mains comme pour se retenir, et il tomba sans connaissance entre les bras de quelques-uns de ses guerriers qui s'étaient avancés pour le soutenir et qui se hâtèrent de l'enlever du champ de bataille.

La mort du Moqueur avait causé une épouvante extrême aux Peaux-Rouges; cependant ils reprirent toute leur énergie à la voix du Cœur-Bouillant : se pressant les uns contre les autres, ils continuèrent le combat avec toute la force du désespoir; et sachant qu'ils soutenaient une lutte suprême, ils semblèrent se multiplier, tant leurs coups furent rapides et leurs efforts bien concertés.

Cependant il fallait en finir; seuls ces quelques hommes tenaient encore, tous leurs compagnons étaient morts.

Le général de Bodegast accourut, et, mettant un mouchoir blanc à la pointe de son épée, il l'éleva en l'air, après avoir fait cesser le feu.

Ce signal, qui, dans tous les pays du monde, est le même, fut aperçu des confédérés; eux aussi cessèrent instantanément la lutte.

Le Cœur-Bouillant replaça à sa ceinture sa hache rougie de sang jusqu'à la poignée; il s'avança hors des rangs des siens, le bras étendu et la paume de la main ouverte en signe de paix.

De son côté, le général de Bodegast fit quelques pas en avant. Les deux chefs se joignirent.

Le sachem arrêta son cheval et saluant courtoisement le général :

— Que désire mon père, le grand chef des Visages-Pâles? demanda-t-il.

— Chef, répondit le général avec un accent de tristesse, je vous demande la paix.

— La paix, répondit le sachem avec surprise.

— Oui, reprit le général, assez de sang n'a-t-il pas été versé ? Voyez, tous vos frères sont morts ou blessés cruellement; seuls, vous et les quelques guerriers qui vous restent combattez encore. A quoi bon continuer plus longtemps une lutte devenue impossible, où la victoire ne saurait vous rester?

— Nous ne combattons pas pour la victoire, répondit le Cœur-Bouillant.

— Pourquoi donc combattez-vous, alors?

— Pour la vengeance !

— Chef ! s'écria le général.

— Que mon père regarde, reprit le sachem en montrant le champ de bataille avec un geste rempli de noblesse et de majesté, tous ces cadavres sont ceux de nos frères et de nos amis, tous nous crient par la bouche de leurs blessures : Frères, vengez-nous ou mourez comme nous sommes morts!

Il y eut un instant de silence; ce fut le général qui le rompit.

— Chef, lui dit-il, vous et vos guerriers vous vous êtes montrés braves entre les braves, mais les forces humaines ont des limites qu'elles ne sauraient dépasser; quels que soient vos efforts, vous ne réussirez jamais à rompre le mur de fer qui vous enveloppe de toutes parts ; résignez-vous. J'admire votre courage et je veux vous en donner la preuve : consentez à cesser la lutte, engagez-vous à rentrer paisiblement dans vos villages, à ne plus recommencer contre nous une guerre qui, deux fois déjà, vous a été si funeste; nos rangs s'ouvriront aussitôt, vous serez libres de vous retirer le front haut, en conservant vos armes.

Le sachem hocha la tête avec tristesse.

— Le génie du mal a étendu son bras terrible sur nous, dit-il, notre dernière heure est venue, nous devons mourir.

— Réfléchissez, je vous en conjure, avant de prendre cette résolution funeste.

— Mon père est bon, je le remercie, mais nos frères nous appellent.

— Au moins, chef, ne prenez pas sur vous la responsabilité de cet acte terrible, consultez vos compagnons.

Le sachem sembla réfléchir un instant, puis un éclair traversa son regard et son visage prit une expression moins sombre.

— Je ferai ce que mon père blanc désire; dans dix minutes, il aura ma réponse, dit-il.

— Soit, dans dix minutes, reprit le général.

Les deux chefs se saluèrent et chacun rejoignit les siens.

Le sachem parla avec vivacité à voix basse à ses guerriers, puis, tous à la fois, ils sautèrent sur le sol et plongèrent leur poignard dans la gorge de leurs chevaux, qui tombèrent en râlant.

Les Indiens se trouvèrent alors presque abrités derrière les cadavres de leurs chevaux morts.

Ce que nous venons de rapporter s'était exécuté avec une rapidité telle que les blancs, retenus d'ailleurs par la trêve consentie et dont le temps n'était pas encore écoulé, de plus, ne comprenant rien à cette action extraordinaire, ne songèrent pas à s'y opposer.

Le Cœur-Bouillant se présenta alors à découvert.

— Les guerriers Rouges, dit-il d'une voix stridente, ne demandent pas plus de grâce qu'ils n'en accordent; les blancs sont des chiens, des lâches et des voleurs!

Les Indiens poussèrent leur cri de guerre en brandissant leurs armes avec fureur.

— Ces hommes veulent mourir, dit tristement le général, que leur sort s'accomplisse! Feu, enfants, et à la baïonnette!

Les blancs s'élancèrent.

La mêlée fut horrible; les Peaux-Rouges combattaient avec une fureur indomptable, en hommes qui, ainsi que l'avait dit le général, veulent mourir, ne frappant qu'à coup sûr et ne tombant que morts.

Le combat avait lieu corps à corps, à l'arme blanche, pieds contre pieds, poitrine contre poitrine; pendant plus d'une demi-heure, on se poignarda ainsi, sans trêve, sans merci, avec l'acharnement de la rage et du désespoir; le sang coulait comme de l'eau sous les pieds des combattants, rien ne ralentissait leur furie; ce n'étaient plus des hommes, c'étaient des bêtes fauves qui s'entre-détruisaient comme à plaisir et qui, faute d'armes, se déchiraient avec les dents et les ongles.

On tuait, on tuait toujours, sans penser, sans voir, machinalement, automatiquement pour ainsi dire; blancs et rouges, pendant cette horrible boucherie, luttaient de férocité et de cynisme.

Chose étrange, inouïe, incroyable, un seul homme était demeuré, le dernier de tous ses compagnons, debout et sans blessures, malgré les prodiges de valeur qu'il avait accomplis.

Cet homme était le Cœur-Bouillant,

— Oh! s'écria-t-il avec une expression de douleur folle, ne pourrai-je donc pas mourir!

— Ne le tuez pas, s'écria le général, prenez-le vivant!...

— Vivant! reprit le sachem avec rage, et il se précipita sur le général. C'en était fait de M. de Bodegast.

Alain se jeta résolument devant son frère de lait et se précipita à la rencontre du chef, dont le couteau s'enfonça dans le bras que le Breton étendait pour le saisir.

Une lutte désespérée s'engagea alors entre eux.

Mais cette lutte suprême fut courte. Alain, malgré sa blessure, parvint à renverser le chef et, s'emparant de sa hache, il lui fendit le crâne.

— Merci! dit le chef en tombant en arrière.

Ce mot fut le dernier qu'il prononça : il était mort.

Les Indiens et les pirates avaient vécu.

Pas un n'avait réussi à s'échapper pour porter dans les villages la nouvelle de cette horrible défaite.

Tous étaient morts bravement, les armes à la main, la lice fièrement tournée vers l'ennemi.

Deux de leurs chefs seulement vivaient encore :

Don Torribio et le Vautour-Fauve.

Mais, ceux-là, on les réservait pour en faire un exemple terrible.

La victoire avait été chaudement disputée, aussi avait-elle coûté cher aux blancs, malgré les excellentes positions dont ils s'étaient emparés dès le commencement du combat, la supériorité de leur nombre et celle de leurs armes.

Les blancs comptaient cent et quelques morts et près du double de blessés, tous très gravement.

Le premier soin du général, après s'être jeté dans les bras de son frère de lait et l'avoir chaleureusement remercié de la vie qu'il lui devait, fut d'installer les ambulances et d'enterrer les morts.

Il ne fallait pas songer à rentrer à la mission avant que les blessés fussent pansés et que l'on eût préparé pour eux des moyens de transport.

Ce fut ce à quoi l'on s'occupa d'abord.

Le lendemain, au lever du soleil, devant une immense tranchée dans laquelle on entassait, rouges ou blancs, tous ceux qui avaient succombé, toutes les troupes étaient rangées en armes et prêtes à rendre aux morts les honneurs militaires.

Seuls, les pirates avaient été exclus de cette fosse et enterrés à part, sans aucune cérémonie.

Ils n'étaient pas dignes de reposer auprès de ces vaillants.

On se préparait à combler la tranchée, lorsqu'il se passa une scène qui arracha des larmes d'attendrissement aux yeux de ces hommes à cœur de lion.

Soudain on vit apparaître l'abbé Gabriel; il était pâle, défait, ne se soutenait qu'à peine et s'avançait lentement appuyé sur Balle-Franche et sur Bon-Affût.

— Mon frère, s'écria le général en s'élançant vers lui, que fais-tu ?
— Mon devoir, répondit l'abbé Gabriel avec un angélique sourire.
— Mais tu veux donc te tuer !
— Non, le Dieu qui m'inspire saura me donner les forces qui me manquent.

Le général s'écarta avec respect.

L'abbé Gabriel continua à s'avancer vers la tranchée, sur la lèvre de laquelle il s'arrêta.

A sa vue, tous ces rudes soldats et ces vieux chasseurs des bois, saisis d'un respect pour ainsi dire instinctif, se découvrirent et s'agenouillèrent sur le bord de la fosse; seul le missionnaire, semblable à l'ange de la Rédemption, demeura debout, calme, majestueux, dominant toutes ces têtes humblement courbées.

— Prions pour ces malheureux, mes frères, dit l'abbé Gabriel, prions pour que Dieu détourne d'eux sa colère et les reçoive dans son giron.

Et il commença, d'une voix ferme, la prière des morts, que tous répétaient pieusement après lui.

Puis on combla la fosse.

Le général présenta alors une croix à son frère.

Le missionnaire, écartant du geste les deux chasseurs qui jusque-là l'avaient soutenu, saisit la croix, son visage prit une expression de joie sublime et d'un pas ferme il alla planter cette croix sur la fosse.

— Gloire à Dieu ! s'écria-t-il.

Ce cri fut répété par la foule avec enthousiasme.

Mais ce dernier effort avait épuisé la vigueur factice du missionnaire, il tomba entre les bras des deux chasseurs.

Au même instant, tous les fusils partirent à la fois, se confondant en une seule détonation sur la fosse qui renfermait pour jamais tant de vaillants guerriers.

XIII

LE DOIGT DE DIEU

Quinze jours avaient passé sur les événements rapportés dans notre précédent chapitre.

Un mouvement extraordinaire régnait non seulement à Sainte-Marie, mais encore dans les environs de la mission à plusieurs lieues à la ronde.

La cause de ce mouvement était au reste fort simple.

Sir Williams Dayton, obéissant aux ordres que lui avait donnés le Congrès de Washington, avait pris possession de toute la contrée au nom des États-Unis d'Amérique.

Mais, comme la contrée ne pouvait être immédiatement colonisée, des fortins avaient été construits de distance en distance sur les rives du Nebraska, se reliant tous entre eux, afin de protéger le pays contre de nouvelles déprédations des Indiens et assurer les communications jusqu'à Arkapolis.

De plus, un comptoir de traite avait été établi, à deux ou trois lieues en avant de Sainte-Marie, pour la plus grande commodité du commerce avec les Peaux-Rouges.

La Mission, par faveur spéciale, avait été déclarée franche et laissée sous la direction de l'abbé Gabriel avec liberté entière d'agir comme bon lui semblerait vis-à-vis des Peaux-Rouges; seulement des fortins peu éloignés étaient en cas de besoin chargés de la protéger; de plus, les retranchements de la Mission avaient été consolidés, disposés selon les règles de l'art et le village mis à l'abri d'un coup de main.

Les Américains, avec l'activité fébrile qui est le côté saillant de leur caractère, avaient, d'après l'ordre exprès du gouverneur, assaini et agrandi les huttes qui avaient été rendues plus confortables.

Un hôpital avait été construit, et ce qui comblait tous les vœux du missionnaire et le plongeait dans un ravissement extrême, on achevait de bâtir une église véritable, à la place de la modeste chapelle installée primitivement par l'abbé Gabriel, lors de son arrivée dans la contrée.

Les personnes qui ne connaissent pas l'Amérique, ni la fiévreuse rapidité avec laquelle les braves Yankees accomplissent les choses en apparence les plus difficiles, ne comprendront pas sans doute comment en si peu de jours tant et de si grands changements avaient été opérés.

Mais leur étonnement cessera lorsqu'on leur aura expliqué que, encore aujourd'hui sur la frontière indienne, toutes les constructions sont provisoires, c'est-à-dire en rondins et en troncs d'arbres empilés, croisés et reliés les uns aux autres par des crampons de fer et même souvent par des liens d'écorce; que les forêts vierges fournissent en abondance tous les bois nécessaires, et que par conséquent les travaux sont menés avec une célérité sans égale.

La plupart des forts de la frontière ne sont pas construits autrement et ils n'en sont pas moins solides pour cela.

Bref, les mauvais jours de la mission de Sainte-Marie étaient passés sans retour; une ère nouvelle commençait pour elle et désormais l'abbé Gabriel, complètement rétabli de ses blessures, grâce à Dieu, avait l'espoir fondé de se livrer paisiblement aux labeurs si rudes déjà de son apostolat.

Clair-de-Lune et la plupart des prisonniers le moins grièvement blessés étaient guéris ou bien près de l'être.

La douleur s'était changée en joie dans la Mission; entre le comte de Tancarville et la comtesse avait eu lieu une de ces scènes attendrissantes que la plume est impuissante à raconter.

Une seule ombre s'étendait sur leur bonheur présent et souvent faisait couler leurs larmes : leur fils, qu'ils avaient perdu l'espoir de retrouver jamais.

La marquise, à laquelle pendant quelques heures le danger couru par son enfant avait donné une si indomptable énergie, était redevenue la femme douce, timide, presque craintive qu'elle était auparavant.

Le jour où recommence notre récit, vers midi, plusieurs personnes étaient réunies sous une tente immense pressée au pied même de la colline au sommet de laquelle s'élevait la mission de Sainte-Marie.

Plusieurs détachements de troupes étaient massés dans la plaine; deux potences avaient été élevées sur une plate-forme de façon à être parfaitement en évidence, et un double cordon de soldats s'étendait de la tente à l'entrée même de la Mission en suivant tous les détours du sentier qui serpentait sur les flancs de la colline.

Sous la tente dont nous avons parlé, plusieurs personnes étaient assises derrière une table couverte d'un tapis de drap de lincoln, et sur laquelle se trouvaient plumes, encre et papier.

Devant la table était un tabouret, plusieurs fauteuils étaient disposés à droite et à gauche; le fond de la tente était rempli par plusieurs rangées de bancs.

Une foule nombreuse les occupait et se tenait silencieuse et attentive.

Des sentinelles gardaient les abords de la tente.

Là devaient se passer toutes les scènes plus ou moins émouvantes d'un drame dont, selon les probabilités, le dénoûment aurait lieu sur la plate-forme des potences.

Un conseil de guerre était réuni pour juger don Torribio de las Campanas et le Vautour-Fauve.

Ce conseil était présidé par Williams Dayton en personne, auquel plusieurs officiers des troupes régulières servaient d'assesseurs.

Les généraux de Bodegast et Alain Kergras, la marquise que son amie la comtesse de Tancarville avait voulu accompagner, le comte, l'abbé Gabriel lui-même, Clair-de-Lune, Balle-Franche et une dizaine de chasseurs et de Bretons avaient été assignés comme témoins et occupaient les fauteuils disposés de chaque côté de la table où siégeait le tribunal.

Plusieurs guerriers Peaux-Rouges, parmi lesquels on distinguait l'Éclair, le Taureau-Blanc et l'Ocelolt, se tenaient debout, immobiles et appuyés sur leurs fusils, derrière les sièges des témoins.

Un grand crucifix était attaché au fond de la tente, au-dessus de la place occupée par le président du conseil.

Depuis le jour de la bataille, les deux prisonniers, étroitement enfermés, et gardés avec la plus grande vigilance, n'avaient communiqué avec personne, on les avait maintenus au secret le plus absolu, ne laissant pénétrer près d'eux que l'abbé Gabriel et l'infirmier chargé de soigner et panser leurs blessures.

Donc nul ne les avait vus, aussi la curiosité était-elle vivement excitée parmi la plus grande partie des assistants qui ne les connaissaient pas.

Le gouverneur fit un signe à un sergent qui se tenait auprès du rideau de la tente.

Celui-ci sortit aussitôt, et s'approchant du mât de pavillon il hissa un drapeau dont les larges plis se déployèrent et flottèrent bientôt majestueusement au sommet du mât.

Ce drapeau était l'étendard national des États-Unis d'Amérique. Son apparition fut saluée par un roulement de tambours et plusieurs coups de feu.

Au même instant, comme si le déploiement de ce drapeau eût été un signal, dix soldats conduisant les deux prisonniers au milieu d'eux sortirent de Sainte-Marie et s'engagèrent dans le sentier qui aboutissait à la plaine.

Près de la tente servant de tribunal et communiquant avec elle, une plus petite avait été disposée, destinée à servir de geôle provisoire aux prisonniers ; un fort détachement de soldats l'entourait.

Au bout de quelques minutes, le sergent rentra et échangea un geste muet avec le gouverneur.

— Introduisez le plus âgé des accusés, dit Williams Dayton.

A cet ordre, un frémissement d'intérêt, comme un courant électrique, parcourut les rangs de la foule, mais le silence se rétablit presque aussitôt.

On entendit au dehors un bruit d'armes et le prisonnier parut.

Les soldats le conduisirent jusqu'à la sellette préparée à son intention, puis ils s'écartèrent à droite et à gauche.

Le prisonnier, encore mal remis de ses blessures, était pâle, faible, mais il se tenait droit, la tête haute, et un sourire d'une expression indéfinissable se jouait sur ses lèvres serrées ; il promenait autour de lui des regards chargés d'un profond dédain.

— Accusé, dit Williams Dayton, quels sont vos noms et prénoms?

— Pardon, monsieur le président, répondit le prisonnier d'une voix ferme et légèrement railleuse, quels noms et quels prénoms désirez-vous savoir, ceux qu'on me donne habituellement ou ceux qui réellement m'appartiennent ?

— Dites ceux qui sont les vôtres.

— Ceci est assez difficile, reprit le prisonnier toujours railleur; dans la prairie, les Peaux-Rouges me connaissent sous le nom de la Panthère-Noire qu'il leur a plu de me donner, je ne sais pourquoi; quant aux Espagnols et aux blancs du désert, pour eux je suis don Pedro Torribio de las Campanas, et je passe pour un riche haciendero mexicain.

— En effet, c'est sous ces derniers noms et cette qualité que vous comparaissez aujourd'hui devant nous.

— Malheureusement, je n'ai droit ni aux uns ni aux autres.

— Alors expliquez-vous catégoriquement et dites-nous qui vous êtes.

— Je préfère vous laisser à vous-même le plaisir de me le dire, reprit-il avec une mordante ironie.

— Que signifie?...

— Regardez.

Alors, par un mouvement brusque, il enleva sa perruque noire et la fausse barbe qui couvrait le bas de son visage.

— Le marquis de Chenesvailles ! s'écria Williams Dayton avec surprise.

— Lui! murmura le comte de Tancarville avec une expression de haine inexprimable.

Le sachem leva sa hache, la brandit au-dessus de sa tête et la lança contre son adversaire.

— Je l'avais deviné, dit le général de Bodegast.
— Vous me reconnaissez? Fort bien, dit le marquis, toujours railleur, alors il n'est plus nécessaire que je vous dise mes noms.
— Messieurs, dit le gouverneur, cet homme a été il y a six mois condamné à être pendu pour crime de lèse-nation, comme complice du colonel Burr; le gouvernement avait daigné commuer sa peine en celle de l'exil, sous la

condition expresse qu'il ne franchirait jamais les frontières américaines dont le territoire lui était interdit sous peine de mort; nous n'avons plus ici à nous occuper des crimes qu'il a pu commettre pendant son exil, notre devoir se réduit, puisque son identité est reconnue, que lui-même la constate, à appliquer à cet homme la peine qu'il a encourue en manquant à ses engagements.

— Je crois que vous faites erreur, monsieur, dit le marquis, sans s'inquiéter d'interrompre le président.

— En quel sens, monsieur?

— Il m'est défendu de franchir la frontière de la république des États-Unis, et cela sous peine de mort, je l'admets.

— Eh bien?

— Eh bien! monsieur, il me semble que nous sommes ici dans les savanes du Nebraska, et par conséquent en dehors des lignes américaines.

— Vous vous trompez, monsieur, répondit froidement le gouverneur, ce pays a été annexé à la République américaine, dont il fait maintenant partie.

— Ah bah! et depuis quand, s'il vous plaît? Vous comprenez que je désire être bien au courant de cette affaire, qui est pour moi d'un certain intérêt.

— Depuis un mois, monsieur.

— Ah! très bien, pour les besoins de la cause alors; convenez avec moi que cette annexion est très commode; allons, c'est bien joué; recevez, je vous prie, toutes mes félicitations.

Ces paroles furent prononcées d'un ton de persiflage si mordant que les assistants se sentirent rougir de colère.

— Du reste, reprit le marquis en promenant un regard railleur autour de lui, je vois ici trop de personnes de ma connaissance pour me faire la moindre illusion sur le sort qui m'attend, je n'ai voulu que vous faire une simple observation, voilà tout; veuillez continuer, je vous prie.

— Quelle peine doit être appliquée à cet homme? reprit le président.

— Celle que d'abord il avait encourue, la mort, dit alors l'officier qui remplissait les fonctions d'accusateur public.

Le gouverneur consulta les juges du regard.

— La mort, dirent-ils d'une voix sourde.

— Marquis de Chenesvaille, vous êtes condamné à être pendu, le tribunal vous accorde une heure pour vous réconcilier avec le ciel.

— Je remercie le tribunal, dit le marquis avec un cynisme railleur, mais il y a, il me semble, un axiome de droit qui dit *non bis in idem*; de plus, je dois vous avouer que je n'ai pas la moindre vocation pour la pendaison, c'est une mort sotte et ridicule.

— Vous serez pendu.

— Vous croyez, fit-il avec ironie.

— Profitez du peu de temps qui vous reste pour supplier le Dieu devant lequel vous allez comparaître de vous pardonner les crimes horribles que vous avez commis.

— Ma foi non, reprit-il avec une insouciance cynique; en supposant que ce Dieu dont vous parlez existe réellement, ce qui ne m'est pas prouvé du tout, supposez-vous qu'après une existence comme la mienne ce soit assez d'une demi-heure pour lui jeter ainsi à l'improviste à la tête une âme gangrenée dont sans doute il se soucie fort peu : allons donc, vous voulez rire, votre Dieu n'est qu'un mensonge, il n'est pas et n'a jamais été ; nous retournons, après notre mort, dans la matière dont nous sommes sortis, nous rentrons dans le néant; d'ailleurs, s'il en était autrement, fit-il avec un tressaillement involontaire, ce serait horrible! mais ce n'est pas, ce ne peut pas être, ajouta-t-il en secouant la tête comme pour chasser une pensée importune. Non, encore une fois, ce n'est pas!

La foule haletante, atterrée, écoutait avec des frémissements d'épouvante les paroles de cet homme, qui essayait vainement de se donner le change à lui-même et qui, à cette heure suprême, tremblait de terreur à la pensée de ce Dieu dont il voulait se persuader la non-existence et qui déjà étendait sur lui son bras vengeur.

— Emmenez le condamné, dit le président avec un accent de dégoût que rien ne saurait rendre.

— Un mot encore, s'écria le marquis : il n'y a qu'un Dieu, le hasard ; l'autre, celui que vous invoquez, n'est que mensonge, et maintenant je vous méprise et je vous échappe.

En parlant ainsi, il ouvrit le chaton d'une bague qu'il portait à l'annulaire de la main gauche et la porta vivement à sa bouche.

— Arrêtez-le, s'écria le président, il veut s'empoisonner.

— Oui, mais trop tard! Ah! ah! fit-il avec un horrible ricanement, trop...

Il ne put achever et tomba foudroyé sur le sol.

Les soldats s'élancèrent vers lui.

Il était mort.

Ses traits contractés et bouleversés par la rage avaient une expression hideuse.

— Seigneur! dit l'abbé Gabriel, Seigneur, ayez pitié de lui!

Ce dénoûment inattendu, cette mort affreuse avait frappé les assistants de stupeur.

La comtesse de Tancarville devait à la tendre sollicitude de son amie de n'avoir pas perdu connaissance pendant cette épouvantable scène; sa tête cachée dans le sein de la marquise qui l'embrassait avec effusion, elle pleurait et essayait vainement d'étouffer les sanglots qui lui déchiraient la gorge.

Sur un geste du gouverneur, le cadavre du marquis avait été enlevé.

Il y eut un instant d'interruption de la séance.

Tous les assistants avaient été trop profondément affectés par ce qui s'était passé pour qu'il fût possible de continuer avant que d'avoir laissé à toutes les personnes présentes le temps nécessaire pour se remettre d'une secousse si rude.

Enfin, au bout d'une demi-heure environ, le président agita la sonnette placée devant lui, chacun regagna sa place et le calme se rétablit aussitôt.

— Amenez le second accusé, dit le gouverneur, dont le regard se tourna vers l'abbé Gabriel avec une expression de vive sympathie.

Presque aussitôt les soldats rentrèrent conduisant le Vautour-Fauve.

L'accusé vint lui-même se placer en face des juges.

En l'apercevant, le missionnaire s'était levé, était allé au-devant de lui et après l'avoir embrassé en lui disant quelques mots à voix basse, il était demeuré à son côté.

Le Vautour-Fauve était complètement méconnaissable : une métamorphose étrange, une transformation singulière s'était opérée en lui ; ce n'était plus ce bandit farouche aux regards louches, à la physionomie sombre, cruelle et railleuse que jusqu'alors on avait connu.

Ses traits étaient calmes, empreints d'une mélancolie et d'une douceur qui imprimaient une expression presque sympathique aux lignes énergiques de son mâle et beau visage ; son regard avait perdu ce feu sombre et ironique qui donnait à sa physionomie un cachet de dédain cynique ; tout enfin dans ses moindres gestes et ses manières était changé en lui.

Ce n'était plus la haine ou la frayeur qu'il inspirait maintenant, c'était la commisération, la pitié, la bienveillance.

Il salua respectueusement le tribunal et demeura immobile, les yeux baissés, sa main dans celle de l'abbé Gabriel, qui lui dit encore une fois à voix basse ce seul mot :

— Courage.

— Accusé, dit le président, quels sont vos noms ?

— Le Vautour-Fauve, répondit-il d'une voix douce.

— Ceci n'est qu'un surnom.

— Je n'en ai pas d'autre, monsieur.

— Qui êtes-vous ?

— Je l'ignore ; selon toutes probabilités, un pauvre enfant enlevé à sa famille par les Indiens dans une de leurs incursions.

— Que savez-vous de vos premières années ?

— Rien, monsieur.

— Votre mémoire ne vous rappelle rien ?

— Bien peu de chose, du moins, monsieur.

— Dites-nous quels sont les quelques souvenirs qui vous sont restés de votre première enfance.

— Jeune, bien jeune, je me vois ou du moins je crois me voir dans une grande habitation, dans une forêt sur le bord d'une rivière assez large, beaucoup de blancs sont là avec moi..., je vois un homme bon..., qui souvent me presse en pleurant sur son cœur, il semble bien malheureux..., puis une femme.

— Votre mère sans doute, dit le gouverneur avec intérêt.

— Non, reprit le jeune homme d'une voix triste, cette femme m'aimait beaucoup, mais ce n'était pas ma mère ; elle me mettait sur ses genoux le soir, me faisait joindre les mains, et elle m'apprenait des prières que je répétais avec elle... Oh ! ma bonne et sainte Catherine !.., s'écria-t-il en fondant en larmes et en cachant sa tête dans ses mains.

— Courage, mon fils, lui dit affectueusement le missionnaire.

Tous les assistants étaient en proie à une émotion profonde.

Le comte de Tancarville, pâle comme un suaire, les yeux fixes, la bouche demi-ouverte, le corps penché en avant, semblait dévorer le jeune homme du regard.

Le général de Bodegast et Alain Kergras essayaient de retenir leur ami, tandis que la marquise et ses caméristes prodiguaient leurs soins à la comtesse en proie à une crise nerveuse.

— Continuez, mon enfant, dit le président avec bonté.

— Que vous dirai-je de plus, monsieur ? Avec les années les ténèbres s'épaississent de plus en plus autour de moi, reprit le jeune homme d'une voix tremblante ; j'entends des coups de feu, des cris d'agonie, des flammes m'enveloppent, des hommes à demi nus, effrayants, m'apparaissent comme dans un rêve affreux, et puis..., c'est tout..., je ne vois plus rien... rien, et il laissa tomber avec accablement sa tête sur sa poitrine.

Il y eut un instant de silence.

— Williams ! Willy !..., dit une voix haletante.

Le Vautour-Fauve se redressa soudain comme s'il avait reçu une commotion électrique, ses traits prirent une expression étrange, son regard devint fixe, il sembla écouter.

— Cette voix !... cette voix qui me va au cœur, dit-il comme s'il se parlait dans un rêve, je la connais.

— Willy ! reprit la voix avec une expression plus affectueuse.

— Ce nom, c'est le mien..., oui..., on me nommait ainsi... Je me souviens !... Oh !... fit-il en posant la main sur son cœur avec une expression de douleur.

Le comte n'y put tenir davantage.

— Willy ! reprit-il en se levant.

Le jeune homme se retourna, ses traits prirent une expression de bonheur ineffable, il fit un bond terrible et tomba évanoui entre les bras du comte, en s'écriant d'une voix déchirante :

— Mon père !... Oh ! mon père !

— Le doigt de Dieu est là, dit l'abbé Gabriel, que son saint nom soit béni !

L'émotion était à son comble, le comte et la comtesse, en proie à une joie délirante, prodiguaient au jeune homme les soins les plus assidus, en versant des larmes auxquelles tous les assistants mêlaient les leurs.

Les juges eux-mêmes ne pouvaient résister à l'émotion générale ; vainement ils essayaient de reprendre leur sang-froid, mais eux aussi, ils sentaient les larmes les gagner à la vue de la joie mêlée de douleur de ce père et de cette mère qui depuis de si longues années avaient perdu leur fils et le retrouvaient dans un si terrible moment.

Il n'y avait pas à en douter, le Vautour-Fauve était bien réellement le fils du comte et de la comtesse de Tancarville, les deux lettres tatouées en bleu sur son bras, près de l'épaule, étaient, à défaut d'autres, une preuve irrévocable.

Le père Gabriel, dont les soupçons avaient été éveillés lors du délire qui avait suivi l'indigne correction infligée au jeune homme par Clair-de-Lune, avait cette fois dans la prison découvert la vérité.

Sans faire part de sa découverte même à son frère, il s'était appliqué avec cette ardeur que lui donnait son profond amour pour l'humanité, et cette patience angélique que rien n'arrêtait chez lui lorsqu'il s'agissait de faire le bien, à faire pénétrer dans le cœur de ce jeune homme, fermé jusque-là à toutes les sensations douces et aimantes, à cause de la vie qu'il avait menée, les sentiments d'honneur et de bonté qui lui étaient inconnus.

Les semences jetées à profusion dans cette âme déjà entr'ouverte à la reconnaissance avaient germé rapidement; car, suivant les exemples qu'il avait constamment sous les yeux, il faisait le mal comme il aurait fait le bien, sans parti pris, naturellement, convaincu qu'il agissait comme il le devait faire.

Mais, dès que ses yeux se furent ouverts à la lumière, qu'il eut entrevu l'abîme sur lequel il penchait; qu'il eut compris toute la portée des paroles du prêtre qui l'enseignait avec une bonté si évangélique, une révolution totale s'opéra en lui.

Il fit alors pour la première fois la différence entre le bon et le mauvais, le bien et le mal; il détesta sa vie passée, et avec l'énergique volonté qui était le côté saillant de son caractère, il se voua au bien comme à l'époque de son ignorance il se vouait au mal, avec un entraînement, un élan que rien désormais ne pourrait arrêter.

Cependant, le Vautour-Fauve avait repris connaissance et rendait avec usure à son père et à sa mère les caresses que ceux-ci lui prodiguaient à l'envi l'un de l'autre.

Debout entre eux, ayant le père Gabriel derrière lui, le Vautour-Fauve s'inclina devant le tribunal et demanda respectueusement à dire quelques mots.

Williams Dayton fit un geste, le calme se rétablit comme par enchantement.

— Parlez, lui dit-il.

— Messieurs, dit alors le jeune homme d'une voix tremblante d'abord, mais qui peu à peu se raffermit, je suis, je le sais, bien coupable; les crimes que l'on m'impute et que je déteste aujourd'hui, je les ai commis; j'ai cédé au torrent qui m'entraînait, aux exemples que sans cesse j'avais sous les yeux; élevé par des bandits, je devins un bandit comme eux; hélas! j'étais un enfant ignorant, chez lequel le sens moral n'existait pas encore. Si sévère que soit l'arrêt que vous prononcerez contre moi, cet arrêt sera juste; je l'accepterai sans me plaindre, car, je le sens, je le comprends maintenant, je me suis conduit comme une bête féroce et je suis indigne de pitié. Je suis heureux cependant, messieurs, à cette heure suprême, de m'être, par un repentir sincère, rendu digne peut-être de l'indulgence de ce Dieu dont j'ignorais l'existence et dont je bénis humblement la toute-puissante bonté; ma mort, je l'espère, rachètera ma vie; je bénis Dieu qui m'a accordé, avant de me rappeler à lui par une voie sanglante et terrible, cette joie suprême ce bonheur ineffable de presser, sur ce cœur qui va cesser de battre, ce père et cette mère dont, hélas! jusqu'à ce jour, j'avais été privé. Faites-moi donc justice, messieurs, et veuillez accepter mes remerciments pour l'intérêt dont je me reconnais indigne et que vous avez daigné me témoigner.

Ces paroles furent prononcées avec un tel accent de dignité et à la fois d'humilité et de repentir, que des sanglots s'élevèrent de toutes parts.

— Grâce! grâce! s'écria la foule avec entraînement.

— Dieu vous voit, messieurs, dit l'abbé Gabriel, il vous juge de même que vous jugez ce pauvre enfant; comparez ce qui se passe en ce moment avec ce qui, il y a une heure, s'est passé ici même; là, un homme appartenant à la plus haute noblesse, comblé des faveurs les plus grandes de la fortune, ayant reçu une éducation supérieure, qui, élevé par une famille honorable, n'a jamais eu sous les yeux que des exemples d'honneur et de loyauté; vicié par les théories malsaines d'un philosophisme destructeur de tous sentiments honnêtes et humains; succombant à l'attrait d'un matérialisme égoïste, cet homme a descendu l'un après l'autre tous les degrés de l'échelle sociale, s'est plongé de parti pris dans le gouffre des vices les plus abjects; a commis les crimes les plus hideux sans remords, froidement, comme à plaisir, et à l'heure de sa mort, sentant en lui s'éveiller la conscience, il en est arrivé à chercher un refuge contre les terreurs qui l'assaillaient dans la négation de la Divinité elle-même, et a terminé sa vie par un dernier crime, le plus lâche de tous, le suicide. Ici, au contraire, vous voyez un jeune homme enlevé dans sa première enfance par les plus horribles bandits de la prairie; élevé dans l'abjection la plus complète, l'ignorance la plus profonde, par des hommes dont l'existence sue le crime, qui en vivent, qui ne rêvent que meurtre et pillage; cet enfant que les mauvais exemples ont sans cesse entouré, qui ne sait ni ce qui est bien ni ce qui est mal; qui est convaincu qu'il doit faire ce que font ceux qui l'ont élevé, le hasard le jette entre nos mains; comme Paul sur la route de Damas, les écailles tombent de ses yeux, il voit enfin la vérité rayonner à ses regards; quelques jours suffisent pour métamorphoser complètement cette nature féroce, abrupte; il comprend, il devine, il sent; le repentir entre dans son âme, il croit, reconnaît, s'accuse lui-même des crimes qu'il a commis sans le savoir; il accepte humblement votre justice et est prêt à s'y soumettre sans se plaindre et sans même essayer de la fléchir; de ces deux hommes, dites-le-moi, messieurs, quel est le coupable? quel est le scélérat? Jugez entre l'homme civilisé et le sauvage. Je vous le répète, Dieu vous voit, il vous juge, lui aussi, je le prie qu'il vous inspire.

Il y eut alors un silence profond dans l'assemblée.

Une anxiété terrible faisait battre tous les cœurs.

Les juges discutaient vivement entre eux à voix basse.

Enfin la sonnette retentit.

Chacun écouta.

Le président se leva.

— Williams de Tancarville, nommé à tort, jusqu'à présent, le Vautour-Fauve, dit-il, le tribunal ayant égard au repentir sincère que vous témoignez pour des actions que vous détestez aujourd'hui et que vous avez commises sans en comprendre la portée; convaincu que vous vous rendrez à l'avenir digne de son indulgence par une conduite honorable, vous absout et vous déclare innocent. Vous êtes libre.

— Messieurs, répondit le Vautour-Fauve, je vous remercie de votre indulgence, dont vous n'aurez jamais à vous repentir; mais moi, je ne saurais m'absoudre; cette existence que vous me laissez, je l'emploierai à mériter de Dieu le pardon que vous m'accordez si généreusement.

— Mon fils, dit sévèrement le missionnaire avec une majesté suprême, vous vous devez avant tout à votre père et à votre mère, à votre pays qui réclame vos services, à votre nom, dont vous devez relever l'honneur; Dieu n'accepte pas de tels sacrifices; la vie dans laquelle vous entrez n'est qu'une longue bataille, de terribles épreuves vous attendent, vous aurez à soutenir des luttes sans cesse renaissantes; c'est en faisant le bien, en vous rendant utile à vos semblables, que vous deviendrez digne du pardon de votre Créateur; si, plus tard, lorsque votre tâche sera accomplie, vos pensées sont toujours les mêmes, vous reviendrez vers moi, mes bras vous seront ouverts, mais pas avant. Souvenez-vous, mon fils, que la vie humaine se résume par ces trois mots : *foi, espérance, charité;* prenez-les pour devise, et sachez que, quelle que soit la position dans laquelle Dieu le place, un homme dont le cœur est fort fait toujours son salut.

Le jeune homme, ému, les yeux pleins de larmes, le cœur débordant de joie, s'inclina respectueusement et reçut, avec le baiser de paix, la bénédiction du saint missionnaire.

Le lendemain, les troupes américaines devaient retourner à Little-Roock, mais le général Williams Dayton consentit à retarder son voyage de vingt-quatre heures, afin d'assister à une double cérémonie à la fois simple et touchante.

L'Éclair et les principaux chefs de sa nation, ainsi que plusieurs grands braves Comanches, devait abjurer le paganisme et recevoir le baptême devant tous les habitants de la mission de Sainte-Marie.

Williams Dayton, le comte de Tancarville, les généraux de Bodegast et Alain Kergras servaient de parrains aux néophytes.

La marquise, la comtesse, Jeanne et Yvonne avaient été choisies pour marraines.

Brise-du-Matin était radieuse.

Le gouverneur de la Louisiane voulut donner le plus grand éclat à cette cérémonie, dont l'importance politique était immense; elle fut célébrée avec une pompe extraordinaire, au milieu des cris de joie de tous les assistants, et accompagnée des salves répétées de l'artillerie.

Le soir même, Balle-Franche et la charmante Jeannette furent unis.

Le lendemain, ainsi que cela avait été arrêté, eut lieu le départ des troupes américaines.

Le comte et la comtesse de Tancarville ainsi que leur fils accompagnèrent Williams Dayton, leur parent.

Le missionnaire pressa le Vautour-Fauve sur son cœur.

— Mon fils, lui dit-il en le quittant, n'oubliez pas mes paroles; allez, que Dieu vous guide, et plus tard, si vous revenez près de moi, nous finirons nos jours côte à côte en faisant le bien.

Le général n'avait pas oublié la promesse qu'il avait faite à Balle-Franche, l'heure était venue de la tenir.

L'abbé Gabriel voulut l'accompagner dans son voyage au village des Bois-Brûlés; le pauvre missionnaire, dont le cœur se déchirait en secret, voulait

Ils plongèrent leur poignard dans la gorge de leurs chevaux qui tombèrent en râlant.

retarder jusqu'aux dernières limites du possible l'heure d'une séparation qu'il savait avec douleur devoir être éternelle.

On partit.

L'Aigle-Rouge et Milord guidaient la caravane.

Balle-Franche, Jeannette, Bon-Affût et ses chasseurs avaient pris les devants, afin d'annoncer l'arrivée du général et du missionnaire.

Le voyage fut une promenade trop courte au gré de tous nos personnages.

Clair-de-Lune et ses Bretons, l'Éclair et ses Comanches veillaient à la sûreté générale et chassaient pour nourrir les voyageurs.

Après vingt-sept jours de marche à travers le désert, un matin vers huit heures, la caravane émergea d'une forêt assez épaisse et aperçut se profilant au loin sur le bleu de l'horizon les masures d'un important *atepelt*.

C'était le village des Hurons-Bisons, résidence des Bois-Brûlés.

Soudain Milord poussa des hurlements de joie et s'élança en avant.

Une dizaine de cavaliers accouraient à toute bride au-devant des voyageurs.

— Voilà mes amis, dit l'Aigle-Rouge.

Bientôt on reconnut les arrivants; quatre d'entre eux tenaient la tête de la petite troupe : c'étaient Balle-Franche et Numank-Charake, son beau-frère ; ils étaient accompagnés de leurs femmes, Jeanne et Rosée-du-Soir qui galopaient gaillardement à leurs côtés.

Bientôt les deux troupes se joignirent.

— Oh! mon général, s'écria Balle-Franche avec émotion après avoir présenté son beau-frère et sa sœur à M. de Bodegast, quel honneur vous daignez faire à un pauvre homme comme moi !

— Pourquoi donc, mon cher Balle-Franche ? répondit le général avec effusion, ne savez-vous pas combien je vous aime ? Comment se portent votre aïeul et votre père ?

— Ils ne se sentent pas de joie, les vieux soldats de la France; ils sont ivres de bonheur, mon général.

— Tant mieux, mon ami. Vous le voyez, nous sommes en force, mon frère a voulu absolument nous accompagner.

— N'est-ce pas naturel, mon cher Balle-Franche? dit en souriant l'abbé Gabriel; d'ailleurs, vous êtes un de mes paroissiens.

— Un de vos plus fervents et de vos plus dévoués, mon père.

— Allons, pressons-nous, messieurs, reprit gaiement le général, on nous attend là-bas. Prenez garde, Balle-Franche, vous allez être mis au pillage, mon ami.

— Tant mieux, mon général, je ne regrette qu'une chose, c'est que vous ne soyez pas plus nombreux.

Cependant on approchait rapidement du village.

Bientôt une nombreuse troupe de guerriers peints et armés en guerre s'élança hors des retranchements et accourut ventre à terre en se livrant aux plus éblouissantes et aux plus excentriques fantasias en l'honneur des arrivants.

Ceux-ci firent une entrée réellement triomphale; ils atteignirent la place du village à travers les rangs pressés de la foule.

Sur le seuil d'une chaumière, entourés de leurs parents et des principaux sachems de la tribu, se tenaient droits, immobiles, le front rayonnant, deux vieillards d'une taille presque gigantesque, d'un aspect imposant et dont les regards étaient remplis d'éclairs.

Sur un geste du gouverneur, le cadavre du marquis avait été enlevé.

Ces deux vieillards, dont l'un paraissait arrivé aux limites extrêmes de la vie, et l'autre, bien que sa chevelure commençât à se mêler de fils argentés, semblait être encore d'une vigueur remarquable, étaient l'aïeul et le père de Balle-Franche, les deux vieux soldats de Montcalm, les derniers champions du Canada français.

En les apercevant, le général et toutes les personnes de sa suite mirent pied à terre.

M. de Bodegast s'avança le chapeau à la main, et après avoir salué les vieillards avec une affectueuse déférence :

— Mes amis, leur dit-il de sa voix sympathique, je suis un soldat de la France qui viens m'asseoir à votre foyer et parler avec vous de vos anciennes batailles.

— Mon général, répondit l'aïeul d'une voix douce et grave à la fois, le souvenir de notre chère patrie est toujours vivant dans nos cœurs, les soldats de la vieille France ont leur place marquée au foyer des soldats de la nouvelle France; l'écho des victoires remportées par nos frères d'Europe résonne doucement à notre oreille et nous remplit d'un noble orgueil. Les Anglais ont nos villes, mais nous avons conservé le désert où les missionnaires de notre nation ont les premiers entre tous enseigné la parole du Dieu que nous adorons. Entrez dans cette humble chaumière, mon général, tout ce qu'elle renferme, les maîtres compris, est à vous.

. . . .
. . . .

Quinze jours s'écoulèrent.

La *Jeune-Adèle* attendait à Boston.

L'heure de la séparation sonna.

Cette séparation fut cruelle.

Les chasseurs et les Peaux-Rouges accompagnèrent le général jusqu'à l'extrême limite de la plaine.

L'abbé Gabriel et son frère tombèrent dans les bras l'un de l'autre.

— Hélas! s'écria le général avec un sanglot déchirant, nous ne nous reverrons plus, Tancrède. Nous nous quittons pour jamais!

Le missionnaire sourit avec une douce mélancolie.

— Tu te trompes, frère, dit-il, nous nous reverrons!

Et lui montrant le ciel d'un geste de résignation sublime, il ajouta

— Nous serons pour toujours réunis là, dans le sein de Dieu!

F I N

Contraste insuffisant
NF Z 43-120-14

www.ingramcontent.com/pod-product-compliance
Lightning Source LLC
Chambersburg PA
CBHW051357230426
43669CB00011B/1672